江西省崇义县人民政府　主办

2017

崇义年鉴

CHONGYI YEARBOOK

中国共产党崇义县委员会史志办公室　编

方志出版社
Publishing House of Local Records

图书在版编目（CIP）数据

崇义年鉴 .2017 / 中国共产党崇义县委员会史志办公室编.--北京：方志出版社，2017.12

ISBN 978-7-5144-2888-9

Ⅰ .① 崇… Ⅱ. ① 中… Ⅲ. ① 崇义县-2017-年鉴 Ⅳ .① Z525.64

中国版本图书馆CIP数据核字（2017）第321967号

崇义年鉴（2017）

编　　者： 中国共产党崇义县委员会史志办公室

责任编辑： 刘方圆

出 版 人： 冀祥德

出 版 者： 方志出版社

地址　北京市朝阳区潘家园东里9号（国家方志馆4层）

邮编　100021

网址　http://www.fzph.org

发　　行： 方志出版社发行中心

电话　(010)67110500

经　　销： 各地新华书店

印　　刷： 深圳市龙辉印刷有限公司

开　　本： 889x1194　　1/16

印　　张： 29.6

字　　数： 895 千字

版　　次： 2017年12月第1版　　2017年12月第1次印刷

印　　数： 001～700册

ISBN 978-7-5144-2888-9　　**定价：280.00元**

编辑说明

一、《崇义年鉴（2017）》是中共崇义县委领导，崇义县人民政府主办，由中共崇义县委史志编纂委员会承编的一部集资料、知识、信息为一体的地方综合年鉴。全书以马克思列宁主义、毛泽东思想、邓小平理论、“三个代表”重要思想、科学发展观、习近平新时代中国特色社会主义思想为指导，坚持辩证唯物主义和历史唯物主义的立场、观点和方法，客观、全面、翔实地记述了崇义县在2016年政治、经济、社会、文化等诸多方面的发展状况，总结了2016年崇义发生的大事、要事、新事及面临的新问题、新情况，记载了取得的新成就、新进展、新经验，反映了崇义各条战线的风貌，为各级党政机关、有关部门和社会各界认识及中外投资者了解崇义提供全面、系统的信息资料，并为崇义今后的修史修志工作做好资料积累，是一部全面了解2016年崇义的重要地情资料书。

二、《崇义年鉴(2017)》采取分类编辑法，以篇目、分目、条目组成框架结构的主体部分，在少数分目中，增加了子目的层次。全书条目标题统一用黑体加【　】表示，个别包含多方面资料的条目则在段落间加插楷体标题提示，以便读者查阅。

三、《崇义年鉴（2017）》主要载录崇义县2016年经济社会发展的基本资料，设有28个篇目。篇目依次为：特载、特辑、地情、大事记、党政机关、人民团体、法治、军事、经济综合管理、农林水利、工业·企业、公路·交通、城市建设·环境保护、商贸、邮政·电信、旅游·酒店、财政·税务、金融·保险、科技·气象、文化·广播·电视、教育、卫生计生·体育、社会事务、乡镇、人物·荣誉录、国民经济和社会发展统计资料、附录等，除内文外，还设有彩页及内页插图，力求做到图文并茂，增加直观感。

四、本年鉴初稿由各部门(单位)、乡镇及驻县单位提供，经县委史志办公室人员编辑，并经各自单位领导审核，再由县委史志办公室人员校稿，方才成书。

五、书中“统计资料”由县统计局提供。中高级技术人员名单由县人力资源与社会保障局提供。书中所刊其他数据，除国家统计部门正式公布的外，均由崇义县各有关单位部门提供，并经供稿单位部门审核。由于来源、统计方法或使用角度不同，不同部门提供的同项数据有不一致的可能，如遇同一项目或名称的数据不一致时，以统计部门公布的数据为准。

六、本年鉴上限自2016年1月1日，下限至2016年12月31日止，为一年一鉴，彩页图片内容截至时间有所突破。

七、《崇义年鉴(2017)》的编辑出版工作得到各撰稿单位及各方面的热情关怀和大力支持，在此谨表谢意。对本书的疏漏之处，敬请各界批评指正，以便改进我们的工作。

中共崇义县委史志编纂委员会

《崇义年鉴》编辑部

审稿人员和撰稿人员名单

（此表按年鉴类目顺序排列）

单 位	审稿人员	撰稿人员
县委办	杜书福	郭春明
组织部	范美蓉	谢 伟
宣传部	王真真	谌 骏
统战部	肖玉明	肖辉平
老干局	邹圣祥	罗家材
关工委	黄俊衍	张积华
党校	高华龙	刘宝华 吴志勇
党史办	林席常	谭连平
直属工委	陈欣欣	程兰香
台办	钟连华	桂林红
信访局	林发良	邓华敏
人大办	罗文波	张溯精
政府办	张昌忠	叶 亮
法制办	曾日畅	刘祥龙
人力资源和社会保障局	陈相聿	卢 兴
编办	范层枫	胡建华
外侨办	钟林生	陈晓红
民宗局	罗光亮	郭雪梅
接待办	谢银丽	易文珺
机关事务管理局	袁新连	刘回春
行政服务中心	刘洪建	阳振奎
档案局	周 杰	黄居皓
县志办	黄 萌	郭文良
政协办	徐 影	王 凯
纪委	谢秀峰	刘福亮
总工会	邓丰奎	殷才发 刘禄生
团县委	叶子卿	张 霞
妇联	吕东红	易彩云
文联	钟新源	谌 骏
社联	郭 坚	谌 骏

单 位	审稿人员	撰稿人员
工商联	廖梓琪	温常明
科协	戴晓剑	谢宝龙
残联	钟德胜	陈诗辉
个体私营经济协会	刘仁平	黄先远
消费者协会	张建林	李志娇
红十会	余作秀	赖秀梅
计划生育协会	刘庆尧	肖道来
老年体协	李水源	朱才坪
政法委	罗德明	张桂盛
公安局	李焕新	许志鹏 甘业高
消防大队	杨小红	李鸿金 肖 梅
检察院	朱满媛	陈 启
法院	李舒文	赖春阳
司法局	黄宇伟	眭启胜
交管大队	陆 乐	邱光梅
森林公安局	胡声龙	黄明毅
人武部	党生维	陈隆汶 蒋家盛
武警中队	朱 磊	连宇锭
人防办	秦熙凯	李志强
发改委	邱志坚	吴宗桦
振兴办	邱志坚	吴宗桦
统计局	陈丽明	胡省春
物价局	罗宗夫	黄文知
安监局	黄上贵	赖静虹
市场监督管理局	李发平	张小莺
审计局	陈年高	王志标
国土局	刘昌恒	张 翼
矿管局	周厚林	甘丽芳
农工部	李秀松	曾昇明
农粮局	郭庭忠	夏 菁
林业局	黄瑞蛟	刘建明
果茶局	刘德浪	朱恩丰
水利局	陈海波	雷建燕
水保局	卢鑫平	张述美

单 位	审稿人员	撰稿人员
农机局	张彩兰	朱耀辉
工信局	林端武	刘世聪
中小企业局	刘章伟	罗小红
工业园区	胡 明	章丽娟 黄 钦
供电公司	陈卫东	李翠松
章源钨业投资股份有限公司	赖昌洪	钟芳兰
章源钨业控股有限公司	王绍玲	张功浩
耀升钨业股份有限公司	郭 涌	甘业书
长飞矿业有限公司	钟行飞	张功浩
林股公司	王建皓	林 海
红杉木业	柳银超	甘美兰
华森竹业有限公司	李英长	古和群
齐云山食品有限公司	刘志高	黄丽萍
君子谷野生水果世界	陈红玲	李优兰
威克曼实业有限公司	刘显亮	谢仁平
水务集团	王小明	黄 炜
公路分局	刘志强	严由亮
交通局	王显松	吴先平
海事处	曾祥福	李 斌
城建局	黄炜华	王海东
城管局	余 剑	邹 华
房管局	陈国玮	余秀平
环保局	黄海荣	肖宝光
商务局	吴春娣	吴宝春
供销社	陈昌建	赖兴华 郭贤进
粮食流通服务中心	兰晓明	郭彦芳
烟草专卖局	黄春海	李祥辉
石油公司	杜晓桃	刘雅琴
邮政局	张红生	何雪梅
电信公司	曾祥春	杨莉华
移动公司	唐小波	江清珍
联通公司	凌 云	倪贵莲
旅发委	肖礼平	吴 平
齐云山国家级自然保护局	吴明平	肖 敏

单　位	审稿人员	撰稿人员
耀升国际饭店	郭名宝	朱佩瑾
阳明湖旅游实业有限公司	邓春燕	肖海兵
财政局	曹梦飞	曾炜杰
国投公司	刘　宇	肖　焱
林投公司	邓舜桂	赵南石
旅投公司	刘清华	谢　青
国家税务局	曾剑锋	郑立敏
地方税务局	何启菲	刘起龙
人民银行	廖永鸿	陈永忠
银监办	黄念标	熊　辉
金融工作局	邱光临	罗　晶
工商银行	陈　林	温相玲
中国银行	曾明华	陈昌燕
建设银行	兰恩涛	罗北锋
农业银行	刘海涛	刘光辉
农商银行	黄　剑	杨　兰
赣州银行	叶　虎	袁承煌
邮政储蓄银行	刘志明	饶文蓉
银座村镇银行	阳士昆	吴安妮
住房公积金办事处	黄甫海	胡金红
人保财险股份有限公司	刘江坤	古乃平
人寿保险股份有限公司	廖振志	黎纯敏
科技局	田长征	吴晓燕
气象局	李连星	林世豪
文广新局	邓玉金	陈世林
全媒体中心	叶　菁	杨　强
广电网络公司	肖秋生	蓝真真
新华书店	李德明	肖芳烈
教育局	赖奇林	陈禄全
教师进修学校	廖春森	朱枣兰
崇义中学	刘明军	钟宝平
职业中专	朱耀军	杨清宁
崇义三中	宋带生	曾照晖
崇义四中	刘荣建	王国节

单位	审稿人员	撰稿人员
城关小学	黄泽和	吴世运
章源中英文实验小学	骆炳华	肖　娟
特殊教育学校	陈延钦	陈延钦
城关幼儿园	温晓敏	朱忠莲
卫计委	吴　斌	汤书明
疾控中心	钟传明	卢致强
卫生监督所	刘兴华	李英勇
人民医院	刘事明	杜书锋
中医医院	刘才桂	邹兴明
妇幼保健院	刘彩萍	伍莉丽
皮防所	方　莲	王嘉莲
体育局	陈允康	余　航
民政局	刘文泽	谭　斌
扶贫和移民办	汤昌禄	黄美峰
社保局	温李华	廖小玉
医保局	甘东升	郭惠亮
就业局	梁　宏	余怀敏
农保局	江兴文	邓　莉
横水镇	明　伟	杜书渊
铅厂镇	刘宏春	黄泽南　幸少彪
长龙镇	陆水明	郭建桥
扬眉镇	郭继莲	彭良龙
龙勾乡	何招全	罗光鸿
关田镇	钟　飞	张　琳
聂都乡	黄以亮	廖春燕
文英乡	钟连娣	肖力汉
乐洞乡	肖新方	黄权红
丰州乡	成　涛	梁　立
过埠镇	刘文辉	陈扬通
思顺乡	温华锦	林明海
上堡乡	何曹森	林明海
麟潭乡	庄珍财	罗才富
金坑乡	吕京辉	李光明
杰坝乡	胡　辉	肖丽虹

崇义数字 2016

国土面积	2206.27平方千米	房地产开发投资完成	37263万元
年末总户数	64815户	新增固定资产	118850万元
年末总人口	216808人	房屋竣工面积	1.99万平方米
城镇人口	40594人	社会消费品零售总额	153189万元
乡村人口	176214人	普通中学学校数	15所
乡镇数	16个	普通中学在校学生	10187人
村（居）委会数	124个	普通中学专任教师	700人
全县生产总值	711603万元	中等职业学校数	1所
第一产业	104664万元	职业高中在校学生	1866人
第二产业	400529万元	职业高中专任教师	121人
第三产业	206410万元	小学学校数	103所
规模以上工业总产值	1022810万元	小学学校学生人数	18171人
规模以上工业增加值	237978万元	小学专任教师	1015人
农业牧渔业总产值	150499万元	幼儿园数	78所
固定资产投资	453826万元	在园幼儿	8389人
财政总收入	106955万元	卫生机构总数	28所
人均财政总收入	5565元	医院	5所
城镇居民人均可支配收入	22938元	乡镇卫生院	18所
农村居民人均可支配收入	8515元	妇幼保健院	1所
年末各项存款余额	789453万元	卫生监督所	1所
住户存款	468368万元	疾病预防控制中心	1所
年末各项贷款余额	608573万元	皮肤病防治所	1所
短期贷款	165137万元	农医中心	1所
中长期贷款	143540万元	病床总数	927张
粮食作物播种面积	149403亩	卫生技术人员	1143人
粮食作物总产量	83396吨		
固定资产投资完成	504996万元		
国有资产投资完成	259910万元		

2016崇义荣誉

被表彰单位	荣誉称号	表彰部门
章源钨业股份有限公司	国家科学技术进步奖二等奖(铵盐体系白钨绿色冶炼关键技术和装备集成创新及产业化)	中华人民共和国国务院
章源钨业股份有限公司	“章源及图”商标被认定为“中国驰名商标”	国家工商行政管理总局商标局
章源钨业“章源及图”商标	中国驰名商标	国家工商总局
县国家税务局	2016年度全国税务系统先进集体	国家税务总局
扬眉中心卫生院	2015-2016年度群众满意乡镇卫生院	国家卫计委
耀升钨业股份有限公司工会	全国模范职工之家”称号	中华全国总工会
齐云山食品公司	2014-2015年度全国食品工业优秀龙头食品企业	中国食品工业协会
铅厂镇计划生育协会	2011-2015年度全国计划生育协会工作先进单位	全国计划生育协会
县疾控中心	第二轮全国结核病分子诊断技术能力验证	中国疾病预防控制中心
县国家税务局	江西省第十四届文明单位	省委、省政府
县检察院	第十四届全省文明单位	省委、省政府
县人民法院	江西省第十四届文明单位	省委、省政府
消防大队	授予第十四届省级文明单位荣誉称号	省委、省政府
机关事务管理局	江西省十二五公共机构节能工作考核优秀县	省政府
章源钨业股份有限公司	江西省科学技术进步奖一等奖（铵盐体系白钨绿色冶炼关键技术和装备集成创新及产业化）	省政府
章源钨业股份有限公司	江西省科学技术进步奖三等奖（微细粒钨细泥高效选矿新技术与新装备研发及产业化）	省政府
章源钨业股份有限公司	江西省专利奖（改进型碳化炉）	省政府
君子谷野生水果世界有限公司	“君子谷葡萄酒”获第七届亚洲葡萄酒质量大赛金奖、银奖	亚洲葡萄酒质量大赛组委会

江西省地图发行站 编制
崇义县民政局 监制

崇义县政区图

比例尺 1:220000

审图号：赣S（2014）07号

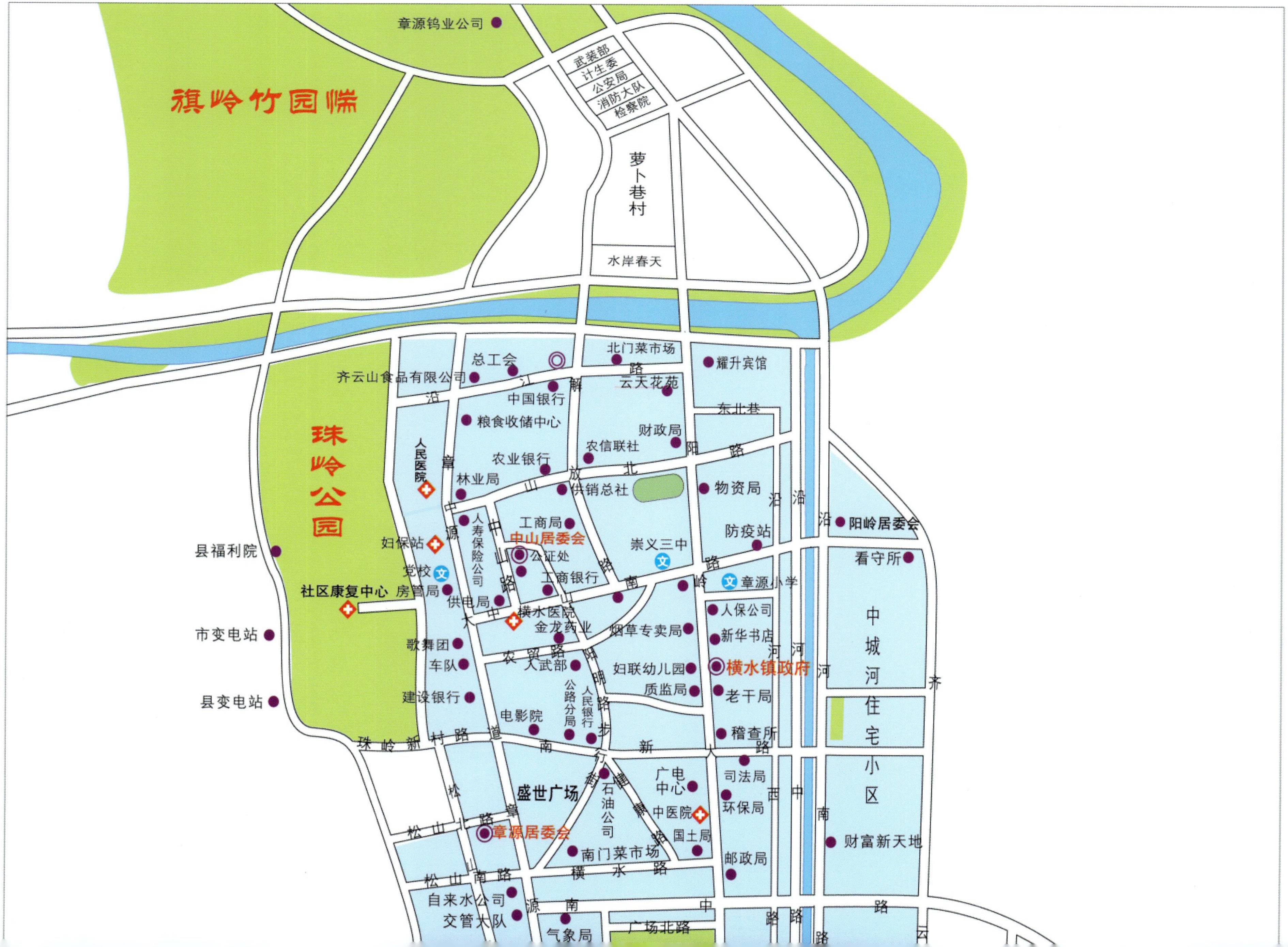

章源钨业公司
旗岭竹园牗
武装部
计生委
公安局
消防大队
检察院
萝卜巷村
水岸春天
珠岭公园
县福利院
社区康复中心
市变电站
县变电站
总工会
齐云山食品有限公司
北门菜市场
耀升宾馆
云天花苑
中国银行
粮食收储中心
东北巷
财政局
农信联社
农业银行
人民医院
林业局
供销总社
物资局
阳岭居委会
工商局
中山居委会
妇保站
防疫站
崇义三中
看守所
公证处
党校
房管局
工商银行
章源小学
人寿保险公司
供电局
横水医院
金龙药业
人保公司
烟草专卖局
新华书店
歌舞团
车队
人武部
妇联幼儿园
横水镇政府
质监局
老干局
建设银行
中城河住宅小区
公路分局
人民银行
电影院
稽查所
珠岭新村路
盛世广场
广电中心
司法局
石油公司
中医院
环保局
章源居委会
国土局
财富新天地
南门菜市场
邮政局
松山南路
自来水公司
交管大队
气象局
广场北路

崇义县城区图

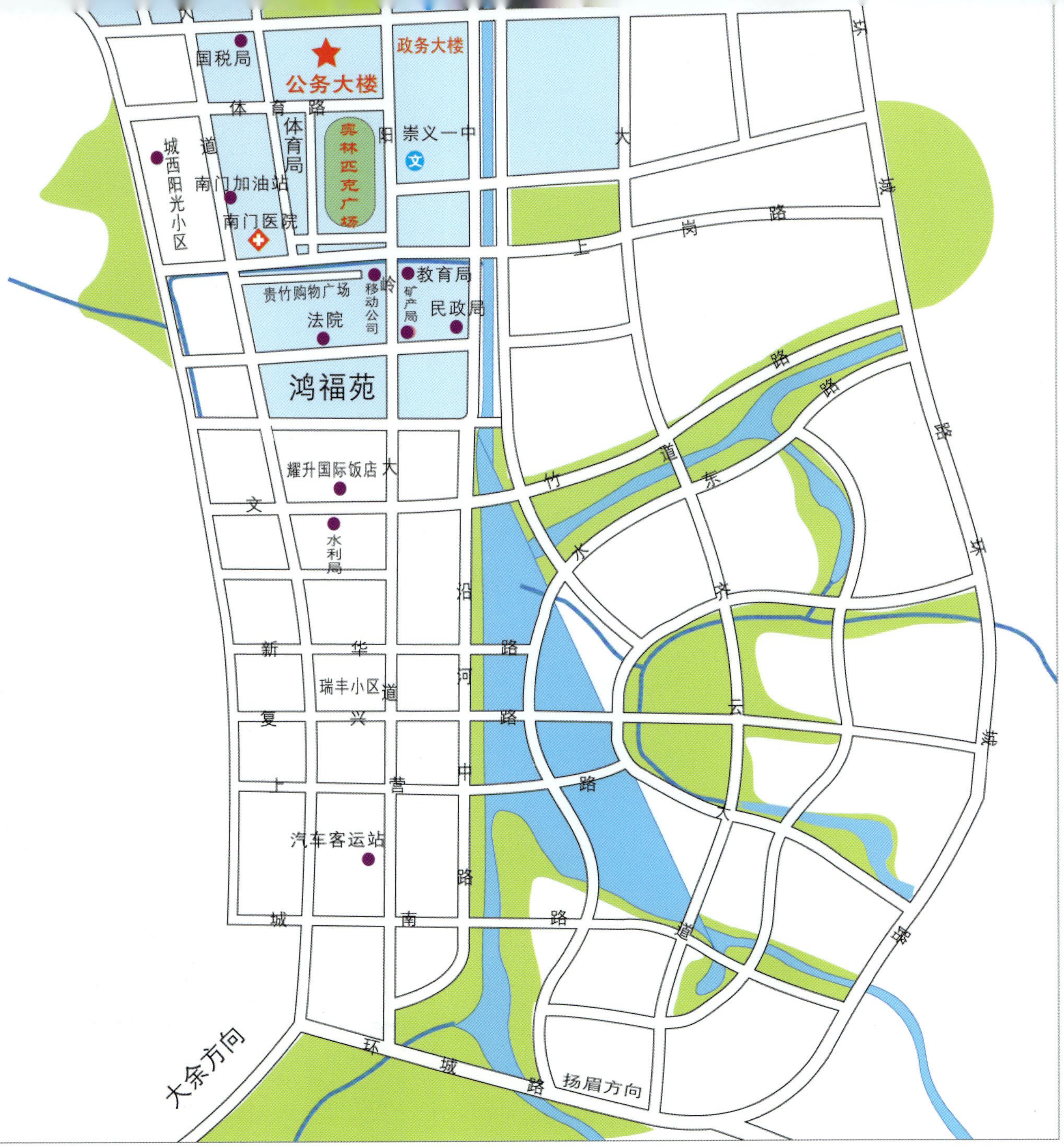

国税局
公务大楼
政务大楼
体育路
奥林匹克广场
体育局
崇义一中
城西阳光小区
南门加油站
南门医院
贵竹购物广场
法院
移动公司
教育局
矿产局
民政局
鸿福苑
耀升国际饭店
水利局
瑞丰小区
汽车客运站
环城路
大余方向
扬眉方向

县领导

县委书记
许　斌

县委副书记、县政府县长
邱　凌

县委副书记、县政府副县长
王明良

县委副书记、县政府副县长
张　涛

县委副书记
赖木生

县人大常委会主任
郭　兰

县政协主席
陈金发

县委常委、纪委书记
曾　雷

县委常委、政法委书记
曾　帅

县委常委、宣传部部长
何　琳

县委常委、县政府副县长
边建忠

县委常委、人武部政委
党生维

县委常委、组织部部长
王　豪

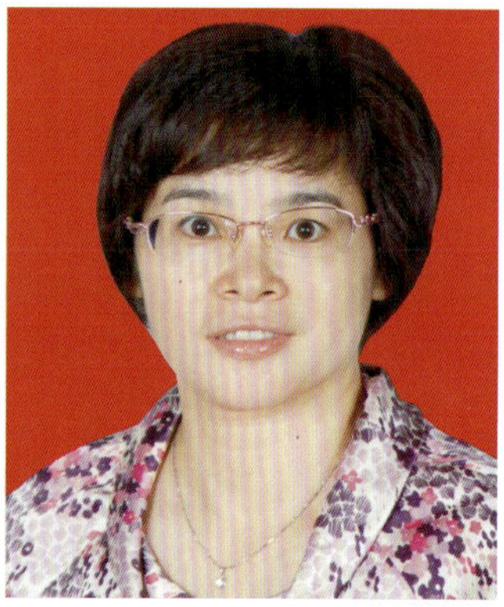

县委常委、统战部部长
刘春香

县人武部部长
金仁贵

县人大常委会副主任
汤名东

县人大常委会副主任
刘立伟

县人大常委会副主任
郭远君

县人大常委会副主任
刘向民

县人大常委会副主任
陆芳锋

县人大常委会副主任
肖鸿斌

县政府副县长
张祥兰

县政府副县长
黄　硕

县政府副县长
吴忠浩

县政府副县长、公安局
局长　黄小波

县政府副县长
朱志勇

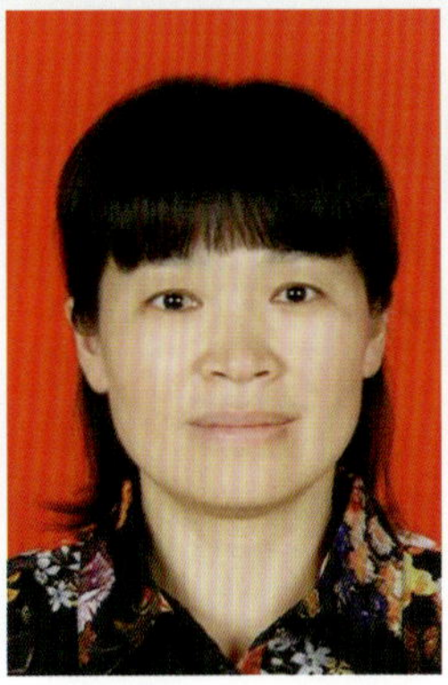
县政府副县长
张小兰

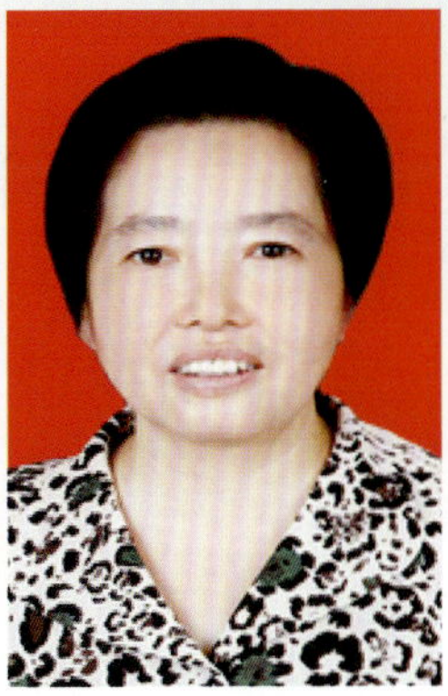
县政协副主席
黄义华

县政协副主席
黄名兰

县政协副主席
刘文泽

县政协副主席
罗福生

县政协副主席、人民
医院院长　刘事明

县法院院长
李舒文

县检察院检察长
曾　涛

乡镇、单位领导

横水镇党委书记
曾宪炳

横水镇党委副书记、
镇长 曾俊辉

铅厂镇党委书记
刘宏春

铅厂镇党委副书记、
镇长 胡爱忠

长龙镇党委书记
叶新生

长龙镇党委副书记、
镇长 陆水明

扬眉镇党委书记
熊晓琼

扬眉镇党委副书记、
镇长 郭继莲

龙勾乡党委书记
何招全

龙勾乡党委副书记、
乡长 唐芳浩

关田镇党委书记、
人大主席 华伦勇

关田镇党委副书记、
镇长 钟飞

聂都乡党委书记、
人大主席 胡朝臻

聂都乡党委副书记、
乡长 黄以亮

丰州乡党委书记、
人大主席 成 涛

丰州乡党委副书记、
乡长 钟 瑞

文英乡党委书记
廖家文

文英乡党委副书记、
乡长 谢 浪

乐洞乡党委书记、
人大主席 刘德斌

乐洞乡党委副书记、
乡长 肖新方

过埠镇党委书记
刘文辉

过埠镇党委副书记、
镇长朱伦真

麟潭乡党委书记
张 滟

麟潭乡党委副书记、
乡长 庄珍财

上堡乡党委书记
张朝晖

上堡乡党委副书记、
乡长 何曹森

思顺乡党委书记、
人大主席 温华锦

思顺乡党委副书记、
乡长 黄小钦

金坑乡党委书记
谢才丰

金坑乡党委副书记、
乡长 吕京辉

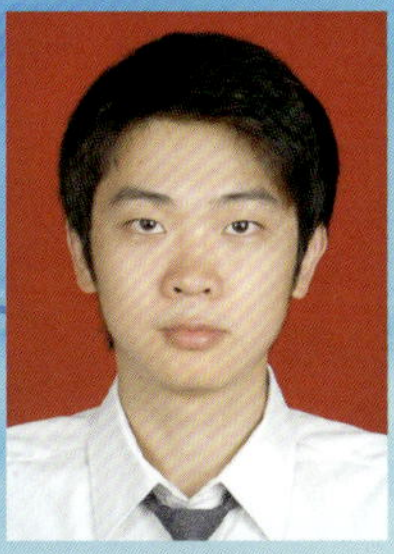

杰坝乡党委书记、
人大主席 樊 斌

杰坝乡党委副书记、
乡长 吴 岚

县委办公室主任
杜书福

人大办公室主任
罗文波

县政府办公室主任
张昌忠

纪委副书记、监
察局局长 谢秀峰

组织部副部长、
人社局局长 成松

组织部副部长、
老干局局长 张彩兰

农工部部长
李秀松

直属机关工委
书记 陈欣欣

编办主任
范美蓉

接待办主任
谢银丽

机关事务管理局
局长 袁新连

发改委主任
邱志坚

物价局局长
罗宗夫

财政局局长
曹梦飞

审计局局长
黄志军

人防办主任
杨小红

司法局局长
黄宇伟

消防大队大队长
王小雷

卫计委主任
郑建军

林业局局长
黄夏晓

森林公安局局长
廖芳林

水利局局长
陈海波

工信局局长
林端武

文广新局局长
邓玉金

市场监督管理局
局长 李发平

安监局局长
黄上贵

农粮局局长
肖开朗

城建局局长
黄炜华

房管局局长
陈国炜

国土局局长
刘昌恒

统计局局长
陈丽明

环保局局长
黄海荣

总工会主席
余启良

团县委书记
叶子卿

商务局局长
吴春娣

科协主席
戴晓剑

残联主席
钟德胜

党校常务副校长
高华龙

交通局局长
黄平文

档案局局长
周　杰

党史办主任
林席常

县志办主任
黄　萌

外侨办主任
钟林生

防震减灾局
局长　肖华东

科技局局长
田长征

旅发委主任
肖礼平

供销社主任
陈昌建

农机局局长
李声东

体育局局长
陈允康

果茶局局长
刘德浪

中小企业局
局长　刘章伟

工业园区主任
胡　明

金融工作局局长
邱光临

林投公司董事长、
总经理　邓舜桂

城投公司董事长、
总经理　刘　宇

旅投公司总经理
刘清华

林股公司董事长、
总经理 王建皓

崇义中学校长
彭如春

职业中专校长
陈飞虎

矿管局局长
周厚林

国税局局长
曾剑锋

地税局局长
何启菲

烟草专卖局局长
黄春海

人民银行行长
廖永鸿

中国银行行长
曾明华

农业银行行长
刘海涛

工商银行行长
黄继锋

建设银行行长
兰恩涛

农商银行理事长
叶 虎

邮政储蓄银行
副行长 黄 剑

赣州银行行长
刘志明

银座村镇银行行长
阳士昆

人保财险公司经理
刘江坤

人寿保险公司经理
廖振志

气象局局长
李连星

公路分局局长
刘志强

邮政公司总经理
张红生

广电网络公司
总经理 肖秋生

电信公司总经理
郭育之

移动公司总经理
唐小波

联通公司总经理
凌 云

住房公积金办事处
主任 黄甫海

海事处处长
曾祥福

新华书店经理
李德明

石油公司经理
杜晓桃

水文站站长
古乃平

崇义县商务局

2016年，崇义县围绕市委“解放思想、内外兼修、北上南下”要求和“六大攻坚战”布局，坚持走生态县域经济发展道路，着力实施全域旅游发展路径，以招商项目为抓手，以产业建设为中心，真抓实干，努力作为，开放型经济取得明显成效。一年来，全县实际利用外资1680万美元，同比增长10.38%。引进锂电池生产、高岭土综合开发、生物制药等重大项目14个，总投资达75.81亿元，实际进资14.56亿元，同比增长10.3%。外贸出口9407.79万美元，同比增长2.83%。一批投资规模大、税收贡献高、带动作用强、辐射范围广的大项目、好项目落地崇义县，使该县招商引资工作和外来投资企业呈现良好发展势头，助推了县域经济持续健康发展。

崇义深圳招商推介会

崇义电商学院

投资1.2亿元的精艺灯饰LED
加工基地总部工厂一角

投资5亿元的高岭土精深加工及贸易项目生产车间

引进有色金属加工项目公司总部

引进锂电池项目车间一角

投资2000万美元新建的年产3.5亿吨南酸枣系列食品项目

投资10.5亿元的乐洞风力发电项目一期工程投入使用

崇义县教育局

省教育厅副厅长杨慧文到崇义县视察工作

12月11日上午，索尼（中国）有限公司支援建立

4月，市总工会党组成员、市教育工会主席李晓明，县人大副主任、总工会主席余启良,总工会副主席邓丰奎、林水清到县教育局召开座谈会

奥运健儿与学生互动后合影留念

城关小学啦啦操队在南昌参加全国啦啦操联赛荣获一等将

迎接省政府教育综合督导评估“回头看”汇报会

崇义县卫生和计划生育委员会

崇义县国家卫生县城考核验收汇报会召开

2016年，在县委、县政府的正确领导和市卫计委的精心指导下，县卫计委认真贯彻落实中央、省、市、县有关卫生计生的决策部署，以中共十八大，十八届三中、四中、五中、六中全会和习近平总书记系列重要讲话精神为指引，紧紧围绕“提高人民健康水平和出生人口素质”为中心，继续深化医药卫生体制改革，积极贯彻国家生育政策，不断完善基层卫生和公共卫生服务体系，卫生计生工作取得了一定成效。崇义县顺利通过了国家卫生县城考核验收，被评为国家卫生县城，为全市第一个获此殊荣的县（市、区）。铅厂镇计划生育协会被评为2011—2015年度全国计划生育协会工作先进单位，扬眉中心卫生院被国家卫计委评为2015—2016年度群众满意乡镇卫生院，县疾控中心被中国疾病预防控制中心评为“第二轮全国结核病分子诊断技术能力验证”，铅厂镇义安村卫生室被省卫计委评为2015—2016年度全省基层医疗卫生机构省级示范单位。崇义县还荣获全市计划生育工作综合先进县三等奖，医改工作在2016年度全市科学发展观综合考评中获得满分的好成绩，县人民医院被评为“赣州市平安医院”。新农合“五道保障线”工作法、孕产妇保健项目购买服务等典型工作做法及成效先后在《江西卫生报》《赣南日报》等媒体网站刊发，扬眉镇中心卫生院杨小梅医生荣获最美健康卫生特别关注奖。

4月21日，全县卫生计生工作会议召开，县委常委、宣传部部长刘洪梅出席会议并讲话

县卫计委举办卫计系统“庆七一、唱党歌（红歌）”歌咏比赛

卫计委举办创建国家卫生县城专场文艺晚会

县妇保院举行新院搬迁揭牌仪式

崇义县体育局

体育总局局长刘鹏一行在崇义调研

国家体育总局武术运动管理中心2016年崇义县武术段位制培训班暨武术大师走基层活动在崇义县举行

2016年“奥运健儿公益服务大行动暨安踏爱心桥公益项目落地崇义”

2016年中国足协D级教练员选拔（崇义）培训班第一期足球节合影

崇义县文广新局

崇义县文化广电新闻出版局（以下简称县文广新局）为崇义县人民政府工作部门，主要负责全县文化、广播影视、文物和新闻出版工作，机构编制为正科级单位。根据国家、省、市、县文化体制改革要求和“三定”方案的工作部署，县文广新局机关设有办公室、公共文化股、文化产业股、科技股等4个职能股（室），8个企事业单位（其中包含：县文化馆、图书馆、博物馆、美术馆、文化市场综合执法大队、竹艺演出公司、电影院、电影公司）等单位。

元宵活动

闹春(舞春牛）

三节龙展演

文化执法

开展免费培训

“石塘武狮” “三节龙”参加首届文化惠民周活动

长龙镇

长龙镇地处崇义县东南部，距县城17千米，面积139平方千米，东接扬眉镇，南靠铅厂镇，西接横水镇，北与上犹县接壤。辖8个行政村，其中畲族少数民族村1个，88个村民小组，总人口12036人。镇内具有得天独厚的资源优势，共有山林9832公顷，全镇森林覆盖率90%以上，耕地386.6公顷，水能、矿产资源丰富，水电装机容量8000千瓦，钨储量达30万吨，年开采3000吨，居全县第一，是个典型的“山多矿富田少”的山区乡镇。长龙现有企业36家，其中以耀升钨业为龙头大中型企业有4家，是一个以矿业和竹木加工企业为主导企业的工业大镇。

全景规划

玉丰葡萄园

静谧的西湖

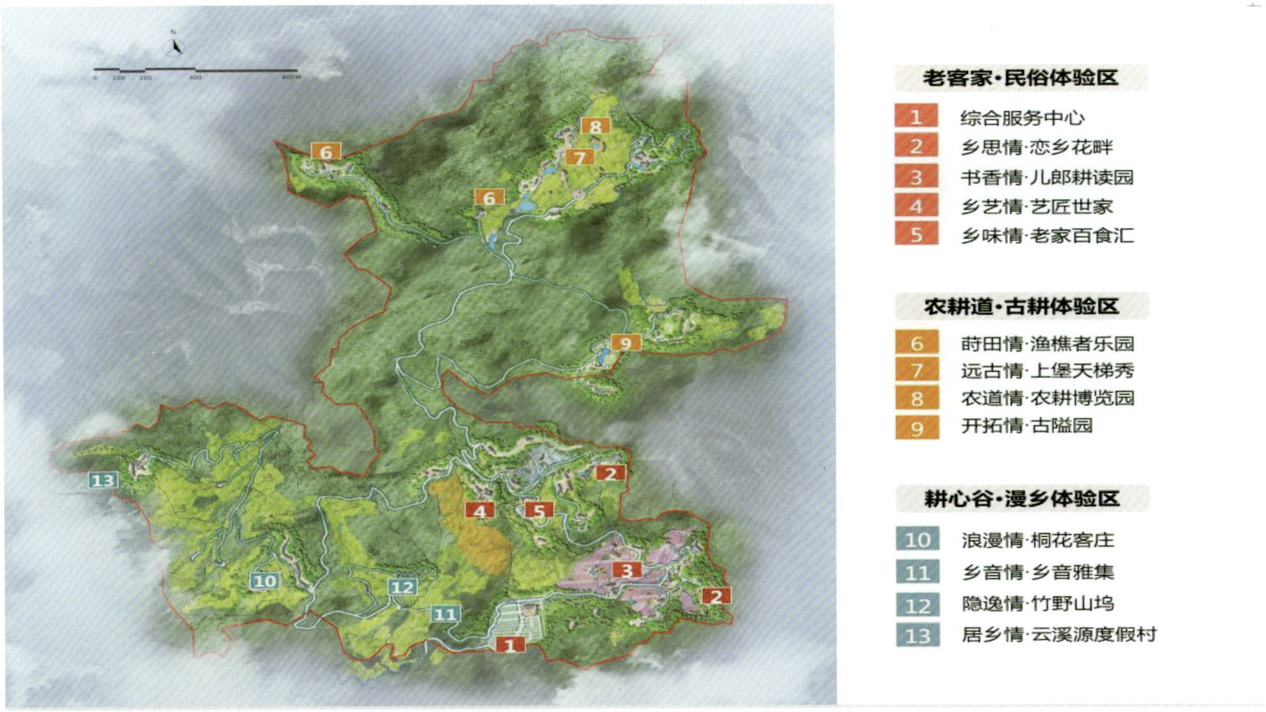

高起点、高标准、高水平编制全域旅游发展总体规划

袅袅炊烟起，暮色照大地，夕阳有诗情，梯田有画意

党员带头签订景区房屋土地征租协议，支持上堡梯田核心景区打造

麟潭乡

2016年7月28日，中国共产党麟潭乡第十八次党员代表大会顺利召开

2016年9月9日国家体育总局训练分局资助的”与爱同行·崇义贫困儿童营养补充项目“贝因美奶粉捐赠发放仪式顺利举行

2016年9月22日，入校园开展“爱我家乡”旅游环保知识竞赛

2016年完善基础设计建设：小学循环路

2016年12月，光伏发电助力精准扶贫

过埠镇

过埠镇位于崇义县中部偏北，距县城15千米。全镇面积98平方千米，辖10个行政村，1个居委会，108个村民小组。2015年底全镇总人口15169人，其中外来常住人口150人，人口自然增长率9.18‰。全镇有初中1所，中心小学1所，村小教学点7个，有汉、畲 2 个民族。

过埠镇东南连接杰坝乡、横水镇、关田镇，西邻麟潭乡，北毗思顺乡、金坑乡，是杰坝、金坑、思顺、上堡、麟潭等乡镇通往县城的公路枢纽。水路可通杰坝、上犹营前、陡水，交通便利，是崇义县重点旅游乡镇。2012年在距过埠圩镇600米的过埠村田心组打造了“梦想家园”集中建房安置点，是崇义县“水上漂”“双渡”农户上岸安置及土坯房改造集中建房小区。2013年被列为全省首批百强中心镇和全市统筹城乡发展建设示范镇。

辖区内矿产资源、森林资源丰富，主要有钨、铁、铜、锡、花岗岩等矿产及松脂林、毛竹林、杉木林等。

全镇耕地总面积534.46公顷，其中水田472.64公顷，旱地61.82公顷，农作物以水稻为主，兼种玉米、大豆等。全镇农业产业化调整围绕一村一品建设，已打造大棚蔬菜基地3个、苗圃种植基地3个、灵芝种植基地一个、刺葡萄产业合作社2个、高产油茶示范基地1个、养蜂合作社2个、较大型生猪养殖基地2个。

过埠镇工业发展初具雏形。现有钨矿采掘企业1个，崇义铜铋冶炼尾矿回收公司，另有11万伏变电站牛鼻垅电站，国有林场高垒林场。县工业小区建在过埠，小区内已建成江西新泰昇碳业公司、崇峰食品厂、崇亿LED景观灯厂等等。另有返乡农民工创办的永捷电子厂等7家电子厂和服装加工制作厂等。

水月湖（埠野仙踪）

过埠枫琴岛效果图

果木大棚蔬菜基地

崇义县章源钨业股份有限公司

崇义章源钨业股份有限公司位于“世界钨都”—江西省赣州市崇义县，始创于2000年，历经十余载的艰辛创业，从一家以采选钨矿为主的小企业迅速发展成为集钨的采选、冶炼、制粉、钨材与硬质合金生产和深加工、贸易为一体的集团企业。公司于2010年3月31日在深交所成功挂牌上市，是江西省钨行业唯一上市企业（股票简称：章源钨业，股票代码：002378）。

2016年，公司荣获国家科学技术进步二等奖、江西省科学技术进步一等奖、江西省科学技术进步三等奖、江西省专利奖、中国驰名商标等荣誉。

崇义县水务集团

崇义县水务集团有限公司主要工作情况
一 实现平稳过度，公司迅速走向正轨
二 加快设施建设，供水能力大幅增加
三 提升服务水平，社会反响显著向好
四 下一步主要工作
崇义县水务集团大事记
CHONGYIXIANSHUIWUJITUANDASHIJI
2017年2月13日
县清泉水业有限公司接管工作领导小组进驻崇义县清泉水业有限公司
2017年3月10日
县清泉水业有限公司接管领导小组正式接管崇义县清泉水业有限公司
2017年3月16日
成立崇义县水务有限公司
2017年3月30日
召开了第一次职工大会，完成机构重组及中层干部任用，选举工会委员会，成立"水务111"
2017年5月2日
公司变更为崇义县水务集团有限公司
2017年6月13日
新水厂投入试运行
2017年7月19日
中共崇义县水务集团有限公司支部委员会正式成立
2017年8月—9月
长河坝——水厂输水管工程初步设计通过专家组审查；上堡乡集中供水工程完成立项；鱼梁（高架桥下）工业园企业供水主管安装工程完工，2017年10月15日振兴大道供水主管安装工程完工
2017年9月28日
"智慧水务"平台建设项目完成招标，开始实施

崇义县水务集团有限公司

团结奋进 优质供水
崇义县水务集团有限公司

崇义县阳明湖食品有限公司

崇义县阳明湖食品有限公司是一家集富硒大米，山茶油、脐橙种植、加工、销售等于一体的大型农业集团性企业，注册资金2600万元整。法人代表张峻川，旗下有全资控股农业企业赣州成丰园实业有限公司，绝对控股农业企业崇义县亿诚农业发展有限公司和江西汇城农业开发有限公司。

公司旗下目前有“上堡梯田”富硒大米品牌，“阳明湖”山茶油品牌（市知名商标）和“娜福龙”脐橙品牌（省著名商标），其他知识产权品牌商标权有“九层皮美食”“云雾梯田”等。

经过多年的投资发展，集团公司将形成万亩富硒大米基地、万亩油茶基地、万亩脐橙基地的种植、加工、销售及观光旅游大型综合体，带动千家万户发展致富，公司一直探索新型“公司+基地+农户”发展合作模式，实行现代化管理，自主品牌、自主经营、产销一体化，建立了一整套完整的现代农业管理制度，始终以”质量第一，信誉第一，服务至上”为原则。

公司的发展得到了各级政府和有关部门的大力支持，在今后的发展中，公司将秉承服务社会，服务于民的企业理念，在国家相关政策的支持下，做大做强，稳步发展，为国家的经济发展贡献应有的力量。

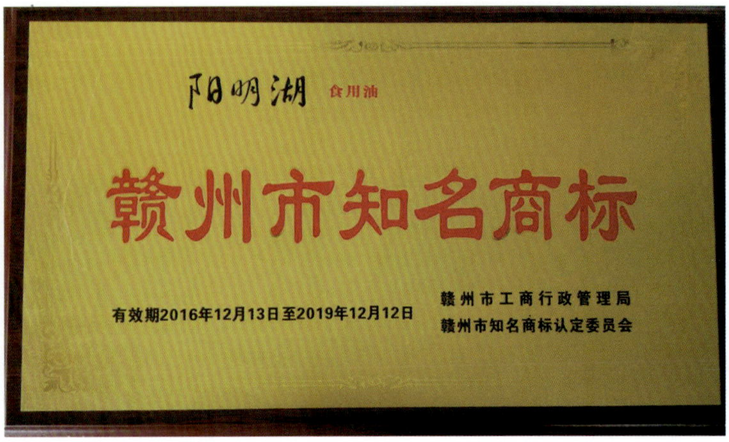

崇义县工业和信息化局

崇义县召开全县工业暨开放型经济工作会议，动员全县上下进一步坚定信心、凝心聚力，推动工业和开放型经济更好更快发展，确保“主攻工业、三年翻番”目标如期实现。会议表彰了2016年度主攻工业和开放型经济工作先进单位。

在县委、县政府“主攻工业、三年翻番”战略部署下，主攻工业办紧扣“三年翻番”各项目标任务，主攻工业攻坚战进展顺利。2016年，实施重点工业项目20个，总投资51.52亿元，已全部开工建设，年度计划投资20.71亿元，已完成投资21.8亿元，完成105.26%。亿元以上市级考核工业项目11个总投资44.3亿元，2016年计划投资16.2亿元，完成投资18.25亿元，完成112.65%。已投产项目7个，投产率63.64%。

章源钨业股份有限公司全景

江西耀升钨业股份有限公司

江西君子谷野生水果有限公司

圣鑫矿产品仓储中心

以章源钨业、耀升钨业为龙头，不断推进钨精深加工，延伸钨产业链，此外，持续推进钨矿产品仓储服务平台建设，实现年仓储总额达10亿元的目标。

江西新世野农业有限公司

江西新世野农业有限公司地处“中国三大梯田之一”“中国空气负氧离子含量最高的旅游风景区——竹乡崇义”。

崇义生态条件优越，层山叠翠，竹海齐云，云雾袅袅，空气宜人，森林资源得天独厚，全县森林覆盖率高达88.3%，为全省之冠。公司充分利用独特的自然环境和优越的地理条件，生产基地依山而建，垂直落差近千米，最高海拔1260米。水稻耕地富含多种矿物质，灌溉用无任何污染源的山泉水，呼吸着洁净空气，享用最天然的有机肥料生长。

公司自2011年成立以来，专注绿色、有机农业；以生产经营有机米、优质米、大米深加工、高山茶等产品为主；集种植、加工、销售及休闲农业开发为一体的农业综合性科技企业。旗下有江西海山农场有限公司（市级农业龙头企业）、崇义县骑云峰茶叶有限公司、畲族风情园和崇义高山梯田水稻种植专业合作社（省级示范社）。“高山梯田”商标2016年被评为省著名商标，以“耕耘健康，源于自然”为经营理念，让更多的消费者吃上放心、营养、绿色、健康的食品。

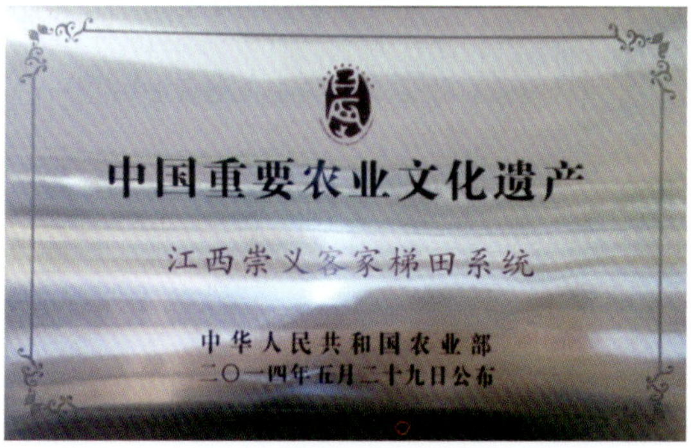

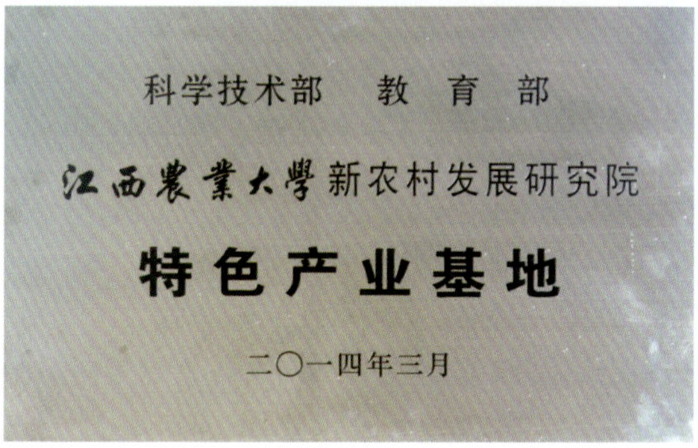

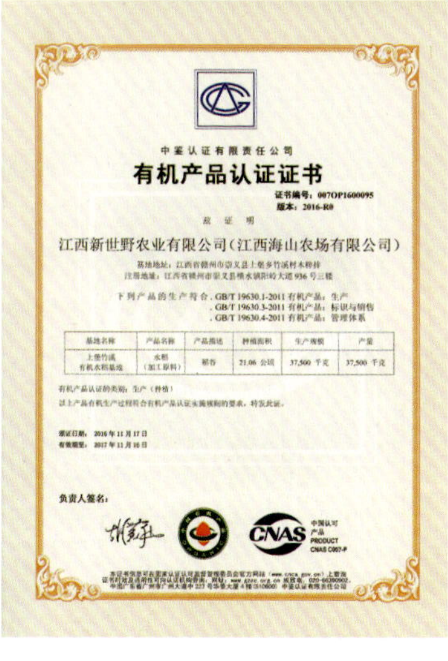

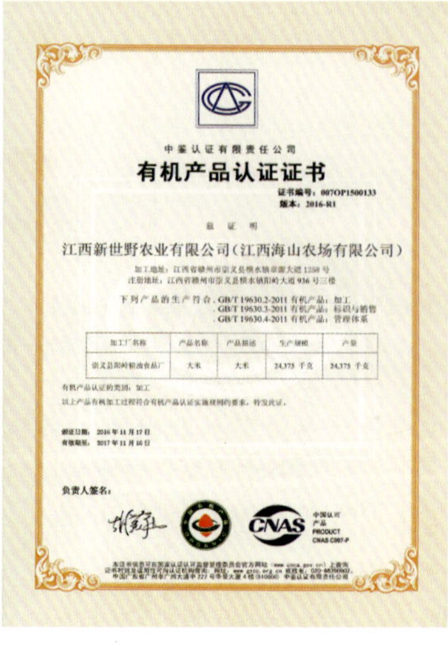

目　录

CONTENTS

特　载

特　辑

地　情

大事记

党政机关

人民团体

法　治

军　事

经济综合管理

农林水利

工业·企业

公路·交通

城市建设·环境保护

商　贸

邮政·电信

旅游·酒店

财政·税务

金融·保险

科技·气象

文化·广播·电视

教　育

卫生计生·体育

社会事务

乡　镇

人物·荣誉录

国民经济和社会发展统计资料

附　录

特载

在县委十六届六次全体（扩大）会议上的讲话

县委书记 许志辉

同志们：

经过大家的共同努力，县委十六届六次全会的各项议程已经圆满完成，即将胜利闭幕。全会讨论审议了《县委常委会2015年工作报告》和《中共崇义县委关于制定全县国民经济和社会发展第十三个五年规划的建议》。大家一致认为，《报告》客观总结了县委常委会一年来的工作，是一个求真务实、凝心聚力、催人奋进的报告。《建议》明确了我县“十三五”时期经济社会发展的指导思想、目标任务和战略举措，契合崇义实际，顺应群众期盼，是指导崇义未来五年发展、决胜全面小康的纲领性文件。会上，许斌同志对全县2015年的经济工作进行了全面总结，对今年经济工作作了重点部署；黄华同志对今年的扶贫开发工作作了切实安排，请大家认真领会、抓好落实。

2015年是“十二五”收官之年。一年来，面对复杂形势和下行压力，全县上下深入贯彻《若干意见》，统筹推进稳增长、调结构、促改革、惠民生，着力打好“七大攻坚战”，经济社会实现平稳发展。这里我再点一点几项重点和亮点。

一是阳岭新城拔地而起。“四纵五横”路网格局拓展成型，知行湖、阳明社区公园、文化活动中心、旅游集散中心等主体建筑稳步推进，一座生态宜居的现代化新城正在崛起，崇义在城市建设方面与周边县（市、区）的差距正在快速缩小。**二是工业经济转型加快。**章源钨业实施定向增发，成功募集资金6.1亿元用于技术改造，碳化硅陶瓷基复合材料新品投放市场。齐云山搬迁补偿条件谈妥，新厂房建设全面启动。**三是旅游招商扬帆起航。**左溪养老、茶滩温泉项目成功落地，阳岭景区开发、上堡梯田与齐云山整体开发项目正在与多家企业同时洽谈。这些项目的稳步推进，即将改变崇义旅游业“只见星星，不见月亮”的窘境。**四是刺葡萄产业全面起步。**全面启动万亩刺葡萄种植基地建设，目前完成种植面积3000亩。刺葡萄的一小步，是崇义经济结构调整、产业发展升级、将绿水青山变金山银山的一大步。我们在这里要做的是类似法国的“波尔多”、日本的“白色恋人”、中国的“王老吉”的项目。**五是基金产业集聚发展。**与和君资本、爱康集团等企业达成战略合作协议，2015年新注册基金类企业12家，认缴基金规模达8.54亿元。这使我们打通了资本与资源对接的通道，对促进资源深度开发、培育新常态下县域经济增长新引擎都具有十分重大的意义。和君沣盈公司一季度将交税1500万元，目前已完成相关审核程序，预计在上半年登陆新三板，成为我县首家新三板上市企业。**六是生态文明建设喜获殊荣。**成功列入全省首批生态文明先行示范县，全市仅有两个县获此称号。这是对崇义良好生态的肯定，对我们生态保护治理工作的褒奖，更是对做好今后工作的期许与鞭策。**七是深化改革全国出名。**在短短23天完成前期准备工作，3月1日成功颁发了全国第一本林权类不动产权证。这不仅为全国不动产登记创造了经验，也让崇义成为全面深化改革的一面旗帜。八

是民生事业大步前行。人民医院新住院大楼投入使用，新增床位316张，推动实现每千人口病床数达6张，提前超额完成了2020年每千人口病床数目标任务；阳岭幼儿园投入使用，思源学校、崇义中学扩建、职业中专实训大楼等项目进展顺利，从幼儿园到小学到初中到高中，从学前教育到义务教育到职业教育基础设施全面建设，这一局面和投入的规模前所未有。教育、医疗卫生设施条件的不断改善，大幅提升了人民群众的获得感。**九是能源项目建设实现突破。**投资5亿元乐洞风电项目一期并网发电，预计今年实现发电量1亿千瓦时；关刀坪220千伏输变电工程投产送电。**十是公路建设全面启动。**国道金坑乡至西门、省道杰坝乡至过埠已完成环评等前期工作，县城至茶滩、过埠至上堡两条县道征地拆迁全面启动，即将开工建设。

这十项重点和亮点，只是2015年全年工作的一个缩影，成绩远不止这些。新常态下，我们能够取得这样的成绩实属不易。虽然有些工作目前还处于起步阶段，但从长远看，其蕴含的能量与潜力是巨大的，特别是基金、刺葡萄等产业具有开创性，养老、旅游等产业具有跨越式、里程碑式的发展，对“十三五”乃至今后十年、数十年的发展都具有决定性的意义。在此，我代表县委向全体干部致以衷心的感谢！没有你们的任劳任怨、苦干巧干，崇义的发展变化就无从谈起。

2016年是“十三五”开局之年，是全面建成小康社会进入决胜阶段的关键一年。当前，振兴发展新蓝图已绘就，新任务已明确，新征程已开启，能否如期实现目标，关键在哪里？我的答案是在党建，党建是关键。

下面，我就如何抓好党建工作，讲三点意见。

一、充分认识加强党建工作的重要性和紧迫性

习近平总书记指出，历史使命越光荣，奋斗目标越宏伟，执政环境越复杂，我们就越要增强忧患意识，越要从严治党，使我们党永远立于不败之地。党建是一切工作的条件与基础、支撑与保障。全县上下要站在战略和全局的高度，充分认识党建工作的极端重要性，把党建工作抓紧抓实抓好。

抓好党建是职责所在。习近平总书记强调，各级各部门党委（党组）必须树立正确政绩观，坚持从巩固党的执政地位的大局看问题，把抓好党建作为最大的政绩。抓好党建，是我们的职责所在。回眸历史，我们党从建党之初的50多名党员，发展到今天的8800多万党员，成为在13亿人口大国、世界第二大经济体长期执政的党，带领全国人民不断走向胜利，根本就在于我们党始终重视加强自身建设。与之相反，苏共在拥有20万党员时夺取政权，在200万党员时打败法西斯侵略者，在2000万党员时却失去了政权，一个很重要的原因就在于其后期忽视党的自身建设。一成一败、一兴一亡，无不警示我们，党的建设关乎党命、关乎国运，一刻也不能松懈。十八大以来，党中央更加重视党建工作，把从严治党列入“四个全面”战略布局，全面从严治党步入新常态。我们要树立“全党一盘棋”的思想，坚持从巩固党执政地位的大局出发，把抓好党建作为首要之责、根本之责、分内之责，始终牢记“抓好党建是本职、不抓党建是失职、抓不好党建是不称职”，以高度的政治自觉、思想自觉、行动自觉落实全面管党治党要求，真正做到守土有责、守土负责、守土尽责。

抓好党建是形势所需。习近平总书记强调，夺取全面建成小康社会决胜阶段的伟大胜利，关键在党。“十三五”时期是崇义与全国、全省、全市同步全面建成小康社会的决胜阶段。这次我们审议通过的县委“十三五”规划建议提出的蓝图不可谓不宏伟，目标不可谓不远大，任务不可谓不艰巨。特别是当前崇义正处于“爬坡过坎、滚石上山”的关键阶段，发展面临着诸多矛盾叠加、风险隐患增多的严峻挑战。“十三五”时期，我们要“跳起来摘桃子”，实现各项发展目标，注定是一场攻坚战、持久战。任务如此繁重、时间如此紧迫，如果我们没一副好身板，无异于痴人说梦。我们“十三五”规划目标能否实现，不抓好党建工作就一定不能。面对新形势、新任务、新目标，我们唯有紧紧扭住加强和改进党建这个关键，认清形势、把握大势，进一步提高党委领导经济社会发展、应对风险挑战的能力和水平，不断开拓发展新境界，为实现“十三五”宏伟蓝图筑基护航。

抓好党建是现实所迫。习近平总书记指出，越是情况复杂、基础薄弱的地方，越要健全党的组织，做好党的工作，防止“木桶效应”。从崇义现状来看，当前我们党组织和党员干部队伍的主流是好的，但也还存在一些不容忽视的问题，极大地影响着创造力、凝聚力、战斗力。从这个层面上看，党建已经成为我们全局工作中的一个薄弱环节和突出短板，已经到了不抓不行、非抓不可的地步。2015年，全县立案查处违纪案件就达81起，同比增长72.3%，党风廉政建设和反腐败斗争形势依然严峻。当前振兴发展暴露出的一些问题，比如，一些党员干部不担当、怕担当，为官不为、懒政怠政；在招商引资、项目审批中，一些党员干部吃拿卡要、中梗阻、“小鬼难缠”，等等。这些问题，面子在发展，根子在党建，根源在党建工作松了、虚了、脱离实际了。唯有党建工作抓好抓实抓牢了，干部作风、发展环境等问题才能“本治根除”，振兴发展才能行稳致远。全县各级党组织和广大党员干部务必警醒起来，充分认清严峻形势，紧抓党建不放松，着力补齐党建这块“短板”，不断提升党建工作水平。

二、全面提升党建科学化水平

党建工作做实了就是生产力，做强了就是竞争力，做细了就是凝聚力。抓好新形势下的党建工作，必须切实增强创新意识、宗旨意识、责任意识，找准路径、突出重点，遵循规律、注重实效，不断提高党的建设科学化水平。

一是明确目标抓党建。目标引领方向、汇聚力量。抓好党建工作，要有定位高远、清晰明确的目标。新的历史条件下，崇义党建的目标有三个：一是打造忠诚于党、扎根于民、勇于进取、甘于吃苦、善于团结的党组织，二是党建要成为振兴发展的“加速器”、深化改革的“定盘星”、和谐稳定的“压舱石”、群众工作的“风向标”，三是要使崇义党建成为全国的一面旗帜。

先说第一个目标。一是忠诚于党。天下至德，莫大乎忠。忠诚，是一种品格，一种境界。现在，我们有些党员干部说一套、做一套，对党“亚忠诚”、“伪忠诚”，值得我们警惕。如果在对党忠诚上迷失，当“两面人”，依附于党却不忠诚于党，任其发展下去，必然会失去先进性、纯洁性，滋生作风问题，甚至腐化变质。忠诚于党，就要始终在党言党、在党爱党、在党忧党、在党为党，将道路自信、理论自信、制度自信植入骨髓、融入血脉，自觉忠于党的信仰、党的宗旨、党的事业，做一个知行合一、俯仰无愧的共产党人。

二是扎根于民。民心是最大的政治。群众最痛恨的不是没有惠民政策，而是政策总是“走在路上”、服务始终“停在嘴上”、实惠没有“落在身上”，这就是我们常说的联系服务群众“最后一公里”问题。我们党来自人民、植根人民、服务人民。如果联系服务群众脚不沾泥、腿不沾土、身不沾灰，与群众的距离远了、交流少了，工作就会失去群众基础，我们也就丧失了根基与力量。扎根于民，就要把党建工作和群众工作结合起来，将联系服务群众作为增强理想信念、转变工作作风的方式，脚沾“泥土”、身接“地气”，放下架子、扑下身子，关口前移、重心下移，想群众之所想，急群众之所急，与群众同甘苦共冷暖，以真心换真情，以党心聚民心。

三是勇于进取。勇于进取，最重要的是担当。顺境逆境看胸怀，大事难事看担当。担当，是忠诚的应有之义，也是党员干部的本职所在。崇义要实现弯道超车、跨越发展，关键在担当。现在，有些部门单位、党员干部在工作中，看起来是在冠冕堂皇地走程序、办手续，其实是在等靠要、推拖绕。究其根源，还是在于不敢担当。勇于进取，就要敢于担当，面对矛盾要敢于迎难而上，面对危险要敢于挺身而出，面对失误要敢于承担责任，胸有宏图、脚踏实地，始终勇立时代潮头，成为党和人民事业的“开路先锋”。

四是甘于吃苦。艰难困苦，玉汝于成。苦是乐的源头，乐是苦的归宿。随着生活条件的改善，一些党员干部贪图享受等不良思想有所抬头，一谈工作业绩就“很知足”，一谈待遇享受就“很不知足”。党员干部的“辛苦指数”决定人民群众的“幸福指数”，事情越难、越苦，说明事情越有价值、越有意义。当初阳岭新城征地拆迁攻坚战，如果没有我们干部攻坚克难的苦，怎么有人民群众、事业发展的甜。当干部苦一点是正常的，容易了、轻松了反而不正常。在不在吃苦，是干部在不在干事的一个检验标准。甘于吃苦，就要以苦为荣、以苦为乐，将吃苦当作一种常态，多比奉献、少比享乐，在吃苦中锤炼工作本领、体现人生价值。

五是善于团结。懂团结是大智慧，会团结是大本事，真团结是大境界。善于团结，既要顾全大局，又要坚持原则。顾全大局，就要强化团队意识、发扬协作精神，用共同的事业、共同的目标凝聚人；坚持原则，就不能当老好人“和稀泥”，尤其是“一把手”要担起主责，大事讲原则、小事讲风格，带好队伍、管好干部，不断给力共同的事业、共同的追求。在坚持原则的同时，还要讲求方法。以斗争求团结则团结存，以退让求团结则团结亡。要善于通过斗争出团结，为事业奉献要理直气壮、一身正气，合作共事中要能讲真话、敢于亮剑。

再说第二个目标。党建要服务发展、服务改革、服务稳定、服务民生。**让党建成为振兴发展的“加速器”**，就要坚持围绕发展抓党建、抓好党建促发展，让党建工作的成效体现在发展的速度、质量和效益上，实现党建与发展同心同向、同步共进。**让党建成为深化改革的“定盘星”**，就要以党建促改革，通过加强党的建设破解改革难题，为深化改革提供坚强政治保证。以改革强党建，通过不断深化党建制度改革，让党建成为改革的先锋，以积极的革新姿态站在时代前列。**让党建成为和谐稳定的“压舱石”**，就要像爱护眼睛一样爱护党的形象，在众声喧哗中谨守公正、在利益诱惑下稳住心神、在庞杂事物中去伪存真，以优良的党风促政风、带民风，营造风清气正的社会环境。**让党建成为群众工作的“风向标”**，就要着力抓基层、打基础，秉持“党建如水”理念，做到哪里有群众、哪里就有党建，让群众来评价党建的成效，将群众的满意度、获得感作为衡量党建“含金量”的重要标尺。

最后说第三个目标。回顾过去，党建是崇义的一张名片，创造了不少经验，拿了不少先进，在全国、全省小有名气。比如，党代表常任制、名誉村支书，等等。现在我们要以归零的心态，重新起航、再创辉煌。党建能否成为全国的一面旗帜，是我们检验党建工作做得好不好的重要标准，县委将今年确定为“党建夯实年”，将出台专门文件推进。

二是发扬民主抓党建。毛主席说：“扩大党内民主，应看作是巩固党和发展党的必要的步骤。”小平同志也指出：“领导的关键问题是发扬民主。发扬了民主，就能够充分发挥人的能动性。”党内民主是党的生命，是党的活力源泉。党的生命如同人的生命一样，要保持肌体健康，始终充满生机与活力，就需要不断摄入新鲜养分，需要党组织最大限度地调动每一名党员的主动性、积极性和创造性，释放全体党员的正能量。要做到这一点，就必须大力发扬民主。

这几年，崇义在加强党内民主建设方面进行了一些探索。比如，我们创新推行县委常委实名推荐干部制度，规定干部调整动议时，由各县委常委署名推荐可提拔重用的优秀干部，并对推荐干部德行表现负责。今后，这项制度还要继续完善，既要署名推荐优秀干部，也要署名推荐不优秀干部。再如，我们创新推行群众直接评议推荐干部制度，规定干部在年度考核和拟提拔重用时，到其直接联系服务的群众中，采取“一户一票”的形式对其联系服务群众工作进行民主评议和征求意见，群众评议满意率不到2/3的，不得提拔重用。又如，这几年，县委常委会带头用好批评和自我批评这个武器，大力提高民主生活会质量，自我批评不讲面子、抓住要害，相互批评真刀真枪、见筋见骨，指导推动全县各级党委（党组）高标准严要求开好专题民主生活会。这些做法，扩大了干部群众参与，加强了党内监督，有力激发了党建工作活力。当前和今后一个时期，我们要继续加大发扬民主的力度，不断夯实党建基础，激发党建活力。

发扬民主要抓住几个重点。**一是要发挥民主集中制的作用。**民主和集中是辩证统一的关系。当前民主和集中，在我县要着力推进的是民主。我们发扬民主，就是要认真倾听各方面意见，按多数人的意见作出决定，防止个人或少数人决定重大问题，充分发挥大家的积极性。同时，发扬民主不能丢掉集中，不能偏废，否则就会成为一盘散沙、乌合之众。在民主基础上集中后，任何组织和个人都要无条件执行，切实防止极端民主化倾向。**二是要发挥组织生活的作用。**党的组织生活是发扬民主的重要形式。现在，我们有的基层党组织轻视和怠慢组织生活，组织生活不经常、不规范、质量不高的问题比较突出。有的农村党员意识淡薄、党员作用发挥不好，这与党员长期不过党的组织生活有很大关系。要坚决落实“三会一课”、组织生活会、民主生活会、民主评议党员、评选先进党员和党组织等这些好制度、好做法，把组织生活搞活、搞热烈，让党内的组织生活正常、规范、优质开展起来，使党员在这座大熔炉中练就“金刚不坏之身”。**三是要发挥党员的作用。**党员是党的肌体的细胞和党的活动的主体。党员作用发挥得好，党内民主就有生机、有活力。要保障党员权利。牢固确立党员在党内的主体地位，以落实党员的知情权、参与权、选举权、表达权、监督权为重点，切实保障党员的民主权利，进一步提高党员对党内事务的参与度。要健全党员激励关怀帮扶机制，继续做好50周年以上党龄老党员补助发放等工作，让党员充分感受到党组织的温暖。要让党员说话。党员不能沉默失语，对党的工作听而不闻、视而不见。要营造宽松、民主的环境，不乱上纲，不记旧账，让普通党员敢于开口说话，愿意说出心里话，说了有用、管用。要让党员现身。要积极开展创建“党员之家”等活动，强化党员意识，精心为党员搭建学习交流服务的平台。党员也要主动现身，敢于亮明身份，以身作则，率先垂范，积极参与党内活动，践行党的宗旨，在服从大局、维护大局中发挥先锋模范作用。要让党员亮剑。要把监督视为责任和义务，甩掉思想包袱，对党内生活以及党员领导干部存在的问题，特别是一些大是大非问题，要敢于旗帜鲜明地举旗亮剑，决不能似是而非、含糊其辞、沉默失语。

三是增强纪律抓党建。毛主席说过：“路线是‘王道’，纪律是‘霸道’。”习近平总书记强调：“党要管党、从严治党，靠什么管，凭什么治？就要靠严明纪律。”一个没有纪律约束的团队，将会是一盘散沙，一个没有铁的纪律约束的政党，将无法战胜困难、战胜对手。如果纪律成了“橡皮筋”“稻草人”，每位党员各行其是、各取所需，我们就不可能有统一的意志和行动，党组织也就毫无战斗力可言。这样一个松松垮垮、稀稀拉拉的组织，是不能干事，也干不成事的。现在，我们在增强纪律方面还存在不少问题，必须引起高度重视。比如，组织部门在干部档案审核中发现，有的干部在人事档案中动歪脑筋，学习经历涂改了10次。我们抓党建，就要落实到纪律这条“硬杠杠”上，以纪律巩固团结统一，以纪律增强党组织的凝聚力、战斗力，确保全县各级党组织意志统一、行动统一。

加强纪律建设，必须明制度于前，重威刑于后，切实将纪律立起来、严起来。**一是要把纪律挺在前面。**要念好“紧箍咒”，注重运用发生在身边的典型案例以案说纪，抓好党风党纪教育，让纪律意识在党员干部心中牢牢扎根，养成纪律自觉，尽可能地使党员不触犯和少触犯纪律。要拉响“警报器”，坚持纪严于法、纪在法前，紧盯重点对象、重点人员，严格用党规党纪的尺子去衡量党员干部的行为，一发现苗头就及时“扯袖子”“拍肩膀”，一碰纪律红线就马上“踩刹车”，防止党员干部把小错酿成大错，从违纪走向违法。**二是要让纪律成为带电的高压线。**纪律不能只是口上说说、纸上写写、墙上挂挂，而是要抓早抓小、动辄则咎，决不允许突破纪律底线。要动真碰硬、严格执纪、决不姑息，让党规发力、禁令生威，彻底打消一些人的侥幸心理、观望心态，使广大党员真正明白“纪律是块铁，谁碰谁流血；纪律是块钢，谁碰谁遭殃”的道理，做到心有所畏、言有所戒、行有所止。**三是要坚持纪律面前人人平等。**纪律是全体党员必须共同自觉遵守的规矩，具有普遍适用性。任何党员，不论党龄长短、职务高低、功劳大小，都必须毫无例外、一律平等地遵守党纪。对违反了纪律的党员，纪检监察部门要一碗水端平，一把尺子量到底，不能“看人下菜碟”“查小不查大”“查下不查上”“柿子拣软的捏”，搞双重标准、选择性执纪；也不能搞大事化小、下不为例。**四是要用纪律管住“关键少数”。**在增强纪律方面，领导干部这个“关键少数”，既可以起到关键的推动作用，也可能起到致命的破坏作用。现在我们查处的一些腐败问题，有的是领导干部自律不严，自己带头搞腐败，一人犯事，一窝败露，对整个部门、系统乃至一方风气带来极大损害；有的是领导干部抓纪不严，自己做“老好人”，自己不贪不占，下属违纪违规行为却不断发生。俗话说，兵熊熊一个，将熊熊一窝。领导干部既要以身作则、率先垂范，做模范遵守纪律的排头兵，又要当严抓纪律的责任人，切实履行第一责任，坚持真抓真管、有责必问、问责必严，这样才能发挥“关键少数”的表率作用，进而带动全体党员遵规守纪。

三、确保党建工作任务落到实处

道虽迩，不行不至。加强和改进党的建设，既要仰望星空，更需脚踏实地。全县各级党组织和广大党员干部务必明晰职责、真抓实干，真正让党建工作上台阶、上水平。

一是认真抓。习近平总书记在党的群众路线教育实践活动总结大会上谈到党建工作时，曾经连发三问，“是不是各级党委、各部门党委(党组)都做到了聚精会神抓党建？是不是各级党委书记、各部门党委(党组)书记都成为从严治党的书记？是不是各级各部门党委(党组)成员都履行了分管领域从严治党责任？”至今振聋发聩、引人深思。对标这一要求，我们差得还很远。在1月25日全县党建工作座谈会上，我说了党建存在的问题，用五个字来概括，一是“虚”，党建工作和社会实践“两张皮”；二是“花”，花架子、花拳绣腿；三是“单”，单打一，只有组织部门抓党建，其他部门都不抓；四是“软”，抓得不紧，没有刚性的指标和要求；最后是“泛”，什么都套到党建上，没有解决实际问题。究其根源，就在于不认真。对此，全县各级党组织务必提高认识，时刻以“党建三问”反躬自省、扪心自问，将党建工作牢记于心、落实于行。针对“不想抓”的问题，各级党组织要守好“主阵地”，牢记党建主责主业，把抓好党建作为一切政绩之本；耕好“责任田”，将党建工作摆上主要议事日程，与中心工作一起部署、同步落实，对其中落实不力的单位个人果断采取“零点问责”，起到震慑作用。针对“不会抓”的问题，一方面，要充分发挥党校教育“主渠道”作用，本着缺什么补什么的原则，有针对性地补足“短板”、丰富理论、提升能力。另一方面，要多到党建力量薄弱、工作难度大的地方去调查研究、解剖麻雀，在实践中锤炼本领。

二是系统抓。习近平总书记强调，“领导干部在实践中必须坚持和运用系统思维。”党建是一项系统工程，我们必须善于运用系统思维，以系统思维汇聚合力。要着眼全局谋党建，跳出党建抓党建。摒弃“就党建抓党建”的狭隘思维，牢固树立“党建+”理念，自觉将党建融入改革、发展、稳定工作中来考虑，在谋划上相互协调、部署中相互衔接、推进上同步开展。具体实践中，各级党组织要将党建与六大攻坚战等中心工作相结合，以党建推动发展，以发展的成效来检验党建成效，让党建工作的思路更开阔、谋划更主动、成果更丰硕。要统筹协调，互联互通。力戒“盲人摸象”的片面性，善于通盘考虑、整体谋划。首先党委部门要统起来，组织、宣传、纪检、统战部门，也包括工青妇群团要“一盘棋”推进。要上下联动、齐抓共管。抓党建不是“少数人”的责任，不仅是县委的责任，乡村两级、企事业单位、“两新组织”都有责任，不仅是“一把手”的事，每个班子成员都有责任。要充分调动各方积极性，合力解决党建工作中的热点、难点和重点问题，形成上下同心、齐抓共管的良好局面。

三是持续抓。抓党建功在当时，利在长远，既是攻坚战，也是持久战。我们必须久久为功“搭台子”，善做善成“铺路子”，持之以恒、常抓不懈。着眼于“常”，关键在经常抓、见常态。各级党组织要将党建工作当作“一号工程”，始终放在心上、抓在手上、扛在肩上。党建职能部门要加强督促检查，定期推动落实，层层压实责任、传导压力、提升动力，形成常抓不懈的生动局面。着眼于“细”，关键在具体抓、见实招。要从大处着眼、小事入手，摒弃“大而化之”、“泛泛而谈”的做法，聚焦具体问题、薄弱环节，将管党治党抓细抓实，见一个隐患消除一个、见一个问题解决一个，积小胜为大胜。着眼于“长”，关键在反复抓、见长效。要建立健全长效机制，保障推进落实，通过选树先进来引领激励，通过强化考核来奖励鞭策，不断完善常态化工作机制。

最后再强调一点，今年就要开始县、乡两级领导班子换届工作，这是全县政治生活中的一件大事。为政者不难于始，而难于克终。全县各级领导干部要慎终如始、敬终如始，跑好本届“最后一棒”。要以换届为镜，总结经验。既不能思想松懈、工作松劲，坐等提拔换岗，守摊子、混日子；更不能换届“涣心”，成天挖空心思找门路、拉关系，通过旁门左道谋位子。组织、纪检部门要从早准备、主动进位，严肃纪律、匡风正气，坚持正确的选人用人导向，将干部换届前的工作表现作为换届的重要依据，大力选拔讲党性、守规矩、行正道、崇实干、敢担当的优秀干部，真正做到公道正派地用人、用公道正派的人，着力营造风清气正的换届环境。

同志们，起点开启征程，蓝图激扬梦想。让我们更加紧密地团结在以习近平同志为总书记的党中央周围，振奋精神、抢抓机遇，砥砺奋进、攻坚克难，为建设美丽、文明、活力、法治崇义，与全国同步全面建成小康社会而努力奋斗！

在中共崇义县委十七届一次全会上的讲话

县委书记 许 斌

（2016 年 8 月 31 日）

同志们：

中国共产党崇义县第十七次代表大会，在全体代表的共同努力下，完成了各项议程，已经胜利闭幕了。下午，县委十七届一次全会选举产生了新一届县委常委领导班子，通过了县纪委第一次全会的选举结果。在此，我代表新当选的县委常委，对大家的信任和支持表示衷心感谢！

新一届县委领导班子肩负着带领全县人民与全国同步全面建成小康社会的历史重任，组织对我们寄予厚望，全县人民对我们充满期待。我们一定要倍加珍惜时代给我们提供的舞台，倍加珍惜党和人民对我们的信任，视信任为责任、化责任为动力，把自己的全部精力和智慧，投入到实现全面小康、建设幸福崇义的征程实践中去。在此，我提五点希望，与大家共勉。

一要提升我们的政治定力。《大学》中说：“知止而后有定，定而后能静。”从处世做人角度来看，保持做人的定力，才能抵御诱惑、笃定守志、干净身安。从党员干部的角度来讲，我们做好工作的首要前提，就是把握正确的政治方向、增强政治定力。坚强的政治定力，始终是我们站稳政治立场、经受各种考验的决定性因素。我们每一位同志，都要始终牢记党员身份，坚守马克思主义信仰和中国特色社会主义信念，任何时候都在思想上、政治上、行动上与党中央保持高度一致，不断增强道路自信、理论自信、制度自信。坚持不懈强化理论武装，持续推进“两学一做”学习教育，进一步拧紧思想“总开关”。严守政治纪律，不折不扣贯彻执行党的路线方针政策，始终保持头脑清醒、立场坚定、旗帜鲜明。

二、**要提升我们的思想境界**。境界决定高度。一个人思想境界高，人生的路才能行稳致远；一个集体思想境界高，事业发展才会蒸蒸日上。大家在一起共事，这既是工作的需要，也是难得的缘分。我们一定要以事业大局为重，不断提升思想境界，始终做到有胸怀、讲团结、互相帮助。有胸怀，就是要有包容之心，保持容事容人的雅量，坦诚相见的气度，闻过则喜的心态。讲团结，关键是要依靠集体智慧和力量分析解决问题，要广开言路、集思广益，做到讨论问题“七嘴八舌”，形成决议“异口同声”，落实工作“九牛爬坡”。互相帮助，就是要珍惜共事之缘，在政治上志同道合、思想上肝胆相照、工作上密切协作、生活上互相关心，在工作推进中，要相互配合、以诚相待，做到理解谅解不误解、圆台补台不拆台，分工不分家、交心不多心，切实把县委班子建设成为坚强有力的领导集体和战斗集体。

三、**要提升我们的工作水平**。非学无以广才。学习是提高本领的唯一途径。今后五年，新的形势、新的目标，对我们的工作水平、工作能力提出了更高要求。我们要始终保持“知识恐慌”、“本领恐慌”，自觉把学习作为一种态度、一种责任，注重向书本学、向他人学、向实践学，不断提升本领、增长才干。向书本学，就是要学马克思主义、毛泽东思想等经典著作，特别是要系统学习习近平总书记系列重要讲话精神，深刻把握蕴含其中的思想观点、工作方法，用以分析问题、指导实践、推进工作。向他人学，就是要“见贤思齐，见不贤而内自省”，给自己明方向、树标杆。向实践学，就是要沉下身子向群众学、向基层学、在工作中学，善于在发展前沿找准坐标，在发展变化的形势中把握方向、在错综复杂的矛盾中抓住本质，真正将学习成果转化为加快发展的思路、推动工作的举措、驾驭全局的本领。

四、要提升我们的责任担当。顺境逆境看责任，大事难事看担当。责任担当，是共产党人与生俱来的真本色、硬骨头、铁脊梁。我们要将担当作为一种精神追求、一种行动自觉、一种工作状态。担当要敢于扛责，主动挑起岗位职责的担子，遇到困难靠前谋划，做到“不误事”；碰到矛盾全力化解，做到“不怕事”；涉及社会稳定问题主动介入，做到“不出事”。担当要敢想敢干，该决策时果断决策，该拍板时大胆拍板，应该做的事，顶着压力也要干；必须负的责，冒着风险也要担。担当要敢于争先，不怕失败、不怕困难，大气魄谋事、大手笔干事，围绕“实现全面小康、建设幸福崇义”这一目标，聚精会神搞建设，一心一意谋发展，真正成为发展的带头人、群众的引路人。

五、要提升我们的廉政意识。廉贪一念间，荣辱两重天。廉洁是领导干部的应有品格，是从政之根、立身之本。一个清正廉洁的领导班子，才会有影响力、凝聚力和感召力。我们要牢固树立正确的权力观、地位观、利益观，善用手中权力，正确对待名利，牢记肩上责任，做到一身正气、一尘不染。要始终保持清醒头脑，时刻警醒自己在任何时候都稳得住心神、抗得住诱惑、管得住手脚。要坚持挺纪在前，严格执行领导干部廉洁从政各项规定，不断锤炼党性、磨炼心性，常思律己之益，常思放纵之害，校正价值取向，修正行为偏差，守住为政底线，坦坦荡荡做人，清清白白从政，实实在在干事。

同志们，功崇惟志，业广惟勤。历史已经把崇义今后五年发展的接力棒交到了十七届县委班子手上，评价我们这届班子的工作成效如何，历史最有发言权，群众最有发言权，实践最有发言权。让我们在市委的坚强领导下，抢抓机遇、砥砺奋进，努力完成县十七次党代会确定的目标和任务，为实现全面小康、建设幸福崇义而努力奋斗！

关于县委常委会工作的报告

——在县委十七届三次全体（扩大）会议上

县委书记 许 斌

（2017 年 1 月 22 日）

2016 年，在市委的坚强领导下，县委常委会深入学习贯彻党的十八大和十八届三中、四中、五中、六中全会以及习近平总书记系列重要讲话精神，特别是习近平总书记对江西工作提出的“新的希望、三个着力、四个坚持”重要要求，围绕省委决策部署和市委“解放思想、内外兼修、北上南下，突出打好六大攻坚战”战略部署，团结带领全县广大干部群众，真抓实干，攻坚克难，全县上下呈现经济快速发展、社会和谐稳定、环境持续改善、人民群众安居乐业、政治生态风清气正的良好局面，全面完成了 2016 年各项目标任务。实现财政总收入 106900 万元，增长 4.1%；公共财政预算收入 83400 万元，增长 16.9%，增幅居全市第 1；预计实现生产总值 688000 万元，增长 9.3%；规模以上工业增加值 248000 万元，增长 11%；固定资产投资 453800 万元，增长 16.5%；社会消费品零售总额 153000 万元，增长 12.6%；城镇居民人均可支配收入 23427 元，增长 10.4%；农村居民人均可支配收入 8600 元，增长 12.7%。

一年来，县委常委会总揽全局、协调各方、推进落实，主要做了以下工作。

一、保持思想政治定力，深入学习贯彻党中央治国理政新理念新思想新战略

县委常委会牢固树立“四种意识”，切实增强“四个自信”，坚决维护以习近平同志为核心的党中央权威，自觉在思想上政治上行动上同以习近平同志为核心的党中央保持高度一致，按照中央和省委、市委的决策部署扎实做好崇义的各项工作。

始终把握正确的政治方向。把学习贯彻习近平总书记系列重要讲话精神作为首要和长期政治任务，县委常委会带头，先后组织 20 次中心组理论学习。广泛开展理论宣讲活动，邀请专家、学者开展党中央治国理政新理念新思想新战略专题授课，举办“阳明文化专题辅导讲座”等新知识新政策培训，实现基层党组织、基层党员、基层群众理论宣讲“三个全覆盖”。通过学习，引导广大干部群众切实强化“四个意识”，增强“四个自信”，始终与党中央保持高度一致，做到政治上坚定、思想上统一、行动上自觉。

扎实推进“两学一做”学习教育。把“两学一做”学习教育作为推进全面从严治党的有力抓手，县处级党员领导干部带头深入学习，带头讲好党课，带头联系基层，带头查摆问题，带头整改提高，为广大党员干部树立标杆、做好表率。全县上下累计开展专题讨论 1676 次，讲党课 1676 次。创新开发“党员小书包”手机学习平台，建立学习微信群 405 个，有效解决党员集中学习难题。深入开展“党员牵手义工”活动、机关党员干部“三个一”帮扶行动等，开展志愿服务 4000 余次。坚持问题导向，建立学习教育问题清单、整改清单、责任清单、成果清单“四张清单”，目前共整改问题 1391 个，真正使党员在学习教育中有触动、有警醒、有改进。

集思广益形成路径共识。把中央、省委、市委的系列决策部署作为推动各项工作的行动指南，做到既联系工作实际学理论，更联系县情实际谋发展，将全县各项工作放在发展全局中谋划考量。尤其是新一届领导班子到任后，先后召开2次全县领导干部大会，系统传达学习党的十八届六中全会、省第十四次党代会、市第五次党代会等会议精神。先后赴重庆武隆、广西阳朔、海南琼海、浙江桐庐、浙江余杭以及江西婺源、武宁等地学习考察，开阔思路，借鉴经验，为县委决策提供了重要参考。深入农村、企业、项目建设一线，认真开展调查研究，广泛听取各方意见，为熟悉县情实际、确定下一步工作思路提供了依据。胜利召开县第十七次党代会，进一步形成了共识、凝聚了力量，增强了实现全面小康、建设幸福崇义的坚定信心，凝聚起了坚持走生态县域经济发展道路、实施全域旅游发展路径的广泛共识。从实践和发展层面反馈来看，县第十七次党代会确立的发展思路，符合市委对崇义发展的定位，切合崇义县情实际，顺应人民群众意愿，是实现全面小康、建设幸福崇义的科学路径。

二、坚决打好六大攻坚战，谱写经济社会发展新篇章

坚定不移以“六大攻坚战”为总抓手，全力用好“六大攻坚战”的总阀门和总开关作用，以项目为突破重点，统筹推进全县经济社会发展。全年安排“六大攻坚”项目98个，总投资1800000万元。列入市级考核项目54个，总投资1275300万元，年度计划完成投资554500万元，已全部开工建设，已完成年度投资585200万元，占年度投资计划的106%。

工业经济加快转型。安排20个主攻工业重点项目全部开工建设，高岭土深加工、精亿灯饰LED、威骏高分子不织布等项目投入试产，源升锡业、腾亮现代杉木园艺等项目加快推进，有效弥补钨矿产业低迷颓势，一矿独大格局逐步改变。成功获批设立省级工业园，园区基础设施及标准厂房建设扎实推进，平台基础进一步夯实。实行重点企业帮扶全覆盖，深入开展“降成本、优环境”专项行动，全年新增规上工业企业8家。兑现省、市、县系列优惠政策资金约21000万元，通过财园信贷通、小微信贷通、创业信贷通等平台累计为企业发放贷款47000万元，办理企业续贷基金30400万元。

精准扶贫纵深推进。把脱贫攻坚工作作为统领全县经济发展的首要任务和第一民生工程，完善扶贫机制，层层压实责任，构建县、乡、第一书记、村书记抓扶贫工作格局。实施健康、兜底保障、教育、金融等精准扶贫十大项目，完成脱贫1408户4669人，3个省级贫困村退出，贫困发生率下降2.61%。积极推行“种养相加、长短结合”产业扶贫模式，带动3851户贫困户发展刺葡萄种植68.59公顷；引导578户贫困户发展养蜂5808箱。深入实施新农合二次补偿办法，构筑起第五道健康医疗保障防线，贫困户个人自负住院医疗费用比例不超过总费用的3%。扎实推进易地搬迁扶贫，10个集中安置点有9个已开工建设，8个已完成主体工程建设；161套保障房全部完工并搬迁入住。

城乡一体步伐加快。启动县城规划、特色小镇规划编制工作，聂都乡、关田镇等8个乡镇总体规划修编和控制性详细规划基本完成。阳岭新城“四纵五横”骨架路网建成通车，阳明广场、文化活动综合楼、阳明书院基本完成主体工程，南门、北门农贸市场完成升级改造，自来水厂扩建、公厕、停车场等工程稳步推进，城市功能更加完善。扎实推进“四城同创”，城区市容环境卫生、交通秩序明显向好，获评国家卫生县城、省级文明城提名城市。过埠示范镇建设快速推进，圩镇自来水、污水处理厂等基础设施基本完工，“梦想家园”新型农村集中安置社区312套住房交付使用。深入实施农村人居环境综合整治，16个乡镇垃圾处理及污水处理项目稳步推进。

现代农业品质提升。粮食生产基本稳定，“菜篮子”产品供应充足。20个现代农业攻坚项目全部开工，新增刺葡萄137.73公顷、蔬菜基地104.07公顷，新建、低改油茶林866.67公顷，改造毛竹低产林1800公顷。大力发展新型农业经营主体，新增家庭农场34家，新增农民合作社10家。大力推进美丽乡村建设，启动铅厂关刀坪、长河坝，过埠铁木等10个旅游精品示范点建设，开展县城—上堡和县城—横水鹿坑旅游线路环境整治，拆除空心房535栋。农旅加速融合，君子谷野果主题公园项目进展顺利，野果长廊、酒庄山顶花园、生态餐厅、葡萄大观园启动建设。成功争取江西省休闲农业示范县；君子谷野生水果世界有限公司入选江西省休闲农业示范点。

现代服务业乘势发展。实施全域旅游发展路径，启动编制全域旅游规划。阳岭景区、上堡梯田景区、君子谷野生水果世界旅游综合开发、阳明温泉小镇开发、乡村旅游精品示范点等项目稳步推进，阳明广场、上堡整训旧址修复项目基本建成，阳明书院、王文成公祠、茶寮碑修复等一批凸显阳明文化的景观项目启动建设，全年接待游客186.7万人次，旅游综合收入115000万元，分别增长14.2%和16.1%。电子商务产业创业孵化园、竹文化创客中心、县职业中专“金蜘蛛”电子商务实训基地三个县级电商运营服务平台建成投入使用，入驻电商企业65家，打造农村电子商务服务站80家。实现电商销售额为74000万元，同比增长192%。

基础设施支撑更加有力。着力构建比较完备的基础设施体系，21个打基础、利长远的重大基础设施项目全部开工。天润乐洞风电11台风机并网发电，增补农网改造升级工程基本完成，能源供应保障能力明显增强。换届以后，进一步加大交通建设力度，龙勾至上犹高桥公路升级改造工程竣工，县道县城至茶滩、过埠至上堡公路升级改造工程完成路基铺设，国道金坑至西门、省道杰坝至过埠启动建设，过埠大桥危桥改建工程、乡村公路建设改造加快推进，外通内联的城乡公路网进一步完善，景区通达性显著提升，为全域旅游发展路径和“7+2+1”战略的实施奠定坚实基础。

三、纵深推进改革开放，发展后劲日益增强

立足当前，着眼长远，千方百计争资金、引项目、促改革，不断为经济发展增添后劲。

政策资金加速落地。积极北上争资争项，加强与国家部委和上级部门的沟通对接，2016年，全县争取上级各类补助资金（含政策性）143000万元，同比增长10.9%。环境保护部、国家体育总局对口支援成效显著，成功争取陡水湖生态环境保护、农村环境连片整治、重金属污染治理等专项资金以及县级全民健身活动中心、游泳馆、篮球场改造工程等项目资金23000万元。对接农发行、国开行等政策性银行，争取国家政策性低息长期贷款222400万元，其中争取14个专项基金项目60300万元。与赣州银行、江西银行、九江银行设立320000万元的产业发展基金，为项目投入提供坚强资金保障。

开放合作不断深入。坚持开放发展理念，主动“走出去”，开展专题招商、参加省市节庆活动25批次，重点考察洽谈了林业、非金属矿精深加工、乡村旅游、景区开发等一大批项目。认真做好“请进来”洽谈招商，先后举办“崇义籍在外创业人士代表迎新见面会”“候鸟式旅居养生养老专题招商推介会”“‘全域旅游’高峰论坛筹备暨招商项目推介洽谈会”等多场招商推介会，接待外来客商110余批次。高岭土综合开发、LED深加工、雷竹种植与竹笋深加工、生物制药等14个项目签约落地，总投资758100万元。积极落实促进民间投资的系列政策措施，积极推行政府与社会资本合作（PPP）模式，完成民间投资176900万元，同比增长55.3%。

深化改革全面推进。坚持问题导向，以更大的决心和勇气，深化重点领域和关键环节改革，释放发展活力。深入转作风提效率，推进简政放权、深化行政审批制度改革，加快“六单一网”建设，县级保留行政审批项目170项，精简审批事项116项，平均审批时限由8.1个工作日缩短至4.59个工作日。企业“五证合一、一照一码”、个体工商户“两证合一”登记制度稳步实施。扎实推进公共资源交易制度改革，继续扩大政府购买公共服务试点范围，实施政府向社会力量购买服务工作试点。率先在全市开展媒体融合改革，成立县全媒体中心，有力推动新旧媒体融合发展。公立医院改革稳妥推进，“基层首诊、双向转诊、急慢分治、上下联动”的分级诊疗模式逐步建立。推进农村产权制度改革，大力开展房地一体的农村宅基地和集体建设用地使用权确权登记发证工作。深化林权制度改革，县、乡、村三级林地流转交易平台不断完善。

四、坚持绿色发展，生态文明水平显著提高

坚持绿色发展理念，坚定不移走生态县域经济发展道路，落实最严格的环保制度，在环境保护、污染防治、制度建设等方面加大力度，争创一流，全县生态文明建设水平显著提高，2016年环保目标考核名列全市第一。

加强生态建设。启动编制《崇义县国家生态文明建设示范县规划》。率先在全市建设并运行空气质量自动监测站，对大气环境、水环境、重点企业等进行常态监督监测。健全乡（镇）环保责任制，对辖区内无证照经营泛滥造成环境污染、群众反映强烈的实行“一票否决”。加强对矿山的保护，严格采矿准入机制，禁止源头开矿，严格规范露天开采，开展工矿废弃地复垦利用。高水平、高规格召开全国森林质量提升工作会议，森林质量提升工作成为全国示范，森林经营技术模式在全国全面推广。积极保护耕地和基本农田，全面完成9526.67公顷基本农田划定工作。扎实推进国家级主体功能区试点，阳岭国家森林公园、铅厂镇入选江西省首批生态文明示范基地，过埠镇、关田镇、扬眉镇等3个乡镇获评省级生态乡（镇），省级生态文明先行示范县建设督导考核中位列全省第三。

推进污染治理。加大环保执法力度，淘汰511辆黄标车及老旧车。全面开展涉污企业调查摸底，依法依规整治24家违法违规企业。全面完成陡水湖水面集中整治工作，陡水湖水质保护取得显著成效。全面落实"河长制"，推进江河源头、重要水源涵养地的水环境保护，重点实施扬眉江、小江等重点流域水质和中小河流专项治理，实现水污染治理常态化长效化。持续推进农村环境连片整治和畜禽养殖污染治理，实现农村垃圾"日产日清"，获评全省农村清洁工程先进县。积极开展国家重点区域重金属污染治理、水土流失治理，关田下关河道底泥清淤、原砒霜厂生产场地修复等重金属污染治理项目启动建设。

深化制度建设。坚持把保护生态环境作为最大的民生，创新环保机制体制，将环保工作纳入经济社会发展考核评价体系，为生态文明建设提供可靠保障。率先在全市完成县级生态文明办组建工作，在全省范围内探索生物多样性保护与发展的体制机制等7项绿色制度创新。畅通信访举报渠道，专门设立了环保信访接待室，建立由专人负责的"12369"投诉热线和平台，大幅提高了环境信访案件查处率和群众满意度。

五、着力保障和改善民生，人民群众幸福感日益增强

始终坚持以人为本，持续增加民生投入，不断提高人民群众的幸福感和满意度，让发展成果惠及全体人民。

社会保障更加健全。就业培训、养老保险等省、市民生实事全面完成，城镇居民基本医疗保险和新型农村合作医疗制度整合工作有序推进，城镇居民医疗保险参保率达98.6%，新农合参合率达96.78%，优抚对象、城乡低保、五保、社会救助等提标提补工作全部落实到位，覆盖城乡的社会保障体系更加完善。阳明国际养生养老中心、珠岭公园、香山烈士陵园开工建设，兰洋综合福利院建设主体工程基本完成，横水镇敬老院、金坑乡敬老院（过埠分院）即将交付使用。

公共服务更加均等。加快推进教育项目建设，阳岭幼儿园投入使用，思源实验学校、职业中专实训楼、关田和金坑中心小学整体迁建项目基本完成主体工程；崇义中学扩建、12所乡镇中心幼儿园建设进展顺利，全年完成教育投入达40000万元，城乡教育基建、教学设备等日益完善，顺利通过国家义务教育基本均衡县评估认定。大力提升医疗卫生服务能力，县妇幼保健院改建修缮工程、县疾控中心实验室改造项目稳步推进，乡镇卫生院、村级卫生室改造新建稳步实施，群众"看病难、住院难"问题得到有效缓解；无线广播电视"户户通"惠民工程基本完成，解决1.61万人农村不安全饮水问题，完成745户低电压治理。

社会环境更加和谐。积极稳妥推进司法体制改革，加强司法规范化建设和对司法活动的监督，组织开展"法律八进"活动，营造办事依法、遇事找法、解决问题用法的法治环境。深化平安崇义建设，完善农村、城区网格化服务管理体系，"天网"三期工程建成投入使用，综治中心、综治信息化、综治网格化建设加快推进，加大矛盾纠纷排查化解力度，努力解决影响社会稳定的源头性、根本性问题。深入开展"利剑"行动，严厉打击各类违法犯罪活动，人民群众安全感和幸福指数不断提升。

六、落实管党治党责任，党的建设全面加强

牢固树立"抓好党建是最大政绩"的理念，准确把握从严治党新常态，坚持把从严管党治党要求落实到党建工作中去，不断提升党建工作水平。

宣传舆论引导不断加强。高度重视宣传舆论引导，坚持内鼓干劲，外树形象，唱响主旋律，传播崇义声音，弘扬正能量。高度重视意识形态工作，明确党委（组）书记第一责任人责任，并纳入科学发展综合考评体系。充分发挥"两报两台一端"职能优势，深入解读县第十七次党代会精神，全方位宣传报道了"六大攻坚战"、全域旅游等重点工作，营造了浓厚的幸福崇义建设舆论氛围。扎实推进社会主义核心价值观教育实践，创新开展"好人文化示范村"创建、"三好一孝"评选等活动。

基层党建基础夯实。推进非公企业和社会组织"两个覆盖"工作，全年新建党组织30个，151家非公企业和48个社会组织实现党组织全覆盖。扎实推进12个农村软弱涣散党组织整顿提升，加强村级组织活动场所建设，维修改造村级组织活动场所35个。进一步配强村级党组织带头人队伍，全年调整选配村党组织书记4名、名誉书记18名、第一书记67名。坚持以党建促扶贫，安排贫困村党员创业贴息贷款300万元，培育农村党员致富带头人76名。扎实推进党费收缴工作，全年补交党费148.7万元，党员党的意识明显增强。认真排查党员队伍违纪违法行为，集中处理21名违法违纪党代表和党员。统筹推进各领域"党建+"工作，探索党建与精准扶贫、主攻工业等工作融合发展，铅厂义安、麟潭两杰被评为全省农村"党建+"工作先进典型。

县乡换届圆满完成。胜利召开县第十七次党代会，完成全县479个基层党组织换届。以县乡换届为契机，全面推进从严治吏，领导班子和干部队伍能力与素质全面提升。严格执行换届相关规定与程序，严肃换届工作纪律，对重点岗位领导干部进行专题学习集体谈话，派出了16个督导组全程指导、监督乡镇换届选举程序和换届风气，有效确保了县乡换届风清气正。牢牢把握"四个坚持""三个不唯"的选人用人原则，突出工作一线选拔任用干部，从"三类人员"中选拔20人、企事业单位调任7人充实乡镇领导班子，11名新提名党政正职中8人来自乡镇，基层干部干事创业热情有效激发。

干部管理从严从紧。扎实推进干部教育培训，开展了乡镇领导班子成员集中轮训、统战委员和优秀年轻党外干部培训等专题培训班，培训干部240余人次。健全干部管理约束机制，开展常态化谈心谈话500多人次。开展新提任科级干部个人有关事项报告和财产公示工作试点，对87名拟提拔重用对象申报个人事项并完成财产公示。大力提升基层干部待遇，对乡镇在编在岗干部增加每月200至500元工作津贴。扎实做好人才工作，引进硕士及以上学历人才23人，招录公务员、大学生村官等61人。章源钨业博士后科研工作站正式挂牌，耀升钨业成功获批全市首批市级人才工作示范点。

党风廉政建设深入推进。认真落实党委主体责任和纪委监督责任，全面推行党风廉政建设责任制积分预警管理，组织乡镇、县直部门一把手向县纪委全会述责述廉，确保党风廉政建设"两个责任"落到实处。坚持挺纪在前，用准用好监督执纪"四种形态"，推动纪律审查制度化、规范化、程序化，全年受理信访举报185件(次)，立案审查违纪问题49件，给予党纪政纪处分51人。扎实开展基层侵害群众利益不正之风和腐败问题集中整治，深入推进收送"红包""违插"等专项治理。大力开展巡察工作，实现乡镇和县政府组成部门及国有企事业单位巡察工作全覆盖，梳理反馈问题322条，发现问题线索25条，立案审查9件，巡查"利剑"作用得到凸显。持续深化"三转"，多形式推进纪检监察队伍专业化职业化建设，监督执纪问责能力有效提升。

一年来，县委常委会十分注重加强自身建设，进一步提升县委把方向、出思路、管大事、用干部、督落实的能力，更好发挥总揽全局、协调各方作用。高度重视思想政治建设，始终坚持正确的政治方向和政治立场，坚定地在思想上、政治上、行动上同党中央、省委、市委保持高度一致，不折不扣地落实上级重大决策部署。严格执行民主集中制，坚持和完善县委常委会议事规则和决策程序，不断提高决策民主化、科学化水平。严格落实常委个人分工负责制，扎实推进县委常委牵头负责"二十个专题""六大攻坚战"工作机制，进一步推动全县重点工作落实。带头落实党风廉政建设责任，自觉担负起反腐倡廉建设的政治责任和领导责任，严格执行廉洁从政有关规定，风清气正政治生态加速形成。

以上报告的是今年以来县委常委会的主要工作。这些工作的推进和各项成绩的取得，是中央、省委和市委正确领导的结果，是全县人民团结奋斗的结果，是广大党员干部扎实苦干的结果。县委全委会的同志们在各自岗位上开拓进取、努力工作，对县委常委会的工作给予了充分信任、大力支持，作出了重要贡献。

在看到成绩的同时，我们也清醒地认识到，我县经济社会发展还面临着不少困难和问题，主要表现在：产业结构不协调、转型升级偏慢；基础设施不够完善，历史欠账大；环境承载压力不断加大，生态保护治理任务繁重；干部群众思想不够解放，等等。这些问题都需要我们在今后的工作中高度重视，采取有效措施，切实加以解决。

崇义县人大常委会工作报告（摘要）

——2017 年 2 月 6 日在崇义县第十八届人民代表大会第二次会议上

县人大常委会主任 郭 兰

一、2016 年主要工作回顾及体会

2016 年，在中共崇义县委的领导下，常委会认真学习贯彻党的十八大及十八届历次全会精神，深入学习习近平总书记系列重要讲话精神，特别是对江西工作提出的“新的希望、三个着力、四个坚持”的更高要求，以新发展理念为引领，紧紧围绕全县工作大局，全面履行宪法和法律赋予的职权，各项工作取得新进展。全年共召开常委会会议 8 次，主任会议 11 次，听取和审议专项工作报告 3 项，组织代表视察 1 次，开展专题调研 3 次，开展执法检查 1 次，配合省、市人大开展视察、调研等活动 8 次，依法任免国家机关工作人员 51 人次，其中任 43 人次、免 8 人次，接受辞职 3 人次。

（一）围绕实现全面小康，依法履行工作职责。常委会着眼“实现全面小康，建设幸福崇义”目标，顺应人民新期盼，突出重点，依法履职，在推进民主法治进程和县域经济转型升级中发挥更大作为。

强化财经监督。紧紧围绕改革发展大局，以促进经济健康运行为重点，对全县国民经济和社会发展计划、财政预决算执行及重点项目资金使用情况进行监督并提出意见建议，督促解决经济运行、项目落实和重要民生规划实施中存在的问题。对县“十三五”规划编制情况进行调研，向县政府提出有针对性的意见建议，确保规划的科学性和可操作性。强化审计监督，促进问题整改落实，规范政府行政行为，根据全县经济社会发展的实际，在听取审议相关工作报告的基础上，审查批准了县财政收支预算调整。

组织视察调研。结合全县工作重点和实际，组织部分市县人大代表对县人民医院新建住院大楼、阳岭示范幼儿园和阳岭新城建设等民生工程进行了视察，使代表进一步了解掌握全县重点工程建设情况，针对视察中发现的问题提出整改意见和建议，有效促进政府对重点工程的落实。组织代表赴遂川、宁都，广东南雄、仁化，湖南汝城开展精准扶贫、美丽乡村建设、产业发展等专题调研，认真撰写调研报告，为县政府提供决策参考。

聚焦中心工作。按照县委统一部署，常委会班子成员积极参与精准扶贫、重大项目、新农村建设等重点工作。深入开展农村精准扶贫调研，统一思想认识，强化组织领导，按照精准扶贫、精准脱贫的要求，到挂点贫困村户走访慰问，制定帮扶措施，狠抓工作落实，确保各项工作顺利开展。推进重点民生工程建设，经常深入一线，主动调研、提前谋划、统筹协调，与相关部门共同出主意、想办法、筹资金、抓协调，破解工作难题，所挂点重点工程项目按时顺利实施。全力做好“四城同创”工作，自觉落实“网格化”管理要求，在责任区全面开展环境卫生整治、健康知识宣传教育等活动，居民参与“四城同创”意识得到增强，小区环境得到有效改善。扎实推进新农村建设工作，认真开展调查摸底、新村规划、宣传发动、农房拆旧建新等工作，弘扬“5+1”“白加黑”工作作风，充分发挥村组干部作用，调动村民积极参与，共同推进塔下新村建设。

（二）围绕改进代表工作，充分发挥代表作用。常委会始终将代表工作作为人大工作的主体，把充分发挥代表作用作为人大工作的基础和保证，牢固树立为代表服务的意识，全力支持和保障人大代表依法履职。

加强代表学习培训。常委会高度重视代表的学习培训工作，换届以来，共培训3期158人次。举办了新一届常委会组成人员人大业务知识和财经知识培训班，组织到瑞金中华苏维埃代表大会制度史陈列馆参观学习；组织县乡人大干部前往深圳全国人大培训基地参加履职能力提升班学习。通过集中组织学习培训，广大代表和人大干部学习领会了有关法律法规和人大业务知识，交流了代表工作经验和履职体会，促进了代表素质的提高，增强了依法履职能力。

认真开展代表活动。认真落实常委会组成人员联系代表、代表联系选举单位和人民群众的“两联系”制度，邀请县人大代表、乡镇人大专职主席、副主席列席县人大常委会议，组织市县人大代表参与执法检查、视察、调查等活动。常委会分成7个组对口联系16个乡镇人大，开展了走访代表活动，认真听取代表对“一府两院”工作的意见。通过开展代表活动，使代表充分了解政情，广泛反映民意，积极建言献策，代表人民行使当家作主的权力。

加大意见建议办理力度。在县十七届人大七次会议及十八届人大一次会议期间，代表共提出各种意见建议126件，大会闭幕后，常委会及时进行交办，采取跟踪督办、专人督办、现场督办、电话催办等方式，督促承办单位认真办理和答复，并对代表建议办理情况进行督查，有力促进了代表建议办理工作。换届后，常委会制定出台了《崇义县人大常委会关于代表建议、批评和意见的办理办法》，使代表意见建议的办理进一步得到规范，提高了办理质量和效率。

（三）围绕依法治县，不断夯实民主法治建设基础。常委会始终以民主法治建设为根本任务，围绕法治崇义建设部署，自觉运用法治思维和法治方式加强和改进工作，不断夯实我县民主法治建设根基。

圆满完成县乡人大换届选举工作。认真贯彻中央、省、市和有关县乡人大换届工作要求，按照县委关于换届选举工作总体部署，始终将坚持党的领导、充分发扬民主、严格依法办事贯穿换届选举全过程，进一步严肃换届纪律，确保风清气正。严格把好入口关，会同县委有关部门对县十八届人大常委会委员建议人选、县乡人大代表提名人选的政治素质、思想品行、廉洁自律、履职能力、群众基础、遵纪守法、社会形象等方面情况进行了综合考察，依法选出县乡两级人大代表952名。加强对换届选举工作指导，针对换届选举容易出现的新情况新问题，会同挂点领导及工作人员多次深入基层，特别是在选民名单、初步代表候选人、正式代表候选人名单公布的法定时间段，加强监督检查。依法举行县、乡两级人民代表大会，按照法定程序顺利选出新一届县乡领导班子。

推进法治崇义建设深入实施。常委会把保障宪法和法律在我县的实施作为法律监督的重点，对我县贯彻实施《中华人民共和国消防法》的情况进行了执法检查，提出了进一步强化宣传教育，进一步加大消防安全隐患整治力度，进一步加大对消防基础设施建设投入等审议意见，并对县政府贯彻落实审议意见办理情况进行了审议和满意度测评。积极配合省人大常委会开展《江西省军人权益保障条例（草案）》立法调研。监督和支持“一府两院”认真落实“六五普法”规划，顺利通过省市验收，作出第七个五年法治宣传教育决议，推动全体公民自觉尊法学法守法用法，进一步增强全社会法治观念，形成崇尚法治、遵守法律的良好氛围。

（四）围绕加强自身建设，努力提高履职水平。常委会以深入开展“两学一做”学习教育为契机，在强化政治理论和有关法律法规知识学习的同时，突出教育主题，强化问题导向，贯彻从严要求，全面提高常委会及机关工作水平和服务质量。

提升政治业务素养。坚持把加强学习作为提高常委会组成人员和机关干部综合素质、履职能力的重要途径，始终把学习摆在突出位置长抓不懈。认真学习贯彻党的十八届三中、四中、五中、六中全会精神和习近平总书记系列重要讲话精神，深入理解党在新时期的路线、方针、政策，用党的最新理论指导人大工作。扎实开展“两学一做”学习教育，加强作风建设，把调查研究、倾听群众意见贯穿于常委会整体工作之中，深入基层接地气、摸实情、连民心，推动解决群众最关心、最直接、最现实的问题。不断加强业务培训，通过组织集中培训、邀请专家授课、开展专题研讨交流等方式，着力提升人大全体人员的法律水平、业务素养。结合外出学习考察，就加强人大监督工作、强化乡镇人大职能、发挥人大代表作用等方面与省内外部分兄弟县市进行交流探讨，对新形势下加强和改进人大监督工作拓宽了视野，增长了见识。

创新人大工作机制。修订完善了常委会议事规则、主任会议事规则等工作制度和办法，进一步明确常委会议事决策的程序规范，保证常委会严格按程序履行职责、行使权力，确保集体行使职权和科学民主决策。健全了对拟任干部的任前法律考试、任前表态发言、审议票决等制度，增强拟任人员的人大意识、法治意识和对人民负责、受人民监督的公仆意识。创新述职测评方式，采用百分制进行民主测评，更加全面客观地评价任命干部，监督和激励他们认真履职、奋发作为。积极探索完善人大工作公开制度，通过网络、电视、手机报等媒体，公开人大常委会行使职权以及与此相关的各类活动，努力增加人大工作的透明度，不断扩大公民有序政治参与。进一步完善公文处理、财务管理、信息宣传等一系列机关管理制度，使机关各项工作有章可循、有条不紊，不断推进机关管理制度化、规范化。

强化乡镇人大工作。县委高度重视人大工作，认真贯彻《中共江西省委办公厅关于加强市县乡人大建设若干实施意见》，我县乡镇领导班子换届人事安排在全市率先到位，乡镇人大班子共配备人大主席16人，其中专职10人，党委书记兼任6人；配备人大副主席16人，其中专职7人，党委委员兼任9人，确保了乡镇人大工作有专人负责、专人做事。常委会切实加强对乡镇人大工作的指导和联系，坚持常委会领导分片联系乡镇人大工作制度。日常工作中，通过深入乡镇视察调研、邀请乡镇人大专职主席和副主席列席常委会会议、组织开展乡镇人大干部学习考察以及召开工作座谈会等方式，努力提高乡镇人大工作水平。

各位代表，坚持和完善人民代表大会制度，做好新形势下人大工作，是党和人民赋予我们的光荣使命。总结过去的实践经验，深刻体会到，做好人大工作，务必牢固树立五种意识：

——务必牢固树立政治意识，始终坚持正确的政治方向。方向决定成败，目标引领未来。做好人大工作，必须始终坚持党的领导，坚守党的政治纪律、政治规矩，坚决在县委的领导下开展各项工作，把中央和省、市、县委的决策部署贯彻到人大工作的全方位、全过程。

——务必牢固树立担当意识，勇于监督、善于履职。直面难题不尚空谈，强化监督讲求实效。做好人大工作，必须敢于接触矛盾，善于履行职责，把法律监督、工作监督的效果体现在重点工作、解决复杂矛盾和群众关切上，强化地方国家权力机关的权威。

——务必牢固树立全局意识，正确处理人大与“一府两院”的关系。同下一盘棋，共谱协奏曲。做好人大工作，必须从整体和大局出发，按照体制机制要求，监督和支持“一府两院”创造性开展工作，做到监督不找事、不添乱，支持有原则、有力度。

——务必牢固树立主体意识，紧紧依靠代表履行职权。人大工作的主体在代表、潜力在代表。做好人大工作，必须始终把加强和改进代表工作作为重点，通过完善代表联络、代表培训、议案建议办理、代表履职管理等制度，着力增强代表履职意识和履职能力，确保代表作用得到充分发挥。

——务必牢固树立改革创新意识，不断加强人大自身建设。功成不必当下，唯愿基业长青。加强人大工作，必须持续加强自身建设，从职责要求出发，解决突出问题，下大力气做打基础、利长远的事情。以能力素质提升为关键，不断加强对常委会组成人员、人大代表、机关干部的培训教育，提高依法履职的能力水平。以作风建设为重点，着力打造政治坚定、作风过硬、业务精通、廉洁自律的人大队伍，为人大事业的发展注入活力、打牢根基。

各位代表，上述成绩的取

得，得益于县委正确领导，得益于“一府两院”积极配合、得益于全体代表、社会各界和全县人民的全力支持。在此，我谨代表县人大常委会向大家表示衷心的感谢和崇高的敬意！

同时，我们也清醒地认识到，常委会工作与时代发展要求和全县人民的期望相比，还存在一定差距。如在宣传工作方面较为薄弱，监督力度方面仍显不足，代表活动方面尚需完善，自身建设方面有待加强等。对此，我们将在今后的工作中努力加以改进。

二、2017年的主要任务

2017年是实施“十三五”规划、全面建成小康社会的关键之年，今年常委会工作的总体思路是：在中共崇义县委的领导下，以邓小平理论、“三个代表”重要思想和科学发展观为指导，深入贯彻习近平总书记系列重要讲话精神和治国理政新理念新思想新战略，认真落实省第十四次党代会精神，市委“解放思想、内外兼修、北上南下”要求和“六大攻坚战”布局，紧紧围绕县第十七次党代会确定的奋斗目标，不忘初心，知行合一，认真履行宪法和法律赋予的各项职权，以法治思维推动各项工作，不断增强监督实效，提升工作水平，努力实现全面小康，建设幸福崇义。

着重做好以下几个方面的工作：

（一）坚持党的领导，把握正确的政治方向。认真贯彻中央、省、市和县委系列重大决策部署，进一步统一思想认识，增强坚持党的领导、人民当家作主、依法治国有机统一的自觉性，增强坚持和完善人民代表大会制度的坚定性，增强人大及其常委会工作服务和保障全县工作大局的主动性。特别是要结合“十三五”规划的实施、促进科学发展、保障和改善民生、加快经济发展方式转变、保持经济平稳较快增长、生态环境保护的实践，全面部署和统筹安排监督、决定重大事项等各项工作，更好地发挥地方国家权力机关的作用。要充分发挥县人大常委会党组的核心领导作用，自觉服从服务于全县工作大局，积极承担县委确定的重点工作任务，深入一线调查研究，督促指导，协调解决有关问题，坚持在监督中参与、参与中监督、监督中支持，推动科学发展、和谐发展。

（二）突出工作重点，切实增强监督实效。紧紧围绕县委决策部署，依法行使重大事项决定权。对事关全县长远发展、科学发展、可持续发展的重大事项，加强调研，及时审查，主动作为，科学民主地作出决议决定。认真加强计划、财政和同级审等工作审查监督，促进经济社会稳定健康发展。注重加强对常委会决议决定和审议意见落实情况的跟踪监督检查，把监督工作的重点放在推动经济发展方式转变、保障和改善民生、生态环境保护、项目建设上，综合运用听取和审议专项工作报告、执法检查、调研视察、跟踪督查等形式，加大监督力度，增强监督实效，促进“一府两院”依法行政、公正司法。坚持党管干部与人大任免干部相结合的原则，依法行使人事任免权，严格执行人事任免程序和向宪法宣誓制度，加强对选举和任命人员的监督，进一步增强国家机关工作人员“受人民监督，对人民负责”的意识。

（三）服务工作大局，助力幸福崇义建设。紧紧围绕县十七次党代会提出的“实现全面小康、建设幸福崇义”的奋斗目标，常委会要结合人大工作的特点和优势，主动把人大监督工作与我县“六大攻坚战”建设，加速工业转型、农业现代化、新型城镇化进程结合起来，不断改进和加强对政府财政预决算的审查监督，推进阳光财政、科学理财，力促县域经济富强；与实施全域旅游发展路径结合起来，开展助推旅游产业发展调研，积极建言献策，以全域旅游引领统筹全县经济社会发展，力促人民生活富裕；与大力发展社会事业，打好扶贫攻坚战，建立健全基本公共服务体系，积极营造公平有序、安定和谐的社会环境结合起来，力促社会文明和美；与加快建立生态文明制度，健全生态环境保护的体制机制，实现环境整洁化结合起来，力促生态环境优美；与加强民主法制建设，健全权力运行制约和监督体系结合起来，扎实开展“七五普法”工作，力促法治崇义建设。实现人大工作参与与服务、监督与支持、方法与结果的有机统一，更加有力地推进幸福崇义建设。

（四）改进代表工作，充分发挥代表作用。坚持和完善人民代表大会制度，尊重代表的主体地位，不断研究探索和推进代表工作的理论创新、实践创新和制度创新。进一步加强代表联络工作，拓宽代表知情知政渠道，组织开展好代表闭会期间的活动，尽力为代表履职创造条件、提供服务。认真督办人大代表意见建议，切实提高办理质量，努力解决社会热点难点问题。探索建设乡镇人大代表联络站，充分发挥人大代表在闭会期间收集民情、倾听民声、反映民意的作用，将群众的呼声、困难等解决在一线。采取各种形式，扩大代表参与常委会活动范围，提高代表参政议政的能力，保障代表知情权、监督权、参与权、表达权的行使。

（五）加强工作指导，提升乡镇人大工作实效。要把乡镇人大工作摆在重要位置，从思想上、组织上对代表依法履职予以关心和支持。通过走访代表、召开座谈会等形式，把党和国家的方针、政策，新出台的法律、法规、重大决策和举措，及时传达给代表，为代表知情议政创造条件。要建立健全乡镇人大干部岗位责任制，具体明确乡镇人大干部的任务、目标职责和要求，增强工作的系统性、预见性和计划性。要建立健全乡镇人大议事规则、代表视察调查、工作评议、学习培训、代表建议办理等各项工作制度，明确职责，规范程序，严格操作，努力使乡镇人大工作制度化、规范化。要积极改善乡镇人大办公条件，乡镇党委和政府要关心和支持乡镇人大的基础设施建设，改善办公条件，做到办公有场所，学习有资料，履职有档案。

（六）改进工作作风，更加注重加强自身建设。把坚持正确的政治方向贯穿于人大依法履职的全过程，切实抓好思想政治建设，牢固树立政治意识、大局意识、核心意识、看齐意识和廉洁自律意识。坚持民主集中制原则，严格按常委会议事规则和程序办事，提高常委会的审议质量和水平。密切与人民群众的联系，加强调查研究，集中民智，反映民意，切实为人民办实事、解难题。进一步改进作风，与时俱进，不断探索，勇于实践，加强常委会制度建设，以制度建设推进常委会自身建设，努力把我县人大及其常委会工作提高到一个新水平。

各位代表，责任重于泰山，使命催人奋进。新的一年，让我们在中共崇义县委的领导下，认真履行宪法和法律赋予的神圣职责，与时俱进，开拓创新，扎实工作，为实现全面小康、建设幸福崇义而努力奋斗，以优异的成绩迎接中国共产党第十九次全国代表大会的胜利召开！

政府工作报告（摘要）

——2017年2月6日在崇义县第十八届人民代表大会第二次会议上

崇义县人民政府县长　邱　凌

一、2016年工作回顾

过去一年，在市委、市政府的正确领导和县委的坚强领导下，在县人大、县政协的监督支持下，全县上下聚焦“六大攻坚战”，真抓实干，攻坚克难，经济社会发展取得显著成效，实现“十三五”良好开局。全年实现生产总值711600万元，增长9.3%；财政总收入107000万元，公共财政预算收入83600万元，分别增长4.1%和16.9%；规模以上工业增加值238000万元，增长8.9%；固定资产投资453800万元，增长16.5%；社会消费品零售总额153200万元，增长12.5%；城镇居民人均可支配收入22938元，增长8.1%；农村居民人均可支配收入8515元，增长11.6%。

（一）全力以赴攻项目扩投入，发展后劲持续增强。

争资争项成果丰硕。争取上级各类资金151000万元，增长13.6%。争取14个专项基金项目60300万元，国家政策性低息长期贷款212000万元，与江西银行、赣州银行、九江银行设立产业发展基金320000万元。赣郴永兴铁路列入国家《中长期铁路网规划》，崇义通用机场列入省“十三五”规划纲要，省天然气管网工程上犹—崇义段获省能源局核准。争取环保部和体育总局安排陡水湖生态环境保护、重金属污染治理、全民健身活动中心、体育设施改造等项目资金23000万元。

项目建设稳步推进。安排实施“六大攻坚战”项目98个，总投资1800000万元。列入市级考核的54个项目全部开工建设，完成投资585000万元，超额完成年度投资计划。精亿灯饰LED、威骏高分子无纺布等项目投入试产，源升锡业、益佳木业等项目加快推进。

招商引资成效显著。组建产业招商小分队8个，引进高岭土综合开发、生物制药等重大项目14个，总投资达758000万元，已落地开工6个。实现出口总额9408万美元，实际利用外资1680万美元。

（二）千方百计调结构稳增长，产业发展势头良好。

工业经济逆势上扬。实施20个主攻工业项目，其中7个试投产，完成工业固投109000万元。实现主营业务收入924900万元，增长9.07%；利税总额121700万元，增长6.25%。新增规上工业企业8家。深入开展“降成本、优环境”专项行动，兑现政策奖励资金21000万元，利用财园信贷通、小微信贷通等平台为企业发放贷款47000万元，办理企业续贷基金30400万元。在全市率先搭建钨矿产品仓储服务平台，收储钨矿1096吨，实现税收1000余万元。成功获批设立省级产业园，建设标准厂房10.9万平方米。

农业产业稳步发展。实施20个现代农业攻坚项目，完成投资50600万元。新增刺葡萄137.73公顷、南酸枣66.67公顷，新增（低改）油茶林866.67公顷，改造毛竹低产林1800公顷。

柑橘黄龙病防控有力，砍除病树49万株。农村土地承包经营权确权登记颁证工作率先通过市级验收。新增家庭农场34家、农民合作社10家。齐云山食品公司南酸枣资源库列入第二批国家级种质资源库，为全省首批入选项目。农旅加速融合，被评为省级休闲农业示范县，君子谷列为省级休闲农业示范点。

现代服务业提速升级。全域旅游成效初显，累计接待游客186.7万人次，实现旅游综合收入115000万元，分别增长14.2%和16.1%。电子商务发展迅速，打造农村电子商务服务站80家，培育交易额千万元以上电商企业10家，实现销售额74000万元，增长192%。总部经济持续壮大，引进基金企业20家，认缴基金规模131000万元，实现税收2670万元。新增贷款28600万元，存贷比为77.1%。

（三）坚持不懈抓统筹促均衡，新型城镇化步伐加快。

城市发展扩容提质。高标准完成县城控规修编，启动全域旅游、城市设计、特色小镇规划编制。投入59500万元实施10个新型城镇化攻坚项目，县城建成区面积扩大至7平方千米，城镇化率达42.6%。阳岭新城"四纵五横"骨架路网建成通车，阳明社区公园、文化活动综合楼完成主体工程，北门、南门农贸市场升级改造，县城自来水厂回购、污水管网新建等项目稳步实施。扎实推进"四城同创"，市容市貌明显向好，被评为国家卫生县城，为全市第一个获此殊荣的县（市、区）；市民素质稳步提升，被提名为省级文明城。

城乡环境明显改善。启动乡（镇）总规修编、控规编制工作，完成37个新农村建设点和6个中心村建设。过埠示范镇建设加快推进，滨江大道初具雏形，自来水、污水处理等配套设施建成完工，"梦想家园"新型农村集中安置社区312套住房交付使用。农村环境整治工作扎实推进，拆除"空心房"928栋。在全市率先开展农村污水处理，陡水湖水面整治全面完成，被评为全省农村清洁工程工作先进县。

生态文明显著提升。生态文明先行示范成效显著，省级生态考核督导位列全省第三，阳明山①、铅厂镇评为全省首批生态文明示范基地，阳明湖国家湿地公园申报成功。累计创建国家级生态乡（镇）1个，省级生态乡（镇）10个、生态村10个，市级生态村83个。生态环保项目稳步实施，关田下关河道底泥清淤及处置、陡水湖生态环境保护与综合治理等项目扎实推进。环保监管与执法能力不断提升，节能减排任务全面完成。森林生态环境持续改善，更新造林2533.33公顷。高标准承办全国森林质量提升工作会议，森林经营成为"全国样板"。

（四）凝心聚力办实事惠民生，社会事业全面进步。完成民生支出175600万元，增长27.6%，占公共财政支出的83.9%。

扶贫攻坚富有成效。投入63200万元开展精准扶贫工作，其中投入19400万元推进产业扶贫，引导3851户贫困户种植刺葡萄68.6公顷，578户贫困户养蜂5808箱，打造3.33公顷以上规模蔬菜基地14个106.67公顷，形成了以刺葡萄、养蜂、蔬菜等为主导的优势特色产业扶贫格局。金融扶贫力度持续加大，发放易地搬迁扶贫贷款50000万元，发放产业扶贫信贷通贷款17800万元，完成任务比例居全市第一。统筹推进创业扶贫、就业扶贫、教育扶贫，完成脱贫1408户4669人，全县贫困发生率下降2.61%。建成农村保障房156套，丰州雁湖、杰坝长潭等9个行政村列为全国乡村旅游扶贫重点村，铅厂义安、横水左溪、龙勾良田3个省级贫困村脱贫"摘帽"。

基础设施更加完善。交通建设力度空前，国道G220金坑—县城段、省道S548树木园—过埠段启动建设，过埠—上堡、县城—茶滩旅游公路升级改造快速推进，龙勾—上犹高桥连接线建成通车，硬化通自然村公路82千米。农田水利设施建设稳步推进，高标准农田建设、小农水重点县项目顺利完成，12个农村饮水巩固提升工程全面完工。

公共服务水平全面提升。科技创新能力持续增强，"章源及图"商标认定为中国驰名商标，"君子谷"葡萄酒、"高山梯田"米等4个商标认定为省著名商标，章源博士后科研工作站正式授牌。教育基础设施建设加速推进，投入40000万元实施28个校建项目，新增校舍面积16万平方米，崇义中学、城关幼儿园扩建和思源实验学校新建项目快速推进，阳岭示范幼儿园建成使用，顺利通过国家义务教育均衡发展评估认定。全面完成18080户无线广播电视"户户通"工程。在全市率先构筑健康扶贫"五道保障线"②，为八类重大疾病患者减免治疗费用525万元，零差率销售基本药物2658万元，减轻群众用药负担2126.4万元。养老、失业、医疗、工伤、生育保险覆盖面不断扩大，优抚对象、城乡低保、特困人员等提标提补工作落实到位，横水、过埠敬老院建设全面完工。“天网”三期工程投入使用，综治中心、综治信息化、综治网格化建设加快推进，安全监管、应急处突能力不断加强，公众安全感和公安满意度居全市前列。

（五）持之以恒抓改革提效率，行政效能不断提升。

狠抓政府自身建设，扎实开展政府系统“三严三实”专题教育和“两学一做”学习教育，政府作风持续改善，廉政建设不断加强，政府公信力进一步提高。各项改革稳步推进，在全市率先组建全媒体中心，注册成立交投公司，顺利完成党政机关公务用车改革，主动做好取消和调整行政审批的衔接落实工作，县本级保留行政许可170项，为全市最少。精文减会力度加大，县政府和县政府办下发文件减少12%，政府执行力进一步提升。自觉接受县人大、县政协监督，办理人大代表建议68件、政协委员提案136件，办结率100%，满意率99.5%。与此同时，国防动员与后备力量建设进一步加强，审计、统计、编制、物价、司法、气象、供电、农机、档案、保密、邮政、通讯、石油、烟草、人防、消防、工会、残联、老龄、工商联、地方志、红十字、妇女儿童、粮食流通、防震减灾、民族宗教、地方海事、对台、外事侨务等各项工作都取得了新成绩。

各位代表，这些成绩的取得，是县委科学决策、统揽全局，人大、政协严格监督、大力支持，广大老同志和老干部建言献策、积极参与，全县人民同心同德、顽强拼搏的结果。在此，我谨代表县人民政府，向对口支援崇义的部委领导，向奋战在各个领域、各条战线上的同志们，向所有关心支持崇义事业发展的朋友们和历任老领导、老同志，向始终理解、信任和支持政府工作的各位代表、各位委员，表示衷心的感谢，并致以崇高的敬意！

在肯定成绩的同时，我们也清醒地认识到发展中面临的短板，主要表现在：工业支撑力不强、现代农业转型不快、现代服务业层次偏低等问题尚未根本解决；农村教育、卫生等民生事业历史欠账较多，交通、水利、电力、信息等基础设施仍是发展短板，农民持续增收的基础不牢固，脱贫攻坚的任务仍然艰巨；思想解放有待进一步深入，政府职能需要进一步转变，行政审批效率仍需提高，等等。对此，我们将采取有力措施，切实加以解决。

《政府工作报告》名词注释

1.“阳明山”：1月11日，国家林业局下发行政许可变更决定书（林场许变〔2017〕3号），准予阳岭国家级森林公园将名称变更为阳明山国家级森林公园，定名为“江西阳明山国家森林公园”。

2.健康扶贫“五道保障线”：在市级新农合医保、新农合大病保险、贫困人口疾病医疗商业补充保险及城乡医疗救助都享受的4条保障线的基础上，为贫困人员打造第5道保障线——新农合二次补偿。

3.“六个信贷通”：指财园信贷通、小微信贷通、财政惠农信贷通、产业扶贫信贷通、创业信贷通和我县创新设立的矿贸信贷通。

4.“三个熟悉、三个再次、两个点赞”：“三个熟悉”指帮扶干部要熟悉挂点乡（镇）和挂点村的基本情况，要熟悉精准扶贫各项政策，要熟悉帮扶对象基本情况和脱贫方向；“三个再次”指各乡（镇）要再次精准识别，帮扶干部要再次入户宣传，再次精准帮扶；“两个点赞”指让贫困户为扶贫工作点赞，为得到的实惠点赞。

5.“百企帮百村”：指以民营企业为帮扶方，以省定“十三五”贫困村为帮扶对象，以签约结对、村企共建为主要形式，实现全市需要结对帮扶的480个贫困村全覆盖，帮助其加快脱贫进程。

6.产业扶贫“五个一”机制：指选准一个产业、打造一个龙头、建立一套利益联结机制、扶持一笔资金、培育一套服务体系的产业扶贫模式。

7.“四合一”示范点：指集中打造精准扶贫、整村推进、新农村建设、乡村旅游示范点。

8.“三品一标”：指无公害农产品、绿色食品、有机农产品和农产品地理标志。

9.“一核三区”旅游布局：“一核”即打造以章贡区、南康区、赣县为主体的宋城文化旅游核心区；“三区”即重点发展东面以瑞金、兴国、于都、宁都、会昌为主体的红色旅游区，南面以龙南、定南、全南为主体的客家文化旅游区，西北面以上犹、崇义、大余为主体的生态休闲度假区。

10.“7+2+1”旅游格局：“7”是指建设阳明山、上堡梯田、齐云山、聂都大理石溶洞、阳明湿地公园、阳明温泉度假区、君子谷野生水果世界等7大景区；“2”是指建设亲水为主题的过埠客家水镇和亲山为主题的旅游休闲度假小镇；“1”是指建设1个旅游县城。

11.“赣南四整”：指1927年朱德、陈毅等带领八一起义部队转战到赣南，面对严峻的形势，朱德等领导人率领起义部队在赣南进行了安远整队、信丰整纪、大余整军、上堡整训。

12.“第三方物流”：指生产经营企业为集中精力搞好主业，把原来属于自己处理的物流活动，以合同方式委托给专业物流服务企业，同时通过信息系统与物流企业保持密切联系，以达到对物流全程管理控制的一种物流运作与管理方式。

13.“十大行动”：指绿色生态产业标准化建设行动、“三品一标”农产品推进行动、绿色生态品牌建设行动、化肥零增长行动、农药零增长行动、养殖污染防治行动、农田残膜污染治理行动、耕地重金属污染修复行动、秸秆综合利用行动、农业资源保护行动。

14.“千百双创”工程：“千”指县财政每年安排1000万元创业引导基金，每年安排1000万元科技创新奖励基金；“百”指新增创业企业100家，引进全日制硕士及以上学位研究生100人。

15.“两准则、四条例”：“两准则”指《关于新形势下党内政治生活的若干准则》《中国共产党廉洁自律准则》；“四条例”指《中国共产党纪律处分条例》《中国共产党问责条例》《中国共产党党内监督条例》和《中国共产党巡视工作条例》。

政协崇义县第十届委员会常务委员会工作报告（摘要）

——2017年2月5日在政协崇义县第十届委员会第二次会议上

陈金发

一、县政协十届一次会议以来的工作回顾

2016年是十届政协的开局之年，新一届政协常委会深入贯彻落实党的十八大和十八届三中、四中、五中、六中全会精神，深入贯彻落实习近平总书记系列重要讲话精神和治国理政新理念、新思想、新战略，认真贯彻落实县第十七次党代会精神，主动围绕建设幸福崇义战略部署，顺应全县人民对美好幸福生活的新期待，把政治协商、民主监督、参政议政的着力点放在推进六大攻坚战和全域旅游各项工作任务的落实上来、积极为振兴发展建言，为民生改善献策，为协商民主尽职，全面履行职能，为实现全面小康，建设幸福崇义作出了新的贡献。

（一）加强学习，注重引导，政治定力不断增强

换届以来，我们紧扣道路自信、理论自信、制度自信、文化自信，把学习摆在重要位置，始终坚持政协工作正确的政治方向，切实把思想和行动统一到县委的决策部署上来，始终与县委同心同德、同向同行。

1. 注重在深化思想建设中增进共识。把加强学习摆在更加突出位置，积极引导全体政协委员认真学习贯彻党的十八大和十八届三中、四中、五中、六中全会精神，深入学习贯彻习近平总书记系列重要讲话精神和治国理政新理念、新思想、新战略，积极组织全体委员学习中共崇义县第十七次代表大会精神，及时举办了全体委员培训班，学习理论、学习业务，增强素质，引导广大委员进一步增强政治意识、大局意识、核心意识、看齐意识，自觉讲政治、守规矩、做表率。

2. 注重在谋划部署工作中深化共识。认真学习贯彻落实市委《关于进一步加强人民政协工作，充分发挥政协协商民主重要作用的若干意见》精神；面向全体政协委员和社会各界征集年度协商重点课题，制定协商工作计划，切实增强履职活动的针对性和实效性；始终坚持将政协工作放在全县发展大局中去谋划。为了使政协年度调研视察工作更加贴近崇义发展的实际，始终紧扣党政工作中心，我们一直坚持由党政主要领导点题交任务的做法，使政协工作能够与党政工作同频共振、同步合拍，确保参政参到点子上，议政议到关键处。

3. 注重在“两学一做”中巩固共识。按照县委的统一部署和要求，深入开展“两学一做”学习教育，用习近平总书记治国理政新思想、新理论武装头脑、指导实践、推动工作。组织集中学习、认真开展专题研讨。并以此为契机在全体委员中开展以提交一件提案、反映一条社情民意等为主要内容的“五个一”活动，引导和组织全体委员积极参与、主动融入建设幸福崇义、实现全面小康的宏伟实践中来。

（二）围绕中心，致力发展，服务大局成效更加显著

1. 协商议政富有成效

委员大会发言是协商议政的重要形式。为搞好委员大会发言，政协常委会认真开展调研，组织相关委员到全国各地考察学习取经，形成初稿后，主席会议反复进行审议修改。可以说委员的大会发言凝聚了众多委员的智慧和心血，反映了政协委员共同的心声。委员的发言也引起了党政领导的高度重视，委员的发言材料政府常务会议全都列入议题认真进行审议，并安排相关部门落实解决。

为推动相关部门的工作，让协商议政真正取得实效，常委会专门就2016年初九届六次会议上，委员发言的7个课题，进行跟踪问效，开展了一次回头看工作，以推动委员意见建议落到实处。如关于《弘扬阳明文化，建设主题文化城市》的委员发言，引起了党政领导的高度重视，书记、县长多次密集调会，推动相关工作落实。县委、县政府决定在阳岭建设全国最大的阳明文化主题公园，在思顺桶冈建设平茶寮碑主题公园，举全县之力办好建县五百周年系列文化活动，阳明文化作为崇义全域旅游最重要的文化载体和支撑已成为全县共识。又如《关于鼓励普生二孩，做好保障服务》的委员发言，引起了县委、县政府的高度重视，相关部门加强了普生二孩政策的宣传和引导，转换了观念，加大了优生优育的服务，加强了孕前、孕期免费检查工作，制定了相关预案，加强了人才培训和医疗基础设施建设，以推动普生二孩政策的实施。

2. 民主监督更加有力

为了进一步优化发展环境，推进改作风，提高工作效率，有效解决部分干部中存在的“为官不为”现象，十届一次会议期间，组织全体委员对9家窗口部门开展了满意度测评活动，鉴于整体满意率低，政协常委会又适时启动民主监督程序，组织七个民主监督工作小组，对九个窗口部门的服务工作水平和质量开展了一次专题民主监督。在认真调查了解的基础上，专门发出政协民主监督函，督促相关部门单位进行整改。政协常委会还专题听取了九个部门整改工作的情况汇报，有力地触动了被“晒形象”单位的工作。下一步，政协常委会还将对存在问题比较多且整改不到位的部门单位进行民主评议。

2016年，共收提案273件，立案271件。常委会坚持把提案工作作为政协民主监督工作的重要抓手，推动相关部门单位切实改进工作，推进县委、县政府重大决策部署的贯彻落实。继续坚持了党政领导领办、督办重点提案制度，重点提案回头看和二次办理制度。推动了群众普遍关心关注的一些问题的解决。如《关于有效解决县城供水严重不足、水质安全无法保障的提案》，县委、县政府认真听取了委员的建议，下决心将县城供水收归国有，进行深化改造，以彻底解决高层楼房供水压力不足，常闹水荒和水质安全无法保障，群众反映强烈的突出问题。目前，清泉水业收回国有工作已进入实质性阶段。如《关于加快南门农贸市场建设工程进度的提案》，政府高度重视，政府主要领导亲自抓督办，督促主管部门和施工单位在保证质量的基础上，切实加快工程进度，早日解决占道经营问题。在政府领导的强有力推动下，南门农贸市场已于春节前完工正式交付使用，有效解决了老市场布局不合理、设施陈旧、配套设施不完善等带来的市容环境卫生问题，实现了市场内划行归市、分类设摊，为广大市民营造了一个干净、舒适的购物环境。

3. 参政议政务实有效

政协十届一次会议联组讨论会上，委员们提出了许多富有建设性的意见建议。这些意见建议涉及：全域旅游战略的实施，城市建设和管理，森林质量提升，县乡公路的建设和改造，失地农民就业和技能培训，县城小学入学难、大班额以及文明卫生城长效机制建立等18个方面，引起了党政领导的高度重视，委员的意见和呼声由此进入到领导的决策视野。为了使委员合理化的意见建议能够真正得到相关部门的认真采纳，县政协还将委员联组讨论会上的发言及时转化为相关提案，交有关部门办理，部分有深度有见地的意见建议已由党政领导亲自督办、领办。推动了相关问题的解决，提高了参政议政的实效。

4. 调研视察亮点纷呈

视察调研工作是政协工作的重中之重，是政协履职能力和水平的重要体现。换届以后，常委会集中精力组织了六个课题的深度调研，分别就全域旅游、大病救助保障、农村安全饮水、农村公路管护、竹产业发展、城乡养老、农村建房规划监管问题开展了专题调研。这些调研紧扣了六大攻坚战和群众普遍关心、关注的重大民生问题，引起了社会的广泛关注。为了提出务实管用的意见建议，常委会在深入调研的基础上，组织部分委员到全国各地参观学习，充分酝酿、充分协商，主席会议多次审议，课题组反复修改，努力形成有水平、有分量的视察调研报告和委员大会发言稿，充分用好政协的话语权，努力发出好声音，唱响主旋律，提出好建议，为六大攻坚战、全域旅游和幸福崇义建设积极发挥好政协的职能作用。

5. 中心工作有声有色

政协班子成员积极参与六大攻坚战，善谋实干，敢于担当、敢于作为，牵头主抓的项目都按县委、县政府的时间节点和任务要求抓好工作落实。

精准扶贫工作抓得紧抓得实，政协机关将精准扶贫工作列入机关年度目标考核之中，实行一票否决。坚持真扶贫，扶真贫，要求年度内一般扶贫干部上户次数不少于12次，开展“三个一活动”二次以上。为了推动精准扶贫工作，11月，政协机关还组织了一次突击检查考试，以了解机关干部对精准扶贫政策掌握的程度，对机关干部触动非常大，以此进一步督促政协机关干部将扶贫工作放在心上，扛在肩上，抓在手上，落实在行动上。常委会还重视发挥企业委员在精准扶贫中的积极作用，组织委员企业献爱心，春节前走访慰问政协机关帮扶的精准扶贫户。在政协机关的帮扶下，投资80多万元在所帮扶的村建立了一个刺葡萄示范基地，协助贫困户发展产业13项，协助贷款30多万元。去年，有6户农户在扶贫干部的帮助下顺利脱贫。

旅游新村建设顺利实施。为了不折不扣完成横水镇朱坑口村寨下组旅游新村建设任务，政协机关全体人员齐上阵，每个人都挑担子，每个人肩上都有压力，每个人都有具体的工作任务。政协机关注重在征地拆迁一线锻炼干部、评价干部、考核干部，注重培养干部的群众工作能力。寨下组土坯房拆旧任务共有44栋，砖混房坡顶改造28栋，附属房需拆除89间，需征地1.03公顷，修路近4000米。在任务重、压力大、涉及面广的情况下，政协机关全体干部发扬“5+1”，“白加黑”精神，迎难而上，攻坚克难。短短的几十天时间里，旅游新村建设取得较好的成绩，目前，政协机关已拆除主体房7栋，附属房8间。征地0.27公顷，路基清表整理2600米，已签订拆旧建新协议36户，春节过后，大部分农户都将陆续动工拆除土坯房建新房，进行坡顶改造。

二、2017年工作任务

各位委员、各位同志：

2017年是实施“十三五”规划的重要一年，是我县振兴发展、全面建成小康社会的关键之年。县政协工作的总体思路是：全面贯彻落实党的十八大和十八届三中、四中、五中、六中全会精神，以习近平总书记系列重要讲话精神和治国理政新理念、新思想、新战略为指导，深入贯彻落实县第十七次党代会精神，在中共崇义县委的坚强领导下，在县政府的大力支持下，坚持围绕中心，服务大局，凝聚力量，主动履职，为全面推进县域经济转型升级，努力实现全面小康，建设幸福崇义充分发挥政协的职能作用。

（一）围绕幸福崇义建设献计出力

要紧扣县第十七次党代会提出的建设幸福崇义的总目标，聚焦六大攻坚战和全域旅游发展战略，找准切入点和着力点，充分发挥政协优势，深入调研视察、广泛协商议政、积极投身参与，多建真言、多献良策、多出实力。为破解发展难题、增强发展动力、助推宏伟蓝图实现出力。积极组织政协委员开展协商议政、专题调研、专题视察等活动，为我县厚植发展基础、突破发展瓶颈、加快振兴发展提出建议。围绕加快发展我县实体经济、支柱企业和特色产业建言献策。针对我县产业结构单一、经济发展方式粗放的实际，要组织委员重点选择食品业、高岭土深加工、发展旅游经济、加强文化建设等方面开展有针对性的调查研究，提出意见建议，为县委、县政府科学决策提供参考。

幸福崇义的建设还需要人心的凝聚、力量的团结、精气神的提升。只有汇聚起全社会的强大正能量，才能实现人民对美好生活的向往。把一切积极因素调动起来，把一切智慧力量汇集起来，把一切干事激情激发出来，政协委员责无旁贷，重任在肩。全体政协委员都要努力成为正能量的传递者、汇聚者，切实发挥出桥梁纽带作用，做好上情下达、下情上达，理顺情绪，化解矛盾的工作，努力为党政分忧解愁。着眼于减少阻力、增加助力、形成合力，凝聚起幸福崇义建设强大的正能量。

（二）聚焦改作风、提效率加强民主监督

良好的作风是实现全面小康，建设幸福崇义的重要保障。在政协机关和全体委员中大力倡导敢想敢干，敢于担当，马上就办，办就办好的优良作风，在打造一支“想干事、能干事、干成事”政协委员队伍的同时，常委会着力聚焦单位、部门落实力和执行力的提升，切实发挥好政协民主监督的职能作用，重点围绕县委、县政府重大决策部署的贯彻执行，重大民生实事落实，重点项目的推进，法律法规实施，突发事件的应急处置等方面的情况开展好民主监督，重点围绕六大攻坚战，全域旅游各项具体工作任务的落实开展好民主监督，协助县委、县政府破解部分干部思想作风中存在的思想僵化、精神懈怠、缺乏担当、执行不力、作风漂浮、效率低下等问题。对于群众反映强烈的为官不为、敷衍塞责、服务群众不到位的部门单位将组织委员开展民主评议，督促整改。2017年，政协常委会将重点对群众反映的一些热点、难点、焦点问题落实解决情况开展好跟踪问效。

（三）顺应新期待，倾力服务民生改善

始终坚持履职为民的宗旨，积极回应人民群众对美好幸福生活的向往、对改革发展成果获得感的渴望，多做联系、服务群众的工作，多办顺民意、暖民心、惠民生的好事实事。要围绕惠民利民政策落实、重大民生工程建设和精准扶贫等问题，履好职，发挥好作用。积极推动政协工作向社区和乡镇延伸，广泛开展政协委员下基层、进社区活动，认真收集和反映社情民意，重点围绕涉及群众切身利益的教育、就业、社会保障、医疗、住房、养老、居民收入、食品安全等热点、难点问题，通过开展调查研究、专题视察、提案办理等方式，及时向县委、县政府反映群众的合理诉求，并通过民主监督的办法助推民生问题的有效解决，努力促进社会公平正义。政协委员要积极参加科教扶贫、帮困济弱、送医送药、修路搭桥、捐资助学、建设美丽乡村等社会公益活动，真心诚意帮助群众解决生产生活中的实际问题，努力使改革发展成果惠及更多的百姓。

（四）适应新形势新要求、进一步提升履职能力

着力加强党组、主席班子、常委会班子建设，不断培元、固本、强基、提质。自觉遵守党的政治纪律和政治规矩，严格组织程序，严肃党内政治生活，加强党内监督，增强政协党组织的凝聚力、战斗力和创造力。突出抓好廉政建设，保持风清气正、干事创业的良好局面，不断增强人民政协的公信力、凝聚力和号召力。

切实强化机关建设。要进一步推进和深化学习型、创新型、服务型、效能型、廉洁型机关建设，着力增强政协机关和全体干部的政治意识、大局意识、核心意识、看齐意识，着力加强思想、组织、作风、制度和信息化建设，着力提升服务能力，确保政协工作务实、有序、高效运行，更好地发挥政协机关的服务保障作用。

进一步加强委员队伍管理。一要加强委员学习。建立健全委员学习和培训制度，组织委员学理论、学时事、学业务，努力提高委员的理论水平和履职能力。二要拓展委员履职平台。按照“五个一”活动的要求，更加精彩、更加灵活地开展各项履职活动，努力搭建委员履职平台，使每位委员在政协干事有舞台、建言有渠道、工作有作为。三要提高委员调研能力。每年安排五分之一的委员随政协课题组到外地学习考察，开阔视野，提升能力。对于调研工作，委员要带着问题、怀着责任、做足准备，深入实际、深入基层、深入群众，充分了解实际情况，掌握有真凭实据的第一手资料，用事实说话，用数据说话。真正沉下心来，认真研究论证，把问题找准，把原因分析透，提出具体实在的对策建议，为县委、县政府科学决策提供依据。

各位委员、同志们，在新的一年里，人民政协责任重大、任务艰巨、使命光荣。在中共崇义县委的坚强领导和县人民政府的大力支持下，我们要振奋精神，团结一心，开拓创新，积极作为，为全面推进县域经济转型升级，努力实现全面小康，建设幸福崇义做出新的更大的贡献！

特辑

精准扶贫

2016 年崇义县精准扶贫工作综述

2016 年是“十三五”脱贫攻坚开局之年，在市委、市政府的正确领导下，我县深入贯彻习近平总书记在江西视察时的重要指示要求和中央、省、市关于扶贫开发的一系列决策部署，紧紧围绕 2020 年基本消除绝对贫困的目标，始终把脱贫攻坚作为头等民生工程来谋划和推进，压实工作责任、强化工作保障，创新实施“三业一兜底”（发展产业、支持创业、安排就业、政府兜底）扶贫机制，集中力量坚决打好精准扶贫攻坚战，取得了阶段性成效，现将有关情况汇报如下：

一、总体成效

我县精准识别贫困人口 6132 户 1.7482 万人，其中扶贫户 2463 户 8690 人、扶贫低保户 951 户 2896 人、纯低保户 2229 户 5380 人、五保户 489 户 516 人。2015 年、2016 年分别完成脱贫 1260 户 4141 人、1408 户 4669 人，贫困发生率由 2014 年底的 9.79% 下降至 4.83%。全县 12 个“十三五”省级贫困村，2016 年脱贫退出 3 个（铅厂镇义安村、横水镇左溪村、龙勾乡良田村），按照“三年计划两年退出”目标，其余 9 个计划于 2017 年全部脱贫退出。我县产业扶贫工作，特别是刺葡萄、养蜂等具有崇义特色的扶贫产业，得到了省扶贫和移民办领导、省委专项督查组的充分肯定，并上报典型材料；创新实施的新农合二次补偿特色做法已在全市推广；探索推广“政银企”合作金融扶贫新模式，全年发放“产业扶贫信贷通”1.7793 亿元，列全市第一。

二、工作进展

（一）全力落实产业扶贫。投入 1.9 亿元发展扶贫产业，其中兑现贫困户产业扶贫资金 1159.56 万元，形成了一条传统和特色相结合的种养扶贫之路。一是做精做好刺葡萄和养蜂产业。刺葡萄产业方面：结合乡村旅游发展，发挥君子谷野生水果世界龙头带动作用，发动 3924 户贫困户种植刺葡萄 1549 亩，培植农旅结合助扶贫的特色样板。壮大产业扶贫龙头企业，支持君子谷公司建设刺葡萄种苗繁育基地、森林酒店，开发野果干红、野果饮料、野果饼干等新产品，开展以功能拓展为重点的刺葡萄一二三产业融合发展试点，壮大君子谷公司，并建立“公司 + 基地 + 贫困户”的产业发展模式，通过公司带动贫困户发展刺葡萄产业。出台《崇义县刺葡萄产业发展办法》，对贫困户种植一亩的补助搭架工资 4000 元，1 亩以上至 5 亩的每亩补助 1100 元，5 亩以上的每亩补助 1600 元，解决贫困户资金短缺问题。鼓励庭院发展，提出“每户贫困户庭院种植 2-5 棵刺葡萄”的产业扶贫思路，采取“五统一”（统一种苗供应、统一技术指导、统一质量标准、统一品牌、统一市场保护价）全方位服务贫困户发展刺葡萄产业。养蜂方面：充分发挥养蜂产业投资小、回报快、效益佳和我县植物种类繁多、四季花源丰富的优势，将养蜂产业确定为扶贫特色项目，发动 578 户贫困户发展养蜂 5808 箱，同时实行“三帮”，做到精准发力、精准扶持。帮助解决资金问题，对贫困户养殖蜜蜂给予 500 元 / 箱的补助，1 万元封顶，提高农户发展养蜂产业的积极性。帮助解决技术问题，采取课堂学、上户教相结合的方式，聘请专家进行培训，让蜂农熟练掌握养蜂技术。帮助解决销售问题，成立县级蜜蜂产业合作社（森福蜂业合作联社），通过统一技术培训、蜂种供应、品牌打造、收购营销，产生规模效应，增加了贫困户抗风险能力，并通过农村电子商务服务网点建设，为农户拓宽产品销售渠道，解决销售难的问题。二是做大做强蔬菜、林业等传统优势产业。蔬菜产业方面：打造 50 亩以上规模蔬菜基地 14 个，1633.4 亩，建立“基地 + 贫困户”发展模式，通过土地入股、资金入股和务工取酬等方式等带动了 609 户近 3000 人增收。林业产业方面：完成油茶低产林补植补造 1 万亩、油茶造林 4200 亩、发展林下种植 2100 亩、毛竹林抚育 5.36 万余亩，直接带动 1180 户贫困人口受益。

（二）创新推进金融扶贫。合理运用产业扶贫信贷通政策，探索“政银企”合作金融扶贫新模式，并在长龙镇开展试点工作，通过赣州银行崇义支行为县永乐民营林场发放期限为 3 年的产业扶贫信贷通贷款（600 万元），同时对该企业给予政策支持：一是在采伐指标上给予适当倾斜，二是支持企业争取中央林业贷款贴息政策，三是享受县产业扶贫信贷贴息政策。企业则提供林权资源到林业局抵押备案，直至清偿贷款为止，并每年支付融资金额的10%作为全镇建档立卡贫困户分红，实现户均增收5000元/年，帮助企业获得发展资金的同时，也解决了贫困群众“不敢贷、不想贷”的问题。在长龙成功试点的基础上，我县又将该模式复制到县旅投公司，实现12个省级贫困村金融扶贫全覆盖，点燃了贫困户增收的新引擎。2016年，全县累计发放“产业扶贫信贷通”1.7793亿元，列全市第一。

（三）扎实推进政策扶贫。 健康扶贫方面：投入1105万元，占年度计划的110.5%。创新实施新型农村合作医疗二次补偿办法，由原来免费为贫困对象参加新农合、办理新农合大病保险、购买疾病商业补充保险和大病救助的四道防线扩充为五道健康医疗保障防线，让贫困户个人自负住院医疗费用比例不超过总费用的6%，自负比全市最低。2016年，我县累计为119名贫困人口拨付补偿款93.25万元。新农合二次补偿特色做法在全市推广。教育扶贫方面：投入7693万元，全面完成年度计划。同时，引动社会力量参与教育扶贫，争取各类资助近2300万余元，为贫困学子架起助学“彩虹桥”。兜底保障扶贫方面：农村低保与扶贫开发两项制度有效衔接，发放低保、五保、临时救助保障金2676.92万元，筑牢低保、五保、临时救助三道“坚强堤防”。电商扶贫方面：投资342万元，打造完成乡、村级电商服务站点70个，开展电子商务培训25期，培训2224余人次，带动327名贫困户参与电商行业。就业创业扶贫方面：培训贫困劳动力647人，帮扶贫困劳动力就业435人，帮助68名贫困劳动力创业并予以361万元贴息贷款。农村保障房建设方面：161套保障房全部完工并交付使用。

（四）大力推进设施扶贫。 做好易地搬迁项目建设：全县10个安置点全面开工建设，重点推进城区安置点建设，规划占地面积21亩，套房220套，满足三年内建档立卡贫困户进城安置需求。农村信息化扶贫方面：投资4910万元完成165座4G基站建设并投入使用，完成119个行政村光纤覆盖。水利扶贫方面：投资1500万元完成农村安全饮水巩固提升工程和小农水重点县建设工程，解决1.6万农村人口不安全饮水问题，新增（改善）灌溉面积2.02万亩。整村推进（村庄整治）方面：投资490万元，实施项目51个，其中有31个已完工、20个正在建设。农村环境综合整治方面：投资1210万元开展农村环境集中连片整治工作，农村环境得到持续改善（被评为全省农村清洁工程工作先进县）。

三、主要措施

（一）精准识别夯基础。 坚持把精准识别贫困对象作为贯穿扶贫攻坚始终的基础性工作抓紧抓实，按照“七步工作法”程序，严格执行“七个一票否决、四个从严甄别”要求，对贫困对象进行再核实、再识别，清退不符合条件的非贫困人口1207人，新增建档立卡贫困人口2099人。推进农村低保与扶贫开发两项制度衔接，按照应保尽保、应扶尽扶的原则，将农村五保户、低保户优先纳入建档立卡扶贫对象，对其他符合低保和扶贫条件的农村贫困对象分别纳入农村低保和扶贫开发范围，做到农村低保制度和扶贫开发政策对农村贫困人口的全覆盖。

（二）结对帮扶全覆盖。 建立“县领导挂乡（镇）帮村、单位联系村、干部联系户”的全覆盖机制，全县143个帮扶单位2816名帮扶干部与124个村6132户贫困户实现结对帮扶，确保每户贫困户都有一名帮扶干部帮，每个村都至少有一个帮扶单位扶，每个省市级贫困村都有一名县领导挂。按照县委提出的“三个熟悉（帮扶干部要熟悉乡镇和挂点村的基本情况，要熟悉精准扶贫各项政策，要熟悉帮扶对象基本情况和脱贫方向）、三个再次(各乡镇要再次精准识别，帮扶干部要再次入户宣传，再次精准帮扶）、两个点赞（让贫困户为扶贫工作点赞，为得到的实惠点赞）”要求，全面落实结对帮扶工作，对贫困户做到“缺什么补什么、一项不能缺、一户不能少”，实施“精准服务”。创新开展“三个一”结对帮扶活动，帮扶干部与贫困户一起干一次农活，坐在一起吃一餐家常饭，携带一个礼包到贫困户家中“做客”，加强了帮扶单位、帮扶干部与贫困户的联系，群众对帮扶工作的满意度明显提升。

（三）织牢网络强保障。 转变一元化扶贫队伍体系结构，建立起县、乡、村、组四级扶贫服务网络。组建县、乡、村三级推进精准扶贫工作办公室，强化帮扶服务，建立帮扶干部和贫困户间的桥梁和纽带。要求每个乡镇至少落实2名扶贫专干；每个村书记（主任）为村级扶贫办主任，至少落实1名村委委员为扶贫专干；村小组落实1-2名服务员，层层压实责任。发挥村级扶贫专干、扶贫服务员熟悉村情、户情的优势，当好贫困户的宣传员、联络员、代办员、记账员、信息员和监督员，全力服务精准脱贫。

（四）整合资金促实效。围绕全县脱贫攻坚规划，对全县各部门涉农资金进行摸底核查，制定了《崇义县统筹整合财政涉农扶贫资金实施方案》及《崇义县统筹整合财政涉农扶贫项目资金管理办法》等配套文件，做到在符合上级要求的前提下，项目资金尽可能向贫困村集中安排、向贫困户集中倾斜，形成“多个渠道引水，一个龙头放水”的扶贫投入新格局。2016年共整合资金6814万元（其中中央资金2779万元，省级资金2136万元，市级资金1550万元，县级资金349万元），将整合的资金优先集中用于贫困村、贫困户发展，实施项目141个，确保扶贫资金用在“刀刃上”。

（五）强化督导转作风。将精准扶贫工作列入全县科学发展综合绩效考评重要内容，严格落实县乡村三级党组织书记负总责的脱贫攻坚工作责任制，层层签订责任状，层层压实责任。建立“每月一督查通报、每季一排名调度”工作机制，采取电话抽查、实地查看、查阅资料和调查走访等方式，每月组织一次明查暗访，每月组织乡镇分管和项目牵头单位分管领导召开一次工作例会，通报督查情况，督办存在问题。对督查中发现的工作落实不到位问题和帮扶干部工作作风问题，在全县范围内进行通报批评，且年度不得评为优秀及三年内不得提拔使用。通过强有力的督查，强化扶贫干部队伍建设，让干部“沉下去”帮贫困户，全力推进精准扶贫工作。

四、存在的主要问题

我县精准扶贫工作虽然取得了一些成效，但也还存在一些问题和困难：一是产业发展有难度。崇义是典型的山区县，集中连片土地少，土地流转工作难，给发展扶贫产业带来一定的困难。同时，基础设施建设成本高，欠账大，影响群众发展生产和脱贫致富。二是资金筹措压力大。崇义经济总量小，可用财力有限，且不属于罗霄山脉特困片区扶持县，受政策限制，向上争资争项难度大，扶贫资金筹措难。三是少数贫困户“等靠要”思想严重。少数贫困户存在“等着送小康”的懒汉心态和“靠人来救济”的依赖观念，自我发展的主动性、积极性不高，帮扶措施难落实。以上问题和困难，我们将高度重视、认真研究，并采取有力措施加以克服，力争全县的精准扶贫工作再上新台阶。

六大攻坚战

2016 年崇义县六大攻坚战工作综述

一、经济社会发展主要指标

2016 年崇义县经济运行总体呈现稳中有进、稳中向好的发展态势，主要经济指标运行好于去年，经济发展目标基本实现。

（一）经济发展提速，运行质量提升。一是全县经济发展提速。1-9 月，全县生产总值 53.23 亿元，增长 9.0%，比去年同期提高 1.5 个百分点，社会消费品零售总额 9.56 亿元，增长 12.4%，比去年同期提高 0.8 个百分点。1-10 月，规模以上工业增平加值 17.99 亿元，增长 8.6%，比去年提高同期提高 1.8 个百分点，固定资产投资 40.88 亿元，增长 16.5%，外贸出口 8547，增长 44.9%，比去年同期提高 53.9 个百分点。二是运行质量提升。1-10 月，规模以上工业实现利润 3.61 亿元，增长 92.3%，财政总收入 8.45 亿元，增长 8.5%，比去年同期提高 0.7 个百分点，公共财政预算收入 6.61 亿元，增长 23.3%，比去年同期提高 10.1 个百分点，增速列全市第一。三是城乡居民收入稳步提高。1-9 月，城镇和农村居民人均可支配收入分别为 17225 元、5336 元，增长 8.0%、10.7%。

（二）发展目标基本实现。2016 年，崇义县除规模以上工业增加值增速预计低于预期外，其他指标均可如期完成县委、县政府制定2016年经济发展目标，部分指标或将超计划完成。规模以上工增加值增速达不到预期的，主要原因是钨行业市场持续低迷，企业生产开工不足。

二、“六大攻坚战”项目推进情况

2016 年，全县共安排“六大攻坚战”项目 105 个（其中 5 个前期工作项目，4 个县级项目受政策影响无法实施，已调减出项目盘子）。现有项目 96 个，总投资 152.3 亿元，2016 年，计划完成投资 59.5 亿元，已开工建设 89 个，开工率 92.7%，已完成年度投资 48.9 亿元，占年度投资计划的 82.2%。总的项目开工率达到 90% 以上，实现年度投资计划的 80% 以上。

列入市考核项目 57 个，因需上级审批或投资方主动放弃投资等原因，经过与市级沟通汇报，赣州金瑞独居石综合利用加工项目（主攻工业）已更换为锡精深加工项目，物流中心（现代服务业）、茶滩温泉旅游开发项目（现代服务业）、光伏电站项目（基础设施建设）等 3 个项目已调减出市级考核项目盘子。现有市级考核项目 54 个，总投资 127.53 亿元，2016 年，计划完成投资 47.34 亿元，已开工 52 个，开工率为 96.3%，已完成年度投资 40.08 亿元，占年度投资计划的 85%。

1. 有 7 个工业项目当年实现试产，达产率为 13.46%：高岭土综合开发项目的深发公司、威骏高分子不织布项目、精亿灯饰 LED 加工项目、君子谷刺葡萄生态饮料和刺葡萄饼干加工项目、腾亮现代杉木园艺项目、耀升钨业茅坪钨钼矿钨尾矿有价组分提取及后续尾矿充填采矿技术改造项目、章源钨业钨锡矿深部延伸及技术改造工程等 7 个项目已试产。

2. 有 12 个项目全面建成或竣工，竣工率为 23.8%：就业创业扶贫工程、健康扶贫项目、电商扶贫项目、社前坝安置小区工程、农村土地承包经营权确权登记颁证、藏香猪标准化示范基地建设、2015 年增补农网改造升级工程、阳岭新城路网工程、林相改造和林下经济、油茶产业发展、第六批小农水重点县项目、2015 年国家农业开发土地治理项目。

（一）主攻工业

1. 基本情况

主攻工业攻坚战安排项目共 20 个，已开工 20 个项目，开工率为 100%。列为市重点考核工业项目共有 11 个，总投资额 44 亿元，2016 年计划投资 16.2 亿元，11 个项目已全部开工建设，开工率为 100%，已完成投资 14.9 亿元，占年度投资的 92%。

2. 特色亮点工作

一是企业技术创新喜获丰收。“章源及图”商标被国家工商总局认定为中国驰名商标，章源博士后科研工作站今年 6 月正式授牌，章源钨业铵盐体系白钨绿色冶炼关键技术和装备集成创新及产业化等 3 项科技成果分别荣获江西省科学技术进步一等奖、三等奖和江西省专利奖；君子谷刺葡萄酒荣获亚洲刺葡萄酒金奖。齐云山公司被中国食品工业协会授予“2014–2015 年度全国食品工业优秀龙头食品企业”荣誉称号。

二是绿色食品产业活力迸发。齐云山、君子谷等龙头企业深度开发了南酸枣糕、红酒、果酒、饮料、果味饼干等系列产品，绿色有机食品产业为全域旅游发展注入新活力。

三是非金属矿产业迅速崛起。扶持高岭土产业做大做强，成立高岭土产业联盟，形成了“1+5”开发格局（即 1 家矿山开采企业、5 家高岭土加工企业）。做大硅精深加工产业，引导华丰硅业技改，丰宝源高纯石英材料加工投产，引进德源矿业年产石英砂 40 万吨硅石矿加工项目。

四是進一步完善鎢全產業鏈。以章源钨业、耀升钨业为龙头，形成了硬质合金与钨材生产和精深加工齐全产业链，推动钨从资源型产业向高端新兴材料及应用升级，冶炼及粉末冶金工艺技术和产品质量居国内领先水平，部分达到国际领先水平。

（二）精准扶贫

1. 基本情况

精准扶贫攻坚战安排十大项目 13 个子项目，总投资 13.8 亿元，2016 年计划完成投资 6.2 亿元，已全部开工建设，开工率 100%，已完成投资 5.41 亿元，占年度投资计划的 87%。

就业、健康、电商等 3 个扶贫项目已完工，竣工率为 30%。年底可完成 4669 名贫困人口的脱贫任务，3 个省级贫困村退出任务。金融扶贫项目累计发放“产业扶贫信贷通”1.34 亿元，居全市第三。

2. 特色亮点工作。精准扶贫产业扶贫工作得到了省扶贫和移民办、省委精准扶贫督查组充分肯定，全域旅游 + 精准扶贫、蜜蜂养殖产业等特色做法将在全省进行推广交流。

一是推动“甜蜜”产业扶贫。将养蜂产业确定为重点扶持产业，贫困户养殖一箱蜜蜂补助 500 元，累计 10000 元封顶，成立了县级蜜蜂产业合作社（森福蜂业合作联社）。

二是利用山中野果拔“穷根”。发挥君子谷龙头企业带动，对贫困户种植一亩的补助搭架工资 4000 元，非贫困户种植 1—5 亩的每亩补助 1100 元，5 亩以上的每亩补助 1600 元，已带动 3924 户贫困户种植刺葡萄 1549 亩，丰产期后可实现户均增收 2000 多元。

三是开启新农合“补后补”。为破解因病致贫“困”局，创新实施新农合二次补偿，对其个人自负住院医疗费用超过总费用 10% 的，再通过新农合基金进行二次补偿。

四是开创“政银企”合作金融扶贫。通过银行发放产业扶贫信贷通贷款至企业，企业自主经营并按融资金额的 7.625% 为建档立卡非政府兜底贫困户提供分红。目前，正在长龙镇永乐民营林场试点，预计全镇贫困户可实现户平增收约 5000 元。

（三）新型城镇化

1. 基本情况

县新型城镇化攻坚战安排项目 10 个，总投资 23.6 亿元。列入市级考核数为 8 个，总投资 20.6 亿元，2016 年计划完成投资 8.6 亿元，8 个项目已全部开工，开工率达 100%，已完成年度投资 6.52 亿元，完成年度计划投资的 76%。

2. 特色亮点工作。重点打造了阳岭新城城市综合体项目，总投资超 20 亿元，占地 2.2 平方千米，分为休闲商务、生态居住、文化教育、旅游配套服务、体育健身等五大片区，“四纵五横”骨架路网已竣工验收并投入使用，县城建成区面积扩大至 6.9 平方千米，完善了城市功能，拉大了城市框架。

（四）现代农业

1. 基本情况

现代农业攻坚战十大项目 10 个项目计划总投资 5.65 亿元，2016 年度投资 2.89 亿元，现已开工 10 个项目，开工率 100%，完成年度投资 2.924 亿元，占年度投资比例 101%。

赣南脐橙发展升级项目完成年度投资计划的 140%。2016 年小农水重点县项目基本完工，蔬菜产业发展项目、刺葡萄产业基地建设、南酸枣示范园基地建设等 3 个项目全面完成年度投资计划。陡水湖综合治理投入 4000 万元整治陡水湖搬迁上岸养殖户 326 户，已完成搬迁 325 户。

2. 特色亮点工作。主导产业特色明显，产业化水平有效提高。“省级休闲农业示范县”已于 9 月 14 日获得批准；“崇义客家梯田”申报全球农业文化遗产工作于 4 月 15 日通过农业部专家评审，预计年底前通过世界农业专家评审；“阳明湖国家湿地公园”申报工作正在进行中。

（五）现代服务业

1. 基本情况

现代服务业攻坚战安排项目 12 个，总投资 34.39 亿元。2016 年度计划投资 8.33 亿元，已完成投资4.29亿元，占年度投资计划的51.5%，已开工项目10个，开工率为83.3%。

列入市考核调度项目7个，总投资21.3亿元，2016年度计划投资4.9亿元，7个项目已全部开工，开工率100%。已完成年度投资4.11亿元，占年度投资计划的84%。君子谷野生水果世界旅游综合开发、电子商务产业园完成年度投资计划的100%。

2. 特色亮点工作。君子谷野果主题公园项目彰显“一二三产”融合魅力，总投资4.6亿元，君子谷核心区有省级刺葡萄标准化种植面积1000亩，带动全县示范区发展刺葡萄5000多亩，2016年新发展刺葡萄种植户4000多户，新增面积2066亩。君子谷刺葡萄生态饮料和饼干加工项目达产达标后预计年销售收入10000万元，利润1600万元，税收1400万元。君子谷野生水果世界旅游项目建设将带动周边发展生态农业和乡村农家乐旅游建设，预计年创产值2.2亿元。

（六）基础设施建设

1. 基本情况

基础设施建设攻坚战安排项目21个，总投资31.6亿元，2016年度计划投资14.4亿元，已开工项目18个，开工率86%，完成年度投资10.4亿元，完成年度投资比例72%。

列入市级考核项目8个，总投资22.18亿元，2016年度计划投资8.55亿元，已开工项目6个，开工率为75%，完成年度投资6.26亿元，完成年度投资比例73%。2015年增补农网改造升级工程已基本完工，超额完成年度投资比例。

2. 特色亮点工作。策应全域旅游战略，重点实施了打基础、管长远、增后劲的总投资13.4亿元的2条国省道和过埠至上堡公路、茶滩旅游公路、龙勾至上犹公路等3条县道改造升级。

三、主要做法

（一）强化“六大攻坚战”统筹经济社会发展总抓手地位。换届后推进机制更加健全、更加有效。一是进一步明晰架构加强组织调度。赋予“六大攻坚办”更大的权力、更灵活的机制，“六大攻坚战”实行常委负责制，每一个“攻坚办”就是该项工作在全县的最高指挥部，攻坚项目实行分组调度、推进实施。二是进一步健全奖惩倒逼责任落实。制定了对六大指挥部与全市排名挂钩的奖惩机制，根据六大攻坚指挥部工作需要调整和配备干部。三是进一步创新方式督促项目推进。在常态开展项目现场督查基础上，采取了“按每月完成年度投资比例进行排名通报”做法，县“六大攻坚战”指挥部办公室自10月8日起开设了项目进度短信“一日一通报”平台，动态掌握项目进度和各攻坚战项目调度情况。目前共刊发每日信息与动态37条次。

（二）多渠道保障建设资金。累计争取上级资金11.28亿元，同比增长9.8%。争取2016年中央专项建设基金项目2批14个6.1亿元，与江西银行、赣州银行、九江银行签订32亿元的产业发展基金，争取国家政策性低息长期贷款21.2亿元。引进了高岭土综合开发、LED企业总部转移落地等10个重大项目，总投资74.15亿元。与江苏爱康集团签订了总投资38.2亿元项目框架协议。

（三）多举措精准帮扶企业。出台了降低企业成本优化发展环境政策100条，解决企业发展节点、难点问题35个。兑现钨精深加工、总部经济发展等各类优惠奖励资金6500余万元，其中兑现章源钨业、耀升钨业等企业奖励扶持资金3000余万元。为君子谷争取政策性贷款融资4000万元，为县LED加工等项目减免相关报建费用100余万元。累计为69家次企业发放续贷基金4.4亿元；办理企业转贷资金7805万元；“财园信贷通”69笔2.78亿元；“小微信贷通”86笔5274万元。举办中小微型企业融资对接签约活动，48家企业与银行意向签约9.388亿元，现场签约26家企业8.16亿元。

（四）实行固投考核与项目建设互促互进。按照“六大攻坚战”各组项目的固定投资实际入库数和建安税两项指标考核项目实际进展，以固投考核能客观真实反映各攻坚组项目实质性进展和开工率。1–10月，完成固定资产投资40.9亿元，同比增长16.5%。

“四城”同创

2016 年崇义县四城同创工作综述

为认真贯彻落实县委、县政府2013年提出的创建国家卫生县城、国家园林城市、国家森林城市、省级文明城市即“四城”同创目标，县“四创”办先后启动了创建国家卫生县城、省级文明城市的工作。

一、大力改善市容环境卫生。城市街道清扫保洁率达到100%，做到了全方位保洁，全天候保洁。投资约5000万元，新建崇义县生活垃圾卫生填埋场；投资约1000万元，新建人民广场、塔下老桥头、上营新区、铅厂镇、过埠镇、扬眉镇六座垃圾中转站；投资约1400万元，完成北门农贸市场改造、城市宣传长廊、县城市标识、阳岭大道路灯改造、合江桥公厕新建等项目建设；启动了南门农贸市场新建、4座公共厕所新建等项目；街头果皮箱1500多个，钩臂箱50个，环卫专用车34辆，环卫设施设备完好率在98%以上。

二、集中整治公共场所、生活饮用水卫生。崇义县城区有157户经营单位均持有效卫生许可证，持证率为100%，卫生监督覆盖率为100%，卫生管理制度健全，设有专（兼）职卫生管理人员，做到证照、卫生管理制度、操作规程整齐上墙，卫生管理档案规范齐全。从业人员体检、培训率分别达到99.2%和100%，“五病”调离率达到100%。“五小”门店通过集中整治、频繁监督，基本符合卫生要求。三年来，对县清泉水业有限公司监测抽样水源水、出厂水、管网末梢水等合格率均为100%。

三、深入推进环境保护工作。崇义县建成区烟尘控制覆盖率达100%，环境噪声平均值≤60分贝，集中式饮用水源地水质达标率≥100%，工业废水污染排放达标率为99.85%，近三年内未发生较大（Ⅲ级）以上级别环境污染事件，崇义县环境保护工作在全省各县排名中位居前列，2013年、2014年、2015年崇义县连续获得年度全省环境保护重点工作先进单位。

四、加强对全县2595户食品卫生经营户的监管。在食品卫生管理中，制定了贯彻落实《食品安全法》中长期目标规划和《重大食物中毒事故和食品安全应急预案》、《关于印发<崇义县食品安全委员会成员单位工作职责>的通知》、《2016年县食安委成员单位工作考核细则》等，对食品生产经营单位进行经常性监督管理，监督覆盖率为100%，食品生产经营单位各项工作制度健全，从业人员持有效健康证和培训合格证上岗操作，小饮食卫生符合要求，餐饮业和学校食堂食品卫生量化分级管理率达100%，生猪、牛、羊、禽类定点屠宰，无注水肉和病畜肉上市。

五、大力开展传染病防治工作。建立健全了传染病防控体系，建立了功能完善、反应迅速、运转协调的公共卫生应急机制，建立了覆盖城乡的应急信息网络，县、乡两级医疗机构传染病网络直报率达100%；

六、扎实推进病媒生物防制工作。崇义县病媒生物防制组织网络健全，经费落实。举办全县秋季除“四害”培训班，邀请省市专家作病媒生物防制讲座，现场指导县疾控中心工作人员开展“四害”密度监测。聘请专业消杀公司对城区主要中心街区、农贸市场、垃圾中转站、独立院落单位、公共厕所、蚊虫滋生地等公共外环境进行全面消毒杀菌，共放置了毒鼠盒约1020余个，投放和发放毒鼠药物5.6吨，喷洒了灭蚊灭蟑螂药剂580千克。累计投入24万元用于开展除“四害”工作及病媒生物防制，“四害”密度水平达到国家卫生县城标准。

七、大力治理社区和单位卫生。健全各社区居委、各级机关单位卫生组织、管理制度；卫生设施齐备，卫生监督管理和环卫保洁人员各司其职，密切配合，保证了社区和单位卫生的经常化、制度化。各社区、各单位还能积极开展卫生检查、卫生评比和除“四害”、健康教育以及创卫工作的宣教活动，积极主动治理“四堆八乱”。通过标本兼治，硬化、绿化、美化、净化相结合，开展各项卫生基础建设工程，使社区和单位卫生一年一个新台阶。

八、加大投入整治城中村和城乡结合部卫生。近年来，崇义县下决心、投巨资、攻坚克难，共清理城中村、城乡结合部乱堆乱放2600处，乱搭乱建600处，牛皮癣2800处，拆除破损广告牌200块，清理陈年垃圾300堆，清理大小菜地700块，清理污水沟1900米，整治村主次道路40千米，清除杂草600处，整治违规饲养家禽400户，拆除旱厕32处。

九、不断引导群众参与。向市民宣传文明城市创建，发放各类宣传资料近3万份，利用电视台、旅游报、手机报广泛宣传文明城市创建，全民参与共建的热情高涨，文明习惯逐步养成，文明城市创建工作群众知晓率达到98%以上，群众参与率达到90%以上，群众满意率达到80%以上。

十、不断抓实创建举措。一是“八个一”示范点引领文明创建。持续打造好人文化街、文明交通示范街、文明餐桌示范街以及文明示范社区、学校、超市、广场、景区等“八个一”示范点，通过“八个一”示范点建设为全县精神文明建设积累经验、树立标杆。二是志愿服务活动带动各类文明创建实践。推进志愿服务制度化建设，发挥志愿者协会统筹志愿服务功能，打造了“‘25爱我’相伴成长——崇义县志愿者社会公益日”活动、低温来了让我温暖你等精品项目。全县志愿者注册人数11838人，占全县人口6.9%。三是“好人文化”传递爱心与力量。县、乡、村三级每月发布“身边好人榜”，努力用好人文化营造“学好人、做好人”的社会氛围,2016年，中国好人榜上榜1人。四是不断加强社会主义核心价值观建设。积极开展培养和践行社会主义核心价值观活动，不断弘扬传统文化，推进“阳明文化”进社区、进学校，积极开展家风建设。五是不断开展文明创建主题活动。组织开展了“全民卫生日”、文明交通行动、文明餐桌行动等系列活动，引导市民广泛参与创建活动。

地情

崇义概貌

【建置沿革】崇义县建于明正德十二年(1517年)冬。春秋战国时期崇义属楚国。秦始皇二十六年(前221年)创郡县制，崇义属九江郡南壄地。东汉建武元年(25年)改九江郡为豫章郡，南壁县改为南野县，崇义属之。三国吴嘉禾五年(236年)崇义属南野县和南安(亦作安南)县地。隶南部都尉。晋武帝太康元年(280年)，改南安县为南康县，崇义属南野县和南康县地。隋文帝开皇九年(589年)，改南康郡为虔州，崇义隶虔州。隋炀帝大业元年(605年)改虔州复为南康郡，赣县复称南康县，崇义属南康县地。唐朝时崇义隶属南康郡。五代末期崇义属南康县、大庾县、上犹县地，隶昭信军。宋朝淳化元年(990年)建南安军，崇义隶南安军。元朝至元十四年(1277年)，改南安军为南安路总管府，隶江西行省，元正二十五年(1365年)，改南安路为南安府，崇义隶南安府。明朝正德十二年(1517年)，都御史王守仁率兵镇压横水、桶冈的谢志山、蓝天凤农民起义后，奏呈皇上批复，析上犹县的崇义、上堡、雁湖三里，南康县的隆平、尚德二里，大庾县的义安里建县，择定在崇义里的横水设立县治，并以崇义里之名，名县为崇义县，隶南安府。清朝沿用明制，崇义隶南安府。

民国元年(1912年)，废府。3年(1914年)，划江西为豫章、浔阳、庐陵、赣南四道，分领81县，崇义属赣南道。15年(1926年)，废道，县直隶于省。21年(1932年)，全省分为13个行政区，崇义属第11行政区。24年(1935年)，全省缩改为8个行政区，崇义属第4行政区。

第二次国内革命战争时期，崇义是湘赣革命根据地的一部分。1931年3月，成立崇义县革命委员会。1931年5月，建立苏维埃政府，先后隶于江西省和湘赣省苏维埃政府。

1949年8月20日，崇义解放。同时成立崇义县人民政府．隶赣州分区。1949年9月，成立赣西南行政公署。次年7月，改为赣西南人民行政公署，崇义隶赣西南行政区。1951年6月，撤销赣西南行政公署。成立赣州区专员公署，崇义隶赣州专区。1954年6月，撤销赣州区专员公署，成立赣南行政公署，崇义隶赣南行政区。1964年，改赣南行政公署为赣州地区专员公署。1968年，改赣州地区专员公署为赣州专区革命委员会。1971年1月，改名为赣州地区革命委员会。1978年，赣州地区革命委员会改为赣州地区行政公署。崇义隶属赣州地区。1999年7月1日赣州撤地设市，崇义隶属赣州市。

【位置面积】 崇义县位于江西省西南边陲，地处北纬25°24'~25°55'，东经113°55'~114°38'。东与南康市接壤；南与大余县和广东省仁化县相交，西与湖南省汝城县、桂东县毗邻，北与上犹县交界。东西长约73千米，南北宽约59千米，总面积2206.27平方千米，约占全省总面积的1.33%、赣州市总面积的5.62%。崇义县人民政府驻横水镇，距赣州市人民政府驻地章贡区76千米，距江西省人民政府驻地南昌市426千米。

【地质地貌】 崇义县地势呈西南高，东北低。境内山脉纵横交错，群峰起伏连绵。西部诸广山脉齐云山海拔2061.3米，为江西第二、赣南第一高峰。北部石牙头海拔1333.3米，中部阳岭海拔1259.5米，东北部陡水水库水域海拔170米，东部牛轭潭海拔140米，为境内最低点。

全县按地质特征分为：

地 层 崇义县出露的地层较全，自震旦系至第四系大多可见及。

震旦—奥陶纪，为次深海至浅海环境。主要形成一套碎屑岩(变余不等粒岩屑石英杂砂岩、变余不等粒长石石英杂砂岩等)和粘土岩(绢云母板岩、炭质绢云母板岩)，并有部分硅质岩和少量碳酸盐岩。

志留纪—早泥盆世：全县处于大陆环境，未接受沉积。

中—晚泥盆世：沉积了一套海陆交百相的碎屑岩(石英砂岩、长石石英砂岩、粉砂岩、石英砾岩等)、黏土岩(页岩)和碳酸盐岩(灰岩、粉砂质灰岩等)。

石炭纪—早三迭世：早石炭世早期。为一停积时期；晚期为潮坪—滨海沼泽环境．形成了含煤建造(梓山煤系)。晚石炭世至早二迭世为浅海环境，沉积了一套碳酸盐岩(石灰岩、白云岩)。晚二迭世早期地壳上升，变为滨海沼泽环境，又形成r含煤建造(乐平煤系)。晚二迭世晚期至早j迭世。海水漫浸，复为浅海环境，沉积了硅质岩及一套碎屑—碳酸岩(钙质页岩、钙质砂岩、石灰岩等)。

中三迭世—第三纪：地壳上升，海水退出，全县又一次处于大陆环境，一般没有接受沉积，仅白垩纪局部地区沉积了山麓洪积扇型碎屑岩(砾岩、砂砾岩、砂岩)，当时气候干热，岩石呈紫红色。

第四纪：古地理轮廓与现今基本一致，在山间盆地及河谷沉积了砂、砾石及亚砂土。

岩浆岩 县内岩浆活动频繁，自加里东晚期到燕山晚期均有活动，其中尤以燕山早期强烈。

加里东晚期(晚奥陶世—志留纪)，主要形成混合交代型中酸性岩，代表性岩体为上堡中细粒角闪黑云母花岗岩基(同位素年龄值388百万年)。此外，尚有一些中—基性小岩瘤。

华力西期(泥盆—石炭纪)：仅有比较微弱的中性岩浆侵入活动，已发现的岩体有石圳石英闪长岩株。

印支期(早三迭—中三迭世)：该期形成的岩体为文英中粗粒斑状黑云母花岗岩基(同位索年龄值为199百万—214百万年)。

燕山早期(晚三迭—中侏罗世)：可分两个阶段，第一阶段形成的岩体有马子塘中细粒斑状黑云母花岗岩基，第二阶段为大规模的酸性岩浆侵入，本县主要矿产——钨锡的形成与其有十分密切的关系，该阶段第一次侵入的岩体主要有桶江潭(同位素年龄值为157百万年)、大营子、圆洞、车子堋、柯树岭、天门山、九龙等中细粒斑状二云母花岗岩株，第二次侵入的代表性岩体为赤水仙等。

燕山中期(晚侏罗—早白垩世)：第一次为中基性岩浆侵入。代表性岩体为关田细粒斑状花岗闪长岩(同位素年龄值为145百万年)；第二次为酸性岩浆侵入，主要岩体为宝山花岗岩株(同位素年龄值为132百万年)，县内的钨、铜、铅、锌等矿化与该次岩浆活动有关。

燕山晚期(晚白垩世)：第一次为规模不大的间歇性火山爆发晤动。形成诸如南风烫、西山界、黄茅玄等火山角砾岩筒；第二次为岩浆侵入，主要岩体为铁木里细粒斑状黑云母花岗岩株(同位素年龄值为106百万年)。此外，尚有一些花岗斑岩等脉岩。

构造：崇义位于华南加里东运动褶皱系赣中南褶隆赣西南凹陷大湖山—芙蓉山隆断束的南西部。加里东运动，使震旦—奥陶系一套地槽型复理石建造强烈褶皱，奠定了基底构造的基本轮廓。晚古生代开始进入地台发展阶段，沉积了中泥盆统—下三迭统碎屑岩、碳酸盐岩及含煤建造。中新生代为大陆边缘活动发育时期，以断块及升降运动为主。由于经历了多期构造旋迴，褶皱和断裂都很发育，构成了一幅复杂的构造图案。

基底褶皱：形成紧密复式褶皱，轴向一般为近南北或北北西，局部由于后期构造干扰而呈北北东等方向。主要褶皱构造自西往东有西山界向斜、铁木里背斜、对耳石复式向斜、过埠复式背斜、罗洞向斜、杰坝向斜、锁口复式背斜、涌洞复式向斜、小罗坑复式背斜、东岭背复式向斜、西坑复式背斜、长龙复式背斜、南田复式向斜，石溪复式背斜、良田复式向斜，龙勾复式背斜、寺里复式向斜。

盖层褶绉：迭加于基底褶皱之上，形态平缓开阔，并具多级特点。总体走向为北北东，局部有较大扭曲。主要褶绉构造有思顺、茶滩、铅厂三个复式向斜。

断裂：按走向可划分为近南北向、北北西向、近东西向、北北东—北东向、北东东向五个系统。

近南北向和北北西向断裂主要发育于基底区，为与基底褶绉同期形成的走向逆断层，部分表现为平移—逆断层性质，规模不大，延长一般在10千米以内。

近东西向断裂也多见于基底区，为与褶皱同期形成的一组倾向正断层，但以后又叠加有逆断层运动。延长数百米到10余千米不等。是县内贵金属矿产的主要导矿和容矿构造。

北北东—北东向断裂，是最为发育的一组，不但数量多、规模大且具多期活动的特点，性质主要表现为逆断层，是控制钨锡等金属矿产分布的主要构造。

北东东向断裂也较发育，延长一般数千米到20余千米，多期活动明显，性质复杂，主要为平移—逆断层运动。

全县按地貌特征分为：

中山 主要分布在金坑、思顺、上堡、丰州、文英、乐洞、聂都、关田、横水、铅厂、长龙等乡镇的边缘山区，海拔高度1000米以上，相对高度大于500米，千米以上山峰232座。金坑、横水、铅厂、长龙等乡镇是石英岩；思顺、上堡、丰州、文英、乐洞、聂都、关田等乡镇均为花岗岩及花岗闪长岩；山坡陡峭，山顶多呈锯状、坑状，局部有石蛋地形堆积；植被覆盖良好，境内多为上犹河流发源地，林业、水利资源丰富。

低山 主要分布在金坑、思顺、上堡、丰州、文英、聂都、关田、横水、铅厂、长龙、茶滩、过埠、杰坝、麟潭等乡镇邻近中山的前缘部分，海拔500—1000米，相对高度200—500米，是山区和丘陵的过渡地带。上堡、丰州、文英、聂都、关口等乡镇以花岗岩为主；金坑、思顺、横水、铅厂、长龙、茶滩、过埠、杰坝、麟潭等乡镇以石英沙岩、板岩、砂质板岩为主。植被繁茂，是本县主要林区。

高丘陵 主要分布在长龙、扬眉、龙勾、古亭、麟潭、过埠等乡镇的邻近低山部分，海拔300—500米，相对高度100—200米，但在海拔300米以下的面积较大。多数为变质岩，少数为花岗岩；丰州为白垩纪紫色砂砾岩；东部长龙镇长龙村以下，植被覆盖率较差，局部地段有较轻度水土流失，为农业区；其他乡镇植被覆盖好，有部分为人工砍伐后的残次林，为农业区。

河谷阶地　主要分布在古亭、麟潭、过埠、横水、茶滩、长龙、扬眉、龙勾等乡镇河流沿岸，相对高度大于30米。为近代河流冲击物堆积而成，是主要农业区和乡（镇）、村所在地。

境内地层发展较全，除缺失志留系、储罗系及第三系外，均有存在，以下古生界广泛发育为浅变质的地槽型浅海泥沙质为主的类复理建造，震旦系出露不全一寒武系产生小型无纲腕足类及海绵骨针化石，奥陶系则富产笔石，泥盆系缺失下统，石炭系中上统为碳酸盐建造。二迭及三迭系均以成海相细碎沉积为主，白垩系仅上统，残蚀不全，个别出露。第四系缺失更新统，全新统以冲积沉积为主，发育于县内三大水系两岸。

水系　崇义的江河属长江流域赣江水系，是章水干流重要的支流。河流以大江、小江、扬眉江为主，文英、上堡、思顺、金坑、聂都、义安、新溪等河次之。累计有大小河流83条，其中流域面积大于20平方千米的有30条，小于20平方千米而大于5平方千米的有53条，总长度980.9千米。平均河流密度每平方千米0.441千米。

大江发源于湖南省汝城县黄岭山，由丰州乡小沙入境，流经丰州、麟潭、过埠、杰坝、横水等乡镇，支流众多，有九岭江、文英河、上堡梅坑江、思顺河、金坑河等，注入上犹江陡水水库。县境内控制流域面积1181平方千米，主河长82.5千米。河段自然落差90米，平均比降0.1‰。

小江发源于聂都乡北部的大嶂山北麓沙溪洞，流经关田、横水2个乡镇，支流主要有稳下河，注入陡水水库。控制流域面积494平方千米，主河长67千米。河段自然落差440米，平均比降5.4‰。

扬眉江发源于长龙镇新溪村云山西麓，流经长龙、扬眉、龙勾3个乡镇，入南康市朱坊、镜坝与章江南源汇合。境内控制流域面积281平方千米，主河长57千米。河段自然落差450米，平均比降7.7‰。

聂都河发源于天华山北麓，沉井、白溪两条支流汇集于江口，流入大余县与章江南源汇合，境内控制流域面积170平方千米，主河长30千米。

义安河发源于云山南麓，流经石罗、义安、生龙口，入大余县与章江南源汇合，境内控制流域面积75平方下米，主河长18千米。

竹洞河发源于聂都乡竹洞坳，境内控制流域面积12平方千米，其水流入广东省仁化县境。属珠江流域浈江水系。

【气候特征】

2016年气温偏高，降水偏多且分布不均，日照与历年相接近。受厄尔尼诺影响，1—4月以阴雨寡照天气为主，雨日多且雨量大，出现罕见冬汛，春季未出现“倒春寒”天气，对早稻育秧、直播稻苗期生长有利；汛期降水偏少。

气　温　受厄尔尼诺现象影响，入汛早结束晚，年平均气温为19.9℃，与近三十年平均气温相比偏高0.7度，除2—3月平均气温与历年同期相比偏低1.9℃和0.1℃，8月平均气温与历年同期相比持平外，其他月份平均气温均偏高0.2~2.3℃；其中：10月月平均气温和10月下旬平均气温均超过历年同期最高值0.1℃和0.4℃，均创历史同期新高；年极端最高气温39.6℃，出现在7月29日，与历年极端最高气温相比偏低0.5℃；年极端最低气温-3.4℃，出现在1月25日，与历年极端最低气温相比偏高4.6℃。

降　水　年总降水量2009.4毫米，与近三十年平均值相比偏多408.1毫米，其中1月、3月、11月比历年同期偏多1.1~2倍，尤其3月降水占历年同期最多的第二位；4月、9—10月比历年同期偏多3—5成、6月、8月与历年同期相接近、2月、5月、7月、12月历年同期偏少1—7成。

日　照　年总日照时数1322.6小时，与近三十年平均值相比偏少4.8小时，1月、4—5月、8—11月比历年同期偏少2.6~81.9小时，2—3月、6—7月、12月比历年同期偏多2.0~51.6小时。

【自然灾害】

纵观全年灾害性天气过程，有3次暴雨造成了明显灾害。其中3月19—23日，全县受灾人口2.814万人，倒塌房屋24间，一般损坏房屋间数1818间，一般损坏房屋户数490户。农田受灾面积172.6公顷，成灾面积108.46公顷，绝收面积47.6公顷，毁坏耕地面积30.6公顷，直接经济损失2613万元。6月15—16日，受灾较严重乡（镇）分别是聂都乡、乐洞乡、铅厂镇，受灾人口1.0346万人；农作物受灾面积69.1公顷；倒塌房屋13户51间，造成直接经济损失1461.6万元，因灾意外死亡1人。8月26—27日，区域性暴雨造成受灾人口23099人，造成农作物受灾面积452.4公顷，倒塌房屋 187 户 718 间，直接经济损失 8556 万元。

附表：

2016 年，各月平均本站气压、平均气温、总降水量、总日照时数、平均相对湿度、平均风速。本年度初霜日期：12 月 28 日，上年度终霜日期：2 月 9 日，全年无霜期 322 天。

表 1　　2016 年崇义县气象基本情况

月份	平均气压（百帕）	平均气温（℃）	降水（毫米）	日照（时）	平均相对湿度（%）	平均风速（米/秒）
1	994.1	9.0	189.3	47.9	81	1.1
2	995.3	9.6	59.9	113.0	73	1.2
3	989.3	14.4	300.9	82.6	78	1.2
4	982.2	21.4	306.5	58.7	84	1.3
5	981.1	23.8	190.6	89.5	82	1.1
6	978.4	27.6	238.5	151.5	79	1.4
7	977.7	29.0	78.8	222.8	74	1.6
8	976.0	27.5	202.0	151.7	81	1.2
9	980.6	25.2	151.6	129.4	78	1.3
10	985.5	22.8	110.8	56.6	80	1.2
11	991.2	16.1	168.9	88.1	81	1.2
12	993.9	12.3	11.6	130.8	77	1.0
年平均或年总量	985.4	19.9	2009.4	1322.6	79	1.2

极端最高气温：39.6℃，出现在 7 月 29 日；极端最低气温：-3.4℃，出现在 1 月 25 天；
一日最大降水：106.8 毫米，出现在 3 月 20 日；全年暴雨日数：3 天，其中大暴雨 1 天。

【人口】全县年末户籍总人口 21.6808 万人。其中，乡村人口 17.6412 万人，城镇人口 4.0594 万人。

表 2　　2016 年全县总人口及总户数

单　位	总户数（户）	总人口（人）	总人口中	
			城镇人口（人）	乡村人口（人）
全县总计	64815	216808	40594	17624
横水镇	17838	54094	38089	16005
扬眉镇	5096	17547	476	17071
过埠镇	4282	15300	613	14687
铅厂镇	3590	11543	895	10648
长龙镇	3684	11879	521	11358
关田镇	2946	9896	-	9896
龙勾乡	4447	7979	-	7979
杰坝乡	2310	7826	-	208
金坑乡	2410	8520	-	8520
思顺乡	3933	13239	-	13239
麟潭乡	2276	7939	-	7939
上堡乡	3682	13418	-	13418
聂都乡	2681	9270	-	9270
文英乡	1920	7156	-	7156
乐洞乡	800	3040	-	3040
丰州乡	2920	9959	-	9959

【民族】

全县有汉族、畲族、回族、壮族、苗族、瑶族、维吾尔族、布依族、黎族、藏族、朝鲜族、侗族、白族、土家族、蒙古族15个民族。汉族人口居多，其次畲族，畲族主要分布在3个少数民族村（长龙镇沈埠畲族村、聂都乡竹洞畲族村、乐洞乡高洞畲族村）和6个少数民族村民小组（龙勾乡合坪村青山面小组、扬眉镇小姑村蓝屋小组、横水镇塔下村大桥头小组、横水镇朱坑口村河下小组、新坑村坛尾小组、金坑乡竹坑村合头小组）。

【行政区划】 2016年，全县有10个乡6个镇、124个村、3个居民委员会。

表3　　崇义县行政区划表

乡 镇	所辖村民（居民）委员会
横水镇	横水、萝卜巷、中营、上营、密溪、左溪、塔下、水口、朱坑口、鱼梁、碧坑、茶滩、官坑垄、新坑、大密、三坑、章源社区居委会、中山路社区居委会、阳岭社区居委会
铅厂镇	铅厂、石罗、义安、石底河、稳下
长龙镇	长龙、拔萃、新溪、葫芦、大摆、小摆、沈埠、南田
扬眉镇	南石、桥头、扬眉寺、华坪、坪田、华芦、白枧、小姑、中坑口、阳星、芦江居委会
龙勾乡	龙勾、东山、寺里、牛轭、良田、大岸、合坪、石塘
关田镇	关田、下关、田心、洞上、镜尾、沙溪、圩镇街道居委会
聂都乡	聂都、乌洞、沉井、龙西、夹州、莲塘、河口、白溪、竹洞、章江源居委会
文英乡	文英、古选、水头、上塔、茅花
乐洞乡	乐洞、高洞、陈洞、龙归
丰州乡	丰州、白石、九岭、欧家、小坑、古亭、桐梓、雁湖、金足园居委会
过埠镇	过埠、河梅、长庆、泮江、铁木、黄背、果木、石路、长湾、高垒、街道社区居委会
金坑乡	金坑、红胜、坪洋、竹坑、圆田
杰坝乡	黄沙、中洞、石皮、长潭、黄金
恩顺乡	思顺、新地、长江、山院、南洲、上峙、沿佑、齐云山
麟潭乡	独石、两杰、左泉、石下、高车、麟潭、华山
上堡乡	上堡、水南、赤水、竹溪、正井、良和、暖水、甲子、均源、梅坑

大事记

一月

6 日 市市农村危旧土坯房改造考评组一行到崇义县考评。县领导黄华陪同调研。

7 日 崇义县委组织部撰写的《基层探索选聘村“名誉书记”》做法在中共中央组织部办公厅《组工参阅》第 1 期刊发。

7—9 日 原省人大常委会副主任张克迅一行到崇义县考察风力发电及生态旅游项目。县领导黄华、郭兰陪同调研。

11—12 日 水利部水保司副司长郭索彦来崇义调研。

12 日 市人大副主任、市总工会主席廖明耕到崇义县走访慰问劳模、职工和开展工会重点工作调研督查。县委书记许志辉，县委副书记、县长许斌，县其他领导郭兰、余启良、谢筠出席相关活动并陪同走访。

13 日 市级校外教育工作评估组一行到崇义县对 2015 年校外教育工作进行评估。

15—25 日 国家体育总局体育彩票管理中心举办了崇义县中小学体育教师业务培训班，共有 65 名中小学体育教师参训。

17 日 省委机要局副局长万东华一行到崇义县开展电子政务内网专项督查及密码工作核查。县领导黄华陪同。

18 日 江西省五河治理项目部李学宁主任来崇义县指导聂都乡防洪工程建设。

18—20 日 中国国际投资促进会电商工作委员会副秘书长严宗松一行到崇义县考察调研。县委书记许志辉，县其他领导刘洪梅、李贱贵、谢筠、陆芳锋等陪同考察和出席相关活动。

20 日 团市委副书记刘春林一行到崇义县调研共青团工作。县领导边建忠陪同调研。

21 日 市城乡规划建设局副局长王振旗率市政府第二督导组一行到崇义县开展应对低温雨雪冰冻天气防范应对工作专项督查。县领导刘春香陪同。

同日 市政府教育督导室到崇义县开展县域义务教育均衡发展督导评估复查工作。县委常委、宣传部部长刘洪梅出席座谈会，并汇报了崇义县义务教育均衡发展督导评估自评情况。

同日 市检察院反渎局局长曾庆华一行到崇义检察院指导工作。

22 日 赣南师范学院党委副书记胡龙华一行到崇义县横水镇官坑垄村走访慰问。县委书记许志辉，县其他领导黄华、刘春香出席相关活动并陪同走访慰问。

24 日 省运管局党委书记易宗发一行来崇义县调研扶贫工作及走访慰问。

25 日 市检察院党组成员、副检察长兼反贪局局长陈新生来崇义县开展春节前走访慰问活动。期间，走访慰问了辖区内市检察院人民监督员、本院退休老干部和困难干警。

25—26 日 省运管局党委书记易宗发一行到崇义县走访慰问并调研扶贫工作。县委书记许志辉，县其他领导刘洪梅、边建忠出席相关活动并陪同走访。

26 日 省委台办副主任何晞一行到崇义县参观考察阳岭幼儿园建设情况。县委书记许志辉，县其他领导刘洪梅、谢筠陪同。

28 日 省农业厅厅长胡汉平一行到崇义县走访慰问部分困难企业、敬老院老人和困难群众，为他们送去慰问金、慰问品并致以新春的祝福。市政府副市长黄金龙，市农业和粮食局局长郑世飘，县委书记许志辉，县委常委、副县长领导李贱贵陪同走访并出席相关活动。

31 日 崇义县开通赣崇城际快线，市运管局局长郭远昌参加仪式并宣布赣崇城际快线开通。

二月

1 日 中共崇义县委十六届六次全体（扩大）会议开幕。

同日 国务院农民工工作领导小组发出表彰决定，江西耀升钨业股份有限公司技术员郭名亮、崇义章源钨业股份有限公司手选台操作工王贤莲荣获“全国优秀农民工”称号。

2 日 省检察院监所处处长夏波一行在市检察院党组成员、副检察长朱政的陪同下到崇义检察院调研。

3 日 省信访维稳督查组一行到崇义县督查信访维稳工作。县委书记许志辉，县其他领导何琳、黄小波、李舒文陪同。

同日 崇义县在县人民广场举行 2016 年“春风行动”暨春季就业招聘大会。县委副书记、县长许斌，县领导黄华、郭兰、李贱贵等分别到招聘会现场指导工作。

4 日 赣州市委常委、纪检书记彭光华到崇义县调研。

同日 市委常委、市纪委书记彭光华一行到崇义县开展春节走访慰问和走访工业企业，为他们送去新春问候和祝福，带去党和政府的关怀与温暖。县委书记许志辉，县委副书记、县长许斌，县其他领导黄华、杨忠万、李贱贵、刘春香、黄小波陪同并出席相关活动。

24 日 市生态环保工作检查

组一行到崇义县检查。县委书记许志辉，副县长刘春香陪同。

三月

3日 科技部社会发展科技司副司长邓小明一行到崇义县考察调研。县委书记许志辉，副县长谢筠陪同调研。

8日 省农发行行长李贤文一行到崇义县调研。县委书记许志辉，县委常委、副县长李贱贵陪同调研。

同日 市检察院党组成员、政治部主任胡承东一行来崇义检察院与院干警共同开展“三八”妇女节主题活动。

9日 省检察院党组成员、副检察长罗晓泉一行到崇义县调研。县委副书记、县长许斌，县其他领导黄小波、曾涛陪同调研。

同日 省高速办主任邱文东一行4人来崇义县协调赣崇高速验收有关事宜，县领导黄小波陪同。

12日 江西省水利厅、财政厅对崇义县2015年度小农水重点县建设进行绩效评估。

12—13日 省接待办副巡视员毛荣根一行到崇义县考察调研。县领导黄华、李贱贵、黄名兰陪同调研。

14日 省安全稳定工作督查组一行到崇义县督查全国“两会”期间安全稳定工作，县委书记许志辉，县委副书记、县长许斌，县其他领导黄华、黄小波陪同。

15日 省政协党组副书记、副主席，省委宣传部部长姚亚平一行到崇义县调研。县委书记许志辉，县委副书记、县长许斌，县委常委、宣传部长刘洪梅陪同调研。

同日 市关工委副主任刘安民一行到崇义县调研关心下一代工作。县领导黄华、李舒文陪同调研。

16—17日 市委组织部副部长杨有谷和市委统战部副部长、市工商联党组书记、市非公党工委书记谢来福等一行到崇义县召开全市非公经济组织“党建+”工作现场推进会议。

17日 市政协副主席曾凡一行到崇义县调研城市管理工作。县委副书记、县长许斌，县政协主席陈金发，副主席吴忠浩陪同调研。

同日 市创建办专家指导组一行到崇义县指导调研。县领导黄华陪同调研。

同日 农业部专家、中国柑橘研究所所长周常勇一行到崇义县调研指导柑橘黄龙病防控工作。县领导刘春香陪同调研。

18—20日 全国森林经营样板基地建设国家级评估专家组一行到崇义县开展中期评估工作。市林业局副局长黄敬怡，县委副书记、县长许斌，副县长谢筠、刘春香陪同并出席相关活动。

20日 中科院苏州纳米研究所南昌研究院常务副院长景震强一行莅临章源钨业考察调研有色金属产业科技合作需求。

22日 国家林业局原副局长李育材一行到崇义县调研油用牡丹试种工作。市政府副秘书长郭知明，市林业局副局长赖华添，县委书记许志辉，副县长刘春香陪同调研并出席相关活动。

22—23日 环保部规财司副司长张士宝一行到崇义县调研。县委书记许志辉，县委常委、副县长李贱贵陪同调研。

23日 赣州市“创卫”专家组成员钟胜平一行到崇义县检查指导“五小行业”和生活饮用水经营单位创建工作。

24日 市现代服务业攻坚领导小组一行到崇义县督导现代服务业攻坚战项目建设。县领导刘洪梅、郭远君、黄义华等陪同。

25日 市主攻工业新型建材产业推进小组一行到崇义县调研新型建材产业。县领导刘向民陪同调研。

28日 全县召开部委挂职干部见面会，欢迎国家环境保护部科技标准司综合处处长王明良和国家体育总局科技司科教处副处长张涛来崇义挂职，县委书记许志辉出席见面会并讲话。

30日 市政府督查室主任钟起平一行到崇义县督查“六大攻坚战”推进工作情况。县领导李贱贵出席相关活动。

四月

6日 省教育厅学生资助管理中心主任叶宝凌一行到崇义县检查学生资助和中等职业学校学生学籍管理工作。市教育局副局长余振柳，县领导黄义华陪同。

10–12日 江西师大、江西农大教授一行到崇义县进行全球农业文化遗产申报征求意见，并对崇义县申报全球农业文化遗产提出意见和建议。县委副书记、县长许斌，副县长刘春香陪同，出席相关活动。

13日 中国地质博物馆副馆长张亚钧同志一行莅临章源钨业考察调研。

15日 省质监局法规处处长欧阳勇一行到崇义县实地调研崇义刺葡萄国家地理标志产品保护工作。市质监局副局长熊小青、法规科科长张炜陪同调研。

同日 国家体育总局健身气功管理中心国内发展部主任王涛

一行到崇义县调研并捐赠价值1万元的健身气功书籍。

17—18日 国家体育总局科教司司长蒋志学一行到崇义县调研。县委书记许志辉，县委副书记、县长许斌，县其他领导张涛、谢筠陪同调研并出席相关活动。

19—21日 市工信委主任肖志东一行到崇义县对一季度主攻工业工作开展情况进行督查。县委书记许志辉，县委副书记、县长许斌，县其他领导王明良、刘洪梅、刘向民陪同。

20日 崇义县首家非公互联网企业党组织——江西田润农业发展有限公司党支部正式成立。

21日 市委常委刘建平一行到崇义县督查蔬菜产业发展工作。县委书记许志辉，县委副书记、组织部长黄华陪同。

同日 省鄱阳湖生态经济区建设办公室副主任刘兵一行到崇义县督查生态文明先行示范县建设工作。县委书记许志辉，县委副书记王明良，副县长李贱贵陪同。

25日 经县编委会议研究，同意设立崇义县干部信息管理中心，为县委组织部下属公益一类事业单位。

26—27日 省社会科学院经济研究所副所长、研究员程宇航一行到崇义县调研林地适度规模经营情况。县领导刘春香陪同调研。

26—28日 国家体育总局中国帆船帆板运动协会副秘书长、市场委员会主任李仲一一行到崇义县调研。县委书记许志辉，县其他领导刘洪梅、张涛陪同调研。

29日 赣州市人大常委会副秘书长、办公厅主任叶文波等31人，来我县调研现代农业发展情况。

本月 章源钨业股份有限公司在山东省德州市注册成立了全资子公司“德州章源喷涂技术有限公司”，首期投资1000万元建设的两条HVOF喷涂生产线分别于9月、12月竣工投产，业务覆盖北京、天津、河北、山东、河南、江苏北部和山西东部等区域，主要服务行业为石油机械、工程机械、钢铁行业等。

本月 崇义县获得“全省文明城市提名资格”称号。

五月

1日 凌晨0点02分，根据纳税人的电话预约，在县局局长曾剑锋的统筹和见证下，县局办税大厅的工作人员成功为江西纵横天亿通信有限公司开出了第一张增值税专用发票，打响了崇义县“营改增”战略攻坚的第一枪，标志着“营改增”试点工作顺利在崇义县全面推开。

同日 “大美崇义”——京赣粤首届书画展在竹乡体育馆开展。

5—6日 市商务局副调研员张卫东一行到崇义县督查市委、市政府各项重大政策措施落实情况。县领导李贱贵出席有关活动。

5—6日 国家林业局退耕还林办公室巡视员张秀斌一行到崇义县开展2016年度退耕还林工程管理实绩核查工作。县委副书记、县长许斌，副县长刘春香陪同。

10—11日 中国标准化协会理事长、国家质检总局原党组成员、国家标准化委员会原主任纪正昆一行到崇义县调研标准化工作。县委副书记、县长许斌，县政府副县长提名人选张祥兰出席相关活动并陪同调研。

10—11日 市人大常委会副主任张建华一行到崇义县开展生态屏障建设情况专题调研。县委副书记、县长许斌，县其他领导黄华、郭兰、刘立伟、刘春香陪同调研。

11—12日 省政协教科文卫体委副主任张玉清一行到崇义县就“重大疾病免费救治工作”开展专题调研。县领导陈金发、谢筠、黄义华陪同调研。

11—12日 省委第一巡视组原组长刘东明一行到崇义县开展换届风气督查。县委书记许志辉，县委副书记、县长许斌，县委副书记、组织部长黄华，县委常委、政法委书记杨忠万陪同调研。

11—13日 省委台办副主任徐建星一行到崇义县调研减轻企业负担优化投资环境情况。县委书记许志辉，县委副书记、县长许斌，县其他领导黄华、谢筠、刘春香陪同调研。

12日 省教育厅基础教育处副处长戴乐旺率省政府义务教育均衡发展督查组一行到崇义县督查义务教育均衡发展工作推进情况。县领导李贱贵、郭远君、谢筠陪同。

同日 市纪委副书记陈定宇带领市纪委驻村扶贫工作队一行到铅厂镇义安村调研指导整村脱贫、社区规划等工作。

同日 省委台办副主任徐建星一行到崇义县调研减轻企业负担优化投资环境情况。县委书记许志辉，县委副书记、组织部长黄华，县委常委、政法委书记杨忠万陪同。

15—16日 环保部华南环境科学研究所所长吴国增一行到崇义县调研。县委书记许志辉，县其他领导王明良、李贱贵陪同。

17日 市军分区政治部主任陈李忠一行到崇义县检查调研。县领导党生维陪同调研。

18—19日 省委巡视办主任

彭光华一行到崇义县调研指导扶贫工作。市委常委、市纪委书记唐舒龙，县委书记许志辉，县委副书记、县长许斌，县政法委书记杨忠万陪同调研。

19—21 日 省政协副主席孙菊生一行到崇义县开展降低企业成本优化发展环境调研。县委书记许志辉，县委副书记、县长许斌，县其他领导李贱贵、谢筠、刘春香陪同调研。

22—23 日 上海交大环境科学与工程学院党委书记嵇绍岭一行到崇义县考察。县委书记许志辉，县委副书记、县长许斌，县委副书记、副县长王明良陪同。

24—26 日 中国健美操技委会副主任席毅林一行到崇义县落实师资培训、中小学生夏令营及参赛等事宜。

24—30 日 县委书记许志辉参加北大生态文明体制改革与党委政府环保责任专题研究班学习。

25—26 日 赣州市政协副主席杨文光率民主监督组一行到崇义县对 2016 年主攻工业、精准扶贫、民生实事落实情况进行第一次专题民主监督。县领导李贱贵、刘春香、陆芳锋陪同。

26 日 上饶市检察院民行处处长邓亚兵一行来崇义检察院指导工作。

同日 崇义章源钨业股份有限公司 2015 年度博士后科研工作站正式授牌。

26—27 日 环保部科技标准司司长邹首民一行到崇义县调研。省环保厅总工程师曹永琳，市环保局局长杨中茂，县委副书记、县长许斌，县其他领导王明良、黄华、李贱贵陪同调研并出席相关活动。

26—27 日 市政协副主席钟健生一行到崇义县走访调研。县委副书记、县长许斌，县其他领导陈金发、刘春香、黄名兰陪同调研。

27 日 市委常委、副市长高峰到崇义县开展“降低企业成本、优化发展环境”专题调研。县委副书记、县长许斌，县其他领导张涛、刘春香陪同并出席相关活动。

30—31 日 西藏自治区体育局副巡视员朱安乐一行到崇义县调研。县领导张涛陪同调研。

31 日 省出入境检验检疫局局长温珍才一行到崇义县调研外向型经济发展工作。赣州出入境检验检疫局局长桂家祥，县委副书记、县长许斌，县其他领导王明良、刘洪梅、李贱贵陪同并出席相关活动。

同日 省卫生监督所所长杨小毛一行 4 人到崇义县检查指导卫生计生监督执法工作，市卫计委副主任邱为民、县政府副县长谢筠等相关领导陪同检查。

六月

1 日 省委台办副巡视员林挺华一行到 国家体育总局办公厅关于印发《国家体育总局对口支援赣州崇义县振兴发展 2016 年重点工作方案及责任分工》的通知（体群字〔2016〕72 号）。

同日 省委台办副巡视员林挺华一行到崇义县督查第十三届赣台会签约项目进度情况。县领导刘洪梅、谢筠陪同。

1—3 日 国家体育总局体育器材装备中心副主任叶春一行到崇义县调研。县委书记许志辉，县委副书记、县长许斌，县其他领导刘洪梅、张涛、谢筠、刘春香陪同调研。

2 日 贵州省原省长林树森一行到崇义县调研。县委书记许志辉，县其他领导刘洪梅、李贱贵陪同调研。

2-3 日 省委副书记刘奇一行到崇义县调研。县委书记许志辉，县委副书记、县长许斌，县其他领导黄华、刘洪梅、李贱贵、刘春香陪同调研。

2-3 日 省人大常委会原副主任朱秉发一行到崇义县调研。县领导郭兰、汤名东陪同调研。

3 日 中国开发性金融促进会执行副会长李吉平一行到崇义县调研重点项目综合服务情况，商谈生态旅游扶贫等事宜。市政府副秘书长林长茂，市金融工作局局长蓝应尚，县委书记许志辉，县委副书记、县长许斌，副县长李贱贵、张祥兰等陪同调研，参加座谈。

3—4 日 国家体育总局局长、党组书记刘鹏一行到崇义县调研指导体育工作。省政府副省长谢茹，国家体育总局办公厅主任倪会忠，国家体育总局群体司司长刘国永，国家体育总局宣传司司长涂晓东，省政府副秘书长陈敏，省体育局局长晏驹腾，市委副书记、市长冷新生，市政府副市长胡聚文，中组部干部三局副巡视员、一处处长皮仄郑，市体育局局长袁华英，县委书记许志辉，县委副书记、县长许斌，县其他领导刘洪梅、张涛陪同调研。

5—6 日 省军区政委杨笑祥一行到崇义县检查调研。县委书记许志辉，县委常委、人武部政委党生维陪同调研。

7 日 市委第二专项巡察组一行到崇义县开展换届风气专项巡察。县委书记许志辉，县其他领导黄华、杨忠万陪同。

8 日 华人总会会长来崇义老干局考察。

12 日 中国大地财产保险股

份有限公司江西分公司党委书记、总经理廖卫一行到崇义县调研。县委书记许志辉，县委副书记、县长许斌，副县长李贱贵、张祥兰陪同调研。

12—14 日 省农业厅副巡视员张跃远率全省自然保护区生态环境保护情况督查组一行到崇义县督查。县委副书记、县长许斌，副县长刘春香陪同。

13 日 中国环境科学研究院副院长郑丙辉一行到崇义县调研。县委书记许志辉，县委副书记、县长许斌，县委副书记、副县长王明良陪同调研。

14 日 中共崇义县市场监督管理局委员会调整为中共崇义县市场和质量监督管理局委员会。

15 日 中国工程院院士顾国彪一行到崇义县调研。县委书记许志辉，县委常委、宣传部长刘洪梅陪同调研。

15—16 日 省政协常委、教科文卫体委主任龚林儿一行到崇义县开展"实施创新驱动发展战略，推动产业转型升级"专题调研。县委书记许志辉，县其他领导陈金发、刘春香、黄义华陪同调研。

20—23 日 2016 年县域义务教育均衡发展省级督导评估组一行到崇义县督导评估。市政府副秘书长杨雍谨，县委书记许志辉，县委副书记、县长许斌，县其他领导刘洪梅、郭远君、谢筠、黄义华陪同并出席相关活动。

21—23 日 上海体育发展基金会书记张静一行到崇义县开展《篮球部落》公益计划江西支教活动（崇义站）。

23 日 市委常委、市纪委书记唐舒龙到崇义县铅厂镇走访慰问老党员、困难党员和精准扶贫户。

29 日 市委宣传部副部长李国生带领市直新闻单位及宁都、寻乌等县新闻单位负责人一行到崇义县就媒体融合工作进行调研并召开全媒体融合试点县工作座谈会。县委常委、宣传部部长刘洪梅陪同调研并参加座谈会。

七月

3—4 日 环保部华南环境科学研究所副所环保部华南环境科学研究所副所长李开明一行到崇义县调研。县委副书记、县长许斌，县委副书记、副县长王明良陪同调研。

3—8 日 国家体育总局社会体育指导中心在崇义县举办 2016 年全国青少年跳绳夏令营。

3—9 日 国家体育总局自行车击剑运动管理中心举办"中国体育彩票"2016 年铁人三项青少年夏令营（崇义站）。

3—9 日 国家体育总局网球运动管理中心青少年发展部主任王光和到崇义县开展"中国体育彩票杯"全民健身青少年活动——青少年网球夏令营活动。

5—6 日 以"防治农业面源污染促进生态文明建设"为主题的 2016 环保章江行活动组一行到崇义县调研。市人大常委会主任陈晓春，市人大常委会副主任张建华，市人大常委会委员、城建环资工委主任高明旭，市委宣传部副部长李国生参加调研，县委副书记、县长许斌，县人大常委会主任郭兰，县其他领导刘立伟、刘春香、张祥兰陪同调研，出席相关活动。

7—12 日 中国足协资助崇义县 12 名青少年足球爱好者参加"江西省青少年足球训练中心训练基地夏令营活动"。

11—12 日 南昌大学纪委书记黄云一行到崇义县调研自然保护区建设工作。县领导王明良、黄华陪同调研。

12—13 日 省林业厅党组成员、副厅长邱水文到崇义县调研督导深化集体林权制度改革试点工作。县委书记许志辉，县委副书记、县长许斌，县其他领导黄华、李贱贵、刘春香等出席相关活动。

12 —21 日 中国足协在崇义县举办了两期 D 级教练员选拔班，80 名教练员参加了培训。

13 日 省文物局一行到崇义县调研上堡整训旧址修缮工作。

13—15 日 环保部科技标准司副巡视员胥树凡一行到崇义县调研。县委书记许志辉，县委副书记、县长许斌，县委副书记、副县长王明良陪同调研。

14 日 市委副书记、市长冷新生到崇义县调研生态环境保护工作。市委常委、副市长张晓宁，副市长黄金龙，市政府副秘书长谢卫东，县委书记许志辉，县委副书记、县长许斌，副县长刘春香陪同调研。

15—17 日 越南林业科学院专家一行到崇义县考察南酸枣产业发展工作。副县长张祥兰陪同。

15—17 日 中国铁人三项运动协会技术委员会秘书长王炳到崇义县对开展山水铁人三项赛的可行性进行考察论证。

16 日 香港乐善行基金会一行到崇义县乐洞乡考察捐建村卫生室。县委副书记、组织部长黄华，县政协副主席黄义华陪同，出席相关活动。

18 日 市人大常委会副主任温会礼到崇义县调研县乡两级人大换届选举工作。县人大常委会主任郭兰、副主任刘向民陪同。

20—21 日 浙江省宁波市政协文史和学习委主任朱忠祥一行到崇义县考察王阳明文化研究与

传承工作。县委书记许志辉，县委副书记、县长许斌，县政协主席陈金发、副主席黄义华陪同。

21 日　省军区政委杨笑祥一行到崇义县检查调研人武部全面建设情况。赣州军分区司令员邓新生，县委书记许志辉，县人武部领导党生维、金仁贵、曾祥标陪同调研。

22 日　省市联合考察组一行到崇义县考察。县领导黄华陪同。

同日　江西省水利厅廖瑞钊副厅长一行到崇义县进行水利建设工作督导。

22—23 日　省委组织部干部二处处长华智峰一行到崇义县考察。县委书记许志辉，县委副书记、县长许斌，县委副书记、组织部长黄华陪同。

23 日　市检察院党组成员、副检察长兼反贪局长陈新生来崇义检察院指导工作。

23—24 日　广州南方医科大学南方医院专家组一行到崇义县开展赣南老区国有林场工人义诊活动。副县长刘春香陪同。

23—29 日　国家体育总局自行车击剑运动管理中心资助 8 名小学生参加 2016 年全国现代五项青少年夏令营（东莞站）活动。

25 日　赣州市人大常委会选任联工委主任袁景运一行 3 人到崇义县督查《关于加强市县乡人大建设的若干实施意见》贯彻落实情况。

25—26 日　市现代服务业攻坚战督查组一行到崇义县督查重点项目。县领导刘洪梅、郭远君、黄义华陪同。

25—29 日　北京体育大学田径专项学生 3 名、篮球专项学生 3 名、足球专项学生 2 名、乒乓球专项学生 2 名、跆拳道专项学生 2 名，才艺表演学生 5 名，共 17 人组成的暑期社会实践团在崇义县进行支教活动。

26 日　高检院死刑复核厅于萍到崇义检察院调研指导工作。

26–30 日　国家体育总局青少年体育司资助崇义县 20 名学生参加西安渭南阳光体育大会。

27 日—8 月 5 日　国家体育总局自行车击剑运动管理中心资助崇义县 10 名学生参加 2016 年“中国体育彩票杯”击剑夏令营活动。

27—29 日　国家体育总局群众体育司健身设施处调研员赵爱国一行到崇义县签署“县级全民健身中心”项目建设管理责任书并调研崇义县体育基础设施。

28 日　江西中烟赣州卷烟厂纪委书记丁声文到崇义调研指导省产烟销售工作。

29 日　求是杂志社政治编辑部主任常光民一行到崇义县调研。县委副书记、县长许斌，副县长张祥兰陪同调研。

29—30 日　省文明办主任张天清到崇义县调研指导精神文明建设工作。县委书记许志辉，赣州经开区党工委副书记、管委会副主任（挂职）、江西省文明办协调处处长李曜，市文明办副主任刘万春，县委常委、宣传部长刘洪梅陪同调研。

本月　组织参加文化部举办的“春雨工程”西藏行——江西省文化志愿者赣南采茶专场文化交流。

本月　经县机构编制委员会批准，崇义县民营企业管理局更名为崇义县中小企业管理局。

八月

3 日　市新型城镇化攻坚战领导小组一行到崇义县调研新型城镇化项目建设工作。

5 日　崇义县委组织部摄制的《产城融合铸就绿富美》获全市解放思想主题教育活动电视宣传教育片评比三等奖。

6—7 日　国家林业局华东林业调查规划设计院院长刘裕春一行到崇义县检查指导第九次全国森林资源清查江西省清查工作。省林业厅党组成员、总工程师胡跃进，市政府副秘书长郭知明，市林业局副局长赖华添，副县长、公安局长黄小波陪同。

7 日　国家发改委资源节约和环境保护司副巡视员赵鹏高一行到崇义县调研生态环境保护和资源节约利用等工作。县委副书记、县长许斌，县其他领导王明良、张涛陪同。

8—9 日　市委常委刘建平一行到崇义县调研林业和果业工作。县委书记许志辉，县委副书记、县长许斌，县委副书记、组织部长黄华陪同，出席相关活动。

10—11 日　省工商联副主席洪跃平一行到崇义县开展“媒体进民企”专题采访活动。县委副书记、县长许斌，县委副书记、组织部长黄华，县政协副主席黄名兰陪同。

10—19 日　四川新辰体育艺术学校资助崇义县 10 名优秀学生到四川参加夏令营活动。

12 日　崇义县委召开全县领导干部会议，宣布关于崇义县党政主要领导同志调整的决定：许斌任中共崇义县委书记；许志辉不再担任中共崇义县委书记、常委、委员职务，另有任用；邱凌任中共崇义县委委员、常委、副书记，提名为崇义县人民政府县长，提名免去许斌的崇义县人民政府县长职务。市人大常委会主任陈晓春出席会议宣布省委、市委的决定并讲话，市纪委副书记龙立福出席会议，许斌主持会议并讲话，许志辉、邱凌分别讲话。

同日 省委机要局局长费先志一行到崇义县调研电子政务内网建设工作。县委副书记、组织部长黄华陪同调研。

16 日 广西壮族自治区贺州市人大常委会副主任韦丽萍一行到崇义县考察上堡梯田开发建设情况。县委书记许斌，县委副书记、县政府县长提名人选邱凌，县人大常委会主任郭兰，副主任郭远君陪同。

16—20 日 国家林业局造林绿化司副司长吴秀丽一行到崇义县调研确定拟于11月在崇义召开全国森林质量提升工作现场会的有关事宜。县委书记许斌，县委副书记、县政府县长提名人选邱凌，县其他领导刘春香、朱志勇陪同。

18—19 日 湖南省双牌县政协主席唐彦一行到崇义县考察生态旅游建设工作。县委书记许斌，县政协主席陈金发、副主席黄名兰陪同调研。

20—26 日 国家体育总局水上运动管理中心资助崇义县上堡乡35名优秀学生参加暑期游泳培训。

20-26 日 中国足协举办了崇义县青少年足球夏令营，60名中小学生参加了活动。

21—22 日 省委换届风气督察组刘东明一行到崇义县督查换届风气和党代会筹备情况。县委书记许斌，县委副书记、县政府代县长邱凌，县委副书记赖木生，县委常委曾雷、王豪陪同。

22—23 日 贵州省修文县委常委、宣传部部长刘元珍一行到崇义县调研宣传思想文化工作。县委副书记、县政府代县长邱凌，张小兰出席相关活动。

23—26 日 四川新辰体育艺术学校教练张莉一行支援崇义县普及游泳运动。

24 日 上午，县公安局在县人民广场举行打击“盗抢骗”犯罪专项行动退赃大会。

25 日 市检察院监所处联合市公安局监管支队到县看守所开展专项检查工作。

27 日 市政府副市长黄金龙到崇义县检查指导防汛救灾工作。县委书记许斌，县委副书记、县政府代县长邱凌，县其他领导张涛、陆芳锋、朱志勇等陪同。

同日 关田镇遭遇“8·27”特大洪灾，降水量为全县最大，灾害发生后，全镇上下众志成城，2天内道路、供电、通讯等恢复畅通，

30 日 市委副书记、市长冷新生一行到崇义县视察“8·27”局地强暴雨山洪灾害情况并指导灾后重建工作。市政府副市长黄金龙，县委书记许斌，县委副书记、县政府代县长邱凌，县其他领导朱志勇、刘文泽、罗福生等陪同。

30 日 中国共产党崇义县第十七次代表大会隆重开幕。

30—31 日 省工商联副主席谭文英一行到崇义县开展第九次全省企事业民主管理工作检查。副县长边建忠、人大常委会副主任余启良陪同。

30 日—9 月 1 日 省委台办副主任徐建星一行到崇义县调研减轻企业负担优化发展环境情况。县委书记许斌，县委常委、县政府代县长邱凌，县其他领导边建忠、刘春香、吴忠浩、张小兰陪同调研。

8—10 月 崇义县举办2016年江西省第五届全民健身运动会暨崇义县首届“赣州邮政杯”全民健身广场舞大赛。

九月

1—2 日 上海体育学院院长陈佩杰一行到崇义县调研。副县长张涛陪同调研。

1—6 日 国家体育总局武术运动管理中心在崇义县开展2016年崇义县武术段位制培训班暨武术大师走基层活动。

4 日 市政府副市长黄金龙一行到崇义县督查“蔬菜产业发展、现代农业示范园区建设”重点项目进展情况。县委常委、副县长边建忠陪同。

5 日 市委常委、副市长高峰在县委常委、副县长边建忠一行的陪同下，到崇义县联合办税大厅调研指导工作。

6 日 市委常委、市政府副市长高峰一行到崇义县调研。县委书记许斌，县委常委、副县长边建忠陪同调研。

6—7 日 广东省梅州市人大常委会副主任钟勇生、韩小林一行到崇义县考察学习森林防火工作。县人大常委会主任郭兰、副主任刘立伟陪同。

7 日 中国建设银行江西省分行行长助理丁俊一行到崇义县调研。县委书记许斌，县领导边建忠陪同调研。

7—9 日 中国友好和平发展基金会秘书长贾伶、国家体育总局训练局副局长曲爱慧一行到崇义县调研。县委书记许斌，县其他领导郭兰、边建忠、张涛陪同调研。

8 日 化工部原副部长、国家环保总局原副局长王心芳一行到崇义县调研。县委书记许斌，县委副书记，副县长王明良，县委常委、副县长边建忠陪同调研。

同日 省社科院副院长孔凡

斌一行到崇义县就2015年度经济社会发展重大招标研究课题《赣州着力构建绿色发展格局研究》开展调研。县委常委、宣传部长何琳陪同调研。

9日 市新型城镇化攻坚战督查组一行到崇义县督查新型城镇化重点项目建设进展情况。县领导赖木生、曾帅、汤名东、黄硕陪同调研。

9—11日 香港乐善行基金会会长吴兆伟一行到崇义县捐赠援建乐洞中小学、高洞村卫生室。县委常委、统战部部长领导刘春香，县政协副主席黄义华陪同。

12—13日 全国重点地区环境与健康专项调查现场联合督导组一行到崇义县开展现场督导工作。县委书记许斌，县其他领导王明良、边建忠、张小兰陪同。

19日 崇义县全媒体中心正式揭牌，开启了传统媒体与新兴媒体融合发展的新模式。

21—22日 环保部华南环科所党委书记李远一行在崇义县调研，在扬眉镇开展友好党支部共建挂牌仪式、帮扶贫困儿童"1+1"结对资助仪式等系列活动。

21—22日 全省义务教育均衡发展整改情况督查组一行到崇义县督查。县委副书记、县长邱凌，副县长张小兰陪同。

22日 井冈山干部学院人力资源部主任许光洪一行到崇义县调研。县委书记许斌，县委常委、组织部长王豪陪同调研。

23日 省委常委、市委书记李炳军到赣南宾馆崇义代表团驻地，亲切看望崇义县出席市第五次党代会的代表。市人大常委会主任陈晓春，市委常委、秘书长李恭进，市委常委、赣州军分区政委陈庆阳随团看望。

23—24日 环保部科技标准司巡视员、副司长刘志全一行到崇义县调研。县领导王明良、边建忠陪同调研。

28—29日 省委党内法规工作调研组一行到崇义县调研。县领导曾雷陪同调研。

十月

10日 省纪委驻省统计局和省审计厅纪检组长徐鸿一行到崇义县调研。县委书记许斌，县委常委、副县长边建忠陪同调研。

同日 市人大常委会副主任、市总工会主席廖明耕到崇义县调研园区和乡镇工会建设。县委书记许斌，县委副书记赖木生，县其他领导陆芳锋、余启良陪同调研并出席相关活动。

12日 省运管局副局长罗志明一行到崇义县调研精准扶贫工作。

13—14日 省人大常委会法工委副主任刘永亮一行到崇义县开展《江西省军人权益保障条例（草案）》立法调研。县领导曾帅、陆芳锋陪同调研。

14—15日 全国政协经济委员会委员、国务院国资委原副主任黄淑和一行到崇义县考察调研。县委常委、副县长边建忠陪同调研。

16日 省扶贫和移民办主任章康华一行到崇义县调研。县委副书记、县长邱凌，县其他领导刘春香、朱志勇陪同调研。

17日 省教育厅副厅长杨慧文一行到崇义县调研教育工作。市政府副秘书长杨雍瑾，市教育局局长余炜，县委书记许斌，县宣传部部长何琳陪同，出席相关活动。

17—18日 市专家组对崇义县中小河流治理项目县城（北门段、章源工业园段、中城河段）防洪工程和思顺乡防洪工程进行技术预验收。

18—19日 国家体育总局汽车摩托车运动管理中心办公室副主任高雪春、办公室干事李嫣一行到崇义县丰州乡调研汽摩运动发展产业。

18—20日 省生态文明先行示范县建设考核督导组一行到崇义县开展督导工作。县委书记许斌，县其他领导赖木生、边建忠、黄硕陪同。

19—20日 环境保护部副部长李干杰一行到崇义县调研对口支援工作。省政府副省长、公安厅厅长郑为文，省环保厅厅长邓兴明，省环保厅副厅长石晶，市政府副市长孙黎明，市环保局党组书记、局长杨中茂，县委书记许斌，县其他领导王明良、边建忠、刘立伟、刘文泽等陪同，出席相关活动。

19—21日 省爱卫办副调研员张保华带领国家卫生县城考核验收组一行到崇义县考核验收创建国家卫生县城工作。县委书记许斌，县其他领导赖木生、何琳、郭远君、黄硕、吴忠浩、张小兰、黄义华等陪同。

19—21日 国家林业局造林绿化司司长王祝雄一行到崇义县调研确定拟于11月在崇义召开全国森林质量提升工作现场会的有关事宜。县委书记许斌，县其他领导赖木生、边建忠、刘春香、朱志勇、黄名兰、罗福生陪同。

20—21日 国家体育总局体彩中心党委书记闫玉丰一行到崇义县调研。县委书记许斌，县委常委、副县长张涛陪同调研。

21日 县委组织部和县委党校联合举办的2016年国家开放大学赣州学院干部学历教育班在县委党校正式开学，45名来自全县乡村的“两委”委员和村级后备干部参加学习。

23—24 日 市委常委、市政府副市长张晓宁到崇义县考察调研。县委书记许斌，县其他领导王明良、边建忠、刘文泽陪同调研。

24—26 日 省委脱贫攻坚专项督查组一行到崇义县督查。县委书记许斌，县其他领导边建忠、刘春香、刘立伟、朱志勇陪同。

26 日 “章源及图”商标被国家工商总局商标局认定为“中国驰名商标”。

27—28 日 国家体育总局器材装备中心副主任叶春及奥运冠军一行到崇义县调研。县领导曾雷、张涛陪同。

28 日 市检察院党组书记、代检察长江阶虎，专职检委会委员余萍一行来崇义检察院视察指导工作。

30 日 崇义县机构编制委员会下发《关于增加崇义县卫生监督所编制的批复》（崇编字〔2016〕46 号），同意增加崇义县卫生监督所全额拨款事业编制 2 名（编制从县内调剂解决）。核定崇义县卫生监督所全额拨款事业编制 9 名。

十一月

1—4 国家体育总局乒乓球羽毛球运动管理中心主任刘晓农及奥运冠军一行到崇义县调研和开展捐资助学活。县领导赖木生、边建忠、张涛、王豪、郭远君陪同。

1—5 日 国家体育总局奥体中心党委书记杨文一行到崇义县调研。县领导张涛、张小兰陪同调研。

3 日 省委 610 办副主任梁启有一行到崇义县调研防范和处理邪教工作。县委书记许斌，县政法委书记曾帅陪同调研。

同日 国家体育总局乒乓球羽毛球运动管理中心主任刘晓农及奥运冠军一行莅临章源钨业参观。

6 日—12 月 9 日 市委第二巡察组在崇义县开展扶贫领域专项巡察，重点巡察扶贫主体责任和监督责任落实情况、扶贫政策措施落实情况、扶贫项目资金落实情况、扶贫干部工作作风情况和脱贫攻坚工作存在的其他突出问题。

8 日 赣南师范大学党委书记孙弘安一行到崇义县开展对口支援工作。县委书记许斌，县县委副书记赖木生，副县长张小兰陪同并出席相关活动。

9—10 日 省委政研室巡视员何建辉率省委改革办第一督察组一行到崇义县对 2016 年第二批全面深化改革重点项目进行督察。县领导赖木生、边建忠陪同调研。

11 日晚 县公安局刑侦大队会同横水派出所经视频侦查、信息研判，抓获犯罪嫌疑人徐庶（男，30 岁，四川人）、何学强（男，28 岁，四川人），破获 6 起涉案价值达 40 余万元的跨省特大系列盗窃汽车案，追回被盗现代瑞纳汽车一辆。

12—13 日 国家林业局湿地保护管理中心副主任李琰一行到崇义县开展国家湿地公园试点评估工作。

15 日 国家林业局造林绿化管理司司长王祝雄一行到崇义县检查全国森林质量提升工作会议筹备情况。县委副书记、县长邱凌，县其他领导赖木生、边建忠、朱志勇、罗福生陪同。

17—18 日 全国森林质量提升工作会议在崇义县召开，提升了崇义的知名度和影响力。

18 日 省委常委、副省长尹建业一行到崇义县调研。县委书记许斌，县领导赖木生、郭兰、陈金发、肖鸿斌、吴忠浩陪同调研。

20 日 省委常委、常务副省长毛伟明一行到崇义县调研。省政府副秘书长涂琼理，省发改委主任吴晓军，市委副书记、市长曾文明，市政府副秘书长林长茂，市发改委主任黄明哲，县委书记许斌，县委副书记、县长邱凌，县委常委、副县长边建忠陪同调研。

21—22 日 国家重点生态功能区县域生态环境质量考核现场核查组一行到崇义县开展现场核查工作。县委副书记赖木生，副县长吴忠浩陪同并出席相关活动。

22 日 广州奔驰人俱乐部爱心人士到下关村关爱小学为留守儿童捐赠物资。

22—23 日 国土资源部不动产中心副主任佟绍伟一行到崇义县调研。县委书记许斌，副县长黄硕陪同调研。

23 日 市检察院党组成员、副检察长兼反贪局长陈新生来崇义检察院指导工作。

24 日 市妇联副主席罗云率市文明委复查考察组一行到崇义县开展省级文明单位、市级文明城市复查和市级文明村镇、文明单位申报实地考察工作。县委副书记赖木生，县委常委、宣传部长何琳陪同考察并出席相关活动。

24—25 日 市政协副主席谢宝河率民主监督组一行到崇义县对 2016 年主攻工业、精准扶贫、民生实事落实情况开展第二次专题民主监督。县政协主席陈金发，县其他领导张小兰、刘文泽陪同并出席相关活动。

25 日 市人大常委会副主任郑世飘一行到崇义县开展生态环境保护工作情况专题调研。县委书记许斌，县其他领导王明良、郭兰、刘立伟陪同调研。

同日 崇义县驻北京流动党员党支部成立。

25—27日 中国环保产业协会秘书长易斌一行到崇义县调研，26日召开水专项农村污水处理技术推广研讨会。

25—27日 国家体育总局体操运动管理中心在崇义县举办啦啦操规定套路培训班，全县各中小学校60名学生参加培训。

27日 省委常委、市委书记李炳军一行到崇义县调研普通国省道和农村公路建设情况（崇义县农村公路建设工程被市攻坚办列为流动现场会参观点）。

29日 市“六大攻坚战”督查组一行到崇义县督查调研。县领导赖木生陪同。

30日 市委常委、政法委书记马玉福一行到崇义县调研综治“三项建设”工作。县委书记许斌，县委常委、政法委书记曾帅陪同调研。

同日 赣州市人大常委会办公厅副主任黄立一行3人到崇义县对17个市政府工作部门开展满意度测评。

十二月

2-4日 省水利厅原副巡视员朱志勇一行到崇义县开展2016年度省级水利风景区专家现场评审工作。县领导何琳、朱志勇陪同。

4日 市委常委、组织部长张圣泽到崇义调研指导工作，县委书记许斌，县委副书记赖木生，县领导王豪陪同调研。

5—6日 以国家督学、华南师范大学副校长胡钦太为组长的义务教育均衡发展国家督导检查组到崇义县进行督导检查。省委教育工委委员、省教育厅副厅长郭奕珊，省督学、江西师范大学党委副书记聂剑，市政府副市长郭素芳，市政府副秘书长杨雍谨，市委教育工委书记邝先元，市教育局局长余炜，县委书记许斌，县委副书记、县长邱凌，县其他领导何琳、郭远君、张小兰、刘事明等陪同检查并出席相关活动。

6日 市振兴办副主任黄斌一行到崇义县调研赣南苏区振兴发展对口支援、试点示范事项等工作。县领导王明良、边建忠陪同。

6—7日 省信访工作督查组组长、省信访局副局长罗强一行到崇义县督查调研信访工作。市委副秘书长、市信访局局长赖伟，县领导赖木生、曾帅、黄小波陪同调研。

8-9日 江苏省人民检察院政治部主任杨其江一行到崇义县开展对口支援工作。县领导赖木生、曾帅、黄小波、曾涛陪同。

11—12日 国家体育总局航管中心原副主任申海青一行到崇义县调研。县领导张涛陪同。

13—14日 省外事侨务办公室主任赵慧一行到崇义县考察调研外向型企业工作。县委书记许斌，县其他领导边建忠、黄义华陪同调研。

14—16日 中国体育报业总社副社长、北京华奥星空科技发展有限公司董事长王平一行到崇义县调研。

13—15日 国家体育总局排球运动管理中心副主任李全强一行到崇义县调研。县委书记许斌，县其他领导张涛、赖木生陪同调研。

15日 国家安监总局监管一司副司长薛剑光一行到崇义县督导安全生产工作。省安监局总工程师周平，县领导边建忠陪同。

同日 省委组织部干部综合处处长章剑飞一行到崇义县考察援疆干部人选县卫计委副主任张兴鸿。县领导赖木生、王豪陪同。

27日 市委办公厅一行到崇义县现场踏看全市“六大攻坚战”流动现场会筹备工作。县领导赖木生、黄硕、张小兰陪同。

28日 市检察院党组成员、反贪局长张继田到崇义检察院调研、指导工作。

30日 机关事务管理局升格为正科级，为县人民政府直属事业单位。

本年 钟行飞荣登“中国好人榜”，钟行飞、张水秀荣登“江西好人榜”；邓同福、张水秀、曾玉兰、刘善良荣登“赣州好人榜”。

党政机关

【概况】 2016年，中共崇义县委深入学习贯彻中共十八大和十八届三中、四中、五中、六中全会以及习近平总书记系列重要讲话精神，特别是习近平总书记对江西工作提出的“新的希望、三个着力、四个坚持”重要要求，围绕省委决策部署和市委“解放思想、内外兼修、北上南下，突出打好六大攻坚战”战略部署，团结带领全县广大干部群众，真抓实干，攻坚克难，全县上下呈现经济快速发展、社会和谐稳定、环境持续改善、人民群众安居乐业、政治生态风清气正的良好局面，全面完成2016年各项目标任务。全年，实现生产总值711600万元，增长9.3%；财政总收入107000万元，公共财政预算收入83600万元，分别增长4.1%和16.9%；规模以上工业增加值238000万元，增长8.9%；固定资产投资453800万元，增长16.5%；社会消费品零售总额153200万元，增长12.5%；城镇居民人均可支配收入22938万元，增长8.1%；农村居民人均可支配收入8515元，增长11.6%。

【深入学习贯彻党中央治国理政新理念新思想新战略】 县委常委会牢固树立“四种意识”，切实增强“四个自信”，坚决维护以习近平同志为核心的党中央权威，自觉在思想上政治上行动上同以习近平同志为核心的党中央保持高度一致，按照中央和省委、市委的决策部署扎实做好崇义的各项工作。

始终把握正确的政治方向 把学习贯彻习近平总书记系列重要讲话精神作为首要和长期政治任务，县委常委会带头，先后组织20次中心组理论学习。广泛开展理论宣讲活动，邀请专家、学者开展党中央治国理政新理念新思想新战略专题授课，举办“阳明文化专题辅导讲座”等新知识新政策培训，实现基层党组织、基层党员、基层群众理论宣讲“三个全覆盖”。通过学习，引导广大干部群众切实强化“四个意识”，增强“四个自信”，始终与党中央保持高度一致，做到政治上坚定、思想上统一、行动上自觉。

扎实推进“两学一做”学习教育 把“两学一做”学习教育作为推进全面从严治党的有力抓手，县处级党员领导干部带头深入学习，带头讲好党课，带头联系基层，带头查摆问题，带头整改提高，为广大党员干部树立标杆、做好表率。全县上下累计开展专题讨论1676次，讲党课1676次。创新开发“党员小书包”手机学习平台，建立学习微信群405个，有效解决党员集中学习难题。深入开展“党员牵手义工”活动、机关党员干部“三个一”帮扶行动等，开展志愿服务4000余次。坚持问题导向，建立学习教育问题清单、整改清单、责任清单、成果清单“四张清单”，共整改问题1391个，真正使党员在学习教育中有触动、有警醒、有改进。

集思广益形成路径共识 把中央、省委、市委的系列决策部署作为推动各项工作的行动指南，做到既联系工作实际学理论，更联系县情实际谋发展，将全县各项工作放在发展全局中谋划考量。尤其是新一届领导班子到任后，先后召开2次全县领导干部大会，系统传达学习中共十八届六中全会、省第十四次党代会、市第五次党代会等会议精神。先后赴重庆武隆、广西阳朔、海南琼海、浙江桐庐、浙江余杭以及江西婺源、武宁等地学习考察，开阔思路，借鉴经验，为县委决策提供重要参考。深入农村、企业、项目建设一线，认真开展调查研究，广泛听取各方意见，为熟悉县情实际、确定下一步工作思路提供依据。胜利召开县第十七次党代会，进一步形成了共识、凝聚了力量，增强实现全面小康、建设幸福崇义的坚定信心，凝聚起坚持走生态县域经济发展道路、实施全域旅游发展路径的广泛共识。

从实践和发展层面反馈来看，县第十七次党代会确立的发展思路，符合市委对崇义发展的定位，切合崇义县情实际，顺应人民群众意愿，是实现全面小康、建设幸福崇义的科学路径。

【谱写经济社会发展新篇章】坚定不移以“六大攻坚战”为总抓手，全力用好“六大攻坚战”的总阀门和总开关作用，以项目为突破重点，统筹推进全县经济社会发展。全年，安排“六大攻坚”项目98个，总投资1800000万元。列入市级考核项目54个，总投资1275300万元，年度计划完成投资554500万元，已全部开工建设，已完成年度投资585200万元，占年度投资计划的106%。

工业经济加快转型　安排20个主攻工业重点项目全部开工建设，高岭土深加工、精亿灯饰LED、威骏高分子不织布等项目投入试产，源升锡业、腾亮现代杉木园艺等项目加快推进，有效弥补钨矿产业低迷颓势，一矿独大格局逐步改变。成功获批设立省级工业园，园区基础设施及标准厂房建设扎实推进，平台基础进一步夯实。实行重点企业帮扶全覆盖，深入开展“降成本、优环境”专项行动，全年新增规上工业企业8家。兑现省、市、县系列优惠政策资金约21000万元，通过财园信贷通、小微信贷通、创业信贷通等平台累计为企业发放贷款47000万元，办理企业续贷基金30400万元。

精准扶贫纵深推进　把脱贫攻坚工作作为统领全县经济发展的首要任务和第一民生工程，完善扶贫机制，层层压实责任，构建县、乡、第一书记、村书记抓扶贫工作格局。实施健康、兜底保障、教育、金融等精准扶贫十大项目，完成脱贫1408户4669人，3个省级贫困村退出，贫困发生率下降2.61%。积极推行“种养相加、长短结合”产业扶贫模式，带动3851户贫困户发展刺葡萄种植68.59公顷；引导578户贫困户发展养蜂5808箱。深入实施新农合二次补偿办法，构筑起第五道健康医疗保障防线，贫困户个人自负住院医疗费用比例不超过总费用的3%。扎实推进易地搬迁扶贫，10个集中安置点有9个已开工建设，8个已完成主体工程建设；161套保障房全部完工并搬迁入住。

城乡一体步伐加快　启动县城规划、特色小镇规划编制工作，聂都乡、关田镇等8个乡镇总体规划修编和控制性详细规划基本完成。阳岭新城“四纵五横”骨架路网建成通车，阳明广场、文化活动综合楼、阳明书院基本完成主体工程，南门、北门农贸市场完成升级改造，自来水厂扩建、公厕、停车场等工程稳步推进，城市功能更加完善。扎实推进“四城同创”，城区市容环境卫生、交通秩序明显向好，获评国家卫生县城、省级文明城提名城市。过埠示范镇建设快速推进，圩镇自来水、污水处理厂等基础设施基本完工，“梦想家园”新型农村集中安置社区312套住房交付使用。深入实施农村人居环境综合整治，16个乡镇垃圾处理及污水处理项目稳步推进。

现代农业品质提升　粮食生产基本稳定，“菜篮子”产品供应充足。20个现代农业攻坚项目全部开工，新增刺葡萄137.33公顷、蔬菜基地104.07公顷，新建、低改油茶林866.67公顷，改造毛竹低产林1800公顷。大力发展新型农业经营主体，新增家庭农场34家，新增农民合作社10家。大力推进美丽乡村建设，启动铅厂关刀坪、长河坝，过埠铁木等10个旅游精品示范点建设，开展县城—上堡和县城—横水鹿坑旅游线路环境整治，拆除空心房535栋。农旅加速融合，君子谷野果主题公园项目进展顺利，野果长廊、酒庄山顶花园、生态餐厅、葡萄大观园启动建设。成功争取江西省休闲农业示范县；君子谷野生水果世界有限公司入选江西省休闲农业示范点。

现代服务业乘势发展　实施全域旅游发展路径，启动编制全域旅游规划。阳岭景区、上堡梯田景区、君子谷野生水果世界旅游综合开发、阳明温泉小镇开发、乡村旅游精品示范点等项目稳步推进，阳明广场、上堡整训旧址修复项目基本建成，阳明书院、王文成公祠、茶寮碑修复等一批凸显阳明文化的景观项目启动建设，全年接待游客1867000人次，旅游综合收入115000万元，分别增长14.2%和16.1%。电子商务产业创业孵化园、竹文化创客中心、县职业中专“金蜘蛛”电子商务实训基地三个县级电商运营服务平台建成投入使用，入驻电商企业65家，打造农村电子商务服务站80家。实现电商销售额为74000万元，同比增长192%。

基础设施支撑更加有力　着力构建比较完备的基础设施体系，21个打基础、利长远的重大基础设施项目全部开工。天润乐洞风电11台风机并网发电，增补农网改造升级工程基本完成，能源供应保障能力明显增强。换届以后，进一步加大交通建设力度，龙勾至上犹高桥公路升级改造工程竣工，县道县城至茶滩、过埠至上堡公路升级改造工程完成路基铺设，国道金坑至西门、省道杰坝至过埠启动建设，过埠大桥危桥改建工程、乡村公路建设改造加快推进，外通内联的城乡公路网进一步完善，景区通达性显著提升，为全域旅游发展路径和“7+2+1”战略的实施奠定坚实基础。

【纵深推进改革开放】立足当前，着眼长远，千方百计争资金、引项目、促改革，不断为经济发展增添后劲。

政策资金加速落地　积极北上争资争项，加强与国家部委和上级部门的沟通对接，2016年，全县争取上级各类补助资金（含政策性）143000万元，同比增长10.9%。环境保护部、国家体育总局对口支援成效显著，成功争取陡水湖生态环境保护、农村环境连片整治、重金属污染治理等专项资金以及县级全民健身活动中心、游泳馆、篮球场改造工程等项目资金23000万元。对接农发行、国开行等政策性银行，争取国家政策性低息长期贷款222400万元，其中争取14个专项基金项目60300万元。与赣州银行、江西银行、九江银行设立320000万元的产业发展基金，为项目投入提供坚强资金保障。

开放合作不断深入　坚持开放发展理念，主动“走出去”，开展专题招商、参加省市节庆活动25批次，重点考察洽谈了林业、非金属矿精深加工、乡村旅游、景区开发等一大批项目。认真做好“请进来”洽谈招商，先后举办“崇义籍在外创业人士代表迎新见面会”“候鸟式旅居养生养老专题招商推介会”“‘全域旅游’高峰论坛筹备暨招商项目推介洽谈会”等多场招商推介会，接待外来客商110余批次。高岭土综合开发、LED深加工、雷竹种植与竹笋深加工、生物制药等14个项目签约落地，总投资758100万元。积极落实促进民间投资的系列政策措施，积极推行政府与社会资本合作（PPP）模式，完成民间投资176900万元，同比增长55.3%。

深化改革全面推进　坚持问题导向，以更大的决心和勇气，深化重点领域和关键环节改革，释放发展活力。深入转作风提效率，推进简政放权、深化行政审批制度改革，加快“六单一网”建设，县级保留行政审批项目170项，精简审批事项116项，平均审批时限由8.1个工作日缩短至4.59个工作日。企业“五证合一、一照一码”、个体工商户“两证合一”登记制度稳步实施。扎实推进公共资源交易制度改革，继续扩大政府购买公共服务试点范围，实施政府向社会力量购买服务工作试点。率先在全市开展媒体融合改革，成立县全媒体中心，有力推动新旧媒体融合发展。公立医院改革稳妥推进，“基层首诊、双向转诊、急慢分治、上下联动”的分级诊疗模式逐步建立。推进农村产权制度改革，大力开展房地一体的农村宅基地和集体建设用地使用权确权登记发证工作。深化林权制度改革，县、乡、村三级林地流转交易平台不断完善。

【生态文明水平显著提高】坚持绿色发展理念，坚定不移走生态县域经济发展道路，落实最严格的环保制度，在环境保护、污染防治、制度建设等方面加大力度，争创一流，全县生态文明建设水平显著提高，2016年环保目标考核名列全市第一。

加强生态建设　启动编制《崇义县国家生态文明建设示范县规划》。率先在全市建设并运行空气质量自动监测站，对大气环境、水环境、重点企业等进行常态监督监测。健全乡（镇）环保责任制，对辖区内无证照经营泛滥造成环境污染、群众反映强烈的实行“一票否决”。加强对矿山的保护，严格采矿准入机制，禁止源头开矿，严格规范露天开采，开展工矿废弃地复垦利用。高水平、高规格召开全国森林质量提升工作会议，森林质量提升工作成为全国示范，森林经营技术模式在全国全面推广。积极保护耕地和基本农田，全面完成9526.67公顷基本农田划定工作。扎实推进国家级主体功能区试点，阳岭国家森林公园、铅厂镇入选江西省首批生态文明示范基地，过埠镇、关田镇、扬眉镇等3个乡镇获评省级生态乡（镇），省级生态文明先行示范县建设督导考核中位列全省第三。

推进污染治理　加大环保执法力度，淘汰511辆黄标车及老旧车。全面开展涉污企业调查摸底，依法依规整治24家违法违规企业。全面完成陡水湖水面集中整治工作，陡水湖水质保护取得显著成效。全面落实“河长制”，推进江河源头、重要水源涵养地的水环境保护，重点实施扬眉江、小江等重点流域水质和中小河流专项治理，实现水污染治理常态化长效化。持续推进农村环境连片整治和畜禽养殖污染治理，实现农村垃圾“日产日清”，获评全省农村清洁工程先进县。积极开展国家重点区域重金属污染治理、水土流失治理，关田下关河道底泥清淤、原砒霜厂生产场地修复等重金属污染治理项目启动建设。

深化制度建设　坚持把保护生态环境作为最大的民生，创新环保机制体制，将环保工作纳入经济社会发展考核评价体系，为生态文明建设提供可靠保障。率先在全市完成县级生态文明办组建工作，在全省范围内探索生物多样性保护与发展的体制机制等7项绿色制度创新。畅通信访举报渠道，专门设立了环保信访接待室，建立由专人负责的“12369”投诉热线和平台，大幅提高了环境信访案件查处率和群众满意度。

【人民群众幸福感日益增强】 始终坚持以人为本，持续增加民生投入，不断提高人民群众的幸福感和满意度，让发展成果惠及全体人民。

社会保障更加健全　就业培训、养老保险等省、市民生实事全面完成，城镇居民基本医疗保险和新型农村合作医疗制度整合工作有序推进，城镇居民医疗保险参保率达98.6%，新农合参合率达96.78%，优抚对象、城乡低保、五保、社会救助等提标提补工作全部落实到位，覆盖城乡的社会保障体系更加完善。阳明国际养生养老中心、珠岭公园、香山烈士陵园开工建设，兰洋综合福利院建设主体工程基本完成，横水镇敬老院、金坑乡敬老院（过埠分院）即将交付使用。

公共服务更加均等　加快推进教育项目建设，阳岭幼儿园投入使用，思源实验学校、职业中专实训楼、关田和金坑中心小学整体迁建项目基本完成主体工程；崇义中学扩建、12所乡镇中心幼儿园建设进展顺利，全年完成教育投入达40000万元，城乡教育基建、教学设备等日益完善，顺利通过国家义务教育基本均衡县评估认定。大力提升医疗卫生服务能力，县妇幼保健院改建修缮工程、县疾控中心实验室改造项目稳步推进，乡镇卫生院、村级卫生室改造新建稳步实施，群众“看病难、住院难”问题得到有效缓解；无线广播电视“户户通”惠民工程基本完成，解决1.61万人农村不安全饮水问题，完成745户低电压治理。

社会环境更加和谐　积极稳妥推进司法体制改革，加强司法规范化建设和对司法活动的监督，组织开展“法律八进”活动，营造办事依法、遇事找法、解决问题用法的法治环境。深化平安崇义建设，完善农村、城区网格化服务管理体系，“天网”三期工程建成投入使用，综治中心、综治信息化、综治网格化建设加快推进，加大矛盾纠纷排查化解力度，努力解决影响社会稳定的源头性、根本性问题。深入开展“利剑”行动，严厉打击各类违法犯罪活动，人民群众安全感和幸福指数不断提升。

【党的建设全面加强】 牢固树立“抓好党建是最大政绩”的理念，准确把握从严治党新常态，坚持把从严管党治党要求落实到党建工作中去，不断提升党建工作水平。

宣传舆论引导不断加强　高度重视宣传舆论引导，坚持内鼓干劲，外树形象，唱响主旋律，传播崇义声音，弘扬正能量。高度重视意识形态工作，明确党委（组）书记第一责任人责任，并纳入科学发展综合考评体系。充分发挥“两报两台一端”职能优势，深入解读县第十七次党代会精神，全方位宣传报道了“六大攻坚战”、全域旅游等重点工作，营造了浓厚的幸福崇义建设舆论氛围。扎实推进社会主义核心价值观教育实践，创新开展“好人文化示范村”创建、“三好一孝”评选等活动。

基层党建基础夯实　推进非公企业和社会组织“两个覆盖”工作，全年新建党组织30个，151家非公企业和48个社会组织实现党组织全覆盖。扎实推进12个农村软弱涣散党组织整顿提升，加强村级组织活动场所建设，维修改造村级组织活动场所35个。进一步配强村级党组织带头人队伍，全年调整选配村党组织书记4名、名誉书记18名、第一书记67名。坚持以党建促扶贫，安排贫困村党员创业贴息贷款3000000元，培育农村党员致富带头人76名。扎实推进党费收缴工作，全年补交党费1487000元，党员党的意识明显增强。认真排查党员队伍违纪违法行为，集中处理21名违法违纪党代表和党员。统筹推进各领域“党建+”工作，探索党建与精准扶贫、主攻工业等工作融合发展，铅厂义安、麟潭两杰被评为全省农村“党建+”工作先进典型。

县乡换届圆满完成　胜利召开县第十七次党代会，完成全县479个基层党组织换届。以县乡换届为契机，全面推进从严治吏，领导班子和干部队伍能力与素质全面提升。严格执行换届相关规定与程序，严肃换届工作纪律，对重点岗位领导干部进行专题学习集体谈话，派出16个督导组全程指导、监督乡镇换届选举程序和换届风气，有效确保县乡换届风清气正。牢牢把握“四个坚持”“三个不唯”的选人用人原则，突出工作一线选拔任用干部，从“三类人员”中选拔20人、企事业单位调任7人充实乡镇领导班子，11名新提名党政正职中8人来自乡镇，基层干部干事创业热情有效激发。

干部管理从严从紧　扎实推进干部教育培训，开展了乡镇领导班子成员集中轮训、统战委员和优秀年轻党外干部培训等专题培训班，培训干部240余人次。健全干部管理约束机制，开展常态化谈心谈话500多人次。开展新提任科级干部个人有关事项报告和财产公示工作试点，对87名拟提拔重用对象申报个人事项并完成财产公示。大力提升基层干部待遇，对乡镇在编在岗干部增加每月200—500元工作津贴。扎实做好人才工作，引进硕士及以上学历人才23人，招录公务员、大学生村官等61人。章源钨业博士后科研工作站正式挂牌，耀升钨业成功获批全市首批市级人才工作示范点。

党风廉政建设深入推进　认真落实党委主体责任和纪委监督责任，全面推行党风廉政建设责任制积分预警管理，组织乡镇、县直部门一把手向县纪委全会述责述廉，确保党风廉政建设“两个责任”落到实处。坚持挺纪在前，用准用好监督执纪“四种形态”，推动纪律审查制度化、规范化、程序化，全年受理信访举报185件（次），立案审查违纪问题49件，给予党纪政纪处分51人。扎实开展基层侵害群众利益不正之风和腐败问题集中整治，深入推进收送“红包”“违插”等专项治理。大力开展巡察工作，实现乡镇和县政府组成部门及国有企事业单位巡察工作全覆盖，梳理反馈问题322条，发现问题线索25条，立案审查9件，巡查“利剑”作用得到凸显。持续深化“三转”，多形式推进纪检监察队伍专业化职业化建设，监督执纪问责能力有效提升。

2016年，县委常委会十分注重加强自身建设，进一步提升县委把方向、出思路、管大事、用干部、督落实的能力，更好发挥总揽全局、协调各方作用。高度重视思想政治建设，始终坚持正确的政治方向和政治立场，坚定地在思想上、政治上、行动上同党中央、省委、市委保持高度一致，不折不扣地落实上级重大决策部署。严格执行民主集中制，坚持和完善县委常委会议事规则和决策程序，不断提高决策民主化、科学化水平。严格落实常委个人分工负责制，扎实推进县委常委牵头负责“二十个专题”“六大攻坚战”工作机制，进一步推动全县重点工作落实。带头落实党风廉政建设责任，自觉担负起反腐倡廉建设的政治责任和领导责任，严格执行廉洁从政有关规定，风清气正政治生态加速形成。

【领导名单】

书　记　许志辉（8月免）
　　　　许　斌（8月任）
副书记　邱　凌（7月任）
　　　　卫红霞（3月免）
　　　　钟　斌（3月免）
　　　　黄　华（8月免）
　　　　王明良（3月任）
　　　　张　涛（11月任）
　　　　赖木生（8月任）
常　委　曾　雷（8月任）
　　　　曾　帅（8月任）
　　　　何　琳
　　　　边建忠
　　　　张　涛(3月任，11月免)
　　　　党生维
　　　　王　豪（8月任）
　　　　刘春香（8月任）

县委办公室工作

【概况】 县委办公室内设机构：县委督查室、秘书科、行政科、文印科、信息科、公文管理科。对外保留牌子的机构：县委政策研究室（改革办）、台湾工作办公室、县委机要局、县国家保密局（县委保密委员会办公室）。

【政务服务不断创新】

聚焦以文辅政 始终围绕县委各项重大活动、重要会议，紧跟县委工作思路，把握全县经济社会发展实际，做好领导讲话、工作总结、会议纪要、汇报材料等各类文字材料的起草工作，努力提高文稿综合质量，主动为县委重大决策和重大工作部署服务。认真学习领会中央、省、市、县的重大决策部署，立足发展大局，深入基层调研，认真仔细、严肃严谨完成文稿起草工作。2016年，先后完成县委主要领导在县十七次党代会，县人大、政协“两会”，县教育工作大会，县脱贫攻坚大会，县改作风提效率动员大会等重大会议讲话文稿50余篇，完成各类综合性汇报文稿20余篇，总计字数达40余万字。印发《崇办通报》7期；下发县委常委会会议纪要21期。

规范文件流转 着眼于提速提质，确保办文无纰漏。**一是把好发文关。**按照《中国共产党机关公文处理条例》及《现代公文处理规范》等有关规定，始终坚持文秘人员严格核稿、领导层层把关制度，规范公文体式和格式，保证了公文文稿层次清晰，言简意赅。**二是把好收文关。**乡镇、部门单位上报的请示、报告，由秘书科统收、统发、统管，对不合规范的请示件、不按程序的直送件、不依权限的越级件、不守规矩的乱投件，一律退回重办，改进了工作方式方法，提高了工作效率。**三是把好流转关。**严格落实文件流转责任制，按照“谁经手谁负责”的原则，做好每一道环节文件流转跟踪，确保文件不丢失、不遗漏，应阅人员阅知到位。一般性的文件办理不超过2天，文件流转由专人负责，并严格做好公文流转登记，确保公文运转正常有序。全年共办理中央、省、市文件1247件，审核各类文件、方案等219份。

【政研工作成效显著】

专题调研不断加强 准确把握崇义经济社会发展形势，紧紧围绕“六大攻坚战”、全域旅游、特色小镇、城市建设、生态文明等中心工作的重点、难点问题精准发力、深入调研。充分挖掘县改革特色亮点，带着问题与思考开展调查研究，广泛征求单位意见和建议，切实提高了以文辅政的水平。2016年，先后撰写《乡愁在绿海，联出新天地》《倡导绿色骑行》《以全域旅游引领幸福崇义建设》等7篇高质量文章在省、市新闻媒体刊登发表。其中，《乡愁在绿海，联出新天地》获鹿心社同志批示肯定。

参谋服务不断提高 紧紧围绕154项改革工作要点，在经济体制改革、政府职能转变、农业和农村体制改革等方面加强督查协调，强化工作举措，全县全面深化改革工作取得明显成效，代表赣州市迎接2016年度全省改革工作检查获充分肯定。坚持面向基层，把握前沿、择其精华，以短平快的重要信息为主要内容，科学分析研判，提出具有参考价值的意见和建议，为县委主要领导提供决策参考。2016年，编辑《改革简报》《改革视野》16期。

【事务工作严谨务实】

加强沟通协调 全力做好协调服务工作，当好“前哨”和“后院”，综合服务工作实现新跨越。一是做好领导之间的协调服务。坚持原则性与灵活性相结合，及时向领导汇报情况，统筹安排领导同志的活动，县委班子运转有序。二是加强与“四大办”之间的协调服务。主动加强联系，及时就县四套班子的重大决策部署和需要协调的问题进行沟通，有效增进工作合力。三是做好部门之间的协调服务。经常与部门交流情况，协调处理好各部门间的关系，推动全县形成团结一致求发展、齐心协力抓落实的良好氛围。

精心办会办事 一是在接待方面，坚持热情从俭原则，与接待办等有关部门配合，较好完成上级领导、上级机关及兄弟县市等各类接待工作。全年审定接待方案217个，参与接待活动89个，圆满完成国家环境保护部、国家体育总局，省委、市委领导来崇义县调研等重要接待活动。二是在会务方面，狠抓会前准备、会中服务、会后落实三个环节，重要会议和重大活动提前介入，精心组织，周密安排，县委办每次承办的重大会议，全体人员主动靠前、集体上阵；县委领导调度会、县委常委会等会议实行责任包干制、分组轮流办会制，保障了各项议程、各项活动有序进行。2016年，顺利完成全县创卫工作迎检大会、全国森林质量提升大会等重大会务工作，承办各类大型会议17次。三是在内务方面，认真贯彻执行中央“八项规定”精神，坚持厉行节约，完善财务管理制度，严格遵守财经纪律，确保机关工作正常运转。强化保密观念，加大保密法律法规的宣传教育力度，提高保密意识。严格车辆管理，保证公务用车，坚持司机坐班制度。落实值班首问负责制，填好值班日志，确保办公室24小时有人在岗。

从严从实转作风 一是加强自身建设。始终保持思想政治定力，深入学习贯彻中共十八大，十八届三中、四中、五中、六中全会以及习近平总书记系列重要讲话精神和治国理政新理念新思想新战略，做到原原本本、认认真真学习。始终把“两学一做”学习教育作为推进办公室工作的有力抓手，对照党章、“两准则、四条例”等要求，全体干部职工深入学习，带头查摆问题，带头整改提高，以思想自觉引领行动自觉，树立标杆、做好表率，推动“两学一做”学习教育制度化、常态化、长效化。认真抓好党建工作，坚持和完善支部学习制度和组织生活制度，严格执行“三会一课”制度，认真落实每个动作，做到“不走过场”，有序推进，务求实效。二是抓好精准扶贫。挂点铅厂镇铅厂村和石罗村，选派两名干部担任村第一书记并同时兼任扶贫工作队长，沉心驻村、深入一线，集中精力抓扶贫；全体干部职工结对帮扶，全面落实各项扶贫举措，让贫困户享受到实惠，做到真扶贫、扶真贫。2016年，铅厂村、石罗村共脱贫11户26人。争取养蜂、毛竹、脐橙、刺葡萄等产业政策性补助共计326000元；办理产业扶贫贷款2050000元；协助村“两委”积极争资争项，争取村老年人广场舞活动经费7200元，体育基础设施40000元。“七一”期间，筹集资金走访和慰问村老党员和困难党员；“三个一走访”期间，筹集10200元走访和慰问铅厂、石罗的贫困户；“扶贫日”捐款2000元走访慰问贫困学生；春节期间，筹集资金10000元，走访困难群众。三是创卫拆迁改作风。积极参与“四城同创”、征地拆迁等中心工作，实行责任包干制，保质保量做好74号网格化小区环境卫生整治，充分发扬“5+2”“白加黑”“晴加雨”精神，累计完成土地清表1.53公顷，拆除主体房7栋、附属房12间，提前完成上营湾背组4户拆迁任务，被评为全县重点工程和重大项目征地拆迁攻坚战先进单位。

【信息工作保质保量】 围绕县委中心工作和领导需求，紧盯全县经济社会发展中的热点、难点问题，深入贯彻落实县委各项决策部署，强化信息深度挖掘，按照“第一手情况”“第一道研判”“第一时间报送”要求做好信息工作。坚持常态化搜索网民对本县及周边市、县经济社会发展的意见建议，突出加强舆情信息研判，为领导提供信息参考。突出报送网络舆情信息、紧急重大信息、接待信息、上级党办约稿信息，贯彻落实中央、省、市、县重要会议和领导重要讲话精神信息以及县委领导指示采编的信息。2016年，共编发《今日崇义汇要》250期，《每日要情》《崇义舆情专报》各365期，《信息专报》23期，《信息快报》300余条。上报舆情信息5000余条，舆情反馈20余条，要事信息150余条，常规信息200余条。

【督查督办不折不扣】 健全工作机制，强化督查手段，努力推动县委各项重大决策、重大工作的贯彻落实。狠抓督办检查，围绕县委重要会议精神和重要文件分解立项抓好常规督查；围绕“六大攻坚战”、全域旅游、20项重点工作、精准扶贫、黄龙病防控、陡水湖环境整治等抓好专项督查；围绕惠民政策落实、领导批示和交办的事项、群众和社会各界反映的热点和难题、人大议案和政协提案抓好跟踪督办。不断强化督查力度，创新督查工作方式方法，做到督查事项“事事有回音、件件有落实”，有效地提高了执行力和落实力。2016年，共下发督办函35个，编印《督办专报》13期、《批示件汇要》16期，办理《书记信箱》信访件51件，省、市民声通道分流转办件7件，人民网地方留言板网民留言3件。

【领导名单】

主　任
刘昌恒（9月免）
杜书福（9月任）
县国家保密局局长
王真真（12月免）
副主任
朱华文
黄　慧（12月任）

组织工作

【概况】 县委组织部内设办公室、组织科、干部科、干监科、调研科等5个科（室），归口下属单位有县委组织员办公室（正科）、县委农村基层组织建设办公室（副科）、县委人才工作办公室（副科）、县委党员电化教育办公室（副科）、县干部信息管理中心（正股）。

县委组织部深入贯彻中共十八大、十八届三中、四中、五中、六中全会和习近平总书记系列重要讲话精神，全面落实各级组织部长会议精神，紧扣全县改革发展大局，突出全面从严治党，解放思想、统筹推进，努力开创组织工作新局面。

2016年，县委组织部分别

被市委组织部评为《加强和改进新形势下农村基层党组织建设的探索》获全市组织部门重大理论研究调研成果二等奖；《从精准扶贫到精致服务》获全市第二十五届党员教育电视片暨第九届党员干部现代远程教育课件观摩交流活动二等奖；《产城融合铸就绿富美》获全市解放思想主题教育活动电视宣传教育片评比三等奖；《饮水思源桑梓情》获全市第二十五届党员教育电视片暨第九届党员干部现代远程教育课件观摩交流活动鼓励奖。

【深入推进“两学一做”学习教育】 将“两学一做”学习教育作为龙头任务，精心谋划，有序推进，形成齐学共做的浓厚氛围。

创设“指尖上的党校” 开发“党员小书包”手机学习平台，利用人民出版社系统图书资源，让党员可以随时随地进行学习，解决广大党员特别是流动党员集中学习难的问题。全县累计开展专题讨论1624次，讲党课1637次，建立学习微信群405个。

深化“党员牵手义工”活动 以党员为核心，凝聚群团合力，筹集资金1620000元，开展志愿服务4000余次；组织全县140个单位2800多名机关党员干部参与“三个一”帮扶行动，在服务群众中彰显党员的先进性。

建立“四张清单”强化问题销号 建立学习教育问题清单、整改清单、责任清单和成果清单，开展专题民主生活会和组织生活会、民主评议党员等工作，各级党组织坚持立行立改、严抓实改，共整改问题1391个，其中查处基层侵害群众利益和不正之风问题13个。

【开展县乡换届】 认真贯彻全国、全省、全市县乡领导班子换届工作会议精神，切实选出忠诚干净担当的好干部，配出结构优功能强的好班子，换出心齐气顺劲足的好面貌。

严格换届程序 确定提名人选上，严格执行提名年龄、差额推荐等相关规定；干部考察上，进行任前档案审核，组织填报个人有关事项和财产公示，开展群众评议和家访，征求纪检、综治、卫计等部门意见；人事安排上，严格按职数配备，严格把关干部任职资历，严格执行事前报备和综治“一票否决”制度。

明确选用导向 注重工作延续，乡镇党政正职不同时调整，每个乡镇保留原班子成员2人以上；注重按需配备，人选配备上向中心镇、建制镇、旅游重点乡镇倾斜；注重岗位要求，配齐配强专职党委副书记、纪委书记，保证人大班子有1名专职领导；注重一线选拔，11名新提名党政正职中有8人乡镇产生，从“三类人员”中选拔20人、企事业单位调任7人任乡镇副职；注重以人为本，统筹考虑个人意愿和工作需要，满足原班子成员个人意愿91人，超过原班子成员总数的三分之二。

严肃换届纪律 坚持宣传警示到位、压实责任到位、谈心谈话到位、监督渠道到位“四个到位”，县乡换届选举前均组织学习“两通知、两通报、两案例”，观看警示教育片《镜鉴》，发放《换届纪律资料汇编》700余册，签订《严守换届纪律承诺书》300余份；公布来电、来信、来访和网络“四位一体”举报平台，及时受理群众举报。换届过程中，全县没有发生违反换届纪律的人和事，在省委换届风气巡回督查中，得到较好评价。

【基层党建工作】 牢固树立“党建+”理念，做到党建工作与其他各项工作深度融合。

健全组织 大力推进非公企业和社会组织“两个覆盖”工作，采取单（联）建方式新建党组织27个，列入党建基数的151家非公企业和48个社会组织已实现100%全覆盖。开展基层党组织按期换届专项检查，全县479个基层党组织全部完成换届。安排财政资金1000000元，对35个危旧狭小村级组织活动场所进行维修改造。扎实推进农村软弱涣散党组织整顿，12个软弱涣散党组织完成整顿提升。全面推进以村民理事会为主要载体的村（社区）民主协商工作。

建强队伍 坚持抓党建促脱贫攻坚，严实主体责任，调整选配村党组织书记4名、名誉书记18名、第一书记67名，召回第一书记1名；采取电话抽查、实地督查等形式，每月对精准扶贫工作队员进行明察暗访。积极培育农村党员致富带头人76名，全年安排贴息贷款3000000元，专项扶持贫困村党员创业。认真开展党费收缴工作专项检查，3359名党员按标准补交党费。开展党员组织关系集中排查，排查出“失联”党员28名。对党代表和党员违纪违法进行排查清理，对21名对象集中处理。

选树典型　开展“三好一孝”评选，县乡分别选树45名、320名“三好一孝”模范人物集中表彰，协调金融机构提供50000~1000000元低息优惠信贷，引领党风社风家风向善向上。统筹抓好各领域“党建+”工作，全县重点推进“党建+精准扶贫”“党建+主攻工业”“党建+志愿服务”，铅厂义安、麟潭两杰评为全省农村“党建+”工作先进典型；章源钨业党委在全省非公企业党建工作推进会上作经验发言。

【干部人才队伍建设】紧扣“六大攻坚战”发展需要，统筹抓好各类各层次干部人才教育培训和监督管理，为崇义加快振兴发展提供智力支持。

稳步推进干部培训　全年举办乡镇领导班子成员集中轮训、统战委员和优秀年轻党外干部培训、青年干部培训、党务工作者培训等多期专题培训班，培训干部240余人次。选派69名领导干部参加上级党校和机构学习培训。

强化干部激励保障　拓宽干部成长空间，选拔27名事业编制干部充实乡镇领导班子。开展公务员职务与职级并行工作，22名干部晋升了职级。提高基层干部待遇，对乡镇在编在岗的干部增加每月200–500元的乡镇工作津贴。开展全县干部职工和中高级人才免费健康体检，营造良好工作氛围。

从严干部监督管理　健全约束机制，开展常态化谈心谈话500多人次。成立干部信息管理中心，审核干部人事档案1230卷。开展公务员职务与职级并行工作，22名干部晋升了职级。试点开展新提任科级干部个人有关事项报告和财产公示，63名拟提拔重用对象申报了个人事项并进行财产公示。开展超职数配备干部整改消化，消化超职数配备干部47人，超额完成年度计划任务。

扎实做好人才工作　积极搭建引才平台，引进党政、教育、企业硕士及以上学历人才23人；招录公务员、大学生村官、“三支一扶”人员61人。章源钨业博士后科研工作站正式挂牌，招收和培养博士后研究人员10名；耀升钨业被批准为全市首批市级人才工作示范点，并获得150000元的创建资金补助。组建农林、教育、卫生、工程建设等8支“专家志愿服务团”，助力“六大攻坚战”。

【组织部门自身建设】坚持“学习兴部、精神立部、能力强部、纪律治部”，努力锻造过硬组工干部队伍。

强化思想建设　坚持每周一集体学习制度，结合“两学一做”学习教育开展专题学习44次。创新学习形式，开办“组工大课堂”26次、“精品课推介”8次，轮流安排组工干部结合科室业务领学，定期推介科教文等纪录片，不断拓宽视野，提升素质。

强化作风改进　在部机关营造“政治坚定、公道正派、廉洁勤奋、求实创新”的部风，引导组工干部自觉践行“十严禁”和中央八项规定，发扬甘于奉献、淡定得失的“人梯精神”。把严格要求与关心关爱结合起来，坚持“五必谈五必访”，营造团结共进、和谐健康、充满活力的机关工作氛围。

强化效能提升　严格执行县委组织部《制度汇编》和《工作手册》，流程化做好干部监督、党组织关系转接、发展党员、基层党组织换届等工作，并对部务会、学习调研、机关效能等21项内部管理制度进行修订，做到用制度管人，按程序办事。

强化责任担当　按照任务分工，详细制定工作责任清单，明确每项工作的责任领导、责任科室、完成时限和完成标准，实行任务到岗、责任到人。严格落实责任追究制，加强对工作的调度、督办、汇总和通报，有效强化干部责任意识。

强化能力锻炼　坚持在一线锤炼干部，落实基层党建工作联系点制度，深入开展结对帮扶，融入全县中心工作，提高组工干部调查研究、组织协调、综合分析和指导实践工作的能力。建设“开口能说、提笔能写、遇事能干”的组工干部队伍，要求组工干部每月撰写一篇信息稿件、每季度形成一篇调研文章、每年参与一项创新课题，2016年在市级以上媒体发表信息宣传稿件42篇，列入市级考核统计20篇。

【领导名单】

县委副书记、组织部长、党校校长

黄　华（8月免）

县委常委、组织部长

王　豪（8月任）

副部长、人社局局长

成　松

副部长、老干局局长

张彩兰

副部长

黄平文（12月免）

何招全（6月免）

范美蓉（12月任）

黄学鹏（12月任）

组织员办主任
黄学鹏（12 月免）
正科级组织员、人才办主任
邹圣祥

宣传工作

【概况】 县委宣传部是县委主管宣传、意识形态方面的综合职能部门。内设办公室、干部科、理论科、党教科、宣传科、文教科、还有 4 个挂靠县委宣传部管理的正科级单位：县精神文明建设指导委员会办公室、县委报道组（含县网宣办）、县文联和县社联。

2016 年，在县委、县政府的正确领导下，全县意识形态和宣传思想文化工作紧紧围绕学习宣传贯彻习近平总书记系列重要讲话精神，党的十八届三中、四中、五中、六中全会精神，省、市、县党代会精神，围绕县委、县政府中心工作，在思想引领、媒体融合、文化建设、践行核心价值观、网络宣传等方面积极探索、扎实推进，开展了一系列工作，取得了一定成效。

【理论武装工作】

意识形态　根据中央、省委、市委关于《党委（党组）意识形态工作责任制实施办法》的相关要求，进一步加强党委对意识形态工作的领导，明确党委（党组）书记的意识形态第一责任人责任，并将意识形态工作纳入科学发展综合考核评价体系，与经济建设、政治建设、文化建设、社会建设、生态文明建设和党的建设工作紧密结合，一同部署、一同落实、一同检查、一同考核。

理论学习　县委中心组围绕习近平总书记系列重要讲话精神、“两学一做”学习教育等内容，通过集中学习、自主学习、现场调研、撰写心得、书籍辅导、发表理论文章等方式进行系统学习共计 20 次，以上率下，压茬推进各级党委（党组）中心组学习，理论宣讲实现基层党组织、基层党员、基层群众三个全覆盖目标，进一步增强广大党员干部的道路自信、理论自信、制度自信和文化自信。

理论培训　结合崇义县实际，邀请专家学者举办“习近平总书记治国理政新理念新思想新战略”“县域经济发展与电子商务”“阳明文化专题辅导讲座”等新知识新政策培训；举行“解放思想 内外兼修 北上南下”新知识新政策测试，通过考学研相结合的方式，深化广大党员干部对新知识新政策的认识和理解。

【舆论新闻宣传】

构建全媒体平台　崇义县率先在全市进行媒体融合改革，在县委、县政府的关心支持下，崇义县全媒体中心于 9 月 19 日正式揭牌，开启了传统媒体与新兴媒体融合发展的新模式。

内宣工作　认真贯彻落实县第十七党代会会议精神，按照“全域旅游”发展战略，深入开展学习县“党代会”“两会”精神、解读“十三五”规划、打好“六大攻坚战”、创卫在行动等一系列专题专栏宣传，共采写播出新闻稿件 968 篇，其中专栏用稿 413 篇，编发旅游报 36 期，手机报 252 期，微信公众平台共发布消息 252 期 1008 条，有力宣传了县委县政府的战略部署及各乡（镇）单位的工作亮点和群众关心关注的焦点，为崇义县加快发展、转型发展营造了浓厚氛围。

外宣工作　积极主动加强与新华社、人民日报、求是杂志的通联，并与新华社江西分社签署新一轮战略合作框架协议。全县市级以上发稿 180 多篇。其中有：崇义贴息贷款助推企业发展、崇义 300000 万元“大单”支持项目建设、创客旺哥的雕刻艺术、崇义“挂图作战”推进精准扶贫、崇义做优环境助力工业发展、崇义强化服务推进项目建设等深度外宣文稿。全国森林质量提升现场会期间，精心策划选题，加大与中央、省、市媒体间的沟通对接，刊发一系列大稿、好稿，较好宣传了崇义新经验、新形象。特别是 5 月 23 日人民日报海外版第 5 版刊发了题为《崇义：擦亮生态旅游“金名片”》的彩色整版宣传，引起强烈反响。

网宣工作　继续加强与新华社合作，完善以政务内容为主的信息专供服务，共编发《崇义舆情专报》350 余期，有效处置突发舆情 10 余件。安排工作人员 24 小时值班，通过网络监控系统实时对网络舆情进行监测、分析、预警。扩大“崇义宣传”微信公众号影响力，扎实做好崇义政务发布工作，全县 12 家民生单位和 16 个乡镇已全部开通微博或微信，政务微博（微信）数量达 80 个。建立崇义县微信矩阵平台，实现全县微信公众平台一窗式进入，进一步加强对自媒体的管理，将“掌上崇义”“茅花源记”“崇义资讯网”等自媒体平台纳入管理范畴，建立网络宣传管理长效机制。

【文化事业发展】

文化阵地建设　完成县文化综合楼——良知楼主体工程建设。打造竹文化创客中心、扬眉、铅厂、过埠、麟潭等“农家书屋 + 电商”示范点。完成上堡整训旧址维修工程，义安、新溪毛泽东旧居维修工程，长潭邓小平旧居维修工程建设。“两馆一站”

2016 年 2 月 17 日，在人民广场举行“建设‘生态、养老、体育、文化名城’行动有我”主题活动

免费开放持续推进，申报打造了 8 个第二批市级公共文化服务示范点建设，完成 68 家农家书屋更新打造任务。开展县级图书馆总分馆制试点工作，其中在已有中山社区图书阅览室的基础上，新建章源社区、阳岭社区两个社区图书阅览室。完成 18080 户无线广播电视“户户通”惠民工程建设安装任务。推进横水、过埠综合文化站建设，打造乡镇综合文化站样板。

文艺精品　赣南采茶歌舞剧《上堡·寻梦》已完成创作，待参加省市展演。竹乐器展演《国色竹香》音乐创作已成雏形。

文化活动　开展春节文化惠民系列活动、“大美崇义”——京赣粤首届书画展、三省三县文艺会演等一系列群众性文化活动。组织参加文化部举办的“春雨工程”西藏行——江西省文化志愿者赣南采茶专场文化交流等活动。精心编排精准扶贫专题文艺节目深入全县偏远山区巡演，完成送戏下乡演出 64 场次，放映公益电影 1948 场次。

文化遗产保护　崇义县有 1 个省级文物保护单位，7 个省级非遗保护项目，正将崇义县“三节龙”表演项目申报国家级非遗保护项目，将“上堡整训”和“红三军团”旧址申报省级文物保护单位。持续推进民间文化艺术之乡建设，扶持和发展一批具有广泛群众基础的民间艺术项目。以“幸福崇义 文化在行动”为主题，组织开展群众性民俗文化活动，办好民间艺术展演、农民才艺展演等活动。

弘扬阳明文化　以建县 500 周年为契机，大力弘扬阳明文化，成立“中华阳明文化旅游年”筹备工作委员会，并抽调人员成立筹委会办公室，专门负责筹备相关工作。邀请阳明文化专家到崇义县开展阳明文化专题讲座，积极走出去开展文化交流活动，商讨合作事宜，学习办会经验。王阳明博物馆已启动招投标工作，一系列阳明文化活动形成初步方案。

【精神文明创建】

创新培育好人文化　继续常态化评选发布“身边好人”，崇义县 1 人上榜中国好人，2 人上榜江西好人，4 人上榜赣州好人。创新好人评选机制，开展“好人文化示范村”创建工作，在铅厂镇关刀坪村先行试点，建设村级好人发布平台，将好人文化工作延伸至村一级，构建县乡村三级好人评选发布机制。

志愿服务热情高　志愿服务各项工作稳步推进。一是开展“爱心温暖包”捐赠活动。向困难学生、困难群众、孤寡老人捐赠“爱心温暖包”，帮助他们抵御寒冷，让他们感受到社会的关爱与温暖，在短时间内募集社会各界捐赠的爱心温暖包 1703 套，并及时发放到群众手中。二是在创客中心建立志愿服务站，进一步推进“农家书屋 + 电商 + 志愿站”工作。三是继续在全县集中开展“崇义重义 · 仁者乐帮”学雷锋系列主题志愿服务活动。截至年底，全县网上注册志愿者 15444 人，志愿服务时长 337683 小时，人均服务时长达 21.86 小时。

文明创建成效显　认真抓好文明城市、文明村镇、文明单位、文明校园、文明家庭等“五大创建”工作。2016 年，崇义县获得“全省文明城市提名资格”称号，为进一步巩固文明城市创建成果，崇义县以省级文明城市创建工作为龙头，注重实效，深入推进文明单位、文明村镇创建工作，在全县各中小学开展文明校园创建工作。进一步创新并细化文明家庭创建工作，开展“三好一孝”（好党员、好青年、好媳妇、最孝子女）评选活动，倡导良好家风，弘扬社会正能量。

培育践行核心价值观　把培育和践行社会主义核心价值观作为精神文明建设的根本任务，开展丰富多彩、针对性强的主题教育实践活动。举行“建设‘生态、养老、体育、文化名城’行动有我”绿色健康骑行活动；开展“建设自行车城．我参与．我要骑”活动暨自行车城建设工作推进月启动仪式，传播文明交通、健康出行，绿色出行、时尚环保的生活理念；举办“全民阅读·书香崇义”读书月活动，并向贫困学生捐赠爱心图书，倡导全民阅读，提升市民文化素质。

注重未成年人教育 在开展未成年人思想道德建设中，注重选树典型，发挥榜样的力量。开展“美德少年”评选活动，其中城关小学五年级学生罗丕赟被评为全市“美德少年”（孝老爱亲类）。开展“清明祭英烈·共逐中国梦”“童心向党”等主题教育实践活动，引导未成年人了解民族优秀文化传统和革命传统，加强未成年人爱国主义教育。积极开展校园文化建设，由县城关小学选送的《唱响核心价值观》节目入围江西省2016年“唱响中国梦”少儿文艺活动网上展播。积极推进乡村少年宫建设，在江西省乡村学校少年宫考核评比中，铅厂中心小学少年宫被评为优秀，扬眉中心小学少年宫被评为优良，并向省文明办报送铅厂、扬眉、关田3所乡村少年宫参加优秀成果展示。

【领导名单】

县委常委、宣传部部长
刘洪梅（8月免）
何　琳（8月任）
副部长　邓玉金（12月免）
王真真（12月任）

统战工作

【概况】2016年，全县统战工作在县委的坚强领导下，充分发挥凝聚人心、汇集力量的优势和作用，积极服务县委、县政府中心工作，创新思路求提升，服务大局谋发展，着力在“抓好落实、强化引导、建好队伍、促进和谐、转变作风”上下功夫，开创了统战工作新局面。

【统一战线工作得到新加强】

加强了统战工作的领导核心 县委成立以许斌书记为组长的统战工作领导小组并召开第1次会议，审议通过《领导小组2016年工作要点》和《贯彻落实省委〈实施细则〉任务分工》等4个文稿；全县党建工作调度会上，县委对统战工作提出新要求，进一步明确了贯彻落实上级统一战线决策部署的任务书、路线图和时间表。

加强了统战工作的组织建设 全县16个乡镇全部配备了统战委员、统战干事；建立了非公经济人士综合评价体系、党外代表人士数据库及少数民族发展项目资金监管机制；2016年新组建建材行业、长三角崇义商会、汽车行业等3个行业商会；落实了县非公党工委人员编制和经费保障。

加强了统战工作的对外宣传 通过举办培训班、座谈会、印发宣传资料、建立统战工作交流群等方式，对《统一战线工作条例》等系列政策法规和中央、省、市统战工作会议精神在全县进行广泛宣传。加大向上宣传力度，2016年，崇义县统战部门在省市宣传平台共刊登统战工作方面文章、信息40篇，在《崇义手机报》《崇义旅游报》等刊登文章、信息42篇。

【非公有制经济工作取得新突破】

引导非公企业积极履行社会责任 开展“百企帮百村”精准扶贫活动，有25家企业与22个贫困村签订了帮扶协议，全县12个省级贫困村实现帮扶全覆盖，帮扶资金达900多万元，帮扶贫困户664户。10月22日，在耀升国际饭店举行长三角崇义商会、振兴崇义促进会精准扶贫对接活动。

引导非公经济人士健康成长和非公企业健康发展 统战部牵头联合17个部门单位对49名非公经济人士进行评价，综合评价结果为A级22人、B级18人、C级9人。与中国银行、赣州银行等签订战略合作协议，帮助企业融资；聘请知名专家、工商、税务、质监、律师等部门人员担任企业顾问并先后举办15期专业培训；连续7年组织工商联执委到市、县人民医院进行体检并建立健康档案。2016年共为企业协调、解决各类问题42起。

引导非公经济人士积极参政议政 做好推荐非公经济人士担任省、市、县人大代表、政协委员和工商联执委等，共有45名非公经济人士担任县以上人大代表、政协委员和工商联执委。

【党外代表人士队伍建设取得新进展】

加强教育培训 召开党外干部座谈会，举办“优秀年轻党外干部”培训班，进一步提高党外干部政治把握、参政议政、组织领导、合作共事、解决自身问题“五个能力”。县工商联、县民宗局分别对非公有制经济领域和民族宗教界的党外代表人士进行6次对口培训。

加强选拔任用 根据县委人事调整，及时更新党外副科级以上干部档案和党外后备干部队伍档案，实行动态管理。加大党外干部的实职安排力度，2016年共提拔4名党外干部，其中副处级1人、副科级3人。2016年，全县在职副科级以上党外干部达48人。

加强民主监督 加强党外代表人士的民主监督职能，聘请11名党外代表人士担任政府部门及司法机关特约人员。在2016年县

"两会"期间，组织人大代表、政协委员中的党外代表人士积极建言献策，向县人大、政协提交议案、提案23件。

加强政治安排　在县人大政协换届期间，积极做好人大代表候选人、政协委员中党外代表人士的提名、推荐和考察工作。在县人大代表中党外代表候选人114名占41%、常委候选人9名占28%；在县政协委员中安排党外委员83名占60.1%；党外政协常委14名占66.7%。在县工商联组织中，90%以上是党外会员。

【民族宗教及港澳台海外统战工作取得新成效】

积极争取项目资金　成功争取乐洞乡高洞畲族村为"全省少数民族地区精准扶贫示范点"，连续5年每年可享受200000元的扶贫项目资金。争取香港乐善行基金会捐资100000元，用于高洞畲族村的村卫生室建设。率先在全市建立少数民族扶持发展项目库，2016年6个项目申报计划920000元。

扎实做好对口支援　为充分调动各有关部门力量，促进少数民族地区与全县同步实现全面小康，县民族工作领导小组制定下发《关于开展第五轮对口支援少数民族村（组）经济社会发展工作的通知》。积极协调并做好全县受援民族村（组）与省、市、县对口帮扶部门单位对接工作，截至2016年年底省国税局已落实安排项目3个，无偿项目资金达200000元。

促进宗教和谐稳定　对所有宗教场所进行全面检查，对排查出来的问题实行挂牌督办；妥善解决过埠水月古寺1起建设工程款陈年纠纷；向县政府提交《关于建设基督教堂的请示》，聘请市、县地质专家对东林寺滑坡体安全隐患进行实地勘察，并制定治理方案。指导县佛教协会顺利完成换届工作。

做好港澳台与海外统战工作　建立因公出国（境）审核备案等管理制度，严格按照"控制总量、突出重点、保压结合、服务发展"和"因事定人"的原则安排因公临时出国（境）任务和人员，审批质量大为提高，有效制止了公款或变相公款出国（境）旅游现象的出现。认真开展与港澳交流活动，联络承办澳门中学生大陆寻根之旅、香港乐善行捐助中小学、卫生室以及省、市侨商会到崇义县实地考察等活动。香港乐善行基金会捐助崇义县中小学、卫生室建设资金合计达到360000元。共审核办理赴港澳台2批11人次、共接待外宾、华侨6批85人次。

【自身建设呈现新变化】

增强统战干部的政治修养　以开展"两学一做"活动为契机，认真组织学习"两条例、一准则"，严格执行中央"八项规定"和县委有关规定，严守政治纪律和政治规矩。

增强统战干部的业务能力　坚持统战部门例会制度，对各级统战工作会议精神及条例、实施细则等组织专题学习，通过以会代训学理论、学政策，吃透"上情"、掌握"下情"。邀请了市委统战部、市委党校、市工商联、市民宗局等专家老师对统战委员、统战干部进行了为期3天的培训，进一步提升了统战干部的理论水平和业务能力。

增强统战部门的争先意识　积极参与"六大攻坚战""四城同创"等中心工作，顺利完成县委、县政府下达的各项工作任务。县委常委担任部长以来，通过改善办公条件、增加人员和工作经费及开展治理"慵懒散"、完善工作机制等举措，统战部机关面貌焕然一新，统战部门团结协作、争先创优的意识和贯彻执行力得到加强。

【领导名单】

县政协副主席、统战部部长
刘小明（8月免）
县委常委、统战部部长
刘春香（8月任）
副部长
肖玉明（正科）
黄宝林（正科、兼）

老干部工作

【概况】　老干部局是县委的职能部门，属一级局，归口县委组织部。主要职能：贯彻执行党中央、国务院关于老干部工作的方针、政策和上级老干部工作部门的有关规定，做好全县离退休干部的管理服务工作，离休干部"两项"待遇的落实，当好县委、县政府做好老干部工作的参谋。其内设机构：老干部活动中心、关心下一代工作委员会办公室。

全县有乡（镇）老干办16个，配有兼职或专职老干办主任16人，县直也配有兼职老干部管理人员。全县离退休干部单列党支部41个，离退休党员干部1006人。

【离退休干部"两项"待遇落实】

保老干部政治待遇落实　一是召开全县离退休老干部迎春座谈会，1月13日，由县委副书记赖木生主持，县政府常务副县长边建忠通报全县社会经济发展情况，县委书记许斌亲临会议并作重要讲话，县人大常委会主任郭兰、县政协主席陈金发、县委常委、组织部长王豪等领导出席会议。老干部们对崇义县经济社会发展提出了许多宝贵意见建议。二是召开了全县离退休党支部各支委参加的学习培训会议，聘请县委党校教师对如何开展“两学一做”学习教育进行宣讲。各离退休党支部组织党员围绕“当初入党为什么、晚年为党做什么、身后为党留什么”召开专题讨论，引导老干部保持革命晚节。

切实保障老干部生活待遇　一是为6名特困离休干部办理了特殊护理费；二是为1名老红军遗孀解决离休干部医疗待遇；三是对居住异地离休干部进行慰问；四是对29名离休干部遗孀进行了看望慰问；五是加强对离退休干部日常管理服务，做到生病看望、去世送花圈并慰问家属。

【活动阵地建设】　以县老年大学建校25周年庆典为平台，开展“夕阳正红、绽放金秋晚霞风采”系列活动。组织引导400多名学员开展“我与老年大学”征文，编排《相聚在老年大学》《老年大学就是好》《老年大学笑声多》等文艺节目。制作办学成果宣传板块，10月，召开崇义县老年大学建校25周年庆祝大会暨文艺演出，表彰优秀教师、优秀学员。传递最美精神，唱响最美声音，抒发对党的无限热爱，充分展示了老干部阳光心态。

以组织引导“五老”为主体，开展“大手握小手、听党话、跟党走”，关爱青少年活动。

响应省市关工委号召，动员组织1006名离退休老干部，进行“一对一”结对帮扶、帮教未成年人。县关工委还组织20名“五老”组成的县关爱报告团，深入全县16个乡镇、24所中小学校，为中小学生开展“国富强、家殷实、民幸福”为主题的教育活动。

围绕“四城同创”，组织离退休干部开展“四城共创、我参与、我支持、我快乐”系列活动。

组织发动全县离退休干部积极参与四城同创，有300多名离退休干部担任小区楼栋长，协助抓好文明楼院环境卫生工作，70多名离退休干部志愿者义务打扫卫生、清理垃圾，聘请8名县级老领导担任义务监督员，经常开展巡回督查，确保崇义县成功申报国家卫生县城。

围绕“全面实现小康、建设幸福崇义”目标，组织老干部开展“我为崇义发展献一策”建言献策活动。

为凝聚全县广大离退休干部智慧和力量，县委书记许斌亲自主持召开离退休干部座谈会，听取老干部对崇义发展的意见和建议，老干部们凭借自己议政谋事的丰富经验，结合实际，提出了许多宝贵的意见和建议。老干部沈世香凭借自己对林业改革精深研究，在中国林业经济、中国林业工作研究杂志发表了“关于崇义林业改革发展思考”文章。

崇义县离退休干部迎春座谈会

【领导名单】

局　长　张彩兰（兼）

副局长　罗家材

关心下一代

【概况】　县关工委以“三史”为主要内容，以社会主义核心价值观教育为引领，做了大量工作，开创了新的局面。崇义县黄俊衍、马达林荣获全省关心下一代工作先进个人，崇义县横水镇关心下一代工作委员荣获全省关心下一代工作先进集体。

【基层组织建设】　自省关工委2015年下发《关于印发〈关于进一步开展创建“五好”基层关工委先进县、模范乡（镇）、示范村（社区）〉》后，县关工委及时相应制发《通知》，在3月20日又以中共崇义县委名誉召开全县关心下一代工作会议，隆重纪念崇义县关工委成立20周年暨表彰大会，县委副书记黄华在会上作了重要讲话，县四套班子领导亲临大会，各乡（镇）分管领导、关工委秘书长（老干办主任）和县直单位老干部关工委主任出席了大会。会上，表彰了横水镇等4个关工委为全市先进集体，李太亮等6名为先进个人，授予铅厂镇义安村（社区）等18个示范点荣誉牌，横水镇等5个单位获得市级关心下一代工作模范乡（镇）和铅厂镇关刀坪等6个单位为示范村（社区）荣誉称号。特别是9月份后，县关工委把“三创”工作列为“推进活动月”活动，县关工委的“五老”正副主任，亲自带领相关人员深入全县各乡（镇）基层关工委，进行检查督促，从而不断推动提升了“三级联创”工作活动的开展，进一步健全基层关工委组织建设。2016年，全县共有关工委组织288个、成员1888人，其中县关工委成员23人，县直（驻县）建立关工委32个、成员263人，规模以上民营企业关工委5个、成员84人，乡（镇）关工委16个、成员260人，乡（镇）中学和中小学校关工委28个、成员140人，村级关工小组120个、成员582人，社区关工小组86个、成员536人，基本实现“哪里有党的组织，关工组织建到哪里”，上下贯通的关心下一代工作组织。

【帮教帮扶取得成效】 3月30日，市关工委召开全市开展“大手握小手，听党话、跟党走‘双万’工程活动”动员大会后，县关工委、县委老干部局、文明办、教育局、扶贫和移民办接着联合下发《关于在全县开展“大手握小手，听党话、跟党走‘双千’工程”的实施意见》《崇关工委发〔2016〕1号文》，建立“工程活动”领导小组，抽调工作人员成立办公室，具体负责日常工作，并由县关工委对开展“双千”工程活动担负总责，负责上传下达、沟通协调、资料收集、建立台账、督促检查、总结汇报。5月与10月，县关工委主任亲自深入各乡（镇）进行督查。同时，县关工委的五位老干部正副主任，对开展活动实行分片包干负责指导，摸清了全县农村留守儿童（2700余人）、贫困学生（1880余人）共计4580多名对象需要帮扶，并发动全县1006名“五老”与1006名农村留守孩童和贫困学生结对帮教帮扶，2016年，获得省关工委给予崇义县帮扶对象35名，帮扶资金28400元。对此，崇义县关工委举行了帮扶资金的发放仪式。

【发挥“五老”独特作用】 县关工委充分发挥老干部、老战士、老专家、老教师、老模范“五老”的政治、经验、威望、时空、亲情独特的人格魅力、影响力和亲和力优势作用，组建起“三支关爱队伍”：一是县“五老”关爱报告团队伍21人；二是乡（镇）“五老”关爱报告组队伍48人；三是村（社区）关爱员队伍516人，他们在就地、就近、就亲开展“一帮一结对”帮教帮扶，各人择其所长，分别担任未成年人的思想道德宣传员、留守儿童“代理家长”帮教员、优良传统作风传承员、未成年人帮困解难协调员、中小学生校外活动辅导员、失足劣迹少年帮教员、净化环境社会监督员、精准扶贫帮扶员、未成年人法律心理咨询员、科技知识传授员“十员”。

“三支队伍”坚持以社会主义核心价值观为引领，开展爱党、爱国、爱家“三史”教育和法制教育，进行“国富强、家殷实、民幸福”为主题的宣讲教育活动，组织“五老”深入到农村、学校、家庭、企业，为中小学校学生作宣讲报告30场，授听学生18000余人，其中县“五老”关爱报告团宣讲24场，授听学生12000余人；乡（镇）“五老”关爱报告组宣讲16场，授听学生6千余人，获得崇义县法治宣传教育工作领导小组授予2011—2015年全县法治宣传教育先进单位。同时，县直（驻县）、企业单位关工委，还在自己单位为学生或家长举行了33场宣讲报告、讲学堂、座谈会，受教育人数达17240人。

【为青少年帮困解难】 托起明天的太阳，关心下一代健康成长，是全社会的共同责任，更是关工委工作的重点。县关工委发动社会各界爱心人士，为农村留守儿童、贫困学生帮助捐资助学、帮困解难现金1065800元，实物价值折款53650元，共计1119450元。特别是个体私营企业在党建带群建引领下，成立个体行业协会，建立起中共党的组织。他们在党的领导下，自觉开展志愿者关爱活动，为下一代办好事，帮困解难有新的亮点。如县汽车行业商会在铅厂中心小学举行捐资助学帮困活动仪式，当场扶助该校6名贫困学生，每人600元，计3600元和赠订200份《育人》导刊，并承诺连续扶助三年。这个商会在2016年，还为杰坝长潭村5个小朋友赠送温暖包2500元，建筑河堤工程水泥款8600元，共计11100元。县吉祥轮胎销售中心吉庆忠个体工商户，为母校横水中心小学的小朋友赠订100份《育人》导刊等公益事业，12月5日，荣获全国先进个体工商户，受到党和国家领导人接见。阿群化妆品超市老板黄建群，捐资24000元，为县城关小学赠订《育人》导刊200份和为金坑乡红胜村贫困青年李明芳扶助16000元购买藏香种（母）猪，进行精准产业扶贫。

【领导名单】

主　任	黄俊衍
副主任	邹裕明
	李水源
	张继忠
	李小玲
副主任、秘书长	张荣登

党校工作

【概况】 认真贯彻落实《中国共产党党校工作条例》、《行政学院工作条例》、《关于加强和改进新形势下党校工作的意见》和中共十八大、十八届三中、四中、五中、六中全会精神及习近平总书记系列重要讲话精神，紧紧围绕县委县政府的中心工作和总体部署，以“学一流党校、创优良业绩”为目标，以党员干部教育培训为重点，积极履行党校职能，为崇义县振兴发展培养高素质干部队伍作出了应有贡献。

【干部培训量质齐升】以贯彻《崇义县2016年干部教育培训计划》为重点，2016年，共举办主体培训班11期，培训743人次，比上年增长57.7%。举办全县团干培训班1期，培训68人；举办全县妇女干部培训班1期，培训78人；举办全县村(居)书记培训班1期，培训103人；举办全县村（居）主任培训班1期，培训126人；举办了大学生村官培训班1期，培训60人；举办入党积极分子培训班1期，培训110人；举办统战干部培训班1期，培训60人，举办了乡镇领导班子成员培训班3期，培训93人；举办村干部学历提升班1期，培训45人。县委主要领导出席了团干部班、村书记班专题结业座谈会，村书记、村主任班都组织赴大余参观美丽乡村学习生态旅游开发，培训质量得到很大提升。

【送教下基层有声有色】结合“两学一做”学习教育，以“党建+流动党校”为载体，把党校培训课堂延伸到农村、企业、部门单位第一线，积极开展党课宣讲活动。把十八届五中、六中全会和省市委精神和县第十七次党代会精神，习近平总书记2016年春节前夕在江西考察时的重要讲话精神及时宣传到全县乡村和企事业单位。2016年，全校累计在16个乡镇30多个企事业单位送党课46场次，培训基层党员2560人次，为解决基层党员受教育难的问题。12月，邀请省委党校姚亮教授来崇义县举办习近平总书记新思想新理念新战略大型党课，全县300名多领导干部参加了学习活动。

【学历教育人数大增】 按照“从严治学、热情服务”的办学思想，在招生考试、学员面授出勤、考风考纪等关键环节上加强管理，提高办学声誉和办学效益。2月，新招录春季“一村一名大学生”30名，争取县委领导和县财政支持，9月，招录“全县村干部学历提高班”学员45名，尝试村干部由短期培训长期受教育转变，使当年在校读电大生达到180人。

【机关党建创出特色】 县委党校坚持“围绕大局抓党建，抓好党建促发展”的指导思想，把党建工作与业务工作有机结合、统筹安排，机关党建工作得到进一步加强。制定了《县委党校党支部工作制度》。选派1名党员到驻点村任村第一书记，大力宣传党的方针政策，为乡村建设献计献策。

根据“两学一做”要求，党校突出了上党课特色 机关支部成员，在主体班上党课15场次；深入乡镇、村，县直机关、企事业单位、学校等讲党课17场次。在“两学一做”中，各位党员进行了查摆问题,边学边整改问题。据不完全统计，机关支部党员查摆问题33条，整改28条。

走访慰问，组织关爱“七一”走访党校困难党员2人和走访慰问挂点横水村老党员5人。春节前走访慰问因病请假在家的教职工4人。

【中心工作出色完成】

积极开展“四城同创”工作 2016年，县委党校从紧张的办公经费挤出12600元投入责任区基础设施改善。其中，新搭建雨篷200平方米；清运垃圾15车；疏通沟道120米；清理牛皮癣1000多平方米；制作宣传栏12期；硬化余坪260平方米；浇筑沟盖板25米。做到干部职工全员上阵参与创建活动，动员居民积极参与创建，50号网格卫生文明创建工

邀请市委党校副校长张卿均教授到县委党校为学员授课

作成效明显，接受了省市县多次检查。

扎实做好精准扶贫工作　县委党校挂点帮扶横水村，于2015年经过“七步法”推荐出21户64人的扶贫户。一是如期脱贫户数。2015年已经脱贫4户，2016年预脱贫6户，贫困户主要是因为因病因残、年老多病、无劳力造成贫困，通过帮扶基本实现脱贫目标。二是精准识别帮扶到位。选派1名党员教师到驻点村任村第一书记。2016年中又积极精准识别新增6户精准扶贫户，县委党校协助6户贫困户办理了扶贫金融贷款；支持4户贫困户种植蔬菜、1户贫困户发展养蜂；协助4户贫困户办好了医疗救助；协助横水村东门、西街、南街小组修建通户路，2016年，协助北门七码头组通自来水争取到位资金50000元。三是“三个一”活动到位。各位扶贫队员根据联系户实际，均下到联系户送上一个红包、身体力行参加一次劳动，根据实际情况吃一餐饭开展了“三个一”活动。2016年，党校精准扶贫工作顺利完成各项任务。四是走访慰问到位。据不完全统计，党校教师走访联系户150次以上，利用春节和“七一”期间，走访慰问困难群众和困难党员10户，送上慰问金3000元，帮助全体贫困户办理大病保险金1800多元，春节期间每户贫困户100元慰问金，扶贫队自己送上慰问金慰问品在4000元以上，全校用于精准扶贫的资金达到了10000元。

【领导名单】

校　长	黄　华（兼，8月免）
	赖木生（兼，8月任）
常务副校长	高华龙
副校长	刘宝华
	范红英

党史工作

【概况】　党史办适应新形势、新任务的要求，积极进取，开拓创新，以服务崇义振兴发展为宗旨，以党史基本著作编纂为抓手，履行党史“存史、资政、育人”职能，认真做好党史征编、研究和宣传教育工作，取得了一定成绩，荣获“2015年度全省党史宣传教育工作先进单位”、“2015年度赣州市党史工作综合先进单位”称号。

【党史基本著作编撰】崇义县委、县人民政府对党史基本著作编撰工作高度重视。2015年2月初，县委党史办向县委递交《关于启动编撰〈中国共产党崇义历史〉第一卷、第二卷、第三卷的请示》，得到县委主要领导的高度重视。2015年3月，中共崇义县委办公室下发了《〈中国共产党崇义历史〉编撰方案》的通知（崇办字〔2015〕21号），成立了编撰委员会、顾问委员会和编辑部，正式启动了《中国共产党崇义历史》第一、二、三卷的编撰出版工作。

根据《〈中国共产党崇义历史〉编撰方案》的计划，2015年，崇义县同时推进《中国共产党崇义历史》第一卷和第二卷的编撰工作。2015年，完成《中国共产党崇义历史》第一卷和《崇义县社会主义时期（1949—1978）党史专题文集》的编撰和出版。

《崇义县社会主义时期（1949—1978）党史专题文集》，编写了72个专题，约650000字。《崇义县社会主义时期（1949—1978）党史专题文集》的编写，为二卷正本的编撰打下了良好的基础。2016年，在此基础上，县委党史办编写二卷正本编写目录，分章节分工负责，编写正文内容。二卷正本初稿于2016年4月下旬脱稿。后又对其反复修改补充。于10月形成二卷征求意见稿，送交《中国共产党崇义历史》编撰顾问委员会的老领导、老同志审读、征求意见。再次修改后，形成二卷送审稿，于11月初送交市委党史办和县委审阅，争取12月交出版社出版。

【资料征集编研】

《中共崇义县委执政实录》的编撰　为记录中共崇义县委执政实践活动的主要情况，展示地方党委和政府的执政成果，收录年度性重要文献。经县委同意，从2013年起，由县委办公室和县委党史办按年度编纂出版大型纪实性年刊《中共崇义县委执政实录》。2014年出版《中共崇义县委执政实录（2013年）》。2015年6月，《中共崇义县委执政实录（2014年）》出版，由中共党史出版社出版。2016年，县委党史办经过几个月的编辑、修改，《中共崇义县委执政实录（2015年）》初稿完稿。待送交县委审定后，印刷出版。

其他资料的编辑出版　2016年上半年，还出版了反映崇义革命旧址、革命旧居、革命文物、红军标语、红色歌谣等内容的《红色印记—崇义苏区革命历史遗存图集》和宣传崇义红色资源的《慢游崇义》，均由中共党史出版社出版发行。

【党史宣传工作】

开展红色故事宣传　“七一”期间县委党史办工作人员到驻点村开展《上堡整训》等红色故事宣传，让广大党员牢记崇义历史，弘扬苏区精神，传承红色基因。

发放一批红色书籍　县委党史办向县四套班子领导、各乡镇、县直各单位主要领导，以及挂点村碧坑村全体党员、全县中小学发放《中国共产党崇义历史》第一卷、《红色印记—崇义苏区革命历史遗存图集》和《慢游崇义》等书籍，宣传崇义苏区历史，进行革命传统教育。

努力完成省、市党史刊物的发行任务　县委党史办努力做好《党史文苑》的发行工作，2016年订阅96份。

【革命遗址旧居保护】　县委党史办积极配合县文广局、上堡乡，向上级争取革命旧址修缮资金700多万元，于2016年正式修缮南昌起义部队上堡整训旧址。目前，修缮工作基本完成。

【扎实开展“精准扶贫”工作】　2016年，县委党史办“精准扶贫”工作继续挂点横水镇碧坑村，工作组以“精准扶贫”为工作重心，着力抓好精准扶贫、农村环境整治、矛盾纠纷排查、“连心、强基、模范”三大工程等工作。开展结对帮扶、走访慰问、制定产业规划、选准帮扶方式，发展刺葡萄、油茶、笋竹丰产林、生猪、麻羊、养蜂等产业，让贫困户有产业、有增收项目，确保脱贫致富。实施好“连心、强基、模范”三大工程，履行好“第一书记”职责，抓好党建、村建，推进强基工程。做好农村环境整治宣传发动、督促工作。组织干部深入村组上户走访、发放宣传单、悬挂横幅宣传农村垃圾无害化处理、垃圾分类处理等知识，提高了群众环境整治意识，充分发挥群众的主体作用，实现农村环境整治常态化。实施好系列惠民工程，为挂点村争取资金用于村组道路硬化、桥梁、村部改造及规范化等建设，资助一名贫困学生。

【着力推进“四城同创”工作】　县委党史办按照“四城同创”的统一部署，做好文明卫生宣传、卫生清扫、环境整治等工作。投入8000多元用于社区改造，余坪硬化、绿化、体育实施建设。清除小区卫生死角，净化社区环境。为社区免费投放灭蟑、灭鼠等防治药物，并义务上门为居民防疫消毒，提升了居民生活环境，保证了社区居民的生活健康。

【领导名单】

主　任　　林席常
副主任　　谭连平

机关党的工作

【概况】　崇义县直属机关工委下设11个机关（企业）党（工）委，22个党总支、256个支部、3488名党员。其中，正式党员3432人，预备党员56人，入党积极分子113人。工委核定编制2名，实有党务干部4名。工委第一书记由县委常委、组织部部长兼任，县委常委会每年听取关于机关党建工作的汇报，机关党建工作列入县委党建工作同部署、同考核。评为全市县（市、区）“先进机关工委”。

【“两学一做”学习教育卓有成效】

氛围浓　各级领导干部带头领学讲党课，带头学习党章党规和系列讲话，带头撰写交流学习心得，引导党员干部真学、真懂、真用。县直3400多名党员干部主动参加学习、主动先锋创绩、主动查问题抓整改，形成了齐学共做的良好氛围。

形式活　组织开展“重温入党誓词”、“三个一”帮扶行动、“党在我心中”演讲比赛和“党章党规天天学、交流感悟周周谈”等8项主题活动；灵活运用网络媒体，组建微信群、QQ群，发起微讨论，分享微感悟，建立“党员小书包”手机学习平台，开设“两学一做”专栏，组织开展党的知识测试，打造“指尖上的党校”。

效果实　采取切实有效、务实管用的措施，深入开展先锋创绩活动。机关各单位结合六大攻坚战、四城同创和本单位业务职能特点，搭建先锋创绩载体。如县行管委开展每月一星评选，县水利局开展“三亮三争”活动，县卫计委开展“三比两带一提升”活动，县供电公司深入开展“七进”志愿服务，章源钨业开展争当五个模范活动等等。做到一个单位一个特点，一个党组织就是一个战斗堡垒，一个党员就是一面旗帜。注重问题导向，坚持边学边查边改，共查摆出各领域党员存在理想信念、实事求是、改革创新、艰苦奋斗、联系服务群众等方面的26种表现487个具体问题，目前已基本整改到位。

【组织建设有力加强】

支部建设　优化机关党组织设置，2016年县直机关（企业）新成立党支部12个，撤销党支部9个。完成8个党总支、98个党支部的换届工作，对6个软弱涣散党组织进行了整顿。统一印发了《崇义县机关组织规范化工作手册》，要求每个支部把党员基本情况、党费收缴情况、“三会一课”开展情况、民主评议党员等纪录在《规范化手册》。注重对资料台账的规范化归档，要求各支部做到专人负责、内容齐全、分门别类、管理规范、便于查找。

党员管理　深入开展党员组织关系排查，认真做好党员组织关系的理顺、落实和“失联”党员组织处理，党费收缴专项检查等工作。切实加强党员发展工作，编印下发了《发展党员工作指导手册》，2016年，发展新党员19人，培养入党积极分子63人。

党员教育培训　注重革命传统教育与现代化知识教育相结合，党校集中授课、流动党校和基地学习考察相结合，先后组织开展各类专题培训班48期，培训党员干部近3900余人次。通过“崇义县干部在线学习城”和“干部网络培训”平台，740余名县直机关科级及后备干部和1900多名机关（企业）党员通过学分制考核的方式，利用网络以实名制登录上网参学。举办党组织书记、党务干部、入党积极分子培训班各一期，共培训336人，

党建+工作　按照“1+3+X”模式，统筹抓好各领域“党建+”工作，在确定加的项目中，围绕单位的业务工作和重点任务，结合“六大攻坚战”和“四城同创”进行有机融合，重点抓好了“党建+精准扶贫”“党建+主攻工业”“党建+旅游发展”和“党建+志愿服务”等。

党员关爱机制　坚持重要节假日和特殊情况走访慰问，加大帮扶救助力度。在“七一”、春节等重大节日共走访慰问60人次，共发放慰问金36000元。对已有50周年以上党龄老党员96人按每人每月100元的标准进行资金补助，发放补助金115200元。

【党建品牌特色持续推进】

示范点建设　打造县行管委、地税局、职业中专、章源钨业、横水个协、供电公司、水利局、人社局、公安局、卫计委等10个机关党建示范点。及时召开党建示范点建设工作会议，组织相关人员参观学习，明确党建示范点工作指导员，按照有特色做法、有特色看点、有规范场所、有党建制度、有宣传展板、有资料台账的“六个有”标准打造示范点。呈现特色亮点，基本做到有形可观、有点可挖、有经可学，成为党建学习的样板。如县地税局弘扬“知行合一”文化，打造“知行”文化品牌，以“知行合一”为核心，制作“知行路上展新姿”文化片，开设“建设和谐幸福地税”专题文化课，设置知行文化墙，征集“知行合一”感言，营造出“风正、气顺、劲足”的良好氛围，达到“知行合一”的境界，增添了机关党建活力，塑造了机关党员干部新形象。

“党员牵手义工”志愿服务活动　大力开展“党员牵手义工”志愿服务，根据个人特长、服务意向或所在单位分类组建了机关志愿服务小分队149个，动员吸引志愿者2630人，其中党员1500人，开展志愿服务1800余次，实现群众微心愿644个，为群众办实事3200多件，进一步强化了党员意识，发挥党员作用，树立党员良好形象。

“名誉村书记”工作　“名誉村书记”共争取资金项目1300多万元，兴建或改造公路50多千米，化解矛盾纠纷260多起，受到基层和群众的普遍好评。

创设“流动党校”　创新设立“流动党校”，实施“百堂党课到基层”行动，以县委党校教师为主体，邀请知名学者、党史专家、先进模范加入讲师队伍。将党员、入党积极分子、普通群众纳入“流动党校”授课对象，实现乡镇、村组、机关单位讲党课全覆盖。“流动党校”已授课80多期，共培训普通党员和群众1200余人（次），传授农村实用技术23项，解决群众种养难题200多件。

【正风肃纪树清廉形象】　召开了专题学习会，查摆问题专题会议，领导班子专题民主生活会，专题组织生活会和民主评议党员工作会。严格落实中央八项规定和公务消费的规定以及机关效能各项制度。开展以党性、党风、党纪为主要内容的廉政教育活动，分批组织机关党员到县廉政教育基地参观廉政展览厅，并与县纪委签订《廉洁从政承诺书》。定期举办廉政党课、廉政知识考试、观看廉政警示教育片。举办廉政党课3期，廉政知识考试2次，播放廉政警示教育片15部，机关党员干部有1630多人接受了廉政教育。同时，严查违纪党员9人，分别给予开除党籍2人，撤销党内职务1人，严重警告处分3人，警告处分3人。

【领导名单】

书　记　　陈欣欣
副书记　　梁　平

台湾事务

【概况】　2016年，崇义县台湾事务工作按照中央、省市对台工作会议的要求，以中共十八大和十八届四中、五中全会精神为指针，牢牢把握两岸关系和平发展主题，扎实做好对台交往交流工作，推动了全县对台工作的平衡发展。

【对台经济工作】　邀请客商3批次7人，到崇义进行考察，推介崇义县的优势资源和优势项目，推动崇义县与台湾地区在生态观光农业、林木深加工、高端养老等产业领域的交流与合作，促进崇义县生态观光农业上新台阶。

【对台交往交流】　全年，共接待到县商务考察、探亲、旅游、文化交流的台湾同胞6起、16人（次），因公赴台4人次，因私（非公务人员旅游）赴台56人次。在对台湾的交流交往中，县台办严格按照上级文件的指示精神，对到崇义县探亲、旅游、考察的

台胞，认真做好申报、验证、登记和服务工作，建立方便、高效、快捷的台湾事务工作体系。自筹资金为崇义县四套班子主要领导和分管领导征订《两岸关系》，并要求对台联席会议各成员单位和各乡镇征订《台湾工作通讯》，以便及时传达中央和省市领导的重要的涉台讲话精神。同时，在全县统战委员培训班上，开展《台海形势》专题讲座，让基层党委正确认识当前的台海形势和对台政策，从而强化乡镇基层的对台工作，形成全县对台工作合力。

【领导名单】

主　任　　钟连华

信访工作

【概况】　2016年，崇义县信访工作，树立发展新理念，以严的要求、实的作风，开展了“积案化解攻坚年、网上信访拓展年、基础工作提升年”活动，努力围绕“阳光信访”“责任信访”“法治信访”，进一步规范信访秩序，实现了2016年省信访局提出的“一个上升，一个巩固，三个下降，五个达到”的工作目标，促进了全县社会和谐稳定。

中共崇义县委、崇义县人民政府信访局行政编制6名，事业编制3名，实际在职行政编制人员数7名，事业编制2名。领导职数：局长1名，副局长2名，信访督查专员1名。内设4个职能股（室）：办公室；办理人民群众来信、接待人民群众来访股；县长手机信箱工作股，其中县长手机信箱办公室事业编制3名。

【职能职责】　一是贯彻落实上级党委、政府关于信访工作的方针、政策和规定。二是处理人民群众向县委、县政府及其领导的来信，接待到县委、县政府上访的群众；承办国家信访局、省委省政府信访局及市委市政府信访局和中央、省、市其他部门交办的信访事项。三是处理人民群众通过省（市、县）长信箱、省（市）长手机、省网上信访、投诉受理、县委书记信箱、县长热线电话等反映的信访事项。四是向有关乡（镇）和部门转办、交办和督促检查来信来访问题，并审查处理结果；对县领导批示和上级机关交办的信访问题，做好处理结果的反馈。五是对紧急、重大的信访问题和跨地区、跨部门的重大信访事项协调处理，参与息诉稳控工作并协调处理群众赴京、赴省、赴市到县集体上访和异常、突发性信访事项。六是综合分析、调查研究人民群众来信来访反映的情况和问题，及时向县委、县政府汇报，并提出解决问题的意见和建议。七是负责检查、督促、指导全县信访工作；组织信访干部业务培训；抓好信访干部队伍以及工作制度和基层网络建设；组织业务培训、经验交流和学习实践。八是完成上级主管部门和县委、县政府交办的其他任务。

【信访总量】　实现了年初提出的“一个上升、三个下降”工作目标，即：网上信访占比继续上升，信访总量下降，赴京非访下降，赴市以上越级访、重复访下降。

一个上升　网上信访受理412件，占总量的69.34%，与上年相比，占比上升21.5%。

三个下降　总量下降：全年共受理群众来信来访、网上信访594件次，与上年同期相比下降19.1%。赴京非访下降：发生1批1人次赴京非访，同比减少4批4人次，同比下降80%。赴市以上越级访、重复访下降：赴市访33批60人次，与上年同比批次、人次分别下降57.14%、64.7%；赴省上访12批12人次，与上年同比批次、人次分别下降14.2%、33.3%。

【群众上访反映的主要问题】　总体情况平稳，群众从传统的走访向来信、网上信访形式转变。县本级受理的信访事项比较突出的信访问题主要集中在：城乡建设类、农业农村类、交通能源环保类。

【主要工作措施】

县委、县政府高度重视　县委常委会组织研究信访稳定工作3次，组织专题学习《信访工作责任制实施办法》1次；县委书记召开信访工作专题调度会2次，就信访工作、信访事项亲自批示9件次；县政府县长批示5件；县委副书记、联席会议总召集人批示16件次；联席会议召集人及分管信访工作的县领导亲力亲为，优先处理信访部门汇报、请示的相关事项。

县政府常务会议先后4次研究信访工作，在经费上优先保障。

县委把信访部门当作密切联系群众、培养干部的平台，选送新提拔的科级干部到信访局担任督查专员4批8人次。关心信访干部队伍建设，新增副科级督查专员岗位一个，配齐配强信访干部。在乡、村干部培训中，安排信访干部先后5次到党校讲课。

建立“三个机制”　一是健全完善信访工作领导机制，成立县信访工作联席会议，制定联席会议工作制度，明确乡镇、单位信访工作分管领导。二是建立处理信访问题联动机制，制定重点信访事项联办制度，凡涉及跨乡镇、跨部门的信访事项，做到明确牵头单位主要抓，协调多部门共同抓。三是建立信访督查考评责任机制，年初下达年度信访工作考评方案，成立督查考评工作组，做到平时督查考评和年终考评相结合。

抓好三项重点　一是抓好重点信访事项的化解工作。对排查出来的重点信访事项逐一登记台账，实行动态管理。逐一落实责任单位和包案领导，促进矛盾纠纷解决在基层，化解在初始阶段。2016年落实重点信访案件县领导包案7批38件，化解35件，化解率达92.1%；交办信访积案6件，化解6件，化解率达100%。二是抓好重点信访人员的思想转化工作。三是抓好重点敏感时期的信访稳定工作。在各个敏感时期，及早根据上级要求和县主要领导的批示精神，深入做好信访问题集中排查，深入掌握全县信访动态信息，千方百计促进矛盾纠纷解决在本县，从而有效确保了崇义县重要敏感时段信访稳定。

强化五项工作　一是开展“积案化解攻坚年”活动，减少信访积案总量。按照省、市要求，认真做好“信访积案化解攻坚年”工作。通过细致排查，抓实责任，坚持督促检查常态化，坚持信访事项办理的督促检查，强化工作责任，做到减存量，揭增量。积案化解工作做到“三个到位”（诉求合理解决到位，诉求无理的思想教育到位，生活困难的帮扶救助到位）。二是开展“网上信访拓展年”活动，提升信访工作信息化水平。在人民群众来访接待中心大厅组建信访自助专区，方便信访群众快速提交信访诉求，查询、评价办理结果。按上级业务部门要求，开展网上信访宣传，印发网上信访宣传册页，增加人民群众对网上信访的知晓度。对来信、来访、网上投诉等渠道受理的信访事项全部录入到信访信息系统中，真正做到每一件信访事项的办理过程和结果都在网上运行，实现网上流转顺畅，网下办理落地。实现及时就地解决信访问题，增加信访工作的透明度和公信力，把网上信访打造成群众信访的主渠道，信访事项及时办结率达到99.5%。三是开展“基础工作提升年”活动，进一步提升强基固本工作水平。全力抓好信访业务规范化建设整体升级，全面规范信访业务办理工作。积极推行信访事项简易办理，对事实清楚、责任明确、易于办理的信访事项，采取简易程序办理。大力提升信访干部能力素质，通过“走出去、请进来”，广泛开展接访办信、网上信访投诉办理、信访舆情分析研判等业务学习，2016年，分9批对全县各乡镇、重点单位进行面对面的业务综合培训，从而提升了信访干部综合能力素质。完善信访工作责任落实机制、考核机制，加强信访信息分析研判，积极参与“三无”县创建活动。四是推进信访法治化建设，提升信访工作法治化水平。严格实行诉讼与信访分离，信访部门对涉法涉诉事项不予受理，引导信访人通过法律程序解决。同时加大非访打击力度，配合综治、维稳、公安等部门加大非访处置力度，加强恶意缠访闹访、非正常上访等违法行为的打击力度，规范信访秩序。2016年，依法处理信访违法行为6人次。五是提升信访部门履职能力水平。精心组织“学党章党规，学系列讲话，做合格党员”学习教育活动。按照中央和省市县委统一部署，把学习贯彻习近平总书记系列重要讲话精神作为根本任务，引导党员干部努力在更高、更深的层次上提高思想理论水平。深入推进机关作风建设和党风廉政建设，提升信访干部综合能力素质。加强应急处置和信息报送工作。对崇义县群众在非指定接待场所群体上访的，县信访局得到信息后主动劝信访群众到县接待中心反映诉求，并通知相关责任单位、县分管领导进行接谈。遇重要、群体性诉求的信访事项，局领导都主动及时向相关县领导、责任单位主要领导报呈手机信息或《重要信访信息专报》，并实行领导包案和涉案责任单位包案稳控化解制度，有效促进了化解各类矛盾纠纷，2016年，报呈《重要信访信息专报》5期，确保了全县大局稳定，为促进崇义县经济社会稳步发展发挥了积极作用。

【领导名单】

局　长　　林发良

副局长　　杨　曜（8月免）

　　　　　李奕斌（9月任）

　　　　　何水香

督查专员　杨　曜（9月任）

崇义县人大常委会

【概况】 2016年，县人大常委会以新发展理念为引领，围绕全县工作大局，全面履行宪法和法律赋予的职权，各项工作取得新进展。全年共召开常委会会议8次，主任会议11次，听取和审议专项工作报告3项，组织代表视察1次，开展专题调研3次，开展执法检查1次，配合省、市人大开展视察、调研等活动8次，依法任免国家机关工作人员51人次，其中任43人次、免8人次，接受辞职3人次。

【依法履行工作职责】 常委会着眼"实现全面小康，建设幸福崇义"目标，顺应人民新期盼，突出重点，依法履职，在推进民主法治进程和县域经济转型升级中发挥更大作为。

强化财经监督　围绕改革发展大局，以促进经济健康运行为重点，对全县国民经济和社会发展计划、财政预决算执行及重点项目资金使用情况进行监督并提出意见建议，督促解决经济运行、项目落实和重要民生规划实施中存在的问题。对县"十三五"规划编制情况进行调研，向县政府提出有针对性的意见建议，确保规划的科学性和可操作性。强化审计监督，促进问题整改落实，规范政府行政行为，根据全县经济社会发展的实际，在听取审议相关工作报告的基础上，审查批准了县财政收支预算调整。

组织考察调研　结合全县工作重点和实际，组织部分市县人大代表对县人民医院新建住院大楼、阳岭示范幼儿园和阳岭新城建设等民生工程进行了视察，使代表进一步了解掌握全县重点工程建设情况，针对视察中发现的问题提出整改意见和建议，有效促进政府对重点工程的落实。组织代表赴遂川、宁都，广东南雄、仁化，湖南汝城开展精准扶贫、美丽乡村建设、产业发展等专题调研，认真撰写调研报告，为县政府提供决策参考。

聚焦中心工作　按照县委统一部署，常委会班子成员积极参与精准扶贫、重大项目、新农村建设等重点工作。深入开展农村精准扶贫调研，统一思想认识，强化组织领导，按照精准扶贫、精准脱贫的要求，到挂点贫困村户走访慰问，制定帮扶措施，狠抓工作落实，确保各项工作顺利开展。推进重点民生工程建设，经常深入一线，主动调研、提前谋划、统筹协调，与相关部门共同出主意、想办法、筹资金、抓协调，破解工作难题，所挂点重点工程项目按时顺利实施。全力做好"四城同创"工作，自觉落实"网格化"管理要求，在责任区全面开展环境卫生整治、健康知识宣传教育

2016年8月16日，崇义县召开县乡人大换届选举工作会议

等活动，居民参与“四城同创”意识得到增强，小区环境得到有效改善。扎实推进新农村建设工作，认真开展调查摸底、新村规划、宣传发动、农房拆旧建新等工作，弘扬“5+1”“白 + 黑”工作作风，充分发挥村组干部作用，调动村民积极参与，共同推进塔下新村建设。

【充分发挥代表作用】 常委会始终将代表工作作为人大工作的主体，把充分发挥代表作用作为人大工作的基础和保证，牢固树立为代表服务的意识，全力支持和保障人大代表依法履职。

加强代表学习培训　常委会高度重视代表的学习培训工作，换届以来，共培训 3 期 158 人次。举办了新一届常委会组成人员人大业务知识和财经知识培训班，组织到瑞金中华苏维埃代表大会制度史陈列馆参观学习；组织县乡人大干部前往深圳全国人大培训基地参加履职能力提升班学习。通过集中组织学习培训，广大代表和人大干部学习领会有关法律法规和人大业务知识，交流代表工作经验和履职体会，促进代表素质的提高，增强了依法履职能力。

认真开展代表活动　认真落实常委会组成人员联系代表、代表联系选举单位和人民群众的“两联系”制度，邀请县人大代表、乡镇人大专职主席、副主席列席县人大常委会议，组织市县人大代表参与执法检查、视察、调查等活动。常委会分成 7 个组对口联系 16 个乡镇人大，开展了走访代表活动，认真听取代表对“一府两院”工作的意见。通过开展代表活动，使代表充分了解政情，广泛反映民意，积极建言献策，代表人民行使当家作主的权力。

加大意见建议办理力度　在县十七届人大七次会议及十八届人大一次会议期间，代表共提出各种意见建议 126 件，大会闭幕后，常委会及时进行交办，采取跟踪督办、专人督办、现场督办、电话催办等方式，督促承办单位认真办理和答复，并对代表建议办理情况进行督查，有力促进了代表建议办理工作。换届后，常委会制定出台了《崇义县人大常委会关于代表建议、批评和意见的办理办法》，使代表意见建议的办理进一步得到规范，提高了办理质量和效率。

【夯实民主法治建设基础】 常委会始终以民主法治建设为根本任务，围绕法治崇义建设部署，自觉运用法治思维和法治方式加强和改进工作，不断夯实崇义县民主法治建设根基。

圆满完成县乡人大换届选举工作　认真贯彻中央、省、市和有关县乡人大换届工作要求，按照县委关于换届选举工作总体部署，始终将坚持党的领导、充分发扬民主、严格依法办事贯穿换届选举全过程，进一步严肃换届纪律，确保风清气正。严格把好入口关，会同县委有关部门对县十八届人大常委会委员建议人选、县乡人大代表提名人选的政治素质、思想品行、廉洁自律、履职能力、群众基础、遵纪守法、社会形象等方面情况进行了综合考察，依法选出县乡两级人大代表 952 名。加强对换届选举工作指导，针对换届选举容易出现的新情况新问题，会同挂点领导及工作人员多次深入基层，特别是在选民名单、初步代表候选人、正式代表候选人名单公布的法定时间段，加强监督检查。依法举行县、乡两级人民代表大会，按照法定程序顺利选出新一届县乡领导班子。

深入实施常委会把保障宪法和法律在崇义县的实施作为法律监督的重点，对崇义县贯彻实施《中华人民共和国消防法》的情况进行了执法检查，提出了进一步强化宣传教育，进一步加大消防安全隐患整治力度，进一步加大对消防基础设施建设投入等审议意见，并对县政府贯彻落实审议意见办理情况进行了审议和满意度测评。积极配合省人大常委会开展《江西省军人权益保障条例（草案）》立法调研。监督和支持“一府两院”认真落实“六五普法”规划，顺利通过省市验收，作出第七个五年法治宣传教育决议，推动全体公民自觉尊法学法守法用法，进一步增强全社会法治观念，形成崇尚法治、遵守法律的良好氛围。

【提高履职水平】 常委会以深入开展“两学一做”学习教育为契机，在强化政治理论和有关法律法规知识学习的同时，突出教育主题，强化问题导向，贯彻从严要求，全面提高常委会及机关工作水平和服务质量。

提升政治业务素　养坚持把加强学习作为提高常委会组成人员和机关干部综合素质、履职能力的重要途径，始终把学习摆在突出位置长抓不懈。认真学习贯彻中共十八届三中、四中、五中、六中全会精神和习近平总书记系列重要讲话精神，深入理解党在新时期的路线、方针、政策，用党的最新理论指导人大工作。扎实开展“两学一做”学习教育，加强作风建设，把调查研究、倾听群众意见贯穿于常委会整体工作之中，深入基层接地气、摸实情、连民心，推动解决群众最关心、最直接、最现实的问题。不断加强业务培训，通过组织集中培训、邀请专家授课、开展专题研讨交流等方式，着力提升人大全体人员的法律水平、业务素养。结合外出学习考察，就加强人大监督工作、强化乡镇人大职能、发挥人大代表作用等方面与省内外部分兄弟县市进行交流探讨，对新形势下加强和改进人大监督工作拓宽了视野，增长了见识。

创新人大工作机制　修订完善了常委会议事规则、主任会议事规则等工作制度和办法，进一步明确常委会议事决策的程序规范，保证常委会严格按程序履行职责、行使权力，确保集体行使职权和科学民主决策。健全了对拟任干部的任前法律考试、任前表态发言、审议票决等制度，增强拟任人员的人大意识、法治意识和对人民负责、受人民监督的公仆意识。创新述职测评方式，采用百分制进行民主测评，更加全面客观地评价任命干部，监督和激励他们认真履职、奋发作为。积极探索完善人大工作公开制度，通过网络、电视、手机报等媒体，公开人大常委会行使职权以及与此相关的各类活动，努力增加人大工作的透明度，不断扩大公民有序政治参与。进一步完善公文处理、财务管理、信息宣传等一系列机关管理制度，使机关各项工作有章可循、有条不紊，不断推进机关管理制度化、规范化。

强化乡镇人大工作　县委高度重视人大工作，认真贯彻《中共江西省委办公厅关于加强市县乡人大建设若干实施意见》，崇义县乡镇领导班子换届人事安排在全市率先到位，乡镇人大班子共配备人大主席16人，其中专职10人，党委书记兼任6人；配备人大副主席13人，其中专职7人，党委委员兼任6人，确保了乡镇人大工作有专人负责、专人做事。常委会切实加强对乡镇人大工作的指导和联系，坚持常委会领导分片联系乡镇人大工作制度。日常工作中，通过深入乡镇视察调研、邀请乡镇人大专职主席和副主席列席常委会会议、组织开展乡镇人大干部学习考察以及召开工作座谈会等方式，努力提高乡镇人大工作水平。

【牢固树立五种意识】

坚持正确的政治方向　方向决定成败，目标引领未来。做好人大工作，必须始终坚持党的领导，坚守党的政治纪律、政治规矩，坚决在县委的领导下开展各项工作，把中央和省、市、县委的决策部署贯彻到人大工作的全方位、全过程。

勇于监督，善于履职　直面难题不尚空谈，强化监督讲求实效。做好人大工作，必须敢于接触矛盾，善于履行职责，把法律监督、工作监督的效果体现在重点工作、解决复杂矛盾和群众关切上，强化地方国家权力机关的权威。

务必牢固树立全局意识，正确处理人大与“一府两院”的关系　同下一盘棋，共谱协奏曲。做好人大工作，必须从整体和大局出发，按照体制机制要求，监督和支持“一府两院”创造性开展工作，做到监督不找事、不添乱，支持有原则、有力度。

务必牢固树立主体意识，紧紧依靠代表履行职权　人大工作的主体在代表、潜力在代表。做好人大工作，必须始终把加强和改进代表工作作为重点，通过完善代表联络、代表培训、议案建议办理、代表履职管理等制度，着力增强代表履职意识和履职能力，确保代表作用得到充分发挥。

加强人大自身建设　功成不必当下，唯愿基业长青。加强人大工作，必须持续加强自身建设，从职责要求出发，解决突出问题，下大力气做打基础、利长远的事情。以能力素质提升为关键，不断加强对常委会组成人员、人大代表、机关干部的培训教育，提高依法履职的能力水平。以作风建设为重点，着力打造政治坚定、作风过硬、业务精通、廉洁自律的人大队伍，为人大事业的发展注入活力、打牢根基。

【领导名单】

主　任　　郭　兰
副主任　　余启良（9月免）
　　　　　刘立伟
　　　　　汤名东
　　　　　郭远君
　　　　　刘向民
　　　　　康仁宝（9月免）
　　　　　陆芳锋（9月任）
　　　　　肖鸿斌（9月任）

【各工委（办）领导名单】

人大常委会办公室主任　罗文波
人大常委会办公室副主任　周忠亮
选举任免和代表联络工作委员会主任　徐能清
选举任免和代表联络工作委员会副主任　刘玉梅
内务司法和备案审查工作委员会主任　吴世清
内务司法和备案审查工作委员会副主任　龚少华
预算审查工作委员会主任　戴朝阳
预算审查工作委员会副主任　吴昌亿
　　　　　张溯精（11月任）
教育科技文化卫生工作委员会主任　邹金辰
农业和城乡建设环境资源保护工作委员会主任　卢大华

崇义县人民政府

【概况】 2016年，崇义县人民政府围绕聚焦“六大攻坚战”，真抓实干，攻坚克难，经济社会发展取得显著成效，实现“十三五”良好开局。全年实现生产总值711600万元，增长9.3%；财政总收入107000万元，公共财政预算收入83600万元，分别增长4.1%和16.9%；规模以上工业增加值238000万元，增长8.9%；固定资产投资453800万元，增长16.5%；社会消费品零售总额153200万元，增长12.5%；城镇居民人均可支配收入23427元，增长10.4%；农村居民人均可支配收入8600元，增长12.7%。

【全力以赴攻项目扩投入】

争资争项成果丰硕　争取上级各类资金151000万元，增长13.6%。争取14个专项基金项目60300万元，国家政策性低息长期贷款212000万元，与江西银行、赣州银行、九江银行设立产业发展基金320000万元。赣郴永兴铁路列入国家《中长期铁路网规划》，崇义通用机场列入省“十三五”规划纲要，省天然气管网工程上犹—崇义段获省能源局核准。争取环保部和体育总局安排陡水湖生态环境保护、重金属污染治理、全民健身活动中心、体育设施改造等项目资金23000万元。

项目建设稳步推进　安排实施“六大攻坚战”项目98个，总投资1800000万元。列入市级考核的54个项目全部开工建设，完成投资585000万元，超额完成年度投资计划。精亿灯饰LED、威骏高分子无纺布等项目投入试产，源升锡业、益佳木业等项目加快推进。

招商引资成效显著　组建产业招商小分队8个，引进高岭土综合开发、生物制药等重大项目14个，总投资达758000万元，已落地开工6个。实现出口总额9408万美元，实际利用外资1680万美元。

【千方百计调结构稳增长】

工业经济逆势上扬　实施20个主攻工业项目，其中7个试投产，完成工业固投109000万元。实现主营业务收入924900万元，增长9.07%；利税总额121700万元，增长6.25%。新增规上工业企业8家。深入开展“降成本、优环境”专项行动，兑现政策奖励资金21000万元，利用财园信贷通、小微信贷通等平台为企业发放贷款47000万元，办理企业续贷基金30400万元。在全市率先搭建钨矿产品仓储服务平台，收储钨矿1096吨，实现税收1000余万元。成功获批设立省级产业园，建设标准厂房10.9万平方米。

农业产业稳步发展　实施20个现代农业攻坚项目，完成投资50600万元。新增刺葡萄137.73公顷、南酸枣66.67公顷，新增(低改)油茶林866.67公顷，改造毛竹低产林1800公顷。柑橘黄龙病防控有力，砍除病树490000株。农村土地承包经营权确权登记颁证工作率先通过市级验收。新增家庭农场34家、农民合作社10家。齐云山食品公司南酸枣资源库列入第二批国家级种质资源库，为全省首批入选项目。农旅加速融合，被评为省级休闲农业示范县，君子谷列为省级休闲农业示范点。

现代服务业提速升级　全域旅游成效初显，累计接待游客1867000人次，实现旅游综合收入115000万元，分别增长14.2%和16.1%。电子商务发展迅速，打造农村电子商务服务站80家，培育交易额千万元以上电商企业10家，实现销售额74000万元，增长192%。总部经济持续壮大，引进基金企业20家，认缴基金规模131000万元，实现税收2670万元。新增贷款28600万元，存贷比为77.1%。

【坚持不懈抓统筹促均衡】

城市发展扩容提质　高标准完成县城控规修编，启动全域旅游、城市设计、特色小镇规划编制。投入59500万元实施10个新型城镇化攻坚项目，县城建成区面积扩大至7平方千米，城镇化率达42.6%。阳岭新城“四纵五横”骨架路网建成通车，阳明社区公园、文化活动综合楼完成主体工程，北门、南门农贸市场升级改造，县城自来水厂回购、污水管网新建等项目稳步实施。扎实推进“四城同创”，市容市貌明显向好，被评为国家卫生县城，为全市第一个获此殊荣的县（市、区）；市民素质稳步提升，被提名为省级文明城。

城乡环境明显改善　启动乡（镇）总规修编、控规编制工作，完成37个新农村建设点和6个中心村建设。过埠示范镇建设加快推进，滨江大道初具雏形，自来水、污水处理等配套设施建成完工，“梦想家园”新型农村集中安置社区312套住房交付使用。农村环境整治工作扎实推进，拆除“空心房”928栋。在全市率先开展农村污水处理，陡水湖水面整治全面完成，被评为全省农村清洁工程工作先进县。

生态文明显著提升　生态文明先行示范成效显著，省级生态考核督导位列全省第三，阳明山、铅厂镇评为全省首批生态文明示范基地，阳明湖国家湿地公园申报成功。累计创建国家级生态乡（镇）1个，省级生态乡（镇）10个、生态村10个，市级生态村83个。生态环保项目稳步实施，关田下关河道底泥清淤及处置、陡水湖生态环境保护与综合治理等项目扎实推进。环保监管与执法能力不断提升，节能减排任务全面完成。森林生态环境持续改善，更新造林2533.33公顷。高标准承办全国森林质量提升工作会议，森林经营成为“全国样板”。

【凝心聚力办实事惠民生】　完成民生支出175600万元，增长27.6%，占公共财政支出的83.9%。

扶贫攻坚富有成效　投入63200万元开展精准扶贫工作，其中投入19400万元推进产业扶贫，引导3851户贫困户种植刺葡萄68.6公顷，578户贫困户养蜂5808箱，打造3.33公顷以上规模蔬菜基地14个106.67公顷，形成了以刺葡萄、养蜂、蔬菜等为主导的优势特色产业扶贫格局。金融扶贫力度持续加大，发放易地搬迁扶贫贷款50000万元，发放产业扶贫信贷通贷款17800万元，完成任务比例居全市第一。统筹推进创业扶贫、就业扶贫、教育扶贫、健康扶贫，完成脱贫1408户4669人，全县贫困发生率下降2.61%。建成农村保障房156套，丰州雁湖、杰坝长潭等9个行政村列为全国乡村旅游扶贫重点村，铅厂义安、横水左溪、龙勾良田3个省级贫困村脱贫“摘帽”。

基础设施更加完善　交通建设力度空前，国道G220金坑—县城段、省道S548树木园—过埠段启动建设，过埠—上堡、县城—茶滩旅游公路升级改造快速推进，龙勾—上犹高桥连接线建成通车，硬化通自然村公路82千米。农田水利设施建设稳步推进，高标准农田建设、小农水重点县项目顺利完成，12个农村饮水巩固提升工程全面完工。

公共服务水平全面提升　科技创新能力持续增强，“章源及图”商标认定为中国驰名商标，“君子谷”葡萄酒、“高山梯田”米等4个商标认定为省著名商标，章源博士后科研工作站正式授牌。教育基础设施建设加速推进，投入40000万元实施28个校建项目，新增校舍面积16万平方米，崇义中学、城关幼儿园扩建和思源实验学校新建项目快速推进，阳岭示范幼儿园建成使用，顺利通过国家义务教育均衡发展评估认定。全面完成18080户无线广播电视“户户通”工程。在全市率先构筑健康扶贫“五道保障线”，为八类重大疾病患者减免治疗费用5250000元，零差率销售基本药物26580000元，减轻群众用药负担21264000元。养老、失业、医疗、工伤、生育保险覆盖面不断扩大，优抚对象、城乡低保、特困人员等提标提补工作落实到位，横水、过埠敬老院建设全面完工。“天网”三期工程投入使用，综治中心、综治信息化、综治网格化建设加快推进，安全监管、应急处突能力不断加强，公众安全感和公安满意度居全市前列。

【持之以恒抓改革提效率】　狠抓政府自身建设，扎实开展政府系统“三严三实”专题教育和“两学一做”学习教育，政府作风持续改善，廉政建设不断加强，政府公信力进一步提高。各项改革稳步推进，在全市率先组建全媒体中心，注册成立交投公司，顺利完成党政机关公务用车改革，主动做好取消和调整行政审批的衔接落实工作，县本级保留行政许可170项，为全市最少。精文减会力度加大，县政府和县政府办下发文件减少12%，政府执行力进一步提升。自觉接受县人大、县政协监督，办理人大代表建议68件、政协委员提案136件，办结率100%，满意率99.5%。与此同时，国防动员与后备力量建设进一步加强，审计、统计、编制、物价、司法、气象、供电、农机、档案、保密、邮政、通讯、石油、烟草、人防、消防、工会、残联、老龄、工商联、地方志、红十字、妇女儿童、粮食流通、防震减灾、民族宗教、地方海事、对台、外事侨务等各项工作都取得新成绩。

【重要会议】

第十七届县人民政府第57次常务会议　1月25日，县政府常务副县长李贱贵主持召开第十七届县人民政府第57次常务会议。副县长谢筠、刘春香、黄小波出席会议，县领导郭远君、吴忠浩列席会议。会议讨论研究并原则通过了《关于审定〈崇义县2016年安全生产工作要点〉的请示》《关于明确县思源实验学校新建工程相关事项的请示》《关于启动县看守所、拘留所（含武警中队）建设项目的请示》《关于添置环卫设备的请示》等议题。

第十七届县人民政府第58次常务会议　2月15日，县委副书记、县长许斌主持召开第十七届县人民政府第58次常务会议，副县长李贱贵、边建忠、谢筠、刘春香、黄小波出席会议，县领导余启良、刘红卫、曾祥标列席会议。会议讨论研究并原则通过了《2016年县政府工作报告（讨论稿）》《崇义县国民经济和社会发展第十三个五年规划纲要》《关于崇义县2015年国民经济和社会发展计划执行情况与2016年国民经济和社会发展计划草案的报告》等议题。

第十七届县人民政府第59次常务会议　3月10日，县委副书记、县长许斌主持召开第十七届县人民政府第59次常务会议，副县长李贱贵、刘春香、黄小波出席会议，县领导刘立伟、刘小明、曾祥标列席会议。会议讨论研究并原则通过了《依托林场平台，发展森林旅游的建议》《关于审定〈2016年财政部门预算〉的请示》《关于审定〈崇义县2016年生态文明先行示范区建设工作实施方案〉的请示》《关于2016年定向培养农村教师的请示》《关于关田工业园区供水工程分期实施的请示》等议题。

第十七届县人民政府第60次常务会议　3月21日，县政府常务副县长李贱贵主持召开第十七届县人民政府第60次常务会议，副县长谢筠、刘春香、黄小波出席会议，县领导郭远君、黄义华、曾祥标列席会议。会议讨论研究并原则通过了《关于阳岭新城安装太阳能板灯箱道路指示牌有关事项的请示》《关于将田螺岭保障房自来水管网列入塘湾路改造项目的请示》《关于奥林匹克广场围网工程有关事项的请示》《关于审定2016年3月份国有建设用地出让方案和公告的请示》等议题。

第十七届县人民政府第61次常务会议　4月8日，县委副书记、县长许斌主持召开第十七届县人民政府第61次常务会议，副县长李贱贵、王明良、张涛、谢筠、刘春香、黄小波出席会议，县领导余启良、黄名兰列席会议。会议讨论研究并原则通过了《关于审定〈崇义县2016年城市棚户区（城中村）改造实施方案〉的请示》《关于审定〈崇义县“产业扶贫信贷通”工作方案〉的请示》《关于审定〈崇义县2016年精准扶贫农业产业扶持补充办法〉的请示》《关于对我县网上行政办公系统升级改造的请示》《关于审定原淘锡坑钨矿转制遗留问题处理相关政策的请示》《关于返还森林植被恢复费的请示》《关于组织实施关田工业园绿化项目的请示》《关于关田镇、过埠镇、龙勾乡、扬眉镇、麟潭乡、丰州乡、金坑乡等7个乡（镇）生态文明建设示范乡（镇）创建规划（2015—2020）的请示》《关于扶持建设过埠镇果木村黄土岗组机耕道路硬化及排水工程的请示》《关于扶持建设过埠镇果木村蔬菜基地道路工程的请示》等议题。

第十七届县人民政府第62次常务会议　5月9日，县委副书记、县长许斌主持召开第十七届县人民政府第62次常务会议，副县长李贱贵、王明良、张涛、刘春香、黄小波、张祥兰出席会议，县领导余启良、陆芳锋列席会议。会议讨论研究并原则通过了《关于县田螺岭2015年公共租赁住房后边坡治理工程有关事项的请示》《关于崇义县香山烈士陵园建设有关事项的请示》《关于下拨县城规划区内安置点建设项目相关费用的请示》《关于上堡梯田旅游公路建设有关事项的请示》《关于拨付革命旧址修缮保护有关费用的请示》《关于2016年度市政基础设施养护维修计划的请示》《关于收购县城公交车发展新能源公交的请示》《关于拨付县妇幼保健院改建修缮工程项目资金的请示》等议题。

第十七届县人民政府第63次常务会议　6月14日，县政府常务副县长李贱贵主持召开第十七届县人民政府第63次常务会议，副县长谢筠、刘春香、张祥兰、黄小波出席会议，县领导余启良、黄义华、曾祥标列席会议。会议讨论研究并原则通过了《关于审定〈崇义县综合治税工作考核办法〉的请示》《关于审定〈崇义县易地搬迁脱贫工作实施方案〉的请示》《关于审定〈崇义县事业单位招聘高学历人才实施意见（试行）〉的请示》《关于审定农村饮水安全巩固提升“十三五”规划报告》《关于县城（牛角河段）防洪工程有关事项的请示》《关于进一步加强应急队伍建设的请示》《关于北门农贸市场升级改造的请示》《关于崇义中学扩建项目附属工程有关事项的请示》

等议题。

第十七届县人民政府第64次常务会议　6月28日，县政府常务副县长李贱贵主持召开第十七届县人民政府第64次常务会议，副县长王明良、谢筠、刘春香、黄小波出席会议，县领导余启良、陆芳锋、曾祥标列席会议。会议讨论研究并原则通过了《关于审定〈崇义县城市人防专项规划（2016–2030）〉的请示》《关于审定〈环境保护部对口支援江西省崇义县“十三五”工作实施方案〉的请示》、《关于对东林山隧道照明设施及交通标志进行改造的请示》《关于审定〈崇义县新能源公共交通运输有限公司运营方案〉的请示》《关于审定2015年度全县国有企业经营业绩（目标管理）考核有关事项的请示》等议题。

第十七届县人民政府第65次常务会议　7月20日，县委副书记、县长许斌主持召开第十七届县人民政府第65次常务会议，副县长李贱贵、谢筠、刘春香、张祥兰、黄小波出席会议，县领导刘立伟、刘红卫、曾祥标列席会议。会议讨论研究并原则通过了《关于审定〈农村保障房建设工作实施方案〉的请示》《关于审定〈关于共同推进崇义县（中心村）电网改造升级工程合作协议〉的请示》《关于编制“十三五”农村饮水安全巩固提升规划工作有关事项的请示》《关于拨付2016年度农村贫困人口疾病医疗商业补充保险保费的请示》《关于章源大道新建人行道及排水排污工程的请示》《关于解决政策性商品林保险资金的请示》等议题。

第十七届县人民政府第66次常务会议　8月3日，县委副书记、县长许斌主持召开第十七届县人民政府第66次常务会议，副县长李贱贵、王明良、张涛、刘春香、张祥兰、黄小波出席会议，县领导刘立伟、陆芳锋列席会议。会议讨论研究并原则通过了《关于县城公交改革过渡期运营的请示》《关于提高2016年度义务兵家庭优待金标准的请示》《关于编制〈陡水湖生态环境保护总体实施方案〉项目可行性研究报告有关事项的请示》《关于编制长龙镇等农村饮用水水源保护区划定方案有关事项的请示》《关于麟潭中学教学综合楼等工程有关事项的请示》《关于国家水土保持建设项目专项资金有关事项的请示》等议题。

第十七届县人民政府第67次常务会议　8月22日，县委副书记、代县长邱凌主持召开第十七届县人民政府第67次常务会议，副县长边建忠、王明良、黄硕、吴忠浩、朱志勇、张小兰出席会议，县领导刘立伟、黄名兰列席会议。会议传达学习了《刘奇、毛伟明同志在省政府全体会议上的讲话》《关于对南昌市青山湖区钻石广场违法占用公共绿地查处结果的通报》精神。会议讨论研究并原则通过了《关于印发〈崇义县人民政府工作规则〉的通知》《关于建设旅游酒店的请示》等议题。

第十七届县人民政府第68次常务会议　8月29日晚，县委副书记、代县长邱凌主持召开第十七届县人民政府第68次常务会议，副县长边建忠、王明良、张涛、黄硕、吴忠浩、黄小波、朱志勇、张小兰出席会议，县领导刘立伟、黄义华、曾祥标列席会议。会议讨论研究并原则通过了《关于审定统筹整合财政涉农扶贫资金实施办法的请示》《关于接收安置“三支一扶”大学生的请示》《关于大学生村官及教师工作调动的请示》等议题。

第十七届县人民政府第69次常务会议　9月13日，县政府常务副县长边建忠主持召开第十七届县人民政府第69次常务会议，副县长张祥兰、黄硕、吴忠浩、黄小波、张小兰出席会议，县领导刘立伟、黄名兰列席会议。会议传达学习了《中共中央关于辽宁拉票贿选案查处情况及其教训警示的通报》和赣州市委《关于深入贯彻〈中共中央关于辽宁拉票贿选查处情况极其教训警示的通报〉精神的通知》；会议就《政府工作报告》（讨论稿）征求了有关部门的修改意见。会议讨论研究并原则通过了县果茶局《关于审定〈崇义县脐橙产业发展升级行动计划（2016—2020）〉的请示》等议题。

第十七届县人民政府第23次县长办公会议　1月11日，县政府常务副县长李贱贵主持召开第十七届县人民政府第23次县长办公会，副县长边建忠、谢筠、刘春香出席会议。会议讨论研究并原则通过了《关于审定〈进一步规范政府采购工作〉的请示》《关于新建齐云山大道宣传长廊工程的请示》《关于同意陈庆久按程序办理征迁安置用地性质变更的请示》《关于铅厂镇黄泥排至新安子两条公路增加工程造价的请示》《关于有偿转让广电大楼部分楼层的请示》《关于划拨原图书馆地块和原文广局办公楼用于横水中心幼儿园新建（城关幼儿园扩建）的请示》《关于下拨过埠镇柯树坳土地拍卖款的请示》《关于江西君子谷野生水果世界有限公司减免报建相关规费的请示》《关于解决第三次农业普查工作经费的请示》《关于返拨2015年下半年罚没款的请示》等议题。

第十七届县人民政府第24次县长办公会议　2月1日，县委副书记、县长许斌主持召开第十七届县人民政府第24次县长办公会，副县长李贱贵、边建忠、谢筠、刘春香出席会议。会议讨论研究并原则通过了《关于拨付2015年度油茶、竹木产业精准扶贫资金》《关于拨付2015年刺葡萄产业扶贫资金》《关于启动小江关田镇下关村柯树岭段河道底泥清淤及处理工程环评工作》《关于修复章源大道、阳岭大道及迎宾大道沥砼路面》《关于启动2016年小型农田水利重点县建设项目》等议题。

第十七届县人民政府第25次县长办公会议　2月1日，县委副书记、县长许斌主持召开第十七届县人民政府第25次县长办公会，副县长李贱贵、边建忠、谢筠、刘春香出席会议。会议讨论研究并原则通过了《关于新建文昌塔管理用房和公共厕所的请示》《关于解决我县第二期社会治理网格化建设经费的请示》《关于振兴大道照明工程有关事项的请示》《关于君子谷刺葡萄产业园专项建设基金有关事项的请示》《关于调整崇义县绿科工业投资经营有限公司资产划转有关事项的请示》《关于崇义县2016年2月份2宗国有建设用地使用权出让方案的请示》等议题。

第十七届县人民政府第26次县长办公会议　4月7日，县委副书记、县长许斌主持召开第十七届县人民政府第26次县长办公会，副县长李贱贵、边建忠、谢筠、刘春香出席会议。会议讨论研究并原则通过了《关于县迎宾大道东侧花带安装防护栅栏工程的请示》《关于县阳岭大道人行道两侧摆放花箱的请示》《关于县阳明社区公园工程有关事项的请示》《关于振兴大道边坡绿化工程有关事项的请示》《关于文竹路绿化工程有关事项的请示》《关于人民路绿化工程有关事项的请示》《关于崇义中学扩建项目有关事项的请示》《关于化解城关幼儿园债务的请示》《关于拨付我县建档立卡贫困户2016年度参合费的请示》《关于解决2016年度新型农村合作医疗基金筹集工作奖励资金的请示》《关于免缴民办养老机构及民政社会福利设施建设工程并联许可（建设单位）相关规费的请示》《关于补办阳岭景区固定资产手续并减免相关费用的请示》《关于拨付富畅交投公司开办经费的请示》等议题。

第十七届县人民政府第27次县长办公会议　5月12日，县委副书记、县长许斌主持召开第十七届县人民政府第27次县长办公会，副县长李贱贵、边建忠、谢筠、刘春香出席会议。会议讨论研究并原则通过了《关于将会计核算中心代理记账的职能归还各单位的请示》《关于生活垃圾卫生填埋场渗滤液处理站增装一套MBR膜系统的请示》《关于拨付〈陡水湖湖泊生态环境保护2016年实施方案〉和〈陡水湖湖泊生态环境保护项目资金2015年度绩效评价〉编制经费的请示》《关于编制〈崇义县国家生态文明示范县规划〉的请示》《关于调整原砒霜生产场地土壤修复工程招标方案的请示》《关于拨付阳岭新城景观石经费的请示》《关于审定〈崇义县城市“三环”工程概念规划设计招标方案〉的请示》等议题。

第十七届县人民政府第28次县长办公会议　6月1日，县委副书记、县长许斌主持召开第十七届县人民政府第28次县长办公会，副县长李贱贵、谢筠、刘春香出席会议。会议讨论研究并原则通过了《关于崇义县公务用车服务中心司勤人员管理办法等2个管理办法的请示》《关于审定〈全面打赢脱贫攻坚战的实施意见〉的请示》《关于审定〈关于开展降低企业成本优化发展环境专项行动的通知〉的请示》《关于支付驻昌办聘用厨师工伤赔偿的请示》《关于补拨我县离休、建老人员医药费及提高筹资标准的请示》《关于保障房产权登记有关问题的请示》《关于县城（职业中专段）防洪工程有关事项的请示》《关于新建丰州乡古亭敬老院建设用地等有关事项的请示》《关于县法院审判法庭业务用房维修改造事项的请示》《关于拨付城市规划设计费、减免项目建设规费的请示》《关于明确加强通讯网络覆盖项目有关事项的请示》《关于竹文化创客中心维护运营有关事项的请示》《关于拨给文昌塔志编撰经费的请示》《关于县城区临时占道停放标准、县环卫所值班室和垃圾中转站工程增加工程量的请示》《关于县人民路（中城河至振兴大道）电力电缆下地规划建设的请示》等议题。

第十七届县人民政府第30次县长办公会议　8月22日，县委副书记、代县长邱凌主持召开第十七届县人民政府第30次县长办公会，副县长边建忠、王明良、黄硕、吴忠浩、朱志勇、张小兰出席会议。会议讨论研究并原则通过了《关于增加县人民医院用地面积的请示》《关于上营第二安置小区等三个小区道路工程有关事项的请示》《关于过埠至上堡公路改建工程龙峰林场段设计变更的请示》《关于县道改建林地使用有关事项的请示》《关于申报江西省水利专项—民办公助小型堤防建设项目有关事项的请示》《关于拨付崇义县人民武装部新营区建设工程款的请示》等议题。

第十八届县人民政府第1次常务会议 10月8日，县政府常务副县长边建忠主持召开第十八届县人民政府第1次常务会议，副县长张祥兰、黄硕、吴忠浩、朱志勇、张小兰出席会议，县领导汤名东、刘文泽列席会议。会议传达学习了省委、省政府《关于印发〈江西省法治政府建设实施纲要（2016—2020年）〉的通知》文件精神。会议讨论研究并原则通过了《关于审定〈崇义县城区已购经济适用住房上市交易管理实施细则〉的请示》《关于落实就业脱贫帮扶补贴资金的请示》《关于回购清泉水业有限公司资产的请示》《关于阳岭新城农贸市场、城南异地搬迁安置点项目前期有关工作的请示》《关于有偿转让原广电大楼1—7层办公楼等事项的请示》《关于关田工业园梧桐窝填方边坡防护工程等有关事项的请示》《关于免除民政基础设施建设项目有关费用的请示》《关于解决第二次全国地名普查经费的请示》《关于易地新建长龙中心小学有关事项的请示》《关于进一步理顺齐云山管理局管理体系的请示》《关于新建铅厂派出所办公用房有关事项的请示》《关于向赣州银行融资有关事项的请示》等议题。

第十八届县人民政府第2次常务会议 10月25日，县政府常务副县长边建忠主持召开第十八届县人民政府第2次常务会议，副县长张涛、黄硕、吴忠浩、黄小波、张小兰出席会议，县领导汤名东、黄名兰列席会议。会议讨论研究并原则通过了《关于审定〈关于落实崇义县全域旅游规划、县城规划和特色小镇规划三项规划的工作实施方案〉的请示》《关于审定2016年农村危房改造实施方案的请示》《关于审定〈崇义县深化供销社合作社综合改革试点实施方案〉的请示》《关于我县新增建设用地报批预缴农民基本养老保险金的请示》《关于我县土地利用总体规划调整完善工作有关事项的请示》《关于在县职业中专建设电商教育实训基地有关事项的请示》等议题。

第十八届县人民政府第3次常务会议 11月7日，县政府常务副县长边建忠主持召开第十八届县人民政府第3次常务会议，副县长张涛、张祥兰、黄硕、吴忠浩、黄小波、朱志勇、张小兰出席会议，县领导汤名东、刘文泽、曾祥标列席会议。会议传达学习了《刘奇同志在第68次省政府常务会议上的讲话》《市领导对〈上犹抓作风建设促项目落地〉的批示精神》。会议讨论研究并原则通过了《关于落实全域规划完善城乡规划体系有关事项的请示》《关于拨付县级储粮轮换有关费用的请示》《关于审定气象探测环境保护专项规划的请示》《关于聘用“特岗教师”、中小学教师的请示》等议题。

第十八届县人民政府第4次常务会议 11月21日，县政府常务副县长边建忠主持召开第十八届县人民政府第4次常务会议召开，副县长张涛、张祥兰、黄硕、吴忠浩、黄小波、朱志勇、张小兰出席会议，县领导汤名东、刘文泽、曾祥标列席会议。会议讨论研究并原则通过了《关于审定〈支持全县及江西君子谷野生水果世界有限公司发展刺葡萄产业的实施意见〉的请示》《关于审定〈积极发展农民股份合作赋予农民对集体资产股份权能改革试点实施方案〉的请示》《关于南门农贸市场改造工程内部装饰变更工程量有关事项的请示》《关于审定〈深入实施“互联网+流通”行动计划加快线上线下互动发展实施意见〉的请示》等议题。

第十八届县人民政府第5次常务会议 11月29日，县政府常务副县长边建忠主持召开第十八届县人民政府第5次常务会议，副县长王明良、张祥兰、黄硕、吴忠浩、黄小波、朱志勇出席会议，县领导汤名东、刘事明、曾祥标列席会议。会议讨论研究并原则通过了《关于食品安全工作有关事项的请示》《关于审定崇义县阳岭兰溪沟谷雨林栈道提升工程设计施工总承包（EPC）招标方案的请示》等议题。

第十八届县人民政府第6次常务会议 12月16日，县政府常务副县长边建忠主持召开第十八届县人民政府第6次常务会议，副县长张祥兰、黄硕、吴忠浩、张小兰出席会议，县领导刘向民、黄义华、曾祥标列席会议。会议传达学习了《李炳军同志在市政府全体会议的讲话》《转发国务院安委办关于江西丰城发电厂“11•24”冷却塔施工平台坍塌特别重大事故的通报》。会议讨论研究并原则通过了《关于审定赣南师范大学对口支援崇义县工作方案的请示》《关于阳岭景区安装路灯的请示》《关于古亭小学、扬眉中学新建教学及辅助用房工程有关事项的请示》等议题。

第十八届县人民政府第1次县长办公会议 12月21日，县政府常务副县长边建忠主持召开第十八届县人民政府第一次县长办公会，副县长张涛、张祥兰、吴忠浩、朱志勇、张小兰出席会议。会议讨论研究并原则通过了《关于审定〈上堡梯田景区建设土地房屋租征办法（讨论稿）〉的请示》

《关于划拨土地兴建森林公安局长龙派出所的请示》《关于官陂脑套房安置项目有关事项的请示》《关于审定招商引资项目落户选址和投资合同书的请示》等议题。

【重要决策】 2016年，县政府重要决策有：《崇义县工程造价管理办法》《关于进一步加强和规范公共资源交易管理的实施意见》《崇义县乡村教师支持计划（2015—2020年）实施办法》《崇义县"双随机一公开"实施细则》《崇义县钨矿产品仓储服务平台实施方案》《关于进一步强化质量工作的实施意见》《关于深入实施"互联网+流通"行动计划加快线上线下互动发展的实施意见》《崇义县农村保障房建设工作实施方案》《崇义县商品蔬菜基地建设实施方案》《关于加快推进通信基站铁塔基础设施建设的通知》《关于规范全县财政性资金项目立项审批和招标核准的暂行规定》《关于建立畜禽屠宰监管工作联席会议制度的通知》《关于明确政府采购资金财政支付相关事项的通知》《崇义县清理环保违法违规建设项目的整改工作方案》《关于对2016年县政府工作报告主要任务进行分解的通知》《关于做好第三次全国农业普查的通知》《关于将精准扶贫对象纳入城乡居民社会养老保险政府代缴范围的通知》《关于开展全县重大动物疫病春季防疫集中行动的通知》《关于进一步明确全县农村水电站安全生产双主体责任人员的通知》《关于印发崇义县2016年法治政府建设工作计划的通知》《关于开展建筑业、房地产业、金融业、生活服务业营业税专项清理的通知》《崇义县促进电子商务产业发展扶持办法（试行）》《关于衔接市政府取消和调整一批行政权力项目事项的通知》《关于加强行政审批事中事后监管的实施意见》《关于对应国务院决定取消一批行政权力事项的通知》《关于印发崇义县水污染防治工作方案的通知》《崇义县国民经济和社会发展第十三个五年（2016—2020）规划纲要》《关于精简和调整一批行政权力项目等事项的决定》《崇义县城区已购经济适用住房上市交易管理实施细则》《崇义县2017年国家重点生态功能区县域生态环境质量考核工作实施方案》《崇义县人民政府关于整合城乡居民基本医疗保险制度的实施方案》。

【领导名单】

县　长
- 许　斌（8月免）
- 邱　凌（9月任）

常务副县长
- 李贱贵（8月免）
- 边建忠

副县长
- 谢　筠（8月免）
- 刘春香（8月免）
- 王明良（3月任，挂职）
- 张　涛（3月任，挂职）
- 张祥兰（5月任，挂职）
- 黄　硕（9月任）
- 吴忠浩（9月任）
- 黄小波
- 朱志勇（9月任）
- 张小兰（9月任）

重要文件选目

《关于印发崇义县促进电子商务产业发展扶持办法（试行）的通知》崇府发〔2016〕2号

《关于衔接市政府取消和调整一批行政权力项目事项的通知》崇府发〔2016〕3号

《关于加强行政审批事中事后监管的实施意见》崇府发〔2016〕4号

《关于对应国务院决定取消一批行政权力事项的通知》）崇府发〔2016〕5号

《关于印发崇义县水污染防治工作方案的通知》崇府发〔2016〕6号

《关于印发《崇义县国民经济和社会发展第十三个五年（2016—2020）规划纲要》的通知》崇府发〔2016〕7号

《关于精简和调整一批行政权力项目等事项的决定》崇府发〔2016〕8号

《关于印发崇义县城区已购经济适用住房上市交易管理实施细则的通知》崇府发〔2016〕9号

《关于印发〈崇义县2017年国家重点生态功能区县域生态环境质量考核工作实施方案〉的通知》崇府发〔2016〕10号

《崇义县人民政府关于整合城乡居民基本医疗保险制度的实施方案》崇府发〔2016〕11号

县政府办公室工作

【概况】 2016年，尤其是换届以来，县政府办公室在县委、县政府的正确领导下，以“改作风、提效率”为主抓手，深入开展“两学一做”学习教育活动，着力服务大局、服务发展、服务民生，充分发挥“综合协调、督查落实、参谋决策、信息调研、应急管理、后勤保障”职能作用，工作效能明显提高，各项工作取得较好成绩。

【能力素养新提升】 出台“九个一”学习制度，明确集中学、自主学、向部门单位学等任务，将学习细化、量化。坚持每周一晚集中学习制度，2016年，累计开展集中学习近50次。每位政务人员每周撰写2000字以上读书笔记，在集中学习会上相互交流心得体会60余人次。突出学习重点，深入开展“两学一做”学习教育活动，努力提高办公室政府人员政治素养。每周学习例会由办公室领导轮流主持，传达贯彻上级重要文件精神31次，不断以党的理论和政策武装头脑、推动工作实践。同时，邀请县监察局等部门单位业务骨干为政务人员讲课授业，提升业务素质和廉政意识。

【政务服务新提升】 在办会上，明确了组长负责制，规范了办会相关文稿审核程序，全年共承办县政府常务会、办公会、专题会等会议46次，均做到了严守会务规程、组织周密细致。牵头做好全国森林质量提升工作会议等会务工作，做到不出纰漏、细致圆满，得到参会来宾的充分肯定。在办文上，收文严把审批、流转关，明确“一小时办结、两天内签批”等要求，规范了乡镇、部门行文格式、内容。全年累计处理收文3360件，平均每天13.38件。把好发文关，大力精简公文数量，强化文件制发各环节的审核把关，做到少发文、发短文，全年下发文件97件，同比减少12%。在综合文稿起草上，努力吃透上级精神，贯彻领导意图，突出“短、新、实”，坚持接地气和可操作性，拟写领导讲话、工作汇报、典型发言等综合材料共计180多篇。

【以文辅政新提升】 围绕县委、县政府的发展思路和中心工作、领导关注的重点、群众关心的热点和改革进程中的难点，开展系列调研，撰写了《关于崇义县近期工作安排的报告》《把扶贫事业做得更出彩——江西省崇义县运用市场思维助力脱贫初探》等26篇质量较高的调研报告，在《地方政府管理》《老区建设》等市级以上刊物发表调研文章10余篇。启动“政务信息百日攻坚”活动，攻坚期间，全办政务人员信息撰写报送积极性明显提高，累计报送政务信息141篇，占全年报送总量的75.4%，信息质量明显提升，获得全省信息工作先进单位。

【督查问效新提升】 创新方式抓督查，细化、量化政府工作报告目标任务，承办县政府领导批示件40余件，编发《督查专报》12期，促进了各项工作的高效落实。突出重点抓督查，按照年初制定的督查计划，会同相关部门累计对“六大攻坚战”、重大工程项目、精准扶贫、民生资金使用、农村垃圾治理、柑橘黄龙病防控和基层应急规范化建设等重点工作开展专项督查21次。在督查中敢于动真碰硬，指名道姓指出督查中出现的问题。认真办理人大代表意见建议和政协委员提案。全年受理人大代表建议68件、政协委员提案136件，办结率100%，满意率99.5%。

【应急处突新提升】 强化体制机制建设。进一步完善应急预案，建立应急联动机制，对全县19个专项应急预案进行修编完善。强化值班值守，严格落实“全年365天、每天24小时”全天候、全覆盖无缝对接值班制度，编印《值班信息》42期。强化应急协调，加强应急演练，提高应急处置能力，高效快速处置“8•27”局地强暴雨山洪灾害。积极做好群众来访接待，及时掌握突发公共事件动态，协调妥善处置耀升钨业茅坪钨钼矿“8•19”安全生产事故等突发事件，有力维护社会和谐稳定。

每周开展学习会议，展示自己的佳作，与各秘书相互交流写作技巧与能力

定期开展党员活动日，“两学一做”常态化，加强党员干部的学习与培养

【接待服务新提升】 换届后，县政府有10名班子成员，为近年来最多，但县政府办有条不紊做好了县政府领导工作、生活的服务保障工作，当好领导的参谋和助手，协助领导决策，执行领导决定，连接上下、沟通左右、协调各方。同时，认真细致做好上级领导来崇义县检查、调研的各项接待工作，周密细致地组织有关会议，精心搞好服务，通过周到热情的服务展示了崇义良好的对外形象。

【精准帮扶新提升】 扎实推进精准扶贫工作，挂点帮扶工作有序推进，协助争取资金1220000元新建长窝口至蛤蟆湖公路，争取资金220000元硬化大密村大坪组通组公路，争取资金130000元修建大屋组水圳。扎实推进产业扶贫，协助贫困户累计发展刺葡萄1.67公顷、蜜蜂60箱、油茶低改4公顷，帮助9户贫困户脱贫。同时，认真做好县委、县政府的中心工作，扎实推进不断强化“四城同创”包干网格化工作，投入100000元完成包干小区余坪硬化、明沟清理、绿化靓化等工作，有效提升了小区居民环保意识；高效推进征地拆迁工作，在全县率先完成征地拆迁包干任务。

【领导名单】

主　任	杜书福（8月免）
	张昌忠（9月任）
副主任	刘红梅
	郭水明（7月免）

政府法制

【概况】2016年，崇义县法制办围绕县委、县政府中心工作，充分认识县委、县政府提出的“发展第一要务，民生第一追求，稳定第一责任，党建第一保障”总体思路的内涵和实质，不断促进执法规范化建设，全面推进依法行政和法治政府建设工作。主任曾日畅荣获2016年度全省行政执法先进个人，罗柏水 被授予2016年度全县征地拆迁先进个人。

【进一步加强依法行政工作】 2016年，县法制办把全面推进依法行政、加强政府法治建设摆在更加突出的位置，根据人事变动，县法制办适时调整了全县依法行政工作领导小组组成人员。各乡镇，各部门也相应成立了依法行政工作领导小组，形成了一级抓一级，级级抓落实的组织领导体系。在日常工作中严格遵循《宪法》精神，体现《宪法》原则，按照法律法规规定要求操作，领导小组成员单位分工协作，密切配合，有序推进。

【进一步加强规范性文件管理】 严格按照《江西省规范性文件管理办法》的规定，认真落实审核、备案审查、定期清理制度。明确规定：凡以县政府名义发布的规范性文件，未经法制办事先审核，不得提交政府常务会议，不得发布；已经审核发布了的规范性文件必须报政府法制办、人大备案。对于乡镇，部门发布的规范性文件，必须报县法制办备案。

【依法积极开展行政复议及行政诉讼工作】 随着依法治县工作的深入开展，群众法制意识的不断增强，行政复议和行政应诉案件明显增多。面对新形势，县法制办积极探索并不断健全行政复议工作制度建设，严格办案程序，对每一例案件坚持从程序，实体两个方面审查，特别是从证据、法律依据、法律文书规范性等环节入手，注重从案件卷宗中发现问题，对行政机关的错误做到不护短不包庇，保障行政相对人的合法权益。同时，县法制办注意运用调解、和解等多种手段化解矛盾，尽量做到“定纷止争，案结事了”。

【进一步完善行政执法人员执法资格】 针对近年来崇义县执法人员执法岗位调整较大，有证不在岗，在岗无证的现象比较突出的实际，县法制办严格按照《江西省行政执法证件管理办法》有关规定，对全县执法人员有关情况进行摸底调查。通过摸底调查，县直具有行政执法主体资格单位60个，具有行政执法资格人员640人。并重点对横水镇、安监局、城管局等部门进行了专业法律及综合法律知识考试及培训，换发行政执法证件80本。

【领导名单】

专属副主任　曾日畅

人力资源和社会保障

【概况】　以中共十八大、十八届五中、六中全会和县委十六届六次、县委十七届一次全会精神为指导，深入贯彻“全域旅游+”发展路径，以实现全面小康、建设幸福崇义为奋斗目标，坚持解放思想、服务大局、民生为本、人才优先的工作主线，坚持城乡统筹，坚持普惠共享，坚持协调发展，不断完善社会保障体系，大力加强人才队伍和公务员队伍建设，协调推进工资收入分配、人事制度改革、劳动关系等各项工作。全县实现城镇新增就业1913人，完成任务的106.3%（其中“4050”人员198人，完成任务的110%）；新增转移农村劳动力2741人，完成任务的114.2%，其中省内新增转移2270人，完成任务的108.1%；新增发放贷款88650000元，完成任务的148%（其中支持个人创业64100000元，支持劳动密集型小企业24550000元）；工业园区培训1800人，完成任务的100%；创业培训510人，完成任务的100%；电商培训300人，完成任务的100%；家庭服务业培训360人，完成任务的133.3%；城镇职工参加社会养老保险人数达到21173人，基金征缴12068万元；全县城乡居民养老保险参保人数达91003人，完成省政府下达年度民生任务（91082人）的99.91%。其中：缴费人数67219人，收缴保费7623000元。（不含政府代缴人员）。全县60周岁以上待遇领取人数23784人，累计发放养老金1957254655元，发放率100%。城镇基本医疗保险参保人数为42773人，完成市任务的104%，其中城镇职工基本医疗保险参保缴费人数为20622人，基金征缴42400000元；城镇居民基本医疗保险参保缴费人数为22151人，基金征缴10150000元；工伤保险参保缴费人数为23135人，完成市任务的100%，基金征缴5620000元；生育保险参保缴费人数为11649人，完成市任务的106%，基金征缴1460000元；失业保险参保人数11350人，完成任务的100%；基金征缴2749300元，完成任务的137.47%。

【创业就业】

打造就业扶贫车间　实施创业帮扶工程，以创业带动就业，打造农村“扶贫车间”就近就业模式，带动贫困户脱贫，成功打造文英蔬菜种植基地、麟潭刺葡萄种植基地和耀升钨业3个就业扶贫车间，共安排贫困户就业269人。

举办双创活动周　以发展新经济，培育新动能为主题，通过双创进校园、青年创业创新、双创风云人物评选、双创成果展等八大活动项目，评选了“崇义县2016年度十大双创风云人物”，搭建了崇义县创业者创业交流平台，通过电视台播放了《克难奋进新跨越》、《十大双创风云人物故事展播》等“双创”纪录片，树立了一批“双创”人物典型，进一步释放“双创”潜能，激活“双创”因子，营造全社会创业创新的浓厚氛围，为发展新经济、培育新动能创造良好条件。

促进重点群体就业　认真落实中央、省、市就业工作精神，实施更加积极的就业政策，发挥创业促进就业的倍增效应，努力打造大众创业、万众创新平台。开展高校毕业生就业见习工作，安排高校毕业生见习114名，发放见习补贴1280000元；对自主创业和自谋职业的人员及时予以认定，帮助创业者落实相关税费减免政策；促进“4050”失业下岗人员从事灵活就业，发放社保补贴600000元。

【人事人才】

加大人才引进力度　实施人才强县战略，努力为县域经济发展提供有力的人才支撑，根据全县各单位人才需求特点，积极向上申报事业单位岗位计划54名，申报“三支一扶”岗位计划20名。事业单位实际招聘51人，现已完成笔试、面试和体检；“三支一扶”实际到岗17人，现已全部分配至各乡镇。高度重视教育事业发展，努力强化教师队伍，以认真、严谨的态度，精心组织教师招聘考试，2016年共招聘中小学、幼儿园教师127名，特岗教师29人。

引进高层次人才　积极推进人才强县战略，实施“百名硕博进崇义”工程，制定《崇义县招聘高学历人才实施意见》，通过人才激励措施，提高人才服务水平，确保人才引得进、留得住、用得好。2016年事业单位招聘高学历人才顺利启动，共设置岗位15个、招聘计划18人，现已完成报名，共计21人报考。

加大股级干部换岗交流　对在机关单位同一岗位工作5年以上、事业单位同一岗位工作10年以上的股级干部进行换岗交流，搅动思想碰撞，激发工作活力。截至目前共调整股级干部142人，其中：提拔54人，换岗68人，免职20人。

严格考核备案工作　2015年度考核备案严格按照规定比例和要求，完成全县机关事业单位共计3969名同志的考核备案工作，共有619人评定为优秀等次,13人评为基本称职(基本合格)等次，11人评为不称职（不合格）等次，不定等次64人。

岗位竞聘及职称申报　根据省市文件精神，按照事业单位岗位设置管理工作的要求，下发《关于做好2016年度全县事业单位岗位竞聘工作有关事项的通知》，完成69个单位、521人（高级34人，中级176人，初级311人）竞聘工作；根据教师职称改革精神，较好地完成了岗位审核工作，组织职称申报工作97人，其中教师系列71人（高级19人，中级52人），其他系列职称申报26人（高级8人，中级18人），受理初级考核认定材料38人。

【工资福利】

兑现工资待遇　根据《关于县以下机关建立公务员职务与职级并行制度的意见》（中办发〔2015〕4号）文件，崇义县共有264人晋升职级，其中正科级晋升副处级77人，副科级晋升正科级82人，科员晋级副科级105人，现已全部兑现工资待遇，人均工资增长274元/月。

实行乡镇工作补贴　根据崇义县人民政府办公室《关于崇义县乡镇机关事业单位工作人员实行乡镇工作补贴实施办法的通知》，对2015年度享受乡镇工作补贴人员进行核定，核定人员2024人，审批年乡镇补贴7965000元。根据省人事厅、教育厅、财政厅《关于江西省艰苦边远地区农村中小学教师特殊津贴补贴发放管理办法的通知》(赣人字〔2008〕281号）文件精神，核定2015年度587人，审批特殊津贴1792600元。

增加薪级工资及晋升级别工资的审批　局工资股针对2015年度考核称职（含合格）及以上机关事业单位工作人员进行增加薪级工资及晋升级别工资的审批，其中晋级237人，月增资4748元；晋档1121人，月增资100859元；薪级增加3365人，月增资168200元。

调整人民警察警衔津贴标准　根据赣州市人力资源和社会保障局赣州市财政局转发江西省人力资源和社会保障厅江西省财政厅《关于转发人力资源和社会保障部财政部调整人民警察警衔津贴标准的通知》核定人员251人，审批调标津贴月增资192600元。

审批事业单位工作人员退休及遗属补助　审批机关事业单位工作人员正常退休134人；办理遗属生活困难补助对象审批25人。

【社会保障】

推进机关事业单位养老保险制度改革　根据《江西省人民政府印发贯彻落实国务院关于机关事业单位工作人员养老保险制度改革决定实施办法的通知》（赣府发〔2015〕52号）和全省机关事业单位养老保险制度改革电视电话会议精神，认真做好数据采集工作，为业务经办正式启动打下了扎实基础。

实施被征地农民养老保险制度　实施覆盖全县的被征地农民养老保险新政策，严格把握政策标准，精心组织实施，在全县各乡镇全面实施被征地农民养老保险，使崇义县所有符合条件人员均能享受优惠政策。按照上级工作要求，积极开展被征地农民生活补助改办养老保险工作，圆满完成改办工作，使广大被征地农民真正得到了实惠。

加大劳动保障力度　积极开展劳动保障年度审查，大力宣传《中华人民共和国劳动合同法》《中华人民共和国社会保险法》等法律法规，深入全县矿业、林业、食品业等各类用人单位进行实地检查，及时发现纠正违法用工行为。加强工伤认定工作，严格按《工伤保险条例》规定，做到件件有登记，严把“三关”（时间关、调查关、材料关）。紧扣受理、调查、举证、认定等各个环节，对事实清楚的工伤认定申请做到快立案、快调查、早认定，做到公平、公正、公开。截至2016年，受理工伤认定158起，已认定工伤143起（死亡7人），还有15人正在认定中。申请劳动能力鉴定42人，其中：已鉴定35人（三级2人、四级1人、七级7人、八级2人、九级12人、十级11人），7人正在申请鉴定中。

公立医院综合改革　取消药品加成，县级试点公立医院所有药品实行零差率销售，按照药品综合加成率20%(除中药饮片外）计算药品加成实际收入），调整医保支付系统，做到总量控制、结构调整；价格理顺、质量提升；释放红利、促进和谐。

城乡基本医疗保险制度　根据上级文件要求，按照全覆盖、保基本、多层次、可持续的方针，整合城镇居民基本医疗保险和新型农村合作医疗制度，统一医疗保障管理体制。城乡居民基本医疗保险的整合将使得制度更加公平，城乡居民不再受城乡身份的限制，按照统一的政策参保缴费和享受待遇。

保险基金管理　着眼于加强关键岗位的监督管理，从业务运行、基金财务、信息系统等方面着手，进一步修订和完善一系列内控制度，规范业务操作流程。

【劳动关系】

劳动保障监察执法工作　受理涉及劳动保障各类投诉案件54起，其中协调处理案件42件，立案处理案件12件，移送司法机关处理4件。加大农民工工资清欠力度，对无故拖欠和有意克扣农民工工资的违法行为，做到依法严厉查处，从严从重打击，真正把农民工工资支付落到实处，截至目前，依法追讨农民工工资3868300元，涉及农民工人数415人。签订劳动合同370份（含签订农民工劳动合同253份），其中续签101份，新签269份。

加强劳动人事争议调解仲裁　崇义县劳动人事争议仲裁部门共处理各类劳动人事争议案件数128起（其中劳动人事争议调解113起，劳动人事争议仲裁15起）。在劳动人事争议调解案件中，其中劳动仲裁机构案外调解120起。劳动人事争议调解结案率100%，涉案金额2439000元；在劳动人事争议仲裁案件中，其中当期立案受理案件数14起，不予受理1起，当期审结案件数15起。在立案审结的争议案件中，以劳动仲裁裁决结案的为10起（非终局裁决），终局裁决2起，仲裁案内调解2起，涉案金额达685000元，当期劳动争议仲裁结案率100%。

【领导名单】

党组书记、局长　成　松（兼）

党组成员、副局长　陈世忠

陈相聿

肖益华

党组成员、医疗保险局局长　甘东升

党组成员、社会保险局局长　温李华

党组成员、农村养老保险局局长　王俊斌

党组成员、公共就业人才服务局局长　梁　宏

党组成员、劳动监察大队队长　吴为远

机构编制

【概况】　继续抓好中央、省、市机构编制法规落实，扎实做好机构编制管理工作。按照省、市编办2016年工作要点，围绕县委、县政府工作思路，强化机构编制管理，狠抓落实，努力工作，不断创新，较好地完成全年各项工作任务。

【控编减编】下发《关于印发〈崇义县控编减编工作方案〉的通知》（崇办字〔2016〕33号）和《关于成立县控编减编工作领导小组的通知》（崇办字〔2016〕38号）文件。控编减编工作方案以崇义县2012年底年报统计数为基数，实行机构编制总量控制，确保到2017年底实现只减不增，各乡镇、各部门、各单位机构编制方面的需求，只能在规定的机构编制总量内调剂解决。确定控编减编的目标任务，明确和细化控制总量、盘活存量、核减、精简和收回编制的具体措施。收回的编制由县编办集中管理和统筹调剂，并积极推动机构编制向基层和一线倾斜，保障重点领域和关键环节急需。通过严把“入口”关、自然减员等措施，2014年消化超编人员5人，2015年消化超编人员8人，全面完成超编整治工作。

【实名制管理】　利用全县党政群机关及事业单位编制年审时期，对各系统各单位人员信息开展了进一步完善工作，更好的实现了机构编制实名制管理的信息化建设，大大提高了对数据的采集利用效率，方便了崇义办业务工作的开展。确保机构编制实名制系统与实际上下编制工作的同步进行，保证了各部门、各单位数据在该系统的准确性，并为上级部门对崇义县超编控编整治工作所掌握实时数据提供便利。

【机关事业单位统一社会信用代码赋码】

全面完成全县事业单位赋码和换证工作　根据中央、省、市要求事业单位法人统一社会信用代码赋码工作的相关文件精神，为确保崇义县2016年的事业单位年度报告及法人统一社会信用代码赋码工作顺利完成，向全县事业单位下发《关于全县事业单位实施统一社会信用代码制度和报送2015年年度报告有关事项的通知》，对年度报告及统一赋码工作进行认真部署，对各个环节工作都进行了详细说明。全县已登记事业单位372个，其中355个换发了新版证书，另有已冻结事业单位17个（其中临时冻结4个、待注销2个、名存实亡待注销10个、上收未划转1个）。

机关、群团统一社会信用代码赋码发证工作进展顺利　根据《中央编办关于开展机关、编办直接管理机构编制的群众团体统一社会信用代码赋码工作的通知》（中央编办发〔2016〕3号）精神，县编办印发了《关于开展全县行政机关、编办直接管理机构编制的群众团体统一社会信用代码赋码工作的通知》，于6月正式启动全县机关、群团统一社会信用代码赋码发证工作。

【中文域名】　根据中央编办、省编办关于继续推进政务和公益机构专用中文域名注册管理工作的有关精神和要求，县编办高度重视中文域名注册管理工作，在向各党群机关和事业单位宣传指导的同时，及时向县领导汇报工作

情况，争取财政专项资金用于中文域名注册及缴费，并积极与中央编办政务和公益机构域名注册管理中心协调，认真解决中文域名注册、续费中出现的各种问题。2016年，崇义县共注册中文域名464个，完成党政群机关、事业单位的中文域名注册全覆盖工作。

【行政审批改革】 一是进一步精简行政许可事项，全面取消非行政许可，完成行政审批事项梳理、清理和调整。通过认真做好行政审批事项的接、管，公开行政审批服务事项，出台事中事后监管办法，强化对行政审批事项的监管。2016年，承接下放行政许可41项，取消行政权力39权，调整2项。在2015年249项行政许可项目基础上，承接上级下放的41项行政审批项目，共保留县本级行政许可项目170项，精简116项（其中取消27项，暂停实施74项，转变管理方式15项）。接受委托审核3项。驻县单位保留许可项目33项。二是全面推进权责清单的动态管理，公开县本级权责清单，进一步明确各工作部门职责权限，实行“行政权力进清单、清单之外无权力”。实行权责清单动态管理，根据《崇义县行政权力清单目录管理办法》督促各单位依法依规向本部门提出申请，及时将下放事项纳入清单管理，将取消事项移出清单，不断对行政权力运行流程进行优化，以权责清单制度带动其他改革。县本级暂停实施权力项目74项，调整权力项目20项，取消实施行政权力项目86项。三是加强中介服务事项管理，在政府服务网上公开了涉及有行政审批17个单位保留的53项行政审批中介服务事项目录清单。并根据文件及时对清单进行动态调整，清理2项行政审批中介服务事项，目前保留51项。开展涉及审批部门下属事业单位类的“红顶中介”专项清理行动。结合全县保留的170项行政许可以及公布的51项中介服务事项，对全县登记在册的373个下属事业单位进行了全面摸底排查。通过单位自查和对事业单位登记管理局登记在册的下属事业单位进行排查，没有发现有下属事业单位及其人员申报违规实施“红顶中介”各项行为。四是建立健全行政审批事中事后监管制度，研究制定出台《崇义县人民政府关于加强行政审批事中事后监管的实施意见》，从监管原则、工作任务、保障机制等方面规范了事中事后监管的具体要求，明确了各个部门监管责任，形成了上下联动、协同配合机制。同时督促所有33个行政审批部门制定其本单位行政审批事中事后监管办法。建立专项督查制度，采取书面检查、实地检查、抽样检查的方法，9月，会同有关部门对行政机关监管制度措施落实情况开展了一次专项督查。

【机构编制管理】 根据省编办《江西省机构编制委员会办公室关于规范市、县（区）市场监督管理机构名称的通知》（赣编办发〔2016〕10号）和市编办《关于县（市、区）市场监督管理机构名称调整的通知》（赣市编办〔2016〕1号）文件精神，为落实市场监管责任，提高市场监管效率，确保市场安全有序稳定，经县编委研究，将崇义县市场监督管理局名称调整为崇义县市场和质量监督管理局，加挂崇义县食品药品监督管理局、崇义县食品安全委员会办公室牌子，乡镇市场监督管理分局名称相应调整为“崇义县市场和质量监督管理局XX分局”，加挂食品药品监督管理分局牌子，其他均不变。为进一步加强崇义县公办中心幼儿园建设和管理，满足适龄儿童入园需求，促进全县学前教育健康发张，根据县乡镇公办中心幼儿园项目建设规划，经县编委会议研究：同意设立过埠中心幼儿园、杰坝中心幼儿园、金坑中心幼儿园、龙勾中心幼儿园、上堡中心幼儿园、关田中心幼儿园、聂都中心幼儿园、文英中心幼儿园，均为县教育局下属正股级全额拨款事业单位。为进一步加强县城建档案管理工作，适应快速发展的城乡建设工作需要，经县编委会议研究，将崇义县城乡建设档案管理处更名为崇义县城乡建设档案管理办公室，并增挂崇义县城乡建设档案馆牌子，更名后，其机构性质、人员编制保持不变。为做好新形势下干部工作，进一步加强干部人事档案管理，推进干部信息规范化、科学化、信息化建设，经县编委会议研究，同意设立崇义县干部信息管理中心，为县委组织部下属正股级全额拨款公益一类事业单位。鉴于崇义县文化底蕴深厚，县境内遗存着大量的美术、绘画、工艺等作品，记录了崇义独特的民间传统文化，为充分用好用活国家美术馆免费开放政策，促进文化与旅游融合发展，经县编委会议研究，同意设立崇义县美术馆，为崇义县文化广电新闻出版局下属正股级全额拨款公益一类事业单位。根据市编委《关于县（市、区）有关机构编制事宜的通知》（赣市编〔2016〕16）文件精神，经县编委会议研究，将各乡（镇）民政和社会保障服务中心统一更名为XX乡（镇）民政和人力资源社会保障服务所。根据市编办、市审改工作领导小组办公室《关于印发〈关于服务和保障我市工业发展的指导意见〉

的通知》（赣市编办〔2015〕93号）文件精神，需统一规范全市工业园区管理机构设置，明确工业园区管理机构为当地政府的派出机构，据此，经县编委会议研究，将江西崇义工业园区管理委员会由县人民政府直属正科级事业单位调整为县人民政府正科级派出机构。根据市编办《关于崇义县设立农业综合开发办公室等机构事宜的批复》（赣市编办〔2016〕21号）文件精神，经县编委会议研究，并报县委常委会议审批，同意崇义县农业综合开发办公室升格为正科级，为县政府直属事业单位。根据市编办《关于崇义县设立农业综合开发办公室等机构事宜的批复》（赣市编办〔2016〕21号）文件精神，经县编委会议研究，并报县委常委会议审批，同意将县农粮局下属正股级全额拨款事业单位崇义县畜牧兽医局调整为副科级。根据市编办《关于崇义县设立农业综合开发办公室等机构事宜的批复》（赣市编办〔2016〕21号）文件精神，经县编委会议研究，并报县委常委会议审批，同意设立崇义县群众信息服务中心，为县委直属事业单位。根据市编委《关于县（市、区）有关机构编制事宜的通知》（赣市编〔2016〕16号）文件精神，经县编委会议研究，并报县委常委会议审批，同意将崇义县市场和质量监督管理局下属正股级全额拨款事业单位崇义县食品药品计量检测中心更名为崇义县市场和质量监督管理检验检测中心，并调整为副科级。根据市编委《关于县（市、区）有关机构编制事宜的通知》（赣市编〔2016〕16号）文件精神，经县编委会议研究，并报县委常委会议审批，同意将县公安局内设机构县禁毒大队调整为副科级。根据市编委《关于县（市、区）有关机构编制事宜的通知》（赣市编〔2016〕16号）文件精神，经县编委会议研究，并报县委常委会议审批，同意在崇义县委宣传部增挂崇义县互联网信息办公室、崇义县委网络安全和信息化领导小组办公室牌子，一个机构，三块牌子。根据省委办公厅、省政府办公厅《转发〈省委组织部、省信访局关于进一步加强信访干部队伍建设的实施意见〉的通知》（赣办发〔2012〕13号）文件精神，为进一步加强信访督查工作，经县编委会议研究，并报县委常委会议审批，同意增设县信访局领导职数：信访督查专员1名（副科级）。根据市编办《关于规范县级人大及其常委会机构设置的通知》（赣市编办〔2016〕50号）和《关于对赣市编办〔2016〕50号文件内容的补充通知》（赣市编办〔2016〕60号）文件精神，县级人大专门委员会依照有关法律规定设立，经县编委会议研究，并报县委常委会议审批，同意设县人大常委会办事机构和工作机构为：办公室、农业和城乡建设环境资源保护工作委员会、选举任免和代表联络工作委员会、教育科技文化卫生工作委员会、内务司法和备案审查工作委员会、预算审查工作委员会，县人大常委会的办事机构和工作机构均为正科级。根据市编办《关于崇义县民营企业管理局（崇义县手工业合作联社）更名的通知》（赣市编办〔2016〕8号）文件精神，为适应中小企业的创业与发展，便于上下机构衔接统一，经县编委会议研究，并报县委常委会议审批，同意将崇义县民营企业管理局（崇义县手工业合作联社）更名为崇义县中小企业管理局（崇义县手工业合作联社），更名后，其机构性质、级别、隶属关系均不变。根据市编办《关于设立崇义县生态文明建设办公室的批复》（赣市编办〔2016〕64号）文件精神，为统筹推进生态文明先行示范县各项工作，确保生态文明先行示范县建设工作顺利推进，经县编委会议研究，并报县委常委会议审批，同意设立崇义县生态文明建设办公室，为县政府直属事业单位。根据《江西省人民政府关于整合城乡居民基本医疗保险制度的实施意见》（赣府发〔2016〕28号）和省人社局、省编办、省卫计委《关于整合市、县（区）城乡居民基本医疗保险职责和机构编制的意见》（赣人社发〔2016〕39号）文件精神，经研究，将崇义县新型农村合作医疗管理中心与崇义县医疗保险局进行整合，组建崇义县医疗保险事业管理局，为崇义县人力资源和社会保障局管理的副科级全额拨款公益一类事业单位。为进一步规范木材流通秩序，完善检查监督机制，加大木材运输违法行为打击力度，适应木材运输形势发展的需要，更好发挥木材运输检查监督的职能，切实保护好崇义县的森林资源和生态环境，经县编委会议研究，同意将崇义县乐洞坳检查站更名为崇义县木材运输流动巡查大队；将崇义县葛坳护林检查站更名为崇义县木材运输流动巡查大队横水中队；将崇义县生龙口护林检查站更名为崇义县木材运输流动巡查大队关田中队；将崇义县横坑护林检查站更名为崇义县木材运输流动巡查大队文英中队，崇义县木材运输流动巡查大队为县林业局下属正股级全额拨款事业单位，县木材运输流动巡查大队下设3个中队：崇义县木材运输流动巡查大队横水中队、崇义县木材运输流动巡查大队关田中队、崇义县木材运输流动巡查大队文英中队，均为副股级。为加强全县文物保护利用，传承和弘扬优秀传统文化，促进文化与旅游融合发展，提升城市文化品位，经县编委会议研究，同意设立崇义县博物馆，为崇义县文化广电新闻出版局下属正股级全额拨款公益一类事业单位。根据崇编字〔2016〕28号文件精神，崇义县委宣传部增挂崇义县互联网信息办公室、崇义县委网络安全和信息化领导小组办公室牌子，一个机构，三块牌子，为理顺机构关系，经县编委会议研究，同意将原崇义县委网络安全和信息化领导小组办公室（正股级事业单位）更名为崇义县互联网信息研究中心，为县委报道组下属正股级全额拨款事业单位。根据市编办、市公安局《关于健全完善打击危害食品药品安全和污染环境犯罪工作机构的指导意见》（赣市编办〔2016〕199号）文件精神，为加强对危害食品药品安全及污染环境犯罪的打击力度，经县编委会议研究，决定在崇义县治安管理大队增设崇义县食品药品与环境犯罪侦查中队（正股级）。根据市编办《关于组建中共崇义县委史志办公室等机构事宜的批复》（赣市编办〔2016〕95号）文件精神，为达到资源共享，更好的收集、整理、保存并研究崇义的文献和资料，经县编委会议研究，并报县委常委会议审批，同意整合中共崇义县委党史工作办公室和崇义县地方志办公室，组建中共崇义县委史志办公室（保留崇义县地方志办公室牌子），为县委直属正科级事业单位。为切实发挥好县机关事务管理局的管理、保障、服务职能，经县编委会议研究，并报县委常委会议审批，同意将崇义县机关事务管理局由崇义县人民政府办公室管理的副科级事业单位升格为正科级，为县人民政府直属事业单位。根据市编委《关于设立非公有制经济组织和社会组织工作委员会的通知》（赣市编〔2016〕85号）文件精神，为全面加强和改进崇义县非公有制经济组织和社会组织党建工作，经县编委会议研究，并报县委常委会议审批，同意设立中共崇义县委非公有制经济组织与社会组织工作委员会，为县委派出正科级行政机构。根据市人社局、市编办、市财政局《关于加强劳动保障监察执法能力建设的实施意见》（赣市人社发〔2016〕22号）文件精神，为深化行政执法体制改革，加强劳动保障监察，经县编委会议研究，并报县委常委会议审批，同意将县人力资源和社会保障局下属副科级全额拨款事业单位崇义县劳动保障监察大队更名为崇义县劳动监察局，更名后，其隶属关系、领导职数和级别仍保持不变。

【领导名单】

主　任　　范美蓉
副主任　　范层枫
事业单位登记中心主任　　叶丛生

外事侨务

【概况】 2016年，县外事侨务办公室认真贯彻落实党的外事侨务方针政策，主动服务县域经济和社会事业发展，各项工作取得新进展新提高。

【加强因公临时出国（境）的审批管理】 认真贯彻落实县（处）级领导干部因公出国（境）出访计划申报制度，严格执行省外侨办《关于进一步加强因公临时出国审批管理》《关于加强和改进教学科研人员因公临时出国管理工作的指导意见》的要求，建立因公出国（境）审核备案等管理制度，严格按照“控制总量、突出重点、保压结合、服务发展”和“因事定人”的原则安排因公临时出国（境）任务和人员，外事审批质量和监管有新的提高，有效制止了公款或变相公款出国（境）旅游现象的出现。

【海外联络联谊】 坚持外事侨务工作为经济和社会事业发展服务的大局，广泛开展联络联谊工作。2016年，共接待外宾2批21人次，华侨4批64人次。承办了海外媒体参观君子谷，香港乐善行基金会捐助乐洞中小学、卫生室等外事活动；接待了全球华人体育总会关忠勇主席、香港乐善行基金会吴兆伟会长等重要来宾；香港乐善行基金会捐建崇义县乐洞中小学、卫生室，龙勾良田小学合计达到370000元，是近年来接待外宾和接受捐赠较多的年份，较好宣传推介了崇义，服务了县域经济和社会事业的发展。

【为侨商和侨企搭建发展平台】 进一步发挥崇义县侨资企业和侨商较多的优势，围绕全面加快推进赣南苏区振兴发展的目标，积极推动崇义县侨商和侨企更好更快发展。6月，赣州市侨商会一行13人到上堡梯田、君子谷野生水果世界，实地考察崇义县生态旅游开发项目，达成一批合作意向，增强了崇义县侨资企业的发展活力。另外，侨资企业江西齐云山食品有限公司被中国食品工业协会授予“2014—2015年度全国食品工业优秀龙头食品企业”的荣誉称号，这是继2010年公司连续五年获得此荣誉，公司“高纯有机山茶油”被确认为江西省科学技术成果，齐云山品牌进一步叫响，为崇义县食品业的发展做出了新的贡献。

【干部队伍作风建设有新提高】聚焦“外树形象，内强素质”抓好干部作风建设，认真开展学习教育“两学一做”专题学习会，学习“两条例、一准则”，严格执行中央“八项规定”和县委有关规定，严守政治纪律和政治规矩，严格遵守外事纪律，各项业务管理和服务水平有较大提升。侨办还会同县民宗局一道，全力支持挂点乐洞乡高洞村“精准扶贫”工作，积极联系有关单位，争取政策和项目支持，帮助该村发展高效农业种植基地一个，引进香港乐善行基金会援建村卫生室资金100000元。积极开展“三个一”活动，为挂点村和贫困户解决了一批生产生活上的困难和问题，获得群众认可，进一步提升干部服务群众的能力和水平。同时还争取县财政专项资金10000元，改善了办公条件，保证了各项业务的正常开展。

【领导名单】
主　任　　钟林生

民族宗教事务

【概况】　以全国宗教工作会议精神为指导，切实加强新形势下的民族宗教工作，维护民族宗教领域和谐稳定，推动崇义县民族地区打赢脱贫攻坚战。

【民族工作】

建立少数民族发展项目资金监管机制　为进一步加强少数民族发展资金管理和使用工作，确保项目与资金精准安全高效。主动与县财政局、县发改委、县审计局等部门建立项目资金监管机制，建立健全监督管理台账，规范项目申报和审批程序，从源头上预防资金和项目的错位。

成功申报省少数民族地区精准扶贫示范点　春节前后，克服各种困难，充分筹备各项基础数据，创造条件“跑部进厅”，成功争取“全省少数民族地区精准扶贫示范点”落户崇义县乐洞乡高洞畲族村。示范点获批后，除正常项目申报外，可享受每年200000元的扶贫项目资金，一定五年不变。

切实抓好少数民族村（组）项目库建设　在少数民族村建立五年发展规划，率先在全市建立少数民族扶持发展项目库。通过筛选、评审，列入项目库项目32个，其中项目6个，申报计划920000元。建立项目库有利于防止申报项目随意性，克服申报临时抱佛脚，有利于按规划实施，防止资金分散和盲目建设。

对项目资金落实情况进行自查　对全县2011—2015年度少数民族发展资金使用及项目实施情况进行自查。在全部项目实施中，严格按照财务制度进行管理，实行专款专用、专户管理、专人负责，保证了资金及时足额到位和项目的顺利实施。

协助完成沈埠民族小学新建教学生活综合用房建设　总投资400000元，新建两层半具有民族特色的综合楼，6月初，总体装修完毕，顺利竣工，已投入使用。

开展新一轮对口支援　积极对接省国税局对口支援崇义县乐洞乡高洞畲族村工作，确保对口支援项目的计划和实施，省国税局下拨扶持资金180000元。

部署新一轮对口支援崇义县少数民族村（组）工作，下发《关于开展第五轮对口支援少数民族村（组）经济社会发展工作的通知》，积极联系对口支援单位，跟进对口支援单位的对口支援方案及年度工作计划的实施情况。

狠抓以前申报获批的扶贫项目的落实　乐洞乡高洞畲族村自来水工程、少数民族文化墙、特色民居改造，聂都乡竹洞畲族村自来水工程、公路修复，沈埠畲族风情园公路建设顺利完工。

服务于少数民族群众　做好少数民族考生资格审查工作。为14名高考、3名中考的少数民族考生办理了资格审核相关手续。

不断加强流动少数民族服务管理　完成辖区内流动少数民族人员摸底调查并建立台账。加强与公安、工商、城管、社区等单位的联系，畅通信息渠道，切实掌握辖区内流动少数民族人员的基本情况和动向。

【宗教工作】　维护宗教领域安全和谐稳定　妥善调处过埠水月古寺一起建设工程款陈年纠纷。深入基督教和平聚会点调研，协助做好教堂选址前期工作。引导各宗教场所安全度过汛期，督促做好各类安全隐患排查工作。继续做好对老上访户彭良聪的劝解工作。协同县矿管局地质技术人员对东林寺进行地质灾害评估，根据评估情况报江西赣南地质工程院出具了治理工程可行性研究报告。

做好场所规范化管理工作　推荐报送东林寺、阳岭云隐寺为第二批全市宗教活动场所规范化管理示范点。积极稳妥解决宗教场所内部矛盾，理顺水月古寺、丰州般若寺等多年财务混乱问题。

指导县佛协顺利换届　11月10日，崇义县佛教协会第二届代表大会召开。选举产生了佛协理事会理事31人，常务理事13人，副秘书长3人，秘书长1人、会长1人，副会长3人。

7月1日，乐洞乡高洞畲族村“七一”文化汇演庆党生

开展宗教政策法规培训　积极协助县委统战部如期举办全县统战委员暨优秀党外干部培训班。

11月，组织佛教协会全体理事、各宗教场所教职人员及信教群众代表举办了宗教政策法规培训班，传达学习了习近平总书记在全国宗教工作会议上的重要讲话精神以及宗教政策法规、宗教场所财务管理办法，佛协会长以《做个正知正见的学佛者》为题作了精彩授课。

鼓励宗教界进行公益活动　佛教界人士积极回报社会，对患病老师、儿童进行捐款；基督教和平聚会点开展敬老、爱老活动，5月底，走访慰问扬眉中心敬老院，为老人送去问候和物资。

【精准扶贫】

摸清底数，分类建档，精准识别贫困户　4月初，对全县民族村（组）精准扶贫贫困户共计115户进行了摸底调查，并分类建立档案。

多措并举，稳步推进少数民族精准扶贫工作　主动与乡镇对接，全程参与，制定好民族村精准扶贫规划。为畅通信息渠道，建立少数民族地区精准扶贫工作微信群，及时高效解决工作中存在的实际问题。

精准示范，精心打造高洞畲族村精准扶贫示范点　5月，县民族宗教事务局由原挂点沈埠畲族村调整为乐洞乡高洞畲族村，及时做好调整后帮扶干部上户结对帮扶贫困户工作。2016年，制定高洞畲族村精准扶贫工作方案，完成了高洞畲族村2016—2020年项目设施计划编制。

田心休闲广场建设项目正按计划进行绿化、硬化及文化墙等工程建设。

对31户扶贫户2016年发展产业项目进行申报，其中包括毛竹低改7户，刺葡萄种植3户，脐橙种植2户，传统养殖1户，养蜂3户。

打造精准扶贫产业示范基地，由村委会出资，在田心组租赁4公顷农田，将农田免费转租给扶贫户或种植大户耕种，以扶贫户自己种植为主，其他种植大户聘请扶贫户务工为辅的方式，大力发展豆角、高山西瓜等高山果蔬，已有11户精准扶贫户参与高山果蔬种植基地。

积极开展走访慰问及“扶贫日”活动　1月23日，县民宗局领导干部到精准扶贫挂点民族村开展“寒冬送温暖”活动走访慰问老党员、困难党员、五保户、低保户等困难群众9户，共计发放慰问物资6000余元。及时将全县11户少数民族群众困难补助共计7700元发放到位。

在11月“扶贫日”陪同省国税局走访慰问三户高洞畲族村精准扶贫联系户，为他们送上慰问品；民宗局资助一名高洞畲族村的贫困学生，为他送上1000元扶贫助学金。

【领导名单】

局　长　　罗光亮

接待工作

【概况】 2016年，在县委、县政府的正确领导下，在县直各单位的大力支持下，我办紧紧围绕服务县委、县政府的中心工作大局，全面贯彻落实中共十八大和十八届三中、四中、五中、六中全会以及习近平总书记系列重要讲话精神，严格执行中央“八项规定”“六条禁令”和省市县一系列公务接待制度规定，强化管理，提高效能，切实做好服务，顺利完成各项接待任务。

【稳步提升接待服务水平】 按照县委、县政府的要求，认真抓好接待工作，着力打造具有竹乡特色的接待工作品牌，牢牢把握“优质服务”这根主弦，把岗位责任落到实处，力求把工作做得尽善尽美。

规范接待程序　在接待过程中，严格按照接待规则和流程操作，实行规范化、程序化服务，确保工作高效、有序、有条不紊。

细化接待方案　无论是重要接待还是常规接待，县接待办都制定详细的接待方案，让每一位参与接待的工作人员都清楚自己的职责和任务，做到责任到位，有的放矢。

突出接待重点　在每次接待任务下达之后，县接待办都要明确接待的主要对象以及服务的重点项目等，便于我们对重点对象实行一对一的服务，以保证整个接待活动万无一失。

把握接待细节　县接待办在每一项接待活动中，从吃、住、行等方面入手，了解领导和客人的个人生活习惯、兴趣、爱好以及身体状况等，有针对性地开展个性化服务，使客人有宾至如归的感觉。2016年，我办共接待515批客人，人数2851人，圆满完成全国森林质量提升工作现场会，国家体育总局刘鹏，省委副书记、省长刘奇，国家环保部党组成员、副部长李干杰同志到崇义县调研，以及省委换届风气督察组、市委第二巡视组等重要接待任务。

【严格执行公务接待标准】　按照《赣州市接待办公务接待基本操作细则》《崇义县党政机关国内公务分级接待工作细则》等工作要求，研透本单位接待工作职责、目标任务、时间安排，明确接待范围。一是由县“两办”下派接待方案或接待信息报告单，无公函的公务活动和来访人员一律不予接待。二是实行审批制度。公务活动后认真填写接待清单，并由分管领导和单位主要领导共同审签。特别是针对本单位在接待过程中存在的问题，薄弱环节和重点工作制定计划，明确责任人和完成时限，确保各项接待任务按时保质完成。

【深入推进精准扶贫工作】　接待办结对帮扶省级贫困村横水镇左溪村，帮扶干部对12户挂点扶贫户进行上户对接，把贫困群众最关心、最直接、最现实的利益诉求作为推进精准扶贫的出发点和落脚点。掌握他们的家庭人口、资源状况、致贫原因、劳力情况等，摸清帮扶需求，为他们制定好帮扶措施，把他们的脱贫责任全面落实到全体接待干部肩上。扎实开展“三个一”的活动，与扶贫户一起干农活、在扶贫户家吃一餐饭、给扶贫户送一份礼。

【优化接待基地服务质量】　在接待工作中，接待宾馆是具体实施、落实、操作服务的单位，县接待办加强与接待宾馆的沟通协调。一方面，县接待办及时与宾馆协商，确定相关接待程序和标准，为酒店做好接待做好准备，保证接待任务顺利完成；另一方面，为严肃接待招待制度，节约接待费用，县接待办根据以往接待招待审批中暴露出一些诸如随意提高会场价格、餐厅布置超高规格等问题，对接待协议宾馆的会场价格进行重新审定、明确，就餐厅、会场、房间布置标准作出详细规定，增强了接待的操作性，有效防止了接待过程中的浪费现象。

【扎实开展党风廉政建设】　廉洁自律是一项经常性的工作，必须坚持经常抓，抓经常。2016年，县接待办以中共十八届三中、四中、五中、六中全会精神为指导，坚持把严格执行廉洁自律有关规定作为班子和队伍建设的一项重要内容，抓实、抓细、抓好，注重把廉政建设理论学习同政治理论学习有机结合起来，不断提高全体接待人员拒腐防变的“免疫力”。

【领导名单】

主　任　　谢银丽（1月任）

副主任　　黄　慧

机关事务管理

【概况】　2016年，县机关事务管理局坚持以科学发展观为指导，深入贯彻落实中共十八届五中、六中全会精神和习近平系列讲话以及省、市、县有关精神，以真抓实干的态度、求真务实的作风、一抓到底的精神，坚持抓业务、抓廉洁不动摇，认真履行管理、保障、服务职责，积极推进机关事务工作创新创优，全年任务目标圆满完成。

【制度建设】

认真落实领导责任制　领导带头贯彻执行党的路线方针政策和县委、县政府的各项重大决策部署，主要领导认真落实第一责任人的责任，重要事项亲自研究、亲自部署、亲自协调，认真落实“一岗双责”，一级抓一级，层层抓落实，确保各项工作落到实处。

扎实开展“两学一做”学习教育　领导带头为全局党员干部讲党课，与党员干部讨论交流，听取意见建议；依托“党员小书包”“干部网络学院”平台，形成学习教育的浓厚氛围。通过开展学习教育，全局党员干部的党性修养进一步提升，有力推动了各项工作开展。

切实加强班子思想政治建设　深入学习党章、党规和习近平总书记系列重要讲话，增强“四个意识”，自觉维护以习近平同志为核心的党中央权威；坚持正确政治方向，主动围绕中心、服务大局，敢于担当、积极作为，全力落实县委、县政府重大决策部署；严格执行议事规则和决策程序，“三重一大”事项一律提交局务会研究决定。

进一步加强干部队伍建设

加强干部教育培训。制定干部学习培训计划，涵盖政治理论、道德修养、服务礼仪和公共节能、办公用房、食品安全、消防安全、行车安全、安全保卫等知识，不断提高干部职工的大局意识、服务意识、安全意识。严格干部监督考核。制定《崇义县机关事务管理局内部管理制度》，规范内部管理；对全局干部职工实行每月“双评”考核，并将考核结果应用到每月绩效、年度奖惩，激发了干部职工的工作积极性和主动性。丰富机关文化建设。举办元旦文艺晚会、拔河比赛、厨艺比赛、交通安全知识竞赛等活动，提高干部职工的凝聚力。

【党政机关公务用车制度改革】扎实推进党政机关公务用车制度改革工作。

加强领导，有序推进　迅速启动崇义县公务用车制度改革工作，高位推动，成立由县政府县长为组长、常务副县长为副组长，相关部门为成员的领导小组，研究制定《崇义县公务用车制度改革工作方案》和《关于印发〈应急调研接待平台管理办法〉等三个方案的通知》。4月28日，对拟取消的167辆公务用车进行统一封存，在政府信息网对参改人员名单进行2次公示。8月27日、9月27日，分两批对取消的136辆公车进行拍卖，成交率达88%，同时对报废车辆按程序进行解体报废。

搭建平台，科学运营　组建县公务用车“三大平台”，引进“公车管家”软件系统，实行手机APP申请、派车，安装GPS车载定位设备，通过定位追踪、轨迹回放、违规用车警告等，实时检测并上传车辆运行状态、行驶里程等数据，实现对平台车辆的智能化管理。三是建章立制，强化管理。出台《崇义县公务用车服务中心司勤人员管理办法》和《崇义县公务用车服务中心平台车辆管理办法》，对三大平台司勤人员的岗位职责、考核办法、车辆调度、车辆维修保养等方面进行了明确，有效确保了平台高效、有序、规范运行。

【节约能源资源】

强化公共机构能源资源统计　不定期组织对公共机构节能系统能耗数据抽查，能耗统计工作效率和质量有明显提升。

举办节能宣传周活动　以“节能领跑，绿色发展”为主题，集中宣传节水、节电、节油及节约型公共机构示范单位创建活动成果，积极倡导绿色办公。

深入开展绿色骑行活动　以自行车城建设为契机，积极倡导各公共机构开展自行车骑行活动，在公务、政务两栋大楼开辟自行车停放专区，搭建自行车雨棚，划定车位线，并安装车位锁。同时，还在两栋大楼安装电动车充电桩，提倡使用电动力摩托车。

加大公共机构节能改造力度　据统计全县各公共机构年度用于办公区域节能、节水改造的资金达300000元。同时，县机关事务管理局还成功接受了市节能年度考核，并成为省级年度考核的4个备选县之一。

【后勤服务】

积极探索后勤服务管理新模式　将如何承接两大办公楼后勤服务保障工作作为重点来抓，千方百计开展各类学习调研，想方设法组织各类培训，切实提高保障能力。

抓牢安全保卫工作基础　注重分层负责、堵疏结合，强化宣传引导，做到接待上访处置妥当及时，安全防范措施落实到位。

做实设施维护　及时对公务大楼、政务大楼公共场所出现问题的设施设备进行修缮维护，确保公共区域设施设备的正常运行。

精细食堂管理　制定下发《综合食堂“六道程序”把关口工作实施意见》，对食堂工作人员的工作程序、日常考核进行制度化管理。及时收集、掌握综合食堂用餐人员意见建议，从细节入手，优化主食和菜品供应，建立餐具回收等厉行节约措施，进餐人员满意度大幅提升。

做优会务服务　按照统一安排、统一调度工作要求，从细节抓起，做到保重点、提档次、抓质量，有效确保了每场会议的圆满召开，达到了服务“零差错”。

强化卫生保洁　把卫生保洁与创卫工作相结合，认真开展病媒生物防治，组织清理卫生死角，消除“四害”生存环境，两大办公楼环境卫生得到明显改观。

【办公用房管理】做到四规范。一是根据省委办、省政府办《关于开展全省党政机关办公用房清理整改后资源利用情况调查的通知》（赣机发4309）号文件，对全县党政机关腾退闲置办公用房情况进行摸底，自中办发〔2013〕17号文件下发以来，全县没有审批新建、改建、扩建、迁建、购置的楼堂馆所，也没有在建项目停建情况。二是根据市机关事务管理局《关于印发〈全市办公用房超标问题专项整治实施方案〉》（赣市管字〔2016〕47号）、县纪委《关于印发〈开展违反中央“八项规定”精神及“吃空饷”问题专项整治工作方案〉的通知》（崇纪字〔2016〕20号）文件精神，对全县党政机关办公用房分自查、督查、巩固提高三个阶段进行了全面清理，没有发现超标现象。三是合理调整办公用房，县国投公司搬入新办公大楼后，对腾退的政务大楼四楼办公室进行重新优化调整，安排4个单位进驻，有效优化了资源、节约了成本。

【党风廉洁建设】

落实主体责任　坚持党风廉洁建设和业务工作紧密结合，一起部署、一起落实、一起检查、一起考核；主要领导落实第一责任人的责任，重要工作亲自部署、重大问题亲自过问、重点环节亲自协调；落实分管责任“不缩手”，一级抓一级，层层抓落实。

筑牢思想防线　把学习贯彻中共十八届六中全会精神作为一项重要政治任务，组织党员干部原原本本学习《关于新形势下党内政治生活的若干准则》《中国共产党党内监督条例》和《习近平关于党风廉政建设和反腐败斗争论述摘编》。及时传达学习中央和省、市、县通报的典型案例及警示教育片，使党员干部深刻认识腐败的危害，深刻汲取教训，筑牢拒腐防变的思想防线，守住“底线”，不碰“高压线”。

规范权力运行　认真执行民主集中制，自觉接受组织监督管理。凡属重大问题，重大经费支出的决定，决策一律经过局务会讨论决定，局务会讨论决定前，充分听取多方意见，做到集思广益坚、博采众长。坚持把规范权力运行摆在重要位置，各领域办事公开，工程招标、资产处置、物资采购等重要事项一律公开操作，自觉接受组织监督和群众监督，让权力在阳光下运行。狠抓制度建设，完成全局制度汇编，涵盖岗位职责、工作制度、业务流程，更好做到了用制度管权管事管人，从源头上预防腐败。

【民生工作】

深入开展精准扶贫工作　结合村里撂荒土地较多的特点，引导产业大户与贫困户合作，共同成立官芋蔬菜种植合作社，采取合作社管销路，农户种植的模式，现已种植香芋5.33公顷、魔芋1公顷、生姜0.33公顷，百亩示范点已初具规模，有效解决7户贫困户就业问题。积极开展精准帮扶，分步骤逐户制定脱贫计划，立足当前，着眼长远，努力把帮扶工作做实做细，力争使帮扶对象早日实现脱贫。高标准建设的蔬菜冷藏室（200平方米）已完成招标。项目完成后，可租增加村集体收益。为解决“空壳村”困境，争取210000元项目资金，在村小学建设30千瓦光伏发电项目，项目建成后，预计村集体年增收29500元。

关心关注困难群体　利用春节、儿童节等节日开展走访慰问活动和慰问“贫困日”活动，及时为村里的留守儿童、孤寡老人、贫困户和困难党员群众送去温暖。2016年，累计发放物资和慰问金6700元。

协助抓好公务大楼综治维稳工作　加强公务大楼部署安排，协助做好大楼来人来访登记和对非访人员的劝导工作。抓好规范管理，健全《安全保卫制度》《信访工作制度》《保安人员值班制度》，每日安全检查。严格督查节假日安全工作，抓好用电用气、防火防盗和消防设施检查。搞好人防持防工作，在办公楼和过道内安装电子监控设备，定期或不定期开展安全隐患排查。

【领导名单】

局　长　　袁新莲

行政服务中心

【概况】　窗口累计办理审批服务事项461700件，行政事业性收费13120000元；公共资源交易中心全年进场交易项目696个，交易金额85600万元，增收节支29155000元。

【审批服务事项集中进驻】　按照“应进必进”的要求，主动做好县级保留行政审批事项和便民服务事项入驻中心工作。现入驻审批服务部门和单位有41个（常驻单位29个、综合窗口单位12个），县保留行政许可项目184项入驻，公共服务事项191项。按照“审批与监管适当分离”的原则，督促各相关部门集中整合审批职权，纳入中心窗口集中办理，审批项目集中到网上审批系统办理，确保领导授权到位，审批人员入驻到位，做到代表单位履行审批职能，实现“一个窗口对外、一个窗口服务”。

【提高审批服务效能】　进一步精简优化审批流程，最大限度地减少办事环节，提高办事效率。共组织开展了两轮压缩行政审批时限工作，县直（驻县）事项平均审批时限从5.9个压缩到4.59个工作日（县本级为4.36个工作日，比市本级4.74个工作日少0.38个工作日）。为进一步规范部门审批行为，提高行政效能，在省、市统一部署安排下，完成了崇义县网上审批系统和电子政务统一监察平台升级改造工作，由县财政投入195000元建设，2016年底，实现新老系统的顺利切换。

【规范行政审批行为】　充分发挥网上审批系统和电子监察、视频监察系统的作用，从受理到审批、缴费、办结的每个环节全程实施电子监控，确保审批服务的及时性、准确性。健全企业负担投诉举报快速反应受理机制，在办事大厅设立投诉监督岗、开通监督投诉电话，加强与县纪委监察局、“96333”群众服务平台等投诉举报渠道的信息对接，及时受理办事企业和群众的投诉举报，及时核实、处理和反馈，确保投诉举报件件有落实、事事有回音。

【推进“互联网＋政务服务”新模式】 扎实构建线上线下融合互通的政务服务体系，全力推进“全省政务服务网崇义分厅”建设，完成了县本级203项行政许可和406项办事指南类公共服务事项的各环节信息要素及流程图制作，通过功能扩展，将逐步实现网上申请、网上咨询、网上审核、办件查询、网上投诉和意见征集等在线服务功能。4月，开通政务服务微信公众平台，为办事企业和群众提供公告通知、办事指南、查询咨询等服务，并与全省政务服务网崇义分厅对接，可便捷地到网上办事大厅申报办理相关事项，无需通过电脑上网进行办理。

【降成本优环境】 深化并联审批机制，工程建设项目实行“一口受理、牵头负责、同步审批、限时办结”的审批模式，办理时限从原来的105个工作日缩短至23个。开设审批服务“绿色通道”，将15个“2015年县重点企业帮扶项目”和20个“2016年主攻工业攻坚项目”纳入“绿色通道”服务范围，督促相关部门窗口简化和优化立项、审批、办证等程序，减免涉企行政事业性收费和服务经营性收费，推行专人无偿代办服务、预约服务。共为相关企业节约成本2203000元，提供预约服务205件次，切实方便企业办事，减轻企业负担，加快企业项目建设。

【规范公共资源交易】 完善升级硬件设施，规范招标公告、招标文件、招标答疑、信息发布、开标程序、中标公示等工作。在房建和市政工程交易中全面实行报价承诺法评标，启用江西省综合评标专家库，建立县级专家抽取终端，规范林业产权招投标工作。

【提升窗口人员能力】 组织开展“月主题”活动，组织机关工作人员和各窗口轮流讲学10人次，邀请6名专家进行专题授课，有效提高中心全体人员的业务能力和综合素质。扎实开展“门难进、人难找、脸难看、事难办”专项问题整治工作，《工作简报》中设立曝光台，对“四难”问题及现象，发现一起，曝光一起。制定下发年度窗口单位和工作人员考评办法，推行窗口人员服务言行负面清单管理，进一步加强机关作风建设，规范内部监督管理，提升政务服务效能，努力打造作风过硬、纪律优良、服务优质的政务服务超市。

【抓实六大攻坚】 认真贯彻落实县委、县政府关于精准扶贫、“六大攻坚战”、四城同创、全域旅游＋等重大战略部署，积极主动作为，细化任务，明确分工，责任到人，全力推动各项工作任务圆满完成。在精准扶贫工作中，坚持问题导向，把功夫、时间、精力用到帮助贫困群众解决实际问题上，帮助扶贫户产业信贷通贷款280000元，引导发展刺葡萄、种植中草药、饲养山羊等产业；投入26000元绿化、硬化“四城同创”网格点，拆除违规建筑车棚3个，督促各商铺进行卫生环境改造，将得月楼院内明渠改成暗渠；在重大项目征地拆迁工作中，班子领导亲自挂帅，带领班子成员及征迁队员第一时间到征迁对象家中开展工作，通过耐心细致的宣传动员，以真心真情赢得征迁对象的支持。

【领导名单】

副主任（主持工作）
刘洪建

副主任　余　青
肖声泉

公共资源交易中心主任
王小明

档案工作

【概况】 围绕“接收、收集、整理保管和提供利用”工作职责，以科学发展观为指导，以服务人民为宗旨，全力提速档案事业发展步伐，规范管理和提速服务，工作取得较好成效，被市档案局评为全市档案工作先进单位。

【新馆建设】 2015年3月，崇义县档案馆与县文化馆、图书馆、博物馆、城展馆、妇女儿童活动中心合建开工，县档案馆为三、四层，使用面积3100余平方米，其中对外服务用房面积850余平方米，库房面积1500余平方米，至11月底，主体工程完成建设。

【档案馆藏】 截至11月底，崇义县馆藏31821卷、71442件，年内新增4756件，其中文书档案4756件。崇义县多年来专门聘请多名有一定专业水平的离退休干部专职对各部门单位到期档案进行整理和接收，有力促进了部门单位档案的接收和管理。

【民国档案抢救】 崇义县有馆藏民国档案35个全宗8696卷，自2006年起，崇义县连续11年不间断，组织专门人员对其进行抢救性保护，如修裱、脱酸、加固、去污和字迹恢复、更换卷皮卷盒、拟写目录等，据统计，目前已完成抢救5984卷，其中2016年完成882卷，现仍余2712卷未完成抢救。

【贯彻落实国家档案局9、10号令】 根据9号令、10号令工作要求，2016年，县档案局重点加大对企业档案管理的工作力度，对第一批19个企业档案实行专人分片包干，编制各类文件材料归档范围和档案保管期限表。同时对省重点工业建设项目《江西耀升高性能、高精度硬质合金深层刀片、球齿与棒材深加工》（第一期）档案进行验收，入库档案168卷；对《崇义县关刀坪220KV变电站工程》《江西新硅源实业有限公司硅石矿精深加工项目工程》《乐洞风电》档案进行跟踪管理与指导服务。

【规范化管理】 根据《江西省档案规范化管理办法》，年初下发《关于做好2016年档案规范化管理复查工作的通知》，对档案规范化管理满5年的机关、企事业单位13个列入复查，工作中严格按照《江西省档案工作规范化管理办法》、国家《归档文件管理规划》和8号令要求，做到责任到人，明确分工，既分工又合作，认真、细心、耐心，不走过场，对工作存在的问题及时整改，符合要求的保留级别，不符合要求的实行整改待定，符合升级条件的实行申报。列入复查的13个部门单位，至11月底县地税局通过省一级复查验收，县公路局、县财政局、县物价局、县粮食中心等5个单位通过省市级复查验收。同时，自2015年12月至2016年8月，县档案局派出专门力量对县农村土地确权档案进行专项整理，共整理档案4877卷，该工作获全市先进。另外还对赣南苏区振兴档案进行整理，并迎接市专题执法检查，获得市执法检查组好评。

【档案查询利用】 年内共接待查询利用档案1386人次，调阅卷数8696卷次，同比上年分别增加247人次、1901卷次，解决实际问题985个，力促了社会和谐稳定。开放档案31821卷、71442件，利用网站开放856件。同时严格按“八防”要求，做好档案安全工作。

【法制宣传】 8月底，由县人大牵头对县直有关部门单位档案工作进行了一次专题执法检查，对检查发现的问题下发整改通知单，及时进行整改。在档案宣传方面，充分利用国际档案日广泛开展档案法规及档案知识宣传，如在《崇义旅游报》刊发档案法规及相关知识，以及利用手机短信群发方式进行档案法规和档案知识的宣传，同时还充分利用档案网络平台开展相关档案业务知识和法律法规的普及和宣传。据统计，全年上报各类信息76篇，刊发利用20篇，报送调研8篇，刊发利用4篇，其中由县档案局周杰撰写的《问君哪解心头结》荣获全国2016年“档案与民生”全国征文三等奖，获此殊荣全省仅2人。

【信息化】 数字档案馆建设，已全面完成馆藏档案文件级目录数据库录入，档案门户网站、档案专网及馆藏档案资料查阅利用平台的建设已经完成。

【精准扶贫】 县档案局挂点精准扶贫为丰州乡欧家村，全村有建档立卡贫困户37户115人，年内脱贫9户26人，年内农民人均纯收入3500元。2016年，精准扶贫工作主要成效为：一是把油茶种植作为扶贫支柱产业，在2015年全村发展油茶40公顷基础上，2016年，继续开发种植油茶8.67公顷，涉及贫困户2户。同时种植高山无公害蔬菜3.73公顷，涉及贫困户3户，4户贫困户竹林抚育14.4公顷。二是大力发展养殖业，年初贫困户彭春香（彭廷年之子）引进山东肉牛养殖20头，年底出栏10头，年内纯收入（含劳务工资）50000余元；2016年，贫困户郭垂英计划引进泰和肉牛30头养殖，同时养殖土鸡600羽。三是积极鼓励贫困户申请贷款财政贴息资金，计有余怀林、彭朝夫、彭廷年等6户贫困户贷款230000元。

【领导名单】

局　长　　周　杰

副局长　　李卫禄（9月任）

　　　　　肖叶扬

地方志工作

【概况】 深入实施《地方志工作条例》和《江西省实施〈地方志工作条例〉办法》，紧扣常规工作和特色工作，强化服务工作，积极进取，务实创新，较好完成了各项工作计划。

【做好一项常规工作】 以创造精品年鉴为目标，进一步明确任务，细化工作，统筹推进资料收集、整理、修改等各环节，在年鉴编纂工作中，始终把质量放在第一位，坚持做到形式与内容的统一，政治性和客观性的统一，既注重年鉴的外表装帧美观，又注重年鉴的客观性和可读性，做到图文并茂，年鉴质量有了大幅度提高。3月，《崇义年鉴（2016卷）》编纂工作正式启动，4月底，完成资料征集，5月底，完成总纂，7月，完成招标，8月，进厂印刷，2017年元月份正式出版。该书由方志出版社出版，深圳龙辉印刷有限公司印刷，志书质量明显提高。该书采用分类编辑法，以篇目、分目、条目组成框架结构主体部分，在少数分目中，增加了子目层次。

【抓好一项特色工作】3月，《崇义要览》启动，经6个月的搜集整理、编写，10月，完成汇编并进厂印刷，11月下旬正式出版发行。该书的编辑以实事求是为原则，客观、真实地汇编了崇义县的自然状况和社会发展情况，特别是对崇义县的建置、地理、乡镇、名优特产、民情风俗、文物胜迹、著名人物、历代县官、明朝和清朝时期的进士举人及贡生、重要事件、非物质文化遗产等方面进行专题汇编，全书约160000字。该书内容丰富，具有可读性，得到了县委和县政府的充分肯定，在社会上有良好的反应。

【搞好一项服务工作】 为抓好地方志资源开发利用，拓宽地方志工作领域，广泛开展了多种形式的读志用志活动。为县委、县政府、各部门、各行业在制定规划、开发资源、可持续发展、旅游开发等方面提供资料参考，特别在地名普查工作中，县地方志办做好服务工作，及时提供各种地情资料，为崇义县地名普查做出了较大贡献。同时县地方志办主动向《中国知识资源总库》寄送《崇义年鉴》，向中国版协年鉴工委上海年鉴展示与研究中心上海通志馆赠送《崇义年鉴》，并与广州、山东高密、河南睢县、甘肃会宁、甘肃正宁等县市进行县志和年鉴交流。通过向上向外赠送县志、年鉴，不断地提高崇义县知名度。

【领导名单】

主　任	黄　萌
副主任	黄流香

政协崇义县委员会

【概况】 2016年，在中共崇义县委的坚强领导下，在县政府的大力支持下，县政协全面贯彻落实县委、县政府一系列重大决策部署，齐心协力谋发展，尽心竭力惠民生，凝心聚力促和谐，充分发挥了协调关系、汇聚力量、建言献策、服务大局的作用，为推动崇义振兴发展、民生改善、社会和谐，为推进协商民主政治建设发挥出了积极作用。2016年也是十届政协的开局之年，新一届政协常委会深入贯彻落实中共十八大和十八届三中、四中、五中、六中全会精神，深入贯彻落实习近平总书记系列重要讲话精神和治国理政新理念、新思想、新战略，认真贯彻落实县第十七次党代会精神，主动围绕建设幸福崇义战略部署，顺应全县人民对美好幸福生活的新期待，把政治协商、民主监督、参政议政的着力点放在推进六大攻坚战和全域旅游各项工作任务的落实上来、积极为振兴发展建言，为民生改善献策，为协商民主尽职，全面履行职能，为实现全面小康，建设幸福崇义作出了新的贡献。

【重要会议】

县政协九届六次会议　政协崇义县第九届委员会第六次会议于2月16日至19日在县城召开。会议听取和讨论了中共崇义县委书记许志辉同志在开幕式上的重要讲话；听取和审议了陈金发主席代表县政协第九届委员会常务委员会所作的工作报告；听取和审议了吴忠浩副主席代表县政协第九届委员会常务委员会所作的提案工作情况的报告；与会委员列席了县十七届人大七次会议，听取和讨论了许斌县长所作的《政府工作报告》和其它几个报告；审议通过了县政协九届六次会议决议和县政协九届六次会议提案审查情况的报告。

会议期间，委员们认真履行政治协商、民主监督、参政议政职能，共提出提案136件，立案136件,6名委员就全县经济社会发展事项进行大会发言。

参加县政协九届六次会议人员共210人，其中特邀指导会议人员：县委正、副书记、县委常委，县人大常委会正、副主任，县政府正、副县长，县人武部领导，县法院院长、县检察院检察长，曾经担任过正县级实职的离退休老干部共29人，县政协第九届委员会全体委员130人，县委办、人大办、政府办、县发改委、县财政局负责人，县政协机关、县委统战部、县工商联副科级以上干部，各县直有关单位，各乡（镇）党委书记及联系政协工作的领导共51人列席会议。

县政协十届一次会议　政协崇义县第十届委员会第一次会议于9月17—20日在县城召开。会议听取和讨论了中共崇义县委书记许斌在开幕式上的重要讲话；听取和审议了陈金发主席代表县政协第九届委员会常务委员会所作的工作报告；听取和审议了黄名兰副主席代表县政协第九届委员会常务委员会所作的提案工作情况的报告；与会委员列席了县十八届人大一次会议，听取和讨论了邱凌代县长所作的《政府工作报告》和其它几个报告；选举政协崇义县第十届委员会主席、副主席、常务委员，大会选举出新一届政协主席陈金发，副主席黄义华、黄名兰、刘文泽、罗福生、刘事明，选举出刘秋兰等27名常务委员；审议通过了县政协十届一次会议决议和县政协十届一次会议提案审查情况的报告。

会议期间，委员们认真履行政治协商、民主监督、参政议政职能，共提出提案135件，立案132件，未立案的提案3件。

参加县政协十届一次会议人员共205人，其中特邀指导会议人员：县委正、副书记、县委常委，县人大常委会正、副主任，县政府正、副县长，县人武部领导，县法院院长、县检察院检察长，曾经担任过正县级实职的离退休老干部，上一届政协、人大班子领导共40人，县政协第十届委员会全体委员138人，县委办、人大办、政府办、县发改委、县财政局负责人，驻县的市政协委员和县政协机关、县委统战部、县工商联副科级以上干部，各乡（镇）党委联系政协工作的领导共 27 人列席会议。

【重点工作】 加强学习，注重引导，政治定力不断增强 换届以来，县政协紧扣道路自信、理论自信、制度自信、文化自信，把学习摆在重要位置，始终坚持政协工作正确的政治方向，切实把思想和行动统一到县委的决策部署上来，始终与县委同心同德、同向同行。

注重在深化思想建设中增进共识 把加强学习摆在更加突出位置，积极引导全体政协委员认真学习贯彻中共十八大和十八届三中、四中、五中、六中全会精神，深入学习贯彻习近平总书记系列重要讲话精神和治国理政新理念、新思想、新战略，积极组织全体委员学习中共崇义县第十七次代表大会精神，及时举办全体委员培训班，学习理论、学习业务，增强素质，引导广大委员进一步增强政治意识、大局意识、核心意识、看齐意识，自觉讲政治、守规矩、做表率。

注重在谋划部署工作中深化共识 认真学习贯彻落实市委《关于进一步加强人民政协工作，充分发挥政协协商民主重要作用的若干意见》精神；面向全体政协委员和社会各界征集年度协商重点课题，制定协商工作计划，切实增强履职活动的针对性和实效性；始终坚持将政协工作放在全县发展大局中去谋划。为使政协年度调研视察工作更加贴近崇义发展的实际，始终紧扣党政工作中心，县政协一直坚持由党政主要领导点题交任务的作法，使政协工作能够与党政工作同频共振、同步合拍，确保参政参到点子上，议政议到关键处。

注重在“两学一做”中巩固共识 按照县委的统一部署和要求，深入开展“两学一做”学习教育，用习近平总书记治国理政新思想、新理论武装头脑、指导实践、推动工作。组织集中学习、认真开展专题研讨。并以此为契机在全体委员中开展以提交一件提案、反映一条社情民意等为主要内容的“五个一”活动，引导和组织全体委员积极参与、主动融入建设幸福崇义、实现全面小康的宏伟实践中来。

协商议政富有成效 委员大会发言是协商议政的重要形式。为搞好委员大会发言，政协常委会认真开展调研，组织相关委员到全国各地考察学习取经，形成初稿后，主席会议反复进行审议修改。可以说委员的大会发言凝聚了众多委员的智慧和心血，反映了政协委员共同的心声。委员的发言也引起了党政领导的高度重视，委员的发言材料政府常务会议全都列入议题认真进行审议，并安排相关部门落实解决。为推动相关部门的工作，让协商议政真正取得实效，常委会专门就 2016 年初九届六次会议上，委员发言的 7 个课题，进行跟踪问效，开展了一次回头看工作，以推动委员意见建议落到实处。如关于《弘扬阳明文化，建设主题文化城市》的委员发言，引起了党政领导的高度重视，书记、县长多次密集调会，推动相关工作落实。县委、县政府决定在阳岭建设全国最大的阳明文化主题公园，在思顺桶冈建设平茶寮碑主题公园，举全县之力办好建县五百周年系列文化活动，阳明文化作为崇义全域旅游最重要的文化载体和支撑已成为全县共识。又如《关于鼓励普生二孩，做好保障服务》的委员发言，引起了县委、县政府的高度重视，相关部门加强了普生二孩政策的宣传和引导，转换观念，加大优生优育的服务，加强了孕前、孕期免费检查工作，制定相关预案，加强了人才培训和医疗基础设施建设，以推动普生二孩政策的实施。

民主监督更加有力 为进一步优化发展环境，推进改作风，提高工作效率，有效解决部分干部中存在的“为官不为”现象，十届一次会议期间，组织全体委员对 9 家窗口部门开展满意度测评活动，鉴于整体满意率低，政协常委会又适时启动民主监督程序，组织 7 个民主监督工作小组，对 9 个窗口部门的服务工作水平和质量开展了一次专题民主监督。在认真调查了解的基础上，专门发出政协民主监督函，督促相关部门单位进行整改。政协常委会还专题听取了 9 个部门整改工作的情况汇报，有力触动了被“晒形象”单位的工作。下一步，政协常委会还将对存在问题比较多且整改不到位的部门单位进行民主评议。2016 年，共收提案 273 件，立案 271 件。常委会坚持把提案工作作为政协民主监督工作的重要抓手，推动相关部门单位切实改进工作，推进县委、县政府重大决策部署的贯彻落实。继续坚持党政领导领办、督办重点提案制度，重点提案回头看和二次办理制度。推动了群众普遍关心关注的一些问题的解决。如《关于有效解决县城供水严重不足、水质安全无法保障的提案》，县委、县政府认真听取了委员的建议，下决心将县城供水收归国有，进行深化改造，以彻底解决高层楼房供水压力不足，常闹水荒和水质安全无法保障，群众反映强烈的突出问题。目前，清泉水业收回国有工作已进入实质性阶段。如《关于加快南门农贸市场建设

工程进度的提案》，政府高度重视，政府主要领导亲自抓督办，督促主管部门和施工单位在保证质量的基础上，切实加快工程进度，早日解决占道经营问题。在政府领导的强有力推动下，南门农贸市场已于春节前完工正式交付使用，有效解决了老市场布局不合理、设施陈旧、配套设施不完善等带来的市容环境卫生问题，实现了市场内划行归市、分类设摊，为广大市民营造了一个干净、舒适的购物环境。

参政议政务实有效　政协十届一次会议联组讨论会上，委员们提出许多富有建设性的意见建议。这些意见建议涉及：全域旅游战略的实施，城市建设和管理，森林质量提升，县乡公路的建设和改造，失地农民就业和技能培训，县城小学入学难、大班额以及文明卫生城长效机制建立等18个方面，引起了党政领导的高度重视，委员的意见和呼声由此进入到领导的决策视野。为使委员合理化意见建议能够真正得到相关部门的认真采纳，县政协还将委员联组讨论会上的发言及时转化为相关提案，交有关部门办理，部分有深度有见地的意见建议已由党政领导亲自督办、领办。推动了相关问题的解决，提高了参政议政的实效。

调研视察亮点纷呈　视察调研工作是政协工作的重中之重，是政协履职能力和水平的重要体现。换届以后，常委会集中精力组织了6个课题的深度调研，分别就全域旅游、大病救助保障、农村安全饮水、农村公路管护、竹产业发展、城乡养老、农村建房规划监管问题开展了专题调研。这些调研紧扣了六大攻坚战和群众普遍关心、关注的重大民生问题，引起社会的广泛关注。为了提出务实管用的意见建议，常委会在深入调研的基础上，组织部分委员到全国各地参观学习，充分酝酿、充分协商，主席会议多次审议，课题组反复修改，努力形成有水平、有分量的考察调研报告和委员大会发言稿，充分用好政协的话语权，努力发出好声音，唱响主旋律，提出好建议，为六大攻坚战、全域旅游和幸福崇义建设积极发挥好政协的职能作用。

中心工作有声有色　政协班子成员积极参与六大攻坚战，善谋实干，敢于担当、敢于作为，牵头主抓的项目都按县委、县政府的时间节点和任务要求抓好工作落实。

精准扶贫工作抓得紧抓得实，政协机关将精准扶贫工作列入机关年度目标考核之中，实行一票否决。坚持真扶贫，扶真贫，要求年度内一般扶贫干部上户次数不少于12次，开展“三个一活动”二次以上。为了推动精准扶贫工作，11月，政协机关还组织一次突击检查考试，以了解机关干部对精准扶贫政策掌握的程度，对机关干部触动非常大，以此进一步督促政协机关干部将扶贫工作放在心上，扛在肩上，抓在手上，落实在行动上。常委会还重视发挥企业委员在精准扶贫中的积极作用，组织委员企业献爱心，春节前走访慰问政协机关帮扶的精准扶贫户。在政协机关的帮扶下，投资80多万元在所帮扶的村建立了一个刺葡萄示范基地，协助贫困户发展产业13项，协助贷款30多万元。2016年，有6户农户在扶贫干部的帮助下顺利脱贫。

旅游新村建设顺利实施。为了不折不扣完成横水镇朱坑口村寨下组旅游新村建设任务，政协机关全体人员齐上阵，每个人都挑担子，每个人肩上都有压力，每个人都有具体的工作任务。政协机关注重在征地拆迁一线锻炼干部、评价干部、考核干部，注重培养干部的群众工作能力。寨下组土坯房拆旧任务共有44栋，砖混房坡顶改造28栋，附属房需拆除89间，需征地1.03公顷，修路近4000米。在任务重、压力大、涉及面广的情况下，政协机关全体干部发扬“5+1”“白+黑”精神，迎难而上，攻坚克难。

【领导名单】

主　席　　陈金发
副主席、统战部部长
　　刘小明（8月）
副主席　　刘红卫（8月免）
　　陆芳锋（8月免）
副主席、城管局局长
　　吴忠浩（8月免）
副主席　　黄义华
副主席、工商联负责人
　　黄名兰
副主席、民政局局长
　　刘文泽（9月任）
副主席　　罗福生（9月任）
副主席、人民医院院长
　　刘事明（9月任）

【政协办、各专委会领导名单】

办公室主任　林发良（1月免）
提案委员会主任
　　钟运才
办公室负责人、教文卫体委员会主任　　徐　影
经济科技委员会主任
　　何爱凤
法制社团委员会主任
　　赖学斌
人口资源环境委员会主任
　　何赐明
提案委员会主任科员
　　黄华生
提案委员会副主任
　　陈仁华

中共崇义县纪律检查委员会

【概况】 积极适应全面从严治党新常态，深入学习贯彻习近平总书记在十八届中央纪委六次全会上的重要讲话精神，自觉落实管党治党政治责任。全县纪检监察机关坚守政治担当，落实挺纪在前，聚焦主责主业，强化监督执纪问责，全县党风廉政建设和反腐败斗争取得新进展、新成效。

【纵深推进党风廉政建设】 始终把落实“两个责任”作为推进党风廉政建设和反腐败工作的“牛鼻子”抓牢抓实。年初，积极协助县委制定《责任清单》，进一步细化分工、厘清责任，分层组织开展约谈提醒、签字背书。把党风廉洁建设作为全县科学发展综合考核重点内容之一，制定《考核方案》。组织16个乡（镇）党委书记、24个县政府组成部门主要负责人向县纪委全会述责述廉，并接受民主评议。全面推行积分预警管理，对乡（镇）和部门（单位）落实主体责任情况实行过程监督、动态考核。2016年，对横水镇、安监局等12个单位发放黄色告知卡，对龙勾乡、乐洞乡等5个单位发放橙色警示卡，对县发改委、县工信局等3个单位发放红色纠错卡。坚持失教必究、失管必究、失察必究，严格落实“一案双查”和责任倒查制度，对履行主体责任不力的龙勾乡、县农粮局等3个单位主要负责人进行了诫勉谈话。

【坚持把纪律挺在前面】 坚持用纪律约束全体党员干部，制定下发《关于落实把纪律挺在前面要求的实施意见》，进一步明确了党委、纪委和部门单位党委（党组）职责分工。结合“两学一做”学习教育活动，组织党员干部认真学习党章和“两准则、四条例”，引导广大党员干部严肃党内政治生活，净化党内政治生态。不断改进纪律审查工作，实行信访举报统一受理、问题线索统一处置、纪律审查统一监管，严格依纪依规、安全文明实施纪律审查，推动纪律审查制度化、规范化、程序化。2016年，全县纪检监察机关共受理信访举报185件（次），立案审查违纪问题49件，给予党纪政纪处分51人，其中涉及科级干部12人，收缴违纪款1977000元。转变执纪理念，注重抓早抓小抓预防，支持保护干部干事创业，实施约谈93人次，函询21人次，诫勉谈话33人次，回访17人次。

【驰而不息改进作风建设】 深入贯彻落实中央“八项规定”精神、国务院“约法三章”、省委“作风建设二十条”和市委、县委相关规定。坚持每月开展明察暗访，重要时段开展专项检查，综合运用交叉检查、调取大额发票、查阅财务账目等方式，强化监督检查。2016年，立案查处违反中央“八项规定”精神的问题6起，给予党纪政纪处分6人，诫勉谈话3人。认真落实领导干部操办婚丧喜庆事宜“两报告一承诺”制度，全面推行新提任科级干部和新任纪检监察干部个人有关事项报告和财产公开工作，全县新提任科级干部财产公开87人，新选调纪检监察干部财产公开23人。

【有效形成强大震慑效应】 认真落实省、市巡察工作部署要求，分两轮次对14个乡镇、22个县政府组成部门和4个国有企业单位开展巡察工作，实现乡镇和县政府组成部门及国有企事业单位全覆盖。共梳理反馈问题322条，发现问题线索25条，立案审查9件，给予党纪处分9人。组建2个换届风气专项巡察组，对全县县乡换届风气进行专项巡察、巡回督查、全程监督，确保全县换届风清气正。积极主动配合市委巡察组对崇义县开展扶贫领域的专项巡察，做好沟通协调服务，并及时办理市委巡察组交办的问题线索，做到快查、快审、快处。

【解决重点领域腐败问题】 按照省市相关部署要求，扎实开展基层侵害群众利益不正之风和腐败问题集中整治。紧盯重点领域、重点对象、重点问题，严厉查处基层处事不公、以权谋私、作风不实等三大类九个方面的突出问题。2016年，全县共排查问题线索90条，立案审查18件，给予党纪政纪处分19人，通报典型案例4起，退缴违规资金242700元。同时，深入推进收送“红包”、“违插”等专项治理，共发现“违插”问题线索3条，立案审查1人，上缴“违插”资金64300元，清退“红包”19260元。

【提升监督执纪问责能力】 制定下发《关于乡（镇）纪委书记、副书记、县纪委派驻纪检组组长提名考察办法（试行）》。结合县乡换届，选调14名优秀干部充实到纪检监察干部队伍，选优配强了县、乡纪委领导班子。深化学思践悟，采取集中培训、以案代训、跟班学习、选派培训、基层挂职锻炼等多种形式和手段，大力推进纪检监察队伍专业化职业化建设。2016年，全县共组织11人次参加市级以上培训，4人次到市级以上跟班学习，7人次到市级以上跟班办案；换届后及时举办全县纪检监察干部业务培训班，并分4批次组织各乡（镇）纪委书记到县纪委跟班学习，有效提升了全县纪检监察干部业务水平和履职能力。

【领导名单】

县委常委、纪委书记
杨忠万（8月免）
曾　雷（8月任）

副书记、监察局局长
李祥鑫（8月免）
谢秀峰（3月任副书记，12月任监察局局长）

副书记　黄宇伟（3月免）
刘群芳
陈名兰（8月任）

纪委常委、党风政风监督室主任、监察局副局长
黄　啸（12月任党风政风监督室主任，8月免监察局副局长）

纪委常委、第二纪检室主任
肖政海（8月任常委）

纪委常委、案审室主任
赖敏金（8月任常委）

纪委常委、党风政风监督室主任
肖华东（9月免）

监察局副局长
曹向阳

2016年8月22日，扶贫领域圩日大接访

人民团体

总工会

崇义县总工会十五届十一次委员（扩大）会议

【概况】 崇义县总工会机关内设6个职能部办，即办公室、组织宣传部、经济保障部、财务部、女工部、职工互助保险办公室。下属事业单位有：县职工学校、工人文化宫、职工服务中心。在县委和市总工会的正确领导及县政府的大力支持下，县总工会深入贯彻落实中共十八大和十八届三中、四中、五中、六中全会精神，以及中央、省委、市委、县委党的群团工作会议精神和市委四届七次全会、市第五次党代会、县委十六届六次全会、县第十七次党代会精神，按照省总、市总工作部署，带领全县广大职工围绕中心，服务大局，扎实工作，积极开展“转作风、进园区、强基层、惠职工、促发展、争作为”主题活动，统筹抓好工会各项工作，取得了一定成绩。

【工会和工业园区工会】 积极争取党委支持，有力促进工会组建工作。为贯彻中央、省委、市委和县委《关于加强和改进党的群团工作的意见》对加强基层工会建设的各项要求，县总工会在县委领导下采取了“三强三抓”的做法。即强机构、抓宣传，营造建会入会氛围；强措施、抓重点，分解建会入会任务；强制度、抓规范，巩固建会入会成效的工作方法，按照党建带工建的要求积极做好工会基层组织建设工作。全县16个乡镇工会主席均实现了由乡镇党委委员兼任的崭新局面。结合工会特点做好党建+工作。按照突出重点、简便易行、务实管用的要求，根据工会工作规律特点，县总工会采取了“党建+中心工作与重点任务”、“党建+日常工作”“党建+工会干部队伍建设”“党建+企业工会规范化建设”“党建+和谐劳动关系建设”“党建+维权帮扶工作”6项措施积极推进“党建+”工作。

工业园区工会建设取得可喜进步。一是努力抓好县工业园区企业建会和农民工入会工作。到年底，全县已累计建立工会组织372家，发展会员15653人，建会率达98.3%，职工入会率达到98.6%，其中农民工会员5059人，农民工入会率达98.5%。二是狠抓基层工会队伍建设。举办园区工会干部和女职工干部培训班。用以会代训的形式提高基层工会干部的业务素质。同时，较好地完成了上级工会对工会干部的调训任务。三是成立江西崇义工业园区管委会工会，和工业园区工会经费审查委员会、女职工委员会。县工业园区工会设在县总工会二楼办公。现有园区工会办公室、县总工会驻园区工会服务站和“三师一室”（职工法律援助律师、集体协商指导师、职工健康工程师工作室和劳动争议调解室）共3间办公室。建立园区企业工会9家，发展工会会员3537名，职工入会率为98.6%。

【依法维权、普法调研】 一是为园区工会配备兼职工会干部3名，县总工会驻园区工会服务站工作人员4名，建立了“三师一室”，配备职工法律援助律师2名，集体协商指导师2名和职工健康工程师1名。按照“三师”进园区规范化建设“九好”标准和“三师”工作职责开展工作，构建和谐劳动关系，进一步依法维护了职工的合法权益，有力促进了职工队伍和谐稳定。二是办理工会法人证书80本；三是深入基层调研，形成了《关于对工会法律援助工作的思考》《关于推动涉及职工利益法律法规》和《关于工会劳动法律监督工作的调研报告》等调研成果，其中2篇分别获市总“建功十三五”调研论文评比三等奖和优秀奖。

【争先创优、关爱劳模】 经推荐，江西耀升钨业股份有限公司工会被评为“全国模范职工之家”；县地税局1人被评为江西省“五一”劳动奖章；江西齐云山自然保护区管理局被评为赣州市“五一”劳动奖状；崇义横水中学教师1人和崇义县人民医院1人被评为赣州市“五一”劳动奖章，崇义县安达运输公司城际快线班组被评为赣州市“工人先锋号”。为弘扬劳模精神，激励职工建功立业，县总工会首次表彰了10个“五一劳动奖状”先进集体，21位“五一劳动奖章”先进个人和5个“工人先锋号”单位。在做好推荐劳模的同时还注重对劳模身心健康的关注，2016年，组织3名全国劳模和全国“五一”劳动奖章获得者进行健康体检，组织4名劳模赴北戴河疗养。

【工会龙卡发放】 一是召开专题会议传达市总工会关于工会龙卡发放工作的会议精神，切实让全县各级工会组织和工会干部认识到发放工会龙卡是落实工会会员普惠制的一项重要工作；二是通过印制工会龙卡宣传单及县总微信公众号“竹乡工运”向基层工会和广大职工进行广泛宣传；三是县总工会会同崇义建行分别与崇义新世纪家具城、崇义仁康大药房和崇义大酒店等涉及6个类型15家商户开展了合作洽谈，签订合作协议的有12家商户，普惠面涉及衣食住行等。全年已为1282余名工会会员办理工会龙卡。

【女职工组织】 一是3月9日举办了一期“中国梦劳动美，建功‘十三五’巾帼展风采”主题活动。二是积极开展女职工幸福保障工作。共有600余名女职工参加女职工幸福保障，有效地促进广大女职工的身心健康。三是开展女职工健康检查和《中华人民共和国反家庭暴力法》《女职工保护特别规定》等宣传活动。四是协调劳动关系，推行签订《女职工特殊权益保护专项集体合同》切实维护女职工的特殊权益。五是做好优秀职工组织和个人评选工作。2016年，县行管委1人被评为赣州市优秀女工干部，县地税局纳税分局被评为市“五一”巾帼标兵岗，县地税局1人被评为市“五一”巾帼标兵，江西馨阳岭实业有限公司1人评为市女创业带头人。

【财务经审与职工互助保险】 完成工会经费收缴800000元，上解市总600000元。已完成互保保费140000元，赔付参保职工132000元。同时县总工会财务经审部门积极做好本级经费预决算和基层工会经费验审工作。5月，联合县财政局发文进一步规范机关事业单位工会经费账户及资金管理使用工作，为基层工会有效运转建立物质保证。

崇义县总工会2016年“金秋助学”活动

【精准扶贫、职工帮扶】 一是县总工会组织机关帮扶干部职工深入驻村联系点与群众同吃同住同劳动，帮助做实事好事，解决实际问题，进一步密切了同职工群众的联系。支持金坑乡竹坑村村部建设和美丽乡村建设投入100000元；“六一”儿童节期间，县总工会购买了书包、书籍、乒乓球、篮球等教学和运动器材共5000元对竹坑小学师生进行慰问；并在“七一”期间走访慰问驻点村5名老党员和特困党员，发放慰问金2500元。开展精准扶贫“三个一”联系走访活动投入2200元。教师节期间走访慰问竹坑村小学送去慰问金2000元。并组织精准扶贫对象前往龙勾、南康及上犹等地学习参观脐橙产业基地和美丽乡村发展基地。二是为1586名困难职工建立电子档案，继续开展春送岗位和夏送清凉活动，投入资金30000余元。三是开展金秋助学活动，为41名高中应届毕业生（含往届毕业生2名），发放助学金82000元。四是筹集冬送温暖走访慰问资金220000元。

【工会自身建设】 一是继续加强工会干部管理教育。以开展“两学一做”学习教育为契机，严格工会机关干部考勤管理，认真执行请销假制度、办公设备耗材采购和公共节能管理等制度。二是加强工会干部业务培训。全年已组织林业、教育、县部分园区企业工会主席和县总机关干部20人次参加省市总工会和县委组织的党务业务等培训学习。三是切实落实党的群团工作会议精神，服务“六大攻坚战”。以服务崇义振兴发展、主攻工业为动力，以工会基层基础建设为载体，全面推动了全县工会工作增质提效。

【领导名单】

县人大副主任、县总工会主席　余启良

党组书记、常务副主席　邓丰奎

党组成员、副主席　陈荣裕

林水清

职工学校校长　刘承俊

共产主义青年团

【概况】 按照“党建带团建”工作机制，进一步夯实团建工作基础，创新团的活动，不断增强团组织的吸引力和凝聚力，扎实推进全县共青团各项工作创特色、上水平。

【强化团员青年理想信念教育】

开展学雷锋月系列活动　一是组织开展“春暖心田·爱心速递”志愿服务活动，为患白血病的崇义中学老师刘玉玲共募集爱心款6856.1元。二是到横水镇阳岭社区开展“春风送暖·圆梦微心愿”志愿服务活动，为4名留守儿童和4名困难老人送去书包、文具、衣物、毯子等物品。三是深入精准扶贫挂点的麟潭乡左泉村走访慰问钟德胜等9户精准扶贫户，并为他们送去3000多元物资。

开展团（队）员的理想信念主题教育活动　一是开展纪念“五四”系列活动。5月4日上午，组织全县各级团干部以及团员代表共计500余人在县人民广场开展纪念“五四”运动97周年暨“青春·感恩·责任·担当”入团宣誓仪式。入团宣誓仪式结束后，在政府七楼会议室举办“青春与信仰对话”主题报告会，邀请赣南师范大学文学院副教授马国栋作《信仰危机下的自我认同与心性修炼》主题讲座。二是开展“六一”系列活动。在“六一”国际儿童节期间，组织全县各级团组织、学校开展以“快乐六一·感恩成长”为主题的教育活动，并在5月31日联合县台办到精准扶贫驻点麟潭乡左泉村小学开展了以“欢庆六一·快乐成长·感恩社会”为主题的走访慰问活动。还通过组织开展“给地球一点色彩·让生命更健康”义务植树活动、“全民阅读 书香崇义”读书月活动启动仪式、“党在我心中”主题演讲比赛、“无毒青春，健康生活”为主题的“6·26”国际禁毒日宣传活动等，进一步强化青少年思想政治教育。

积极选树青年典型，传递和弘扬正能量　一是联合县委组织部等部门，开展“农商银行杯——三好一孝”评选活动，评选出15名“好青年”并给予表彰。二是授予县林业局等10个单位“青年文明号”荣誉称号，进一步调动了团（队）干部和团员青年的干事创业热情。

【服务振兴发展】

助力“四城同创”　一是开展“绿色环保·青年先行”系列活动。3月29日下午，在县人民广场举行了“绿色环保·青年先行”骑行活动启动仪式。县青年文明号单位、县青年志愿者协会、县自行车协会和县职业中专团员青年共计360多人参加活动。5月下旬，还在全县开展了“我为打造自行车城献一计——‘金点子’征集评选”活动和以“我心中的自行车城”为主题的征文绘画比赛。二是拍摄制作青年志愿者公益广告，营造全民参与“四城同创”良好氛围，受到了市民群众的一致好评。

助力精准扶贫　一是积极争取上级团委“章贡王助学金”“芙蓉学子”“学子阳光”等助学金项目，帮扶6名贫困大学新生和6名贫困高一新生，共计50000元。

“绿色环保·青年先行”骑行活动正式开始

二是争取社会各界力量，征集并实现困难弱势群体的微心愿，1月，开展了“低温来了·让我温暖你”大型志愿服务活动，捐赠“爱心温暖包”1683份。3—8月，分别在横水、丰州、聂都、上堡、麟潭、过埠等乡镇开展了“圆梦微心愿”系列活动，为130名贫困中小学生和80名孤寡老人送去了100000元物资。三是联系做好“大学生三下乡”对接服务工作。共接洽了来自上海外国语大学、赣南师范大学、赣州师范高等专科学校等高校的62名大学生来崇义县丰州、金坑等乡镇学校开展暑期支教和为留守儿童“圆梦微心愿”活动。四是为精准扶贫挂点村解决实际问题。在基础设施建设方面，帮助村里争取到塘湾组、井水湾组2条通组公路立项，对泥坑组、太平岭组两个小型农田水利设施进行了新建或修复，在精准扶贫户何荣行住房附近新建了一座人行桥，以上项目共计争取上级资金20余万元。在关爱弱势群体方面，在“六一”儿童节、“七一”建党日、“九九”重阳节等重要节日均开展了走访慰问活动，向村里的留守儿童、困难老党员、高龄空巢（贫困）老人等群体送去了节日的祝福和慰问品（金），为精准扶贫联系户蓝承源家罹患重度癫痫的女儿争取到5000元救助金，在10月17日扶贫日为一个贫困学龄儿童送去了1000元慰问金。在村部建设方面，争取到村部维修资金50000元，对村部进行了维修加固，重新制作了村部内外制度牌等，并在村部内外增设了中心工作宣传栏和LED电子显示屏等，进一步优化了村部办公环境。

助力青年创业　一是举办“奋斗的青春最美丽”青年创业沙龙活动。10月14日，组织部分好青年、乡镇团干、大学生村官和机关干部在县竹文化创客中心（掌上崇义）举办“奋斗的青春最美丽”青年创业沙龙活动。先后参观学习了崇义县电子商务产业创业孵化园、崇义县竹文化创客中心（掌上崇义）、崇义县双创活动周成果展，随后聆听了崇义好青年黄敏讲述创业故事，并围绕创业优惠政策、创业工作中遇到的困难进行了交流分享。二是开展“双创风云人物”评选活动，评选出了黄敏等十大双创风云人物。

助力重大会议和重要活动　11月16—18日，团县委组织了青年志愿者参与志愿服务全国森林质量提升工作会议；在创建国家卫生县城、省级文明城市、省级公共文明指数测评实地考察、市级文明城市复评期间团县委也分别组织青年志愿者开展了志愿服务工作。

【助推“法治崇义”】

加强青少年思想政治及法治教育　9月，未成年人保护宣传周期间，邀请专人对青少年开展法治宣传教育专题讲座，并在县内主要媒体巡回播放了“两法一条例”、青少年保护和预防青少年违法犯罪小常识等相关知识，进一步增强了他们的法律意识和自护意识。

大力开展禁毒宣传活动　“6•26”国际禁毒日，在县城南门口开展了禁毒宣传活动，通过设立咨询台，发放宣传手册，摆放宣传展板、毒品样本展示等形式，深入宣传《中华人民共和国禁毒法》等法律法规内容、毒品基本知识及其危害，切实提高广大青少年的识毒、防毒、拒毒能力和守法意识。同时，团县委还注重通过微信平台发送禁毒新知识，鼓励崇义县青少年参加禁毒知识竞赛等方式，宣传和普及禁毒知识。

【团干部队伍和自身建设】

学习方面　3月2—4日，举办了2016年全县共青团干部培训班，来自各乡（镇）、县直（驻县）有关单位、企业、学校团（队）干部共60余人参加了此次培训，并组织开展了“六个一”活动，即：组织了1次党团知识学前测试，开展了1次军事训练，组织了1次爱心捐款，唱了1首歌《共青团团歌》，学做了1套广播体操，开展了1次学员分组讨论。

活动方面　5月10日，在全县各级团组织中开展了手抄党章、团章活动，县、乡200余名团员青年“练字兼练心”，挥毫泼墨，用满腔热忱书写对党（团）的忠诚与坚定。6月底，举办了“党在我心中”主题演讲比赛，切实强化理想信念教育，激励全县青年党员（团员）干部感党恩、讲党性、跟党走，争做合格党员、青年先锋。

青年交友方面　8月9日（七夕），团县委组织50余名单身青年在聂都乡白溪村开展了“缘来是你·相约白溪”单身青年联谊活动，进一步增进了青年之间的沟通交流。

【领导名单】

书　记　　叶子卿

副书记　　张　霞

妇女联合会

【概况】认真践行科学发展观，始终坚持以人为本，统筹推进城乡妇女发展，不断创新工作载体，谋求工作新思路、新举措，团结引领广大妇女为建设“美丽、文明、活力、法治”崇义做出积极贡献。

【妇女工作创新发展】

深入细致开展“三送”工作　一是将“三送”工作和妇联工作有机结合。积极向上争取、多方渠道筹集建设资金，争取到“儿童友好家园”项目30000元，在金坑乡红胜村村部精心打造“留守儿童亲情家园”。二是迅速开展“5·15”特大暴雨灾害救助行动。县妇联“三送”干部第一时间投入到挂点乡金坑乡红胜村的防汛工作中去，对危旧土坯房进行排查，做好了1户危旧土坯房户的搬迁工作。三是学习重大会议精神。到群众中广泛开展“中国梦”、省委十三届七次会议精神、习近平重要讲话精神和十八届三中全会精神的宣传活动，并印制发放了宣传资料500余份，悬挂了3条横幅宣传标语。四是积极争取资金办好事实事。将修建白坑组至土圳组公路列为2016年“三送”工作重点承诺事项，并积极开展争资工作，争取了20000元资金。公路全长1.4千米，贯穿全村4个村民小组，解决沿路120多户群众生产生活和出行难题。县妇联还出资为红胜村村部办公室安装了推拉门和窗帘，并重新规范制作了党建宣传牌，购置了一台电脑、一台液晶电视，帮助挂点村完善基础设施。五是开展各类走访慰问活动。“七一”期间，走访张福荣等5位困难老党员，发放1000元慰问金；开展“金秋助学”活动，走访慰问6名贫困学生和2名贫困女大学生，发放2600元的春蕾助学款；走访慰问患病儿童黄军，给予500元的慰问金；走访慰问患病贫困妇女陈小清，给予300元的慰问金。六是抓好黄龙病防控宣传和排查工作。协助乡村干部、专业技术人员进村入户向果农宣传黄龙病防控知识，并深入果园实地排查疫情，确保红胜村脐橙产业健康发展。

土坯房改造　积极做好农村危旧土坯房改造帮扶和救助贫困单亲母亲土坯房改造户工作。争取市妇联资金，给金坑乡冯祖香等4户贫困单亲母亲土坯房改造户每户5000元的资助金。同时，县妇联还从“人均一元钱”工作经费中安排10000元帮扶10户贫困妇女用于农村土坯房改造。

全面完成阳岭新城征地拆迁工作任务　为两户拆迁户子女上学各发放1000元助学金，县妇联获得阳岭新城征地拆迁攻坚战工作“征迁先进单位”荣誉称号，县妇联主任科员吕东红荣获阳岭新城征地拆迁攻坚战工作“先进个人”荣誉称号。

【营造工作良好氛围】

大力推进妇女儿童“两规划”实施　采取多种措施大力推进新一轮妇女儿童发展十年规划贯彻实施，一是加强组织领导，形成实施规划的组织体系和运行机制。及时调整充实了妇女儿童工作委员会，并根据市妇儿工委办公室牵头制定下发的规划目标责任分解意见，按照各成员单位的任务指标和职责分工，把任务指标层层进行分解。二是加强宣传，强化措施，推动“两规划”稳步有序实施。利用“三八”节、“六一”节，采取印发宣传资料、组织讲座和培训等多种形式，大力宣传男女平等基本国策、儿童优先原则和新两规划的目标、任务等，教育、引导社会各界关心支持妇女儿童事业。三是突出项目支撑落实规划。筹措“春蕾计划”救助资金20000元，帮助12名“春蕾”女生完成学业；5月30日在金坑小学举行了“爱心助春蕾”活动助学金发放仪式，为25名孤儿、单亲家庭儿童和偏远贫困家庭留守儿童发放助学金共计4000元。实施贫困母亲“两癌”救助项目，为9名农村“两癌”患病妇女解决医疗费用85000元；通过新农合、民政、妇联和社会募捐等方式救助“两癌”患病妇女42人（次），落实救助资金450000元；争取配备“母亲健康快车”1辆，16个行政村近20000名妇女得到关爱。

开展“三八”期间系列特色活动　“三八”期间召开全县妇女工作会议暨民生项目资金发放仪式，表彰了“三八”红旗手（集体）、巾帼建功标兵、优秀妇女干部，为15位“两癌”母亲、土坯房改造贫困单亲母亲和农村贫困妇女发放了合计42000元的民生项目救助金；开展了“美丽眼睛看崇义”活动，为来自全国各地女性游客在3月7日至9日三日免票游览国家AAAA级景区阳岭，并可享受一名陪同男士免门票的优惠政策；举办了“五好文明家庭”评选表彰活动，在全县范围内评选表彰了102户“五好文明家庭”。

致力打造“妇女儿童之家”和“留守儿童亲情家园”　以创先争优为目标，坚持高标准、高起点、高水平建设“妇女儿童之家”和“留守儿童亲情家园”。一是高品质打造“妇女儿童之家”。2016年年底之前，已建成“妇女儿童之家”60个，其中省级示范“妇女儿童之家”2个，市级示范“妇女儿童之家”2个，县级“妇女儿童之家”56个，实现覆盖率达51.6%；全面加强了与各姐妹县市妇联在建设“妇女儿童之家”方面的交流与联系，赣县、寻乌、上犹、大余妇联县、乡（镇）妇联干部到崇义县参观学习考察妇女儿童之家建设工作。二是全面完成“留守儿童亲情家园”的建设工作。全面完成“儿童友好家园”选址工作，确定了金坑乡红胜村为建设点，添置了电脑、电视、电话，儿童文具、体育器材、儿童书籍等，购置了新的书橱，开辟了图书阅览室、活动室、心理辅导室和视频室。三是开展了“情牵留守孩·爱心温暖行”系列活动。在“留守儿童亲情家园”开展了过集体生日、“中国梦·我的梦”绘画比赛和儿童笑脸照片拍摄活动，青年爱心志愿者和留守儿童们开展了互动教学活动。

【推进妇女创业就业】

小额担保财政贴息贷款带动妇女实现就业　全县已发放妇女小额担保财政贴息贷款8552000元，获贷女性人数117人，带动三千多名城乡妇女实现就业。

创业知识技能培训拓宽妇女就业领域　一是着力打造“红杜鹃”家政服务品牌。共举办“红杜鹃”家政服务培训班3期，培训人数100人。二是举办“振兴梦·创业美”农村妇女实用技术培训班。分别在横水、铅厂等7个乡镇，举办了7期“振兴梦·创业美”妇女实用技术培训班，培训农村妇女共计600余人，发放了《种养技术手册》《妇女小额担保贷款财政贴息政策问答》等农业科技宣传资料共2000余份，讲解了脐橙种植、蔬菜种植、生猪饲养等多种实用技术，还重点讲解了柑橘黄龙病防控知识。

扶持妇女创业典型，发挥引领带头作用　涌现了大量妇女创业致富“领头雁”，如南酸枣种植业的张文英；脐橙种植业的黄三妹、肖永红；服装加工业的刘远香等，生猪养殖业的陈仁兰，年出栏达到了8000多头，获得了“全国农村科技致富女能手”荣誉称号；县阳岭云隐生态茶业有限公司总经理扶祥端和龙勾乡龙勾村果业大户吴自贞获2012年度赣州市“致富女能手”荣誉称号。

【维权维稳工作新台阶】

做好信访接待工作　2016年，共接待来访24件次，其中婚姻家庭类21件次，占87.5%；人身权益类3件次，占12.5%。

努力打造普法维权工作新局面　一是将普法维权工作与节日宣传活动相结合。“三八”节期间，通过电视台、网站等播放宣传《中华人民共和国妇女权益保障法》、《中华人民共和国婚姻法》等多部法律宣传标语30余次。联合县法院、公安局等相关单位在县城繁华路段开展“三八维权周”法律知识及禁毒知识宣传咨询活动，并深入基层，为群众解疑答难，提供法律帮助。全年接待群众咨询100多人次，发放宣传资料500多份。二是将普法维权工作与关爱贫困妇女儿童相结合。2016年，共向6名遭受权益侵害的贫困妇女发放了总计4000元维权项目救助金。

扎实推进巾帼志愿者队伍建设　一是启动了“四城同创”志愿服务活动。联合县总工会、团县委举行了“工青妇助推‘四城同创’，全民齐上阵建设‘美丽竹乡’”志愿服务活动启动仪式，仪式包括集体宣誓、志愿者服务队授旗、集体签名等活动。志愿者服务队进入社区、企业、街道开展了志愿服务；“三八”期间，组织全县各单位的巾帼志愿者到县阳岭景区，沿途清捡道路两旁垃圾，清洁沿途休闲设施。二是组织了“巾帼学雷锋”志愿服务活动。开展了以“学习雷锋、美化环境、关爱老人”为主题的志愿服务活动，到县敬老院帮助老人们打扫生活区的环境卫生，为老人们送上了牛奶、糖果和饼干等慰问品。三是组建了维权普法专业巾帼志愿者队伍。联合公检法司等相关单位成立了一支由法律工作者、新闻工作者和文艺工作者等专业力量的巾帼志愿者队伍，深入基层，为广大农村妇女讲解《中华人民共和国妇女权益保障法》新《中华人民共和国婚姻法》《中华人民共和国未成年人保护法》等与妇女息息相关的法律法规。

【妇女组织的凝聚力和战斗力】

围绕“党建带妇建”工作方针，加强妇女干部队伍建设　一是女干部在全县干部中比例有了新的提高。二是加强了女干部思想学习工作。开展妇联系统党的群众路线教育实践活动，组织县直单位妇委会主任、各乡镇妇联主席学习省妇联“中国梦·巾帼行”系列讲座和中国妇女十一大会议精神。

扎实开展党风廉政建设和反腐败工作　以会代训、集中学习等方式，全面提高机关工作人员和妇联系统干部对党风廉政建设和反腐败工作的认识，增强拒腐防变的能力。以开展廉政风险防控管理为重点，强化廉政建设。对岗位廉政风险防控情况进行自查和抽查，确保党员干部有令则行、有禁则止，自觉遵守党的纪律，严以律己、廉洁从政，从源头上消除可能发生不廉洁问题的隐患。

典型示范带动，拓展工作新局面　一是在全县范围内开展“三八”红旗手（集体）、“巾帼建功标兵”和优秀妇女干部评选表彰活动。表彰了县人民法院立案庭等8个单位县“三八红旗集体”荣誉称号、谢红梅等20人县“三八红旗手”荣誉称号、肖莺等11人县“巾帼建功标兵”荣誉称号和袁春英等10名同志县“优秀妇女干部”荣誉称号。二是积极参与省、市评优活动，推选了一批先进个人和集体。2016年，共有郭继莲等13名同志、县再就业小额贷款信用担保中心等

6个单位分别获得了省市先进个人和先进集体等多项荣誉。

【领导名单】

副主席　　舒　莉

　　　　　郭　云

社会科学界联合会

【概况】紧紧围绕县委、县政府的中心工作,创新思路,改进方法,积极开展各项社科工作，发挥桥梁纽带、组织协调和宣传普及作用，取得一定成效。

县社联核定编制1人，主席1人。

【主要活动】邀请专家学者举办“习近平总书记治国理政新理念新思想新战略”“县域经济发展与电子商务”“阳明文化专题辅导讲座”等新知识新政策培训6次；举行“解放思想 内外兼修 北上南下”新知识新政策测试，通过考学研相结合的方式，深化广大党员干部对新知识新政策的认识和理解。积极拓展阳明文化研究和宣传途径，经与市社联沟通联系，定于2017年8月举办“第十八届明史国际学术研讨会暨首届阳明文化国际论坛”，此次活动由中国明史学会与中共赣州市委宣传部共同主办,赣州市社联、崇义县人民政府、中国明史学会王阳明研究分会共同承办，将邀请约200名国内外专家学者到崇义县开展学术交流。正在筹备崇义县阳明文化研究机构。

【领导名单】

主　席　　郭　坚

文学艺术界联合会

【概况】县文联核定编制1人，现有主席1人，主任科员1人。下属有作家协会会员23人，书法协会会员112人，摄影协会会员97人，美术协会会员35人，音乐协会会员23人。

【主要活动】以王阳明奏请设立崇义县500周年为契机，大力弘扬阳明文化，成立了“中华阳明文化旅游年”筹备工作委员会，并抽调人员成立了筹委会办公室，专门负责筹备相关工作。开展了春节文化惠民系列活动、“大美崇义”——京赣粤首届书画展、三省三县文艺会演等一系列群众性文化活动。组织参加文化部举办的“春雨工程”西藏行——江西省文化志愿者赣南采茶专场文化交流等活动。赣南采茶歌舞剧《上堡·寻梦》已完成创作，竹乐器展演《国色竹香》音乐创作已成雏形。

【领导名单】

主　席	钟新源
副主席、主任科员	林发贵
副主席	廖青林

工商业联合会

【概况】努力提升工商联履行各项职能的工作水平，全面加强工商联自身建设，积极当好党和政府联系、管理非公经济的桥梁和助手，为促进崇义县非公经济健康发展和非公经济人士健康成长（两个健康）做出了积极贡献，被赣州市工商联评为2016年度“综合工作先进单位”。

【提升企业整体素质】

认真抓好机关干部和非公企业会员学习教育，努力提高工商联队伍整体素质　通过网站、会刊、各种会议、培训班等形式，引导和组织非公企业学习贯彻中共十八大、十八届三中、四中、五中、六中全会精神及习近平总书记系列重要讲话精神，认真学习省、市工商联及县委有关会议精神，将精神和意见贯彻到各企业实践中去。为加快企业转型升级，提高企业核心竞争力，工商联与税务、金融、司法、民企、市场监督管理局等部门举办各类培训班4期，700多名会员参加了培训。并组织和推荐了10多名企业董事长参加了北大、清华大学高级总裁研修班，14名企业负责人参加江西财大MBA班，89名企业管理人员参加了赣州电大学习。8月25日，组织了150余名企业代表及有意愿创业的社会各界人士参加了赣州创业大学2016年“创业＋互联网”培训班。

结合党建工作开展活动　经县编委会批准设立财政全额拨款事业单位“崇义县非公经济组织党建服务中心”，专门负责开展全县非公党建工作，核定事业编制2人，正式调入工作人员1名，另在本年度的事业单位招聘中招考1人。经费、编制、人员的增加为推进基层党组织建设提供有力保障。同时在章源公司、耀升公司、长飞公司建立了服务型党组织示范点，开展了示范点培树活动。全县3名以上党员的非公企业全部建立了党组织，实现了党建工作和企业发展互促共赢。截止12月31日，成立了祥和万年青商砼有限公司党支部、掌上崇义文化传媒工作中心党支部、江西新世野农业有限公司党支部、县行业商会党支部等18个非公企业党支部，将36家不具备单独组建条件的非公有制经济组织纳入党支部管理。3月17日，在耀升国际饭店召开了全市非公经济组织“党建+”工作现场推进会议；9月7日，在全省非公有制经济组织“两学一做”学习教育暨党建工作培训推介会上，崇义章源钨业股份有限公司作为赣州市唯一受邀企业，在会上作了精彩的学习经验介绍；崇义县汽车行业商会会长、工商联常委吉庆忠被评为“全国个体先进个人”，10月5日在人民大会堂接受表彰，受到了李克强总理的亲切接见。

【搭建参政议政平台】 根据省市工商联要求，崇义县积极配合市工商联完成民营企业的调研工作，对章源钨业、齐云山食品进行调研，撰写《坚持以人为本，注重科技创新》《与云相齐、与山同高》二篇调研报告。同时，工商联结合工作实际，撰写《让非公经济焕发光彩》的调研报告，在市工商联网站刊登，撰写《不忘初心，知行合一，在“三会一课“中提升能量》在省工商联网站刊登，为上级部门掌握情况，出台有关政策提供依据。2016年，有20多件提案、议案被县委政府采纳，评为优秀提案、议案。并积极推荐非公人士担任政协委员、人大代表。全县非公经济代表中，省人大代表1人，省政协委员1人，市政协委员3人，全国劳模2人，省劳模4人，市劳模4人，市工商联副主席2人，常委、执委5人，县人大代表2人，县政协委员42人。

组织了汽车行业商会、美容美发商会、建材行业商会、食品行业商会等部分非公企业负责人赴深圳等地学习考察，学习深圳、上海、福建等地的先进经验，通过学习，开拓了视野，能力进一步加强，推进了全县非公经济组织基层党建工作水平。

【促使企业回报社会】

搭建信息服务平台　通过商会会刊、网站等渠道，将国家、县委有关政策和全县企业动态传达给企业，畅通政府与企业，企业与企业信息沟通渠道。

搭建职能部门沟通、交流平台　聘请工商、税务、质监、人事等部门领导为工商联企业顾问，畅通了企业与部门的联系沟通渠道。

搭建银企合作平台　与中国银行、赣州银行等银行签订了战略合作协议，为企业融资搭建平台。2016年，为企业融资50000万多元。搭建教育培训平台。采取“走出去，请进来”的方式加大企业培训力度。聘请知名专家举办法律讲座、企业文化、信贷等培训15期。搭建法律维权平台。聘请县资深律师担任商会法律顾问。帮助企业在生产经营、投融资劳动争议等方面维护合法权益，近年来共为企业协调、解决各类问题42起。

工商联在搭建服务平台的同时，团结和引导非公企业弘扬“光彩精神”，积极回报社会。在“百企帮百村”精准扶贫行动中，已有章源钨业、耀升钨业、齐云山公司、君子谷公司、海泰置业、长三角崇义商会、赣州市安徽商会等26家企业、商会与23个贫困村签订了帮扶协议，省级贫困村实现了帮扶全覆盖，帮扶贫困户664户1932人。

【增强工商联凝聚力】

做好县工商联换届筹备工作　根据市工商联换届工作要求，积极做好换届筹备工作。2016年，崇义县会员发展数量递增10%。随着会员队伍的不断壮大，县工商联定时召开主席会、常委会、执委会，健全了商会工作机制，推进商会工作动态管理。2016年年底县工商联共有会员620人。建立了由县委统一领导、统战部门组织协调、工商联具体实施、相关部门共同参与的非公经济代表人士综合评价工作机制，按照“凡进必评”原则，对拟作政治安排、推荐评选表彰的非公经济代表人士进行综合评价。通过综合评价，为崇义县换届工作，非公经济代表人士进入各级人大、政协、工商联政治安排奠定了基础，同时为相关部门对企业进行各种评定、评审和年检提供重要参考。

加强商会组织建设　加强基层商会的引导、指导和服务，按照“成熟一个，发展一个”原则积极组建行业商会，2016年组建了崇义县家居建材行业商会、汽车行业商会、外埠商会—崇义（长三角）上海商会，深圳崇义商会、女子商会、水果行业商会。另外，广州、东莞等商会正在积极筹备中。行业商会的成立，促进了全县行业自律，行业健康有序发展。

【中心工作】

做好县委重点工程项目建设　积极响应县委提出的陡水湖水面整治工作，单位克服人员少，组织干部全力以赴做通包干户工作，按时搬迁，完成了县委下达的任务。

认真开展精准扶贫工作　2016年，县工商联挂点在文英乡茅花村。按照县委要求，积极做好精准扶贫工作，制定产业发展规划，帮助贫困群众发展油茶、刺葡萄、笋竹丰产林等产业，让困难群体早日脱贫。在10月17日“扶贫日”活动走访了4户贫困户，为每户贫困孩子捐赠助学金200元；协调了矛盾纠纷8起；经常走访慰问，开展“三个一”活动，为挂点村争取资金用于该村“连心路”

硬化，11 月底将全面竣工。

做好招商引资工作 工商联积极配合政府开展“主攻工业、赣商回归”工作，制定了实施方案，充分发挥商会职能，加大招商引资力度，引进浙江杭州商会、福建、东莞、上海等客商到崇义县投资兴业，深入深圳、东莞、上海等地，引导崇义籍老板回乡投资发展，积极开展“赣商回归”活动，推进精准扶贫工作。10 月 22 日，在耀升国际饭店举行了长三角崇义商会、振兴崇义促进会“百企帮百村”精准扶贫对接活动，该会对崇义县五个省级贫困村及建档立卡户在资金、产业、教育等方面给予扶持。10 月 23 日，在耀升国际饭店召开了长三角崇义商会、振兴崇义促进会“全域旅游 +”高峰论坛暨招商引资项目推介会，签约资金 12600 万元。

【领导名单】

统战部副部长、工商联党组书记、非公党工委书记 黄宝林

副主席 钟才红

科学技术协会

【概况】 2016 年，县科协认真贯彻落实县委、县政府的各项决策部署，忠实履行党和政府联系科技工作者的桥梁和纽带职责，按照“三服务一加强”的科协工作定位，扎实开展各项工作，为推动全县科技进步，加速振兴发展作出了积极贡献。

【企业科技信息服务】 为加快科技信息应用推广步伐，将世界发达地区专利信息技术为我所用，满足企业技术需求，促进企业技术创新、产品创新。8 月 25 日，在崇义县成功举办了“企业技术创新及专利应用工程师培训班”。县属规上企业积极指派产品研发工程师参加，其中 9 个企业已注册并进入了专利应用搜索系统。此外还组织章源公司、耀升公司、齐云山公司参加了全市企业科技信息服务培训班。

【实施创新驱动助力工程】 积极做好赴京对接创新驱动助力工程项目，按照市统一部署，崇义县工业园区以特色食品（农业）企业为主参加对接，为此，县科协广泛收集君子谷、齐云山、新世野、旗岭等食品企业技术需求，做好对接前期工作。9 月，还会同县工业园办一道赴京参与对接中国科协所属全国学会工作，为下一步企业与学会对接奠定了基础。

【“科普之春”活动】 3 月 12 日，市县科协一起组织市、县医疗卫生、农业科技专家 12 人在扬眉镇利用逢圩日，在圩上、在山头、在田间开展科技咨询服务活动，据统计咨询人数达 800 多人，发送科普资料 1500 余份，反响热烈。

【科普惠农项目】 积极做好农技协、科普示范基地等科普惠农先进单位的申报工作，县玉丰葡萄园科普示范基地、县绿源园艺科技协会荣获江西省科协表彰，为下一年科普惠农申报工作打下了基础。关田镇田源红豆杉科普示范基地获得了中国科协、财政部 2016 年度科普惠农全国科普示范基地 200000 元的奖补资金。

【老科协科技活动】 发挥老科技工作者作用，开展建言献策活动，向相关部门提交了 3 篇调研报告；开展科普活动，2 月 27 日，在国税局给国税干部上了一堂保健知识讲座，6 月 10 日，在文英中学给初中毕业生上了一堂心理卫生知识讲座；开展咨询活动，11 月 13 日，在关田开展了一次卫生义诊活动。进社区、下农村、入校园，老科协科技活动已常态化。

【实施精准扶贫】 在聂都乡白溪村开展扶贫工作，制定了“1+N”脱贫措施，在贫困户中，继上年种植了 0.67 公顷刺葡萄后，2016 年，组织全村贫困户每户都种上了 100—200 株水蜜桃；发展养蜂 4 户 50 箱，其中贫困户 40 箱；进行毛竹林改造 15.33 公顷。现在每户贫困户都有 1 到 3 个产业，为脱贫打下了扎实的基础。

【领导名单】

主 席 戴晓剑

副主席 谢小平

齐云山食品成果展

残疾人联合会

崇义县残联、农粮局牵头实施全县精准扶贫蜜蜂养殖培训

【概况】 崇义县残疾人联合会机关在编工作人员3名：理事长1名、科级干部2名；下设残疾人劳动就业服务所（在编工作人员2名）。全面贯彻落实科学发展观，紧紧围绕县委、县政府中心工作，加快推进残疾人社会保障和公共服务体系建设，全面完成了工作任务指标，残疾人工作呈现出了良好的发展态势，广大残疾人不断得到实惠，为崇义县经济发展构建了一个和谐稳定的社会环境。

【残疾人康复工作】 市残联下达残疾人康复项目定量工作任务及完成情况：残疾人社区康复服务任务数370人，实际开展康复需求调查与评估建档370人；肢体残疾人装配假肢任务数22例，成功装配假肢22例；适配辅助器具任务数50件，2016年已对适需残疾人发放辅助器具60件；脑瘫儿童康复训练任务数14人，已筛选出0—7周岁共14名脑瘫儿童在崇义县中山脑瘫儿童康复中心接受康复治疗服务。贫困残疾人家庭无障碍改造任务数20户，实际改造20户；盲人定向行走工作项，发放盲人导航智能手机40部；选送8名听力残疾儿童至省医院进行人工耳蜗筛查，已成功装配人工耳蜗1人；申报康复人才8人。

【教就扶贫优惠政策】 市残联下达残疾人教就扶贫定量工作任务及完成情况：公益性岗位任务数15个，实际购买岗位19个；农家书屋残疾人管理员任务数80个，已公开选聘80人担任农家书屋残疾人管理员；城乡残疾人培训任务数25人，实际培训25人；农村贫困残疾人实用技术培训任务数70人，实际完成培训70人（举办养蜂技术培训班，帮助崇义县精准扶贫对象、残疾人发展养蜂业）。积极配合县民政局做好残疾人“两项补贴”发放工作。其中，发放贫困残疾人生活补贴1406人；发放重度残疾人护理补贴人数701人。预计脱贫残疾人数224人，残疾人实际脱贫224人，占全县预脱贫总人数的5.48%；全力协助崇义县农保局，提供残疾人基础信息，为504名符合条件的重度残疾人代缴城乡居保社保养老保险50400元。

【基本服务状况、需求信息数据动态更新】 按中残联及省、市上级残联部门的工作部署和要求，崇义县残联按时保质保量完成了对全县共3360名残疾人的基本服务状况和需求信息专项调查、数据动态更新及录入上报工作。

【残保金征收工作】 继续实行地税代征、财政代扣征收残疾人就业保障金，全年征收961500元。

【中央专项彩票公益金项目】 争取上级项目资金4860000元，实际投入6000000元购买原崇义县妇幼保健院房产用于重度残疾人托养中心项目建设（建筑面积合计2578.79平方米，其中用于项目建设土地面积1103.5平方米）。相应土地、房产过户手续已办理完毕。下一步的重点工作是对该地块进行无障碍改造及装修作业，确保该项目尽早投入使用。

【特色工作】 负责牵头实施全县精准扶贫养蜂产业技术培训工作，自2014年开展精准扶贫工作至今，全县已有578户精准扶贫户发展蜜蜂养殖业，现已完成验收总计5808箱蜂种。

【宣传慰问工作】 5月15日，是中华人民共和国法定的第26个全国助残日。为推进全县残疾人社会保障体系和服务体系建设，大力弘扬人道主义精神，倡导扶残助残的良好社会风尚，助残日当天，崇义县残联理事长陪同县分管领导一行前往县特殊教育学校、中山脑瘫儿童康复中心等地，看望在校学生及在院患儿，并为他们送上节日慰问金，勉励他们自信、自立、自强，同时分别向两家机构捐赠了2000元资金用于改善学习和生活环境。助残日期间，县残联还开展了免费发放辅助器具50件、发放《残疾人康复知识手册》2000册、组织乡（镇）残工委开展辖区内系列助残活动。

组织召开了由崇义县盲协各委员，乡镇盲人优秀代表，蓝天盲人按摩中心、保健阁全体工作人员参加的第33届国际盲人节座谈会。

【党风廉政建设工作】 县残联机关扎实开展干部作风建设，强化了全体工作人员责任意识，效率意识，提高服务质量，提高了办事效率。

【领导名单】

理事长　　钟德胜

个体私营经济协会

【概况】 2016年，是实施国家十三五规划的开局之年，是中国个协成立30周年，也是崇义县个体私营经济协会成立33周年。崇义县个体私营经济协会以中共十八大会议精神为统领，紧扣省市个协及县局工作重点，坚持政治建会、服务兴会、创新强会，固本强基，不断加强新时期个私协会组织建设、效能建设和规范化建设，圆满完成了年度目标任务，取得了工作新佳绩，实现了工作新突破，为促进全县个私经济持续健康快速发展做出积极贡献。截至12月底，全县共有团体会员1391户，个体会员达16356人，协会现为第五届理事会，有理事36名,其中有常务理事16名,协会下辖7个分会。协会设有烹饪厨师行业协会、工会联合会、法律服务中心、会员之家，依托协会成立党支部8个,党总支1个,现有党员116名。12月，吉庆忠同志被国家工商总局、中个协授予“全国先进个体工商户”荣誉称号，黄先远同志被国家工商总局、中个协授予“全国个私协会系统先进工作者”荣誉称号。

【体现组织温暖】

开展春节慰问　春节前夕在全县开展走访慰问困难会员25户，共计发放慰问金10000元；积极争取县总工会支持，推荐17户特困会员申请救助，每户得到900元救助金。

开展受灾慰问　元月19日，县局分管领导率县个私协会、过埠分局一行，深入过埠镇慰问火灾受灾企业—赣州宏望食品有限公司，并向企业送上2000元慰问金。5月中旬，县个私协会对崇义县铭锦竹制品厂冰雹受灾送上了600元慰问金。8月下旬，崇义县境内普降暴雨，慰问了受灾较严重的16户会员，共计发放慰问金26000元。

【增强协会活力】 3月4日，县个私协会在县城人民广场举办了2016年“三八”国际劳动妇女节纪念活动，举行活动启动仪式，邀请县妇联、县市场和质量监督管理局领导莅临指导讲话，一是开展“四城同创、美化家园、巾帼在行动”，组织100名女会员在县人民广场进行大扫除，负责卫生打扫、清理垃圾、除草、清理违章物等。二是组织比赛，团体赛为拔河，共有7个分会参加，最后决出团体赛第一名、第二名，颁发了荣誉奖牌；个人单项赛为跳绳、踢毽子，单项赛分别决出个人第一、二、三名，颁发了荣誉证书和奖品。

【促进协会规范】 5月27日，县个私协会召开分会长会议，针对当前个协存在问题，从会员发展、会费收取、会费管理、会员活动、会员服务、个协党建等方面进行规范，严格遵守中央“八项规定”和个协章程规定，促进了个协“三自”职能到位。

【打造协会品牌】

法律维权服务　发挥县个协法律服务中心作用，维护会员合法不受侵害，如：崇义县利民家电超市因租赁场地纠纷无法营业，个协提供无偿法律援助，成功续签租赁合同，避免投资损失100多万元。全年，提供法律服务20多件（次）。

代办导办服务　提供个体企业年报、证照代办导办服务3000多件（次）。

技能培训服务　联合县民企局、工商联举办了2016年赣州创业大学（崇义）培训班。

银企对接服务　6月16日，

全市非公经济组织“党建+”现场推进会议在崇义召开

联合邮储银行崇义支行举办2016年金融服务对接会，办理小微企业贷款75600000元，缓解了会员融资困境。

【服务县域发展】

服务精准扶贫　为精准扶贫挂点黄沙村、石皮村、长潭村共计捐资59000元，得到了乡村两级高度赞扬。

服务产业发展　3月18日，召开第一次崇义水饺会员代表大会，成立崇义县“崇义水饺”协会，带动产业发展400多户，“崇义水饺”成为全县创业就业新渠道。

服务社会群众　10月18日，在县城阳明路举办2016年“光彩服务日”会员义务服务活动，组织40名爱心会员，设立义务服务点32个，服务群众260人（次）。

【彰显协会新貌】

抓非公党建　下发崇个私协办字〔2016〕1号文件《关于组织个私协会党员积极参加“两学一做”学习教育通知》，全县个协党员到革命烈士纪念碑、上堡整训旧址接受革命传统教育。

抓素质提升　9月，崇义个协参加了在青岛举办的全国个协系统负责人培训班，有力提升了基层协会水准。

抓评先评优　在省市个协关心重视下，参加了“全国先进个体户、个协系统先进工作者”评选活动，经过层层把关推荐，崇义县吉祥轮胎销售中心吉庆忠、个协办主任黄先远喜获殊荣，12月5日，吉庆忠总经理参加了北京人民大会堂召开的表彰大会，受到李克强总理会议接见。12月7日，召开了吉庆忠同志荣获全国先进个体工商户荣誉称号座谈会，邀请了县有关部门领导、个协理事、会员代表及电视台记者现场采访，全县掀起学、赶先进热潮。

抓协会宣传　以中个协成立30周年活动为契约，以崇义个协成立33周年活动为主题，开展个协展板、画册、表彰、慰问系列活动，同时，各分会开展了形式多样会员文体活动，发挥了个协理事、党员组织引领作用。

【领导名单】

会　长　刘仁平
副会长　黄先远
　　　　吴少松
　　　　黄建群
　　　　李英长
　　　　钟行飞
　　　　钟期昇
秘书长　曾志坚

消费者协会

【概况】　2016年，崇义县消费者协会在崇义县委、县政府的正确领导下，在赣州市消协、崇义县市场和质量监督管理局的大力指导和各基层分会的共同努力下，在县消协理事成员单位及有关部门的大力支持下，认真践行“两学一做”，加强新《中华人民共和国消费者权益保护法》宣传力度，努力把消费者权益保护事业建成党和政府与人民群众密切联系的“民心工程”，人民满意的“窗口”，切实履行消协各项职能，全面提升服务水平，2016年县消协主要取得以下进展：

【认真开展“3·15”活动】　围绕贯彻落实新《中华人民共和国消费者权益保护法》，结合实际，认真开展“3·15”国际消费者权益日纪念宣传活动。做好“3·15”消费者权益保护日工作，开展好形式多样的活动，结合“新消费 我做主”年主题，在县政府四楼会议室专门召开了二届理事会七次会议，同时开展了宣传咨询活动，发放各类宣传资料12000多份，受理并调解消费投诉76起，为消费者挽回经济损失260000元，销毁假冒伪劣商品价值44500元，成功举办了“新消费 我做主”文艺晚会，把“新消费 我做主”年主题同食品安全结合起来，消协、执法大队和分局一起联动，对各类市场开展了全方面检查和打击假冒伪劣行动。

【做好受理投诉工作情况】　2016年，县消协进一步提高消费维权服务水平，在消费维权工作中坚持做到“四快、五一样”。“四快”即受理快、出动快、调处快、移送快；“五个一样”即不论大事小事、是虚是实一样认真查实，不论本地外地的投诉举报一样地热情服务，不论平时、节假日，咨询投诉举报一样接诉，不论关系亲疏的诉求一样看待；不论消费者、生产者、经营者其合法权益一样保护。县消协与有关部门积极配合认真调查取证，努力使调解工作做到客观、公开、公平、公正，及时化解消费纠纷，维护社会稳定，构建了和谐的消费氛围。2016年，各级消费维权机构接待消费者来访咨询108人次，受理投诉75件，接12315、12331、12365平台、12345分派投诉调解26件，调解率达98%，为消费者挽回经济损失114500元。

【做好消费教育和宣传服务工作】

加强消费维权宣传，营造健康消费环境　县消协组织各基层分会不定期进行假冒伪劣商品展示、法规宣传和受理咨询服务活动，在日常咨询、受理、调解工作中，注重对消费者进行引导，让消费者更多了解消费维权方面的知识，做到安全、合法消费。2016年，县消协在《中国消费者报》《赣南日报》及县政府网站等各级媒体上发表稿件近15篇，营造了健康的消费环境。

加强部门协作，确保维权工作落到实处 县消协全面加强与相关职能部门的联系、沟通，和公安、物价、卫生、环保等部门之间建立消费维权工作联动机制，及时通报有关情况，形成推进工作的整体合力。消费维权工作联动机制的建立，提高了基层消费维权效能和水平，确保各项工作落到实处。2016年，县消协移送消费者举报3件。

加强维权指导，确保快速解决消费纠纷 为扩大社会消费维权网络的覆盖面，县消协指导广大经营者强化自律意识、诚实守信经营，方便广大消费者及时解决消费纠纷，在涉及消费投诉热点商品或服务的企业（如电信、移动、超市等）设立有消费维权站点，并由企业内部指定专人负责处理本企业的消费纠纷，对于投诉纠纷案情简单的或能协商解决的，推行"和解"制，对一时难以解决的，由协会工作人员先与双方沟通、引导，使各类消费纠纷和解在企业，化解在基层，解决在源头。2016年，县消协选择江西坚强百货连锁有限公司崇义鑫福店和宏胜超市二家开展经营者首问和赔偿先付"示范户"活动，受到广大消费者好评。

【领导名单】

名誉会长　刘春香（兼）
会　　长　张建林
秘 书 长　李志娇

红十字会

【概况】 2016年，崇义县红十字会在社会各界的大力支持下，发扬"人道、博爱、奉献"的红十字精神，紧紧围绕中心、服务大局、依法履职，积极开展人道救助和人道服务工作，较好地发挥了政府人道领域的助手作用，各项工作取得了突破性进展。

【创造良好工作条件】 2016年，在红十会因资金、编制、人员等诸多问题存在，不能有效开展日常工作的情况下，通过请示、汇报等形式引起县委、县政府对崇义县红十字事业发展的重视。2016年，县领导多次听取县红十字会工作汇报，充分肯定红十字会工作成绩，并对红十字会存在资金等困难予以及时解决，及时给予红十字会30000元工作经费，并列入每年财政预算，让红会干部职工倍感鼓舞。

【扩大红十字会影响力】 利用"5·8"红十字纪念日、"7·11"世界人口日、"12·1"艾滋病预防日等重要节日，在县城最繁华的南门广场设立咨询点，由县直各医疗卫生单位、红十字会志愿者20余人与群众面对面开展艾滋病预防、自救自护知识的宣讲；并组织县直医疗机构进行义诊、现场救护模拟活动，同时印制散发《红十字宣传手册》、骨髓、遗体、干细胞捐献、无偿献血等相应知识宣传材料6000余份，悬挂宣传标语8条，为1200余人次进行义诊，免费测量血压，提供健康咨询。通过宣传，使更多人了解、支持、关心红十字事业，扩大了红十字会在社会的影响力。

【积极开展救助活动】

情系特困儿童，开展爱心奶粉捐赠活动 8月10—11日，县红十字会在扬眉镇、杰坝乡举行爱心奶粉发放仪式，向90户1~5岁困难家庭婴儿捐赠了50000余元爱心奶粉，受到了群众的点赞。收到很好的社会效益，进一步增强了红十字会的社会知晓率和影响力。

关爱老年群体，开展孝老爱亲捐赠活动 随着社会的不断发展，中国已逐步进入老龄社会，关爱老年人，已是红十字会义不容辞的社会责任。10月下旬，县红十字会向澳门善明会副会长麦洁华女士募集善款11400元，爱心物资一批，共折合人民币30000余元，用于慰问崇义县横水镇麻土村60周岁以上贫困老人100多人。此活动的开展让社会各界更加关注弱势群体，许多爱心人士积极投身"人道主义救助行动"，为特困群众共享和谐社会的文明成果起到了重要的推动作用。

开展支持精准扶贫专题募捐活动 根据省、市红十字会关于开展《2016年红十字会博爱精准扶贫一日捐活动的倡议》的通知，崇义县红十字会与崇义县精准扶贫办联合下发了《关于开展2016年红十字会博爱精准扶贫一日捐活动的倡议》的文件。10—12月，在全县各乡（镇）、县委各部门，县直、驻县各单位，各人民团体全体干部职工，企事业单位员工、个体工商户和其他有经济收入的单位、个人以及社会各界爱心企业和爱心人士进行募捐。每人捐献一天的工资收入，多捐不限。共募捐款项13万4仟余元全部用于崇义县精准扶贫工作。

【组织救护知识培训】 普及卫生救护知识是红十字会的一项传统工作。为增强崇义县干部职工、市民面对突发事件和意外伤害的应急意识，帮助大家学习了解应急救护的基本知识，提高自救互救能力，在有关部门的支持、配合下，分别请具有应急救护培训经验的志愿者在公安、学校、社区等开展了救护知识培训，同时在党校开设了应急救护知识课程，通过形式多样的培训方式使广大学生、干部、市民进一步了解学习了应急救护的基本知识，掌握了调整心态、舒缓压力的方法，弥补了知识盲点，还增强了爱惜生命、关爱亲人的意识，提高了防灾避灾和自救互救能力，提升了救助他人、奉献爱心的责任感，取得了良好的培训效果。8月26—29日，还在县人民医院开展了“红十字会救护知识”师资培训班，由取得省红十字会救护证书的培训师资为学员授课及救护操作演练，此次参加培训学员68人，经过3天的培训、考核，学员们掌握了应急救护技能培训，提高了崇义县应急救护师资的整体素质和应急突发事件的能力。

【积极推动无偿捐献】 2016年，崇义县始终把宣传《中华人民共和国献血法》，普及献血知识，推动捐献造血干细胞和遗体捐献工作作为全县精神文明建设的重要内容，积极开展多种形式的宣传活动，动员和组织红十字会基层组织和广大会员、志愿者带头参与，形成良好的社会氛围。8月，横水镇爱心市民古定松的家属在他生命弥留之际，为他完成了最后的夙愿，捐献了肝、肾、角膜等器官，让他的生命在受捐者身上得以延续。通过这些典型事例的宣传，如今对崇义县无偿献血、捐献遗体（器官）工作迈上了新台阶。

【领导名单】

会　长　廖梓琪

计划生育协会

【概况】 2016年，县计划生育协会工作围绕全县卫生计生工作大局，以服务群众为主线，以基层工作为重点，以深化“生育关怀行动”为核心，弘扬“一个大局，一家人、一家亲”计生协精神，协会整体工作水平得到进一步提升。

【进一步加强协会组织建设】

夯实基层协会组织　一是配齐配强村组网络建设。县计划生育协会按照“四好”标准，配齐配强村组网络建设，全县每个行政村配备一名有“五老”担任的常务副会长，且兑现每月不少于60元的工资报酬，组级配齐一名会员小组长，且工资不少于30元，确保协会工作的正常开展，124个村和三个居委会都配备了专职计生干部，并90%是女性专干，且工资不少于1500元，享受村委主任待遇，做到有职有权，村里的新生儿上户、土地审批、计生优惠政策审核等都应经过村计生专干认真审核签字才可上户。二是提高队伍素质。4月，对全县村124名村计划生育专干进行了集中培训，授课的主要内容为信息统计、流动人口管理、基层计生工作日常管理、计划生育群众自治、健康教育等，通过平时村级计生例会以会代训、专项培训等方式，适时开展更新知识培训，使全县村级计生干部业务素质和服务能力都得到普遍提高。

加强流动人口协会组织建设　按照“哪里有育龄群众，哪里就有计生协会”的原则，对崇义籍外出人员较多的佛山市南海区组建了流动人口计生协会组织，县计生协会经常与南海区计生协会组织进行信息沟通，为流动人口提供一系列的优质服务，使流出人口能够在外找到“家”的感觉，促进了流动人口计生服务均等化、管理一体化，维护流动人口合法权益，取得双边计生部门满意、流动人口满意和计生协满意的效果。

【深入开展人口和计划生育群众自治】 按照“村两委负总责、协会唱主角、家庭为中心、群众当主人”的要求，将人口计生工作与“精准扶贫”活动紧密结合起来，以抓“四好”为基础，以夯实基础为前提、以计生协会为载体，充分发挥计划生育协会的作用，组织群众积极参与村居自治章程和村规民约的制定，创新工作方法，在全县推行了“镇指导、村自治、组配合、户落实、民监督”计划生育村民自治“五道工作法”，形成了自我教育、自我管理、自我服务的新格局。目前全县有90%的村都开展了计划生育村民自治。

【进一步开展生育关怀活动】 2016年，全县各级协会结合实际，按照“理论上有提升、方法上求突破、特色上抓鲜明、受益面上扩覆盖、品牌效应上强重点”的总体要求，进一步丰富了生育关怀行动的内涵。

深入推进“生育关怀，爱心救助”活动　为充分体现党和政府对计生困难家庭的关心和照顾。2016年，崇义县积极争取县委、县政府的高度重视，开展了为困难计生家庭，失独家庭等弱势群体献爱心，送温暖，送技术，送知识活动，慰问贫困计生家庭，每户给予不少于1000元的救助。在2016年“5·29”活动日，县计生协、县人口计生委在县奥林匹克公广场 举办了“生育关怀，爱心救助”活动，当场救助48户计生困难家庭，及时解决了计生困难家庭的生活困难。如龙勾乡肖声方就是其中一个受助对象，是失去独生子女家庭，并且夫妻两人都是农民，儿子在2015年8因得白血病去世，并欠下30000元外债，家里生活非常困难。县计生协得知后，从“生育关怀，爱心救助”基金中拿出5000元资金，帮助她解决困难，同时县计划生育协会与民政部门协商，为肖声方家庭办理每月390元的低保补助，解决了生活经济来源问题。通过开展“生育关怀，爱心救助”活动，真正让实行了计划生育的家庭在经济上得到实惠，政治上能有地位，社会上拥有温情。目前全县共救助人数达79户，发放救助金达89000元。

积极开展“5·29”会员活动日宣传服务 为隆重纪念中国计生协成立36周年，庆祝全国计生协第十八个“5·29”会员活动日。2016年“5·29”会员活动日期间，县卫计委、计生协以提高计生协工作法治化水平为主题，紧紧围绕“服务育龄群众、关爱失独家庭”，组织广大协会工作者、会员和群众开展形式多样，内容丰富的“四个一”的服务活动。一是开展学习培训。县乡村计生协会组织广大理事、会员认真学习中共十八届三、四中全会精神及省市计生工作会议精神，学习计生法律法规及计生协会章程，组织学习卫生计生各项政策法规，打牢理论根基，进一步完善协会机制、注重发挥作用，不断提高群众满意度。二是开展帮扶活动。全县各乡镇结合精准扶贫工作，积极开展帮扶结对活动，对特别困难的计生家庭以及失去独家庭，开展组织上一次门、谈一次心、帮一件事、送一份情活动。从物质救济和精神慰藉等方面对计生困难户进行帮扶，帮助他们渡过难关。如横水镇计生协对全镇的5户失独家庭进行慰问，每户发放慰问金500元。三是开展宣传纪念活动。依托“会员之家”“协会活动”“人口文化广场”等活动阵地，采取举办讲座、设立咨询台、悬挂标语、入户宣讲、发放宣传资料等多种形式，广泛宣传单独两孩生育政策、计生利益导向优惠政策，倡导科学文明的婚育观，提高群众的生育政策知晓率。如横水镇紧紧围绕“生育关怀你我他，宣传服务进万家”这一主题，通过答疑解惑、免费发放宣传资料和计生药具等形式，为育龄群众尤其是外来务工人员送上了一系列的计生服务；又如思顺乡开展了以“学习贯彻十八大会议精神，提高计生协工作法治化水平”为主题的宣传服务活动，活动中，工作人员利用圩日人流集中时间在思顺圩通过悬挂横幅、发放宣传资料、设立咨询台等形式，向群众宣传人口与计划生育知识及相关政策法规，让群众和育龄妇女知晓计生国策，树立婚育新风；乐洞乡在圩镇开展了计生政策宣传，对计划生育、生殖健康、孕期健康等计生知识进行现场咨询，并发放了避孕药具及各类计生宣传资料，营造了浓厚的宣传氛围。四是开展免费健康服务。5月25日，县卫计委、计生协、县服务站在县南门广场开展免费妇科病普查服务活动，邀请县多名资深医生，现场为群众免费提供诊疗服务，通过摆放宣传画板，悬挂过街横幅，免费发放宣传资料、计生药品、优生优育、科普读物等形式，广泛宣传计划生育法律法规及计生协成立的目的意义，整个活动现场气氛热烈，宣传氛围深厚。据统计，活动当天接受群众咨询600余人次，免费体检540余人，发放宣传资料1000余份。据统计，“5·29”期间全县共走访慰问计划生育家庭56户，发放慰问金18000元，大米385千克，发放食用油156千克，送发书包96个，发放各种宣传单册12000多份，避孕套260多盒，咨询服务1800人次，为群众义诊1250人次。

关心关爱“失独家庭” 根据赣市府发〔2013〕4号文件规定：完善政策保障、增进民生服务、创新社会管理”的总体要求，体现党和政府对特殊困难家庭的关心，积极开展了如下活动。一是走访

慰问“失独家庭”活动 在“5·29”会员活动日期间，开展了走访慰问“失独家庭”活动。各乡镇计生协结合当前精准扶贫工作，开展帮扶结对慰问活动，对全县39户特别困难的计生家庭，组织上一次门、谈一次心、帮一件事、送一份情的“四个一”活动，给予每户600元救助，从物质救济和精神慰藉等方面对计生困难户进行帮扶，解决实际困难，帮助他们渡过难关。目前共走访慰问“失独家庭”39户，发放慰问金18000元。二是开展医疗救助。符合城乡医疗救助政策的计划生育特殊困难家庭成员在县级定点医疗机构住院，报费用不设起付线直接按比例补偿，住院补偿封顶线为100000元，以当年内实际获得补偿金额累计计算；享受三免四减半政策；全面推行计划生育特殊困难家庭大病保险工作，按现行新农合政策补偿后（农村居民重大疾病救治补偿政策继续执行）个人年度累计负担的合规医疗费用扣减起付线金额后，同时在基本医疗保险和大病保险按政策报销后，由民政部门给予医疗救助或临时困难救助。三是实行医疗保障。对属于低保、残疾对象的计生特困家庭夫妻参加城乡居民基本医疗保险，个人缴纳部分由民政部门给予补助，农村对象办理农村合作医疗保险的，个人缴纳部分由政府给予补助。已有66人计生特困家庭成员免费参与新农合，由财政给予每人补助90元。四是开展养老关怀。

对未参加城乡居民基本养老保险或已参加但按规定仍须缴纳养老保险费的人员，由财政为每人每年缴交不低于300元的养老保险费。目前有44人计生特困家庭成员享受免费参与新农保。为每户独生子女伤残、死亡家庭、已扎二女户贫困空巢家庭60周岁以上老人落实一名家政有偿服务员，为他们提供家政服务、配餐送餐、陪同就医、康复护理等生活照料有偿服务，有偿服务资金由县财政资助给予每户每年1000元，其余不足部分由乡（镇）人民政府负担。

深入开展好青少年健康教育活动 2016年，全县各乡镇协会利用《在成长路上》一书，因地制宜，在宣传倡导、部门合作、教育培训、教材开发等方面进行了积极探索和尝试，引导和组织学校做好健康教育。一是开展好健康教育课。2016年，计划生育协会对全县中学都开展了1~2次的青少年性与生殖健康教育课，并制作了宣传图片和宣传资料，引导广大青少年崇尚科学、文明、进步的生活方式，增强自我保健意识和能力。二是建立了性心理健康咨询室。为解除青少年在接受生殖健康教育中的思想顾虑，有益于青少年健康成长，2016年，每个学校建立了性心理健康咨询室，开展性与生殖健康、预防艾滋病知识咨询活动，帮助青少年学生身、心、智全面健康发展。三是开展青春健康教育知识“进社区、进企业”活动。2016年“三八”期间，县计划生育协会与县妇保站、计生服务站医务人员在耀升工贸发展有限公司企业、章源钨业等大型企业开展性与生殖健康知识宣传服务活动，使广大职工树立健康生活观念，对性与生殖健康有一个科学的认识，进一步增强自我关爱、健康保护意识。目前全县共举办各种培训班30期，发放各种宣传品15000份。

【领导名单】

常务副会长　刘庆尧
副行长　余作秀

老年体育协会

【概况】 全县体育事业蓬勃发展，老年人科学健身意识空前增强，老年体育组织网络基本覆盖城乡，老年人健身场地逐步改善，老年人的生活、生命质量有了提高。老同志在参与社会公益活动，调解社会纠纷，建设和谐社会，“四城同创”等方面做了一些有效的工作，受到各级党政领导的热情赞誉和社会的广泛好评，胜利圆满完成了当年的各项工作任务。

【组织建设】 下设太极拳、门球、文艺、科学、棋牌、球类、钓鱼、书画、诗词、花鸟、气排球、宣传报道12个委员会，健身辅导总站和办公室。为落实上级老年体协组织建设，实现“两个”转移，由城市转移乡村和社区，由老同志转移到农民和居民的要求，全县16个乡（镇）、3个社区和县直48个单位已全部建立，124个行政村已建120个，并建46个示范村，而同步建立了老年体育科学分会和辅导站，指导老年人开展文体健身活动。全县参加各项文体活动的老年人19115人，占全县60岁老年人32787人的58.3%。

【开展活动】 为响应中共十七大提出“广泛开展全民健身”的号召，实现“健康老龄化”的要求，围绕县委、县政府中心任务，积极组织老年人参与，2015年，组织老年各种健身培训13次663人次，参加重大节目竞赛和展示活动9次1986人次，参加赣州市第四届老年人健身运动会七个项目竞赛，钓鱼、太极拳（剑）荣获集体金牌，门球、柔力球、采茶健身操、象棋、气排球获集体银牌和体育道德风尚奖牌。同时，还组织老年人健身旅游102人。这些文体健身活动，使老年人体会到“老有所乐”的幸福。

【老有所为】 组织老年体协十二个委员会“献余热、立新功”活动。一是参加县举办的“欢聚迎春”社区文艺晚会，表演“和谐中国”和“难忘今宵”。二是庆“七一”党的生日，举办老年人唱“红歌”大赛，共15个代表队286人参加，歌颂党、歌颂祖国、歌颂崇义新变化，为建设美丽、文明、活力、法治新崇义出力。三是“老年节”期间老年体协带领“夕阳红”艺术团24人访问慰问全县六所敬老院360多位老年人，进行文艺表演和赠送纪念品，将县委、县政府的关怀温暖送给老年人，并祝老年人节日愉快、健康长寿。四是在“国庆”期间举办“纪念抗战胜利70周年”崇义县老年人书画展，展出作品40幅，观众480多人。陈泽顺老同志的书画被中国国家书画院，授予“国家艺术大师”荣誉称号。

【科普活动】 围绕科普活动瞄准“健康老龄化”“积极老龄化”目标，普及健身知识，让越来越多老年人懂得“生命在于运动，运动要讲科学”。一是为提高科普宣传员水平，举办183名科普宣传员培训班。二是2016年利用节日或重大活动，进行宣传普及科学健身活动。深入乡（镇）、学校向老年朋友和学生，宣讲科学养生、科学锻炼和老年人强身健体的实践经验共13场，听讲人数1500多人。三是发动老年人撰写科学养生、科学锻炼的心得体会文章，在县老年体协编印的《老年健身文集》第十三期刊登43篇，印刷350本供老年人阅读，同时与兄弟县（市）科学学会进行交流。四是发动老年人和单位订阅《康乐寿》《老人与健康》《老友》等杂志。2016年，共订《康乐寿》360份、《老友》1700份、《老人与健康》78份。五是利用黑板报普及科学知识12期，聘请专家宣讲防病治病知识2次，县电视、广播媒体宣传12次科普宣传活动情况。

【领导关心老体工作】 搞好本职工作，争取领导的关心和重视。一是县老年体协年会和大型活动中，县委、县人大、县政府、县政协的领导卫红霞、黄华、刘红梅、边建忠、郭远君、谢筠、黄小波等亲自参加活动和讲话。特别是县长许斌陪同国家体育总局领导到老年体协进行调研工作，给老年活动以大力支持。二是国家体育总局投资20多万元，在县老年活动中心原沙质门球场和地掷球场上改建风雨草皮门球场和地掷球场，大大改善了场地环境，深受广大老人的好评。每年的“老年节”县老龄办都支持20000元给老年人搞健身活动。

【领导名单】

顾　问	黄永发
	黄俊衍
	朱才坪
主　席	李水源
副主席、秘书长	张继忠
副主席	张彩兰（兼）
	肖玉莲（兼）
副秘书长	曾　仲
	何爱梅

国家体育总局局长刘鹏到老年体协调研慰问

法治

政法及综治工作

【概况】 围绕打好崇义县“六大攻坚战”和“全域旅游”建设，把防控风险、服务发展和破解难题、补齐短板摆在更加突出位置，深入推进平安崇义、法治崇义和过硬队伍建设，为全县经济和社会事业快速发展做出了应有贡献。

【维护社会稳定工作】 始终把维护全县社会安全稳定放在工作的首位，牢固树立总体国家安全观，加大各类涉稳信息的收集、分析和研判，共搜集上报情报信息135条，开展安全风险专项评估8次；深入推进无邪教创建，完成了中山社区示范基地建设，依法处理了邪教“法轮功”人员姜某违法行为；组织各乡镇、部门深入开展隐患排查整治专项工作，妥善化解了云天花苑安置纠纷、盛世广场围墙开拆纠纷、原淘矿转制遗留问题等一批较为突出的矛盾纠纷；圆满完成了国庆节、全国综治“南昌会议”、十八届六中全会等重要节日和敏感时期全县维稳安保任务。

【综合治理工作水平】

严厉打击违法犯罪 持续加大了对各类违法犯罪的防范和打击力度，确保了全县治安形势的平稳有序。全年公安机关立刑事案件767起，同比上升1.19%；破刑事案件420起（含破年前案件25起，破外省市区案件30起），年度内本地破案同比持平；抓获刑事案件作案成员216人，同比下降0.92%；继续保持2000年以来35起命案全破的记录；检察院共受理批捕案件83件105人，经审查批准逮捕59件74人，提起公诉140件196人，申请强制医疗2件2人。法院受理各类案件3722件，结案3170件，收结案数同比分别增长67.7%、85.4%。

健全社会治安防控体系 制定了《关于加强全县社会治安防控体系建设的实施意见》，投资440余万元完成了“天网”三期建设，现已投入使用，基层治安防控网格化建设初见成效并发挥了积极作用。

加强肇事肇祸精神障碍患者管理服务 严格落实“有奖监护”，提高奖励标准，奖励资金列入财政预算。开展了定期随访走访工作，确保第一时间掌握监护动态，把精神障碍患者肇事肇祸的发生概率降到最低。

加快推进综治“三项建设” 完善了县、乡、村综治中心建设，高标准打造了县级综治中心，兴建了横水、丰州等6个乡镇综治中心示范点；县、乡、村综治信息网络全部开通、接入到位，数据录入日臻完善，综治成员单位矛盾纠纷调处全部纳入了省综治信息云平台；以问题为导向制定了《关于加强全县网络员管理工作的实施意见》和《崇义县网格员管理实施细则》，得到市委政法委高度评价，并转发全市学习。

【融入经济社会发展大局】 立足岗位职责，为县“六大攻坚战”保驾护航。把精准扶贫工作列入全年工作重点，作为一项政治任务来抓，按照“三个熟悉，两个点赞”的要求，安排第一书记常驻挂点的红胜村开展工作，帮扶干部定期走访挂点户进行帮扶，为红胜村累计争取资金70000元。扎实推进征地拆迁。按照县委部署要求，机关抽调精干人员组成拆迁工作组，积极入户宣传政策、动员发动，帮助解决实际问题，100%完成征迁任务。配合做好县四城同创。积极筹集资金20000余元对包干的居民小区进行了硬化、净化、美化、亮化，顺利通过省、市检查验收。

【领导名单】

县委常委、政法委书记
何　琳（8月免）
曾　帅（8月任）

副书记、维稳办主任
罗德明

副书记、综治办主任
刘　皑

县委610办主任
邱昌龙（12月免）
肖保东（12月任）

县国安办主任
李奕枰

公　安

【概况】 紧紧围绕“维护社会稳定”这一个中心，做实“打击和防范”这两大主业，聚焦基础信息化、警务实战化、执法规范化、队伍正规化这“四项建设”，从“五个三”着手，不断提升新常态下维护社会大局稳定、服务经济社会发展、促进社会公平正义的能力和水平，并促使各项公安工作和队伍建设取得了明显成效和进步，为全县社会发展和经济建设营造了和谐稳定的社会政治、治安环境

【110接处警】 全面规范接处警信息录入工作，严格把好源头数据质量关，3月实行“全警情录入”常态化工作以来，通过外出学习、强化培训、建立机制、严格监督、做好接处警回访等一系列举措，解决了接处警信息录入方面一些常见质量问题。8月，接处警系统由原来的南京西三艾改版升级为北京科瑞迅后，坚持对每天的接处警数据逐条检查，数据质量明显提升，1—12月，110报警服

2016 年 1 月 21 日，黄小波深入聂都走访慰问困难群众

务台共接警 31502 起，其中有效警情 6374 起。

【国内安全保卫】 国保部门被市局指定为牵头单位对“主神教”案件开展专案侦查，同时持续加强了对“法轮功”等邪教组织和其他有害气功的打击和管控，及时调查摸排出河南籍邪教“法轮功”人员姜某某在辖区散发宣传册的违法事实。2016 年，共立专案 6 起，破 6 起，同比增长 50%，其中市局支队攻坚专案 2 起。

【涉法涉诉信访】 建立健全信访工作长效机制建设，拓宽信访渠道，加强信访案件源头治理，全年共接待处理人民群众来信来访 12 件，办结 12 起，接待群众来访 15 批 33 人次，未发生涉法涉诉信访造成重大影响的事件。

【网络安全监察】 按照网上网下联动的工作互动原则，强化 24 小时网上巡查，明确专职巡查民警，健全网络舆情处置工作机制。及时开展网上舆情巡查处置，第一时间掌握网上舆情趋势，报送情报 516 条，其中市采 180 条，省采 30 条，报送违法信息 120 条。主侦案件 10 起，配侦案件 40 起。共出动警力 136 人次，检查网吧 544 家次，网吧违反《互联网上网服务营业场所管理条例》的现象得到有效遏制。

【犯罪侦查】 持续推动“命案必破”专项行动，深入开展“打黑除恶”专项斗争、“打击电信网络诈骗犯罪专项行动”“打击盗抢骗犯罪专项行动”“缉毒会战”“打拐”“打击整治非法集资犯罪”“打击聘用、容留、藏匿‘三非’外国人”等系列统一行动，始终保持对涉黑涉恶犯罪、多发性侵财犯罪、拐卖、毒品犯罪等的高压态势和凌厉攻势，切实做到以打促防。先后破获“1·26”罗某波故意伤害致死案和“3·10”胡某辉故意杀人案等 2 起命案，继续保持 2000 年以来 35 起命案全破的纪录；5 月 12 日，对郭某非法吸收公众存款进行了立案侦查。同时，成立侵财中队，打击处理了多个盗窃、诈骗犯罪团伙，破获了“徐庶等人跨三省特大系列盗窃汽车案”“李和良等人跨三省系列盗窃木头案”“陈立红系列摩托车盗窃案”“蔡段生等人系列入室盗窃案”“刘承明、曾祥永系列盗窃猪崽案”“杨伦清系列盗窃烟酒案”“吉康龙等人系列盗窃高档山地自行车案”及“张华英等人系列婚姻诈骗案”等一系列关乎民生案件，成功追回 2 部小轿车、9 部摩托车和部分赃款共计 40 余万元，并通过反电信诈骗侦办平台成功止付 7 起，协调银行系统为当事人追回被骗款项达 20 余万元；破获毒品案件 15 起，查处吸毒违法人员 40 人，强戒 10 人，起诉涉毒犯罪人员 12 人；破获涉枪刑事案件 9 起，抓获并起诉犯罪嫌疑人 9 人。依法对长龙镇小摆村村民黄辉的缅甸籍女友 EIKUWE 持护照和旅游签证逾期停留 23 天的违法行为作出警告的行政处罚决定，严厉打击出入境领域违法犯罪活动。全年共受理经济案件 22 起，立案 15 起，破案 12 起，抓获犯罪嫌疑人 16 人，移送起诉案件 9 起，起诉 9 人，挽回经济损失 240000 元。其中，3 月，联合县市场监督管理局成功捣毁张红华、刘添桥、章洪亮等人组织领导传销犯罪窝点，且该案已被列为部督案件，正发起集群战役；侦办的郭坚涉嫌非法吸收公众存款案（涉案金额 23000000 元，涉及报案人员 23 人）已移送起诉；罗芳涉嫌非法吸收公众存款案（初步查明涉案金额 10000000 元，涉及投资人员 15 人）正在进一步侦办中。

【治安管理】 先后开展了“打四黑除四害”“缉枪治爆”“冬季严打整治”及打击网上“瞎炒”行为等专项行动，强化了对特种行业场所、涉危涉爆企业、矿山企业以及互联网等监管检查力度，并进一步加强了与环境、卫生、市场监督、人社、矿管等部门的协作，开展了校园周边环境整治、矿区治安管理等系列集中清查整治统一行动。全年，共检查旅馆 240 家次、娱乐服务场所 24 家次、涉爆单位 160 家次，发现并整改安全隐患150余处，行政处罚7人；查处黄赌案件29起，抓获犯罪嫌疑人13人，治安处罚违法行为人30人；收缴管制刀具150余把、仿真枪25支；成功办结全省第一起以环境污染罪定罪的案件，犯罪嫌疑人刘龙依法被判处有期徒刑一年，缓期两年执行；侦破拒不支付劳动报酬案2起，侦破生产、销售有毒、有害食品案件2起，查处有关山东疫苗案件1起；办理非法运输烟花爆竹案5起，收缴烟花爆竹688件；破获涉枪案件18起，打击违法犯罪人员10人，收缴猎枪20把，鸟铳75把，子弹150发；共收缴假币30010元，警银收缴比201.47%。

【监所管理】 始终把确保监所安全放在各项工作的首位，不断完善各项规章制度，强化监管民警日常管理，联合武警中队定期或不定期组织开展监区安全大检查和应急预案演练工作，更新监控系统及指纹门禁，适时组织技术人员对监区供电线路、排水设施和高层门窗、房顶雨棚等进行检查维护，通过购置风扇、安装遮阳网、发放防暑食药品、适当延长放风时间、及时传递申诉材料、严防“牢头狱霸”等措施有效保障了在押人员合法权益，并持续通过加强心理疏导、开展教育改造等方式最大限度地预防各类事故的发生，确保了监所管理工作安全、和谐、稳定运行。全年看守所累计收押犯罪嫌疑人（被告人）242人，出所246人，其中刑满释放52人，投送监狱56人，变更强制措施79人，缓刑释放45人，投送安康医院1人，监视居住2人，临时寄押3人转外地羁押7人。拘留所共收拘136人，其中司法拘留27人，行政拘留109人，出所133人。

【消防管理】 消防部门始终把安全防事故作为重要工作来抓，紧紧围绕“能打仗、打胜仗”目标，深化训练改革和实战化练兵，稳步推进今冬明春火灾防控、夏季消防检查等各类专项活动开展，并通过一系列整治活动有效地预防了重特大火灾事故的发生，确保了辖区火灾形势平稳。1月20日、9月30日，分别在崇义县人民医院、齐云山食品有限公司组织开展了由安监、公安、消防、交警、医疗、供水、供电等多部门联合参与的人员密集场所灭火疏散联合演练。全年共检查各类场所827家次，发现火灾隐患334处，下发责令整改通知书293份，提请县政府分别挂牌了崇义县妇幼保健院、吉祥液化气站为市级、省级“重大火灾隐患单位”；共接警出动51起（其中火灾警情37起），出动车辆57辆次，出动人员392人次，抢救被困人员3人，疏散人员49人，抢救财产价值10712000元，圆满完成了灭火救援任务。

【交通安全管理】 交通管理部门紧紧围绕“防事故、保安全、保畅通”的工作目标，以县“四城同创”工作为抓手，突出了重要时期、重点路段的道路管控和重点车辆的管理，持续开展了“酒驾”“车辆乱停乱放”“摩托车违法加装伞具”“货车飘洒货物”等交通违法专项整治?余次，完善了公路卡口系统建设，强化了道路“电子警察”违法行为抓拍视频监控系统、指挥调度系统和车辆查缉布控系统的应用，全面排查整治道路交通安全隐患，全力预防道路交通事故，创造了全县良好的道路交通秩序环境。2016年，新增2个卡口监控设施，现全县公路已建成20个卡口监控，实现了全县交通监控网络全覆盖，有效增强了交通肇事逃逸防范水平和查控能力。年初，在城区主干道新增了22套“智能高清车辆违停抓拍电子监控系统”，加大了城区车辆违停查处力度。3月底，启用了交通违法银行缴款自动对账系统，有效堵塞了罚缴分离和“红包”治理漏洞。2016年，共发生道路交通事故1229起，死亡11人、受伤476人、直接经济损失132050元，交通事故四项指数全面下降，特别是重大交通事故人员死亡人数与前三年平均数23人相比，下降了52.7%；开展专项整治32次，查处酒后驾驶140起、醉驾4起、毒驾1起，查处总起数同比增加了215%；累计查处各类交通违法30000余起，其中“车辆乱停乱放”3500余起、“车辆超速行驶”2000余起、“车辆改型改造”500余起、“摩托车违法加装伞具”300余起、“车辆超员超载”100余起，涉及“校车、客货运”等重点车辆交通违法200余起，共排查道路安全隐患路段154处；施划道路交通标线16000平方米、更新设置交通标志牌300余个、新增施划公共停车泊位1000余个；开展各类主题宣传教育38场。2016年，未发生长距离、大面积堵车、未发生因交通事故引发的群体性事件，连续17年未发生一次死亡3人以上较大交通事故，全县交通安全形势平稳、道路交通安全、畅通。

【户政管理】 狠抓窗口规范化建设，继续深化户口登记清理整顿工作，强化居住证管理，切实做好人像采集，并按照简政放权、转变政府职能要求将临时身份证办理权限下放至各派出所，简化了群众办事程序。2016年，共办理居住证183份，临时身份证3320份，完成169902人的16岁以上人员人像采集任务，发现并注销重复户口134人，摸排无户口人员82人，解决无户口人员落户57人（其中：不符合计划生育政策的无户口人员34人，未办理出生医学证明的无户口人员11人，未办理收养手续的事实收养无户口人员9人，其他3人）。

【出入境管理】 认真开展双备库工作，受理辖区居民出国（境）办证申请，并扎实做好了境外人员管理工作。全年共新增登记备案国家人员52人，撤销国家工作人员报备56人，报备法定不准出境人员130人，登记备案涉外单位4家，登记境外人员46人，受理出国境申请5509人，其中申办护照2202人、申办往来港澳通行证及签注3187人、申办往来台湾通行证120人，申请赴香港定居1人。

【应急、巡防工作】 狠抓了应急、巡防队伍建设，新招聘了25名应急队员，并以三个治安岗亭为依托，在原有步巡、摩托车巡的基础上，6月，又于添置20辆警用自行车参与巡逻。同时，对机关民警参与中心城区巡逻防控的巡逻时间、路线及重点区域进行了调整和明确，通过应急、巡防大队与机关民警巡逻工作的有序对接，采取科学布点、有序布线、定点巡与流动巡相结合的方式，实现了对辖区主要街道、重点部位的全天候防控。

【民调评警】 制定了机关民警结对帮扶机制，机关科室与人口达到贰万人以上的派出所形成结对帮扶，以各种形式帮助派出所开展民调评警工作。制定了机关民警“大巡控”方案，在2015年度的基础上增加了巡逻警力，延长了巡逻时间，明确了巡逻路线和重点，进一步提高了街面见警率。2016年，共印制、发放民调评警宣传册69000份，民警公示牌44250份，民警联系卡101500份，固话贴9600份。2016年，第四季度全县公安满意度列全省第2，高于全省平均值3.5个百分点，与2015年同比上升3.8个百分点，在全省排名前移26名，创造了历史最好成绩。全年公众安全感列全省第二十四名，全市第四名，公安满意度列全省第十四名，全市第五名，民调评警成绩列全市第四名，均进入全市前列，其中出入境民调成绩列全市第一名，被评为全市公安机关群众满意单位，网安、治安、刑侦、经侦、户政成绩也居全市前列。

2016年4月21日，全市公安机关“一长四必”推进会

【执法规范化建设】 以“全警情录入”为切入点，严格贯彻落实省公安厅法治建设有关文件精神，坚持“五级审核”和一月一评一整改制度，不断完善执法考评办法和优劣质案件评选办法，出台了《全警情录入工作考评细则（试行）》《关于加强网上办案工作有关要求》《崇义县公安局办案中心使用管理要点》，定期不定时开展网上办案巡查，推进了文英、关田派出所执法示范单位创建、申报工作，人手一册配发了《江西省公安民警执法执勤用语手册》，继续推进规范使用办案场所“四个一律”活动，有力推动了全局执法规范化建设，2016年执法质量考评成绩列全市第五名。2016年，共组织法制专题讲座3次，共212人参加，组织案件主办民警参加旁听庭审10次共56人参加；先后开展取保候审、监视居住案件超期未处理检查以及网上办案等3次专项督导检查，整改23个突出问题；共开展网上报备审查275条，发现并整改案件可疑问题524起，语音监督监听1446次，并及时对警务评议系统中的49条不满意情况进行回访；共考评案件数220件，发现并整改问题1450起；共审核办理刑事案件80起，取保候审37人，监视居住15人，拘留83人，提请检察院批准逮捕48人，移送起诉42人；审核办理行政案件89起，行政拘留116人。

【信息化建设】 投资近4000000元扎实推进治安卡口、WiFi热点等“三大包围圈”建设，投资1580000元实现天网视频数据的中心云存储并搭建公安视频共享平台和视图档案管理工作站，争取资金2180000元新增60个高清视频监控前端，投资720000元完成了237部警务通的登记、配备工作，安排资金750000元新增高速路口、跨省跨县道路等7个职能卡口并统一接入到交管部门已建的电警监控系统进行统一管理和维护，投资68400元完成全县38台警用车辆北斗无线车载终端安装工作。同时，先后完成网上视频监管系统建设，对全局办案区进行精细化改造升级，全部安装360度无死角视频监控探头，把执法全过程纳入系统化、流程化管理轨道。充分利用三台合一系统和警综平台，采购33台多功能扫描仪，积极推行接处警、执法办案的网上流程管理、网上审批、网上监督和网上考评，把信息化手段渗透到执法办案各个环节。此外，还逐步加强了合成作战室建设，成立了图像侦控室，进一步完善了警务协作配合机制。2016年，累计完成6项科技项目申报，其中“电动便携式移车工具”项目、“一体化头套项目”均评选为市级一般项目，“固话通讯融合技术”被市局选送参加省厅改革创新大赛项目。与此同时，刑侦部门牢固树立利用技术手段为侦查破案服务、为诉讼服务的指导思想，强化科技意识、诉讼意识和证据意识，通过技术手段直接破案9起，带破46起，全年共勘验各类刑事案件651起，十类案件录入率达100%，十类案件手印提取率达37%，足迹提取率达45%，提取现场指纹236份，活体采集指纹4766份，血样2720份。4月21日，全市公安机关“一长四必”现场勘查新机制暨打击“盗抢骗”专项行动工作推进会在崇义县召开，崇义县公安局作了推广“一长四必”现场勘查新机制的典型发言并受到省厅、市局高度认可。

【警务保障】 创新性提出以微笑（Smile）、规范（Standard）、高效（Speedy）、满意（Satisfaction）的“4S”服务理念，紧紧把握“服务中心工作、服务基层一线、服务实战要求”，并以“四城同创”建设为契机，着力提升警务保障能力和水平：认真完成了公车改革工作，累计封存移交车辆36辆，保留执法执勤车辆和专业特种车辆41辆，并制定了车辆管理各项制度，保障了执法执勤及公务用车的安全运行。积极争取了县委、县政府重视支持，6月，县政府常务会同意从人员、工资、经费等方面进一步加强和改进应急处突队伍建设。圆满完成了2016年度公安被装“按需申领”工作，全年共发放装备33次839件，发放服装6次372件。认真做好了项目建设及装备采购工作，全面完成2016年政法转移支付装备资金采购任务，先后完成网上视频监督系统、看守所监控升级改造、县局办案审讯系统改造、出入境监控系统、刑侦多制式无线基站采集终端、网安室外终端特征采集系统、档案数字化加工等44笔政府采购项目。2016年，全局公用经费由2015年人均34300元提升至人均40000元，有力保障了各项公安工作的顺利开展。

【政务信息工作】 政工、办公、指挥中心等部门紧紧围绕县委、县政府和公安中心工作，充分发挥参谋、协调、辅政、服务职能，狠抓公安政务工作，为各级党委、政府和公安机关领导提供了大量可靠的决策依据。其中，公安宣传有新成效，先后开展了写作、摄影和调研比赛，累计完成《警视传真》制作7期，播出4期；刊载二类、三类稿件分别为5篇、9篇，完成《赣南警察》2篇，刊发《崇义公安信息》9期，《平安崇义手机报》9期，《崇义公安微信》86期，赣州公安微信28篇，江西公安微信2篇；县局内网主页共编辑、采用信息1138篇，在市局内、外网分别刊发信息326、77篇，在省厅内、外网分别刊发信息48、47篇。办文办会有新突破，全年共完成会务工作140余场次，起草下发红头文件106份，签收、登记、流转各级来文1037份，规范使用印鉴8700余次，上报各类材料180余份，协办建议提案3起。档案管理有新进展，先后多次深入基层所队开展档案检查，并举办全局档案培训班，档案数字化加工已完成招投标程序并即将开工。机要保密有新发展，2月初，顺利完成了新机要室的搬迁工作，进一步强化了对机要文件的管理，机要文件办理均未出现差错，未发生失泄密案事件。2016年，全局公安网络设备总数327台，设备注册281台，“一机两用”注册率及“安全助手”“杀毒软件”注册安装率均达100%，安装内网保密安全监控终端276台，安装率98.22%，未出现违规事件。

【队伍建设】

突出教育培训 深入开展了“两学一做”学习教育以及为期3个月的队伍纪律作风教育整顿活动，组织了“两学一做、从我做起”主题演讲比赛，举办了第二期警务实战技能考核培训班并全面完成第二期警务实战技能考核工作，达标率达到100%；开设了“崇义公安大讲堂”，每月举办一期公安业务知识专题讲座；组织制作了5个公安教育训练微课程，年内共组织民警参加初任培训5人，司内晋升培训9人，司晋督培训1人，督内晋升培训5人，选派1人赴江苏南京根本学习6个月，并多次组织兼职教官参加上级培训，为全面提高民警业务素质、公安业务水平打下坚实基础。

突出监督管理 强化党风廉政建设，强化民警警纪条令的贯彻执行，出台、完善了车辆管理等各类规章制度，对上下班签到签离、窗口服务、值班备勤、公务用枪、警车管理规定等进行常抓不懈的督察，组织局领导班子和各所队室负责人签订了《崇义县公安局党风廉政建设和反腐败工作责任书》，深入开展“两个责任”的各项工作和深入推进“红包”治理和“集中整治”等活动，切实加强和加快受理、核查群众举报投诉工作，不断加强事前、事中、事后监督，全力推进公安队伍管理和建设进入规范化、常态化轨道。其中，横水派出所开展的“齐动五月”工作活动在该所营造了比赶帮超、积极进取的良好氛围，达到了预期效果。

突出从优待警　在政治待遇方面，圆满完成了正科、副科以及股级干部选拔任用和民警的轮岗交流工作，让一批群众公认、能力强、想干事、会干事的同志走上了基层领导岗位，轮岗交流也进一步激发了民警活力和工作积极性。在经济待遇方面，及时、快速完成全局民警警衔津贴调标、工资档次级别晋升和乡镇边远山区津补贴补发工作，继续为在编在职民警职工办理了全省公安民警人身意外保险、医保局的工伤、生育保险以及工会的4个险种，落实了困难民警帮扶救助机制，申报“长城守护神关爱基金”1人，协助办理评残1人、病故保险补助1人，并选派实战一线民警休养2人。在生活、办公环境改善方面，新建看守所、拘留所建设项目现已争取资金8420000元并进入设计阶段，投资65000余元搭建雨棚解决了民警宿舍楼面漏水问题，筹资100000余元着手改建了羽毛球场，先后分别参加了全市公安机关民警、辅警篮球比赛，并承办了全市公安机关辅警篮球比赛崇义赛区组织工作，积极组织民警参加了登山比赛、知识竞赛等系列丰富民警业余生活的活动，进一步提升了队伍的凝聚力和向心力。

【领导名单】

副县长、党委书记、局长
黄小波
党委副书记、副局长
谢志红
党委委员、交通管理大队大队长　陈名生（5月免）
党委副书记、副局长
李卫东（5月任副书记）
党委委员、主任科员
李焕新
党委委员、副局长
李锦龙
党委委员、治安管理大队大队长　陆　乐（5月免）
党委委员、交通管理大队大队长　陆　乐（5月任）
党委委员
刘平华
党委委员、矿业治安管理大队大队长　张　帆
党委委员、纪委书记
余世清
党委委员、长龙派出所所长
潘绍根
党委委员、刑事侦查大队大队长　陈永昌（1月任刑事侦查大队大队长）
党委委员、横水派出所所长
赖海龙
党委委员、看守所所长
张魁森

消防大队

【概况】　2016年，县消防大队围绕年初制订的工作思路，一班人团结一心、与时俱进、开拓创新，全力推进年度工作目标任务落实，消防工作和部队建设取得了显著成绩，圆满完成了以防火、灭火和抢险救援为中心的各项工作任务，确保了“两个稳定”。

【组织建设】

班子核心领率能力显著提升　始终把班子建设作为首要工作来抓，切实维护班子团结，提高班子谋发展、促发展的领率能力。大队党委一班人积极贯彻全国、全省公安现役部队党建工作会议精神，规范落实了党组织各项组织制度、生活制度、学习制度、议事程序等，并通过党委中心组学习、党课教育、开展主题党日活动、重温入党誓词等途径，进一步加强了班子自身建设和党员队伍建设，增强了班子的凝聚力、战斗力，党委的领导核心作用和谋事干事能力得到了有力凸显。在团结和谐班子的带领下，大队喜事连连：2月，大（中）队被总队评为2015年度“三争优”活动先进大（中）队、2015年度安全工作先进单位；3月，大队获全市消防部队第三届“振兴杯”篮球赛第四名；4月，大队被省委、省政府评为“江西省第十四届文明单位”；5月，中队团支部被团市委表彰为全市“五四红旗团支部”，大队被评为全县共青团先进单位，获崇义县青年文明号；6月，大队被支队党委评为“先进基层党组织”，汪华荣立个人“三等功”；9月，“红门影院”建成并投入使用；11月，荣誉室升级改造完成。

思想政治教育扎实开展　以z中共十八届三中、四中、五中、六中全会精神和习近平总书记关于军队建设系列重要讲话为指引，全面部署开展了改革强警主题教育、“两学一做”学习教育及基础教育和经常性教育，紧紧围绕

习总书记提出的强军目标，以多种形式积极开展了“投身改革强警 交出合格答卷”大讨论、演讲比赛、主题征文等活动，坚定了官兵投身改革强警实践的信心、决心。同时，抓经常性思想工作不放松，切实打牢官兵忠诚履职、一心为民的思想基础，为部队稳定提供了有力支撑。

干部纪律作风明显好转　结合总队党委、支队党委等关于改进工作作风的相关要求，组织学习了《习近平关于党风廉政建设和反腐败斗争论述摘编》和“十条禁令”、“八条禁令”等文件、规定，深入开展了“讲党性、守党规、严党纪”反腐倡廉系列教育活动，通过活动的开展和突出问题的整治，夯实了广大党员干部廉洁从警思想基础，重点抓了干部作风建设及党风廉政建设，加强了对干部工作考勤和八小时外管理，落实了对监督执法工作的定期回访，切实解决了以往干部队伍存在中的“四风”问题及执法过程中存在的不作为乱作为问题，打造了一支业务过硬、作风优良、清正廉洁的干部队伍，全年未发生不廉洁案件。

部队整体形象大幅提升　坚持文化育人、文化塑警，狠抓了警营特色文化队伍建设、俱乐部建设，完善配齐了俱乐部设施，完成了荣誉室、3D影院的修建工作，打造了警营精品节目《竹魂》，在营院醒目位置设置了文化墙和“强军目标”大型广告牌，活跃了警营氛围，融洽了官兵关系，提升了官兵文化品位。大队在支队“学习践行强军目标 做新一代革命军人”主题教育板报竞赛中荣获二等奖，在全市消防部队第三届“振兴杯”篮球赛中荣获第四名，在全市消防部队迎“七一”俱乐部大奖赛选拔比赛中荣获绘画作品第二名、书法作品优秀奖、象棋比赛第六名。

【部队管理】

部队管理正规有序　深入贯彻落实总队瑞金正规化现场会精神，将瑞金的做法与崇义县消防大队的实际情况相结合，重新规范了营区设施，统一了各类标识标牌，整合完善了基础工作台账资料。同时，狠抓了一日生活秩序的正规化、执勤灭火勤务的规范化和部队各项管理制度的落实，对人、物、事实行定岗、定位、定责管理。2016年，大队先后投入经费对营院进行重新规划设置、购置完善了各类库室场所的配套设施、添置了常规训练安全防护设施。同时，大队抓部队安全这条主线不放松，开展了“安全管理教育年”、条令条例学习月、安全教育整顿月和以“融洽官兵关系，构建和谐警营”为主题的“四查看四整治”等活动，重点抓好了“人、车、酒、赌”四个重点环节和部队执勤灭火救援“三个三”规定的贯彻执行。全年，大队未发生安全责任事故及警民纠纷等案件。目前，部队正规有序、安全稳定，队伍风清气正，官兵关系和谐融洽，干事创业氛围浓厚。

部队核心战斗力显著提升　始终坚持“练为战”的指导思想，积极开展全员岗位大练兵工作，不断完善练兵奖惩机制，大力营造大练兵氛围。结合内攻和紧急避险专项训练活动，加强了“六熟悉”和实地演练工作，狠抓了整建制中队实战化训练，进一步修订和完善了单位灭火作战计划，规范了灭火救援实战流程，做到每周有演练，演练有讲评，通过演练有效提升优化了中队官兵的协同作战能力，官兵的灭火救援作战素养得到了显著提升。2016年，大队加强了对辖区重点单位、重要区域的熟悉和排查，顺利完成了全区47家重点单位的信息采集和录入工作以及县城77个市政消火栓的普查、登记工作，水源道路图和消火栓分布图的修订工作也顺利完成。特别是对一高、一低、一大、一化等重点单位的熟悉演练工作并根据总队下发的数字化预案制作要求，制作完善了20份数字化预案，参加了县政府大型综合灭火演练2次，全面提升了部队快速反应和应急处突能力，提升了与其他应急力量的联动配合能力。

截至11月17日，大队共接警出动51起（其中火灾37起），出动消防车57辆次，出动人员392人次，抢救被困人员3人，疏散人员49人，抢救财产价值1071.2万元，圆满完成了灭火救援任务。

综合应急救援队伍建设成效显著　主动作为，积极向县委、县政府请示汇报，先后提请县委、县政府召开专题会议，研究综合应急救援队伍建设工作。经争取，全年落实了县级应急救援装备建设配套经费111万元；落实了合同制消防员经费51.51万元，招聘了合同制消防员7人；配备了消防无人机一台，提高了应急救援队伍硬件水平。

【后勤保障】

经费保障取得新突破　2016年，乘势而为，迎难而上，多次就经费保障、应急救援等工作积极主动地向县委、县政府主要领导作专题汇报，取得了县委政府领导的大力支持，落实了2016年消防业务经费192万元，超额完成了《江西省地方消防经费管理实施办法》规定递增7%的任务；落实了2016年县级应急救援装备建设配套经费111万元；落实了合同制消防员经费51.51万元；争取了车辆装备购置专项经费42万元；争取了营院监控设备经费10万元；完成了3D影院、荣誉室的建设工作。

财务机制运行规范　严格银行账户开立、变更审批，对银行账户、资金存储、现金管理情况进行了自查自纠；从严控制了现金支付，全面使用公务卡进行支付结算，进一步规避了财经风险的发生；严格执行预算外资金“收支两条线”；严格执行“三公”经费预算“零增长”，严格控制、压缩了行政消耗开支。

【消防监督】

执法规范化水平明显提升　班子一班人不等不靠，主动作为，多次提请县委、县政府领导听取消防工作汇报，并把消防工作列入重要议事日程，与当地经济社会发展各项事业同研究、同部署。在重大节日和专项行动开展之际，大队积极提请县政府召开会议，2月25日，召开全县消防工作会议，5月30日，召开夏季消防检查动员部署会，6月3日，召开消防安全委员会联席会议，9月2日，召开全县合用场所专项治理工作动员部署会，10月25日，召开崇义县2016年今冬明春火灾防控动员部署会，通过政府主导消防工作，明确了各单位消防安全责任、细化工作任务。

火灾隐患排查整治力度空前　2016年，结合辖区实际，相继部署开展了一系列专项整治活动，做到各项整治工作有方案、有部署、有检查、有成效。提请政府挂牌了崇义县妇幼保健院所为市级“重大火灾隐患单位”，并要求于12月底前销案，同时，崇义县吉祥液化气站列为省级“重大火灾隐患单位”，并要求于12月底前销案，黄小波副县长多次调会并亲临“重大火灾隐患单位”现场指导隐患整改。大队还结合杭州“G20”峰分会安保，集体约谈和单独约谈了全县重点单位和易燃易爆企业，对部分不符合要求的场所进行了行政处罚。截至目前大队共检查各类场所827家次，发现火灾隐患334处，下发责令整改通知书293份，临时查封21家，责令“三停”1家，实施罚款处罚46起，处罚金额95300元，通过一系列政治活动有效地预防了重特大火灾事故的发生，确保了辖区火灾形势平稳。

消防工作社会化进程明显加快　结合各类排查整治活动进一步推动乡（镇）、村、社区落实“网格化”管理，确保机构逐级建立、责任逐级落实。结合社会单位“户籍化”管理工作，促进了社会单位逐步建立区域联防协作组织，同时，推动消防工作政府领导，强化行业系统单位联动，积极推进微型消防站建设，按照微型消防站建设标准整合单位保安、重点岗位员工、网格管理员及消防控制室值班人员等多种社会力量，目前崇义县章源钨业、耀升国际饭店、崇义大酒店、章源大酒店、坚强量贩超市等单位均已建微型消防站。

全民消防安全意识明显增强　为了不断提高全县人民消防安全意识，普及消防安全知识，分别从三个方面着手开展宣传教育工作。一是通过已开设的官方微信、微博，手机短信、手机报等新型媒体力量开展互动式、直播式消防安全知识宣传活动，每天及时将大队开展的活动进行实时更新，针对特定人群开展针对性强的消防知识宣传。二是利用传统方式在法定节假日大队放发宣传挂图、宣传册，粘贴于各街道、社区、居委会、商场、公园、各人员密集场所及小区的出入通道，结合城区6家单位LED显示屏24小时滚动播放消防安全宣传提示。三是深入辖区重点单位开展消防安全疏散演练和“三提示”“一懂三会”培训授课10余次，培训人数近800人。有针对性地开展了“开学第一课”教育培训，“119”消防宣传周活动，联合辖区派出所开展消防知识进社区，联合民政、卫计委、安监等部门开展消防知识下乡镇活动，通过活动的开展，大力加强了社会面防火灭火知识和自救逃生技能的宣传，全力营造浓厚消防宣传氛围。

【领导名单】

大队长	王小雷
教导员	汪　华
中队长	胡望林
指导员	李志强

检　察

【概况】　内设机构12个，即反贪污贿赂局、反渎职侵权局、侦查监督科、公诉科、监所检察科、民事行政检察科、控告申诉检察科、检察技术科、办公室、政工科、法警大队、案件管理中心。全院干警38人，具有本科以上学历的占92%，其中有4名干警为研究生学历。

2016年，全院各项工作取得一定进步，在全市19个基层院中，有2项业务考评进入前5名，首次获得省级文明单位荣誉称号，调研课题首次获得省检察机关批准立项，并被县委县政府授予精准扶贫工作先进奖、综合工作先进奖、社会综合治理和信访维稳工作先进奖等多项集体荣誉，3名干警获得县级以上荣誉表彰。

【坚持有贪必惩、有腐必反】

2016 年 3 月 14 日，县检察院召开加强行政执法监督座谈会

加大对侵害群众利益的不正之风和腐败问题的查处力度，依法立案查处生猪标准化养殖补贴、中小企业补贴等领域贪腐案件 8 件 8 人，其中，正科级干部 4 人，积极挽回国家经济损失 380 余万元，有力促进崇义相关行业健康发展，保障国家专项惠农补助资金安全。

反渎职侵权检察充分发挥市县两级检察院办案联动作用，突出查办党委政府关注、群众呼声高、涉及利益广的渎职侵权案件，共立案侦查节能补贴领域渎职侵权案件 2 件 2 人，其中，特大案件 1 件 1 人。建立内外协作办案联动机制，与县公安局共同印发《预防和查办公安民警渎职侵权联席会议制度》。

预防职务犯罪结合办案开展职务犯罪预防工作，以检察建议、警示教育、法制讲座和预防调研等方式创新行业预防、专项预防、同步预防，帮助有关单位建章立制，优化预防效果。根据所查办的职务犯罪情况，分别向发案单位送达检察建议书 5 件撰写《2015 年预防职务犯罪工作报告》得到县委主要领导批示。首次适用预防告诫开展职务犯罪预防 5 次。开展扶贫领域警示教育活动4次，受教育2000余人。结合“降成本，优环境”活动，向相关企业和个人提供行贿档案查询服务118次。

【侦查监督】 共批准逮捕各类案件 59 件 74 人，不批准逮捕 24 件 31 人。依法逮捕“黄赌毒”犯罪嫌疑人 13 人，努力营造积极向上的社会风气。严厉打击破坏森林资源刑事犯罪，共批捕盗伐、滥伐林木等犯罪嫌疑人 13 人。对公安机关轻微违法行为提出口头纠正意见 10 次，书面纠正违法 1 次。牵头组织召开“公检法”联席会议，建立和完善了检察机关提前介入侦查制度。

【审查起诉】 共受理侦查机关（部门）移送审查起诉案件 165 件 237 人，同比上升 25% 和 15.1%。经审查，提起公诉 140 件 196 人，移送他院起诉 3 件 3 人，不起诉 6 件 11 人，强制医疗 2 件 2 人，结案率达 91.5%。加强诉讼监督，纠正漏诉 2 人，纠正漏罪 3 人，改变案件定性 10 件 12 人。依法惩治严重暴力和危害群众安全感的犯罪，起诉故意杀人、故意伤害、强奸等案件 13 件 18 人，起诉“两抢一盗”案等侵财类案件 35 件 52 人。全面贯彻宽严相济刑事政策，依法对 1 名逮捕嫌疑人改变强制措施。

【控告申诉检察】 共受理各类信访件 23 件，同比下降 17.4%，首次信访件 20 件，重复信访件 3 件，检察长接访 4 次。其中举报类 8 件（实名举报 9 件）、控告类 11 件、申诉类 1 件、申请民事行政执行监督 3 件，均及时分流备案。开展司法救助 2 件 4 人，申请救助资金 210000 元。结合“群众满意千里行”活动到思顺、扬眉、过埠等乡镇开展举报宣传周活动 5 次，发放宣传资料 10000 余份。邀请县人大代表、政协委员及群众代表来院开展检察开放日活动 3 次。

【案件管理中心】 受理案件 252 件，并及时录入检察机关统一业务运用系统做好分流处理。依托案件信息公开系统，按规定发布程序性信息 198 条，重要案件信息 47 条，发布法律文书 157 件。启用电子卷宗管理系统，扫描案件 153 件，卷宗 403 卷，案卷 39360 页，为律师提供电子卷宗刻录 9 次。成立案件质量评查小组，对 75 个案件进行了质量评查。

【民事行政检察】 全面贯彻落实修改后民事诉讼法、行政诉讼法规定，强化民事行政检察，共办理确认合同无效及共有权纠纷案 1 件、执行监督案 1 件，发出检察建议书 1 份。按照《全市检察机关开展非诉行政执行活动专项监督实施方案》，对国土、环保、林业等部门进行走访调研，收集相关数据材料分析研判，督促有关部门移送执行案件 3 件。

【监所检察】 开展安全大检查活动 2 次，向县看守所提出口头建议 6 次，均已采纳纠正。完善在押人员约见制度，消除其思想顾虑，促使其认罪服法，确保监管秩序平稳。扎实做好羁押必要性审查工作，发出检察建议督促办案机关改变强制措施 1 次。对社区矫正对象实行规范化管理，开展了常态性巡回督查。

【检察技术】 主动做好检察机关统一应用业务软件的后台工作，添置了保密管理设备，完成涉密信息系统网络分级保护改造并通过省级测评。发挥检察技术职能作用，开展文证审查12次，实行全程同步录音录像82次，规范了执法办案。维护本院门户网站运行，做好视频会议保障工作20余次。

【司法警察】 落实“看审分离”制度，安排司法警察执行提解、押送任务12次，看管嫌疑人（被告人）76次，被市检察院抽调警力协助执行监视居住2次，保障了办案安全。加强司法警察和办案区的管理，配备了备用药箱、信号屏蔽仪等设施，利用与县人民医院搭建的“绿色通道”保障办案安全。自2003年法警大队成立至今，未发生一起安全事故，警务保障工作在全市检察机关继续名列前茅。

【检察信息调研宣传】 修订《调研宣传信息年度奖惩办法》，成立信息宣传调研小组，召开了检察理论研讨会和信息宣传调研工作促进会，鼓励干警积极投稿，全年共发表市级以上调研文章共3篇，县级以上信息宣传392篇。

【教育培训】 坚持廉洁从检，从严治检，与全体干警层层签订《党风廉政责任状》，严格落实责任。深入学习贯彻中共十八大，十八届三中、四中、五中、六中全会及习近平总书记系列重要讲话精神，践行“两学一做”学习教育，密切联系群众，狠抓检风检纪、公车使用管理、规范执法等方面的检务督查以及中央“八项规定”、“检察人员八小时外行为禁令”等规章制度的落实，全院干警执法观念、工作作风进一步好转，保持了恢复建院37年来严重违法违纪“零纪录”。组织干警参加市级以上各类培训20次，组织8人次赴无锡检察机关开展学习交流，邀请江苏省检察机关到院对接帮扶1次。

【领导名单】

党组书记、检察长　曾　涛
党组副书记、副检察长　朱满媛
党组成员、副检察长　邱忠东
党组成员、纪检组长　钟久玉
党组成员、反贪局长　黄宇白
党组成员、政工科长　刘德平

2016年3月31日，公检法联席会议

法　院

【概况】 始终坚持司法为民公正司法，认真学习贯彻中共十八大和十八届三中、四中、五中、六中全会精神，深入贯彻习近平总书记系列重要讲话精神和治国理政新理念、新思想、新战略，全面落实县第十七次党代会战略部署和县十八届人大一次会议决议，加强审判执行工作，忠实履行宪法法律赋予的职责，各项工作取得新的进展。全年共受理各类案件3722件，结案3170件，收结案数同比分别增长67.7%、85.4%，实现结案增长超过收案增长。

【审判、执行】 依法惩治各类犯罪。受理刑事案件149件，审结144件。审结全市首例污染环境犯罪案件，加大了惩治破坏生态环境的力度。着力织密权益保护网。审结民商事案件906件。审结婚姻家庭、赡养抚养、相邻纠纷案件233件，倡导公序良俗，促进家庭邻里和睦。审结涉及人身损害赔偿、交通事故赔偿等案件225件，保障人民群众生命健康权。审结涉房屋买卖租赁、物业管理等案件77件，保障人民群众安居乐业。审结涉农业生产和城镇化等案件36件，支持“三农”健康发展。审结劳动争议、拖欠农民工工资、工伤认定等案件62件，保障劳动者合法权益。坚持以法治思维和法治方式化解矛盾纠纷，主动参与社会治理创新。审结行政案件14件，审查行政非诉执行案件335件，监督和支持行政机关依法行政。推动行政机关负责人出庭应诉制度常态化落实，采取白皮书发布、庭审观摩、座谈辅导等方式，完善司法与行

2016年5月16日，崇义法院开展“两学一做”学习教育动员部署会议暨“让党旗高高飘扬”主题演讲比赛

政互动机制，促进行政执法队伍法律素养提升。坚持把“基本解决执行难”工作作为司法为民的重要目标，综合施策、持续发力，执结各类案件2054件，到位标的金额32540000元。狠抓专项执行、集中执行，开展夏日风暴、秋季行动、冬日融冰等系列活动，扩大了执行声势。加强失信惩戒，运用手机报和微信等媒体曝光失信被执行人信息3批77人，累计717人被纳入失信被执行人名单。运用现代科技助推执行，“点对点”和“总对总”网络查控提高了财产查控效率，在工商、房产等部门查询1083次，司法网络查询银行4369次，查封房产61处。实行执行工作全程管控，开展执行信访治理、执行案款管理等活动，执行工作规范化程度全面提升。

【司法为民】 严格落实立案登记制，对依法应当受理的案件，做到有案必立、有诉必理，当场立案率99.8%。坚持以人为本理念，通过优化环境、拓展空间等方式，让司法更加贴近群众。高标准建设网、电、人、窗（崇义法院网、12368电话语音服务、服务热线人工在线值守、诉讼服务中心与立案信访窗口）四位一体的“互联网+诉讼服务”平台，为群众提供多元化诉讼服务。加大司法救助力度，依法对47件案件减、免、缓交诉讼费196000元，确保经济确有困难的群众打得起官司；在县委县政府关心支持下，为符合条件的刑事被害人、执行申请人、涉诉信访人发放救助金943000元，解民生之急需。畅通涉诉信访渠道，推行律师入驻诉讼服务中心，实行律师代理申诉和化解涉诉信访，开展网上申诉信访和视频接访，规范信访案件办理。以信息化提升阳光司法水平，全面深化法院门户网站和官方微博建设，电子诉讼档案工程有序推进，实现庭审全程录音录像，互联网公开裁判文书446份，司法审判信息686条，满足当事人和社会公众知情权、监督权，让正义实现的过程看得见、可感知。

【队伍建设】

加强思想政治建设 抓住政治建院这个根本，扎实开展“两学一做”学习教育，增强法院干警的“四个意识”。加强法院文化建设，积极融入全县“四城同创”工作，实现市级文明单位三连创，并成功获评省第十四届文明单位；2016年度全省公众安全感满意度测评位居全市法院前列。

深化司法能力建设 针对工作实际和干警需求，常态化开展每月集中学习，积极支持干警参加各类业务培训，选派干警参加培训231人次。强化审判流程管理、案件质效评估、工作绩效考核，贯彻落实本院《关于均衡结案管理规定（试行）》，结案均衡度逐年向好。

狠抓党风廉政建设 严格落实党风廉政建设“两个责任”，持续开展廉洁司法教育，狠抓作风建设，从会风会纪、上下班签到签退等小事抓起，严格执纪问责。公开举报邮箱、随案发放监督卡，建立廉政短信平台，坚持每逢节假日向干警发送短信，提醒干警时刻保持司法廉洁。

【自觉接受监督】 2016年，始终把自觉接受监督作为正确履行职责、实现公正司法的重要保障，积极构建人大代表、政协委员常态化联络机制，做到年度工作定期报告、主要工作专题汇报、重大情况及时通报。将人大代表、政协委员提出的意见建议，作为谋划工作思路、制定工作措施的重要依据，及时回复，认真办理代表建议、委员提案3件，走访、邀请人大代表、政协委员旁听庭审、见证执行、参与调解85人次。依法接受检察机关法律监督，确保依法正确履行职责，共同维护司法公正。通过组织法院开放日活动、公开举报电话等形式，主动接受社会和舆论监督。

【保障全面深化改革】 积极服务县委、县政府打好“六大攻坚战”的决策部署，以新发展理念为引领，制定服务和保障工业发展措施20条、支持和保障非公有制经济健康发展意见15条和金融诉讼案件快速处置机制的若干意见35条。积极应对金融债权、民间借贷纠纷大幅增长，设立金融审判合议庭，提高金融审判专业化水平，审结此类案件189件，有效防范和化解金融风险。妥善审理涉及章源钨业等重点企业的案件11件，为企业平稳健康发展提供了有力司法保障。

【领导名单】

党组书记、院长
李舒文

党组副书记、副院长
黄起早
廖宇振

党组成员、纪检组长
谢亨洪

党组成员、政工科科长兼办公室主任　谢章鸿

党组成员、执行局局长
高　军

司法行政

【概况】　2016年，县司法局围绕县委、县政府全面实施“六大攻坚战”打造法治崇义发展升级版的战略部署，以“服务民生、服务群众、服务基层”为宗旨，以“两学一做”学习教育活动为载体，以提高“执行力、落实力、创新力”为抓手，依法正确履职，为服务经济、保障民生作出积极贡献。

【机构及人员编制】　县司法局内设股室有6个：办公室、法制宣传股（县法制宣传教育工作领导小组办公室）、公证律师工作股、基层工作股、法律援助工作管理股（县法律援助中心）、社区矫正工作股（县社区矫正工作领导小组办公室）、无缝对接办公室。下属6个副科级司法所：横水司法所、扬眉司法所、过埠司法所、关田司法所、古亭司法所、麟潭司法所；10个基层股级单位：龙勾司法所、长龙司法所、铅厂司法所、杰坝司法所、金坑司法所、思顺司法所、上堡司法所、丰洲司法所、聂都司法所、文英司法所、乐洞司法所；4个局属单位：县公证处、江崇律师事务所、兴义律师事务所、横水法律服务所；1个鉴定机构：崇义县正义法医学鉴定所。人员编制37名。领导职数：党组书记、局长1名，副局长2名；股级职数18名。

【全面推进公共法律服务体系建设】

深入贯彻落实中央、省、市、县公共法律服务体系建设工作精神　2016年，县司法局根据中央、省、市关于公共法律服务体系建设工作的相关文件精神，着手推进相关工作开展，并把公共法律服务作为全年一项重大调研课题，深入开展学习实践。近一年来，重点开展了资料搜集、到兄弟司法局考察学习和调研座谈等工作，在较全面了解掌握先进地区做法经验的基础上，结合本局实际，提出了本局的公共法律服务体系建设规划。

开展公共法律服务平台建设　在积极筹备公共法律服务建设相关工作的同时，积极向上级报告工作情况并取得支持，挂牌成立了“崇义县法律服务中心”并开展工作，8个乡镇也相应成立公共法律服务中心，为人民群众零距离服务提供方便快捷的平台。

【深入推进法治宣传教育】　一是围绕生态文明法治崇义宣传等主题，编写法治宣传标语、宣传橱等，通过LED显示器等深入开展法治宣传活动，开通“崇义县司法局”法律服务网站，利用电视媒体、网络平台等便捷迅速的传播手段，进一步将法治宣传活动引向深入。二是以各种宣传月、日、周活动为契机，以法律“六进”为载体，采取多种有效形式，针对群众关注的热点难点问题，围绕各阶段中心工作，结合新颁布的法律法规，组织相关部门积极开展“送法进乡村”“送法进社区”“送法进学校”“送法进企业”等宣传活动。

【加强特殊人群管理服务工作】

健全机制，加强管理，确保社区矫正工作有序推进　认真做好社区矫正工作，落实工作措施，推动社区矫正工作创新发展。县司法局创新社区矫正监管工作，在全市首创实行“视频点名”，通过视频系统实现县司法局到乡（镇）司法所点对点，县社区矫正股分散到各村（居）社区矫正人员面对面的沟通交流，这种创新做法既便捷于工作，又节约了工作成本，取得了一定的实效。制定下发了《崇义县司法局2016年社区矫正工作要点》、《崇义县司法局2016年社区服刑人员管理工作方案》，进一步加强对社区服刑人员的监督管理、教育矫正和适应性帮扶。充分展示GDS平台的特殊功能，做到随时跟踪杜绝见人不见档、见档不见人、人档不相符等不规范现象发生，从源头上杜绝了脱管漏管现象。实施分类管理，合理配置社区矫正资源，切实提高社区矫正人员监督管理水平。截至11月，全县累计接收社区矫正人员66人，解除47人，全县累计接受社区矫正对象302人，累计解除161人，在册列管人数141人（其中缓刑138人，假释3人），未发生重大恶性和影响社会安全稳定的案件。

认真做好安置帮教工作，完善工作机制，努力营造基层和谐

环境　一是强化管理、指导，提高对刑满释放人员的及时接送率。认真落实市综治办对安帮对象的各项工作要求，通过加强对各司法所安帮运行情况的督促、指导，解决了部分司法所签收不及时问题，确保刑释人员出监（所）接送率达100%，安置也能够足额及时到位，并准时发放接送费和生活补助费。二是加强协调、指导各安帮机构做好刑满释放人员安置帮教工作。根据中央、省相关文件精神，协调、指导全县司法所（安帮机构）在加强帮教力度的同时，积极与监（所）加强联系和协调，积极开展心连心“远程会见”活动，使服刑人员能够安心服刑。

【提供优质高效的法律服务】

律师执业工作　一是组织引导律师积极围绕党委政府中心工作，参与社会矛盾化解。按照上级安排部署，崇义县律师参与了县领导接访法律服务工作。在县局指导下，组织参与送法下乡活动，律师不计报酬，积极参加，发挥了律师的职能优势，履行了律师的社会责任。二是律师代理公平公正。为当事人的合法权益，做到以事实为依据、以法律为准绳，踏实为群众排忧解难，解决群众的实际问题。共代理民事案件109件，刑事案件14件，担任法律顾问30家，接受法律咨询875人次。

公证、司法鉴定工作　全年，受理国内公证事项262件，涉外公证55件，涉台、涉港澳案件2件，现场办理证据保全公证13件，现场监督3件，为困难群体减免30件。

法律援助工作　认真安排布置、精心调研、起草文件、建立工作机制等，进一步提高法律援助案件办理质量，建立和完善法律援助案件质量评估体系。截至11月15日，全县法律援助中心共办理法律援助案件140件，其中，刑事案件16件，民事案件91件，非诉案件33件，接待群众来访1201人次，全力将法律中心打造成为集公众维权、法律服务、法律援助于一体的对外便民法律服务平台。

基层法律服务工作　崇义县的基层法律服务工作坚持“以质量求效益，以质量求生存”的原则，积极帮助引导基层法律工作者服务大局，围绕农村的经济发展，不断拓宽服务领域，最大限度地满足广大群众对法律服务的需求。县司法局结合“法律六进”工作和县“精准扶贫”工作，贴进中心，充分发挥司法行政工作的法制宣传、人民调解等职能作用，全年开展了“法律六进”活动32场次，受教育面12000人次；解答法律咨询800余人次；分发法律知识读本22000余册，分发文件袋12000个，张贴司法职能联系卡12000张。通过张贴法律宣传资料，进行法律咨询、代写法律文书，受理法律援助申请，向村民宣传与生产、生活密切相关的法律法规，同时也促进了基层法律服务工作。

【加强基层基础建设】

建立健全人民调解组织网络　截至2016年底，全县共有调委会148个，其中乡镇调委会16个，居委调委会6个，村委调委会124个，山林纠纷调委会1个，医患纠纷调委会1个。共有调解人员735名。

提高人民调解队伍素质　为进一步提高人民调解员队伍业务素质，充分发挥人民调解工作在维护社会稳定中的“第一道防线”作用，促进经济健康发展提供服务，崇义县组织举办了一期人民调解骨干培训班，参训人员共735人，对全县乡镇综治维稳中心工作人员、各村（居）人民调解委员会主任和调解员进行了培训，使全体调解人员对人民调解工作有了更加深刻的认识，进一步增强人民调解员的业务素质，提高法律政策水平和调解工作技能，为村（居）人民调解工作的健康发展取得一定的推进作用。

扎实开展人民调解工作，着力推进社会矛盾化解　一是认真贯彻落实《中华人民共和国人民调解法》、省司法厅与省高级人民法院联合出台的《关于进一步加强人民调解与诉讼工作相衔接的指导意见》，各司法所对普通民事案件建立诉前引导调解、诉中委托调解工作机制，打好化解社会矛盾的攻坚战。二是巩固和完善了现有调解组织网络，重点推进企事业单位、区域性、行业性和专业市场等调解组织的建设，在原基础上进行拓展和完善。自成立县医疗纠纷调解委员会以来共受理10起，成功4起；其中发生在县级医院5起，乡镇卫生院5起。医疗纠纷最高赔付达114000元，最底20000元。三是积极参与推进全县诉讼与非诉讼调解相衔接的矛盾纠纷解决机制，以化解矛盾纠纷为主线，以构筑人民调解为主体的“大民调”体系建设为重点，进一步健全完善人民调解工作机制在各类专业调解组织上，针对新时期矛盾纠纷复杂化、专业化的特点，在“三调对接”上，县司法局为了更好地实现人民调解、行政调解、司法调解“三调对接”，规范公调、检调、诉调、访调对接运作，进一步发挥人民调解的作用，主动介入公、检、法、信等部门参与矛盾纠纷调解。四是以平安崇义建设为根本，全力推进人民调解，基本实现“一般纠纷不出村，普通纠纷不出镇,疑难纠纷不出县”的目标。

【加强队伍建设】

加强领导班子建设　以“两学一做”专题教育为契机，充分利用党组中心组学习、警示教育视频学习等形式，教育引导领导干部增强党性、改进作风，切实转变不适应、不符合科学发展观的思想观念，着力解决影响和制约科学发展的突出问题以及党风党纪方面群众反映强烈的问题。严格落实并完善领导干部报告个人有关事项制度，加强约束和监督。继续做好干部述职述廉、绩效考核暨“一报告两评议”工作。

加强干部队伍政治思想教育，增强司法行政干部学习意识坚持每周一学习汇报制度，把学习贯彻习总书记系列重要讲话精神作为全年政治学习的重要内容，坚持不懈、持之以恒地学习领会其精神实质，自觉用政治理论武装头脑、指导实践、提升素质，始终在政治上、思想上、行动上与党中央、省委、市委、县委保持高度一致。

加强机关党建工作　结合当前开展的“两学一做”学习教育，积极推进机关党组织建设，印发了《崇义县司法局2016年机关党建工作要点》，对2016年司法局机关党建工作进行安排和部署。严格遵守“八项规定”，纠正“四风”存在的问题，无一违法违规的现象出现。

【切实转变工作作风】按照中央、省、市关于加强党风廉政建设的部署和要求，认真贯彻执行中央“八项规定”及《关于新形势下党内政治生活的若干准则》《中国共产党党内监督条例》和党风廉政建设责任制的各项规定，严格遵守执行《党政机关厉行节约反对浪费条例》等一系列规章，推动了全县司法行政系统党风廉政建设有序开展。

对司法局下属单位主要领导和局系统纪检监察负责人敢于监督。围绕贯彻落实中央、省、市纪委全会及县纪委六届六次全会精神，牢牢抓住不松手、要亲力亲为不甩手，要敢于担当不缩手以及要拉得下脸下狠手的要求，进一步加强党风廉政建设，增强自律和责任意识,推进廉洁从政。

【精准扶贫工作落到实处】2016年，继续挂点龙勾乡合坪村，县司法局领导高度重视，选派2名副科干部专抓扶贫工作，以确保工作落到实处。县司法局主要领导积极向上争取资金120000余元，解决通往遵塘方向公路、桥梁修复和硬化年内可以开始施工，县司法局在抓“两委”建设中出资10000元。同时，开展了“三个一”活动，各挂点人员与扶贫对象同吃、同劳动、送礼包，广泛宣传精准扶贫的优惠政策，据统计在活动捐资送物折合人民币4000元。单独为贫困家庭子女上学资助1000余元。为群众做好事6件。

【领导名单】

党组书记、局长

刘乔夫（3月免）

黄宇伟（3月任党组书记，7月任局长）

党组成员、副局长

王受传（10月任）

钟　霞

交通管理

【概况】　以问题为导向、以改革为动力，认真履行交通安全管理工作职责，严格队伍管理，提升服务发展能力，保障道路交通安全，连续17年未发生一次死亡3人以上较大交通事故，交管改革深入推进,智能化建设快速推进，群众出行安全感和满意度显著提升，为“实现全面小康、建设幸福崇义”创造了良好的道路交通环境。

【车辆管理】　全县机动车机保有量44960辆，驾驶员保有量66087人，另超标车保有量3443辆。为进一步规范了执勤执法和业务办理、落实问题整改和便民利民措施，大队积极宣传推广交通管理互联网平台和“交管12123”APP，引导群众在互联网平台上办理各项交管业务，同时车驾管窗口按要求建立了导办台，公开了业务办理流程、业务收费标准，严格落实首问负责制、延时服务制等便民服务制度，节约了群众办事成本，方便群众办理业务，实现了各项业务工作零投诉的管理目标。依托高位高效推动，多部门协作形成合力，大队举全警之力采取超常规措施，全面并率先完成了486辆黄标车、老旧车淘汰年度任务，完成比例达100%，名列全市第一；客货运车辆“检验率、报废率”两率工作全市名列前茅，车辆和驾驶员户籍化工作保持全市第一。2016年，共办理车驾管业务38000余笔，其中办理驾驶证4118本、车辆上户3810辆（小车1487辆）、车辆年检21440辆。

【城区交通管理】　以科技强警为抓手，坚持向科技要警力，向科技要效率，一是新增2个卡口监控设施，现全县公路已建成20个卡口监控，实现了全县交通监控网络全覆盖，进一步增强了交通肇事逃逸防范水平和查控能力，交通事故逃逸案件起数下降了26%，全年未发生重大逃逸交通

交通、交警开展联合执法行动

事故。二是在城区主干道新增了22套“智能高清车辆违停抓拍电子监控系统”，有效释放了警力，提升了执法效率，群众对科技管理的遵从度进一步提升。以县“四城同创”工作为抓手，更新、更换了城区老旧、不适应现实需要的交通管理基础设施，施划道路交通标线16000余平方米、更新设置交通标志牌300余个、新增施划公共停车泊位1000余个。加大高峰时段的路面执勤力度，确保早晚高峰时段不发生交通拥堵。强化了校园周边环境安全维护，保障学生出行安全。

【交通秩序管理和交通事故处理】 积极协调城市管理有关部门齐抓共管，强化交通秩序整治，严查严处交通违法，进一步提升群众出行安全感。将查处车辆乱停乱放交通违法集中整治常态化，城区车辆乱停乱放现象明显减少；先后开展“酒驾”专项整治32次，查处酒后驾驶152起、醉驾5起、毒驾1起，是上年同期的215%。以“定点执勤为主、巡逻疏导为辅”的管控模式，增派警力，提高路面见警率和管事率，路面交通得到有力管控。突出重点路段、重点时段、重点车辆和重点交通违法行为的查处力度，确保道路交通秩序安全、畅通、有序。深入推进“两站、两员”和交通安全村建设，共建设了16个乡镇交通管理站、119个农村劝导站和2个文明交通安全村，组建了乡镇交通安全员（112名）、农村交通安全协管员（556名）队伍，延伸了管理覆盖范围，有效推动了农村道路交通安全监管体系建设，为农村道路交通事故预防打下了坚实基础；完成各类交通安保20余次，11月，圆满完成“全国森林质量提升工作现场会”交通安保任务，被县委、县政府授予会议筹备工作先进单位。深入辖区5家客货运企业、36所中小学校幼儿园开展安全检查，督促安全主体责任落实，排查重点车辆111辆、驾驶人148人，进一步完善了“一车一驾，一车一档”车辆安全检查记录台账，严把源头关，重点车辆及驾驶人得到有效监管；积极开展道路安全隐患大排查，共排查道路安全隐患路段154处，已上报县政府督促有关部门整改，有效推动了道路安全隐患治理工作。围绕“防事故、保安全”的总目标，积极推进综治维稳工作，全力打好交通事故预防攻坚战，确保了崇义县交通安全形势平稳。2016年，全县共发生道路交通事故1446起，死亡13人、受伤552人、直接经济损失156600元，交通事故四项指数全面下降，特别是重大交通事故人员死亡人数与前三年平均数23人相比，下降了43.5%，工作成效显著。积极宣传推广交通管理互联网平台和“交管12123”APP，引导群众在互联网平台上办理各项交管业务，交通违法处理异地违法数据同比下降了43.71%；在全县推广应用银行自动对帐系统，4月1日起，取消道路交通安全违法罚款手工收缴和手工对账，全面实行银行自动对账，进一步加强和规范了道路交通违法处理工作。

【交通安全宣传教育】 积极推行“互联网+”宣传模式，充分利用窗口LED显示屏和网络“微信”平台等，积极对外宣传交管法规政策、业务办理流程规定，“崇义交警”单篇文章最高点击量已过万；6月，协调县电视台建立了大队主办的“文明交通我先行”交通安全电视台专栏节目，进一步拓宽了宣传渠道。共完成省、市、县宣报道任务315篇（其中省交管局用稿26篇、市支队用稿133篇、赣南日报、赣州晚报用稿11篇、县电视台、手机报用稿30篇）。以推进“文明交通行动计划”实施为抓手，以“五进”为平台，开展专题宣传教育38场，夯实农村宣教基础，整体提升了群众和社会的交通安全意识。12月，崇义县关田镇下关村被赣州市文明交通行动领导小组评为2016年赣州市“十佳文明交通安全村”。其间，重点加强了辖区内摩托车驾驶人安全宣传教育，摩托车的上牌数和考证数相对上年上升42%，涉及摩托车交通事故明显下降。

【领导名单】

公安局党委委员、副局长、交管大队长　　陈名生（1月免）

公安局党委委员、交管大队长　陆　乐（4月任）
教导员　何昭鸿
副大队长　郭红忠
刘永文
副教导员　唐卫东

森林公安

【概况】 牢牢把握“林区稳定、队伍稳定”两条主线，围绕县委提出全力打造生态示范“崇义样板”的战略目标，敢于担当，勇于开拓，充分发挥职能作用，为崇义生态建设和林业发展作出了应有贡献。崇义县生态示范成效已经凸显，森林质量提升工作成为全国示范。

【打防管控水平有效提升】 扎实开展打击“乱砍滥伐林木、乱毁乱占林木、乱采滥挖古树名木、乱捕滥猎野生动物”为重点的“严厉整治四乱、服务绿色崛起”专项行动。全年接处警188起，查处案件85起，其中立刑事案件40起，破30起，治安案件5起，林政案件40起。处理违法人员230人次，其中刑拘34人，逮捕17人，取保50人，监视居住2人，移送起诉28起47人，判刑17起32人，治安拘留4人，林政处罚44人。摧毁了7个犯罪团伙。开展7次野生动物市场专项检查，收缴中华竹鼠3只，大王牛皮蛇3条，清除捕蛇夹5个，捕蛇笼5只，捕鸟网7张，有效维护了林区秩序的持续稳定。受理（参与）纠纷调处案件25起。

【队伍建设管理更加规】 扎实开展好“两学一做”学习教育活动，组织党员民警到过埠镇长庆村蛇形岗及思顺乡王尔琢烈士陵园重温入党誓词，开展了“解放思想、北上南下”及党章知识测试，深入推进“红包”治理和“集中整治”等活动，全力推进森林公安队伍管理和建设进入规范化、常态化轨道。2016年，共组织了5期警务实战技能训练活动，从制定训练计划、课程、后勤保障、安全保卫到最后的实战考核，全程由本局民警独立完成，全局34名民警参加了全省森林公安警务实战技能考核，达标率达到100%。组织县局中层以上干部签订了党风廉政建设责任书，做到警钟长鸣。该局督察围绕年度整体工作思路，采取现场督察、电话督察等形式对局机关及各基层派出所开展日常督察，共计93次，编写督察通报（汇报）等计18期。

【依法履职能力得到提升】 结合工作实际，出台了《案审委员会制度》《案件审核工作规定》，规范接处警登记表填写，下发了《崇义县森林公安局接处警登记表填写规范》。完成了通过换发林业行政执法证网上考试，并换发了新林业行政执法证。在抓好案件审核把关机制，开展网上执法监督和日常执法质量考评工作，强化执法监督工作，要求执法过程中必须佩戴执法记录仪，所有执法活动必须在执法功能区。严格执行把关轻微刑事案件快速办理暂行规定。年内有2起盗伐林木案适用快速办理机制。由过去被动接访（上访）转变为主动式下访、约访，由发现问题转变为解决问题，由平息矛盾转变为化解矛盾，增强信访工作的实效性和针对性，切实为百姓办实事解难题。

【基础设施支撑更加有力】 兴建了过埠派出所，现已投入使用，按照标准四区分设；长龙派出所建设项目已规划立项，即将动工兴建。完善基层综合信息应用平台信息录入，2016年，共录入各类信息10000余条，目前已录入信息222258条。投入60000余元建立信息中心，新购置了XDH-800手机通联信息蓝牙采集器和执法记录仪数据采集及存储设备，及时接入县公安局大情报信息系统和交警部门全县范围内的红绿灯实时抓拍系统和高清卡口查询系统。充分运用SIS情报信息分析系统和智能交通管理平台的诸多功能，提高了侦查破案的效率。

【服务大局能力明显增强】 继续做好精准扶贫帮扶活动和四城同创工作，帮扶桥头村17户扶贫户通过信贷通政策，发放扶贫资金1350000元，用于发展种养业、电商、办厂、光伏发电等形式自助发展产业，真诚和帮扶干部开展“三个一”活动；出资近100000元余为责任区居民院内路面硬化、开展绿化，整治卫生等工作，为桥头村民加固维修桥梁、硬化公路、浇筑水圳、建设健身场所等，不断提升干部服务群众水平，坚持真心为民，真情帮扶。

【领导名单】
局　长、督察长　廖方林
政　委　胡声龙
副政委　蒋钰琳

军事

人民武装部

【概况】 坚持把思想政治建设摆在首位，坚持聚焦军事斗争准备龙头地位不动摇，按照“抓班子强队伍，抓制度正风气，抓基层打基础，抓管理促安全”的工作思路，认真谋建设，扎实打基础，狠抓各项工作落实，人武部全面建设稳步推进。7月，县人武部党委被赣州军分区评为“先进团党委”；2016年度，被省军区表彰为“征兵工作先进单位”；政委被军分区表彰为“优秀党务工作者”。

【思想政治工作】坚持首位首抓，在落实理论学习和政治教育上下功夫。始终把思想政治建设摆在首位，确保政令军令畅通。

认真抓好年度主题教育　按照省军区、军分区的统一部署，把“改革强军”、“两学一做”重大主题教育作为重中之重突出出来，既完成规定动作，又有自选动作。改革强军教育，重点围绕“统思想、强定力、保安全”开展系列活动，通过学习讲话、思想交底、讨论辨析、交心谈心、个人承诺等方法，切实把大家的思想认识统一到党中央、中央军委和习主席的重要决策上来。通过教育，干部职工思想稳定、精神振奋，2016年，3名干部家里均出现了较大变故，均能够妥善处理家庭与工作的矛盾。部长、政委均是外省干部，两地分居，孩子面临升学和高考，都没有为家庭分心走神，一心扑在工作上；“两学一做”学习教育，通过开展“重温入党誓词、讲好党的故事、亮出党员身份、立起党员标准、建强支部堡垒”等活动，确保教育落地生根。7月1日建党95周年，专门组织机关党员到王尔琢烈士墓重温入党誓词、开展党课教育，收到良好效果。

认真抓好理论学习　雷打不动按照军分区统一安排落实理论学习制度，严格落实军分区建立个人学习档案制度，规范了7类个人笔记和会议记录，通过采取“干部领学、领导促学、讨论研学、个人自学”的方法，认真抓好理论学习“五个一”落实（每人都有一份学习计划、一本学习笔记、一篇心得体会、一份考核成绩、一份学习档案），确保理论学习取得实效。上级关于全面停止对外有偿服务的通知下发后，部党委“一班人”把落实该项工作作为理论武装、转化行动的实际举措，不打折扣、不搞变通，提前高标准完成了整改任务。

认真抓好组织生活制度落实　严格落实周五党团日活动制度，坚持开好党小组会、民主生活会、党性分析会等会议，认真落实双重组织生活制度，党委成员带头参加组织生活，干部职工党员意识明显增强。党员都能自觉向党小组长汇报个人思想，月底主动缴纳党费。6月底，军分区政治部陈主任全程参加部专题民主生活会，并带领班子查找问题、分析原因、制定措施，会上每名委员进行了认真的自我剖析，开展了严肃批评与自我批评。

认真抓好军营文化建设　围绕打造“红色文化、强军文化、安全文化、驻地文化、网络文化”，先后投入80000余元建成了阅览室、资料室、网络学习室，营造了走廊、营院、亮化氛围。为了提升读书学习兴趣，在省军区政治部捐赠200册图书的基础上，专门拿出经费20000元，购买更新图书800册，建立了相对完善的图书阅览室，并倡导开展了“每人每季读一本书”活动。同时，严格认真落实上级关于加强政工网建、管、用的指示要求，大力加强政工网建设，实现了办公室、学习室、值班室有政工网上网电脑，形成了“上班先上网、工作依托网、学习用好网”的习惯，深厚了“处处有文化、人人受熏陶”的良好氛围。

认真抓好经常性教育活动和宣传报道　严格落实经常性思想教育工作，结合任务特点，合理调配教育时机、教育主题，部领导亲自筹划部署、组织备课授课，通过教育，有力地廓清了干部职工的思想迷雾，夯实了思想根基，坚定了大家听党话、跟党走的坚定信念，也在广大干部职工心中奠定了“扎根山区人武部、积极奉献求作为”和“从严治部、以部为家”思想。谈心交心活动经常，及时掌握干部职工思想动态和家庭困难，坚持思想引导和解难帮困相结合，不断浓厚凝心聚力、团结心齐的氛围。结合军分区组织的“三抓三比”活动，开展了评比学习标兵、工作标兵、守纪标兵、优秀党员“四个评比”和“一个起来”（党员身份亮起来）活动，进一步激发了干部职工干事创业的热情。大力推进宣传报道工作，先后在《中国国防报》《人民前线》实现了用稿突破，并在战区、省军区政工网各栏目用稿30余篇。

【军事训练】坚持中心居中，在落实战备训练工作上下功夫。坚持军事工作中心地位不动摇，扎实推进战备训练工作向纵深进击。

从严抓战备　及时修订战备方案。对照“五战”要求，结合新营院部署调整，对10个战备方案进行了修订完善。同时，结合节日战备、抗洪抢险、民兵整组、国防动员演练等时机及时组织演练。4月底，在整组检验考核过程中，民兵分队按照“实兵、实案、实地、实情”的要求组织演练，指挥流畅、程序清晰、处置合理。着力完善战备设施。投入近100000元，购置完善民兵应急连装备器材；投入60余万元，改造视频会议系统、网络数据系统、安防系统和作战值班室，保证指挥联络通畅；投入680000元，采购应急指挥车，解决了动中通联、现场视频实时传递的难题。认真落实战备制度。按要求落实全天候双人值班制度、点名签到制度、军地情报互通制度，确保值班秩序和日常工作秩序正规，及时掌握地方民社情。在上级组织的历次呼点中，做到了随叫随到、处置有力，保证了指挥顺畅，避免了差错漏。切实抓好应急队伍建设。结合民兵整组，以县林业局森林消防大队为主体建立了常驻型民兵应急排，以县水利局抗洪抢险分队为主体建立了常备型民兵应急排，以县公安局应急机动大队为主体建立了阶段型民兵应急排，建立了以专武干部、民兵连长为主体的情报信息员队伍84人。

从严抓整组　着眼后备力量建设发展的新形势新要求，紧贴上级赋予的任务和辖区实际，按照军分区统一部署，及时展开调研摸底、认真搞好动员部署、全时组织督导检查，将年度民兵整组任务落实到末端，构建了一支“结构科学、布局合理、编组落实、可靠管用”的民兵队伍。4月底，采取分片区集中点验的方式，对全县基干民兵进行全面点验，应急分队到点率均达到了90%以上。

从严抓征兵　立足早筹划、早发动，充分利用贴吧、微信、短信平台等现代传媒手段，积极搞好征兵宣传。把住严奖惩、激动力，严格落实奖惩措施、兑现承诺，较好地激发了乡镇抓好征兵工作的动力。2016年兵役登记，18周岁男青年兵役登记率首次达到了100%。2016年，向8个单位和地区输送新兵xx人，其中大学生xx人，新兵思想稳定，没有出现退换兵，较好地完成了年度征兵任务。

【党管武装】　坚持聚力兴武，在落实党管武装工作上下功夫。发挥好桥梁纽带作用，在加强党管武装工作上持续用力。

落实制度不走样　认真落实党管武装制度，将武装工作纳入县党委、政府议事日程，纳入党政领导目标任务的考评范畴，定期召开党委议军会、武委会和国动委会。认真抓好省党管武装工作会议、省委和市委常委议军会议、“永新会议”等精神贯彻落实向县委、县政府的衔接。2月14日，组织全县千名党政领导干部和基干民兵武装拉练，进一步增强各级国防意识，浓厚了全县党管武装工作氛围。

解决难题见实效　坚持主动汇报、积极协调、加深感情、浓厚氛围。针对抓大规模作战准备和正规化建设的实际，积极主动向县委、县政府汇报协调新营院基础设施配套建设、民兵应急连建设、应急指挥车建设、民兵情报信息员网络建设，落实经费230余万元，有力地推动了人武部全面建设。针对专武干部队伍建设相对薄弱的实际，严格按文件规定要求，加大专武干部培养使用力度，这次换届，4名部长被重用，5名武装部副部长或干事提升副科级，选拔了11名优秀干部补充到专武干部队伍。针对复转军人安置难、专武干部进步难、军人军属维权难等实际，加强与地方组织、民政、人事、司法等部门的沟通协调，在妥善解决复退军人安置、涉军维权机制完善等方面给予政策、经费、人才等方面的倾斜和保障。

参与建设有作为　积极参与地方经济社会发展建设，积极支持全县“四城同创”“六大攻坚战”等工作，先后投入经费20000余元，组织民兵320多人次参与地方抗洪抢险、森林灭火、文明创建等急难险重任务。3月20日，县人武部带应急连奉命到关田工业园抢险，完成任务出色，受到当地领导群众的赞扬。

【基层建设】

规范组织设置　采取“先行示范、整体推进”的思路，按照3种类型在林业局、横水镇和鱼梁村抓了试点，并召开了基层组织建设规范会，尔后由点带面在全县铺开。“永新会议”后，进一步研究了规范落实的具体措施。按照“平战一体、双重领导、区分类型、全面覆盖”的原则，全县连以上或相当于连规模的基干民兵分队，全部设立了党支部，对不符合单独设立党支部条件的基干民兵分队，采取属地管理原则的办法，由3至4个乡镇就近联合设立党支部，并落实了“连有支部、排有小组、班有党员”。

统一建设标准　按照“组织健全、职能明确、制度规范、作用发挥”的目标，深化民兵基层党组织规范化建设标准。对软硬件设施进行了明确规范，专门下发通知要求全县所有基层武装部和民兵连部均落实“四有”标准。同时，对民兵党支部、党支部书记、支部委员、党小组明确了职责，确保组织和人员履职尽责。

常态落实制度　重点抓了基层“三会一课”“党日制度”“民主生活制度”“党员汇报制度”的落实，并规范了会议记录及党课教育内容。“永新会议”精神和省委省军区《意见》联合下发后，专门组织专武干部集训学习，各个基干民兵连党支部普遍以此为指导，全力推进基层党组织建设。

【安全教育】

持续抓好安全教育　落实安全教育制度，将安全教育纳入年度教育计划中，抓好安全教育“四落实”，坚持正面引导与反面警示相结合，利用会议、交班等各种集中场合，采取专题教育和随机教育相结合的方式，全面抓好安全教育的落实。2016年，围绕人、车、枪、弹、密和涉郭涉徐问题清理、重大任务中安全防范及季节性事故预防，先后组织安全教育20余次。

常态组织安全形势分析　结合工作任务和季节特点，定期召开部党委会和安全领导小组会，分析安全预防工作形势，剖析查找原因，研究对策措施。安全领导小组坚持每月召开一次安全形势分析会，部党委严格落实每季度安全形势分析制度。对发现的问题，都明确责任分工，及时抓了督查整改。

着力加强安防建设　按照章贡区正规化建设现场会要求，结合新营区实际，采取“协调地方出一点，自筹经费投一点”的办法，逐步完善了门禁系统、指纹考勤系统、报警系统、营院监控系统、兵器室安全监控系统及各类防爆、消防等安防设施设备，进一步提高了技防水平。与此同时，定期组织安防演练，确保一有情况，能及时应对。

抓好安全制度末端落实　依靠制度抓管理，专门研究制定了《崇义县人武部日常管理手册》，对五个方面的工作进行了严格规范；突出重点抓管理，下力抓好枪弹管理、安全隐患排查、保密办公管理等制度落实，坚持每周三对涉密载体、移动介质、电子资料进行一次清理，并将落实情况在周五早交班上通报；严格奖惩抓管理，坚持奖优罚劣，特别是对违反规定的人和事，敢唱红脸、敢于较真，树立了纪律制度的刚性约束，保证了安全管理见底见效。

确保安全“两防”落地见效　认真抓好本部重要部位人员政治考核，特别是针对核心涉密人员和枪弹管理人员，严格按程序方法组织。积极加强与地方国安、维稳、公安、信访部门联系，互通信息，掌握情况，防止邪教组织和非法人员的破坏活动，做好了重要节日和重点时期的安全防范工作。

【扶贫帮困】　坚持把助推赣南苏区振兴发展、结对帮扶工作作为年度党委工作的重要任务来抓，倾心尽力做好扶贫工作。经深入调查摸底，确定2个单位（思顺乡沿佑村、乐洞乡乐洞中小学）、9户贫困户、2名贫困学生为部党委年度扶贫帮困对象。重点做到“三帮”：

带着感情，真心帮　组织大家反复学习领会习主席关于脱贫攻坚的系列重要讲话精神，特别是视察江西和接见驻赣部队领导干部重要讲话，学习省军区党委关于开展“六项工程”的重要决策，学习军分区和兄弟单位开展帮扶工作的经验做法，引导大家充分认清开展帮扶工作的重要意义，帮助大家切实厘清人武部的性质宗旨、责任义务和优势所在。观念一变天地宽，廓清思想迷雾后，部党委上下都把帮扶作为一项重要的政治任务、作为分内必须承担的政治责任、作为年度党委工作的重要内容，动真情、下真功，真扶贫、扶真贫，做到了思想自觉、行动自觉。

找准路径，全力帮　开展帮扶工作，必须结合实际、立足自身、理清思路、找准办法。为此，主要采取“三问、三力”来推进落实。三问：一问“需”，弄清帮扶对象当前最需要什么？二问“难”，摸准致贫原因根子隐藏在哪里？三问“计”，找到脱贫致富今后出路在何方？坚持每年一个波次，年初年中年尾走村入户进校了解真情实况，与县、乡、村（校）、户坐下来理需求、寻穷根、破难题。沿佑村主要落实了“三帮扶、三送”活动，即：帮扶树立脱贫决心、帮扶搞好油茶产业、帮扶掌握1~2门实用技术，协调有关部门送书、送戏、送药，并每月实地走村入户进行调查了解贫困户详情，每季现场办公解决实际问题，重大节日带实物上门看望。助学帮教主要做到三力：拿出举措“尽力帮”。制定实打实的措施，干好几件实事：针对教学、生活设施差的实际，帮助他们改善基本条件，2016年上半年，拿出50000余元为学校捐建“八一图书室”（捐赠图书450册）、购置空调热水器17台，下半年还准备拿出30000元为师生添置餐桌椅25套。今后每年捐赠图书400册、捐建多媒体教室1个，把这些实实在在的具体事落实好，让师生得到真真切切帮助。发挥优势“聚力帮”。发挥理论优势，安排部领导和专武干部定期为学校宣讲国家政策、国防形势；发挥军事优势，适时组织师生过“军事日”，开展“学红色传统、学红色歌曲、学队列动作”系列国防教育活动，增强师生国防观念和纪律规矩意识；发挥渠道优势，采取“请进来、走出去”的办法，邀请名师到学校上公开课，组织美术、音乐专业老师定期到学校支教，全面提升学校教学水平。加强协调“借力帮”。发挥人武部军地桥梁纽带作用，用足用好对口帮扶政策，借军地之力搞好帮扶。协调县教育局，组织教师培训适当向乐洞中小学倾斜，提高学校教师教学水平。协调团县委，共同开展贫困学生“微心愿”活动，帮助他们解决具体难题。

建立机制，长效帮　主要是建立并坚持了三项机制：党委管总定人包扶机制。充分发挥部党委统揽作用，总体制定方案计划，统筹各方资源，保证不管班子成员如何变动，帮扶任务不变、脱贫目标不变。在党委管总的基础上，将帮扶任务分解到人，建立领导干部脱贫包扶制度，包扶到底，不脱贫不脱钩。军地协调对接落实机制。积极把单位的扶贫工作融入全县脱贫攻坚总体规划，主动与地方政府建立军地协调对接落实机制，认真搞好支援需求对接，积极参与、密切配合，切实做到统一部署，同步推进，既不包办代替，也不另搞一套。建档立卡登记销账机制。对帮扶对象进行精准识别，实施动态管理，建立扶贫档案，实现对扶贫对象的全面监测，为精准扶贫决策提供依据。年初制作一张扶贫帮困工作进度表，将年度需要落实的工作列入表中，实行登记销账制度，确保帮扶工作落实。

【领导名单】

部　长　　　金仁贵
县委常委、人武部政委
　　　　　　党生维
副部长　　　曾祥标

武警中队

【概况】 1983年4月组建，隶属武警赣州市支队，主要负担崇义县看守所外围武装警戒以及上级赋予的其它临时性勤务。2016年以来，县武警中队严格贯彻落实中共十八届六中全会和习主席关于加强武警部队建设的一系列重要指示，以《军队基层建设纲要》为依据，围绕努力建设一支听党指挥、能打胜仗、作风优良的现代化武装警察队伍的目标，按照：“夯实安全基础，营造和谐警营，争创先进中队”的工作目标和“坚持全面大基础、全力抓落实、全程报安全，推进部队建设安全稳定快速发展”的整体工作思路，在务真求实中推进中队全面建设又好又快发展。

【政治工作】 党支部一般人高度团结，充分发挥党支部战斗堡垒和领头羊的作用，坚持用党的创新理论武装官兵，坚持围绕实现“两个确保”的目标，不断打牢官兵的思想基础。突出抓好三级党委扩大会议精神和“坚定改革强军信念，积极投身改革”主题教育，进一步增强官兵的责任意识和使命意识，紧紧围绕中心工作，结合中队实际，适时开展时事政策教育，日常生活中，抓好官兵的经常性思想教育，将尊老爱兵、艰苦奋斗、爱国奉献、拥政爱民的优良传统深入兵心，严抓法纪教育，树牢法纪观念，增强依法治警和依法办事的意识和能力。

【执勤工作】 党支部对执勤工作高度重视，把执勤和处突摆在各项工作的中心位置，狠抓执勤安全，严格执行各项《执勤工作通用规定》和《正规化执勤标准》，狠抓执勤制度落实，进一步正规执勤秩序，并狠抓勤务训练，增强自我防护能力和应急处突能力，确保中心万无一失，圆满完成年度执勤任务。积极加强与目标单位联系联防，主动交流情况，共同研究制定措施，尽可能地争取目标单位对执勤工作的投入，改善执勤环境，完善执勤设施，把中队执勤设施建设成为一流水平，确保执勤的绝对安全。同时中队精心组织好各项临时勤务，不断提高完成任务的能力。

【军事工作】坚持狠抓军事训练，严格按照《军事训练新大纲》和《军事训练若干规定》等规章制度，按纲施训、科学组训，抓好了人员、内容、时间、质量等八落实，突出以干部为重点、战士为主体，严格干部跟班作业制度，采取以老带新，以新促老的方法，不断提高训练质量。贴近实际建立了一支素质过硬的应急班队伍，平时注重加强应急班处理突发事件能力和反恐能力的训练，真正做到齐装满员，训练有素，确保一身令下，部队能够拉得出，打得响。

【后勤工作】 党支部以全年整体工作思路为主线，坚持以习近平对武警队伍建设一系列只是为指导，加强基层后勤工作的规范建设，不断提高后勤保障能力和官兵生活质量，在后勤管理中，严格按照《军队集成建设纲要》抓落实，全面落实“伙食管理精细年”活动要求，使管理工作有法可依。有章可循；坚持以保中心、保生活为重点。修订完善执勤处突保障预案，重视抓好应急保障力量体系建设，积极推进后勤规范化管理，加大后勤业务骨干培训和经费物资管理力度，后勤保障能力不断增强。

【组织建设】 坚持抓好中队的组织建设，不断提高各级组织在中队建设中的地位和作用，促进制度工作创新发展。中队党支部加强自身建设，重点突出支部解决自身问题的能力，抓好党员，特别是干部党员的管理使用，不断提高干部的事业心和责任感；抓好各项组织制度的落实，确保组织生活有质量，能真正解决重点建设中发生发现的各项问题。

【管理工作】坚持狠抓依法治警、从严治警，严格中队管理。不断提高中队管理水平，坚决杜绝事故案件的发生。以安全发展的理念教育整顿官兵，不断强化官兵安全意识，牢固树立安全决定中队发展的观念。

【警民共建】 官兵以驻地人民为父母。把驻地当故乡。同多家友邻单位结成了共建单位，利用业余时间为共建单位工作人员进行军训，积极开展共建活动，受到了共建单位的一致肯定。每年积极为驻地学生开展国防教育，增强了广大学生的爱国热情，深受学校学生好评。

【领导名单】

中队长　　连宇锭

指导员　　应　涛

人民防空

【概况】 围绕全年工作任务，锐意进取，发奋图强，真抓实干，积极有为，人防工作在新常态中健康均衡发展、加速赶超前行，全面完成各项工作任务，荣获全省县级人防目标管理考核先进单位等荣誉。

【人防工程两突破】

实现政府自建项目零突破　投资建设两个自建项目：县人防应急救援指挥中心主体工程封顶，防空地下室已竣工并完成主体工程验收；崇义中学扩建项目防空地下室，已完成80%工程量。

结建工程有新突破　全年竣工验收项目1个，主体工程验收项目3个，在建项目1个，全年完成主体工程验收面积是历年的162%。同时，进一步优化精简人防行政审批项目和流程，提升了行政服务水平，加强和规范了防空地下室易地建设费的征收工作。加强了工程建设维护管理，按季度对已建和在建工程进行了安全检查，完善了对已建工程每季度巡查制度，建立巡查台账，发现问题及时整改。

【规划编制工作全面完成】 编制了“十三五”建设规划，确保把改革发展的各项政策措施体现到城市规划中。专项规划（2016—2030）编制工作全面完成，经6月27日第十七届县政府第64次常务会议研究，同意该规划。

【通信设施建设不断加强】 新增防空警报器2台，购置军三代短波电台1套(含固定台和背负台)。9月18日，参加了市人防办统一组织的防空警报试鸣，县城学校组织了疏散演练活动，县人防志愿者开展了训练活动；积极参与市人防办组织的3G应急无线视频系统的调试。

【宣传教育建设不断巩固】 继续在中山社区开展人防进社区活动、在崇义三中和四中开展人防进学校活动。每季度更新1次学校和社区防空防灾知识宣传专栏。5月12日全国“防灾减灾日”，联合县防震减灾局在中山社区和第三中学开展宣传活动。新学年开学后，利用初一新生军训的机会，在崇义三中举办了人防教材发放仪式，为新生讲授人防知识课，并组织新生参观了人防宣教室，观看了防空防灾知识专题片。积极探索人防宣传教育进党校，印制了党校学员人防宣传笔记本，在党校培训班中开设人防课程。强化了通讯报道工作，全年在国家、省级人防刊物和网站的用稿数量列全省县（市、区）人防办前列，被评为全省人防信息宣传工作先进单位。

【干部素质不断提高】 扎实开展“两学一做”学习教育，深入开展“书香人防”读书活动，按照要求组织了机关训练。着力加强思想建设、组织建设、作风建设和制度建设，坚持“三会一课”制度，不断提高人防队伍的综合素质。按照“两个责任”和“一岗双责”的要求狠抓党风廉政建设，营造了风清气正的良好氛围。通过加强学习和规范教育，干部精神面貌良好，争先创优意识不断加强。

【领导名单】

主　任　　杨小红

副主任　　李鸿金

财富新天地住宅小区防空地下室

经济综合管理

发展与改革

【概况】 2016年，县发改委紧紧围绕“政策、项目、资金”，突出抓好政策研究与落实、抓好向上对接与争取、抓好项目管理与推进、抓好综合协调与服务，推动发展改革各项工作取得成效。

【当好参谋助手】

在战略谋划上当参谋　牵头完成“十三五”规划建议和规划纲要等未来五年全县经济社会发展纲领性文件；

在形势研判上当参谋　编写了《发改内报》3期，为县委、县政府提供参谋建议，如推动新一届县委、县政府领导尽快熟悉县情、吃透县情，专门编写了一期《崇义县情概要分析》，为新任领导决策提供参考。

在经济运行监测上当参谋　强化经济运行监测调度，做到每一个经济数据都有支撑、有分析、有预测。2016年，全县完成生产总值711600万元，增长9.3%；财政总收入107000万元，增长4.1%；公共财政预算收入83600万元，增长16.9%；固定资产投资453800万元，增长16.5%；规上工业增加值238000万元，增长8.9%；城乡居民人均可支配收入和农村居民人均可支配收入分别为22938元、8515元，分别增长8.1%、11.6%。

【积极争跑政策项目资金】 一是牵头印发了全县争取重大政策、项目、资金工作计划，为全县争资争项工作提供路径。引领争取了一批“国字号”“省字号”政策。国家层面，成功争取赣郴永兴铁路列入《国家中长期铁路网规划》，“章源及图”商标被认定为“中国驰名商标”，聂都乡竹洞村入选第四批中国传统村落名录等。省级层面，省政府批复同意设立崇义县省级产业园；崇义通用机场列入省“十三五”规划纲要；省天然气管网工程崇义段获省能源局核准；成功争取江西省休闲农业示范县，为全市唯一。二是争取了一批国家专项建设基金项目。策应国家最新政策导向，争取14个专项基金项目60300万元，国家政策性低息长期贷款212000万元，与江西银行、赣州银行、九江银行设立产业发展基金320000万元。

【着重强化项目建设调度】

梳理项目政策单行本　编制了发改业务单行本指南手册，明确了股室职责、项目申报要求、审批程序及基本县情等，要求每名干部对单行本内容熟记于心。

抓好项目储备库建设　组织委内精干力量，成立委主要领导任组长的重大项目编报工作小组，在全域旅游、生态产业、特色小镇等方面谋划了一批打基础管长远的项目。齐云山年产35000吨南酸枣糕系列食品、茶滩温泉旅游开发等5个项目列入全省重大项目（大中型建设项目）储备库项目，总投资299300万元；争取乐洞风电场、上堡梯田创建AAAA级旅游景区等8个项目列入2016年省市重点工程，总投资379000万元。

推进“六大攻坚战”项目建设　推动实行县委常委负责制和“五个一”工作机制（“一个项目、一名挂点县领导、一个责任单位、一个计划目标、一抓到底”），大力推进攻坚项目群建设。全年安排“六大攻坚战”项目98个，总投资1800000万元；其中列入市级考核项目54个，总投资1275300万元，已全部开工建设，完成年度投资585000万元，占年度投资计划的106%。精亿灯饰LED等一批项目竣工试产。

【突出抓好生态文明建设】

迅速打开工作格局　推动成立了由县委、县政府主要领导任组长的生态文明先行示范县建设领导小组，在全市率先正式组建县级生态文明办。制定出台了生态文明先行示范县建设工作领导小组工作规则、县生态办工作规则和2016年工作要点。

积极探索7项制度创新　积极探索生物多样性保护与发展的体制机制等7项绿色制度体系，印发了《崇义县领导干部自然资源资产离任审计试点实施方案》，提炼总结了生态文明制度创新“崇义实践”。

积极开展生态文明创建　利用环保部对口支援政策优势，领衔推动生态创建活动。2016年，推动争取阳岭国家森林公园、铅厂镇入选江西省首批生态文明示范基地，并成功争取了省生态文明示范基地省基建项目资金（全市2个）；参与推动过埠镇、扬眉镇、关田镇被评为省级生态乡（镇）。四是积极做好省考核督导工作。10月18日至20日，接受了省生态文明先行示范县建设考核督导组曾绍平一行在崇义县开展省生态文明先行示范县建设督导工作，并得到省督导组的充分肯定，考核总分排名全省第3位。

【统筹推进其他重点】 一是牵头开展降低企业成本优化发展环境专项行动，推动出台降成本优环境政策100条，为企业“降本减负”。二是牵头推进公务用车改革，制定出台《崇义县公务用车制度改革工作方案》及其配套制度规定；协调做好167辆公车统一封存及取消车辆公开拍卖工作。三是重点推进行政审批制度改革，深化“六单一网”建设，推进审批制度改革。

【领导名单】

党组书记、主任

汤新敏（7月免党组书记，8月免主任）

邱志坚（11月任）

发改委副主任、振兴办主任

谭宽明

党组成员、副主任

廖　军（1月任）

项目办主任

吴宗华

赣南苏区振兴发展

【概况】 2016年，在市委、市政府的正确领导和市振兴办的精心指导下，崇义县感恩奋进，上下联动，积极对接争取，纵深推进对口支援工作务求成效。

【政策扶持】 为加快推进对口支援工作科学、有序开展，在深入实地调研、多方征求意见反复修改完善的基础上，分别制定了对口支援工作方案、规划或计划。国家体育总局制定出台了《国家体育总局对口支援崇义县振兴发展2016年重点工作方案及责任分工》，任务落实到国家体育总局33个机关司局和直属事业单位，分别直接帮扶崇义县16个乡（镇），进一步明确责任分工，在丰富活动赛事、开展学习培训、支持项目建设等方面加大帮扶力度；环境保护部即将出台《环境保护部对口支援江西省崇义县“十三五”工作实施方案》，在生态文明建设、生态产业发展、生态环境治理、强化环保能力基础建设等方面提出了具体的支持事项和帮扶措施。

【资金支持】 先后争取了环保口陡水湖生态环境保护、农村环境连片整治、重金属污染治理等专项资金20900万元，其中较大的项目资金有陡水湖生态环境保护专项资金19500万元、农村环境综合整治项目资金8430000元、省级主要污染物减排专项资金3020000元；争取落实了体育口各类资金25000000元，主要有县级全民健身活动中心8000000元、县游泳馆功能完善项目4000000元、县篮球场改造工程3000000元等。

【人才培养】 在环境保护部的支持下，争取南京环科所所长高吉喜同志到崇义县开展就“生态文明建设的理论与实践”专题讲座、组织县委主要领导参加北大生态文明体制改革与党委政府环保责任专题研究班学习、上海交大环境科学与工程学院与崇义县开展合作；在国家体育总局的支持下，争取北京体育大学暑期社会实践团到崇义县开展支教活动，举办了青少年网球、足球、击剑、游泳等暑期夏令营和暑期培训活动14次、受训人数700余人，并争取崇义县学生参加西安渭南阳光体育大会、四川成都游泳夏令营。

【强化保障】 为确保第二轮对口支援工作顺利开展、扎实推进，崇义县积极对接，认真做好第一轮和第二轮对口支援工作的衔接工作。一是协调了环境保护部科技司综合处处长、国家水专项办副主任王明良和国家体育总局科技司科技处副处长张涛两位优秀干部分别到崇义县挂职县委副书记、县政府副县长和县委常委、县政府副县长。二是主动靠前，从工作、生活和人员配备上给予挂职干部全力支持，帮助挂职干部尽快适应崇义新的环境、熟悉崇义新的情况，全身心投入到对口支援工作中。

【深度对接】 为加快推进国家部委对口支援崇义振兴发展工作，2016年，县委、县政府有关领导先后带队赴环境保护部、国家体育总局等部委开展对接汇报，以“提问题解难题”的方式，就崇义的现状、经济发展规划、存在的困难问题以及有关想法建议进行专题汇报，使部委领导第一时间全面掌握对口支援崇义工作重点，对口支援工作精准发力。同时，协调争取了环境保护部16批次、国家体育总局21批次调研考察组到崇义县开展调研活动，其中国家体育总局局长、党组书记刘鹏和环境保护部副部长李干杰等部委领导亲率调研组深入崇义县实地考察调研对口支援工作，分别在推进全民健身事业发展，体育基础设施、公共体育服务体系建设和生态产业发展、生态文明建设、生态环境保护修复等方面进行了充分调研沟通，并就对口支援崇义工作表示了明确支持。

【精准帮扶】 在落实对口支援各项工作中，环境保护部和国家体育总局将自身独特优势与崇义县经济社会发展需要高度契合，精准施策、精准帮扶，深入推进对口支援有效开展。环境保护部结合崇义县生态县域经济发展道路，大力支持崇义县在生态文明建设、“生态+”产业发展、生态环境治理、生态体制机制创建等方面开展先行先试，并给予政策、项目和资金支持。国家体育总局围绕崇义县“全城旅游+”思路，大胆探索发展体育旅游新业态，充分利用崇义山好水好空气好优势，结合崇义“7+2+1”布局，鼓励崇义大力发展“水、陆、空”等户外健身运动；支持崇义县创建“全国基本公共体育服务体系示范县”工作中，把崇义作为试验田，大胆探索。

【领导名单】

主　任　谭宽明（兼）
副主任　邹攸鹏

统　计

【概况】　2016年，县统计局致力于提高统计数据质量，充分发挥统计“监测、分析、预警”功能，全力服务于经济建设，同时狠抓统计改革，强化基层统计基础建设，较好地完成了各项工作。

【加强班子建设】　紧紧围绕县委、县政府“六大攻坚战”工作目标，结合“两学一做”活动精神，着眼加强理论武装，统一思想行动，定期开展党员干部学习活动，并召开支部大会，传达学习了中央省、市、县“两学一做”学习教育精神，认真学习以习近平为总书记的党中央治国理政新理念新思想新战略，引导党员深入领会系列重要讲话的丰富内涵和核心要义，自觉用其中观点、方法武装头脑、指导实践、推动工作。坚持加强党性和道德教育，引导党员、干部坚定理想信念，坚守共产党人精神追求。坚持加强警示教育，让党员、干部受警醒、明底线、知敬畏，主动在思想上划出红线、在行为上明确界限，真正敬法畏纪、遵规守矩。1月23日，县统计局召开2016年度科级党员领导干部民主生活会，认真查摆领导班子存在的问题，深入剖析根源，并抓好整改落实，增强领导班子的团结和战斗力。

【完成中心工作任务】　精准扶贫工作强化责任，加强落实，精准扶贫工作取得了阶段性成果，实现了预期目标，起到一定效果。一是和贫困户做到信息互通，深入了解掌握贫困户情况动态，察民情，解民忧。二是更新完善资料台账，按要求加强“一户一档”、《一本通》、“连心卡”软硬件建设，发放《一本通》21份。三是深入落实扶贫惠民政策。抓好产业、健康、就业、教育、金融及保障等扶贫，帮助16户扶贫对象解决涉及生产、生活方面的困难。四是针对每户贫困户制定“1+N”脱贫方案，做到“一村一策”“一户一法”。

征地拆迁工作　按照县委县政府的拆迁工作安排，强化措施，狠抓落实，克服重重困难，在工作中坚持以干部的诚心换取被拆迁对象支持工作的真心，积极推进征地拆迁各项工作。

“六大攻坚战”　积极按照县委县政府的要求，做好全县的数据统计工作，为科学发展综合考评提供依据。同时积极做好企业入规申报工作，2016年，崇义县新增“四上”企业19家（其中工业8家、贸易业3家、服务业7家、电子商务1家），是历年新增“四上”企业最多的一年，为主攻工业、现代服务业，壮大全县经济总量提供数据支撑，做出了积极贡献。

四城同创工作　根据创建国家卫生城市要求，结合实际，筹资一万余元，扎实开展创建。一是彻底的清理了网格化管理住宅小区的“牛皮癣”、乱搭乱建、乱贴乱挂、乱堆乱放和裸露垃圾的现象；二是完善了小区的宣传栏、公告栏；三是进行了健康教育宣传，提高了本单位的干部职工和网格区居民健康意识；四是认真开展了春夏季除“四害”药品发放工作，减少了病虫的泛滥；五是组织单位干部职工对本单位和所属网格区域的环境卫生进行保洁，让办公环境更加优雅，居民的居住环境更加卫生、整洁。

民主集中制执行情况　认真执行“三重一大”议事制度，做到重大决策、重要项目安排、干部任免和人员录用、大额资金使用等，由集体研究决定；并且做到“三重一大”事项都能事前向县纪委报告，主动接受纪委的监督。

党风廉政建设情况　始终把党风廉政建设工作放在突出位置切实抓好落实，严格执行党中央“八项规定”，坚决纠正“四风”，认真学习上级关于党风廉政建设的文件和会议精神，对全局加强思想道德教育和警示教育，常敲警钟，提高干部职工的廉洁自律意识，引导干部职工树立正确的世界观、人生观、价值观和政绩观。同时，大力控制“三公”经费，2016年，县统计局“三公”经费均比上年度有所减少。

改作风提效率　多次召开干部职工大会，传达上级改作风提效率会议精神，认真梳理在作风方面存在的问题，努力查找制度方面存在的漏洞，明确改进措施，完善相关制度，认真将会议精神落到实处。通过学习整改，切实增强了改进作风的紧迫感，县统计局干部职工作风明显改进、执行能力明显增强、工作效率明显提升。

【完成统计业务】

按质按量完成定期报表工作　通过加强对各专业基层统计报表报送制度的监管，对统计报表报送制度进一步规范化管理，建立统计数据质量管理责任制，明确统计数据质量管理责任领导、责任人及其职责分工；精心组织好统计系统业务培训和企业统计人员的培训；密切关注企业生产经营状况，防止企业直报数据出现大起大落，做好月度、季度、年度数据的衔接，确保了崇义县“四上”企业网上直报率达100%。按时完成生产总值核算、城乡住户一体化调查、批发零售贸易餐饮业、服务业、工业、建筑业、固定资产投资、劳动工资、文化产业等专业季度和年度的定期报表工作，各专业的定报数据质量明显改善。

进一步做好企业入规工作　一是加强“名录库”维护。面对统计调查单位急剧增加，尤其是小型私营企业和个体工商户量多、面广，每年都有大量的企业新增、消减、变更，建立和维护名录库的难度比较大的问题，县统计局加强与各部门的沟通联系，对于新开业和符合条件的企业及时摸底排查。二是把好调查单位入库关，坚决杜绝将虚假不实单位或不符合标准的单位纳入调查单位库，加强调查单位资料的审核，归档工作。三是县统计局联合工信、商务、税务等部门对全县各类企业展开全面摸查，把达到规模的企业及时纳入统计调查范围。2016年，县新入规模以上工业企业8家，限额以上批零住餐企业3家，规模以上服务业企业7家，超额完成了市统计局下达的“四上”企业入规任务。

不断提升统计服务水平　严格执行《江西省统计工作管理条例》，坚持问题导向、需求导向，站在决策者的角度去思考问题，使用科学方法深度分析数据，提出了有针对性的政策建议，为经济社会发展谋思路、想办法、出主意。对经济运行中出现的新问题、新情况，尤其是主要统计经济指标的运行情况做翔实的分析，及时向县领导反映汇报。撰写各类统计分析34篇，为县委、县政府准确分析经济形势和制定经济发展目标提供科学的参考依据。

【领导名单】

局　长　　林端武（9月免）
　　　　　陈丽明（9月任）
副局长　　胡省春
　　　　　李海良
农调队长　张道树

物　价

【概况】　把稳定价格总水平作为价格工作的重中之重，采取综合措施，健全长效机制，努力保持价格总水平基本稳定。全面落实国家、省、市价格改革政策，管好现有政府定价项目，做好收费行为事前事中事后监管。严格按照《江西省定价目录》规定，管好县级政府定价范围内的价格和收费事项。对国家、省、市要求放开的，坚决放开，不擅自设立目录外的价格、收费审批事项。依法建立健全各项价格、收费管理制度，加强对放开的价格审批事项的事中事后监管。

【价格总水平基本稳定】　完善价格监测预警机制。坚持价格监测“一日一监测、一周一分析”的工作制度，重点对粮油、肉类、液化气、农资、建材、特色农产品等421种商品进行价格监测。分析价格变动趋势和原因，及时向县人民政府提出价格调控措施建议，努力将价格异常波动控制在萌芽状态，确保了全县市场价格基本稳定。

【价格监督检查】　依法开展价格专项检查和整治。围绕与民生息息相关的价格和收费问题，开展教育收费、药品价格和医疗服务收费、涉企行政事业性收费等重点领域专项整治。共计查处价格违法案件3件，查处价格违法金额52410.15元，其中：没收非法所得金额35802.15元，罚款16608元，全年上缴财政总金额52410.15元。加强景区收费管理。对县内景区经营者发放《价格提醒告诫书》，要求景区餐饮、摊点、住宿等经营者遵循公平、合法、诚实信用的定价原则，实施好明码标价，在醒目位置标明商品价格和服务收费标准，自觉接受游客监督。重点加强了价格行政执法，依法严肃查处各种违法行为，维护群众合法权益和公平、公正的市场竞争秩序。

【规范价格认定和成本监审、成本调查】　2016年，县价格认证中心严格按照规定程序组织开展涉案财物价格认定、涉税财物价格认定，政府定调价前成本调查和成本监审等工作。据统计，2016年受理价格认定业务总件数48件，价格认定总金额2032400元，其中：刑事案件47件，金额1737300元，其他价格认定1件，金额295100万元。公安机关查办案件涉案财物价格认定占主要地位；价格认定工作有序开展，质量逐步提高，未出现复核裁定案件，受到社会好评。年内，对全县殡葬服务定价成本进行了监审。

表4　价格认证服务情况

项　目	件数（件）	标的物金额（万元）
（一）涉案物品价格鉴证	48	203.24
其中：1. 刑事案件	47	173.73
2. 民事案件	0	0
3. 涉税财物价格认定	0	0

续表 4

项　目	件 数（件）	标的物金额（万元）
4. 服务政府价格认证	0	0
5. 其他案件	1	29.51

【价格监测和部分价格、收费水平】

2016 年，着力稳定生猪定点屠宰和液化气价格，严格控制生猪定点屠宰企业县食品公司生猪的收购价和猪肉批发综合差价率，督促县城液化气经销商依据进货成本及时调整液化气价格，保持与赣州市中心城区和周边县液化气市场价格的联动。努力将价格异常波动控制在萌芽状态，确保了崇义县市场价格基本稳定。

表 5　　部分价格或收费标准

项　　目	3 月底	6 月底	9 月底	12 月底
城镇居民生活用电（每千瓦时）	0.60	0.60	0.60	0.60
居民生活用水（元 / 吨）	1.55	1.55	1.55	1.55
液化气（元 / 千克，不含送气费）	8.27	8.27	6.62	7.31
晚籼稻收购价（元 / 5 0 千克）	136	136	136	136
标一早米市场零售价（元 / 千克）	4.2	4.2	4.32	4.32
标一晚米市场零售价（元 / 千克）	5.36	5.36	4.40	4.40
鲜猪肉零售价（元 / 千克，统装一刀下）	22	22	24	26
草鱼活 1000 克左右一条（元 / 千克）	15	15	15	15

【汽、柴油调价情况】

国内成品油定价机制采用“十个工作日一调”的原则，2016 年成品油调价进行了 10 次上调、5 次下调、10 次搁浅，其中 3 次正常搁浅，6 次因地板价新政而不作调整。涨跌互抵后，本年度汽油每吨累计上调 1015 元，柴油每吨累计上调 975 元。

表 6　　2016 年度汽柴油调价情况　　（单位：公升）

时间＼型号	90# 汽油	93# 汽油	97# 汽油	0# 柴油
3 月 27 日	5.02 元	5.40 元	5.80 元	4.72 元
6 月 21 日	5.47 元	5.88 元	6.31 元	5.22 元
9 月 29 日	5.36 元	5.76 元	6.19 元	5.10 元
12 月 12 日	5.48 元	5.89 元	6.33 元	5.23 元

【领导名单】

局　长　　罗宗夫

所　长　　何昌华

安全生产监督管理

【概况】 坚持“安全第一、预防为主、综合治理”方针，注重运用法治思维和法治方式强化安全监管，促进了主体责任落实，有效防范了较大以上事故的发生，确保了全县安全生产形势的总体稳定。2016 年，全县实际发生死亡事故 3 起，死亡 4 人，其中煤矿发生 1 起死亡事故，死亡 2 人，工矿商贸发生 1 起死亡事故，死亡 1 人，生产经营性道路交通发生 1 起死亡事故，死亡 1 人。全县未发生校园事故和一次死亡 3 人以上的较大事故；水上交通、特种设备、消防等领域均保持稳定的安全形势。

【责任体系】 各乡镇党委、政府认真贯彻落实安全生产“党政同责，一岗双责”责任，强化属地监管，定期研究部署安全生产工作，切实落实“五级五覆盖”。

各有关职能部门工作按照“管行业必须管安全、管业务必须管安全、管生产经营必须管安全”的原则，加强了对有关行业领域的监督管理，形成综合监管和行业监管合力，提高监管效能。

各生产经营单位切实履行企业主体责任，全面加强企业安全管理，保证安全资金投入，健全规章制度，加强安全教育培训，完善安全生产条件。

【防范遏制重特大事故】 成立了由县政府主要领导担任组长，分管领导担任副组长，县安委会成员单位主要负责人为成员的县标本兼治遏制重特大事故试点工作领导小组，印发实施了《崇义县标本兼治遏制重特大事故试点工作方案》（崇府办字 [2016]78 号），选择非煤矿山领域为试点行业，重点推进“头顶库”、采空区专项治理，稳步推进防范遏制重特大事故工作。

【隐患排查治理系统试点】 江西省安监局将崇义列为省隐患排查治理系统试点县之一，县安监局将全县矿山、危险化学品、烟花爆竹、工贸行业领域共45家重点企业纳入系统，实行线上监管，促使企业排查上报312条安全隐患并全部整改到位，初见成效。

【“安标化”及“六大系统”】 全县在生产的企业已全部完成了“安标化”及“六大系统”建设验收工作（安标化达标26家，达标率85%；六大系统24家，完成率80%），在生产矿山已进入第二轮的安标化复评阶段。

【矿山开采机械化】 县安监局着力在地下矿山使用凿岩台车、铲运机、斜井架空行人装置、天井反井钻机、尾砂充填采矿工艺等方面进行推广，探索留矿法采矿工艺改革。2016年，试点企业章源钨业淘锡坑钨矿已在矿内普遍使用凿岩台车，反井钻机开拓天井工艺已熟练使用，章源公司所属矿山已逐步在推广使用上述机械。县内已安装了斜井架空行人装置的企业有6家，全县井下矿矿山已普遍使用机械爬碴作业，大大减轻了工人的劳动强度，提高了工作效率和安全度，机械铲装作业（含斜井开拓、上山斜井掘进）在全县已达到80%的覆盖率。

【宣传教育培训】 一是以“强化安全发展观念，提升全民安全素质”主题，通过启动安全生产“监管执法年”活动、开展应急救援演练、播放安全生产公益广告等一系列丰富多彩的“安全生产月”活动，大力普及安全生产法律法规及知识，正确引导社会舆论，浓厚安全生产氛围；二是督促企业扎实开展好从业人员安全教育培训，落实岗前培训，企业安全管理人员和特种作业人员做到持证上岗。2016年，全县矿山、危化品、烟花爆竹等高危行业从业人员共计4000多人次参加了岗前培训，“三项岗位”人员持证上岗率达90%以上。

【领导名单】

局　长　　黄上贵
副局长　　甘业河
　　　　　刘传钿（9月任）
安委办副主任
　　　　　田允奎

市场和质量监督理

【概况】 2016年，县市场和质量监督管理局以“抓改革促发展，强队伍树形象”为工作主线，努力克服改革带来的各项挑战，围绕中心，凝心聚力，开拓创新，真抓实干，各项工作有序推进，基本实现了推进深化改革与市场监管职能落实的两手抓、两不误。

【办了两件实事】 “小餐饮”专项整治成效明显“小餐饮”一直是崇义县食品安全监管的难点，也是群众普遍关注的热点。年初，县市场和质量监督管理局按照崇义县创建国家卫生县城的要求和部署，牵头组织扎实开展了“小餐饮”专项整治行动，以城区内食品加工小作坊、小食杂店、小餐饮店和集贸市场为对象，按照“摸清底数、分类施策、先难后易、以奖代补”的工作思路，实施了“三个一批”工程（整治一批、取缔一批、提升一批），重点解决崇义县食品生产经营卫生条件脏乱差的现状。同时，完善了食品安全管理制度，出台了《崇义县小餐饮监管制度》《食品安全管理制度》，规范了食品采购行为，全面提升了崇义县食品安全水平。截至2016年年度，共下发责令整改通知书502份，城区小餐饮店规范整改达标367户，餐饮服务单位100%实行量化分级管理。这项行动获得了群众广泛好评和专家组的认可，10月22日，顺利通过了创卫考核验收。

市工商局、县市监局领导为章源钨业驰名商标授牌

“崇义水饺”品牌培育发展迅猛按照县委、县政府“全域旅游+”的发展路径，县政府把发展“崇义水饺”作为旅游配套产业来抓，并要求县市场和质量监督管理局牵头负责抓好此项工作。2月，县市场和质量监督管理局通过前期调查摸底，制定了崇义水饺协会成立工作方案，注册了崇义水饺协会，3月18日，召开了崇义县崇义水饺协会成立大会暨第一次会员大会，协会前期会员有98个。协会成立后，新发展会员40余家，品牌效应辐射至外省，分别在江西樟树、广东丹霞山、湖南郴州等地开设崇义水饺旗舰店近20家。“五一”假期期间，崇义水饺协会、县个私协会、江西省章江源旅投公司联合举办“赏杜鹃·品水饺”暨首届崇义水饺节活动，收到了较好的宣传效应。同时，县市场和质量监督管理局充分发挥主管部门职能作用，指导协会开展注册“崇义水饺”集体商标工作，启动“崇义水饺”系列行业标准研制工作，拟定了《大力发展崇义水饺品牌的实施方案》，为打造“崇义”品牌奠定了扎实的基础。

【确保三个安全】 确保了食品药品安全开展各类食品药品专项整治行动35次，出动执法人员1890人次，检查食品药品生产经营户9660户次。抽检食品345个批次，其中284个批次进行实验室检测，不合格6批次，合格率为97.89%，61个批次进行快检，合格率为100%；抽检药品80批次，不合格3批次，合格率为96.25%，监测药品不良反应事件370例，医疗器械不良事件80例，全部录入药品不良反应网站系统。重点做好小餐饮、校园周边食品经营摊点、小作坊、食品非法添加、山东疫苗等案件的查处工作，全年食品立案69件，移送公安部门1件，药品立案13件。全年未发生食品药品安全事故。

确保了特种设备安全采取有力措施加强特种设备的监管工作，调整落实了2名特种设备监管人员，县财政安排专项监管经费30000元，建立了特种设备股与基层分局监管工作制度，进一步摸清了底数，形成了台账。全年开展了油气输送管道隐患整治、简易升降机专项整治、燃煤锅炉节能减排攻坚、高风险锅炉压力容器安全监察、暑期电梯安全检查等13项专项检查，在“两会”、节假日等重要节点开展特种设备安全排查工作。截至2016年年底，崇义县共有特种设备使用单位98个，特种设备613台/件，全年检查特种设备587多台/次，在用特种设备受检率达到100%。对特种设备使用单位提出管理意见130条，下达特种设备安全监察指令书3份（已整改到位）。全县未发生特种设备安全事故。

确保产品质量安全大力推进质量兴县，坚持品牌兴企，力促崇义县质量提升。积极动员符合条件的企业申报江西名牌产品、赣州市市长质量奖和江西省质量管理先进企业，指导做好企业“三名”商标延续、申报工作。截至2016年年底，申报市长质量奖企业3家，申报江西名牌产品企业2家，申报江西省质量管理先进企业3家，申请注册商标26件。申报认定中国驰名商标1件，省著名商标6件，市知名商标4件。推动企业设立“首席质量官”岗位，有4家企业10人完成首席质量官网络培训并通过考核。推动企业建立健全管理体系，年内新增认证证书5张。按照抽检任务，共抽检8批次，其中胶合板2批次，合格率100%，红砖4批次，强度合格率100%（尺寸不合格），抽检液化气“二甲醚”指标2批次，合格率100%。加强了对获证企业的后续监管，共检查工业产品生产企业158家次，全县获工业产品生产许可证企业建档率和监管率均达100%。全年未发生产品质量安全事件。

【取得五个突破】 驰名商标零突破7月，崇义县“章源”商标被国家工商总局商标局行政认定为“中国驰名商标”，实现了崇义驰名商标行政认定零的突破。

地理标志证明商标零突破3月，国家工商总局商标局下达了受理通知书，正式受理“崇义高山茶”地理标志证明商标申报，预计年内可申报成功。

食品药品案件移送零突破移送公安机关案件2起，分别为“非法经营疫苗案”及“食品非法添加案”。其中疫苗案因嫌疑人的违法行为未达到刑事立案条件，县公安局于4月4日将其所涉案件调查材料移送至县市场和质量监督管理局进一步调查处理，县市场和质量监督管理局以未取得药品经营许可证经营药品立案，现已结案。食品非法添加案公安机关还在进一步侦办中。

打击传销案件零突破3月1日，与公安部门联合摧毁了“中国明明商”张红华传销窝点案，涉案人员达一百多人，公安部门对张红华及上线传销人员追究了刑事责任，分别判处三年、五年的有期徒刑，对构不上追究刑事责任的涉案人员，县公安部门已移送到县市场和质量监督管理局作行政处罚，现已立案2起，案件正在调查处理当中。

市场主体发展有突破积极转变职能，以商事登记制度改革为引领，重点落实了注册资本登记

县领导颁发第一本“五证合一”营业执照

认缴制、“先照后证”、“一照多址、一址多照”、“企业简易注销程序”、企业年度报告公示制度、“三证合一，一证一码”、“五证合一、一照一码”登记制度等系列改革政策措施，推进企业信用监管警示系统建设，抓改革促发展，市场主体发展有了新突破。截至11月，全县共有企业1558家（其中内资企业187家，私营企业1371家），注册资本5490259300元；农民专业合作社230户，出资额254017400元，成员1927人、个体工商户7469户、从业人员16167人，注册资金818294300元。新发展市场主体1435户，其中个体工商户1093户、企业342户，较上年全年新登记1367户相比，增长5%。共召开企业信息归集推进会2次，签订《合作备忘录》31份，归集17个部门上报数据1289条。因在企业信用监管警示系统建设过程中，崇义县信息归集工作成绩突出，6月，崇义县分管领导还在全市商事制度改革暨事中事后监管平台建设工作会议上做了典型发言。11月，县市场和质量监督管理局深化改革工作顺利通过了省深化改革检查组检查，并得到检查组领导的认可表扬。

【规范办案执法】 三合一后，全面推行统一执法文书和网上办案，执法办案从“各自为政”逐渐向“统一执法”转变。5月起，县市场和质量监督管理局按照省法制办要求，全面执行新执法文书，进一步规范行政执法程序。6月起，根据省工商局、省质监局、省食药监局联合下发的《关于统一使用江西省市场和质量监管案件管理系统的通知》要求，县市场和质量监督管理局一般程序行政处罚案件全部进入“市场和质量监管案件管理系统”。同时，加强办案执法制度建设，县市场和质量监督管理局制定了《行政执法全过程记录制度》《重大执法决定法制审核制度》《行政执法与刑事司法衔接工作制度》《以案释法工作制度》《法律顾问工作制度》《行政执法责任制》等系列制度，用制度保障县市场和质量监督管理局执法办案规范有序开展。截至10月，共审核立案164件、处罚告知123件、处罚决定104件、结案94件，审核移送案件1件，进入案管系统审核122件，无复议和诉讼案件。

【重塑队伍形象】 以落实党要管党、从严治党要求为主线，以党建促工作、促发展。积极开展“两学一做”学习教育和“党建+”“党建夯实年”等系列活动，建立“党建+”示范点。坚持利用周一学习日制度，向全体干职工宣传贯彻“一准则两条例”等党规党纪，通报上级纪委关于违反中央“八项规定”等问题的典型案例，经常在干部职工耳边敲响警钟，形成不敢腐、不能腐、不想腐的生态环境。印发了《集中整治和查处基层侵害群众利益不正之风和腐败问题的工作方案》《关于进一步加强机关作风建设，严格遵守工作纪律的紧急通知》等文件，进一步严明工作纪律和责任追究。继续推行股室驻点服务、青年干部挂职锻炼等机制，提升基层分局工作能力。系列举措扎实有效地推进县市场和质量监督管理局的组织建设、作风建设、制度建设和党风廉政建设，使干部队伍的整体素质不断提高，拒腐防变防线更加牢固。在2016年精准扶贫工作中，县市场和质量监督管理局组织走访活动12次，投入帮扶资金65000元，帮扶挂点村基础建设项目3个，组织局干部职工开展“三个一”“一日捐”等活动，捐资捐物25000元，2016年，预计脱贫32户。在创卫工作中，全体干部职工艰苦奋战，毫无怨言，圆满完成了创卫工作任务。在这些中心工作中，县市场和质量监督管理局均取得可圈可点的成绩，更在全县群众中树立起了市监干部作风优良、执法为民、团结一心、吃苦耐劳的良好形象。

在经费保障有限、人员老化等不利因素影响下，工作取得了较大突破，全面完成了全年工作任务。但在实际中，也存在一些问题。主要表现在检测能力落后，专业人员缺乏，干部思想不够解放，融合的工作达不到进度要求，等等。对此，县市场和质量监督管理将认真分析，直面应对，切实加以解决。

【领导名单】

局长、党委副书记　李发平
党委书记、副局长　邹能璋
党委委员、副局长　麦才镜
　　　　　　　　　何子萌

审　计

【概况】 狠抓改革创新，推进审计监督全覆盖，切实履行审计职责，提高审计监督成效，取得了良好的工作成绩。被市委、市政府评为第八届文明单位，获得县委、县政府2015年环境整治（“四城同创”）、社会综合治理和信访维稳、绩效管理（公共机构节能）工作先进单位。

编制22名，其中行政编13名，事业编9名，在编21名，其中在职领导3人。下设有8个职能股（室、中心），分别是办公室、领导干部经济责任审计联合委员会办公室、经济责任审计股、财政金融审计股、农林水审计股、基建审计股、工业交通商业审计股和崇义县基建审计中心。

【党建迈上新台阶】

加强组织领导，落实主体责任　局党组始终坚持做到党建工作与业务工作一起抓，成立了局党建工作领导小组，明确了班子成员和股室（中心）负责人“抓党建、带队伍”的具体责任，并加强与所对口的纪工委（监察分局）的联系汇报。

加强教育培训，提高履职素能　通过“两学一做”专题教育学习，让党员干部筑牢思想政治、理想信念基础，促进全局上下切实增强“忠诚、干净、担当”的思想自觉。大力开展各种方式的业务培训，推进职业能力建设，提高履职服务水平。

加强制度保障，推进权力制约和监督　大力提高科学决策、民主决策水平。建立完善了局党组会、局长办公会、局务会议事决策制度；制定了《崇义县审计局廉能风险防控标准化作业规程》，明确各业务环节办事程序和要求，加大对重点廉政风险环节的监督检查。

加强作风建设，做到严查严纠　建立推行了定期下基层联系调研和服务制度，并对联系调研事项作出具体安排和要求，督促执行到位。带头从严贯彻中央“八项规定”精神和审计“八不准”等各项规定，立行立改，以零容忍的态度严查严处违规违纪行为。

【业务实现新突破】

预算审计增覆盖、提质效　进行了预算审计的全面统计调研，对全县公共资金、国有资产、国有资源审计进行统筹规划，分步、分组安排实施；对部门单位和乡镇预算执行审计进行查漏补缺，基本做到了“三年一轮审”。同时，深入、到位反映预算执行过程中存在的不足，有针对性地从体制、机制层面揭示问题、分析原因、提出建议。

经责审计破难点、建机制　积极争取县委、县政府及有关部门的重视支持，解决了经济责任审计联席会议制度难落实、专职办事机构人员难到位等问题，组建了崇义县领导干部经济责任审计联合委员会办公室，增设了副科级建制经责办主任一名。进一步修改完善并推行实施了经济责任审计联席会议制度及其工作规则，做到了经责审计工作有研究部署、有协调推进、有专职专人办事。2016年，全面完成了45名领导干部离任经责审计，查出违规和管理不规范金额25810000元，提出审计建议78条，并得到领导关注，全面进行了查纠整改。

投资审计促改革、降风险　转变审计职能，将政府投资工程项目预决算审计逐步推向政府购买服务，把更多精力投入到政府投资全过程审计监督，降低审计风险，规范审计行为。年内，完成937个项目的投资审计，送审金额15990.7万元，审计核减9533700元，审计核减率6%。

财务收支审计抓落实、增实效　加大对政府财政资金收支的运行轨迹全方位审计监督，确保国家财政资金管理和使用的真实、安全、有效。2016年，完成9个单位财政财务收支审计，查出不规范金额21510000元，提出审计意见17条，进一步促进财政财务收支行为制度化、规范化。

专项审计保民生、重大局　2016年，先后派出2个审计组，会同有关部门对全县以扶贫专项资金为主的民生资金管理使用和民生工程项目实施情况进行了为期3个月的审计调查，抽调2人参与配合为期2个月的涉农资金专项检查工作，向有关单位和个人反馈审计情况3批次38条，提出审计建议44条，督促落实审计整改16项，利用审计手段充分回应群众关切，维护群众利益。积极保障高质量完成了上级交办的6项专项审计，并常态化开展了本县稳增长跟踪审计，取得了较好的工作成效。

【中心工作新作为】

扎实推进精准扶贫　领导班子会专题研究部署精准扶贫工作

并组建驻村工作队，经常性走村入户；加大对帮扶挂点村人力、物力、财力的投入，争取项目资金；不断强化产业扶贫机制，发展传统种养业和刺葡萄等；积极开展“送温暖”和节日走访等活动，2016年帮扶村脱贫10户，脱贫人口34人。

高效服务“六大攻坚战” 紧紧围绕“六大攻坚战”资金使用和项目实施两个重点，立足发挥审计监督职能，工作上做到主动靠前，严格把关，促进各类相关资金的规范化、绩效化，推动重点工程和项目有序实施。

着力完成征地拆迁任务 县审计局领导班子和征地拆迁工作组坚持正面引导，加强政策宣传，严格执行征迁政策，做到“完成征迁任务”与“维护和谐稳定”两手抓。在工作时间上，实行“白加黑”“5+2”走村串户，想尽一切办法，克服一切困难，积极做通拆迁户工作，确保按进度要求完成征迁任务。

【队伍建设新面貌】 始终把建设一支高素质的审计干部队伍，打造审计“铁军”作为一项重要任务来抓。

加强领导班子自身建设 党组书记、局长在工作中率先垂范，以身作则，带动班子成员钻研业务，贯彻落实党的方针、政策，带头执行廉政建设等各项规定。

加强学习与培训 坚持党组织集中学习和个人相结合，严格组织生活，加强整治理论、时事政治、党风廉政等学习；安排专业人员赴南京、萍乡等地学习，提高审计人员的业务水平和综合履职能力，并且举办道德讲堂活动，引导全体干部职工将“道德讲堂”活动精神融入日常的工作生活中，进一步提升审计人的道德水平和文明程度。

积极开展自愿服务活动 围绕综治维稳、文明创建、“四城同创”等中心工作，积极组织开展志愿者服务活动，干部职工主动下基层、到社区义务劳动、义务宣传、贫困户走访等，使机关干部职工进一步培育了爱心，提升了精神面貌，审计队伍形象得到进一步认可和好评。

【领导名单】

局　长　　　　黄志军
副局长　　　　甘开林
主任科员、经责办主任
　　　　　　　陈年高

国土资源管理

【概况】 2016年，县国土局内设办公室（人事教育股、财务室）、政策法规股（行政审批服务股）、规划和耕地保护股、测绘管理股、土地利用管理股、地籍管理股、不动产登记管理股7个股室，垂直管理4个国土资源分局（城区、关田、过埠、扬眉）及13个乡镇国土资源所（除关田、过埠、扬眉外，每个乡镇一个国土资源所），下属县地产公司、县土地市场交易管理所、县土地开发整理中心、县土地执法监察大队、县土地储备中心、县不动产登记中心6个事业单位。干部职工共计78人。

以加快发展为主题，以改革创新为主线，牢牢把握“服务发展、保护资源、维护权益”的工作定位，主动作为、开拓创新、勇于担当、认真履职，在本年度做了大量卓有成效的工作，取得了优良的成绩。

【保障地方发展】

切实做好“空心房”整治工作 “空心房”整治工作是崇义县现代农业攻坚战和新农村建设的重要工作内容，由县新农村建设工作领导小组办公室牵头，由县国土资源管理局负责调查摸底、制订方案、组织实施、政策解读等具体工作。各乡（镇）以行政村为单位，成立了农村“空心房”整治工作组，组织扶贫挂点干部、驻村干部和村干部深入村组一线开展入户调查、思想动员、拆除等工作。

崇义县累计完成农村“空心房”拆除100892平方米，完成年度任务比例为450.41%；完成农村“空心房”修缮22471平方米，完成年度任务比例为101.17%；完成农村“空心房”开发利用乡村旅游为1238平方米，完成比例为100%；完成农村“空心房”开发利用农村公益设施392平方米，完成比例为100%。

积极开展房地一体的农村宅基地和集体建设用地使用权确权登记发证工作 根据省、市统一部署，在县委、县政府和市局党组的正确领导下，全县房地一体的农村宅基地和集体建设用地使用权确权登记发证工作正在稳步推进。

在宅基地等确权登记发证工作方面：2016年，崇义县地籍测绘工作已基本完成；初步权属调查已完成15个乡镇，资料收集已完成13个乡镇，已收集资料的宗地正在绘制宗地图、填写地籍调查表，目前已完成总工作量的80%。

在房屋调查工作方面：《关于开展农村房屋调查工作相关事项的请示》已通过县人民政府批复，项目资金已落实，于9月18日印发工作实施方案，9月29日公开招投标，由江西远拓测绘有限公司承担项目实施，县国土资源管理局和该公司签订了技术服务合同，技术服务单位于11月

上堡安置套房

15日进入铅厂镇开展农房调查试点工作，12月，试点工作已基本完成，正在做全面铺开的相关准备工作。

大力推进农村土地综合整治项目工作 为了更好地打赢现代农业攻坚战，2016年，县国土资源管理局大力开展了2016年农村土地综合整治项目：

崇义县上堡乡赤水村等6个村土地整理项目。该项目位于上堡乡上堡村、竹溪村、水南村、赤水村、正井村和良和村，项目于2015年9月通过赣州市国土资源局立项并下达了立项批复，立项建设规模333.1公顷，预算投资8870800元；4月6日，在县公共资源交易中心公开开标，崇义县水利电力建筑安装公司中标承建，项目于5月14日开工建设，项目已于12月30日通过市国土资源局组织专家组验收。

土地开发项目。通过对各个乡镇拟土地开发后备资源特别是拟开发成水田的废弃果园进行了调查摸底，对全县拟进行土地开发的地块进行立项，完成立项面积146.47公顷。同时，积极组织对已立项的项目开展实施，完成了崇义县铅厂镇稳下村等6个村土地开发（灾毁园地）项目（打捆）等6个项目的验收报备，新增耕地面积103.37公顷。

积极帮扶崇义县齐云山食品有限公司扩能项目 2016年，县国土资源管理局党组高度重视帮扶企业工作，抽调精干力量成立工作小组，经常性走访调查项目的运行情况，了解项目实施过程中遇到的困难和问题，并积极研究帮扶计划和切实有效的帮扶措施。该项目2016年全年完成投资额55000000元，已完成设备选型、厂区通电、通水工作及废水处理站工程防腐项目，成品生产车间、原料处理车间工程完成基础部分并验收，正对生产设备进行安装调试以确保2017年3月正式投产。

【重点项目】

推进土地利用总体规划调整完善工作 由于近10年来经济社会快速发展，崇义县新增建设用地指标提前执行完毕。省政府于8月4日要求各县市开展土地利用总体规划修改完善和全域永久基本农田划定两项工作。为保障崇义县经济社会可持续发展的用地需求，妥善做好土地利用总体规划调整完善工作，9月，县国土局向县政府发文请示落实工作经费及确定工作技术服务单位。年底，该项工作已全面展开，完成了全县各乡镇“十三五”期间含基础设施、民生工程等各项用地需求的调查摸底工作，并按要求落实到了每一块“图斑”。

深入推进不动产统一登记工作 2016年，县国土资源管理局持之以恒地推进不动产统一登记各方面工作，继续为完善不动产登记工作机制，创造不动产登记改革的“崇义经验”贡献力量。一是加强不动产登记机构及队伍建设。继续加强了不动产登记机构及队伍建设。将不动产登记中心各部门的职能进行了进一步的梳理和细化，调整优化了业务窗口、权籍调查室、档案室等人员配置。二是打造“便民利民”优质服务窗口。崇义县不动产登记中心窗口岗位设置重点突出便民，单独设立了一个林权登记窗口，其余窗口由土地、房屋登记的工作人员组合，按登记类型设立。群众只须进入一扇门就可以便捷申请，完成土地、房产、林权等一揽子不动产登记。通过这种做法，保证了不动产统一登记办事流程顺畅，方便了办事群众。三是有序展开不动产信息平台建设。县国土资源管理局根据国家、省、市的总体要求，制定了《崇义县不动产登记系统建设方案》，3月，完成了不动产信息化建设基础硬件的招标工作；6月，完成了不动产信息化建设软件开发和数据整合项目。

不动产登记中心共受理登记业务8237件，颁发不动产权证书

2074本（其中林权类198本），颁发不动产权证明3266份（其中预售商品房1111份，抵押预告882份，现房抵押1273份）。为申请人纳税开具不动产查询证明2329份，办结查封、解封登记116件，注销登记452件。创造了不动产登记的“崇义速度”。

科学编制了土地收储和供应计划　在充分征求各部门、各乡镇意见的基础上，根据省国土厅有关编制要求，做到了“二个确保”：一是确保保障性住房、棚户区改造和中低价位中小套型商品住房用地面积之和占住房用地供应总量的70%以上；二是2016年度住房用地供应规模不低于全县住房用地过去5年（2011–2015）的平均供应量。现该项计划已在土地市场动态监测与监管系统中审核通过，并已经县政府批准发布实施。

积极做好盘活批而未用土地工作　组织精干人员采取“图斑、批文、实地”三结合的调查方式，对崇义县2008—2015年新增国有建设用地批而未征、征而未供、供而未用的情况开展了详细调查摸底，查清了该类土地的位置、数量和类型。并细化了每一宗地的面积、权属、处置期限、处置方式、责任人，建立了《新增国有建设用地供应和利用情况》《省调度重大项目新增国有建设用地供应和利用情况》《闲置、低效用地处置情况》三套台账，将批而未用土地核销与“六大攻坚战”项目用地相衔接，为下一步做好盘活批而未用土地工作打下了坚实基础。经过各部门配合协作，截至2016年年底，2011—2015年崇义县新增国有建设用地352.47公顷，供地183.47公顷，总供地率为52.05%；2013—2015年崇义县新增国有建设用地185.39公顷，已用土地79.89公顷，利用率为43.1%。

顺利完成“三单一网”工作　根据县政府的要求，大力开展并完成了权利清单及责任清单编制工作，并印发了《关于印发〈崇义县国土资源局行政审批事中事后监管办法〉的通知》。通过梳理，县国土资源管理局共有行政权力102项，其中：行政许可8项，行政处罚36项，行政强制3项，行政征收8项，行政裁决1项，行政确认1项，行政奖励6项，其他行政权力39项。

做好了省级工业园申报工作　根据县政府统一安排，在县发改委、城建、地矿及工业园管委会等相关部门的积极配合下完成了崇义县省级工业园的申报工作。省国土资源厅于3月25日下达复函，同意崇义县申报省级工业园，批复面积147.66公顷，主要分布在县关田、鱼梁、章源三大片区。

【保护土地资源】

深入推进全县永久基本农田划定工作　根据省国土资源厅、省农业厅《关于全面划定和特殊保护永久基本农田的通知》（赣国土资发〔2016〕6号）和赣州市人民政府办公厅《关于调整赣州市各县（市、区）土地利用总体规划（2006—2020年）主要规划指标的通知》（赣市府办字〔2016〕119号）文件规定，崇义县基本农田保护任务由9426.67公顷调整为9526.67公顷，较上一轮规划确定的保护任务数增加了100公顷。经请示县人民政府批准同意，县国土资源管理局聘请了工作技术服务单位开展工作，并于11月6日通过市级验收。

大力落实耕地保护工作　2016年，市人民政府下达崇义县耕地保护任务为10633公顷，基本农田保护任务为9426.67公顷。在县委、县政府的高度重视下，县国土资源管理局坚决贯彻实施《土地管理》和《基本农田保护条例》，落实“十分珍惜、合理利用土地、切实保护耕地”基本国策，落实责任，加强巡查，认真做好耕地管护和建设。上半年在市政府和县政府签订的《赣州市2016年度耕地保护目标责

杰坝乡丈量田土

任状》的基础上，县国土资源管理局落实了县政府与各乡（镇）政府签订耕地保护责任书，把各乡（镇）长列为目标考核第一责任人，明确了保护目标，层层落实了责任。据国土资源部下发的2015年土地年度变更调查数据显示，崇义县现有耕地面积12860公顷，基本农田面积9466.67公顷，耕地保有量及基本农田保护成果达到并超过了市政府下达的保护任务。

切实做好耕地质量等别年度更新与评价工作　为贯彻落实《国土资源部办公厅关于部署开展2014年全国耕地质量等别调查评价与监测工作的通知》（国土资厅发〔2014〕8号）文件精神，于2016年上半年启动了崇义县耕地质量等别年度更新与评价工作，2016年，该项工作已顺利通过了省国土资源厅的验收，并按规定完成了部一级的报备工作。

积极开展耕地后备资源调查评价工作　完成了该项工作中资料收集整理、外业调查、宜耕性评价、成果质量检查入库、成果汇总分析、报告编写等环节工作。2016年，省国土厅对崇义县耕地后备资源进行了外业核查，正在等待上级部门统一验收。

强化土地执法工作　继续开展了全县辖区国土资源动态执法检查工作，建立了本年度动态巡查责任制，制定了巡查线路，严格按照《江西省国土资源厅执法监察动态巡查责任制》的规定进行了巡查，巡查中做到“三个及时”，即及时发现、及时制止、及时上报并配合处理，巡查时有翔实巡查记录。截至年底，共开展土地资源动态巡查车次286次，下发《责令停止国土资源违法行为通知书》86份、《限期拆除通知书》54份。严格按照《土地违法案件办案程序》对5宗严重违反土地管理法律法规的典型案件，进行立案查处，震慑了违法违规占地行为，共收缴罚没款750000余元。

严肃做好卫片执法工作　国土资源部共对崇义县下发了违法用地图斑16个，其中立案9起；涉及监测的总面积为5.44公顷，未套合的总面积为3.96公顷，涉及耕地0.58公顷。截至年底，9起案件县国土资源管理局均依照相关法律法规作出了相应处理，并已整改到位。

【做好业务工作】

顺利完成了基准地价更新工作　为进一步推进土地使用制度改革，规范土地市场，加强土地资产管理，促进经济社会发展，县国土资源管理局于2015年8月聘请了市土地价格中心开展了对崇义县城区土地定级和基准地价更新工作，成果于4月16日通过了专家评审，更新成果已于7月经市人民政府同意批准实施。

做好土地出让工作，显化土地价值　通过网上交易系统共成交土地10宗，面积18.07公顷，成交价款10073.14万元。其中工业用地8宗，面积10.79公顷，成交价款9601400元；住宅用地1宗，面积6.95公顷，成交价款89370000元；医卫慈善用地1宗，面积0.33公顷，成交价款1760000元。

大力开展用地报批工作　根据赣州市人民政府《关于下达2016年全市新增建设用地计划的通知》（赣市府字〔2016〕157号）文件精神，崇义县2016年新增建设用地指标为44.67公顷（其中农民建房新增建设用地4.67公顷）。根据崇义县实际用地需求，县国土资源管理局已完成2016年拟报批土地的项目落实工作，共向省国土资源厅及市国土资源局上报4个批次新增建设用地，合计批准用地面积49.18公顷，

严格做好用地审批工作　共受理行政许可审批事项1496宗，其中：国有土地转让266宗，面积1298876平方米；国有土地协议出让73宗，面积103779.83平方米；国有土地划拨43宗，面积131718平方米；农民建房1105宗，面积137236平方米。土地置换9宗，面积2234.58平方米。

大力开展“增减挂”项目工作　崇义县2011年横水镇等13个乡镇城乡建设用地增减挂钩试点项目。2月，县国土资源管理局完成了该项目的报备入库材料，并顺利通过省国土厅报备入库。4月，省国土厅下达了该项目的验收结果确认意见，并经市国土局审定，下达了该项目竣工验收的批复，验收总面积14.17公顷，其中新增耕地面积10.66公顷。核定建新区可使用面积14.17公顷，其中占用耕地面积10.64公顷。

2013年，聂都乡等14个乡镇城乡建设用地增减挂钩试点项目。7月，该项目全面完工，年底，已完成竣工测量并出具了拆迁复垦竣工图，复垦面积为11.22公顷，其中新增耕地面积9.84公顷，其他农用地面积1.38公顷。经县农粮局检测出具了该项目新增耕地土壤质量状况分析报告。2016年年底，该项目的验收材料已全部完成，待市国土资源局验收。

【履行服务职责】

有力推动了“精准扶贫”工作　遵循“政府主导、农民主体、干部帮扶、社会参与”的原则，调动全体干部职工，深入横水镇密溪村、鱼梁村和朱坑口村开展精准扶贫工作。一是落实了贫困户、贫困村退出规划工作。县国土资源管理局按程序做好了贫困

户、贫困村退出工作，并在国办系统中对2015年脱贫人口、2016年预脱贫人口、扶贫搬迁贫困户进行标识，确保贫困户、贫困村的有序退出。二是做好精准识别建档立卡贫困户甄别删减工作。根据上级主管部门的要求，对照“四种情形”“七种情形”，对驻村中的贫困户名单重新甄别删减，并召开村组代表大会表决通过，同意删减不符合条件的贫困户，上户做好户主删减后的思想工作。三是深入开展走访帮扶活动。按照上级精准扶贫工作的有关要求，县国土资源管理局各挂点干部深入走访扶贫对象，了解社情民意，建立“鱼水之情”。在走访过程中共发放刺葡萄苗200余株、光伏发电扶贫1户、养蜂20箱以上贫困户1户，带动贫困户走发展产业致富之路。四是积极出资出力。在扶贫工作中，县国土资源管理局在资金紧张的情况下，仍然挤出资金5000元支持鱼梁村珠洞组硬化公路；26800元资金用于左溪村公共设施建设、鱼梁“四城同创”及农村垃圾边片整治工作；为3个挂点村的贫困群众发放慰问物资5400元；通过开展“三个一”活动、扶贫日助学、教师节慰问等活动，共捐资捐物13100多元，让困难群众在帮扶活动中感受到党和政府的温暖。

切实做好涉土信访工作 2016年，共接待和受理各类有关土地方面的来信来访案件4件次，其中县信访局转交办3件，本单位受理1件。这4件信访案件都已处理答复。对来信来访案件，基本做到及时办理和回复，及时上报信访办结报告，办结率100%。在调查、处理、答复信访案件中，县国土资源管理局坚持做到依法依规妥善处理，认真负责地对待每一个信访案件，使信访群众感到满意。没有造成重复上访和集体上访事件的发生，为崇义县的经济发展和社会稳定做出了应有的贡献。

大力开展“四城同创”工作 在巩固上年成果的基础上，按照县“四城同创”办的有关要求，有力推动了相关工作：一是积极响应县委、县政府提出的打造自行车城的目标要求，动员干部职工主动参加县里组织的骑行活动，在单位院内打造了自行车停放场所并购买了10辆公务自行车。二是组织开展了3期健康教育问卷调查工作，使县国土资源管理局广大干部职工和挂点小区群众的健康素养和健康行为得到了有效增强。三是在单位院内和网格小区显著位置设置了宣传栏、广告张贴栏，悬挂了宣传标语等。发动了全体干职工挨家挨户进行了文明卫生宣传，并与网格小区内的9家商户都签署了《崇义县“门前三包”责任书》。通过宣传发动，使县国土资源管理局全体干职工和小区内居民有共同创建文明卫生县城的责任意识，营造了全民行动、全民参与的创建氛围。

【党风廉政工作】

大力开展“两学一做”学习教育活动 为深入贯彻党中央关于在全体党员中开展“学党章党规、学系列讲话，做合格党员”学习教育活动有关精神，根据市委、县委的工作部署，局党组高度重视、精心组织，认真开展了“两学一做”学习教育活动各项环节工作，取得了阶段性成效。

组织全体党员深入开展学习，补足精神之钙。为教育引导党员尊崇党章、遵守党章、维护党章，县国土资源管理局党支部在局党组的领导下组织全体党员干部开展了“学习党章、交流感悟”活动，通过发放《习近平总书记系列重要讲话读本》；下载手机APP“党员小书包”；建立“国土局两学一做微信群”；组织党员干部撰写微感悟、心得体会等形式，在系统内营造了“两学一做”地浓厚氛围。

以“三个抓好”为重点，确保学习出实效。一是抓好学习部署。局党组制定下发了《关于在全县国土系统党员中开展“学党章党规、学系列讲话，做合格党员”学习教育实施方案》，把“两学一做”学习教育作为当前一项重大政治任务来抓紧抓牢；二是抓好学习形式。通过开展重温入党誓词、传唱红色歌曲、诵读经典论著、观看先进视频、警示教育片等多种多样的学习形式，有效提高了广大党员干部的学习热情，大力提升了学习效果和质量；三是抓好联系实际。广大党员干部在做好业务工作、服务“六大攻坚战”工作、精准扶贫工作等各方面工作中，积极发挥了党员干部的先锋模范作用，带动全体干部职工立足岗位，争先创优。

深入推进党风廉政工作 根据县纪委的工作部署，坚持以中共十八大、十八届五中、六中全会精神为指导，转职能、转方式、转作风，找准定位、理清职责，聚焦执纪、监督、问责三大主业，有力推动了党风廉政建设和反腐败工作各项任务的落实，取得了一定成效：一是制订了《2016年崇义县国土资源局党风廉政建设和反腐败工作计划实施方案》《2016年党风廉政建设党组主体责任和纪检组监督责任清单》等一系列文件和制度51篇。二是对县委第四巡察组对县国土资源管理局巡察工作反馈意见进行了严肃全面的整改落实；进一步把纪检监察与国土管理有机结合起来，对县国土资源管理局“三重一大”事项进行全过程监督。三是结合“两学一做”教育，2016年，认真组织了2次党风廉政教育集中学习和考试；观看廉政教育视频15次；四是组织纪检人员对乡镇用地巡查6次，民情家访2次，系统内干部作风明察暗访12次，考勤抽查8次，情况反映询问2人次，办结机关效能事项1起。通过以上措施，有力推动了党风廉政工作落到实处、取得实效。

【领导名单】

党组书记、局长
曹梦飞（9月免）
刘昌恒（9月任）
党组副书记、副局长
唐彦鹏
党组成员、副局长
朱诗前
党组成员
郭其慧
党组成员、城区分局局长
郭祥煌
党组成员、纪检组长
扶诗连

矿产资源管理

【概况】 2016年，县矿产资源管理局切实履行服务发展、保护资源、维护权益的职责，紧紧围绕“六大攻坚战”，严格规范管理，狠抓工作落实，着力提升资源保障能力，切实维护良好矿业秩序，扎实推进矿业经济发展，较好地完成了年度各项工作任务。

【资源管理】

打好主攻工业攻坚战，积极推进高岭土项目建设 全力服务县委、县政府招商强工、主攻工业工作部署，以主攻工业为契机，依托崇义县高岭土资源优势，采取“1+5”矿业开发模式，以丰达矿业有限公司为矿山原料基地，分别引进了华明、深发、旺鸿、赣地和恒鼎等5家加工企业。预计项目总投资超过100000万元，新建年产900000吨高纯、超级、超细高岭土生产线。为扎实推进项目建设，一是及时跟踪项目进展。实行定期上门，了解企业动态及存在的问题并按时上报。二是切实服务企业。在推进项目建设的同时，先后帮助企业做好项目立项及部门沟通协调工作。

严格管理，规范矿产资源开发利用 加强矿业权管理，办理各类采矿权初审及审批工作，2016年，共办理市级以上采矿权转让1件，变更矿区范围初审1件，划定矿区范围预留期延期初审2件，采矿权延续初审22件；办理县级发证采矿权新立1件，采矿权延续6件。

严抓执法，强化矿业秩序巡查 始终保持对非法开采行为的高压打击态势，全面加强稀土非法开采点及重点、热点矿区的巡查力度。截至2016年年底，共接电话举报2起，一起举报扬眉镇中坑口村非法启封旧窿口无证开采萤石矿行为，已及时制止，并要求当事人立即撤离人员和机械设备，并封堵窿口，对当事人下达了《责令停止矿产资源违法行为通知书》，未形成采矿事实。一起举报铅厂镇小樟坑非法采矿，经调查，当事人是开荒山进行脐橙种植，不存在无证采矿行为。

【践行为民服务宗旨】

地质灾害防治工作扎实有力 一是落实了各项责任，及时调整了崇义县地质灾害防治工作领导小组，健全了乡镇工作机构，进一步完善矿山企业群测群防体系。2016年县财政下拨地灾防治协管员、监测员补助186000元。二是抓实了地质灾害防范工作重点，保障了人民群众生命财产安全。3月，开始安排了全局干部职工轮流值班，确保汛期汛息的上传下达；局党组成员分片包干，实行不定期巡查、指导乡镇地质灾害防治工作。利用“5•12”防灾减灾日等重要时间节点在县城南门口进行地灾防灾知识宣传，发放宣传单3000余份、书籍200余本，咨询人员达400余人。在全县中学、小学开展了“地质灾害防治知识进校园”活动，参加人数达6700余人。三是及时妥当处置了灾情险情。3月，关田工业园、县人民医院住院大楼、左溪村等多处出现灾情、险情，县矿产局及时派出专业人员第一时间到达现场，进行应急调查和险情处置工作。

地质环境项目建设进展顺利 一是积极主动向上级争取项目资金，加快实施工程项目治理。崇义县茅坪钨矿矿山地质环境治理项目资料归档和绩效评价已完成验收；崇义县思顺乡上崻村大陂头山体滑坡治理项目已完工；铅厂黄泥排滑坡隐患治理工程项目立项可研工作已完成，初步概算工程总投资3500000元。二是积极开展矿山环境建设。有序开展钨废弃矿山调查工作、开展主要交通沿线和县城周边矿山地质环境突出问题集中整治工作。

综治信访工作平稳有度 大力开展综治维稳和平安创建活动，加强矛盾纠纷排查调处工作，全力维护矿业秩序稳定。一是制定了《崇义县矿产资源管理局社会治安综合治理隐患排查表》，对全局干部职工及家庭成员是否参与买卖枪支弹药、参加“法轮功”等邪教组织和非法传销组织、是否参与吸毒及参加其他民间团体活动情况进行了摸排。二是认真做好各类纠纷的调解处理工作。在处理思顺地灾治理项目的临时租用土地赔偿纠纷信访事件中，树立全心全意为人民服务宗旨观念，尽心尽职的做好调解工作，做到及时、准确、高效地完结了此项信访事件，同时还配合、协助牵头单位扬眉镇、安监局和工信局调解信访事件3起。截至11月，共受理群众来信来访1件（次）；其中上级交办1件。反馈率为100%，办结率为100%，满意率为100%。

【推进作风建设】

坚定有力落实“两个责任” 局党组带头落实主体责任，把党风廉政建设工作与全局工作同部署、共推进。研究制定责任清单，明确班子成员、股室负责人的具体责任，层层传导压力，逐级强化责任。坚持有责必问、有错必究，严格落实“一案双查”和责任倒查制度。

深入发力开展专项整治 一是深化“红包”治理工作，组织全局干部职工开展“红包”治理自查自纠，未发现违规收受红包行为。二是开展“违插”专项治理整改，制定下发了《崇义县矿产资源管理局开展领导干部违规插手干预工程项目问题专项治理的实施方案》（崇矿管字〔2015〕55号）并成立了开展领导干部违规插手干预工程项目问题专项治理工作领导小组；对发现的采矿权价款评估和矿业权出让审批中矿权出让前期费用有关问题，制定下发了《崇义县矿管局采矿权出让“违插”专项治理问题线索整改方案》（崇矿管字〔2016〕20号）制定了整改步骤和相关措施。三是大力整治“庸懒散、不作为、乱作为”等问题，刚性制定考勤制度、问责惩处制度，对全局干部职工考勤情况周周进行通报公示、汇总统计，年终统计结果作为干部职工年度考核、评优评先的重要依据。四是结合“两学一做”扎实开展集中整治和查处基层侵害群众利益不正之风和腐败问题。

【领导名单】

党组书记、局长
周厚林
党组副书记、副局长
吴兴瑞
党组成员、副局长
周献兰
党组成员、执法监察大队长
谢小玲

农林 水利

农村工作

【概况】 重点抓好农村生活垃圾专项治理、美丽乡村建设、过埠示范镇建设等几项重点工作，2016年，各项工作成效显著。

【农村生活垃圾专项治理】

坚持“两全”实现专项治理高要求 一是农村生活垃圾专项治理全覆盖。实施范围全覆盖。坚持城乡一体，城乡联动，推动生活垃圾专项治理覆盖全部农村地区，保洁范围涵盖所有背街小巷和池塘沟渠。分片区采取新建垃圾压缩中转站，实行“户分类减量、乡（镇）收集压缩、县环卫所转运填埋”的垃圾处理方式，切实解决了垃圾终端无害处理的问题。硬件配备全覆盖。通过加强城乡硬件设施的建设，将农村与城镇生活垃圾处理系统有效对接。根据服务区域生活垃圾产生量、运输距离等因素，按照在满足垃圾清运要求的前提下，相邻乡镇共建共享的原则，全县新建垃圾压缩中转站7个，新型自燃式垃圾焚烧炉10个，采购钩臂车5辆、挂桶车27辆、三轮摩托车83辆、钩臂箱88个、公共垃圾桶12578个。二是农村生活垃圾专项治理全天候。保洁时间全天候。保洁公司实行每天8小时工作制，确保农村各区域每天都有保洁员清扫，垃圾每天有人清运。保洁质量全天候。通过政府监督、群众监督、媒体监督等多形式监督保洁效果，要求发现问题及时整改，做到保洁质量全天候。

做到“四化”保障专项治理长效性 一是服务市场化。购买服务，市场运作。通过市场化运作，采取“发包处理”，使保洁工作走上职业化、专业化之路。即根据乡镇实际，通过市场询价、公开招标、委托代管等方式，实现政府购买服务，由专业化保洁公司承揽乡（镇）圩镇、道路、村庄保洁任务。全县共引进6个保洁公司，聘请了439个保洁员、清运员。整合资源，多元投入。坚持“上级争取一点、财政奖补一点、乡（镇）村自筹一点、农户缴交一点”的方式多渠道筹措解决资金问题。县财政每年预算安排10000000元保障日常运行费用。二是队伍职业化。保洁公司专业化。全面划定保洁公司工作职责、服务范围、服务内容，并要求其制定保洁流程、标准和要求。同时，要求保洁公司加强对保洁员工作日常性监督，加强内部管理，规范管理细则，实现工作制度化、规范化、专业化。保洁员职业化。保洁公司对保洁员实行合同制管理，加强安全教育，每月召开一次保洁工作例会，统一职业培训，统一参加保险、统一考核奖惩，对保洁员工资实行基础工资和奖励工资相结合的办法，日常作业严格着装上岗，真正让农村保洁员走上了职业化之路。三是操作标准化。垃圾收集日产日清。取缔露天垃圾池、垃圾箱等非密闭式垃圾收集设施，全部改为密闭式的垃圾桶和钩臂箱，取缔拖拉机或者其他非密闭式车辆清运垃圾，全部改为密闭式的挂桶车或勾臂车统一清运，既有效避免了二次污染，又提高了工作效率。垃圾处理无害高效。取缔了各乡镇以前建的不达标简易的垃圾填埋场和垃圾焚烧炉等垃圾处理设施，新建的垃圾填埋场和压缩中转站均达到了国家无害化处理标准。四是管理网格化。健全管理机制，实行网格管理。明确政府、保洁公司、农户三方责任，管干分开，各司其职，建立了有专人管、用制度管的长效机制。以网格化形式，划分卫生保洁责任片区，每个片区由一名乡镇党政班子成员、一个工作组、一名理事会长，负责本片区卫生保洁的管理、监督工作，并与保洁责任片区内农户签订“门前三包”责任书，实行包干到户、责任到人。强化组织领导，实行高位推动。层层建立管理机构，县级成立农村生活垃圾专项治理工作领导小组，由县政府主要领导任组长，下设办公室，乡镇成立环卫所和城管大队，村组成立卫生监督理事会。加强考核督查，通过明察暗访、智能监控管理平台、“96333”电话热线等对各乡镇的环境卫生进行实时监控和接受群众投诉监督。在考核中，建立考核结果与运行经费相挂钩，既扣分又扣钱的奖惩机制。运行费用根据乡（镇）工作量和运行效果，县财政负责80%，乡镇自筹20%。县财政资金按月拨付60%，另外20%纳入年度考核进行兑付奖励。

【美丽乡村建设】

大力推进新农村建设 崇义县按照“干干净净、漂漂亮亮、井然有序、和谐宜居”和“培育中心村、整治自然村、提升特色村”的要求，启动了37个新农村建设点（省扶点23个，自建点14个）和6个中心村建设任务。各建设点坚持与农村危旧土坯房改造集中建房点相结合，以顺应新型工业化、新型城镇化、农业农村现代化、发展生态化为要求，科学规划编制，引导农民建房向中心村集中、向工业园区集中、向城镇集中，切实提高了建设点的档次和品味，打造出了铅厂“田园人家”、丰州金竹园、茶滩下山、长龙老街、过埠梦想家园、杰坝七星湾等一批上档次、上水平的精品建设点。各个建设点和中心村都按照新农村建设以及农村生活垃圾专项治理工作的相关要求进行了整治，各建设点和中心村面貌焕然一新，有力地推动了新农村建设工作纵深发展，加快了农业农村现代化步伐。

加快乡村旅游精品线路整治　崇义县以县城—上堡乡和县城—横水镇赤坑村鹿坑两条乡村旅游精品线路改扩建为契机，加速推进“两个乡村”工程建设。一是加快乡村旅游精品线路整治及空心房拆除工作。以两条乡村旅游精品线路为重点，以空心房、破旧房拆除为突破口，按照“空心房必拆、附属房必拆、危险房必拆、一户多宅必拆”的四个必拆工作要求，大力推进乡村旅游精品线路整治及空心房拆除工作，取得了明显成效。二是加快乡村旅游精品示范点建设。崇义县按照“短期、中期、长期有序发展”的目标共规划建设10个乡村旅游精品示范点，重点推进铅厂镇关刀坪等3个短期示范点建设，目前各示范点环境整治得到了明显改善，进一步完善了基础设施。

率先推动农村生活污水处理项目　崇义县率先在“县城饮用水源地”铅厂镇长河坝村和“百强中心镇”过埠镇启动了农村污水处理项目，其中铅厂镇长河坝村生活污水处理设施已建成并投入运行，是全市第一个建成并投入使用的生活污水处理项目，对于提高农村水质起到了积极促进作用；过埠镇污水处理项目已完成建设并投入使用。同时正在横水镇茶滩村和铅厂镇关刀坪社区规划建设新的农村污水处理项目，进一步强化农村水资源保护，提高水资源质量。

规模大，配套设施完善的过埠梦想家园

【过埠示范镇建设】

夯实示范镇经济基础　按照“产业特色突出、集中规模适度、示范效应明显、群众稳步增收”的发展原则，实现三次产业互动共融发展的新局面。重点打造以果木、长庆大棚蔬菜、刺葡萄基地为首的农业支柱产业。在果木村、长庆村建设了33.33公顷大棚蔬菜基地，年产值达8000000元。在铁木村种植刺葡萄66.67公顷。大力推进以精深加工活性炭为主导产品的活性炭循环经济产业园，抓好园区扩建工程，目前已经基本完工，园区面积增扩至86.67公顷。

改善示范镇发展条件　按照统一规划、适度超前、统筹兼顾、分步实施的要求，加快完善道路、供水、供电、供气、排水、防洪、垃圾处理、污水处理、公共交通等基础设施，提高示范镇综合承载力。目前，过埠大桥已开始新建，已搭建好钢便桥，滨江大道路基总填方约110000立方米，已经完成，道路初显雏形，沿湖河堤和护坡已经完成基础部分，水渠工程已经全部完工。圩镇自来水工程已经正式通水，日供水量达1500吨，可供应10000人用水。公厕、公共停车场、污水处理厂等基础设施已基本完工。

提升示范镇群众生活质量　有序引导农民向城镇和产业聚居区聚集，以促进农村人口集中居住为重点，依托中心集镇辐射带动，建设居住和生产生活、公共服务、社会管理综合配套的完善的农村综合体。“梦想家园”新型农村集中安置社区目前312套住房已交付使用。同时，廉租房63套、公租房105套也已经完成主体工程。

【农业产业化发展】　为切实发挥农业产业龙头企业在促进经济发展、促进百姓增收上的带动作用，使农业龙头企业真正成为促进农业产业提质增效、特色农业做大做强的引擎，积极履行部门职责，扎实做好农业龙头企业资金宣传、申报、管理工作。

宣传政策　及时向农业龙头企业宣传国家、省、市相关政策，帮助龙头企业分析自身的产品、技术等优势，针对相关政策逐条逐项查找不足，鼓励龙头企业争取项目资金。

争取项目　争取扶持资金，为企业发展构建绿色融资渠道，只要是符合申报条件的企业，一路绿灯向上争取。并积极做好省级、市级龙头企业的申报和认定工作，目前市级以上龙头企业达到14家。

【农业农村改革】

推进不动产统一登记改革　崇义县抓住列入全国不动产统一登记窗口联系点的机遇，整合国土、房管、林业等部门不动产登记职责、机构、人员，组建了崇义县不动产登记局和不动产登记中心。通过探索登记机构、登记簿册、登记依据、信息平台的职责整合模式、管理体制和运行机制，打造出了崇义不动产统一登记改革亮点。

发展新型农业经营主体　探索农村土地股份合作经营，积极培育新型农业经营主体。全县共有农业龙头企业省级4家，市级11家，县级17家，2016年，新增县级32家，累计达到了64家。新增农民合作社152家，累计达到219家。新增家庭农场48家，累计达79家。专业种养大户128户。

深化林业改革　按照优化国有林场结构，创新管理体制，维护职工合法权益，建立新型劳动关系，实施分类管理，规范处置国有资产的要求，对全县11个国有林场35400公顷森林经营面积进行了整合重组，组建了2个公益型林场和1个商品型林场，其中将生态公益型林场纳入事业单位管理，其人员、机构进行重组，经费纳入县财政预算。通过改革整合，更好地发挥了国有林场在生态建设和经济发展中的重要作用。

推进扩权强镇试点　以打造省百强中心镇为契机，在过埠镇实施了扩权强镇改革试点，组建了行政审批服务中心、土地储备中心、公共资源交易中心，下放了财政所、司法所、国土分局等7个站所归口乡镇管理，加强了驻镇单位双重管理。同时，赋予了人事调配权、规划许可权、土地管理权等部分县级行政管理权限，为全县全面推行扩权强镇(乡)改革提供了可复制的经验。

【领导名单】

部　长　李秀松
副部长　罗扬龙
谢　浪（6月免）
郭祥莲（9月任）

农业和粮食工作

【粮食生产面积和产量】　2016年，粮食播种面积1733.33公顷；粮食总产量43328吨，同比下降1.7%；蔬菜及食用菌产量31714吨，增长5.4%；茶叶产量893吨，持平；水果产量40915吨，下降29%；其中脐橙产量36773吨，下降31%。

【测土配方施肥】　在关田镇关田村、镜尾村，金坑乡金坑村，丰州乡古亭村，上堡乡上堡村、水南村，文英乡上塔村等建立了测土配方施肥示范点，示范面积1006.67公顷。以推广水稻配方肥为重点，狠抓配方肥下地，主要推广45%（20－10－15）配方肥；在蔬菜基地推广48%（22－10－16）配方肥；配方肥施用面积6873.33公顷，使用配方肥2489吨。完成采集土样300个，完成所采300个土样配套地块调查和对应农户施肥调查表各300份，完成300个土样的pH值、有机质、碱解氮、有效磷和速效钾等常规检测工作，检测大量元素900项次，中微量元素90项次，其他项目600项次，共化验检1590项次。开展示范试验2个，肥料利用率试验2个。举办各种培训班25期，培训技术骨干63人次，培训示范户316人次，培训营销人员36人次，培训其他农民1120人次，共计1535人次，发放各种资料2652份，开展科技赶集3次，媒体宣传5次，网络宣传5次，召开现场会2次。通过宣传介绍测土配方施肥的好处和做法使农民认识配方肥，使用配方肥。

【农作物病虫发生与防治】　水稻病虫害防治面积33036公顷次，

麟潭乡华山村刺百亩葡萄扶贫示范基地

通过防治挽回损失 3037.35 吨；柑橘病虫防治面积 24213 公顷次，通过防治挽回损失 1076.32 吨；蔬菜病虫防治面积 3973.33 公顷，通过防治挽回产量损失 1809.06 吨。

【刺葡萄产业发展】 2016 年，市下达崇义县刺葡萄种植任务 133.33 公顷，实际完成 137.73 公顷，完成任务的 103.3%。完成的 137.73 公顷刺葡萄种植面积中，其中贫困户 3851 户 68.59 公顷（贫困户中庭院种植户 3693 户 12819 株，折面积 38.86 公顷；0.067 公顷以上贫困户 158 户 29.73 公顷）。

【蔬菜生产】 2016 年，市下达崇义县 3.33 公顷以上规模蔬菜建设基地建设任务为基地数 8 个、面积 26.67 公顷。上半年通过市验收的 13 个 99.33 公顷（其中过埠 4 个、横水 1 个、文英 3 个、乐洞 2 个、聂都 1 个、扬眉 1 个、长龙 1 个），目前已向市申报验收一个面积 4.73 公顷。总计个数 14 个、完成市任务的 175%，面积 104.07 公顷、完成市任务的 195%。在刘玉海蔬菜基地内建设了一个年出圃 5000000 株的蔬菜育苗中心一个。在过埠镇果木村建设高标准蔬菜基地一个面积 30.34 公顷，完成市下达 33.33 公顷任务的 91%。

【畜牧业生产】 猪存栏 45600 头，出栏 79800 头，同比分别下降 9.3% 和 2.9%；牛存栏 25600 头，出栏 9600 头，同比分别增长 –5.5% 和 2.1%；羊存栏 4800 头，出栏 10000 头，同比分别增长 3.4% 和 –1.9%；兔存笼 11300 只，出笼 15200 只，同比分别下降 4.0% 和 2.3%；禽存笼 670100 羽，禽出笼 574000 羽，同比分别下降 3.7% 和 3.6%。肉类总产量 9562 吨，同比下降 1.7%；禽蛋产量 272 吨，同比下降 3.1%。

【动物疫病防控】 3 月和 9 月，分别召开了全县重大动物疫病防控工作会议，下发了相关文件，春防期间与各乡（镇）签订了动物疫病防控责任状。县防重办工作人员继续实行挂点制度，具体指导挂点乡（镇）动物防疫相关工作。制定了强制免疫各项制度，除“春、秋”两防对畜禽进行强制免疫外，还实行每月末周补免制度。实施高致病性禽流感、牲畜蹄口疫、猪瘟和高致病性猪蓝耳病四种疫病强制免疫，两次共发放：牲畜口蹄疫疫苗 314000 毫升，猪高致病性猪蓝耳病疫苗 203000 头份、猪瘟疫苗 386000 头份，高致病性禽流感疫苗 3528000 羽份；共免疫：生猪 125400 头，牛 51200 头，羊 14800 头，家禽 1244100 羽。确保各项免疫密度常年保持在 98% 以上。2016 年，采购防重物资共计 89000 元，其中“瘦肉精”检测试剂 23000 元，防护服等防控物资 66000 元。全年，没有发生动物疫情。

【渔业生产】 全县养殖面积 2466.67 公顷，预计养殖水产品总产量达 11631 吨。已完成发放养殖证面积 2400 公顷，发放率达 100% 以上。投放大规模鱼种 20000000 尾。积极推进水产品质量安全体系建设，加强水产品质量安全监督，开展健康养殖示范点推广。

【陡水湖水面整治】 县财政投资 4000 多万元对陡水湖 329 户网箱养殖户进行了彻底整治，全部搬迁上岸。

【农产品质量安全监管】 每周对县内主要生产基地抽样监督管理，截至年底，共抽检蔬菜水果 165 批次，共计 660 个蔬果样

达翔农业科技示范园高标准示范千亩蔬菜基地

品，三个样品不合格，合格率为99.5%，对不合格样品生产单位及时发出整改通知，快速检测660个蔬果样品占全年800个任务的82.5%；对定点屠宰场猪尿快速抽检600个样品，全部合格，占全年700个任务的85.7%。配合市农检中心分别抽检市级农产品质量安全监督茶叶样品8个、蔬菜样品4个、猪牛肉样品4个、猪牛尿样品4个、禽蛋样品4个和淡水产品样品4个。5月19日举办了一次全县乡级农检员技术培训班，培训18人次。8月，把北门市场快检室设备药剂等免费移交给市场管理办，并帮助培训新招聘操作人员。配合县里重大接待活动开展农产品抽样检测5次。定量检测，外聘专家上门指导1次，从11月开始，已完成蔬菜菊酯类检测30个样品，猪肉环丙沙星和恩诺沙星检测10个样品，占全年400个定量任务的10%。所欠工作争取12月份之前完成。

【农业综合执法】 一是加大了农业执法宣传力度，结合县“农产品质量安全监管宣传周活动”“放心农资下乡进村”等活动，开展农业法律法规知识宣传活动，印发宣传资料2000余份；二是强化了农资经销商监管，对全县重点的农药、种子、化肥经销进行跟踪监管，要求经销商建立健全经营台账、档案；三是农资市场执法检查常态化，截至年底，县农粮局已出动执法人员108余人次，查处标签不合格的农药案件9起，销售未登记农作物种子案1起，并立案调查。

【农业推广体系建设】 继续推进基层农技推广体系条件建设项目，该项目从2013年开始实施，总投资1470000元，已完成丰州、聂都、麟潭、龙勾4个乡农业综合站改建项目，完成投资500000元，铅厂镇、关田镇、思顺乡3个乡（镇）农业综合站改扩建项目预算及设计，已通过县发改委审批，正在建设中2016年组织32名基层农技推广人员到江西农业工程学院分期分批培训。

【新型职业农民培训】 认定“崇义县职业中等专业学校”和“江西省农业广播学校崇义县分校”为新型职业农民培训机构。组建了20人的新型职业农民培训师资队伍；培训新型职业农民400人，其中崇义县职业中等专业学校培训288人生产经营型农民，其中专门安排五期针对贫困户的养蜂技术培训，共培训贫困户210人；江西省农业广播学校崇义县分校培训100人生产经营型农民。江西生物职业工程学院帮助崇义县培训青年农场主12人。

【农村土地确权】 按照“五化”“四统一”“四公示三纠错”工作方法，崇义县土地确权工作已完成16个乡镇，121个村，1417个村民小组，38657户农户，实测面积1.1173公顷的确权发证工作全面完成。并率先在全市完成县级自查并申请市级验收。

【新型经营主体发展】 新增农民合作社10家，累计达到218家，其中种植业合作社130家，林业合作社47家，畜牧业合作社28家，渔业合作社3家，农机服务业合作社10家。新增家庭农场36家，达86家。现有农业龙头企业11个，其中省级4个、市级7个。有各种种养大户365户。

【股份权能改革】 完成铅厂镇长河坝村试点工作，完成清人分类255人，清资核产可经营性收入15800元，设置股权255股，建立了预决算、财务收支审批、收益分配、票据管理、集体资产管理、财务公开管理，审计监督等制度。已经村两委，村民代表会讨论通过。

【集中整治工作】 按照“为民、务实、清廉、高效”的要求，开展了全县农村集体“三资”管理使用方面损害群众利益突出问题工作专项整治工作。坚决纠正村级财务制度不健全、执行不严格、运作不规范、资金使用不合理等问题，整治集体资产、资源处置不按程序办理，产权交易不进公共资源交易站、暗箱操作等行为，严肃查处党员干部在农村集体“三资”处置中侵吞或变相侵吞的行为。对全县各乡镇涉农干部和村干部自查发现的8起问题，巡察中发现的30个问题开展专项整治和整改，对在整改中仍存在问题的予以通报，并再次整改到位。通过专项整治活动，基层不作为、乱作为、吃拿卡等现象得到了有效控制，损害群众利益的不正之风得到了纠正。

【精准扶贫工作】 动员贫困户积极发展刺葡萄、蔬菜、家禽、蜜蜂等特色产业和传统种养业，兑现扶持资金4606800元积极做好产业扶贫培训工作。结合农时季节、新型职业农民培训、科技下乡等形式，开展贫困户刺葡萄、蔬菜、蜜蜂等种养培训4期308人，组织贫困户到外地参观学习2期人270次。积极做好驻村结对帮扶工作。组建了2支驻村工作队，派出了第一书记和工作队长。安排扶持资金支持124000元挂点贫困村发展产业，改进设施；

【现代农业示范园建设】 崇义县现代农业示范园核心区江西君子谷刺葡萄及野生植物保护与利用科技示范园确立了以刺葡萄及野生水果生产、加工、休闲旅游为一体的一、二、三产融合的现代农业产业体系。核心示范园区江西君子谷公司有省级刺葡萄标准化种植面积66.67公顷，带动全县示范区发展刺葡萄333.33公顷，其中，2016年，全县新发展刺葡萄种植户4000多户，新增面积137.73公顷。2014年10月，君子谷休闲农业旅游对外开放接待游客，到目前共接待前来参观、考察的人员2614批次、62338人次。2015年，公司生产加工刺葡萄酒200多吨，实现以干红葡萄酒为重点的产品销售收入52990000元，实现税收6360000元。

【休闲农业建设】 9月，崇义县成功申报成为江西省休闲农业示范县，江西君子谷野生水果有限公司申报成为江西省休闲农业示范点。崇义客家梯田正在申报全球重要农业文化遗产，所有申报材料英语版已通过联合国粮农组织专家审阅，并提出了修改意见。

【领导名单】

党组书记、局长 肖开朗（9月任）

副局长 郭庭忠

吴祖权

农业部党组成员、中央纪委驻农业部纪检组组长吴清海同志到经营现场点考察调研我县林业工作

林业工作

【概况】 科学把握新常态，大力推进“森林生态保护”“森林资源提升”“绿色产业发展”“优化发展环境”工程，全面提升生态林业和民生林业发展水平，全面完成了各项工作任务。2016年，全县下达商品材采伐计划立木蓄积154000立方米，全年实现林业总产值283000万元，比上年同期增长11%；规模以上林业企业实现税收19580000元，生态效益、经济效益和社会效益实现了同步提升。

内设党政办公室等7个职能股室，林业系统下属16个乡（镇）林业工作管理站、2个省级自然保护区管理站、2个生态公益型林场、1个专业森林消防队、5个省批木材检查站、7个县批护林站、4个由县林业局管理的副科级行政事业单位（县林政稽查大队、县竹业局、县山林纠纷调处办公室、县森林防火指挥部办公室），其中林业系统所属的江西齐云山国家级自然保护区管理局、森林公安局、林投公司、林股公司属正科级单位。林业系统现有干部职工917人，其中行政事业编制380名，实有在编在岗职工280名。

【森林生态保护工程】坚持把森林资源保护作为林业的生命线，像保护生命一样保护森林资源。加大林业执法力度，严厉打击各类破坏森林资源违法犯罪行为。2016年，全县查处各类林业案件132起，处罚违法人员138人，没收木材64.9立方米，罚没款共计481000元，有效地打击了破坏森林资源违法行为。

加强森林生态自然资产管理，做好森林防火和林业有害生物的防控工作，严格管理生态公益林，加大野生动植物保护力度，规范管理依法使用林地。2016年，全县办理林地使用49宗，面积为22.2公顷，收取森林植被恢复费3510000元。阳明湖国家湿地公园申报成功；启动了长河坝饮用水源地保护和野生动物调查工作，拟定保护实施方案。由于管理到位，全县未发生一起重特大生态破坏事件，5月底，崇义县被列为全省森林防火“平安春季行动”表彰对象。

着重抓好杉木速生丰产林基地建设和低质低效林改造工作。2016年，完成山上更新造林2540公顷，占任务数136%，其中：珍贵树种种植面积140公顷，占任务数414%；完成国家长江防护林造林533公顷，占造林任务的100%；完成幼林抚育2473公顷，占幼林抚育任务的100%；完成省级低效林补植补造66.7公顷；实施封山育林1087公顷，占封山育林任务的100%；完成阳岭作家村碧桃种植2200株，植树面积2公顷；完成银杏广场种植银杏555株；新建设1.3公顷南酸枣优质苗圃地，免费提供优良苗木40000株。

以列入国家珍贵树种培育示范县为契机，大力发展以伯乐树、南方红豆杉、闽楠等为主的珍贵树种培育基地。崇义县森林资源提升工作得到了国家林业局、省林业厅和市林业局的充分肯定，5月31日至6月1日，全省木材战略储备基地建设项目技术与管理培训班在崇义县顺利举办，林投公司就现有林改培项目实施进行了典型发言。

【绿色产业发展工程】 充分发挥林业融资平台作用，主动对接国家林业局、省林业厅。争取林下经济、森林抚育、造林补贴、森林防火等项目，争取无偿项目资金12000万元，比上年同期增长64%，特别是1月，争取国家林业局正式批复江西齐云山国家级自然保护区基础设施项目，项目总投资20050000元；林投公司主动对接拉动内需、推动经济发展的政策，成功申报2016年度第一批融资项目，落实国家发展基金41700万元；成功申报国家农业发展移民搬迁项目，争取政策性贷款50000万元。在林业项目资金使用上按要求专款专用，全部用于发展生态林业和民生林业，取得了较好地成效。

全力抓好林业精准扶贫工作 新造油茶林280公顷，占计划数的210%；油茶低改666.7公顷，林下经济种植193.3公顷，完成毛竹低产林改造2133公顷；完成投资27780000元，其中油茶低改4000000元，油茶造林8320000元，林下种植5860000元，毛竹低产林改造9600000元。同时，崇义县整合退耕还林后续产业发展项目资金，免费发放赣州油、长林系列嫁接油茶苗木550000株，用于扶持油茶造林。

全力支持林股公司上市 拓宽林产工业融资渠道，整合资源，扩大生态板、拼板等板材生产能力。林股公司红杉木业依托资源优势，新上“高端定制家具”产品，并成立电商运营中心和家具生活馆。

【全国森林质量提升工作会议】 11月16—18日，全国森林质量提升工作会议在崇义县顺利召开，国家林业局张建龙局长对崇义森林质量提升工作给予高度肯定和评价。此次会议是崇义县建县以来规格最高的一次全国性会议。全县上下在县委、县政府的正确领导下，主动作为、真抓实干、无私奉献，会议顺利圆满地完成了各项议程，得到了国家林业局、省、市各级领导的高度赞扬，创造了“崇义经验”。一是把握重点，彰显特色。为全面展示崇义县的发展成果和崇义林业的成功经验，会议前期，县委、县政府指定宣传部负责精心制作崇义宣传片，通过参看宣传片加深与会代表对崇义的了解，达到宣传崇义的目的；同时指定林业局负责起草崇义林业的汇报材料和制作崇义森林经营纪实片，通过书面材料和纪实片的形式，将崇义林业的主要做法详细生动地介绍给参会代表，使崇义林业的特色和经验得到国家林业局和各省代表的高度认可，使“崇义案例”真正成为全国林业样板。会议材料的精心准备，是确保会议目的全面实现的基础。二是制定流程，群策群力。本次会议县委、县政府详细制定了会议工作流程，把具体工作内容和时间安排一一明确，细化到人。同时，调动了40多个县直单位参与会议的筹备和服务工作，各单位都能根据职责分工，主动作为，主动衔接，全力做好各项工作。特别是综合协调组、现场准备组、会务筹备组和接待服务组的同志，充分发挥主观能动性，不断的整改完善，做到精益求精，及时加强横向沟通，做到了协调联动，实现了无缝对接，使得会议各项议程顺利进行。会议工作流程的制定，是确保会议顺利进行的关键。三是对口接待，全力服务。本次会议规格高，规模大，参会代表来自全国各地，抵达时间不一，接待难度大，任务十分繁重。为此，县委、县政府制定

全国森林质量提升工作会议在崇义召开

了“一对一”的对口接待办法，对各参会单位均由一名县领导带队，并指定一名县直单位主要负责人具体负责全程对接服务，做到了会前主动联系参会代表，做好接站准备，会中全程跟踪服务，听取参会代表意见，并积极改进，会后根据返程时间，恭送与会代表离开崇义。“一对一”的对接和各单位的真心服务，得到了与会代表的高度认可，使得代表高兴而来，满意而归，崇义人民热情好客的良好形象也彰显得淋漓尽致，可为将来举办大型会议或活动提供可复制式的经验。“一对一”的接待，是提升会议质量的保证。

【领导名单】

党委书记、局长

罗福生（9月免）

黄夏晓（9月任）

党委委员、齐云山国家级自然保护区管理局局长

吴明平

党委委员、森林公安局局长

廖方林

党委委员、副局长、武装部部长 廖继洪

党委委员、副局长

黄瑞蛟

卢普清（1月任）

党委委员、竹业局局长

刘洪生

党委委员、林政管理稽查大队大队长 王建皓（1月免）

党委委员、山纠办主任

罗会潭

果 茶

【概况】 全县脐橙面积3086.47公顷（含年底新增面积），脐橙产量36773吨。茶叶面积1390公顷，产量899吨，产值70000000元。2016年，果农销售收入20000万元。

【脐橙工作】 柑橘黄龙病普查与病树砍除 全县柑橘黄龙病普查面积28693.5公顷，总株数2025873株，普查率100%，普查出病树372363株，砍除660057株，砍除率100%。

柑橘危险性病虫害监测 完善扬眉、铅厂、过埠3个监测点；新建龙勾、横水2个监测点，全县监测点总数达5个。做到定点、定人、定期监测，监测规范有序，及时上报数据。

防控示范基地建设 建设2个核心综合防控示范基地：横水镇左溪村牛婆坑基地20公顷；铅厂镇关刀坪狐狸杰基地（含部分横水镇果园）20公顷。

飞机喷药防治柑橘木虱 3月15日，崇义县派技术人员赴寻乌学习无人机操作。5月31日，派员到大余观摩。8月5—6日和9月12—13日，分别在铅厂镇、长龙镇、横水镇和龙勾乡、长龙镇组织实施了飞防作业，达到预期效果，飞防面积2000公顷。

标准果园示范建设 全县建立了5个高标准生态示范果园，建设规模26.67公顷。

脐橙苗木繁育 全县2016年出圃无病毒容器苗木1000000株。建立了每批次的苗木出圃档案，详细记载砧木苗调入植物检疫证明、接穗、砧木苗抽样单、调入接穗试验室检测报告单、田间记录、苗木产地检疫合格证、苗木调运单、苗木出圃合格证、苗木出圃登记表等信息。

现代农业项目实施 在龙勾乡、扬眉镇、长龙镇、横水镇、铅厂镇、过埠镇、金坑乡、思顺乡、麟潭乡、上堡乡、丰州乡、文英乡实施新开发柑橘标准化生态示范园266.67公顷。推广“山、水、园、林、路”综合配套，推行“山顶戴帽、山腰穿裙、山脚穿靴”生态栽培模式，推广“适当密植、高干低冠、宽行窄株”“营养袋假植”等一次成园技术。在龙勾乡、扬眉镇、横水镇、铅厂镇、过埠镇、金坑乡推广以柑橘黄龙病防控为重点，提升改造脐橙园266.67公顷。江西田润农业发展有限公司、崇义县崇峰食品有限责任公司、崇义县大众果蔬专业合作社、崇义县益丰家庭农场、崇义县长龙镇向阳脐橙专业合作社新建柑橘贮藏库12000平方米，折合贮藏能力12000吨。

新开果园恢复发展 按照市脐橙产业转型升级工作要求，做好黄龙病病树砍除、新开果园恢复发展审批工作，对符合发展要求的，逐步进行有序发展。2016年，对已新种植的面积进行了验收，并进行苗木补助，每株补助5元，补助苗木资金758370元。

争资争项 争取资金9800000元，完成了争资争项工作任务。

【精准扶贫】 209户贫困户恢复或新种脐橙面积36.13公顷，补助资金147540元；737户老果园提升改造面积102.21公顷，补助资金428310元。

【技术培训】 全县举办县级果业技术培训班3期。2月25日，召开了由各乡（镇）、村果技员，木虱监测点负责人，3.33公顷以上种果大户及新开发脐橙种植户参加的赣南脐橙升级发展技术培训会议，参会人员180多人。市果业局技术站推广研究员赖晓桦站长结合崇义县实际为广大学员讲授了柑橘黄龙病防控与标准化栽培技术。4月23日，召开了由各乡（镇）、村果技员，木虱监测点负责人，3.33公顷以上种果大户及新开发脐橙种植户参加的

脐橙病虫害防治技术培训班，培训人次达 190 人，聘请市植站保站专家授课。11 月 1 日，县果茶局举办全县柑橘黄龙病普查技术培训班，培训人次 30 余人。

各乡镇结合实际，举办柑橘病虫害防治技术、脐橙产业升级发展技术等技术培训班160余期，培训人次达 9600 人次。

5 月 19—22 日，县果茶局组织县亿诚果业公司、宏泰果业公司、田润果业公司赴北京大学经济学院参加 2016 互联网 + 赣南脐橙品牌新思维研讨班。

果技宣传　通过惠农短信平台，发送技术信息，指导果农生产管理。对果农发送技术短信 4 批次，发送技术信息 2 万 0000 条。

新品种推广　2015—2016 年引进了 30000 多株龙回红脐橙品种，分别在龙勾、扬眉、长龙、铅厂等乡镇种植，总面积达 46.67 公顷。

野生柑橘保护　实施野生柑橘原生境保护点管护项目，对重点保护的 300 株野生橘围栏进行了维修加固，围栏内出现的外来物种、杂草、杂木进行了一次全面清理。

脐橙产业发展政策落实　全面落实了 2015 年黄龙病防控补助政策、2015 年贫困户新开发脐橙扶持政策、2015 年中央支持现代农业项目建设补助政策、2015—2016 年脐橙苗木补助政策、脱毒脐橙苗假植网棚资金补助政策、贫困户脐橙园低改、新增脐橙园补助政策、市级茶产业发展资金奖补政策均已全部落实兑现。

【主攻城市脐橙品牌宣传、果品推介】 1 月 13—17 日，由县果茶局主要领导带队，带领果品销售龙头企业宏源果业公司赴海南进行脐橙推介、宣传。1 月 15 日上午，在海口市万家惠超市隆重举行“赣南脐橙（海南）”营销推介会暨品牌维权打假合作签约仪式，提高了赣南（崇义）脐橙的美誉度和认知度。活动在南国都市报进行了报道。12 月 28 日，江西省赣州市工商局、食药监局、质监局、崇义县果茶局一行 9 人组成的维权打假工作组到海口调研赣南脐橙销售市场情况。

电子商务　江西田润农业发展有限公司、崇义龙润果业有限公司、崇义县徐坑脐橙专业合作社、崇义县亿诚农业发展有限公司、赣州向阳农业发展有限公司、崇义过埠宏源农业有限公司、崇义雨丰农业发展有限公司、崇义县天子地脐橙专业合作社、崇义宝龙果业有限公司、崇义宏泰果业有限公司等 10 家脐橙加工销售企业电商销售 17223000 斤，销售额达 91730000 元，比上年增长 79%。

脐橙加工销售企业　全县现有大小脐橙加工厂 35 家，加工销售规模达 3000000 斤以上的有 10 家，加工销量超千万斤的有 4 家：田润农业发展有限公司，龙润农业发展有限公司，亿诚农业发展有限公司，宏泰农业发展有限公司。全县脐橙专业合作社 80 家（其中国家级农民专业合作社示范社 2 家，分别是龙勾亿诚脐橙专业合作社、龙勾天子地脐橙专业合作社，有 4 家省级农民专业合作社），农资配送 80 余家经销企业（含个人）。

赣南脐橙营销　全县脐橙分级包装厂规范使用“赣南脐橙”地理标志证明商标箱贴和果贴。积极开展 2016 年赣南脐橙质量安全追溯体系示范企业田润农业、宏泰果业、向阳果业、亿诚果业等四家企业的培训与追溯体系建立工作，示范企业信息录入规范。

三品一标获有机产品企业 6 家，有机产品 7 个，其中崇义县乐洞茶场茶叶产品；崇义龙润果业有限公司、崇义宏泰果业有限公司、崇义县徐坑脐橙专业合作社、江西田润农业发展有限公司脐橙产品各 1 个，赣州向阳农业发展有限公司脐橙产品 2 个。获脐橙无公害产品企业 3 家，无公害产品 3 个，分别是赣州向阳农业发展有限公司、崇义龙润果业有限公司、崇义庆美脐橙分级包装厂脐橙产品各 1 个。

【茶叶生产】

品牌建设　5 月 13—15 日上堡茶叶公司、乐洞龙归茶场二家茶企参加省农业厅在上海举办的江西茶叶“进京、入沪、下粤、上网、跨洋”推介活动，在茶叶质量评比中，龙归茶场系列茶荣获“优质奖”。6 月，在庐山问茶会茶叶质量评比中，龙归茶场“龙归白茶”荣获金奖（颁奖单位省农业厅）。

产品展示展销　4 月 28 日，崇义阳岭云雾茶场参加峨眉山首届国际茶博会及 6 月 21 日，长沙第二届茶博会，开展高山茶展示展销活动。4 月 15 日，江西馨阳岭有限公司参加 2016 年赣州旅游博览会。5 月 13—15 日，上堡茶叶公司、乐洞龙归茶场 2 家茶企参加省农业厅在上海举办的江西茶叶“进京、入沪、下粤、上网、跨洋”推介活动。9 月 23 日，江西馨阳岭有限公司参加了第三届世界硒都（恩施）硒产品博览交易会。

【茶旅产业融合】 在上堡梯田群中建立以万长山 200 公顷茶旅游结合综合示范园，基地建设达到了“路相通、沟相连、树成行、管成网”的效果；阳岭国家森林公园中馨阳岭茶文化村，雏形初显，采茶观赏区、加工体验区、食宿品茶区基本成型；结合乐洞风力发电项目的建设，具有很好观赏性，在龙归村西坑打造小家碧玉型茶乐园。积极引导乐洞龙归茶场、馨阳岭实业有限公司等科学引进珍贵良种—黄金芽，分别在国家森林公园阳岭、乐洞等地试种，共计13.33公顷。安吉白茶和黄金芽不但经济价值高，还具有特别的观赏性，为崇义县旅游业增添一道亮丽的风景。

【领导名单】

局　长　刘德浪

副局长　陈详春

　　　　余泽赣

水　利

【概况】 2016年，县水利局以加快小型农田水利、农村安全饮水巩固提升、中小河流治理等工程建设为目标，强化防汛度汛安全、水利建设管理、水资源管理、河长制管理等各项水利工作措施落实，水利工程项目建设稳步推进，水利建设管理进一步完善。

【农村饮水安全巩固提升】 崇义县农村饮水巩固提升工程有麟潭乡独石村、聂都乡河口村、横水镇左溪村、横水镇官坑垄村、上堡乡赤水村、过埠镇黄背村等12处，项目总投资8058000元，其中：中央补助1260000元，省级补助1960000元，地方自筹4838000元。项目区覆盖独石村、河口村、左溪村、官坑垄村、赤水村、黄背村等12个贫困村，受益人口16137人，可解决713户贫困户2156人贫困人口的饮水安全问题。

【小农水重点县】 主要建设内容为：改造水陂65座；渠道整治总长122.025千米，其衬砌长度122.025千米（全部采用现浇砼）；新建渠系建筑物119座（其中涵闸9座、下田板110处）；高效节水16.67公顷（全部为管道微灌），管道23.643千米。小农水重点县项目批复总投资21496600元（其中：中央补助专项资金8000000元，省级补助专项资金8000000元，县级财政投入3200000元，农民自筹2296600元）。已完成总投资21496600元，占总投资的100%。

按照省水利厅要求，完成了崇义县《2017年度小型农田水利项目县的竞争立项申报》，全省共有86个县参与，崇义县排名为16名，全市排名第2名。

【中小河流治理项目】 中小河流治理项目有2013年至2014年列入建设的项目4个，包括县城防洪工程（北门段、章源工业园段、中城河段）和思顺乡防洪工程。有五河治理项目1个即聂都乡防洪工程。其中县城防洪工程（北门段、章源工业园段、中城河段）以及思顺乡防洪工程已在2016年10月19日完成竣工技术预验收。聂都乡防洪工程竣工技术预验收工作将在2017年5月底前完成。以上5个防洪工程完成河道整治疏浚23.38千米，新建防洪堤12.4千米，加固堤防0.98千米，新建护岸12.69千米，主体工程完成投资累计90534200元。

【电气化及增效扩容改造】 崇义县黄斋江水电站技改工程，技改工程于2015年1月开工建设,2015年6月一期工程完工，2016年7月通过一期工程竣工验收。增效扩容改造项目长河坝、对耳石、古选、泮江等4座水电站增效扩容改造工程，于2016年4月通过机组启动验收，6月通过竣工验收。小水电代燃料华山水电站项目，已通过下闸蓄水验收，项目区已通电，2016年11月底农户用电补贴完成发放，已向省厅农电局申报竣工验收。

【防汛抗旱工作】 1月1日—10月15日，全县平均降雨量为1942.8毫米，比多年均值偏多29.5%，比上年同期偏多38.5%。2016年3—8月期间，出现6次明显的强降雨过程，其中有4次强降雨过程表现出雨势更大、更集中的特点。经历了4号“妮妲”、14号“莫兰蒂”、17号“鲇鱼”、“海马”等四次台风影响。

聂都乡小农水项目新建水陂与五河治理防洪工程新建防洪堤共筑章江源头生态水利之景

在防汛工作中，崇义县按照“安全第一，常抓不懈，以防为主，全力抢险”的方针，精心组织、充分准备，做好了防汛准备和抢险的各项工作。一是精心部署，落实防汛责任。二是严密组织，规范运作。三是明确值班安排和要求，提高服务水平。四是从早开展防汛检查，狠抓督办整改落实。

入汛后，按照县委、县政府部署安排，对安全隐患高的地质灾害点进行了全面督查，共发布山洪地质灾害气象预警预报12次，组织山洪地质灾害隐患点联合和专项排查共4次，发放明白卡共2040份。多次组织了防汛检查组和安全隐患排查组，对防汛重点区域采取拉网式检查排查，逐一登记造册，对存在问题的工程要求各乡（镇）人民政府督促业主采取措施尽快进行整改，确保安全度汛。

【水政水资源管理】 为增强全社会水环境保护、珍惜水资源意识，通过电视、手机短信、横幅、展板、宣传单等形式，编印相关简报22期、悬挂标语61余条、散发宣传单6000余份，多形式多渠道广泛开展宣传水法律法规活动；完成了长龙镇大摆村大山里取水厂、董公水电站、思顺老圩坝电站等3个取水工程的水资源论证工作；落实了最严格水资源管理制度，根据全县各用水单位近年用水情况及行业用水定额、用水水平等，进一步加强和完善全县的计划用水管理，对年度用水计划进行了批复；对全县河道采砂工作进行了一次拉网式检查，对全县采砂户加强安全管理，确保属地河道采砂安全无事故。全年，累计行政执法巡查41次；调解水事纠纷2起，下达责令改正通知书8份。

【河长制管理】 一是全面启动“河长制”管理工作。确立了以县领导、乡（镇）党委书记、乡（镇）长、村党支部书记、村委会（居委会）主任为河长的“河长制”管理机制。成立了县“河长制”办公室，人员、经费、办公场所正常运行。各级“河长”名单、举报电话、在县政府网站公布。二是确定过埠镇为“河长制”管理试点乡镇。编制了试点工作方案。试点河流为大江（上犹江）。三是召开全县生态文明示范县建设领导小组会议暨总河长第一次会议。河长制工作在县级层面作了总体部署安排。四是加强平台建设。建立了崇义县河长办公室QQ群、微信群，保障通讯畅通。五是推进了水质污染治理和矿山污染治理。六是推进农村生活垃圾治理和畜禽养殖污染治理。七是开展水土流失保护。连续二期实施了国家水土保持重点建设工程项目，第二期（2013—2016）金埠项目区治理了10条小流域项目。八是开展河流岸线绿化及湿地保护。在中小河流治理项目中，注重加快江河源头、重要水源涵养地的水环境保护，划定禁止开发范围，实现江河源头保护区污水“零排放”。加快水源涵养林建设，全面保护天然林，大力种植阔叶林，提高森林蓄积量。九是开展渔业资源保护。县相关部门牵头整合各部门执法力量，组成崇义县陡水湖水上综合执法大队，并购置了执法快艇等相关执法设备，开展专项执法。

【小型水利工程管理体制改革】 结合崇义县水利工程的现状，崇义县已完成试点乡镇（长龙镇）小型水利工程管理体制改革任务，发放水库、山塘、小型灌区、堤防、农村饮水安全工程、小型水电站等所有权、使用权证32份。全县其他15个乡镇均已启动小型水利工程体制改革工作，成立了领导小组并制订了实施方案，截至2016年底完成了调查摸底工作，正在实施清产核权、建章立制、落实管护主体工作，共有小型水利工程519处，其中水库23座，山塘48座，小型灌区144处，小型堤防工程15条，农村饮水安全工程171处，小型水电站118座。

【基层水利队伍】 为加强水利人才队伍建设，提高水利专业人才素质。2016年，县水利局申报了基层水利专业定向培养、事业单位公开招聘以及事业单位招聘高学历人才的方式引进水利专业技术岗位人才。

一是根据省编办、省教育厅、省人社厅、省水利厅《关于开展全省基层水利专业技术人员定向培养的通知》（赣水人事字〔2012〕64号文）和省水利厅《关于下达2016年度全省基层水利专业技术人员高职定向培养计划的通知》（赣水人事字〔2016〕17号）文件要求，于4月21日制定了《崇义县基层水利专业技术人员高职（大专）定向培养招考报告公告》，落实了3名应届高中毕业生到江西水利职业学院参加水利水电建筑工程专业定向培养。

二是向崇义县人社局申报了水利专业技术岗位3名，按照《赣州市2016年面向社会公开招聘县以下事业单位工作人员公告》要求，通过面向社会公开招聘，坚持“公开、平等、竞争、择优”的原则，采取考试的方法择优聘用。落实了2名水利专业岗位技术人员。

三是根据县《2016年事业单位招聘高学历人才实施方案》要求，申报了水利专业岗位1名，通过社会招聘“公开平等、按岗引进、择优聘用”的原则，采取直接面试考核方式择优聘用了 1 名高学历水利专业技术人才。

【领导名单】

党组书记、局长
陈海波

党组副书记、水保局局长
陈丽明（9月免）

党组副书记、水保局局长
卢鑫平（9月任）

党组成员、副局长
钟骏远（正科）
钟芳明

县防汛抗旱指挥部办公室主任　罗　春

水土保持

【概况】 2016 年是"十三五"规划的开局之年，县水保局认真贯彻落实党的十八大以来各中全会精神，抓住赣南苏区振兴发展和保护环境的基本国策，坚持可持续发展，推进建设美丽幸福崇义，紧紧围绕县委、县政府的工作大局，紧扣全县"六大攻坚战"和精准扶贫，强化预防监督，狠抓综合治理、围绕中心、服务大局，各项工作有序开展，通过全局干部职工的齐心协力，全面完成了各项工作任务。

2010 年 12 月，县人民政府机构改革实施方案，县水土保持局由副科级事业单位调整为正科级事业单位，领导职数：局长 1 名，副局长 1 名，内设办公室、综合股（监督大队）、治理股，全额拨款事业编制 9 名。

【水土保持预防监督】 推进"三权"落实，水保预防监督取得新成就。县水保局围绕全国第二批监督管理能力建设县的建设内容、目标，严把监督、审批、收费"三权"，强化依法监管，逐步落实了"三同时"、"一方案"制度，有力促进了水保预防监督工作。一是与环保、林业协同监督项目生产建设，对崇义天润龙归风电有限公司天润崇义天星风电场项目、丰州小坑高岭土矿、乐洞花岗岩板材、关田工业园等开发项目的水土保持工作进行重点跟踪检查。二是对现有矿山开采、加工企业及其它建设项目造成水土流失情况进行调查摸底，进行清理整顿。三是进一步落实水土保持"三同时、一方案"制度，提高水保服务水平，狠抓开发建设项目水保方案申报和审批工作。共开展水保监督执法巡查 76 次，加大了开发建设项目水保监督检查力度，调处水保违法违规案件 2 起，检查生产建设项目 10 个，审批水保方案 5 个，水保设施验收 2 个，审批率达 100%。四是坚持了经常性的检查督查工作，狠抓执法队伍建设，使 2016 年的监督执法工作有了新的成效。

【水土保持综合治理】 强化工作措施，注重工作实效，水保综合治理开发取得新成果。按照党的十八大、十八届三中、四中、五中全会精神，以转型发展为契机，以争项目争资金为工作重心，2016 年争取到中央资金 4550000 元，省、市配套资金 910000 元，做好长江、黄背、金坑、两杰、长潭等 5 条小流域治理的续建工作的同时，新开工高岔、石路 2 条小流域的开工建设，综合治理水土流失面积 1300 公顷，其中：营造水土保持林 62.7h 公顷，开发种植经济果木林 27h 公顷，封禁治理 409.3 公顷；拦砂坎 5 座、修复建设塘坝 1 座、沟渠（含竹节水平沟）13.31 千米、沉沙池 61 个、生产道路（田间道路）15.22 千米、蓄水池 32 个、护岸护坡 0.53 千米、挡土墙 0.69 千米、水保告示碑 2 座、封禁碑牌 34 个。治理过程中，联合君子谷野生水果世界公司合力打造国家级水土保持示范园，在园区内实施了种草、经果林、水保林等植物措施，同时也修建了蓄水池、沉沙池、生产道路等工程措施。项目建设总投资为 8246800 元，其中：中央财政投入资金 5772800 元，省级配

县政府副县长张祥兰陪同水利部副主任蔡建勤、市水保局副局长周益萍调研君子谷水土保持生态示范园

套 910000 元，群众投劳 1564000 元。截止目前已完成综合治理水土流失面积 1131 公顷。

通过项目实施，项目区水土流失得到了有效遏制，降低土壤侵蚀数 2511 吨 / 平方千米·年，年均减少 341500 吨、蓄水 3680100 立方米，通过项目的实施植被覆盖率达到 87%，极大地改善了生态环境和群众的生产生活条件。通过小流域治理同山区经济发展，群众脱贫致富结合起来，工程措施与生物措施结合，治理开发与预防监督并进，取得了明显成效。同时调整了农村产业结构，大力发展了脐橙、油茶、葡萄等水保经济产业，各项水土保持措施正常发挥效益后，每年可产生直接经济效益 2280500 元，培植了新的经济增长点，带动人均粮食和人均收入实现比当地平均水平提高 15% 以上，取得了生态、经济和社会效益同步上升，农民收入显著提高，为全面建设小康社会奠定了生态基础。

【领导名单】

局　长　陈丽明（9 月免）
　　　　卢鑫平（9 月任）
副局长　金玉琳

农业机械

【概况】 崇义县农机管理局是正科级事业单位。设办公室、农机管理股、农机技术推广培训股、农机监理股 4 个股室及农机安全监督管理大队，核定编制 14 人，实有在编在岗人员 13 人。

2016 年，围绕农机化“三项重点”工作，认真贯彻落实中央、省、市关于加快农机化发展的方针政策，以农民增收、农业增效为重点，以提升农机总量、提升农业机械化水平为目标，因地制宜，注重特色，优化配置，着力推动崇义县农机化事业稳定、健康发展。到 2016 年末，全县农机总动力达到 74000 千瓦，农机固定资产达到 12280 万元，新增耕整机 227 台，拖拉机 24 台，大型轮拖 8 台，联合收割机 23 台。新增农机动力 2932.79 千瓦，新增农机固定资产投资达 6568600 元。全县机耕面积达到 6400 公顷，机插面积 17133300 公顷，机收面积 5800 公顷，农业耕种收机械化综合水平达到 64%，农业耕种收综合机械化水平增长 30%。新增登记注册的农机专业合作社 2 个，新增农机专业户 8 户，农机经销推广组织 1 个，农机维修企业组织 6 个，全县农机化作业总收入达到 13700 万元。

【提升农机总量】 2016 年，崇义县通过加强领导、强化宣传、落实农机购置补贴工作责任、严格农机购置补贴工作程序和纪律等措施，早谋划、早着手、早安排，着力抓好农机购置补贴工作的落实。到年底，全县累计发放农机购置补贴 1175100 元（含报废更新），完成年任务的 130.57%，结算资金 1000900 元，完成年任务 111.21%。补贴各类农机具 301 台套，受益农户 279 户，新增农机动力 2932.79 千瓦，新增农机固定资产投资达 6568600 元。

【抓实农机安全促发展】 以创建全市“平安农机”示范乡（镇）、示范村为抓手，深入开展“平安农机”“六进”活动，扎实推进农机安全监督制度化、规范化管理，把农机安全专项整治落实到第一线。2016 年，全县创建全市“平安农机”示范乡 1 个，“平安农机”示范村 2 个；全年开展各类农机安全检查 18 次，查处各类违法违章行为 96 例；全县上道路行驶拖拉机持证率上牌率达到 98%，完成变型拖拉机年审 732 台，年审率达到 100%，全年完成享受国家农机购置补贴上牌的拖拉机 32 台，联合收割机 23 台，上牌率达 100%；全县农机事故率持续低于 0.8‰，无重特大事故。

【促进农机化技术推广】 充分发挥资源、技术优势，积极争取市局政策、资金支持，在麟潭乡实施“以机代牛”工程，并以举办农机实用技术培训班、农机现场作业演示会等形式，组织农民实地参观学习农机化生产操作技术，推进农机化运用水平，辐射带动周边乡镇农民发展农机。2016 年，全县共增加耕整机（微耕机）227

崇义县麟潭乡荣获 2016 年度全市平安农机示范乡称号

崇义县荣获2016年度全省“平安农机”工作先进县称号

台，拖拉机24台，大型轮拖8台，联合收割机23台。全县机耕面积6600公顷，机插面积1466.67公顷，机收面积5800公顷，农业耕种收机械化综合水平达到64%，农业耕种收综合机械化水平增长30%。

【农机使用效率和服务效益】 科学整合好农机资源，充分调动和发挥农机专业合作社和农机大户在重要农时季节中的作用，全方位做好机械作业技术指导、柴油供应、机械维修协调等服务工作，在解决好“机耕难”“机收难”矛盾同时，提高农机使用效率，增加农机专业户、农机经营者经济收益。2016年，崇义县新增登记注册的农机专业合作社2个，推荐2名合作社理事长赴九江学习农机维护及管理10天，新增农机专业户8户，农机经销推广组织1个，农机维修企业组织6个；农机专业合作社社员11人，固定资产总额1920000元，其中农机资产1200000元。全县农机化作业总收入达到13700万元。

【领导名单】

局　长　　李声东

副局长　　吴荣文

　　　　　罗司明

工业·企业

工业与信息化

【概况】 根据县委县政府年初工作部署，努力克服市场不利影响，主动适应经济“新常态”，狠抓《崇义县工业振兴企业成长倍增计划》《崇义县三年主攻工业实施意见》《关于降低企业成本优化发展环境的若干政策措施》贯彻落实，全力“主攻工业”，主动靠前帮扶企业发展，加快推进重大项目建设。章源钨业“章源及图”商标被国家工商总局认定为中国驰名商标，博士后科研工作站正式授牌，钨冶炼及产业化3项科技成果分别获得江西省科学技术进步一等奖、三等奖和专利奖；齐云山公司被中国食品工业协会授予“2014—2015年度全国食品工业优秀龙头食品企业”的荣誉称号；章源钨业、耀升钨业、齐云山、君子谷4家企业被列为2016年市级创新型成长型企业。

【工业经济稳中有升】 全县现有规模以上工业企业41家，其中2016年新增8家，完成市级下达崇义县新增7家规上企业的年度任务。累计完成工业总产值1023000万元，同比增长6.6%，增速位列全市14位；累计完成工业增加值238000万元，同比增长8.9%，增速位列全市12位；主营业务收入累计925000万元，同比增长9.1%；全年完成工业固定资产投资109000万元，同比增长21.1%，完成市级下达给崇义县100000万元的任务。

兑现优惠政策 贯彻落实《崇义县工业振兴企业成长倍增计划》《崇义县三年主攻工业实施意见》《关于降低企业成本优化发展环境的若干政策措施》等文件精神，在组织领导、平台建设、挂点帮扶、资源保障、税费优惠、科技创新等方面采取切实有效的措施，推动全县工业经济健康发展。县财政全额返还圣鑫矿业植被森林植被恢复费210000余元；兑现章源钨业、耀升钨业等企业奖励扶持资金3000余万元、科技创新奖励280000元、企业纳税奖励1966000元、财保类银行贷款奖励1001100元；兑现君子谷等新入规企业奖励120000元；县财政初步安排60000000元用于关田工业园区基础设施和标准厂房建设，以更好的平台条件引进更多的工

4月25日，赣州市工业重点项目集中开工仪式崇义分会场

业项目。

深入企业调研　1月，开展全县规模以上工业企业的工资发放情况调查，大部分企业工资都能够正常发放，少数2—3企业存在拖欠工资情况；2月，迅速对全县规模以上工业企业的生产经营情况等进行了调查摸底，下发工业企业情况调查表，大部分矿山企业都处于停产、半停产状态，企业普遍反映市场行情不好，产品价格低，企业资金周转困难；3月24日，对规模以上工业企业因暴雨受灾情况进行了紧急调度，37家规模以上工业企业有3家企业因降雨导致受灾，直接损失70多万元，间接损失450000元，没有导致因灾停产情况；3月28日邀请市工信委指导君子谷公司申报省级企业技术中心；4月5日，紧急调度企业安全生产工作，要求严格遵守安全生产制度，并组织人员对企业安全生产、消防设施等进行了实地检查；5月20日，省政协副主席孙菊生一行到崇义县开展全县降低企业成本优化发展环境调研，召开全县动员大会宣讲政策，举行工业园区企业座谈会交流情况；7月19日，省民爆局的领导带领民爆专家组到崇义县民爆公司开展监督检查；8月20—21日，开展了全县规上企业和重点项目安全生产大排查工作。同时做好市委常委、市政府副市长高峰，市政协副主席钟健生及省台办等调研工作。

加强挂点帮扶　抓好市领导挂点帮扶崇义县章源钨业、耀升钨业、君子谷公司3家企业，开展春节后县领导集中赴企业走访调研活动，实现了规模企业“全覆盖”，落实帮扶责任单位，制定了帮扶计划，动态管理。开展干部下企业集中走访活动及全县降低企业成本优化发展环境集中走访活动，重点走访了47家企业（其中规上企业37家、其他重点企业10家），建立销号台账，要求相关挂点领导会同职能部门限期解决。建设全市企业精准帮扶手机APP平台，37家企业及10个重点项目全部纳入平台，及时收集和反映企业诉求，及时分级依权处理。2016年，累计收集规上工业企业困难和问题325条，协助解决312条，比例达96％。出台《省市县领导挂点联系崇义县企业活动工作方案》，落实县“四套”班子领导班子挂点联系企业，实现规模以上工业企业全覆盖。加强与市主攻办的联系沟通，上报市办主攻工业信息60条、在市级12期简报中刊登13条、手机APP平台刊登27条；制作大型宣传牌5块、新刷标语2条，在手机报、电视台及主要路段宣传主攻工业，营造了良好氛围。

解决融资难题　举办中小微型企业融资对接签约活动，48家企业与银行意向签约93880万元，现场签约26家企业81600万元；召开金融专家服务团对口帮扶工作座谈会，围绕企业发展、融资需求及融资难题等问题和各企业负责人进行面对面交流；协助相关部门为君子谷公司争取产业发展基金贷款40000000元。

实施项目建设　亿元以上市级考核工业项目11个，其中100000万元以上项目2个，已全部开工建设。总投资443000万元，2016年计划投资162000万元，实际完成投资182500万元，完成112.65%。已投产项目7个，投产率63.64%，分别是威骏高分子无纺布项目、聂都丰宝源高纯石英材料加工项目、阳岭松脂加工项目、高岭土综合开发项目、精亿灯饰有限公司LED加工项目、君子谷刺葡萄生态饮料和刺葡萄饼干加工项目、天润乐洞风电项目。

对接争资争项　章源钨业和耀升钨业申报两化深度融合示范项目、齐云山申报了国家制造业单项冠军企业；章源钨业、恒毅复材申报了军民融合企业；耀升钨业已申报江西省“优强企业”。申请钨深加工奖励资金2167500元。耀升钨业“年处理15000吨

2016年8月25日，组织150余名企业代表及有意愿创业的社会各界人士参加了赣州创业大学2016年“创业＋互联网”培训班

钨粗矿及回收难选混合伴生矿精选生产线技术改造项目”和君子谷公司“特色农产品生态深加工”技改项目分别获市重点工业技改项目专项资金 1100000 元和 1000000 元，全市仅 15 个项目资金共计 15000000 元。章源钨业博士后科研工作站正式授牌，三项科技成果分别获得江西省科学技术进步一等奖、三等奖和专利奖。齐云山公司被中国食品工业协会授予“2014–2015 年度全国食品工业优秀龙头食品企业”荣誉称号。章源钨业、耀升钨业、齐云山、君子谷 4 家企业被列为 2016 年市级创新型成长型企业。

跟进招商引资 先后引进了红木家具、LED 加工、矿产品贸易加工等多个工业项目。2 月和 3 月，县委、县政府主要领导带队，开展了“解放思想、北上南下”赴珠三角等地外出招商，加速推进崇义县重点在谈的重大招商引资项目落地。根据《关于集中开展“百日招商活动”加快推进“六大攻坚战”的通知》工作要求，于 9 月 1—6 日赴安徽宣城、浙江杭州,10 月 27—29 日赴广东东莞考察洽谈锂电池产业等招商引资活动,与东莞中子能源有限公司签约 20000 万元的项目。

狠抓系统维稳 工信局所涉及的主要信访问题大都是企业转制遗留问题，具有历史性。特点是时间跨度大、涉及人员广、涉及单位和部门多、政策法规性强，客观原因多。全年，接待来信来访来电 1800 多人次，答复信访件 45 件，人对人跟踪 520（人）次，向县委、县政府上报信访汇报材料 160 件次；调解陈昌盛与显亮煤业工伤纠纷 40 多次，并于临近年关组织全局干部职工精诚团结锲而不舍想方设法把因工伤纠纷滞留在市政府上访达 7 天之久的陈昌盛夫妇劝返回家；天花苑店面安置问题已全面完成；原淘矿企业转制遗留问题启动“一对一”安置工作以来，安置人数达 386 人，截至 2016 年底，除 5 人未办理外其余 381 人均安置到位，安置补偿率达 98.7 ％。

【电子政务与信息化】

技术服务，保障网站运行 做好县政府门户网站、政府信息公开平台日常维护和技术支持；完成全省网站信访平台和政府网站信访栏目的对接；在县政府网站设立了“国务院信息”栏目和“我为政府网站找错”监督平台入口；开展 4 期在线访谈活动；完成政务网机房设备维护和视频会议系统维护，全年召开视频会议 62 次，实现安全责任事故为零；上门服务网络维护和四套班子领导班子电脑维护 121 人次；协助安监局完成了省、市安监视频会议系统的安装调试；协助地税局依托政务内外构建全市社会综合治税系统；完成了综治信息化建设、档案纵向业务建设联网。据统计，2016 年县政府信息公开平台发布信息 10429 条，县政府门户网站发布信息 4838 条。

改造升级，完善政府网站 实施政务服务网云平台建设，安装服务器、光交换机和存储备份一体机等硬件设备，完成审批服务网、政府信息公开平台、政府门户网站的应用环境配置和数据迁移；改造升级崇义县网上行政办公系统，办公系统软件服务采取政府购买服务的方式，与电信崇义分公司签订了租用合同；以竞争性磋商的方式完成了电子签章、移动办公终端的政府采购，电信崇义分公司中标；开展崇义县政务服务网分厅建设，通过政府采购由赣州科睿特软件股份有限公司中标、开发，完成崇义县政务服务网分厅建设的 80%，现已上线试运行。

深入推进，企业两化融合 结合企业信息化运用程度，开展实地调研，编制《崇义县信息化建设暨两化融合发展情况汇报》，为政府决策提供有效参考；积极引导章源钨业、耀升钨业、红杉木业、齐云山食品和君子谷等企业建设中国两化融合咨询服务平台省级分平台系统，实现数据在线填报；加强与上级部门对接，上报崇义章源钨业股份有限公司“数字工厂”建设项目、耀升钨业的茅坪钨钼矿安全生产过程控制信息化工程项目 2016 年示范项目，崇义章源钨业股份有限公司基于 ERP/MES 的多系统集成应用项目申报 2017 年示范专项项目。

【领导名单】

局　长　黄小罗（9 月免）
党委书记　曾宪瑞（9 月免）
党委书记、局长
林端武（9 月任）
党委委员、副局长
王受传（9 月免）
张锦文
卢和剑（9 月任）
党委委员、信息中心主任
陈文烈

中小企业管理

【概况】 在市民营企业管理局的精心指导下，围绕市、县提出的“六大攻坚战”任务目标，依法促进中小微企业发展，落实中小微企业帮扶政策，实施中小微企业四项工程，加强中小微企业服务，解决中小微企业实际困难，加快中小微企业和非公有制经济发展步伐，全面落实省、市《关于降低企业成本优化发展环境的若干意见》和县《关于降低企业成本优化发展环境的若干政策措施》，为推动崇义经济发展做出新贡献。

【“六大攻坚战”工作情况】

主攻工业攻坚战　陪同市、县挂点领导深入到挂点企业崇义县威骏高分子无纺布项目、江西新泰昇炭业科技有限公司进行调研，了解企业生产生活中需解决的问题。协助崇义县威骏高分子材料科技有限公司办理有关证件、消防验收和融资等事项。解决不了的问题及时向上级汇报，寻求解决方案。

组织县民营企业管理局机关相关股室到挂点企业宣传省、市《关于降低企业成本优化发展环境的若干意见》和县《关于降低企业成本优化发展环境的若干政策措施》。

8月，出台《崇义县小微企业信用体系建设实施方案》（崇府办字〔2016〕72号）。

精准扶贫攻坚战　县民营企业管理局驻思顺乡沿佑村“精准扶贫”工作，主要做好以下几项工作：一是继续深入开展精准扶贫工作，对20户贫困户再进行调查摸底，全面掌握好贫困户信息，广泛宣传崇义县精准扶贫产业扶持政策。经上级检查验收，有2户贫困户已脱贫。二是及时完善调整赣州市精准扶贫系统录入信息，做到贫困户说的与系统录入和实际情况完全一致。三是县民营企业管理局帮扶干部上户与贫困户座谈、商量、制定2016年帮扶计划和产业发展措施等，明确脱贫计划、目标和时间。四是积极开展“三个一”和扶贫助学活动，拉近了帮扶干部与贫困户间的距离，获得了贫困户的好评。五是帮扶干部每月至少一次上户，了解帮扶计划落实情况，及时处理贫困户的困难和问题，比如：沿佑村祠堂组贫困户李鸿华，家庭住房属危房，不能居住，县民营企业局帮扶干部及时与乡政府联系并落实保障房一套。

【三项重点工程】

中小企业成长工程　根据县政府工作要求和市局下达的目标任务，2016年，向市局申报了江西君子谷野生水果世界有限公司等11家成长工程培育企业，其中，江西君子谷野生水果世界有限公司、江西省崇义县崇峰食品有限公司、崇义恒毅陶瓷复合材料有限公司、崇义县三合矿业有限公司等四家企业于2015年底由崇义县年报申报入规，2016年初已经省局批准。2016年，又新增崇义鸿盛矿业有限公司、崇义县腾龙矿业有限责任公司、崇义县华晟矿业有限公司、江西新富矿产品贸易有限公司等四家规模企业。净达生物有限公司、深发高岭土有限公司、腾亮竹木有限公司、精亿灯饰有限公司等4家企业正在申报。

年初，根据省、市局相关文件要求并结合崇义县企业实际情况，县民营企业局经走访调研组织推荐了江西新世野农业有限公司、崇义精亿灯饰有限公司、江西诸广山农业开发有限公司、崇义县阳明湖食品有限公司等4家企业申报了市级“专精特新”企业。7月，组织推荐江西新世野农业有限公司、江西诸广山农业有限公司、崇义县阳明湖食品有限公司等3家企业申报省级“专精特新”，有2家企业申报材料已通过市局初审，目前正在省局审批。

3月，根据省、市有关文件精神推荐并全程协助江西新泰昇炭业科技有限公司、江西省崇义华森竹业有限公司等2家企业申报省中小企业发展专项资金“一企一技”项目，申报项目已通过省级评审，项目资金各300000元。

企业融资服务工程　3月1日，举办了2016年全县中小微型企业融资对接签约仪式，组织县内11家金融机构与52家崇义有优势、有潜力的企业进行融资对接活动，达成融资意向协议金额92300万元，已履约金额54280万元，履约率58.81%。

积极组织实施好“小微信贷通”和“创业信贷通”　“小微信贷通”：累计125家企业获得了银行的贷款，合计放贷84980000元；2016年，市政府下达崇义县任务65000000元，完成任务的130.74%。“创业信贷通”：累计68家企业获得了贷款，合计放贷28780000元；2016年，市政府下达崇义县任务15000000元，完成任务的191.87%。

主攻工业精准扶贫工程　落实主攻工业精准扶贫任务，重点做好联系崇义县威骏高分子无纺布项目的联系帮扶工作。目前，大部分设备已安装好，10月12日试产，年底正式投产。

【鼓励全民创业】　以省民营企业培训中心、赣州创业大学为基础，坚持每年至少举办一期创业培训班、一期中小微企业培训班，为全县有创业需求的个体私营业主、企业管理人员、大中学校毕业生、返乡农民工及有创业愿望的青年提供创业培训。8月25—27日，由县民营企业管理局牵头，汇同县市场和质量监督管理局、县工商业联合会举办了一期创业大学（崇义）培训班，参加培训人数150余人。参加这期培训班的学员有县内近年初创业者、立志创业人员、企业在岗职工、工商个体户、返乡创业人员、电商产业从业人员、大中专院校毕业生及其他有意愿创业人员等，引导创业意愿者积极创业，增强创业能力，促进全民创业，营造“创业崇义”氛围。为企业提供一个有氛围、有交流、理论与实践相结合的学习平台。

【年审工作】 县民营企业管理会同社保部门对全县手工业联社大集体企业未参保享受养老生活补助退休人员发短信、电话等形式通知其本人到县社保大厅进行年审。对各补助对象的实际情况重新审核、复查，符合条件的，继续享受补助待遇，不符合条件的取消补助待遇。通过年审，合格人数245人，核减死亡人数14人。

【领导名单】

局　长　刘章伟

副局长　何祥勇

　　　　谢功臣

　　　　肖庆长

关田工业园平整施工

工业园区

【概况】 江西崇义工业园区管理委员会于1月正式运行，办公场所设在县政务大楼四楼，单位内设4个股室：办公室、规划建设股、企业服务股、社会管理股。5月，省政府批复同意崇义县设立江西崇义省级产业园，结束了崇义无省级工业园的历史。

江西崇义省级工业园区成立以来，在县委、县政府的领导下，围绕县委十七届一次、二次全会精神，认真贯彻落实《若干意见》，以“三项重点工作”和“六大攻坚战”等工作为抓手，稳步推进崇义省级工业园建设、招商、服务等相关工作。

【获批省级产业园】 省级产业园规划总面积为147.67公顷，按照“一园三区”的布局，即章源工业片区13.4公顷、鱼梁工业片区77.17公顷、关田工业片区571公顷。园区产业的发展定位主要是钨深加工、绿色食品深加工、竹木及化工产业深加工、非金属矿深加工（高岭土、硅矿）四大产业。

【企业效益稳步提升】 在经济形势不利条件下，园区经济实现工业增加值80125万元，同比增长6.2%；主营业务收入257254万元，同比增长4.5%；利税总额38449万元，同比增长10.73%。首位产业硬质合金应用材料实现主营业务收入147922.7万元，占园区主营业务收入的57.5%，成为崇义工业经济发展的主导力量。

【基础设施持续完善】 投入6000多万元加快完善园区道路、供水、供电等基础设施建设，完成了绿化工程、竖井工程、供电工程（基建用电）、入园道路、应急排水工程；供水工程、南侧截水工程、北侧排水工程正在施工。引导企业以自建自用方式，完成10万平方米标准厂房建设，精亿灯饰、旗岭食品、腾亮竹业等入园企业投入生产。

【项目对接成效突出】 大力推进企业入园发展，重点抓好非金属矿、竹木深加工产业的入园招商。积极参加“解放思想、北上南下”领导干部集中外出招商引资活动，招商入园成效突出，生物制药、锂电池生产等一批招商项目已入驻园区，红杉木业退城进园稳步推进，硅矿深加工等一批项目正在洽谈。

【帮助企业解决难题】 市下达崇义县财园信贷通任务为30000万元，结合本县实际，继续把握“加强服务意识、强化贷后管理、控制风险”三个原则，做好财园信贷通工作，为86家企业发放贷款33800万元，完成全年任务的113%。落实降成本优环境，积极帮助企业协调解决问题，主动到企业调研，针对企业存在的用地、用电、环评等问题，积极协调有关部门帮助解决。如解决了鱼梁工业园杆线改线、精亿灯饰融资难问题等。

【帮助贫困户早日脱贫】 积极开展扶贫日、爱心企业助力精准扶贫等活动，组织祥和万年青公司开展以“爱心企业助力精准扶贫”为主题的爱心捐助活动，捐赠价值约2000元的粮油等物资。积极落实金融扶贫项目。帮助3户贫困户申请产业扶贫贷款累计13万元，为贫困户发展产业提供有力保障。协助贫困户发展产业，2户贫困户发展毛竹林低改0.95公顷，补助3095元；4户贫困户发展传统产业（鸡鸭养殖）758羽，补助1.2万元。

【深化党员知行教育】 一是坚持带头学。每月组织全体党员集中专题学习，带头讨论，共完成了8个主题学习，8次主题讨论，1个微信学习群，2次党建应知应会知识测试。二是党课教育经常化。每季度给党员上党课，提高了党员的理想信念，共上了4次党课。三是组织生活制度化。围绕“两学一做”交流研讨主题，多次召开了组织生活会，通过谈认识、谈体会，深挖根源，列出问题清单，做到同督促、同检查、同落实，对照4个专题共4次查摆了突出问题。

【领导名单】

主　任　　胡　明
副主任　　陈冬林
　　　　　章丽娟

供　电

【概况】 公司始建于1970年2月，公司现有员工310人（其中：在岗正式工186人，人事代理4人，农电工109人，集体企业聘用职工11人）；下设有7个职能部室、2个实施机构、8个供电所，取得各类专业技术职称人员138人，取得职业技能等级人员177人，大专及以上学历157人。

县内有220千伏变电站1座，总容量18.0万千伏安。110千瓦变电站3座，主变5台，总容量13.45万千伏安。网内有35千伏变电站13座，主变20台，总容量11.915万千伏安，35千伏变电站全部实现双电源供电。县电网最高负荷6.5万千瓦，平均负荷4.23万千瓦。网内有35千伏输电线路214.61千米，10千伏配电线路1217.7031千米。现有联网小水电站83座，总容量为74.4兆瓦。

【安全形势平稳有序】 深化安全管理提升活动，严格落实安全责任，安全生产局面保持稳定，截至12月31日，公司实现连续安全运行6429天。推进“涉众”安全隐患排查工作，消缺率达100%。完善应急体系建设，积极应对多轮洪涝灾害天气，确保了灾区正常供电。

【电网建设平稳推进】 滚动调整电网规划，《崇义县“十三五”新一轮农村电网改造升级规划》通过省公司和省能源局规划审查。围绕中心村、贫困村、动力电不足等问题，编制完成《崇义县中心村电网改造升级2016—2017年实施方案》，16个中心村、贫困村全部纳入了第二批、第三批小城镇中心村改造项目，投资规模达到1192万元。及时编制《崇义县工业园电网规划专项报告》，以农网工程属地协调工作任务安排为抓手，扎实推进各农网工程项目建设，圆满完成2015年农网改造升级增补工程和2016年中低压配网工程建设任务，投资完成率达到100%，电网建设项目进展有序。坚持服务民生，解决已发现重过载、低电压问题17个。

【运维水平不断加强】 加强日常运维管理，配电线路可靠性99.874%，10千伏电压合格率99.97%，公变出口电压合格率99.54%，主要指标保持平稳。重点整治线路跳闸、重复检修现象。完善“三率一单”评价考核体系，抢修工单同比下降22.61%；加快树障清理力度，35千伏和10千伏线路清障率达到100%。

【优质服务不断提升】 认真落实“降成本、优环境”专项行动要求，主动策应“主攻工业、三年翻番”部署，联动工信部门召开“政电企三方，降成本优环境”座谈会，建立三级客户经理上门服务机制，主动对接企业需求，贴心服务园区和企业发展，获得政府和企业一致认可。开展供电服务提升工程，不断改进服务方式。加强线损管理，集中整治高损、负损台区，公司线损管理达3A标。

【企业管理持续加强】 强化综合计划与财务预算管控执行，基本实现以综合计划为核心的公司运作方式，严控预算外支出。强化绩效等级结果应用，修订完善《全员绩效管理实施细则》。顺利完成“子改分”工作任务，已正式转入分公司模式运作。开展“三集五大”成效评估整改，督促各体系“查漏补缺”，确保逐项整改销号。深化“五位一体”协同机制建设，完成“五位一体”要素对比。

【“三个建设”成效明显】 扎实开展“两学一做”专题教育，采取班子成员带头讲专题党课、开展专题学习研讨、强化整改落实等方式，坚持边学边查边改，做到了即知即改、立行立改，工作得到县直机关工委肯定。全面落实党员“一带二”工程，公司在岗的62名党员与124名非党员员工结对，在工作、学习和生活中带思想、带学习、带作风、带安全、带技能、带业绩。

强化人才队伍建设，常态开展岗位练兵、竞赛调考，队伍素质持续提升，公司喜获市公司PMS2.0系统应用竞赛、电器试验专业技能竞赛团体第一名，并包揽个人成绩前三名；1人荣获技改大修精益化竞赛个人第二名。3人通过省公司技师评审，24人通过了省公司工程师评审，“双师”人员比例再创新高。

【领导名单】

经　理　魏华东（4月免）

陈卫东（4 月任）

书　记　黄声栋

副经理　邹善洪

刘其山（4 月免）

桂康来

刘庆荣（4 月任）

纪委书记兼工会主席

周晓敏（12 月免）

欧阳熳芳(12 月任)

章源钨业

【概况】 公司于 2010 年 3 月 31 日在深交所成功挂牌上市，是江西省钨行业唯一上市企业（股票简称：章源钨业，股票代码：002378）。

2016 年，公司荣获国家科技进步二等奖、江西省科技进步一等奖、江西省科技进步三等奖、江西省专利奖、中国驰名商标等荣誉。

截至 12 月 31 日，公司注册资本为 92400 万元，总资产为 331200 万元。2016 年，实现营业收入 131100 万元，实现税金 13000 万元。

【安全环保】 2016 年，公司安全环保工作卓有成效，特别是矿山安全生产通过各矿的努力及公司安监部门的有效监督，有效扼制重伤以上事故的再发生；环保工作持续向好，全年未发生环境污染及群众上访事件。其中：矿山板块采取积极防控措施，杜绝了工亡、重伤事故和重大设备、火灾事故的发生，全年工伤事故发生率同比下降 44%。石雷钨矿关于《职业危害事故应急预案》及“职业病危害控制防护设施”通过了市安监局评审、验收。淘锡坑钨矿废石堆场生态修复工程成功获得 200 万元国家重金属污染防治专项资金，同时完成项目拦渣墙和截排水沟前期工程。新安子钨锡矿新购置 COD 及氨氮分析监测设备，能自行采样化验、监测及传输数据。

深加工板块通过全面落实安全生产主体责任，认真抓好安全教育培训，加强安全检查，落实隐患整改，有效地杜绝了重大火灾、爆炸事故及重伤以上事故的发生。同时，公司新建一台生物燃料锅炉，替代原有两台燃煤锅炉，现已通过质检、环保部门验收并投入使用，实现了清洁能源替代原煤，大大减少污染物排放。

【科技创新】

科技创新硕果累累　获得国家及省部级科技奖项 4 项，其中“铵盐体系白钨绿色冶炼关键技术和装备集成创新及产业化”项目获得国家科技进步二等奖及江西省科技进步一等奖；“微细粒钨细泥高效选矿新技术与新装备研发及产业化”项目获得江西省科技进步三等奖;“改进型碳化炉”专利获得江西省专利奖。

知识产权再上台阶　“章源及图”商标被国家工商总局认定为“中国驰名商标”，公司成功晋级中国钨行业“中国驰名商标”

国家科学技术进步奖

证　书

为表彰国家科学技术进步奖获得者，特颁发此证书。

项目名称：铵盐体系白钨绿色冶炼关键技术和装备集成创新及产业化

奖励等级：二等

获 奖 者：崇义章源钨业股份有限公司

中华人民共和国国务院

2016 年 12 月 21 日

证书号：2016-J-215-2-03-D02

国家科学技术进步奖二等奖

三甲，这是公司在实施品牌发展战略过程中取得的又一重大成果。此外，公司还申请专利14项，授权专利10项，其中发明专利6项，实用新型专利4项。

技术改造重大突破 冶炼厂针对钨渣、除钼渣、废水站污泥列入《危废名录》管理的新规定，开发了钼渣中的钨、钼、铜分离技术，其中钨、钼、铜的回收率均达到了90%，提高了资源的综合回收利用率；同时开发了钨冶炼废水污泥处理技术，实现了污泥二次利用，大大减少废水中的污泥含量，环保效益和社会效益显著。粉末厂十五管炉的自动化改造调试成功，2016年新到的两台还原炉自动化设备开始投料生产，运行稳定，大大提高了生产效率。

产品开发成效显著 合金厂新开发了冷镦模13个牌号，超细颗粒5个牌号，拉丝模2个牌号，异型类合金40多个型号，刀片2个牌号，部分已形成批量生产；同时，对YT类合金牌号进行工艺优化，产品投入市场得到客户认可。澳克泰完成刀片新产品设计共计472款，模压棒材4款、挤压棒材45款；钢件铣削、铸铁铣削牌号开发完成，形成生产销售，在现有涂层刀片产品的基础上，完善了新产品结构，丰富了铣削加工应用领域的产品系列，扩大了公司产品市场份额。

【企业管理】 加快了两化融合的步伐，重点推进EPR-NC系统升级和MES项目。ERP-NC系统升级成功上线，进一步建立形成了企业统一财务核算平台和企业物料采购、仓储、转移、销售全过程管控，确保会计信息的完整性、准确性、及时性和可比性。同时，持续推进生产控制系统MES项目的实施，目前，澳克泰推进工作效果显著。

2016年度总结表彰大会

【党群工作】 各级党组织深入开展了“两学一做”学习教育活动，全面提升了各级党组织的党建工作水平和党员的先锋模范作用。党委和各支部能够紧紧围绕企业发展战略，持续改进党建工作，使党建工作与生产经营管理进一步融合。一是各级党组织和全体党员在企业生产经营中的急、难、险、重、新方面充分发挥了战斗堡垒和先锋模范作用，引领广大员工积极落实降本增效措施、为实现全年降本增效目标提供了相应保证；此外，冶炼厂的工艺改造、合金厂的 “党员示范岗” 和颜志荣工作室、澳克泰邱联昌工作室，均是以党员为骨干，有效促进了公司的技术创新和管理创新。二是积极协调周边关系，不断优化发展环境，为矿山的正常生产提供了坚实的保障。三是积极做好员工思想政治工作，化解劳资纠纷，确保员工队伍稳定。2016年，在公司党委的努力及县委政府的支持下，困扰公司多年的原淘矿老职工转制历史遗留问题得到妥善处理。

【领导名单】

董事长	黄泽兰
总经理	黄世春
常务副总经理	赵立夫
党委书记、监事会主席	张宗伟
董事会秘书、总经理	刘　佶
副总经理	范迪曜
	黄　文
	石雨生
	赖昌洪
	黄泽辉
总经理助理	谢海根
	钟瑞光
	张新玲
	黄如红

章源控股

【概况】 崇义章源钨业投资控股有限公司（以下简称“章源控股”或“公司”），注册资本为30100万元。公司前身为崇义章源钨制品有限公司，成立于2000年。2007年公司进行股份制改革，成立了崇义章源投资控股有限公司和崇义章源钨业股份有限公司（以下简称“章源钨业”），章源控股现拥有上市公司章源钨业70.53%的股份，为章源钨业的控股股东。公司以创新为理念，以共赢为目标，致力于投资钨业、新材料、矿业、技术研发、金融、新农业、水力发电等诸多领域。先后投资了1家上市企业（章源钨业，股票代码：002378）、1家陶瓷复合材料生产企业（全资子公司崇义恒毅陶瓷复合材料有限公司，以下简称“恒毅复材”）、参股两家金融企业。

【专注钨加工产业 谋求多元化发展】

章源钨业　公司控股的上市企业章源钨业成立于2000年，是国家级高新技术企业，商务部批准的“钨品国有贸易出口资格企业”和“钨制品出口供货资格企业”，是集钨的采选、冶炼、制粉、硬质合金与钨材生产、深加工和贸易为一体的集团型企业，是全球少数拥有完整钨行业产业链的厂商之一，综合实力居全国同行业前列。2010年3月，章源钨业在深交所挂牌上市，成为中国第三家、江西省钨行业首家上市公司。章源钨业旗下全资子公司赣州澳克泰工具技术有限公司从事高端硬质合金及其工具的生产与加工，所投产的高性能钨基硬面材料生产线项目，产品市场占有率居全国第一；此外，章源钨业募投项目之一“高性能、高精度涂层刀片技术”项目，以“技术、装备、自动化程度世界一流”的标准建设。

恒毅复材　公司自创立伊始，在专注于钨加工产业发展并紧跟国际钨行业发展步伐的同时，也十分关注新材料行业的发展。2006年开始，公司与国内知名高校合作并签订了《Cf/SiC陶瓷基复合材料中试技术研究合同书》。根据2007年公司改制时的产业分工，章源钨业专注钨产业发展，复合材料业务则由章源控股负责，与该高校的合作开发合同由章源控股继续履行。经过双方多年的努力，到2012年已掌握了碳纤维增强碳化硅（Cf/SiC）复合材料（简称“Cf/SiC复合材料”）制备的关键技术并具有完全的自主知识产权，研发产品已经过了应用验证，产业化工艺技术已经成熟，同年，公司正式启动了碳纤维增强碳化硅（Cf/SiC）陶瓷基复合材料构件产业化项目建设。为更好的发展kCf/SiC陶瓷基复合材料的研发和生产，公司在2015年3月，成立了全资子公司崇义恒毅陶瓷复合材料有限公司，全面负责碳纤维增强碳化硅（Cf/SiC）陶瓷基复合材料生产线技改项目，主要从事碳纤维及其他高性能纤维陶瓷基复合材料及其衍生品的制造、加工、销售、研发，是国内仅有几家生产新材料的企业之一。主要产品有Cf/SiC陶瓷基复合材料航空发动机密封调节片、Cf/SiC陶瓷基复合材料飞机刹车片、Cf/SiC陶瓷基复合材料高速列车刹车片等。产品的主要材料Cf/SiC陶瓷基复合材料具有低密度、高比强度、高比模量、高韧性、耐高温、耐冲刷、耐烧蚀、抗热震等优异性能，是航空、航天领域高性能构件的首选材料；同时，在轨道交通、风力发电、高档轿车等领域也具有广泛的应用。我司碳纤维增强碳化硅陶瓷基复合材料生产线，配套了进口生产及检测设备，可年产20000片C/SiC陶瓷基复合材料航空发动机密封调节片、6000盘C/SiC-BN陶瓷基复合材料刹车片和600000盘C/SiC-BN复合材料高速列车刹车片；拥有国内首创独有的先驱体转化制备陶瓷复合材料（PIP）的工艺，结合CVI工艺，制备轻质、高强和耐高温、抗氧化等性能优异的陶瓷基复合材料构件。恒毅复材是国内少数能批量生产此新材料的企业之一，产品技术已达国内领先水平，生产的垂向滑撬为国内首条自主知识产权的长沙中低速磁悬浮项目配套，并在中低速磁悬浮领域占有100%的市场份额。

其他产业　公司对金融和技术研发的投资，顺应市场的发展，已经取得了良好的经济效益。此外公司还陆续拓展了矿业、林业、养殖业等领域，投资成立了沙溪林场、生态农庄、西坑茶场等绿色产业基地。2005年，公司申请获得《江西省上犹县枫树排铜多金属矿》和《江西省崇义县塘漂孜铜多金属矿》2个探矿权，矿区总面积35.54平方千米，普查工作已经结束，取得了可喜的找矿成果，为公司资源储备提供有利的资源保障 。沙溪林场创办于2004年9月，投资总额约2100万元，系崇义章源投资控股有限公司隶属后备绿色资源企业，现有山林经营面积1066.67公顷；章源生态农庄位于群山之巅，地势险峻，常年云雾缭绕，犹如人间仙境，主要进行鸵鸟马鹿、梅花鹿、豪猪、毛驴、鸸鸟、鸡、鸭的人工饲养以及油茶和油牡丹的种植；龙归茶厂成立于2011年4月，经营茶山面积7.07公顷，以半机械半手工的方式生产有机绿茶，既有效保护了当地的生态环境，也创造了良好的经济、社会效益。

【领导名单】

董事长	黄泽兰
总经理	赖香英
副总经理	严永海
	陈邦明
	李上优
	周　康

耀升钨业

【概况】公司现有2个直属矿山、3个全资矿业公司（含矿山），4个钨制品加工厂,2家四星级酒店，1座水电站，公司主营业务为钨业，已经形成了采矿、选矿、冶炼、制粉、硬质合金、贸易为一体的生产、加工、制造、销售全过程完整产业链条，现具备年生产钨精矿3000吨、仲钨酸铵（APT）10000吨、氧化钨6000吨、钨粉4000吨、碳化钨粉2500吨，喷雾混合料2000吨、硬质合金棒材800吨、球齿400吨生产能力。公司是江西省钨钢合金工程技术研究中心，江西省省级企业技术中心，国家高新技术企业，国家绿色矿山示范企业。公司被授予“江西省优秀企业”“江西省杰出矿业企业”“江西省知识产权优势企业”称号，公司工会被授予“全国模范职工之家”称号。

近年来，面对钨行业市场的多变和持续低迷，公司坚持以市场为导向，积极开展科技创新，大力研发新技术、新产品，市场核心竞争力不断提升，公司生产的“金龙耀升”牌钨制品获江西省名牌产品，“金龙耀升”牌钨粉、钨和碳化钨、氧化钨获江西省著名商标；公司取得科技成果5项、国内发明专利4项、实用新型专利87项，公司自主攻关研发的超粗晶粒优质钨粉、碳化钨粉畅销国内外市场，喷雾混合料、硬质合金棒材等产品质量优良，产品畅销；公司全面实施规范化、精细化管理，在内部大力开展节能降耗、降本增效活动，努力把公司生产成本降到同行业较低程度，有力确保了公司生产经营的正常、稳定、有序进行。

【生产经营】 2016年，全年完成主营收入80800万元，实现税收3762万元。

公司钨产品随市场适时调整生产规模，5月，对部分矿山增加生产任务，矿山及时调整生产时间、模式，工厂采取调整台班、停产检修、对外代加工等措施调整生产，适应市场变化，稳定了职工，取得了成效。营销根据钨市场行情，调整营销策略，稳住大客户，开拓新客户，竭力增销量，降低风险率。耀升国际饭店通过微信平台、网络营销、跑市场、揽客源、强培训，增强市场竞争力，营业利润比上年增加了68%。西湖工程管理站充分利用天时雨水充沛的好时机，加班加点，发电量创历史最好水平。金龙大药房连锁公司改革了管理经营模式。

【安全生产】 一是充分利用班前会，以及组织人员到省市县和公司自行组织进行安全培训，狠抓了安全教育；二是严厉处罚违章指挥、违章操作、违反劳动纪律的“三违”人员；三是实施每周、每月、每季进行安全检查制度，对查出的安全隐患及时整改；四是开展了安全消防等应急演练，提高了应急快速处置突发事件的能力；五是加强了保卫值班、检查、巡逻、监控，加强了车辆、网络、财务、档案、防火、防盗、防汛等安全工作。通过各种安全措施，提高了安全意识。

【环境保护】 完成了茅坪矿井下充填系统等项目的环评报告书和现场环评验收工作，加强了固废存放处置工作，充分发挥了公司环保检测站作用，做到了随时掌握各排污口指标情况，较好地完成了省、市、县对环保的抽样、检查、督查、调研等工作。

【资源利用】 完成了茅坪矿及锡坑矿钻探钻孔5个、工程量1998米；完成了慧敏矿业扩深材料的申报并已获省国土资源厅批复；完成了矿山证照年检、换证等工作，确保了矿山证照的有效性。

【降本增效】 对旧老用电设备及线路进行了改造，加强了尾矿回收率和单耗检测，严抓材料设备、办公用品采购和领用，严守出差报账程序和标准，严控赣州市外出差派车，严管客饭及外派客饭接待，新增自助餐接待客饭方式，撤离了白石坳探矿区生产材料、设备，封存了白石坳探矿区原生产出窿口，等等。通过系列管理措施，降低了成本。

【技术创新】 一是对厂矿部门主要负责人进行了较大范围的人事调整，大胆起用管理能力强、有专业知识的年轻人担任主要负责人，同时对茅坪矿的管理体制进行了改革；二是技改了生产设备、工艺流程，提高了质量，增加了产能，降低了成本；三是启动了茅坪矿井下充填系统工程建设，计划在2017年4月底前完成调试运行；四是创新了生产工艺。多金属精选厂通过开展“锡石中有价元素的分离”科研项目，使尾砂钨品位已控制在1%以下，全年增收110万元，达到了同行业的先进水平。茅坪选厂改进了选矿工艺，提高了跳汰产品、细泥选别的回收率；矿山井下实施采矿新工艺和废石就地充填技术，大大提高了采矿回收率，减少了运矿成本和采空区安全隐患；五是加强了招标采购材料设备验收和每月质量反馈工作，提高了效率，节约了成本。

【项目建设】 一是向上申报专项、科技等项目12个，已获批项目8个、共下达项目资金278万元。二是向上申报评先评优、著名商标等项目9项。三是实施了茅坪井下充填系统、机关办公区域改造及其他零星工程，与往年相比大大压缩了项目工程投资。四是协调处理了部分征山征地等新老问题及纠纷。五是完成了耀升钨业股份制公司换届工作，选举产生了公司第二届董事会、监事会成员。

【党群工作】 在党组织和党员中，推出了“四带头、五作用、六落实”工作理念，改造新建了“党建文化长廊”，开展了党费补交、党员挂编档案清理、“两学一做”学习教育工作。加强了党员学习教育和上党课工作，建立了党员学习QQ群。新发展党员4名，培养入党积极分子8名。进行了首次公司党委、纪委换届，选举产生了第二届公司党委、纪委班子成员，撤并了金龙药业党支部。开展了庆祝“三八”“五四”“七一”“八一”等活动，召开了公司三届五次职工代表大会。

【关心职工】 一是积极为职工办理工伤、社会、医疗保险等职工福利事业，共投入资金860多万元。二是在公司亏损、经济异常困难的情况下，每月按时发放了职工工资全年共计13000万元。三是开展了走访慰问工伤、困难职工及家属，开展了金秋圆梦、帮扶济困、技能竞赛、职工维权等活动，妥善处理了来信来访、各种理赔、劳动争议。四是积极为职工解决住宿、食堂、公交车等职工关心的热点难点问题。五是充分发挥了员工的建言献策及监督作用，“董事长信箱”信件“直通车”方式效果明显。六是组织了各层次人员到省市县参加各种知识培训，组织了党员前往思顺王尔琢墓等地，接受传统教育、学习创业经验、坚定发展步伐活动。七是努力承担社会责任，2016年，公司积极为帮扶济困、筑路修桥等社会公益事业捐款捐物贡献力量。通过各种关怀活动，凝聚了力量，提高了职工归属感和向心力，得到了社会的好评。

【领导名单】

董事长、总经理
郭华彬
常务副总经理
刘小平
副总经理、董事会秘书、财务总监 卢和铭
副总经理
郑福军
董　事
郭华英
监事会主席、党委书记
江兴明（2月任党委书记）
副总经理
崔宇明
郭发长（2月免）
党委书记
张溯燕（2月免）
总工程师
刘　刚（1月免）
总经理助理
郭　涌

长飞矿业

【概况】 是一家以钨矿生产、贸易为主，集房地产、水电、茶业、化工和生态旅游开发，造林育林、特种养殖于一体的综合性民营企业。秉承“创新发展，开拓腾飞”的发展理念，坚持“突出主业，多元驱动”的方针，走出了一条“发挥资源优势、科学合理利用、绿色生态发展”道路。至2015年公司纳税累计近亿元，累计公益事业捐款捐物达千万元，为崇义的发展作出了贡献。

【生产工作】 生产工作是各项工作的重中之重，坚持以“安全发展、科学发展”的理念。上半年，公司高垒黄竹垅矿全面完成高级专家指导下大规模完善井下通风、供水、排水、用电等系统工程，提供更加舒适的工作环境。青山钨锡矿继续探矿工作，通过近几年的探矿，初显成果。

【安全工作】 通过深入贯彻“安全第一、预防为主、综合治理、以人为本、以矿为家”的安全生产教育方针，工人劳动安全意识不断提升，工伤事故明显减少。

【环保工作】 公司高度重视环保工作，积极创新思路，多措并举，解决迫切需要解决的环保问题，公司还聘请外地高级专家到矿山指导大规模完善污水处理系统，并通过有关部门验收。

【党建工作】 党建工作深入贯彻中共十八届四中全会精神，紧紧围绕公司“创新发展，开拓腾飞”的发展理念，顺利完成年初制定的党建工作目标，公司党支部通过各种形式收集近百条职工意见或建议，及时解决了职工难题近60个，维护了公司与员工的合法利益，并且增强了职工主人翁精神，为公司的发展增强了凝聚力。

【其他情况】

石溪一级电站　电站实现上网发电170万千瓦。

石溪二级电站　电站实现上网发电220万千瓦。

江西上堡茶叶有限公司　公司万长山茶场以种植国家名优茶叶及打造观光旅游为主，面积达133.33公顷。2016年，本公司生产的雪竹春系列茶已通过专家评审认定为“有机食品”，综合大楼进入全面装修阶段，秋季产出白茶、龙井、毛尖等系列高档茶已上市，并获得中国茶文化研究院、市茶叶协会及顾客的一致好评。茶园观光旅游项目正在开发中。

长飞原生动物观赏园　通过自行养殖，现存栏动物有：上千羽飞禽，数百头野猪、豪猪、麂子、梅花鹿等野兽。

江西阳岭松脂公司　已完成投资3000多万元，现可年产1000吨松香、1800吨松节油，现正在办证过程中。

恒达贸易分公司　自成立公司来，以矿产品贸易为主要经营项目，2016年由于矿产品价格走低调，贸易量大幅下降。

长飞健身休闲农庄　投入近600万元打造集健身、休闲、娱乐为一体的生态农庄，综合大楼装修及附属设施建设基本完成。

长飞民营林场　林场拥有近933.33公顷林地，主要经营杉木、松木、阔叶林等品种，场地分布于本县各乡镇。

华山页岩矿　一期工程建设投入1200多万元，整套生产线及基础设施已全面完工，现已正式投产。

赣州长飞置业有限公司　位于县城阳岭大道南端，汽车站正对面，面积约4公顷，目前正在开发阶段。

【领导名单】

董事长、总经理　　钟行飞
财务总监　　张菁华

林股公司

【概况】　公司目前主要以经营森林资源培育、杉木产品深加工、珍贵树种（苗木花卉）为主。公司现有森林经营面积702.67公顷，现有员工472人，其中：公司机关29人、高垄林场42人、密溪林场36人、丰州林场37人、龙峰林场27人、红杉木业301人。公司近年来先后获得“赣州市第七届文明单位”“省级林业龙头企业”“赣州市农业产业化经营市级龙头企业”“江西省农业产业化省级龙头企业”称号。

经县政府授权，以公司为牵引，围绕资源变资本，延伸产业链条，建立林业多元化投资，实现崇义林业的可持续发展。公司内设行政综合部、计划财务部、资源培育部、资源管理部、项目开发部、销售部等办事机构，下属森林经营分公司（含高垄林场、密溪林场、丰州林场、龙峰林场等4家林场，1个植物园基地），一个全资子公司—崇义林业红杉木业有限公司。公司秉承“以林业为基础，以科技为依托，以优质、高产、高效为目标，以可持续发展为宗旨”的战略思路，立足资源，拓展空间，发展产业，抓好生产管理和资本运营，积极引进资金、技术、人才，把林业产业做大做强，积极推进崇义林业上市进程，努力把崇义林业股份有限公司建设成为主业突出、效益显著的现代化综合性林业龙头企业。

【各项经济指标】　完成迹地更新造林266.666公顷，造林成活率达98%以上；完成中幼林抚育1016.66公顷。生产和销售木材2.5786万立方米，生产和销售板材2.585万立方米，生产板式家具1.2万平方米。实现营业收入8247.89万元，上缴税金149.21万元。

【股权合作】　根据县委县政府的安排，引进江苏爱康集团与公司进行对接，开展股权合作。公司利用自己的独特林业资源优势，爱康集团发挥其资本和新能源产业优势，使双方达成合作。按照“三步走”的策略，通过初步商谈，公司与爱康集团达成了合作框架协议，并在框架协议下，开展了进一步洽谈合作。

【股权收购】　为了整合资源，使战略投资者与公司股权合作更加顺畅，根据县委县政府对崇义林业上市工作得整体要求，林股公司开展了股东股权收购工作，计划收购江西省林业投资有限公司、赣州林业投资有限责任公司以及四个自然人股东的股权。

【经营管理】狠抓企业经营管理，打牢经营管理基础，实现了企业经济效益，确保了林区平安。一是着力抓好森林经营资源培育工作，开展低质低效林改造，抓好当年一次、二次幼林抚育和次年一次、二次抚育以及超期抚育、

崇义县林业股份有限公司

间伐抚育等，着力提升森林经营质量和水平，实现了森林资源的稳增长。二是进一步规范和加强对国有林场的管理，实行公司领导挂点林场制度，加强对防火、安全、管理等工作的指导和落实，修订完善了《年度林场绩效考核办法》，对各项指标考核进行了细化，提高了考核力度，推动了国有林场规范化管理。三是抓好年度伐区安全生产，成立了安全领导小组，制定了应急预案，严格落实了安全生产宣传、教育、预防工作，层层落实了安全责任。四是抓好年度木材销售工作，落实木材销售定价、木材招投标、木材销售市场打通等工作，全力完成了年度木材生产销售任务。五是抓好了森林防火、林政管理和森林病虫害防治等工作，确保了全年的林区平安稳定。

【林产工业发展】 围绕县委县政府对崇义林业上市工作的总要求，对子公司红杉木业实行了生产成本包干和企业降成本优环境管理。为做大做强林产工业，进一步延伸产业链，5月，红杉木业子公司新上一条年产家具10万平方米的生产线，6月，成立了电商营运中心，运用网络电商平台与互联网应用相结合，并在多个电商平台开设官方旗舰店，使“华森王”生态板、定制家具等系列产品面向全国、走向市场。通过新推电商销售模式和新上家具定制生产线，延伸了产业链，推动了林产工业发展，实现了经济效益提升。

【森林旅游和林下经济发展】 大力发展森林旅游和林下经济，在杨梅塘植物园发展花卉苗木种植和森林观光旅游，致力于把杨梅塘植物园打造成七彩森林观光乐园和珍贵树种科普基地。在下属龙峰林场发展林下经济，成功在林下试验种植铁皮石斛中药材，为大力发展林下经济，推动国有林场增产增效奠定了基础。2016年，杨梅塘植物园成功被评为“省级杉木良种基地”和“科普示范基地”。

【林木资源扩张】 着眼长远，积极打好森林经营基础。以立足崇义面向周边为原则，积极对外扩张森林资源，收购各林龄段林木资源200公顷，逐步扩展了森林资源总量和储量，使经营实力进一步提升。

【全国森林质量提升工作会议参观点和休息点】 11月，根据县委县政府和林业局的统一安排，公司承担了筹备打造全国森林质量提升会议参观点和休息点的重要工作任务。在公司领导班子的高度重视下，积极投入大量资金和人力、物力，着力打造了高坌林场赤坑工区参观点、田坑工区参观点、杨梅塘工区参观点和田坑工区休息点，顺利完成了该项具有重大意义和里程碑式的工作。公司也获得了一致好评，被县委县政府通报表彰为“全国森林质量提升工作会议筹备工作先进单位”。

省政协副主席孙菊生到公司调研

【国有林场危旧房改造】 根据市国有林场改革办关于国有林场危旧房改造的相关工作要求，为改善职工的工作生活条件，公司积极申报并开展国有林场危旧房改造工作。连续几年累计投入了900多万元，对高坌、密溪、丰州、龙峰等四个林场的危旧办公楼、住宿楼、工区住所和护林点进行了列项改造。公司严格按相关规定程序，报发改委立项，并请县设计院进行了规划和设计，按规定程序进行了房屋改造邀标和招投标工作，并做好了施工承建合同的签订工作。2016年度，公司国有林场危旧房改造任务完工120户。

【精准扶贫】 按照“六个精准”要求，公司领导班子带领帮扶干部深入过埠镇高坌村贫困户家中了解情况，制定帮扶措施，帮助发展产业，全年投入高坌村基础设施建设及扶持农户产业发展等项目资金达8万多元。通过扶持贫困户发展种养产业和就业帮扶等，公司58户挂点贫困户中，有27户于2016年底前摘掉了贫困帽，公司也获得高坌村委代表村民送来的感恩锦旗一面，精准扶贫工作取得了阶段性成果。

【“四城同创”工作】 根据县“四城同创办”的部署要求，组织机

植物园挂牌

关全体干部职工以创建文明城市为目标，扎实做好了挂点网格小区北门菜市场和林业家属小区的环境卫生整治工作。

【“六五”普法和综治维稳】 一是在县委政府的正确领导和县法宣办的指导下，公司积极推进普法依法治理工作的进程，不断增强广大干部职工特别是领导干部的法治观念和依法执政能力。在公司“六五”普法工作领导小组的带领下，公司依法决策、科学决策、民主决策机制不断完善，公司内部管理更加法制化、制度化、规范化，依法行政水平也得到了进一步提高。二是认真抓好综治维稳工作，坚持把综合治理、平安建设工作放在公司工作的议事日程，积极开展矛盾纠纷排查和化解，重点开展综治宣传活动，不断完善制度建设，维护了社会平安和谐稳定。

【企业党建】 一是党总支认真贯彻落实党建有关工作要求，持续抓好党员政治理论学习，不断提高党员队伍的思想政治理论水平。二是狠抓责任制落实，层层签订了党风廉政建设责任状，明确了责任领导和责任部门，把党建工作列入年终考核，在公司上下形成了廉政责任制网络。三是认真抓好“两学一做”学习教育，系统学习了中共十八大和十八届三中、四中、五中、六中全会及习近平总书记系列重要讲话精神，有力促进了党员队伍的政治理论水平、“四讲四有”意识不断提高，忠诚担当、苦干实干意志更加坚定，政治意识、大局意识、核心意识、看齐意识不断夯实，有力地推动了公司各项工作扎实开展。

【工会工作】 一是林股公司工会积极发挥工会在企业生产经营中的地位和作用，激发了工会工作的活力，促进了企业的生产经营，增强了工会工作的能力，推动工会工作跨上了一个新台阶，同时工会工作受到各级工会领导的关心。5月，省政协副主席孙菊生来到公司调研指导；7月，市总工会党组成员、教育工会主席李晓明一行到林股公司督导工会工作并开展“夏送清凉”活动；10月，赣州市人大常委会副主任、总工会主席廖明耕到林股公司调研工会工作。二是企业自行投入近20000元，建立了工会“职工书屋”，接受县总工会捐赠的各类书籍620册，极大丰富了职工的业余文化生活。三是组织广大干部职工为林业系统困难职工爱心捐款9000多元，积极开展困难职工申报建档和困难职工新春走访慰问活动。四是充分发挥工会职能作用，带领广大干部职工投身企业生产经营，使公司工会荣获了“五一劳动奖状”集体荣誉，下属丰州林场荣获了“工人先锋号”荣誉，公司工会主席荣获了“五一劳动奖章”个人荣誉。

【领导名单】

党总支书记、董事长、总经理　　王建皓（1月任）
副总经理　黄芳峰
　　　　　陈昌文
　　　　　卢和伟（1月任）
财务负责人　赖华秀
党总支副书记、工会主席
　　　　　叶　青

红杉木业

【概况】 注册资金30000000元，占地面积12公顷，厂房建筑面积50000平方米，年产能为板材800000张、线条10000000米。公司致力于生态板材的研究和生产，发展势头强劲。以“为企业创造效益，为员工创造财富，为社会创造价值”为企业精神，坚持“良芯做好材，创新求发展，诚信赢未来”的发展理念，认真履行社会责任，树立了良好的企业形象，成功打造了国内知名品牌——“华森王”。

【生产经营】 高度重视产品质量的提升，积极引进国内一流的加工工艺和生产设备，精选25年以上的老杉木为主要原材料，严格执行 ISO9001:2008 质量管理体系标准进行加工生产。“华森王”牌系列产品一贯以“红心杉、清香板、材质硬、胶环保”著称，其特色除了具有表面平整、不易变形的特点外，最大优点是甲醛含量低，充分体现环保健康理念，深受广大消费者喜爱，被广泛应用于室内装修和家具制作。“华森王”连续多年荣获“江西省著名商标”称号。

【品牌建设】 1997 年 9 月，注册了“华森王”商标，并一直秉承“品牌是敲门砖，质量是奠基石，服务是亮光漆”的生产经营理念，经过 17 年的耕耘培育，终于将“华森王”打造成为国内知名的板材品牌。知名的品牌总会被“山寨”，近几年公司发现江浙及周边县市出现了一些假冒“华森王”品牌的经销点。为维护企业名誉和消费者利益，公司积极与当地主管部门取得联系，在当地质量技术监督局和工商部门的联合整治下，取缔了一批假冒伪劣商家。公司凭借多年的板材生产经验，依托优质的原材料、过硬的质量、良好的信誉，把“华森王”品牌扎根于市场。“华森王”被国内市场评为 2015 年度最具潜力十大品牌和 2016 年中国生态板十佳优质供应商称号。2016 年，“华森王”细木工板系列产品首次荣获“江西省名牌产品”称号。2016 年“中国生态板十佳优质供应商”称号。

【技术创新】 科学技术才是第一生产力。一直以来，高度重视技术创新，不断加大对科研的投入，科研队伍也在不断壮大。2013 年，公司成功研发了一种新产品——生态免漆板。新产品一上市，就受到了广大消费者的热烈欢迎，2015 年以来生态免漆板已成为公司的主打产品。公司及时对生态免漆三层复合板的生产工艺进行了国家发明专利申请。经过市场调研，2016 年 5 月新上了一条年产家具 100000 平方米的生产线。定制家具投产不但提高了产品的综合利率和附加值、达到了效益最大化，还使企业实现了从单一生产销售板材到产品综合利用和深加工成功转型。

【产品质量】 秉承“科技领先、优质高效、顾客至上、遵信守约”的方针，努力建设成为一个市场化、现代化的高水平企业，始终坚持以 ISO9001 质量管理体系标准和卓越的绩效评价为准则，建立了完善的质量管理体系，企业的质量目标为成品交验合格率 100%。始终坚持质量第一的理念、坚持质量求效益的原则和坚持质量无处不在的意识，为切实提高全体员工的技术水平，增强全体员工的“质量第一”意识，每年举办六期质量技术培训班。2016 年，公司拥有专职质量管理人员 20 名，并引进了先进的试验、检测设备。先进的设备加上专业质检人员在各道工序上的认真负责、严格把关，确保了“华森王”系列产品的优异品质，为客户提供了可靠的质量保证，也为品牌赢得了良好的口碑。

【人才队伍】 拥有员工 300 多名。其中，大中专以上人才 50 名，占公司总人数的 16%；中高级职称 8 人，占公司总人数的 2%。定期开展内部业务培训，选送优秀员参加全国行业专业培训。从而拓宽员工的知识面，提升员工的工作能力和水平，深入发掘员工的工作潜能，提升员工的工作效率。

企业在实际工作中摒弃学历即人才的旧观念，把注重品德、能力、业绩等综合素质作为衡量人才的标准，建立健全人才管理制度，牢固树立“人才是包括各专业、各层次的整个员工队伍而不是单一个体”的团队观念，实行引进、充实、培养的人才管理理念，确保人才引得进、留得住、用得上。与此同时，公司对作出突出贡献的人才，还会给予丰厚的经济上的奖励。多年的企业文化积累和完善的管理制度，形成了红杉木业“信任、尊重、宽容”的用人理念，为公司的长足发展奠定了扎实的人力资源基础。

【领导名单】

董事长　　黄芳峰

总经理　　柳银超

华森竹业

【概况】 历经 20 多年创业发展，已由原年产量 4000 立方米竹胶合板模板，发展成年产 20000 立方米竹胶合板模板和 200000 平方重竹地板生产规模。公司占地面积 58000 平方米，建立毛竹林基地 746.67 公顷，竹胶合板模板其生产规模在江西省名列第一。公司是江西省竹产业协会副会长单位，是中国模板协会理事单位、中国模板协会竹胶合模板专业委员会常务理事单位和参加修订国家建设部“竹胶合板标准”的成员单位之一，通过了 ISO9001:2008 质量体系认证。是农业产业化经营省级龙头企业、省级林业龙头企业；江西省民营科技企业；全省十佳林业企业；竹胶合板模板行业“名牌企业”；中国竹业龙头企业，江西竹产业发展先进单位、江西竹产业诚信企业；江西省“专精特新”中小企业。公司主要产品有“华森王”牌竹胶板、重竹坯板、高耐户外竹材，“华森王”牌竹胶板 2006 年至今连续被江西省工商行政管理局、江西省著名商标认定委员会评为“江西省著名商标”；2007年，被江西省林业厅评为江西省林产知名品牌；2008年，至今连续被江西省名牌战略推进委员会评为江西省名牌产品；2007年，被中国模板协会竹胶合板专业委员会评为“全国十大推荐品牌”之一；2011年，在第四届中国竹文化节中国竹业博览会上被评为“金奖产品”。重竹坯板已投放市场，质量可靠，深受客户欢迎。公司已获得一项发明专利和4项实用新型专利，另有二项发明专利已通过中华人民共和国国家知识产权局受理，已进入实质审查阶段；2014年公司“重竹集成材新工艺的研究与开发”通过省科技厅技术成果鉴定；公司“综合利用毛竹资源年产一万立方竹集成材生产技术改造项目”获2016年市科技进步奖三特奖，完成的“一种利用竹胶板热压余热水烘干竹帘的方法”通过省科技厅技术成果鉴定。2016年，公司“重竹集成材新工艺的研究与开发”被国家林业局评为“第三届中国林业产业创新奖二等奖”。

产品主要销往华北、东北、西北、西南等地区，广泛用于国内重大建筑工程，比如2008年奥运会水立方工程，还出口到叙利亚、利比亚、刚果（布、金）、多哥、加蓬等地，销售量在同行处领先水平。

【安全管理】 安全生产时时讲，树立强烈的安全意识，没有安全就没有一切，公司始终坚持安全生产教育和宣传，每次班前会必讲安全生产管理，对一些容易出现事故的地方不断重复讲和提醒，使员工在每时每刻都要绷紧安全生产这根弦，要在人人心中树立安全生产意识。为杜绝安全隐患，保证安全生产，主要做了三方面工作：一是对容易出现安全事故的地方做好标识，让每位员工都意识到没有安全就没有一切。二是定期对现场安全、消防设施检查，在节假日停产检修日安排专人值班，并明确重点防火区域，检查做到认真仔细，发现隐患及时整改，并做好安全巡查纪录。三是为加强安全生产培训教育工作，强化安全责任，提高安全意识和技能，公司外派若干名职工进行安全员培训。

【生产经营】 受国内外经济形势不确定性及建筑行业对木模板的逐步认可等因素的影响，致使全国超过80%的竹胶合板企业停产或转产，从事竹加工的企业普遍感到竹产业的寒冬已至。公司生存环境同样承受了劳动力价格上升、原材料价格上行、产品销售、库存压力大、资金回收难等因素的多重挤压，形势之严峻是前所未有的。面对这些不利因素，通过全公司上下的共同努力，克服重重困难，从着重抓好产品质量，从树立“华森王”品牌入手，基本保证了公司的正常运行，确保公司在全行业不景气的背景下得以生存下来。同时，积极扩大重竹方料生产规模，加大力度做好重竹方料开片工作。2016年，全年生产竹胶合板3600多平方米，重竹方料10万余根，重竹坯板20多万平方米，全年生产产值共计达4800多万元，全年上交税收200多万元，实发职工工资480多万元。全年支付林农的半成品、毛竹款等共计达3800多万元。

【产品质量】 “华森王”牌竹胶合板模板是江西省著名商标；江西省林产知名品牌；江西省名牌产品（是江西省竹胶合模板行业唯一获得省级“名牌产品”的厂家）；中国模板协会竹胶合板专业委员会评为“推荐品牌”之一；中国竹文化节中国竹业博览会产品金奖。具有幅面大、拼缝少，板面光滑平整，板材基本尺寸为2.44米×1.22米，相当于6.6块1.5米×0.3米钢模板面积；强度高、韧性好，静曲强度相当于木材强度的8—10倍，为木胶合板的4—5倍，可减少模板支撑的使用数量，装、拆简便，脱模容易，耐水性好，水煮4小时不开胶，在混凝土养护过程中遇水受潮不变形；防腐、防蛀；使用周转次数高，可双面倒换使用，无边框竹胶合板模板能使用30—50次，比小块钢模成本低50%。重竹具有强度大尺寸稳定、不虫蛀、不易开裂等优点，具有良好的力学性能，物理性能。重竹密度为1080千克/立方米，静曲强度为206Mpa，弹性模量为17313Mpa，表面抗冲击性能为7毫米，甲醛释放为0.1毫克/升，材性与红木的材性相近，产品几乎涵盖所有硬木产品使用范围。公司生产的重竹坯板作为一种新型的基材继承了竹材物理力学性能好，收缩率低的特性，具有幅面大、变形小、尺寸稳定、强度大、刚度好、耐磨损的特点，并可进行锯截、刨削、镂铣、开榫、钻孔、砂光、装配和表面装饰等加工方式。由于重竹生产时经过一定的水热处理，成品封闭性好，可以有效防止虫蛀和霉变。同时该产品还具有不开裂、防虫蛀、防霉变的性能，与传统木质产品所使用的复合材料相比较，具有更低的游离甲醛挥发成分和良好的耐候性等优点，更具环保特性。

【技改成效】 一是对锅炉进行了技术改造，先后对3#、2#锅炉加装热水箱：让锅炉引风管的热风从水箱中穿过，充分利用锅炉烟气热能，从而使烧柴总消耗得到了相应降低。

二是每台锅炉增加螺旋喷料装置，这样不仅使竹粉充分燃烧，提高热效率；而且减少了冒黑烟的现象，同时大大减轻了工人劳动强度。三是对干丝机进行了链条轨道的改造，根本性地解决了链条脱轨卡机的问题。四是对开片机组所有吸尘罩进行了改进，同时对部分气动元件进行了重新调整位置安装，既解决了开片工段粉尘过大现象，又使开片机组故障率得到了显著降低，从而保证了开片工段的正常生产。2016 年，开片生产机物料除锯片消耗上升外，其他消耗下降幅度较大（2015 年 0.42 元 / 根，2016 年 0.2 元 / 根）。五是为规范冷压机的操作，在设备电气控制、操作按钮上作出改进，采取电气联锁控制、调整位置等措施，使员工的规范操作得到了一定程度的强化。六是对碳化干燥窑的排污阀安装自动控制系统，实行定时排污，减少了蒸汽浪费。七是在生产工艺上，通过不断的学习和调整，在浸胶比重方面公司总结了一定的经验，在保证质量前提下，调胶比重从 1.047—1.048 调为 1.045—1.046，并在不同季节取用不同的数值；使用胶的成本得到了一定程度降低；八是加强抽样检测，把重竹方料的密度控制在合理范围内，称丝重量从年初的 46 千克 / 根通过多次调整，多次测试，12 月末调整到 45.1—45.3 千克 / 根。九是进一步加强竹丝胶后含水率的控制，通过对员工不断地强调，对设备不断地采取措施进行改进。在“软件上”“硬件上”下功夫，使含水率的控制更加规范化。十是为了减少、降低噪音，对锅炉、油炉引风机、鼓风机、干燥机风机进行噪音防护措施。锅炉沉灰池增加污水泵，使污水回收再用，二次除尘，有利于减少锅炉黑烟的排放。

【企业文化】 始终秉承人正、品真的企业理念，创办成一流水平的竹制品加工为企业目标，倡导团结、拼搏、务实、创新、高效的企业精神，一切为了顾客满意的企业宗旨。2016 年企业围绕上述目标、理念、精神重点加强以下企业文化：一是全年出宣传报 12 次，积极宣传了企业的各方面情况及时传播了行业信息和政策；根据《2016 年度优秀员工的评选方案》评选出了公司 2016 年度优秀员工，并对评选出的“优秀员工”给予了奖励；二是对公司新员工进行入职培训，使新员工能尽快熟悉公司的规章制度、产品结构及生产工艺；三是公司对每个月的生日员工进行聚餐并发放生日礼物，让员工们感觉到了家的温馨。四是为提高岗位操作技能，公司举办了多次技能和职业道德培训并在车间多工段举办了为期两个月劳动竞赛活动。通过此次活动，发现操作中容易忽视的细节问题，进一步强化了职工质量意识，提高了操作技能。

【最新荣誉】 被江西省竹产业协会评为“江西竹产业发展先进单位”、“江西竹产业诚信企业”；公司“综合利用毛竹资源年产一万立方竹集成材生产技术改造项目”获 2016 年市科技进步奖三特奖，2016 年公司完成的“一种利用竹胶板热压余热水烘干竹帘的方法”通过省科技厅技术成果鉴定。2016 年，公司“重竹集成材新工艺的研究与开发”被国家林业局评为“第三届中国林业产业创新奖二等奖”。

【领导名单】

董事长、总经理、支部书记　李英长

副总经理　梁昂斌

副总经理、工会主席　肖　勇

齐云山食品

【企业管理】 修订了新的公司章程，按照有限责任公司的模式，实行董事会领导下的总经理负责制，建立了更加完善的管理体制。

【安全管理】 重视企业的安全生产，把生产安全与质量安全作为立身之本，制定了一系列食品安全管理制度，并严格执行。

为了保证每一位消费者能吃到安全、放心的食品，公司在“质量是第一竞争力”理念的指导下，从各方面各环节严把质量关，加大生产投入提高产品质量，严抓生产管理，于 2008 年通过 ISO22000 食品安全管理体系认证，使投入到市场上的每一件产品都是优质、安全、放心的，所以齐云山食品得到顾客的充分认可。

【经营管理】 2012 年 1 月，成立了江西齐云山食品有限公司营销中心，其主要职能是销售和开拓市场，品牌传播。下设营销部、市场部、财务部、行政人事部，营销中心的成立使齐云山公司的市场营销工作进一步贴近市场。

2014 年，公司千万元聘请国际巨星李冰冰代言；2014 年起，齐云山公司联合江西广播电视台影视频道（江西四套）主办的《齐云山高纯山茶油家庭厨艺赛》已经成功举办三季；2015 年 5 月公司斥资千万元巨资再度冠名高铁列车；2015 年 9 月，公司启动了首届“齐云山亚洲好身材”大赛，并于 11 月取得了圆满成功，进一步提升了企业的知名度和品牌影响力。

多年来齐云山公司秉承“追求自然纯真，奉献绿色健康，缔造幸福生活。”的经营宗旨，以市场为导向，狠抓质量，务实经营，在激烈的市场竞争中不断的成长和壮大。齐云山南酸枣糕在全国同类产品中于1997年率先获得了“绿色食品”认证，并且连续七期（21年）通过“绿色食品”认证；2007年齐云山南酸枣糕荣获“江西名牌产品”称号、2009年被评为“江西名牌旅游商品”。“齐云山”商标自1990年正式注册以来，连续五期15年荣获“江西省著名商标”，2003年“齐云山”商标被认定为“赣州市知名商标”、2006年获“中国驰名品牌”称号，2007年被认定为“中国驰名商标”。2006年，公司通过QS认证，是省内同类产品率先通过认证的企业，同年齐云山食品经中国质量监督检验协会授予“中国驰名品牌”称号；2007年，公司被评为“中国绿色食品优秀企业”；2008年，被江西省发展绿色食品领导小组授予“江西省绿色（有机）食品十强品牌”；2009年，被评为“守合同重信用企业和金融信用企业”；2010—2015年，齐云山公司荣获“全国食品工业优秀龙头食品企业”荣誉称号；2011年3月，荣获赣州市“2010年，度金融信用企业”荣誉称号；2012年3月，授予公司江西省2005—2010年度“明星侨资企业”荣誉称号；2012年，授予公司森林食品类“林业产业突出贡献奖”；2014年，公司顺利通过高新技术企业的认定，获得高新技术企业证书，同年公司获得省“专精特新”中小企业；2015年，公司荣获“农业产业化省级龙头企业”和“全国绿色食品示范企业”；2016年，荣获2016年度崇义县县长质量奖。为了企业的长远发展，早在1998年公司就以“公司+基地+农户”的模式，先后投入巨额资金，采取免费提供优质嫁接矮化苗，免费提供栽培技术和管理技术。合同保护价收购的方式，严格按照绿色食品原料栽培的标准要求，大力推广南酸枣果园的种植，至2014年已建立了1666.67公顷良种南酸枣果园基地，既带动了当地农民致富，又为齐云山公司产品的市场进一步打下了扎实的基础。2013年9月，赣州市科技局认定“江西齐云山食品有限公司齐云山南酸枣研发中心”为第一批赣州市企业研发中心；2014年，省科技厅审核批准组建“江西省南酸枣工程技术研究中心”；2015年，签约中国林业科学研究院林业研究所共同建设“国家林业种质资源平台——南酸枣种质资源库”；7月‘齐云山1号’果用南酸枣新品种选育”荣获2015年度市科技进步奖二等奖；研发的“一种低糖南酸枣糕的制作方法”荣获市技术发明奖三等奖；9月5日，与南昌大学签约了“十三五科技合作”，为今后南酸枣果实的高效利用和南酸枣产业高科技化发展奠定了扎实的基础。

【产品产量】 随着企业的不断壮大，产品也向多元化发展。公司主要产品有“齐云山”牌南酸枣糕、齐云山高纯山茶油，产品销售主要区域：江西、上海、广东、湖南、福建、江苏、浙江等省（市），自然销售遍及全国各地，另有部分出口。

齐云山牌南酸枣糕是江西齐云山食品有限公司的主导产品，且1997年起连续7期被中国绿色食品发展中心认证为“绿色食品”，是国内同类产品率先获此殊荣的食品；2007年，齐云山南酸枣糕荣获“江西名牌产品”称号；2011年11月，齐云山牌南酸枣糕被评为第二届中国国际林业产业博览会暨第四届中国义乌国际森林产品博览会金奖；2014年，齐云山牌南酸枣糕荣获“2014赣州好食品”；11月，齐云山南酸枣糕在赣州旅博会中荣获“最受游客欢迎名优土特产品”荣誉称号。实现南酸枣糕改进升级产品正式生产、全面上市销售；同年完成了椰蓉南酸枣糕的改进上市销售。2010年，新推出的“齐云山高纯山茶油”以其原料采自原始生态林、原生态物理压榨，无添加、轻脂肪和自然纯等特色优势远销海内外。

【产品质量】 全体员工进一步加强“顾客在我心中，质量在我手中”的思想理念，继续着力于生产设备和工艺品的改进，严格执行生产、质量管理制度，强化了生产现场管理，从严从细地加强了对生产过程的监督检查。

2000年以来，每年国家、省级抽检、统检次次合格，合格率达100%；齐云山产品从未因产品质量问题而被消费者投诉。

【公司新址】 江西齐云山食品有限公司整体搬迁暨年产3.5万吨南酸枣系列食品项目，占地7公顷，建筑面积5万余平方米，固定投资超过10000万元，建设期18个月，将建成达年产3.5万吨南酸枣系列食品，年产值和产品销售收入达120000万元以上，年创税利16000万元以上，带动农户5000余户，增加农民纯收入15000万元，新增岗位2000个。该工程将按国内领先，世界一流的要求建设，厂房按《食品企业良好生产规范》（即GMP）的标准建设，技术装备全面更新，选用国内最先进的设备，部分选用进口欧盟国家世界顶尖的设备，建成后是中国最大乃至全球最大、最先进的南酸枣食品生产企业。

【税收利润】 2016年，公司产品销售收入突破了亿元大关，实现产品销售收入26500万元，实现税利3370万元。

【领导名单】

总 经 理	刘志高
副总经理	朱方永
	刘继延

君子谷野生水果世界

【概况】基地现在面积372公顷，由野果保护区、野果种质资源圃、野生刺葡萄选优品系生态种植园、野果酒庄、国际会议中心、森林公园等组成。企业荣获赣州市科技进步一等奖，企业产品多次荣获国际金奖。2016年，君子谷已成为集生态资源保护、现代生态农业、生态科普旅游于一体的现代农业生态示范园，成为一个生态优美、人与自然和谐共处，一、二、三产业融合发展的新典范。

【主要产品】 利用野生刺葡萄选优品系进行生态种植的刺葡萄、果酒、饮料及其他绿色生态食品。

【发展状况】 君子谷野果世界是“全国科普惠农兴村先进单位”“江西省农业龙头企业”“江西省刺葡萄标准化栽培示范区”“江西省农业科技园区”“江西省优秀科普示范基地”“江西省优秀科普示范基地”“江西省青少年科技教育基地”。

公司董事长庄席福被环保部等八部委评选为“绿色中国年度人物候选人”，“全国五一劳动奖章”获得者，中央文明办“中国好人榜”中国好人。

由于企业在“生态资源保护和生态生产相结合”取得的成就，“中国刺葡萄资源保护与利用研讨会”“创建全国生态文明（酒企）示范基地研讨会”和“第九届国际葡萄与葡萄酒学术研讨会”等全国及国际会议先后在君子谷召开。

近年来，在县委、县政府的积极帮扶下，君子谷野果世界带动全县16个乡镇7000多户农户种植刺葡萄533.33公顷，并与5000多户农户签订了战略合作协议，为全县刺葡萄产业发展壮大奠定了扎实基础。

【领导名单】

董事长	庄席福
总经理	陈红玲

威克曼实业

【概况】 开发“崇义县财富·新天地商住小区”主体工程及附属设施全部竣工，小区物业智能管理系统也已建成并交付使用。通过公开招标，由赣州市长恒物业管理服务有限公司承担小区前期物业管理服务工作，小区广大业主喜入新居。

控股的显亮煤业有限公司经过扩能后，标准化的矿井、机械化的提升设备等生产设施设备，双路变电房、规范化的火工产品库、宽敞的机修车间等附属设施，员工食堂、员工宿舍等附属生活设施投入使用，使生产、生活条件得到较大改善。

合股投资的赣州亿佳旅游投资有限公司位于公司县城阳明大道南侧，兴建的“崇义县旅游集散中心”现已竣工并交付使用。合股投资的江西益佳木业有限公司，计划投资10000万元兴建杉木指接板、板式家具和红木家具生产线的木材深加工项目已启动，土建工程正紧张有序地进行。

【安全管理】 进一步建立健全了《安全生产目标管理制度》《安全生产岗位责任制》《各工种操作规程》等一系列规章制度，积极开展安全质量标准化工作，层层落实安全责任，2016年通过省安全质量标准化二级矿井验收。

【经营管理】 秉承"诚信、合作、卓越、创新"的经营理念，进一步完善了经营管理制度，房地产公司实行项目开发进度、安全施工情况、楼盘销售业绩与员工的工资、奖金挂钩，煤业有限公司完善了绩效考核制度，将安全生产、原煤产量、工程开掘、成本控制、原煤销售与履职情况，与管理、生产人员的工资挂钩，调动了产销人员工作的积极性、主动性和创造性。

【产品产量】 房地产开发项目已建成530套住房、69套商铺，累计销售住房511套。2016年，完成投资4211余万元，销售住房96套；受煤炭市场疲软的影响，原煤产量15000吨，销售原煤22000吨。

【产品质量】 房地产开发项目按工程进度抓好各环节的质量管理，努力打造精品建筑，建成的楼盘居室南北通透、户型方正实用、户户阳光、家家鲜氧，深受客户青睐。煤业有限公司生产的原煤为低硫、低磷无烟煤，平均发热量在5500大卡以上，为周边县（市、区）提供了优质的工业用煤和生活用煤。

【税收利润】 2016年，销售收入84100000元，上缴税收10460000元,实现利润3590000元。

【领导名单】

董事长	刘显亮
总经理	朱立亮
显亮煤业总经理	刘丽明

水务集团

【概况】 公司现有制水厂一座，位于县城西南方向的横水镇上营村，水厂于2016年启动扩、改建，扩建部分于2017年6月投入试运行。扩、改建后，日制水能力达30000吨。公司现供水水源为距县城南部18千米的长河坝水库，该水库始建于1969年，集雨面积49.5平方千米，总库容1262万立方米，兴利库容5670000立方米。输水管线管径DN600，总长9.24千米，其中隧道总长2754米，内设钢管DN700。

公司秉承“服务民生、安全高效、诚信和谐、优质供水”的服务理念，为广大用户提供更高标准、更安全的供水服务。

【工作情况】以优质供水为己任，以用户满意为落脚点，紧紧围绕“保证供水安全、提供优质服务、增强顾客满意、满足社会需求”的服务宗旨，为实现优质服务做出了不少新的探索。公司创新成立“水务111”24小时供水热线“3838111”，专职为用户做好咨询、投诉、故障维修等服务工作；抄表、收费人员做到业务规范、态度和蔼、践行承诺；客户服务人员做到与用户面对面沟通、耐心解释，落实清楚后给予用户做出准确答复。对服务窗口制订的服务承诺制度和措施，严格管理，认真实施，并时刻接受社会监督。

公司加大了水源地保护力度，并通过健全组织机构，加强宣传教育，提升供水管理水平，强化卫生意识，提升文明素养，扎实开展除“四害”活动，保证生活饮用水的安全、卫生，确保让居民喝上放心水。

【水厂扩、改建情况】 城区自来水扩改建项目由输水管线、净水厂及供水管网扩改建三大部分组成，总投资约14000万元。工程于2016年6月动工，计划2018年底全面完成。

工程分三期实施，一期计划于2017年8月份以前完成日产2万吨水厂扩建工程（2017年6月13日完成该工程主体建设并投入试运行）、红杉木业门口至鱼梁高架桥PE100Φ315供水管网工程、阳岭大道南端（食全食美酒楼）至齐云山大道PE100Φ500供水管网工程、地税局至南中路PE100Φ160供水管网工程、疾控中心对面（幼儿园）至河边公寓PE100Φ160供水管网工程及农贸路（西大街入口）至步行街百货大楼PE100Φ110供水管网工程建设；二期计划于2017年底以前完成沿河东路（人民路口）至海泰国际PE100Φ315供水管网工程、上营小学至崇裕大观PE100Φ315供水管网工程及章源大道人民路路口至老宾馆PE100Φ315供水管网工程建设；三期计划于2018年6月前完成长河坝水库至水厂输水管线扩改建工程，主要包括新铺设一根直径600毫米管道，并将现取水点往前延伸500米左右，提高取水点海拔，以增加输水流量。

项目建成后，输水管线可实现双管运行，日输水量达50000吨；净水厂日制水能力可达到50000吨；老城区破旧管网全面改造完成，新管网可覆盖鱼梁工业园区、麻土新村、朝天阁等区域。

【管网扩、建情况】 自6月以来，公司启动了管网改、扩建工程。鱼梁（高架桥）工业园区供水主管新建总长度2150米，投资1875000元，目前已完成工程量95%。沿河东路（人民路至海泰路口）供水主管新建总长度2500米，总投资3200000元，目前已完成工程量20%，计划于2017年底完工并通水。

【领导名单】

董事长、总经理　王小明
副总经理　杨建新
董　事　胡绍林
董事、工会主席　陈卫平
董　事　钟光平
生产技术部部长　谢祥龙
水务111主任、安装工程部部长　朱昭福
水厂厂长　朱　明
营销部部长　陈福林
督察组组长、办公室主任　黄　炜
工会副主席　赵秋院

公路·交通

公路管护

【概况】 崇义公路分局是赣州市公路管理局垂直管理的差额拨款单位，共有职工79人，分局机关设四科一室，即党政办公室、养护科、路政科、财务科、经营科。下设两个养护中心，即铅厂养护中心和合江口养护中心，养护里程101.039千米。

2016年，分局紧扣公路发展主线，真抓实干、务实担当，强化日常养护和预防性养护，深入开展路容路貌整修和路域环境整治，狠抓交通基础设施建设，公路路况稳中有升，确保了崇义国省道公路的安全畅通。

【公路养护】

日常养护有力推进 在日常养护中，崇义公路分局坚持每天对路面进行清扫保洁，无论晴天下雨，都必须保持上路作业，保证路面无垃圾，路肩无堆积物。全年共完成整修路面11870平方米，处理裂缝410平方米，完成水泥路面灌缝11.407千米，清理塌方75700平方米，清理开挖水沟170400米。

公路水毁及时抢修 完善了《防汛抢险应急预案》，严格落实汛期24小时值班制度，进一步加强了预防性养护和防汛物资的储备。在“8·27”洪灾中，龙大线、赣丰线多处路基坍塌，交通中断，分局组织干部职工连续奋战抢通水毁公路，及时恢复公路畅通，共计投入抢修经费50余万元。

“示范路”建设全面铺开严格按照江西省普通公路“畅安舒美”示范路建设实施方案和标准，对赣丰线K64.536~K76.3，龙大线K224.187~K255.052路段计22.629千米进行了示范性打造。全年，共完成整修路肩99500平方米，修补路面坑槽5590平方米，处理桥头跳车3座，整修路基边坡99.5千米，公路路容路貌有了明显改善。

【路政管理】

提高执法人员素质 分局积极开展了文明执法、规范执法、廉洁执法教育培训活动，大力推进“三基三化”和行政执法形象“四统一”工作。并与开展的“路政宣传月”活动相结合，邀请了县相关部门专家授课，组织全体路政人员进行了集中学习，通过正面教育引导和反面典型警示相结合形式，不断增强执法人员服务意识和纪律观念，提高执法人员综合素质和执法水平，促使执法人员依法行政、文明执法。

奋力抗击公路冰灾

落实路政巡查制度 要求路政大队每天对所辖路段作贯通式巡查，及时制止涉路侵权、违章苗头，发现隐患及时通知养护科和养护中心。全年，共上路巡查266次，通过勤上路巡查，勤于查处，严加管理，维护了公路养护成果，做到了公路的常养常新。

开展路域环境整治 进一步完善了路域环境联合整治机制和片区路政联合执法机制。多次对沿线加水洗车点、破棚烂厕、非公路标志牌、摆摊设点、乱堆乱放、违章搭建、抛洒漏等行为进行了联合整治。全年，共清理路面堆积物216立方米/91处，拆除非公路标志违章广告牌101块，制止抛洒漏22起，清理占道摊点3处，查处路损案件13起，办理路政许可25件，路政案件查处率100%，结案率100%，有效地治理了公路“四违”现象，维护了路产路权。

【交通基础设施】

全面完成市养公路3A2标（即赣丰线）大中修施工任务 狠抓工程项目管理，严格按照文件要求组织询价、确定材料供应商和民工队伍，工程于2015年9月底进场施工，2016年2月，全面优质地完成了施工任务。

开展了境内危桥重建工程 根据市公路管理局关于崇义境内S230线三兜松桥和关刀坪桥危桥改造工程计划任务通知精神，分局高度重视，多次召开会议研究部署，成立了招标领导小组，制订了工程施工招标方案，明确了工程负责人，该工程已投入建设，预计于2017年6月完工。

强化项目管理拓展工程领域 盯紧公路市场，多渠道捕捉工程信息，积极参与工程招投标。瞄准国道、省道干线公路路面改造工程及大中修工程，成功中标G105线龙南段大中修工程，已于8月顺利完工。同时，在11月顺利中标安远县2016年贫困村进村主干道路面大中修工程七标，现正紧张施工，预计2017年年初完工。

【安全生产】 一直把安全生产作为工作的重中之重，始终坚持“安全第一，预防为主”的方针。要求广大干部职工牢固树立“安全促进生产，生产必须安全”的思想，自觉加强安全知识学习，强化安全意识，年初与各科室负责人、养护中心主任签订了《安全生产责任书》。在春运、“五一”及汛期等关键时期，及时对沿线公路进行了隐患排查，对路基、路面进行了集中整治。6月，组织开展了“安全生产月”活动。同时，为确保全线各类标志牌和安全设施明显，对沿线路树遮挡进行了修剪，对破损安全标志牌进行了维修，2016年，共维修安全标志42块，更换标志牌10块。由于教育得当，措施得力，职工的安全意识较强，全年没有任何安全生产事故。

【党建工作】 党建工作在上级党组织的正确领导下，深入学习贯彻十八届三中、四中、五中、六中全会和习近平总书记系列讲话精神，按照中央“四个全面”战略布局和省委“十六字”方针要求，主动适应经济新常态，大力加强党的思想、组织、作风、制度和反腐倡廉建设，充分发挥党组织的战斗堡垒作用和先锋模范作用。特别是在2016年开展的“两学一做”教育中，分局紧跟上级先进思想，党风廉政建设，融入了《中国共产党廉洁自律准则》和《中国共产党纪律处分条例》的学习。同时，积极谋划、狠抓落实、扎实推进，通过召开动员会议、制定学习计划、签订责任书、作出公开承诺、建立整改台账等措施，努力打造“四讲四有”合格党员，并结合实际创新活动载体，与“党建+”工作和“党建夯实年”活动相结合，深入开展了“党旗在公路上高高飘扬”主题活动，在党员驻队调研、党员志愿服务、党员结对帮扶、党员献计献策等方面作出具体部署，推进党员先锋创绩，充分发挥了党员的先锋模范作用，受到上级党委充分肯定，并被推荐为工信系统“两学一做”学习教育示范点，7月被评为“先进党支部”，有两名党员受到党委表彰，分局也被市公路管理局评为“目标管理先进单位”。

【精准扶贫工作】 按照习近平总书记“六个精准”“五个一批”的要求，扎实开展精准扶贫。一方面坚持开发式扶贫方针，以稳定增加村民收入为主要目标，以产业扶贫为主要手段，整合资金，集中投入，以整村推进为基础，统一规划，推动农业发展，稳定增加农民收入；另一方面制定个人可行性脱贫方案，帮助贫困户主动找项目，找信息，找出路，学习技术，不再固守土地，实现就近就业或外出务工，从事特色种植或畜牧养殖，找到致富门路，全年共有9户实现脱贫。在产业和项目帮扶的同时，分局还进行了资金帮扶，其中6月慰问了3名困难党员，年前走访慰问了22户扶贫户，并通过红十字会在全局开展了精准扶贫“一日捐”活动募捐到5239元精准扶贫专项资金，为精准扶贫户投保了社会治安综治险共计2000元，落实了2万元产业扶贫发展基金等，有力地推进了分局的精准扶贫工作。

【领导名单】

局　　长　刘志强

支部书记　张贤勇

副 局 长　郭秀良

　　　　　刘仁燕

交通运输管理

【概况】 崇义县交通运输局党组成员4人，领导班子一正三副、运管所长（空缺）、港航所长、副主任科员共6人。内设机构4个（办公室、财务股、综合股、行政服务股）；下属3个事业单位，分别为崇义县公路运输管理所（副科级）、崇义县港航管理所（副科级）、崇义县县乡公路管理站（正股级）。

全县公路网总里程为2141.84千米，其中高速公路1条50.84千米，国道2条135千米，省道2条72千米，县道15条320千米，乡道17条197千米，村组公路1367千米；全县共有公路客运班线39条，其中长途班线4条、中长途班线2条。1家城市公交公司，拥有11台公交车；农村客运班线33条。班线客运车辆68台，行政村通客车率达90%；目前有1家出租车公司，20台运营。符合航运条件的陡水湖崇义库区有水口、七星望月、鹿湾、过埠等4个简易码头（鹿湾码头已建成浮筒简易码头），投入运营的船10艘。

国道G220金坑分水坳—县城西门段全长30.85千米，按二级公路标准设计建设。上半年启动项目前期工作，已完成工可、环评、前置审批、初步设计和施工图设计，正在实施征地拆迁调查摸底工作。为更好适应经济社会发展，避免重复建设，按县决定，该项目过埠至县城段13.3千米将升一级公路改造，已报市政府及相关部门审批。金坑分水坳至过埠段17.55千米，按二级公路标准先行施工，拟采取PPP模式建设，正在实施征地拆迁、资格预审及招标有关工作。

省道S548树木园至过埠段全长27.1千米，按二级公路标准设计建设。已完成前置审批和设计等前期工作，已基本完成征地拆迁任务，采取PPP模式建设，正在实施工程招标，计划2017年3月底前开工。

县道过埠至上堡公路全长30.7千米，按三级公路设计建设。自5月开工以来，已基本完成路基土方工程，占路基总工程的80%，完成投资约13000000元；预计2017年8月建成通车。

上犹莲塘至茶滩公路全长11.3千米，按三级公路设计建设。自6月进场施工以来，已基本完成路基土石方工程，占路基总工程的60%，完成投资约6000000元，预计2017年8月竣工通车。

龙勾至上犹高桥公路全长3.69千米，按三级公路设计建设。3月开工建设，主体工程已基本完工，正在进行绿化及标志、标线、标牌等施工。

过埠大桥项目项目全长109.5米，设计桥面宽12米，车行道9米，已拆除老桥。已完成12根桩基、1个承台浇筑。因受高水位影响前期工程进展较缓慢，增加工程量架设钢便桥辅助施工后，工程进展顺利，已完成大桥主体工程量约30%。

【运输管理工作】

强化交通运输行业监管　一是打击非法营运。共出动执法人员314人次，查处非法客运车辆5辆，无证无照、超限超载车辆15辆；对全县137家从事机动车维修业户进行走访调查，对16家尚未办理证照的业户下发整改通知限期整改；对3家驾驶员培训学校进行安全专项检查。二是做好窗口服务工作。依法办理行政许可业务，2016年，共办理道路运输经营许可证151本、道路运输证125本，办理营运车辆年审401台次。

2016年1月31日，崇义县开通赣崇城际快线

扎实开展公路治超工作　按照省市要求及县委县政府工作部署，3月，正式启动了公路治超工作，成立了治超工作机构，组建了治超执法队伍，购置了治超检测车辆等装备器材。采取广泛宣传、源头治理、灵活执法等措施开展治超工作。截至2017年2月，共出动执法人员2781人次，设立治超点26处，检测车辆1677辆，恢复非法改装车辆144辆，卸载货物513吨，记分84分。目前，治超工作在全市排名靠前。

【港航管理工作】　牵头实施水面整治收尾工作。以水上综合执法大队为主体，协调横水、过埠、杰坝三个库区乡镇和农粮等有关部门，督促未完成任务的包干单位做好工作。截至10月，清理鱼棚34000平方米、网箱180000平方米，清理圆罾880个，地网420幅，整治库湾1600公顷，8户水上餐馆已全部搬迁，326户整治对象已全部签订搬迁协议，全面完成搬迁325户，搬迁完成率99.7%。

【领导名单】

局　长	肖保东（12月免）
	黄平文（12月任）
副局长	刘德福
	赖弥坚
	张小荣
港航所长	赖徽林
运管所长	林　红（10月免）

地方海事

【概况】　以开展“四型海事”和“海事三化”建设活动为载体，打铁自身硬，将纪律挺在前面，凝心聚力，狠抓落实，以饱满的工作热情，较好地完成了全年各项工作任务，确保了辖区内水上安全生产形势稳定。

【强化监管，多措并举保安全】

深化水上交通安全监管工作　牢固树立“安全第一、预防为主”的监管工作理念，始终坚持“船舶适航、船员适任、有效监管、保障安全”的工作原则，全面布置落实“平安创建”“平安港航”“平安船舶”等安全整治活动，认真做好日常的水上交通安全监管工作。一是做好特殊时期船舶安全监管工作，在春运、清明、“五一”、“十一”和汛期等重点时段组织海事执法人员深入水口码头和鹿湾码头加强现场监管和隐患排查工作，日常巡航和随机抽查结合，有效预防水上交通事故的发生。二是加强水上法律法规宣传，提高船主、船员的安全意识。县地方海事处除平时在检查过程中宣传法律法规知识外，还充分利用春运和节假日等重要活动横挂、张贴宣传标语和发放宣传材料等形式进行宣传教育，特别是在客流量较大的水口、过埠、茶滩和七星望月景点等重点客运码头设立了永久性的安全提示牌，增强船主、船员和乘客的水上知识，营造“人人讲安全，事事讲安全，时时讲安全”的良好氛围。三是做好水上交通安全的源头管理，加强船舶安全检查，发现问题立即通知船主，限期纠正和消除安全隐患。全年悬挂宣传横幅4幅、发放宣传单和宣传资料60余份，发送安全提醒信息484条，巡航107次，巡航时间189小时，巡航里程3572千米，出动海事人员及其他人员390人次，共检查船舶99艘次，发现存在安全隐患的船舶1艘次，辖区累计客运量达4833人次。

加强海事管理基础和保障能力建设　为了加强海事业务日常管理，严格按照规范和程序要求，县地方海事处建立了船舶、船员证书登记台账，使船舶适航证书和船员适任证书有效期到期能及时通知船主检验和审验；并做好了船舶、船员资料归档，解决了船主、持证船员的后顾之忧。

【确保船检无错漏】　以继续深化分局船舶法定检验质量管理体系建设为抓手，进一步规范船检行为，加强船舶检验程序、检验过程、发证及档案管理和服务等环节的有效监控，认真把好船舶检验质量关，努力杜绝和防止船舶检验质量事故和腐败现象的发生，认真执行船舶检验工作“一检、二帮、三把关”的工作方针，做好船舶检验服务，提高船舶检验工作效率和质量。全年共检验营运船舶20艘次，总吨453，功率868.73千瓦。进一步完善了船舶检验档案和工作台账。

【强化手段促征收】　为完成规费征收任务，做到早谋划，早安排，早着手，认真分析研究辖区规费征收情况，主动出击，做好服务。另一方面进一步强化稽征手段，严格规费征收标准，坚持依法行政，文明征管。经过全处职工的共同努力，做到了“应征不漏”，圆满完成规费征收任务。

【保障综治无事故】

综治维稳　在赣州分局的正确领导和指导下，遵循分局综治维稳工作目标责任制管理要求，以“管业务必须管安全、管安全必须定责任”的要求，成立了综治维稳领导小组，并由处第一责任人任组长，建立健全综治维稳工作各项制度。组织全处职工学习法律法规知识，使职工的法律意识明显增强，并经常开展综治检查和隐患排查，及时化解和消除各类矛盾和不稳定因素，要求职工不参与社会不良行为活动，为海事处综治维稳工作打下了坚实基础，有效地实现了处综治维稳工作保一方平安的目标。

内部安全生产　海事处始终坚持“安全第一，预防为主”的工作方针，经常组织职工学习安全生产知识，要求处安全员每月对办公楼和工作船艇的消防、救生、电源、电器及液化气等设备进行检查，督导职工严格按照操作规程工作，严把内部安全生产关，极大地促进了职工重视安全生产的主动性和自觉性，确保了海事处安全无事故。

【紧绷廉政安全弦】　在2016年的党风廉政建设工作中，深入贯彻省港航管理局和赣州分局关于加强党风廉政建设的一系列部署和精神，成立了工作领导小组，并由处第一责任人担任组长，进一步完善廉政风险防控机制，努力推进政务公开工作，切实加强对重点岗位、重点领域和重点环节权力运行的监督和管理，同时结合海事处实际，通过开展“条例”“准则”学习，民主生活会和警示教育活动，教育引导海事处干部职工牢固树立廉洁从政意识，正确行使权力、履行职责，从而形成反腐倡廉的良好氛围。

2016年，海事处未出现违法违纪、行政复议等投诉事件。

【领导名单】

处　长　　曾祥福

城市建设·环境保护

城乡规划建设

【概况】 2016年，县城乡建设管理局按照年初确定的全年工作目标，抢抓机遇，负重拼搏，认真谋划城市有机更新，突出重点，抓住关键，大力实施项目建设，推进行业管理，加快城乡统筹步伐，适时完成了年度任务序时进度。

【规划引领作用有新提升】

完善规划编制体系建设 一是初步完成了聂都乡、扬眉镇等8个乡镇总体规划修编和控制性详细规划编制，启动了其余乡镇总规修编和控规编制工作，完成上堡旅游景区的规划编制，启动平茶寮碑、茶滩温泉、阳明山文化公园规划设计工作。二是启动了崇义县近期建设、电网设施布局、通信设施、公共服务设施、中心城区公共交通、中心城区消防、综合防灾、中心城区供水、交通改善、步行与自行车系统等专项规划及海绵城市规划。

全力推进全域景区化建设"三项规划" 县委、县政府投入1200万元启动全域旅游规划、县城城市设计和特色小镇"三项规划"。邀请了北京土人城市规划设计有限公司、上海奇创旅游景观设计有限公司等高端设计团队参与做好崇义县"三项规划"规划设计工作，创造别于以往依赖工业带动的全新旅游发展模式。

强化规划管理服务 一是开展了建设项目审批工作。组织召开了县城市规划委员会全体会议四次、审批小组会议2次和城建局规划审批会议6次，共对160个议题、77个设计方案进行审查、审议。二是进一步提升规划管理水平，深化阳光规划。对崇义县一些重大项目、重点工程组织了专家评审和专题汇报，并对10起大型开发项目进行了公示，通过实行的项目批前公示、批后公布，有效的预防和化解了各类矛盾的发生。三是全力配合服务县征地拆迁工作，以强烈的责任感、紧迫感和时不我待的工作态度，宣传发动、狠抓落实，全力推进征地拆迁工作。

【城市功能形象有新提升】 围绕"全域旅游+"发展路径，新型城镇化建设项目10个，总投资236000万元，计划投资86100万元（其中列入市级考核数有8个，总投资206000万元，计划完成86000万元，攻坚战前期项目2个，总投资30000万元），市级考核8个项目已开工，开工率达100%，完成年度投资86100万元，完成计划投资的100%。在建、续建项目平稳推进。阳岭新城"四纵五横"骨架路网拓展成型，县城建成区面积扩大至7平方千米。

【城乡环境面貌有新提升】

"两违"整治舆论宣传 在县电视台以字幕形式播放了相关法律法规，制作悬挂横幅30余条。

召开查违拆违控违工作动员 按照会议部署，完成了各乡镇违法建设调查摸底，对摸排出的109户建立了台账，使今后查违拆违控违工作有的放矢。

加强了规划区内日常巡查 坚持一天两次分片负责巡查，双休日、节假日值班巡查等措施，及时制止各类违法违章建筑57户，确保了"两违"行为早发现、早处理。

强制拆除了一批违章建筑 根据摸排情况，在全县范围内开展了声势浩大的查违拆违行动，县城规划区内共计查处拆除112户，乡镇42户，共计拆除违法建筑面积5884.72平方米，其中乡镇4896.72平方米。

【行业监管能力有新提升】

强化招投标市场管理 进一步规范招投标集中交易制度，严格实行了招标代理机构和监理机构准入制度。招投标管理工作健

县城全景

阳岭新城建设

康发展，交易业务稳步增长。共有55项工程进行了招投标，预算总投资36426.52万元，中标价34208.63万元，比上年同期增长49%。节省工程建设资金2217.89万元，工程招投标率达100%。

严把施工许可发放关　为确保新建项目的工程质量，重点以抓好勘察、设计、施工、监理各方行为的监督管理，不定期开展对在建工程施工、监理人员到位情况进行专项检查，针对检查发现的问题，及时责令施工和监理企业进行改正。共核发公建项目施工许可证30份，建筑面积330400平方米，总造价32555.06万元。

强化了工程质量与安全生产监管　按照“安全第一、预防为主、综合治理”的安全生产方针，坚持“量质兼顾、建管并重”的原则，认真开展了建设工程的强制性监督与检查，纳入工程质量与安全生产监督项目59个，建筑面积618500平方米，竣工工程22个，建筑面积150800平方米，一次性交验合格率达100%。

【惠民工程建设有新提升】

不断推进农村保障性住房工作　一是积极开展分组督查和交叉检查工作。建立农村保障房建设进度报送制度，先后开展了6次农村保障房建设整体推进情况的督查。二是扎实开展农村保障房建设工作。2016年，崇义县农村保障房安置对象161户，其中156户入住保障房，5户入住敬老院，建设住房面积达7000多平方米，完成投资6273200元。县委、县政府统一采购，为每户保障房安置对象添置席梦思床、写字桌、衣柜、桌凳、碗橱、电饭煲等价值4500多元物品。

加快推进清泉水业资产回购工作　9月30日，提交了《关于回购清泉水业有限公司资产的请示》，已经县政府会议研究通过。督促评估公司对清泉水业公司资产核算，11月7日，完成了回购预评报告，春节前已完成回购合同的签订工作。

【群众脱贫致富有新提升】　在甄别删减不符合条件的贫困户后，安排了43名干部在麟潭乡麟潭村、独石村结对帮扶75户贫困户涉及人口267人，两村各派1名干部担任支部第一书记，共抽调4名工作人员驻村。组织帮扶干部经常下村入户与贫困户商讨脱贫致富之路。2016年，县城建局帮助了3户扶贫户新建农村保障房；为每户贫困户发放崇义县住院优惠证，帮助115户贫困户购买社会治安保险（综治险），合计4600元；为两村民生工程合计投入资金82000万元，用于硬化塘岬至下元通组公路1060米、硬化岬上通组公路1000米、硬化竹山下通组公路480米及桥梁1座；协助黄裕芹等5户养蜂户获得补助资金40000元；完成独石村幸福院建设工程，争取民政资

关田农村保障房

金30000元新建活动室、图书室、休息室、室外活动场所、厨房等。

【干部形象有新提升】 一是严格执行中央“八项规定”精神，持之以恒整治“四风”。积极配合县委第五巡察组巡察工作，认真整改查找出的问题。二是以“两学一做”学习教育活动为载体，开展瞻仰烈士陵园、重温入党誓词系列活动。三是认真贯彻落实省委既定方针和市委“解放思想、内外兼修、北上南下”要求，由主要领导带领相关人员，先后多次到市规划、建设主管单位和省住建厅争资争项，并赴武宁县考察学习。

【领导名单】

党组书记、局长　　黄炜华

党组成员、副局长　　李德忠

罗振响

党组成员、副主任科员

肖作迪

王　平

城市管理

【概况】 以深化“四城同创”创建与开展市容环境专项治理为抓手，以城市环境“干净、整洁、有序”为目标，深入开展“治脏、治乱、治差、治弱”四大工程。全年，全局上下齐心协力、埋头苦干、克难求进，市容环境卫生整治工作取得了明显成效，顺利通过国家卫生县城考核验收。

【城管监察】实施秩序专项整治，城市秩序不断改善。对于影响城市环境整治的难点，县城市管理局敢于上手，绝不手软。针对环境整治、占道经营、乱摆乱放、违章搭建、店招店牌、横幅等现象，县城管局通过推行定岗、定片、定人、定责的“四定”管理模式，严格实施延时上班、错时上班制度，联合城建、公安、交警、新闻媒体等部门开展联合执法等措施，对违法违规行为进行严管重罚，对损害市容环境者进行媒体曝光。全年，累计整治占道经营、乱摆乱放、违章搭建等违规行为2500余起；主次干道市容秩序大为改善，得到了广大市民的一致好评。

【环境卫生】实施环卫精细管理，城市环境更加秀美。按照“四位一体”环卫清扫保洁的要求和“垃圾落地不超过16分钟”的工作目标，县城管局大力推行岗位责任考核管理制度，对环卫工人清扫保洁质量实行“打分制”绩效工资考核，每月严格兑现奖惩，主要干道实施16小时全天候清扫保洁得到有力落实；先后增购高压清洗车1辆、电动保洁车6辆、电动高压清洗车3辆、垃圾桶400个；大力强化环卫所设施监管，实施县生活垃圾卫生填埋场渗沥液处理站MBR膜更换，有力提升渗沥液处理效率及安全指数，并顺利通过垃圾卫生填埋场验收。突出对城区小街小巷、农贸市场等重点区域增加环卫清扫力量，卫生死角、白色垃圾等得到有效治理。全年，通过对城区持续深度的清扫保洁，主次干道环境卫生面貌有了较大的改善，得到省、市领导的高度评价。

【园林绿化】实施绿化美化提升，人居环境更加靓丽。着力推动公共场所绿化提升，实施了章源休闲广场绿化提升、银杏广场土地平整等绿化项目，累计完成土地平整13000平方米，补植乔木、灌木700株，新增绿地2000平方米。着力推动道路绿化提升，重点实施迎宾大道与绕城公路交汇处、瑞丰小区北侧、迎宾大道北门二桥至高速收费站花带补植、迎宾大道（污水厂段）绿化提升、内街补种桂花树等绿化项目，增植桂花、紫玉兰等乔木约1900株，种植灌木约60000株。着力推动城市美化提升，实施城区主次干道树围修复290处，对阳岭大道、迎宾大道等处摆放鲜花约25000盆。2016年，城区绿化覆盖率、绿地率、人均公园绿地面等指标得到全面提高，有力夯实省级园林县城创建成果。

【市政维护】 实施市政惠民工程，城市功能日趋完善。突出以改善道路出行环境为目标，完成阳岭大道、章源大道、迎宾大道沥青砼路面修复等20余个项目；全面启动了塘湾路、章源大道等道路综合改造项目建设。突出以改善公共设施功能为目标，全面完成北门农贸市场升级改造，实施了南门农贸市场新建项目；完成中山社区旱厕改造、沿河东路公厕新建及合江桥公厕新建，实施了政务大楼、人民医院、交管大队、沿江路4座公厕新建。突出以提升污水处理能力为目标，着力实施了阳岭大道箱涵雨污分流改造工程和沿河东路截污干管检测修复改造工程；有序实施了污水处理厂二期项目、城西区雨污分流改造工程等项目前期工作。2016年，累计修复路面约15000平方米，新建、改造排水排污管网约18千米。

【队伍建设】 结合“两学一做”活动要求，县城管局坚持抓班子、带队伍、促发展，大力开展干部作风整顿，对干部的思想、作风、纪律进行全方位约束；有序开展城管执法、安全生产、法制意识等一系列教育培训工作；实施了环境卫生、市容秩序等定岗、定片、定人、定责的“四定”考核管理，严格兑现奖惩。通过这些措施，有力提升干部职工的依法行政、文明执法等各项工作质量和作风。坚持问题导向，统筹推进社会治安综合治理、安全生产、信访维稳等工作，积极解决人大代表建议、政协委员提案。2016年，县城管局妥善解决书记信箱、县长信箱、“96333”等信访事项212件，办理人大建议、政协提案14件，见面率、办结率均达到了100%。

【领导名单】

县政府副县长、城管局局长　吴忠浩

党组书记、副局长　赖　兵

党组成员、副局长　罗丕腾

余　剑

房地产管理

【概况】　崇义县房地产管理局是崇义县人民政府设立负责房地产管理的职能部门，全额拨款正科级事业单位（参公管理），内设5个股室：办公室、房地产市场监管与产权产籍管理股、执法监察股、物业管理股、住宅专项维修资金管理中心，下属6个股级事业单位：县房地产市场管理所、县房地产经营公司、县房地产综合开发公司、县白蚁防治所、县室内装饰装修行业管理站、县城市住房保障管理中心。全系统共有在编在岗干部职工26人，大专以上学历18人，专业技术人员18人，党员14人。主要有14个方面的管理职能。

【保障性安居工程】　完成续建2014年度公租房工程400套任务竣工备案。完成2015年度公租房建设任务174套主体验收。完成城市棚改实物安置建设任务98套主体封顶。完成城市棚改项目1300户农发行融资60000万元，2016年年底已到账10000万元。完成城市棚改融资90800万元。

【房地产市场监管】　投资情况：完成新建商品房开发投资33357万元。税收情况：房地产税收实现14450万元。开工、竣工情况：开工情况：商品房开工面积95200平方米。竣工情况：新建商品房竣工面积120900平方米。

【领导名单】

局　长　陈国玮

副局长　李昌环（正科）

林海波

环境保护

【概况】　环境保护部对口支援崇义以来，县环保局作为对接单位，主动作为，跑部进厅，积极向上沟通汇报工作，争取项目资金政策支持。

出台工作方案　环境保护部持续推进对口支援工作，出台了《环境保护部对口支援江西省崇义县“十三五”工作实施方案》，进一步加大政策、资金扶持力度。10月，环境保护部对口支援崇义县工作座谈会在崇义县召开，时任环境保护部党组成员、副部长李干杰等领导出席会议，有效推动崇义县环保工作迈向新台阶。

争取资金项目　2016年，环境保护部支持崇义县环保专项资金19998.92万元，2015年农村环境综合整治项目资金8430000元、2016年省级主要污染物减排专项资金3019200元、过埠镇2016年污水管网建设资金900000元、2016年流域生态补偿资金7999万元，2016年陡水湖生态环境保护资金10765万元。同时，积极申报“山水林田湖”生态保护修复、土壤污染防治等资金项目。

【“三净”工程】

“净空”工程　淘汰黄标车市政府下达崇义县的任务是10月底前淘汰486辆黄标车及老旧车。全县已淘汰黄标车及老旧车511辆，淘汰比例为105%。机动车尾气检测线及油气回收改造：4月，县环保局开展了工作督查，县车管所与石家庄华燕交通科技有限公司签订了设备采购合同，机动车尾气检测线改造项目已于8月上旬建设完工。崇义县13家加油站油气回收改造已全部完成。工业废气、挥发性有机物(VOCs)及燃煤锅炉污染整治：经查，崇义县没有有机化工、医药（化学原料药制造）、表面涂装、塑料制品制造等五大行业的企业。崇义县目前使用的工业锅炉有10台（共50.5蒸吨），其中崇义章源钨业股份有限公司2台锅炉是煤炭燃料，其余为生物质（竹屑、木屑等生物质）燃料。通过督促整改，工业锅炉已全部安装了除尘设备，特别是群众反映强烈的崇义中学后勤服务中心食堂锅炉污染问题得到了有效解决。

“净水”工程　水污染防治出台了《崇义县水污染防治工作方案》。2016年，县环保局持续巩固流域整治成果，加大日常巡查力度，有效防止了淘汰关停矿产品加工小作坊、小企业“死灰复燃”。同时，崇义县于2015年年底起强力推进小江流域畜禽养殖污染治理，共拆除83户猪场。饮用水水源地保护：邀请环境保护部华南环境科学研究所来崇义县调研，正在编制《崇义县饮用水水源地保护规划》；针对县城集中式饮用水水源地长河坝水库上游铅厂镇生活污水污染问题，已建设一个日处理15吨的处理站，下一步将再建一个日处理300吨的生活污水处理站。陡水湖生态环境保护：争取2015年陡

环境保护部对口支援崇义县工作座谈会

水湖生态环境保护专项资金 1400 万元，实施陡水湖水面整治、环陡水湖农村环境综合整治三期项目工程。

“净土”工程　土壤污染防治崇义县准备聘请环保部华南环境科学研究所编制《崇义县土壤污染防治工作方案》，开展全县土壤污染调查工作，全面掌握崇义县土壤环境质量状况。同时，已编写《崇义县“十三五”时期重金属污染综合防治技术分析报告》，把崇义县国家重金属污染防控重点区域“十三五”重金属防治目标类型列为提升类型，重点解决崇义县废弃矿渣、污染河道及河道沿岸农田污染等历史遗留突出问题。实施重金属污染防治项目：指导和支持章源钨业等重点企业完成中央重金属污染防治专项资金项目建设。开工建设崇义县小江流域柯树岭段河道底泥清淤及处理处置一期、二期工程，推动小江流域关田镇下关村炼砷场砷渣处理，聂都、丰州原砒霜生产场地修复等重金属污染综合治理等项目尽早动工。规范化管理省级危险废物重点监管企业：2016 年，崇义县列入了省级危险废物重点监管企业（产生单位）共有 2 家，即崇义章源钨业股份有限公司、江西耀升钨业股份有限公司。根据上级要求，对上述 2 家涉危险废物企业开展了专项检查，综合评估均达标。

【环保机制体制】

生态保护红线划定工作　崇义县 55.75% 国土面积被划入生态保护红线范围，该比例位列全市第一、全省第六。

探索建立污染防治长效机制　按照全县环境保护网格化监管、乡村突出性和苗头性污染防治工作要求，实行环保干部联系乡（镇）、企业机制，对每个企业每月至少现场监管 1 次，并建立风险监管制度。

建设生态监测网络　制定了《2016 年崇义县环境监测工作方案》，开展国控、省控、市控断面的日常监测工作，结合网格化管理工作，开展乡镇河流交界监测断面监测，加强县内排污企业特别是国控企业的监督监测，及时掌握环境质量变化情况，建立环境污染预警和应急处理机制。

编制生态文明建设规划　经报县政府同意，已与省环科院签订技术服务合同，编制《崇义县国家生态文明建设示范县规划》；已完成 7 个乡（镇）的规划编制；8 月，过埠镇、关田镇、扬眉镇等 3 个乡镇获得省级生态乡（镇）荣誉称号。崇义县拥有国家级生态乡（镇）1 个、省级生态乡（镇）10 个、省级生态村 10 个、市级生态村 83 个。

探索推进环境保护市场化运行机制　县环保局、县发改委草拟了崇义县《关于推行环境污染第三方治理的实施意见》，6 月 11 日，县政府组织召开了第一次评审会，目前已完成第 3 次修改，筹备外出学习借鉴先进经验，确保制度创新实施方案切合县情、亮点突出。

【环境监察执法】

开展环境执法大练兵活动　结合环保大检查、环境保护监管网格化工作，实行环保干部联系乡（镇）、企业机制，对每个企业每月至少现场监管 1 次，按照属地管理原则逐步落实乡（镇）环保责任。建立完善企业“一厂一档”系统，完成 48 家企业信息录入。环境执法大练兵活动开展以来，县环保局强化对排污企业的日常巡查，加大对环境违法行为打击力度，依法对 4 家违法企业实施了行政处罚。

依法查处环境违法行为　崇义县丰州乡从事非法加工处置危险废物（废旧电路板）一案移送公安机关，7 月 14 日，崇义县人民法院一审宣判，被告人刘某犯污染环境罪，判处有期徒刑一年，缓刑二年，并处罚金人民币 5000 元。被告人刘某成为新环保法实施以来，赣州市因污染环境被追刑责的第一人。首例污染环境犯罪案宣判意义重大，对广大民众有教育、警示意义，也体现了公检法及环保部门惩治环境污染违法犯罪的决心，提振了民众信心。同时，县环保局在依法处理中央环保督查组交办的 5 件信访件工作中，对其中 2 家企业实施了断电停产整改，2家违法企业进行了行政处罚，分别处以60000元、80000元罚款，对另1家企业予以关闭；在环境执法大练兵活动中，对4家违法企业进行了行政处罚，共处以130000元罚款。

依法调处环境信访案件　崇义县收到上级转来中央环保督察信访转办件共计5件：第六批9号、第九批26号、第二十五批65–31号、第二十六批70–30号、第二十八批76–27号。县委、县政府高度重视，主要领导专题调度，分管领导专门督办，相关部门单位联合行动，已严格依法对上述5件信访转办件进行了处理，处理率100%，已通过县政府信息公开网向社会公开。同时，县环保局建立由专人负责的“12369”电话投诉热线和“12369”微信投诉平台，2016年，共处理了群众来信、来电、来访投诉133件，处理率100%。

清理废除违法违规项目　严格环保准入，认真执行环境影响评价、环保“三同时”验收制度，依法依规行使环保审批职权，清理违法违规建设项目24个。

依法征收排污费　上级下达崇义县排污费征收任务为3700000元。按照《排污费征收管理条例》的要求，全年征收4000000元，排污费征收任务完成率为108.1%。

【环境治理项目】

重金属污染防治　崇义小江流域小江关田镇下关村柯树岭段河道底泥清淤及处理处置一期、二期工程已于10月开工建设；小江流域关田镇下关村炼砷场砷渣处理，聂都、丰州原砒霜生产场地修复等重金属污染综合治理等项目于9月完成招投标工作，初步确定设计、施工单位。

农村环境综合整治　2014年以来，崇义县在赣州市率先开展农村环境综合整治工作，重点推进农村生活垃圾专项治理。建立了“户收集、村转运、乡压缩、县集中处理”的农村垃圾治理模式，全县每个乡(镇)有保洁公司、每个村有保洁员和清运车辆、每个村民小组有垃圾桶。已新建垃圾压缩中转站7个，新建新型自燃式垃圾焚烧炉10个，采购钩臂车、挂桶车、三轮摩托车158辆，公共垃圾桶11000个，实现了农村垃圾“日产日清”。2015年，实施横水镇农村环境综合整治项目，已完成畜禽养殖污染治理工作和饮用水源地保护标志标牌、生活污水处理设施、垃圾处理增加设备采购等，正在加紧实施农村污水管网铺设和土建工程、安装标志标牌。

陡水湖生态环境保护　崇义县争取2015年陡水湖生态环境保护水专项资金14000000元，其中市级资金5000000元，用于开展陡水湖水面整治工作，已圆满完成；中央资金9000000元用于环陡水湖农村环境综合整治三期项目工程建设，包括横水、过埠垃圾压缩中转站建设，过埠、杰坝、横水乡村庄农村垃圾收集处理系统建设，过埠镇集中式污水处理工程，已基本完工。

【环保能力】

增加环保编制　县委、县政府2014年批复县环保局增加全额拨款事业编制15名，11月，市环保局已组织统一招考，县环保局招录2名工作人员。

建设空气自动监测站　投入330万元在全市率先完成县级环境空气质量自动监测站建设。目前，环境空气质量自动监测系统已能实现环境空气质量的24小时连续监测并于市局空气站联网，县城空气环境质量监测工作取得了突破性进展。

召开专题讲座　邀请环境保护部南京环科所所长高吉喜在耀升歌剧院就“生态文明建设的理论与实践”为崇义县做专题讲座，县四套班子领导、法检“两长”、各部门、各乡（镇）、企业代表、教师代表、学生代表参加了讲座。讲座让生态文明理念深入人心，大家对当前崇义县实现“绿色崛起”的艰巨性有了更高的认识。

开展业务指导　环保部领导专家多次莅临崇义县调研考察，现场指导小江流域治理、污染场地治理等工作，对崇义县生态环境保护与生态文明建设工作提供了很大的帮助。

参加学习培训　县主要领导参加北京大学生态文明体制改革与党委政府环保责任专题研究班学习，崇义县选派1名干部到环保部办公厅跟班学习，县环保局领导干部多次参加环境保护部、省环保厅、市环保局组织的污染场地修复、生物多样性保护、环境信访、法制、项目申报等培训，提升了县环保局环保业务能力。

开展交流合作华南环科所与扬眉镇签订《对口支援合作备忘录》，捐赠资金500000元用于扬眉镇公益事业建设。推动上海交通大学环境科学与工程学院和崇义县人民政府在科研合作、产学研合作、人才培养等方面实施战略合作。

【领导名单】

党组书记、局长	黄海荣
党组成员、副局长	王伟莲
	朱干明
环境监测站站长	郭小彬

商贸

商务

【概况】 2016年，县商务局认真贯彻落实省、市、县经济工作会议精神，围绕全县经济发展目标和商务工作任务，立足区位资源优势，围绕县四大产业集群发展战略，坚持“招大、引强、选优”原则，不断创新招商思路，完善招商机制，优化投资环境，努力实现“外贸增量、内贸加速”的工作目标，以稳增长、扩消费、促流通为主题，不断扩大城乡消费规模，规范流通市场秩序，各项工作扎实推进，圆满地完成了全年目标任务。全县实现社会消费品零售总额153200万元，增长12.50%。其中，限上企业实现社会消费品零售总额22100万元，增长22.50%。实际利用外资16800000美元，增长10.38%；实际利用内资145600万元，增长10.30%，经省、市商务部门认定的20000000元以上项目6个；实现外贸进出口总额95456200美元，增长3.65%，其中出口94077900美元，增长2.83%。

是年，商务局被县委、县政府评为“综合工作先进单位”、被赣州市开放型经济工作领导小组评为“外贸出口先进县”。

【国内贸易】

社会消费品零售总额 2016年，全县实现社会消费品零售总额153200万元，增长12.50%。

限额以上消费品零售额 2016年，新进限上商贸流通企业5家，实现限额以上社会消费品零售总额22084.1万元，增长22.5%，比全县社会消费品零售总额增速快10个百分点。其中：批发业商品零售额6200000元，增长13.0%；零售商品销售额20116.1万元，增长22.0%；餐饮业商品零售额3100000元，增长13.80%；住宿业商品零售额10380000元，增长21.50%。

【商贸运行管理】

成品油市场监管 成立联合工作组，对全县加油站油品质量升级工作进行全面检查和开展成品油市场专项整治行动，保障国Ⅴ（国五）标准车用汽油（含E10乙醇汽油），车用柴油（含B5生物柴油）按时间节点升级到位。2016年，销售成品油2.14734万吨，其中，汽油108983吨，增长9.30%；柴油10575.1吨，同比下降9.40%。

再生资源回收监管 一是为实现绿色发展、循环发展、低碳发展要求，建立覆盖全县公共机构办公区域废旧商品回收体系，会同县机关事务管理局开展“绿色回收进机关”活动，积极倡导环保健康、循环利用的办公和生活方式。二是定期对再生资源回收网点进行专项检查和业务监管，规范再生资源回收企业经营行为，维护正常市场秩序，对辖区内20家再生资源回收企业进行了年检。2016年，全县经营网点回收废旧金属、废旧物资9899.6吨，交易额12129000元。

打击侵犯知识产权和假冒伪劣商品 2016年，开展联合执法行动4次，出动执法人员929人次，检查企业及经营户660户，公共场所253家次，医疗机构252家，农资经营户220户，商品交易市场12个，查处销售不合格食品案件7件，在食品中非法添加非食用物质案件1件，销售不合格药品案件3件，擅自将“驰名商标”字样用于广告宣传案件2件；销售不合格农资案件1件，查处违规音像制品经营单位4家，图书零售出租经营户6家。全年查处打击侵犯知识产权及假冒伪劣商品案件共处罚款77700元，没收商品79件。

【市场运行调节】 做好监测运行分析，加强市场预测预警，及时发现市场热点、难点、疑点问题，定期发布样本企业监测报告，提高监测分析质量和水平，及时发布市场信息预测、预警，准确判断市场走势，及早发现市场波动苗头，提高工作的前瞻性和主动性，对重要信息和市场物价动态通过商务预报网站及时发布。加大节日监测力度，促进市场繁荣稳定。

【电子商务】 围绕电子商务三年发展目标，整合资源，强化培训，营造环境，推进平台建设，引导市场主体开展电子商务应用，实施电子商务进农村和电商扶贫工程，支持与电子商务配套的各类业态发展、打造领军式电子商务平台、发展特色商品的网络平台和网店建设等工作重点，电子商务规模和质量水平不断提高，电子商务生态环境不断优化，全县实现电子商务网络交易额73800万元，增长192%。

开展培训，夯实电商根基 结合“双创”开设电商班，打造“金蜘蛛”电商实训基地，组织专家团队在全县16个乡（镇）进行巡回宣讲培训，开展电子商务培训25期，累计培训2224人次。

搭建平台，支持大众创业 围绕“4+16+N”的县、乡、村三级公共服务体系建设，着力打造了中国（崇义）电子商务产业创业孵化园、中国（崇义）竹文化创客中心、中国（崇义）阳明电商城及县职业中专“金蜘蛛”电子商务实训基地等四个县级电商运营服务平台，为崇义县电商产业发展和企业创业孵化人员就业提供有力的平台支撑。

打造站点，完善电商服务体系 以“一村一站”为目标建设电商服务示范站点，为村民提供代购、代销及其他生活服务，畅通农产品销售渠道，切实解决农民产品卖难问题。目前，已投入运营的县乡（镇）村三级电商服务示范站点 80 个，其中乡级 5 个。

电商扶贫 起草出台了《崇义县电子商务扶贫专项实施方案》，计划用 3 年时间（2016—2018 年）投资 9000000 元实施贫困乡（村）电商服务站点、电商培训、电商扶贫示范点建设，2016 年，完成投资 3420000 元。一是打造精准扶贫培训基地以及完成 300 人次以上的贫困户进行电商知识免费培训，2016 年，共培训贫困户 372 人次，完成年度培训目标任务 124%。二是丰富和完善贫困村电商服务站点功能建设，支持县邮政局植入“农村 e 邮”、服务脱贫站等元素，已打造省级贫困村电商服务站点 9 个，市级贫困村电商服务站点 22 个。三是开展电商企业与贫困村对接活动，鼓励入驻县电商孵化园的企业与贫困户签订特色产品的购买协议，通过收购贫困户产品、吸纳贫困户就业等方式来帮助贫困户提高增收技能，拓宽贫困户农产品销售渠道。2016 年，共帮助 150 户贫困户通过签订合作协议销售特色农产品。四是实施电商扶贫政策，对参加电子商务培训的建档立卡贫困户，经培训考核合格的，一次给予 500 元 / 的补助，线上销售农产品 50000 元以上的档立卡贫困户，年内给予 3000 元的奖励。2016 年，已对参加电商培训并获得相应证书的 32 名贫困户发放培训补助资金 16000 元。

【现代服务业攻坚战】 围绕市、县“六大攻坚战”整体部署，按照“发展项目化、产业生态化、建设景区化、服务信息化”战略，扎实推进现代服务业攻坚战项目建设，2016 年，现代服务业攻坚战实施项目 12 个，总投资 343900 万元，已开工建设 10 个，完成投资 50200 万元。其中，列入市重点跟踪项目 7 个，总投资 213000 万元，完成投资 43700 万元，全部开工建设，开工率 100%。

建设中的投资 5 亿元的锂电池产业园项目规划图

【招商引资】 2016 年，签约招商引资项目 14 个，总投资 757100 万元，其中落地项目 6 个，总投资额 145000 万元，经省、市商务部门认定 20000000 元以上项目 6 个，新批 5000000 美元以上外资企业 1 家。实际利用外资 16800000 美元，增长 10.38%，完成市下达年度目标任务，实际利用内资 145600 万元，增长 10.3%，完成市下达年度目标任务的 100.41%。

围绕资源储备项目，突出产业招大引强 深入开展“百日招商”“重点在谈项目推进”等系列招商活动，坚持“走出去”和“请进来”相结合，项目引进取得明显成效。全年共引进江苏爱康集团扶贫光伏电站、森林经营合作、关田工业园工业地产开发、城市新能源汽车及充电桩和净达新能源环保燃料厂、浩洋矿业矿产品仓储和贸易项目、高岭土综合开发、阳岭景区旅游建设经营、兰洋养老中心、LED 企业总部转移落地项目、雷竹种植与竹笋深加工、高山有机蔬菜种植及冷藏加工、生物制药等 14 个项目，总投资 758100 万元。

精准对接，开展外出招商与推介 一是借助“六大攻坚战”帮扶企业活动。大力开展“降低企业成本优化投资环境”专项行动，加大项目攻坚力度，推进项目建设。现代杉木园艺制品、旗岭绿色食品、圣鑫矿产品贸易、深发高岭土精深加工、华明高岭土精深加工和兰洋养老中心项目等项目建设办公楼或主体厂房进展较快，乐洞风力发电、精亿灯饰 LED、净达新能源环保染燃料厂等 3 个项目均已建成试产。二是积极开展外出专题招商引资、接待推介活动，参加省市节庆活动 25 批次，举办了“崇义籍在外创业人士代表迎新见面会”“候鸟式旅居养生养老专题招商推介会”“‘全域旅游+’高峰论坛筹备暨招商项目推介洽谈会”等多场招商推介会；同时，接待外来客商110余批次，一大批国内外知名企业、商（协）会到崇义县考察，并多次召开项目对接座谈会，取得了较好成效。

【对外贸易】 进出口总额95456200美元，比上年的92091000美元增长3.65%。

出口总额9407.79万美元，比上年的91491200美元，增长2.83%，完成市下达目标任务的102.26%，占全县生产总值649000万元（相当于10.247亿美元）的9.18%。

进口总额1378300美元，比上年的599800美元增长129.79%。

新增出口备案企业2家，崇义县腾亮木业有限公司、江西润泉康生物科技有限公司。

表7　2016年进出口情况

进出口总额（万美元）	同比增长（%）	出口总额（万美元）	同比增长（%）	进口总额（万美元）	同比增长（%）
9545.62	3.65	9407.79	2.83	137.83	129.79

表8　2016年利用外资情况

新批外商投资			实际利用外资	
项目数（个）	合同外资金额（万美元）	同比增长（%）	金额（万美元）	同比增长（%）
1	960	1.05	1680	10.38

表9　2016年利用省外资金情况

实际利用省外2000万元以上项目资金情况			实际利用省外亿元以上项目资金情况		
项目数（个）	金额（万元）	同比增长（%）	项目数（个）	金额（万元）	同比增长（%）
6	145600	10.30	2	116100	-7.12

【领导名单】

党组书记、局长
　　吴春娣
党组成员、副局长
　　范光煌
　　周支伟
招商服务中心副主任
　　赖永华（1月任）
　　刘集永（8月免）

供销合作

【概况】 认真贯彻落实《中共中央国务院关于深化供销合作社综合改革的决定》（中发〔2015〕11号）文件精神，按照县委、县政府和市供销社的工作部署，坚持把供销合作社打造成为与农民联结更紧密、为农服务功能更完备、市场化运行更高效的合作经济组织体系，成为服务农民生产生活的生力军和综合平台，成为党和政府密切联系农民群众的桥梁纽带，在农业现代化建设中发挥了积极作用。机构设置（一）县供销合作社联合社：办公室、财会审计股、综合管理股，工作人员11人。（二）县供销合作社企业：县惠农物资购销中心、县顺发烟花爆竹专营有限公司、县供销惠农商贸有限公司。（三）基层供销合作社：横水供销社、扬眉供销社、聂都供销社。

【农资连锁经营服务网络】 依托农资连锁经营网络，诚信经营、加强自律，严控质量，杜绝了假冒伪劣农资流入本县，全年实现农资销售总额55000000元。

【再生资源回收经营网络】 按照规划建设要求，全县建有再生资源回收经营网络198家，其中企业1家、交易市场1个、加工企业1家、乡镇回收网点195个，再生资源回收总额34000000元。

【土地确权工作】 对县社老办公楼、扬眉供销社、聂都供销社、惠农中心烟花爆竹仓库宗地、原杰坝、茶滩供销社和原商业干校剩余土地进行了确权办理了划拨土地使用证，对原土产公司、供销食品厂进行了土地置换办证。

【农民专业合作社示范社】引办、领办农民专业合作社34家，新增2家。省供销社确定为省级示范社5家，国家级示范社1家。引导、组织农民专业合作社参加 系统农产品生产基地标准化建设和品牌建设培训以及现代农业知识培训。组织农民专业合作社通过市农联合和优农农业专业合作社联合社遴选农产品开展农超对接展示展销和进驻“供销e家”全国电商平台。

【新型农业经营服务主体】 培

育亿诚果茶专业合作社实施土地托管，推进农业适度规模经营。该项目是县供销社与亿诚果茶专业合作社合作开展的土地托管服务项目，项目地址位于崇义县龙勾乡东山村，土地托管面积33.33公顷，总投资10000000元，2016年为第一期，托管土地20公顷，主要以种植脐橙、蔬菜、瓜果为主，投资5000000元。通过该项目的实施，示范带动了周边农民调整产业结构，促进农民增收、农业增效，探索解决“谁来种地”的问题，打造“农民外出打工、农民专业合作社给农民打工”的示范合作社。

【电子商务平台】 领办了腾皇电子商务公司，腾皇电子商务公司分别在全国电商平台“天猫”“1号店”开设了旗舰店，准备对接中国供销电子商务平台“供销e家”并开设崇义特色馆。

【财务税收】 全系统全年业务收入1018000元，费用支出962000元，上缴各种税费144000元，社会贡献679000元。

2016年农资购销情况

表10

项目	总额（万元）	化肥合计	尿素（吨）	碳（吨）	磷肥（吨）	钾肥（吨）	复合肥（吨）
购进	18335.4	9522	1897	1502	2140	2001	1982
销售	18203.7	8753.8	1743	1411.8	1967	1825	1807

2016年农药购销情况

表11

项目	农药合计（万元）	杀虫剂（吨）	杀菌剂（吨）	除草剂（吨）	农膜（万元）
购进	9059.3	285.1	187.2	173.8	15.78
销售	7537.72	209.2	174.2	163.3	15.6

生活资料供应情况

表12 单位：万元

年度	销售总额	批发	零售	饮食
销售	9770.89	3700	6070.89	3.2

烟花爆竹和其他业务购销情况

表13 单位：万元

2015年	总额	烟花爆竹	农副产品	废旧物资
购进	26969.97	109.52	26140.89	719.56
销售	29444.02	164.88	28436.12	843.02

【领导名单】

主　任　　陈昌建

副主任　　陈身旺

　　　　　刘焕林

县惠农物资购销中心总经理

　　　　　赖兴华（10月任）

粮食流通服务

【概况】 认真学习贯彻中共十八大和十八届三中、四中、五中、六中全会精神，结合开展“两学一做”活动，以促进农民增收，保障粮食安全、加强干部队伍建设为重点，强化措施，狠抓落实，各项工作顺利完成。

【粮食储备管理水平】一直以来，中心始终坚持把储备粮管理作为确保崇义县粮食安全的基础来抓，努力夯实粮食安全基础。一是严格执行《粮油仓储管理办法》及《粮油储藏技术规范》等规定，因地制宜大力开展了“三低”、机械通风、防护剂储粮三项科学保粮活动，发现问题及时采取有效处理措施，确保安全隐患扼杀在萌芽状态。2016年，全年全县未发生一起粮食结露、发热、霉变等事故，全县储粮质量良好，“一符四无”储粮比例达100%，科学保粮三项平均比例达99%。二是实行分工负责制和责任追究制，与保防人员逐级签订粮食库存管理责任状，实现储粮保管安全无事故，确保储备粮存得好、调得动、用得上。三是坚持储备粮轮换阳光操作。继续推行“阳光工程”，对轮换储备粮一律实行公开竞卖。2016年，中心主动配合有关部门做好储备粮轮换工作，在认真做好市场调查基础上，抓好市场有利机遇，及时抛售期满储备粮，完成了崇义县县级储备粮5000吨的轮换任务。

【强化粮食执法】 根据省、市粮食流通监督检查工作要点，结合本地实际，制定粮食流通监督检查工作要点，主要完成以下工作：一是根据省粮食局相关文件要求，做好崇义县粮食流通监督检查随机抽查准备工作和动态数据管理。二是按照国家粮食局文件要求和省、市粮食局的统一部署，围绕国家粮食宏观调控重点任务和粮食安全省长责任制要求，突出政策性粮食库存检查的自查工作和政策性粮食竞价销售出库、粮食质量安全、储粮安全和安全生产检查的自查。三是按照《2016年全市粮食库存检查工作实施方案》，完成崇义县粮食库存自查

粮食中心正在开展粮食库存检查

工作以及省、市“双随机”抽查，并得到上级主管部门的充分肯定。四是按照省粮食局文件要求，迎接省、市两级到崇义县开展省级粮食流通监督检查示范单位复查工作，并顺利通过复查，保持省级示范单位称号。五是按《江西省粮食收购资格许可管理办法实施细则》对崇义县所有粮食收购资格许可进行资格核查，截至11月底，参加审核的共8家，其中，民营企业1家，个体户7家，均已通过审核。4月，1家国有企业是变更的证不用参加年审，1家个体户因停业已半年，无法联系，至今未核查。六是强化中晚稻收购监管工作。按照《粮食流通条例》要求，在收购期间，便民服务情况、收购资格情况、验质检斤情况、粮款支付情况进度监管，以保障广大种粮农民的利益。

【军粮供应工作】

加强质量管理，确保部队吃上放心粮　中心全年军供粮质量检查开展了3次，市检查1次，县自查2次，检查包括原料库1个、加工厂1个、成品粮库1个、营业厅1个，军供大米N吨，合格率100%，小麦粉N吨，合格率100%（此处军供数量为保密数据，按要求不予公开）。对以上所检军供大米、小麦粉产品的包装都有QS标志，有产品质量合格证、等级标准计量合格，自查结果全部合格。确保军供质量稳定，保密工作落实，粮源渠道可靠。

提高素质，不断提升管理水平和服务水平　始终牢记质量、安全和服务是军粮供应工作的核心。继续开展“优质服务，满意在军营”活动，坚持“质量第一、服务第一、信誉第一”的军供精神，做到不论节假日，随到随供，实行每批次义务送货上门等方便服务措施。在严格执行国家军供政策的同时，不断提升粮油质量和服务品质，不断提高部队对军粮供应工作的满意度。

【粮食配送体系】　一是为做好崇义县粮食应急保障供应工作，中心积极开展了粮食配送中心建设，于6月成立“崇义县粮油应急保障配送中心”，中心与县粮食收储公司合署办公，实行两块牌子一套人马，并按照文件要求，做好仓容、经营场所等配备。二是按照“急时应急、平时自营”的原则，与城乡粮油经营店签订协议，设置粮油应急供应网点。城区现有上营、中营、中山、北门粮食应急供应网点4个，乡镇有过埠、扬眉、聂都、乐洞、古亭、上堡、铅厂供应网点7个，租赁粮油配送车辆2辆。

【安全生产工作】　一是实行了分工负责制和责任追究制，向各基层单位逐级签订了安全生产工作责任书，明确了基层单位和负责人对安全生产工作的责任。同时与外来租赁企业和个体工商户店面签订了安全生产、安全防火责任书，对承租户的安全生产责任进行了明确。二是中心组织了以安全生产、安全防火、安全储粮为主要内容的安全生产大检查4次，开展了雷雨天气的汛期安全排查8次，并督促各基层单位对重要部位坚持每日巡查。对检查中发现的安全隐患，提出整改意见，做到能尽快整改的尽快整改，不能尽快整改的限期整改，不留后患，确保安全。2016年全年粮食系统未出现安全事故。

【积极投入“四城同创”创建工作】　一是积极配合县“四城同创”活动，结合实际制定《贯彻落实“四城同创”实施方案》，成立以分管领导为组长，相关股室负责人为成员的领导小组，负责中心“四城同创”工作的组织协调、督导检查、信息传递等工作，保证“四城同创”工作各项落实到位。二是完成网格内脏、乱、差整治，截至11月底，各项创建工作已全面完成，共投入资金约6万元。网格内违规建筑拆除2间；地面硬化297平方米，投入资金23000元；清理网格内垃圾、水沟159米，明沟改暗沟，加盖沟

中心主任兰晓明带队查看库存粮食粮情检测

盖板共159米，投入资金28280元；设立宣传栏共4处，投入资金2239元；清除牛皮癣50余处，投入2595元；清理区域内乱围乱种10余处，投入240元。因直属库院内仍有储粮，按相关规定，不得设立停车场。另外，为保持区域内卫生整洁、干净，中心聘请专人负责网格内日常卫生。且单位组织每周一小扫，一督查；每半月一大扫，一通报，由于工作突出，多次得到县通报及口头表扬。

【抓好精准扶贫工作】 一是做好根据县精准扶贫办的要求，勤下村，每月常驻工作队员驻村一周以上，挂点工作队员下村2次以上；做好思顺村村情调查，协助村级做好脱贫规划、年度计划及“五个一”村级规范化建设（一室一橱一袋一牌一卡）。二是帮扶贫困户发展产业，根据贫困户实际情况制定有效的帮扶措施，积极响应县提出的“三个一”活动，对每个挂点户，工作队员送爱心礼包，折合人民币1156元。三是节日为群众送温暖，包括春节、“七一”、扶贫日活动等，为贫困户送去慰问金及物资，约合人民币5200元。四是上半年接受上级扶贫工作检查组抽查、10月，接受了市委巡察组的巡察，在检查中均得到上级肯定和好评。五是争资争项，为民办实事。2016年，已与村委班子一起到县扶贫办、县水利局、县水保局、市住房公积金等单位争资争项，共争取到五个主攻项目即三湾40米水圳建设、三湾50米通组公路硬化、谭屋场约200米河堤建设、谭屋场500米通组公路建设及严坑桥加宽加固工程；争取到项目资金共计1300000元，用于主攻项目建设。截至11月底，上述项目中除谭屋场500米通组公路建设和严坑桥加宽加固工程仍在工期，其余项目已基本完成，待验收。

【党风廉政建设工作】

抓好党风廉政建设 为着力加强粮食系统政风行风建设，全面实现崇义县粮食事业持续稳定协调发展提供良好的发展环境和坚强的政治保证，中心年初制定了《机关管理制度》和《绩效考核办法》，且层层签订《党风廉政建设及机关工作作风责任书》，成立以中心主任为组长的考核委员会，按照既定的考核步骤，对干部职工进行考核，对考核不合格的，根据办法有关条款处理。

强化阵地建设 按照“五有”标准（有场所、有标识、有设施、有制度、有资料）积极组建党群活动室。共投资8000余元打造升级党群活动室，全面完成阵地建设，做到了功能完善、管理规范、利用高效，给党员干部提供了良好学习园地。

认真开展“两学一做”学习教育 按照《关于在全县党员中开展“学党章党规、学系列讲话，做合格党员”学习教育方案》，从学习动员、学习制度、宣传力度、党员活动等方面有效开展。另外，中心还开设讲党课活动，除单位领导每人一讲外，还专门请县直属工委梁书记来单位做专题讲座，效果良好。通过活动，全体党员政治素养、党性修养有所提高，整体精神面貌有了改变，涣散组织形象得到有效转变，组织纪律明显增强，有力地提高了党组织的凝聚力和战斗力。

【信访维稳工作稳步推进】

成立领导小组 成立了以中心主任为组长，分管领导为副组长，相关股室人员为成员的综治维稳工作领导小组，制定年度信访工作计划。

做好维稳日常工作 坚持矛盾纠纷排查调处工作，做到每日进行一次矛盾纠纷排查，及时掌握和调处不利于稳定的矛盾纠纷；认真做好上访苗头人员工作，对系统企业转制结束后的遗留问题，重点抓好自卫反击战、抗美援朝退伍人员的稳控工作；办结了林高钰关于请求解决遗属补助申请信访件[转接信访局信访件问题

（崇信字第〔2016〕94号）]。

坚持了在国家重大会议 重大节日，重要活动等敏感时段的安全，维稳值班制度。在法定节假日都坚持了有一名领导带班干部值班制度。2016年，全年系统无越级上访事件，维护了社会稳定。

【陡水湖水面整治工作全面完成】按照县委、县政府工作要求，县农粮中心按原先包干到户责任人一包到底的工作方法，与大水面养殖户邹贤银签订了协议书，于5月初搬迁上岸，完成工作任务。

【领导名单】

主　任　　谢小林（1月免）
　　　　　兰晓明（1月任）
副主任　　韩洪波
　　　　　杜萍萍
粮食收储经理
　　　　　王　坚（1月免）

烟草专卖

【概况】 认真贯彻落实中共十八大和十八届三中、四中、五中全会和省、市烟草工作会议精神，把握新常态，贯彻新理念，谋划新发展，抓住税利持续增长、省产烟和金圣烟占比提升这两个工作核心，强化专卖管理、管理创新、队伍建设三大保障，攻坚克难，务实担当，扎实推进崇义烟草发展再上新水平。

【专卖管理】 查处各类涉烟案件126起，同比增长31.25%，查获非法卷烟2592.3条，同比增长49.89%，其中：假冒卷烟586.2条，同比增长146.82%；市外乱码卷烟查获261.4条，其中：市外码“金圣”烟183.8条，完成本地大要案2起，刑拘2人。

【市场净化水平】

打私打假工作取得新成效 为了更好更快地完成上级下达的打假破网工作目标，年初就制定了2016年度专卖管理工作考核方案、情报信息考核方案、打击利用物流非法运输烟草专卖品专项整治行动方案和制售假烟网络专项行动方案及制假窝点排查工作方案等一系列工作措施，及时分解任务，落实责任，强化考核，进一步完善打私打假体系，积极争取政府和各职能部门的大力支持和协助。截至12月查处本地大要案2起，刑拘2人。

市场监管工作成效明显 坚持领导带队检查制度和“3+2”市场监管模式，实施更精准有效地打击。每月开展一次与公安、工商等部门的联合检查和夜间检查及1次以上县与县交叉检查。全年分别开展了名烟名酒店专项整治、利用物流非法运输专项整治、打击涉烟窝点专项整治行动，“两节”卷烟市场专项整治行动，采取错时错位检查等各项措施，集中力量打击了市场上出现的各类涉烟违法犯罪活动，取得了明显成效。

许可证管理工作进一步规范 为切实加强许可证管理，实行“一站式”服务和“一个窗口”受理，明确了2名证件管理员负责零售许可证的受理、核查及归档工作。截至12月，受理新办专卖零售许可证84份，受理延续专卖零售许可证90份，受理注销专卖零售许可证125份，受理变更专卖零售许可证4份，受理停业专卖零售许可证9份，受理恢复专卖零售许可证2份。

内部监管工作严格规范有序 加强抓好事前、事中监管；加强预警信息的处置，加大对大户的监控和跟踪及重点环节的监管；加强对卷烟购进、货源组织分配、卷烟打扫码、卷烟配送以及宣传促销等工作的监管，有效防止了真烟非法流通。截至12月，外流卷烟被查获102.8条。

中队战斗力进一步增强 以创优中队活动和双能竞赛为契机，年初，制定了全年专卖队伍培训计划《专卖人员学习培训方案》《专卖人员“双能”竞赛实施方案》，确立了以烟草专卖法律法规、专卖监督执法的基本知识和基本技能、执法程序、处罚程序、案卷制作、案例分析、内部监管、真假冒卷烟识别、体能训练、计算机操作为重点学习培训内容。通过学习培训使专卖执法人员在思想上得到升华，作风上得到端正，纪律上得到加强，业务技能上得到提高，进一步提升了整体专卖队伍的综合素质和依法行政水平。

【卷烟营销】 外销售完成5909.80箱，同比少销了1140.02箱，下降幅度为16.17%，人均消费条数为7.80条；卷烟销售毛利完成3646.97万元，同比下降5.21%；省产烟销售3799.36箱，同比少销891.45箱，下降幅度为19.00%，占系统外比重为64.29%，占比下降2.25%；金圣系列销售2473.42箱，同比少销了419.05箱，下降幅度14.49%；金圣人均条数达到3.26条。

【营销水平】

加强卷烟销售意识，强调了卷烟销售导向 本着抓好系统外，强化省产烟占比，提升金圣烟销量的宗旨，要求营销人员在日常卷烟销售工作中切实加强与客户的沟通，科学合理指导好零售客户销售和库存卷烟。

加强品牌培育，强化考核措施 根据2016年品牌发展规划，每月制定考核细则，在切实提高品牌管理和销售能力上调动客户经理的积极性、主动性和创造性。

一季度卷烟销售和品牌培育工作主要以系统外销售为主线，突出抓好省产烟和金圣系列卷烟的市场培育，明确培育重点、细化工作要求、完善考核机制，加强了卷烟销售的力度。

加强卷烟价格宣传管理工作，进一步提高客户价格意识，确保零售户经营卷烟有所获利在价格管理和维护上主要有以下几点：一是加强价格宣传工作；及时做好辖区价格标签的全面更换。二是加强高价位卷烟的宣传管理，做好高价位卷烟警示标语的维护工作，全面规范高价位卷烟的市场价格。三是加强市场卷烟价格的督查；通过加大价格督查面，着力对主销品牌、畅销品牌、新品牌的价格到位情况、价格标签维护工作进行了督查落实。

加强客户网上订货工作的跟踪力度　在充分发挥网上订货便捷、清晰的优势上，客户经理在每天跟踪客户订单的同时对当天进行卷烟申报的客户及时进行订货指导。

加强二、三级督察，完善了综合督查考核方案　分公司每月对辖区市场进行一至二次网建基础工作检查，深入各条营销线路倾听客户对营销服务工作的意见和建议，并对客户所提出的意见和建议进行了及时的回复。

加强队伍建设，提升销售从业人员综合素质、业务能力和服务水平　认真组织开展对销售从业人员的学习、培训，做到每周一训，每月一考，每季度开展专题培训，持续提升营销人员业务技能，提高市场预测和分析的能力，加强了队伍整体素质的提高。

【党风廉政建设】加大反腐败工作宣传力度　以警示教育为主，坚持季度廉政主题教育，深入开展党风廉政建设，深入宣传习近平总书记在第十八届中央纪委第五次全会上的讲话精神，并根据烟草行业发生的各类案件，敲响廉政警钟，全力提高广大干部职工的廉政意识，杜绝廉政案件发生。2016 年，组织全体职工学习了十八届中纪委五次全会和市纪委四届五次全会精神，《中国共产党党员领导干部说法从政若干准则》等内容；开展廉政文化活动 1 次、专题讲课 4 次。

强化廉政防控工作　一是制定并印发了《崇义县烟草专卖局推进廉政风险防控工作实施方案》，提出了具体的任务和目标要求，明确了动员部署、组织实施、总结完善三个阶段任务；二是通过板报、宣传栏和横幅等方式，加强宣传，营造浓厚氛围；三是要求各部门结合内部分工，对各岗位职能进行梳理，明确岗位职权名称、职责、工作内容、法律依据、办事规则，制定了职权目录、职权运行流程编制工作流程图，进一步明晰重要部门、重点岗位的工作职权，使各个工作岗位人员熟知自身的工作职责、工作规则和工作流程；四是全面排查风险。全体员工都认真填写了查找岗位廉政风险情况表，力求把风险点找准、找深、找全。通过排查梳理，汇总评价，确保了岗位风险描述清晰、定性准确，合理评定风险等级，为制定有效、管用的防控措施提供参考和依据。

加大企业管理的透明度　积极推进企务、政务公开和民主监督工作。对涉及企业员工切身利益的重大事项，如人事任免、优秀员工、先进工作者的评选、绩效考核方案等做到事前向员工公开，充分听取员工意见，并在局（公司）公开栏、局域网等地方对大宗物资采购、专卖许可、专卖行政执法、各项费用支出等情况进行定期公布，内容完整翔实，有效地促进了行风、政风建设工作的开展。

【加强企业基础建设】

认真抓好平安创建工作　全体员工及时签订了综治安全责任状，全面落实安全生产责任制；每月定期组织全体员工学习安全相关法律法规、上级文件精神、企业安全生产标准化规范，每月组织驾驶员学习安全驾驶相关知识，提高全体员工安全知识素养；每月开展两次矛盾纠纷排查，将问题消除在萌芽状态；坚持“三交一封”和“两证一单”的车辆管理制度，加强对车辆的管理；加强日常安全检查和隐患整改，全年整改 2 处安全隐患；深入开展了“综治宣传月”和“安全生产月”活动，组织学习了新《中华人民共和国安全法》，员工安全意识大大增强。

继续严格贯彻落实中央“八项规定”　一是根据《中共江西省烟草专卖局党组关于印发 2016 年度落实全面从严治党主体责任考评方案的通知》（赣烟党〔2016〕19 号）要求，县烟草专卖局党员和中层干部进行自查自纠，如实填写《“红包”专项治理自查自纠情况登记表》，并签字作出承诺，确保活动对象全覆盖；二是通过严格执行中央“八项规定”，县烟草专卖局的办公费、燃油费、车杂费、差旅费、水电费、通讯费以 2015 年同比下降 2%；三是关于进一步做好办用房清理整改工作，县烟草专卖局高度重视，成立了领导小组，通过自查整改后，符合《党政机关办公用房建设标准》要求，无超标准使用办公房情况；四是党费收缴工作专项检查，从 2008 年 4 月至 2012 年 12 月期间在册党员 15 人，全部清算，100% 补缴到位；

2013年1月至2016年4月期间在册党员12人，全部清算，两次补缴共计14594.416元，全部上缴崇义县工业和信息化系统委员会专户。

认真部署“两学一做”专题学习教育活动　为贯彻落实全面从严治党要求，加强新形势下党的思想政治建设和作风建设，巩固和拓展党的群众路线教育实践活动成果，5月，召开“两学一做”学习教育动员部署会，制定《崇义县烟草专卖局关于在全局党员中开展“学党章党规、学系列讲话，做合格党员”学习教育实施方案》；认真开展学习教育，以解决问题为导向，巩固作风建设成果切实把这项重要的政治任务抓紧、抓好、抓出实效。同时要结合“党建夯实年”工作以“两学一做”学习教育活动为抓手，县局（分公司）开展了“消费者在哪里，我们就到哪里”主题营销活动，“使命、责任、担当”学习讨论活动，“走村组下乡镇”市场调研一系列活动，推动崇义烟草党建工作再上新台阶。

【领导名单】

局长（经理）
　　黄春海
副经理　钟定健
副局长　张文霞（4月任）

石　油

【概况】　受国际油价低位震荡，国内原油进口限制放开，成品油“地板价”政策等影响，地炼产能快递释放，成品油产量大幅增加，资源供应过剩局面进一步加剧，市场批零价差拉大，系统外加油站大幅度降价销售，调和油、小配送车和自建油罐泛滥，对市场带来严重冲击。全年成品油销售2.1493万吨，同比负增长0.77%，其中柴油1.0575万吨，汽油1.0918万吨，崇义县公司成品油销量首次止增返跌，汽油销量也是首次反超柴油销量。

2016年，深入贯彻落实省、市公司工作会议精神，按照“一降一控、两提高、三确保”工作要求，扎实开展“比学赶帮超”、“对标年”等活动，直面复杂的经营环境，迎难而上，开拓思维，强化三基，提高执行力。稳固了市场终端、保持了非油品的高速增长、实现了全年薪酬稳步增长。安全、环保、质量、数量、稳定等方面均未发生上报等级事故，内外部环境和谐稳定。

【经营管理】

加强现场管理，提升服务质量　县石油公司以系统开展“多卖一吨油”活动为契机，以提升加油站管理与服务为核心，以强化员工服务意识，倡导文明礼貌待客，主动热情服务，优质高效工作，增强广大客户对中石化加油站服务的满意为指导思想。经常性开展员工服务技能和基础业务培训，切实提高员工为客户服务的技能。

加强非8小时营业时间外加油管理为积极推动县石油公司经营目标任务圆满完成，2016年，要求非24小时营业加油站做好非营业时间加油管理。从9月开始，成立专门的突访夜间加油专项检查小组，由分管零售副经理带队，每周不定期对加油站进行督查，对县石油公司共9座（过埠站、古亭站、聂都站、关田站、铅厂站、长龙站、扬眉站、龙勾站、牛角河站）非24小时营业站点进行突击检查，从整体情况看，大多数的加油站都能自觉履行非营业时间外加油作业，做到客户进站随到随加，并能主动及时提供服务，崇义县公司牛角河站在不增人增资的情况下，员工主动延长至24小时加油，积极推进“多卖一吨油”活动。

优化资源配置，健全主力城区加油站油品设置　2016年，抓住油品销售结构发生重大转变的主要时机，及时调整主力城区加油站的油品分布结构。县石油公司积极向上级公司争取为县城三站增加油品设置，其中，城北加油站由原来的纯97号油品站，增设了93号油品；牛角河加油站由原来的纯93号油品站，增设了97号油品；城南加油站为积极提高高标号汽油零售量的要求，提前增设国V标准98号油品。通过主力城区油品结构的调整，崇义县公司的高标号汽油零售量同比增加了872吨，极大限度地为崇义县广大客户提供更加精准、更加全面的油品供应服务。

加大成品油专项整治力度自省、市、县综治办牵头开展成品油市场专项以来，领导连续多次参加县内各部门召开的成品油专项整治会议，积极配合县内有关部门进行成品油市场专项整治活动。县石油公司在辖区加油站在自查的基础上，积极摸排辖区内无证无照经营、企业工地上私设油罐、小型油罐车无合法手续、销售劣质油等情况，并能积极与县公安局、商务局、安监局等重要执法部门汇报摸排结果，为肃清崇义县非法成品油经营窝点提供有力支撑。

【安全质量管理】　定期开展加油站安全督巡查和“我为安全作诊断”活动县石油公司通过定期对加油站进行督查，发现问题计356个，通过加油站、县公司合力整改287个，申请市公司拨付费用整改好46个，其余暂不能整改到位的问题，也要求加油站做好防范措施。其次，每月扎实按照市公司要求，开展好“我为安全作诊断”活动，发动全体员工，立足本职岗位，全面排查身边“人的不安全行为和物的不安全状态”的隐患，以现场反“三违”、纠“低老坏”为排查重心，加大对“我为安全作诊断”活动开展情况的奖惩力度，全面提升全员“我要安全”的自觉意识和“我能安全”的素质技能，大力提升现场安全管理水平。

稳步推进隐患治理和油气回收施工项目 8座农网加油站完成了网架改造项目、厦蓉高速服务南北站完成了油气回收改造项目，关田加油站罐区整体改造项目，共10个大型施工项目。关田、聂都、长龙、龙勾4座加油站也安装好视频监控系统，大大减少了崇义县公司农网加油站因老、旧、破等问题带来的隐患数量，大大提高了加油站的安全环保能力，为县石油司安全生产经营夯实了基础。

【党建政工管理】开展“两学一做”学习教育，加强党的建设和党风廉政建设 采取集中学习、自学、观看教育录像、上党课和座谈会等多种形式，学党章党规、学系列讲话，做合格党员。召开“两学一做”专题教育学习动员部署会，动员广大党员干部践行“两学一做”学习教育工作要求。认真贯彻落实“党员上党课”“为党员过政治生日”活动，提醒党员牢记党员身份，树立宗旨意识，爱岗敬业，多做贡献。

抓好挂点村精准扶贫工作 精准扶贫，是党中央面对新时期扶贫开发工作，向全党、全国提出的新要求。作为驻县企业，更是需要承担起社会责任，帮助贫困户早日脱贫致富。2016年，精准扶贫工作组对东山村进行帮扶，涉及贫困户10户32人，涵盖了4个村民小组。县石油公司紧紧围绕帮助贫困户增收脱贫的目标，通过上户走访，详细了解每一户贫困家庭情况、生产生活状况等信息，建立一户一策，科学分类，动态管理。结合农户发展意愿，助推产业扶贫。认真落实“三个一”、金秋助学、资助贫困儿童等活动，2016年，崇义县公司帮助东山村实现脱贫人口2户7人。

重视工会共青团工作 2016年，县石油公司共组织3次大型工会活动：趣味运动会、登山比赛、团队户外拓展训练等，活动对象范围之广、地点之多也是史无前例的，最大限度地提高了崇义石油的团队凝聚力。扎实开展“走基层、访万家”活动，2016年，由基层工会分会主席带头共走访39户职工家庭，深入一线了解员工工作及生活中存在的困难，收集员工对经营管理工作金点子，让员工合理化建议转化为经济效益。团支部通过发倡议、教育宣传等方式，引导员工从身边小事做起，树立勤俭节约意识，学习长征革命中不畏艰难、不怕牺牲精神。

【领导名单】

经　理　　杜晓桃
副经理　　郭万勤

UPDATING POSITION: CURRENT
SATELLITE FOUND: 12
邮政·电信
YOU ARE HERE

中国邮政

【概况】2016年，中国邮政集团公司江西省崇义县分公司下辖8个邮政所：阳岭所、横水所、过埠所、古亭所、关田所、聂都所、思顺所、长龙所；下设立5个邮政代办所：丰州代办所、上堡代办所、杨眉代办所、铅厂代办所、文英代办所；公司在岗员工共107人，其中：正式职工58人，劳务派遣工15人，劳务承揽工22人，外包人员12人；内退职工2人，退休职工32人。按照省邮政公司机构有关规定，崇义分公司内设职能机构8个：综合部、市场部、金融业务局、电子商务中心、大客户中心、财富中心、包快中心、营投中心。

2016年，崇义县邮政分公司紧紧围绕集团公司“一体两翼”经营发展战略，以市场化为导向，以“双创”为助推剂，以“双改善”提升保障力，并以优化结构、提高效益、提升质量、建设幸福崇义邮政为目标，通过一系列的相关措施、竞赛活动、激励政策和考核方案，使员工上下同心、齐力奋战，确保了县邮政分公司各项业务又快又好的发展。

【各项业务收入持续增长】全公司邮政业务总收入累计完成1489.50万元，完成计划1366万元的109.04%，与上年同期同比增长16.30%；完成计划进度例全市第10位。其中：代理金融业务收入完成全年计划的102.9%，与上年同期相比增长17.3%，全市第11位；包裹快递业务收入完成全年计划的228.82%，与上年同期相比增长139.63%，全市第8位；报刊业务收入完成全年计划的105.5%，与上年同期相比增长7.60%，列全市第6位；函件业务收入全年计划的100.3%，与上年同期相比增长4.60%，列全市第8位；集邮专业收入完成全年计划的106.00%，与上年同期相比增幅17%，列全市第1位；

【能力建设步伐加快】崇义邮政通过体制机制创新，进一步加快发展步伐，大力推进现代企业制度的建立和完善，促进崇义邮政向信息流、资金流和实物流“三流合一”的现代邮政方向发展。目前，开发并建成了邮政综合信息网，电子汇兑、“11185”客户服务、速递跟踪查询、邮政绿卡POS消费、报刊发行和中间业务平台等多个科技含量较高的系统；建成了个8个电子化营业网点与全国联网的邮政储蓄网点、18个汇兑网点、10台CRS（ATM）自动柜员机；拥有包裹分拣传输机等机械化、自动化、电子化设备多台（套）；建成邮政服务“三农”代办点13个，农村电商服务站点95个，已经初步建成了集实物传递、信息传输、货币流通于一体，横联国际、纵接城乡的现代化邮政服务网络。

【打造线上线下农村电商网络体系】2016年，崇义邮政建立健全“1+16+N”的县乡村三级电商服务网络，努力实现1个县级电子商务公共服务中心，16个乡（镇）服务站、124个行政村的电商服务站点的线上线下完整体系。县邮政分公司将邮乐网作为邮政发展农村电商的购物平台，并开发了邮掌柜操作系统，打造线上线下相结合的农村电商网络体系。线上基于邮乐网、电商购物平台，线下选取部分符合条件的社会商超，建设一批能够提供农村电子商务专业服务的“村邮乐购”实体网点，实现线上线下(O2O)的资源联动效应。一方面，大力发展和培养农村电商带头人，使农民朋友能够买到物美价廉的商品，推动“工业品下乡”。另一方面，开设网上农产品销售专区，引导各地农产品企业和农户上网销售，推动“农产品进城”。这既解决了“工业品下乡”和“农产品进城”的双向流通问题，带动了大批农村电商带头人发家致富，又促进了农村居民的就业和稳定。

【员工幸福指数创新高】为严格落实省分公司提出的“双改善”要求，一是为网点员工一一配置了衣橱、衣柜、床、床头柜、鞋架、床被等一系列生活设施。二是实现了营业功能区、生产作业区、ATM加钞室、食堂、活动室、员工宿舍空调安装全覆盖，大大改善了员工工作、生活环境，并全面解决了网点员工就餐问题。三是为各大网点添置了硬件设施，为阳岭所、横水所、关田所、长龙所、聂都所新增了ATM自助取款机，为阳岭所新增了一台自助填单机，并对县公司分拣投递场所进行了改造，新增了一台皮带传送机，有效地减轻了员工的工作量。四是为员工活动室增添娱乐器材，打造员工休息，娱乐生活区，丰富员工文化生活，增强凝聚力。五是对关田邮政所及过埠邮政所进行了拆旧重建，3月，关田邮政所和过埠邮政所陆续建成并投入使用，当初不起眼的支局所，现成了当地的标杆所，场地宽敞、设施齐全，给当地百姓用邮带来了方便。

【员工收益持续改善】坚持“企业增效、员工增收”的原则，在扁平化管理机制及损益核算的推动下，员工人均收入同比增长。2016年，合同工A类工31人，比上年度递增1人，工资比上年度增长0.94%；合同B类工27人，比上年度递增20人，工资比上年度增长16.15%；劳务派遣工15人，比上年度缩减22人，工资比上年度增长15.69%；劳务承揽22人，比上年度递增10人。

【文明建设成果不断显现】 围绕社会主义核心价值观，积极开展学雷锋志愿服务队伍建设等工作；积极开展邮储网点“文明规范优质服务月”和“服务整治提升”等活动；积极开展争创“文明服务窗口、文明服务明星”、最美支局所长、最美投递员评选等先进典型选树活动，充分发挥先进模仿和带动作用，进一步激发员工“为民服务创先争优”热情；2016年，崇义邮政被评为赣州市第九届文明单位；在江西邮政2016年度综合服务平台“双提升”活动中崇义邮政获三等奖优胜单位荣誉称号；在2016年全市综合服务平台“双提升”竞赛活动中崇义邮政荣获二等奖优胜单位荣誉称号；在“激情·跨越2016—2017”赣州邮务发展激情展示网络大赛中阳岭邮政所甘爱春荣获“十佳所长”荣誉称号；在2016年度全省邮政包裹快递决战“双11”先进集体和先进个人评选活动中扬眉邮政所投递员罗振贵荣获“先进个人”荣誉称号；在2016年赣州市“五一”劳动奖状、奖章和“工人先锋号”评选中上堡邮政所投递员汤应有荣获赣州市“五一”劳动奖章。

【党风廉政建设有效推进】 一是积极开展党风廉政宣传教育月活动，全体党员干部撰写廉政心得一年不少于2篇。二是积极开展“三严三实”“守纪律、讲规矩”及“防线”课题学习专项教育活动。三是积极落实“两个责任”。积极落实党委的主体责任和纪委的监督责任，并针对“小金库”“公车私用”问题案例开展谈认识、谈体会的研讨活动，使党员领导干部得到深刻地警醒、警示和教育，树立底线、红线、高压线的意识，进一步增强了党员干部拒腐防变的能力。四是把党风廉政建设工作与各项业务工作“同部署、同落实、同检查、同考核、同奖惩”。五是通过完善廉政教育制度，强化民主管理，严格执行“三重一大”决策，大兴勤政、廉政之风，营造企业风清气正、务实清廉的和谐氛围。

【领导名单】

总经理、党支部书记
张红生

总经理助理、工会主席
王慧军

中国电信

【概况】 2016年，电信崇义分公司认真落实省市公司各项工作部署，以规模份额双提升为主线，以“学河北、找差距、创业绩”、增质提效为动力，以党风廉政建设、安全生产为重点工作，通过全体员工的奋力拼搏，公司各项工作稳步推进。

2016年，崇义公司围绕经营发展主线，以计费库收入增长为中心，聚集“4G和宽带动规模发展”，经营发展成效明显。计费库收入：2016年，计费库完成2259.06万元，同比10.93%，增幅全市增幅排名第5名。移动发展：崇义分公司出账用户247000户，累计新装8181户，净增3255户完成占比113%，全市排名第三。宽带发展：累计新装宽带3893户，净增1643户，完成全年净增数的93%。渠道建设与运营：新增核心商圈1家、城区社区店家、开放渠道家、农村全网通卖场家，代理点家，超额完成全年建点要求。

【经营发展】

激励PK，常抓不懈，顺利推进各阶段营销活动　以经营单元激励抢盘PK赛为抓手，充分调动前端发展积极性。崇义公司一直坚持按周、月、按阶段组织各经营单元进行PK赛，实行PK赛胜负积分、业务价值积分及年终奖抢盘等方式进行排名及激励抢盘，特别是双节活动以来，已经进行了10场县县PK，赢了5场，并连续10场也都达到了100分，通过该组织形式有效激发了各经营单元发展斗志，促进了移动、宽带业务的规模发展。

细分市场，有的放矢，多方位推动市场发展　一是农村市场。对合约营业部做实“真承包”“真放权”“真支撑”，积极调动营业部主任的积极性，向以收入为核心、完成收入为目的“真承包”转变，使企业增收，承包者和员工创收。同时，依托前期建成的村级代办点及当地能人，开展村级会销及扫村营销，结合“四全营销”要求每个营业部二四六必须开展扫村营销，提高活动频次，精耕细作农村公众市场；通过上述的方式方法已突破天翼350户。二是城区市场。加强体验式营销。借助小区营销切入手机宽带融合发展，城市营业部每周一场进小区宣传营销；开展宽带迎回策反异网宽带，城市营业部每周开展一次宽带迎回，累计迎回宽带45户；主厅每周必须开展一次周末炒店活动，并抓住节假日开展主题促销活动；加强融合套餐的宣传，主推1290元套餐礼包，每周还开展乐享家套餐的抢盘。三是政企市场。2016年，崇义政企存量用户数11602户（其中天翼5455户、固话2410户、宽带及带宽型业务2786户、ITV951户），2016年，通过综治网格行业，发展移动用户530户，新受理电商工业园70户，建设局新增号码60户。实行目标清单制营销，每个客户经理确定3—5个跟进目标，年底必须实现一个团单突破，同时主动出击策反异网集团网。

亮点建设，形式多样，有效推进渠道建设发展　2016年，崇义渠道网点数123家，其中直营厅1家、核心商圈卖场3家、城区社区店6家、农村厅店25家、开放渠道厅店6家及代理点80家，超额完成2016年年初渠道计划任务数。截至12月，全渠道移动总放号7202户，较2015年全年5915户提升20%。2016年，厅店佣金达150046元，较2015年12月111677.47元提升34%。

【建设维护】

落实一号工程，实现全光跨越　2016年，采用自有投资与民资相结合的方式，基本建成覆盖村级的ODN网络，有效地支撑了行政村FTTH覆盖建设及800M的建设。当年新增GPON端口128个，达到1140个；新增末梢OBD端口11247个(其中民资1312个)，达到37912个；光宽带产品数达到15533户，OBD实占率由上年的37.60%提升到40.97%。行政村FTTH覆盖率由上年41.60%的提升到86.40%。同时，前后端协同，加快用户迁转，分别于5月和9月完成了2个端局的退网下电工作。

做实畅快光网行动，实现光网设备和线路双提升　为进一步提升光网维护和业务支撑能力，崇义后端快速组建“畅快光网”行动团队，对指标进行分解考核。一是加强巡检力度，对电池质量差的电池进行更换调整，加强线路巡视及主动维护工作、规范割接流程，确保设备高效安全运行；二是加强规范装维的培训及考核，保质保量完成提供优质的产品供用户使用；三是严把工程质量关，确保工程交付光衰合格，同时对不合格清单分网络侧和用户分别派单整治。在全市“畅快光网”行动综合排名靠前。

夯实资源管理工作，提升资源准确性　在2016年资源工作管理工作中，按照市公司要求，及时抽调后端相关人员组建了资源清查团队，明确清查目标，有序地开展了各类清查工作。一是对前期ODF及光交资源不准、录入不全的进行重新清查、补录，确保了资源的准确性；二是落实日常SG动纤的管理，规范动纤流程，实行动纤入库，做到动纤有记录、有照片、有审核；三是有序推进中继光缆及中继业务端到端的资源清查工作，对中继光缆段进行了路由探测及GPS定位工作，对中继业务开展了端到端的业务清查工作。截至12月底，已100%完成中继光缆及业务清查工作。

以“880”服务承诺指标为抓手，提升客端装维能力提升　2016年为全省推出“880”服务承诺第一年，由于营维合一重新划分片区，装维人员减少、装维时限更短等原因，崇义装维指标一直排名落后。为提升全县宽带装维能力，公司一是根据工单量情况及时补充了装维备员，加强装维能力；二是省市公司关于加强装维服务回访工作的要求，新增了2名一级回访人员，落实装维工单进行100%回访制度，同时加强了装维工单的管控；三是对城区装维人员收回客端进行统一管理、统一调度，有效地解决了装维人员分散，调度难的问题；四是适时推出装维服务规范提升奖惩办法，奖优罚劣、末位淘汰，确保FTTH按单施工、光衰整治、ITV整治等影响装维规范及客户感知等指标的责任落实。

加快4G基站建设，支撑融合业务发展　2016年，在无线建设工作，主要开展了以下工作：一是在乡镇以上通4G的基础上，通过城区精品网、行政村4G覆盖等建设活动新增4G基站23个，同时结合光改区域C网覆盖工程，新增C网基站14个，有效地支撑了农村区域融合业务发展；目前正在如火如荼开展的800M建设，将新增800M LTE站点93个，届时，4G网络将超过3G网络的覆盖。

【基础管理】

扎实做好员工岗位晋升，打通晋升通道　2016年，崇义分公司严格落实省市公司合同制、合作制员工岗位晋升工作号召，在6月底在全市率先完成合同制、合作制员工岗位晋升工作。

全面推进倒三角支撑，提升部门组织效率将各经营单元对支撑管控部门的工作评价纳入支撑管控部门月度绩效考核，大大提高管控部门对经营单元提出的问题响应速度，落实经营单元对支撑管控部门评分的应用，推动解决各类问题的及时性。

稳抓党风廉政建设和安全生产重点工作　崇义电信认真贯彻党风廉政建设责任制的各项规定，积极签订《党风廉政建设责任书》，把党风廉政建设与业务发展一同纳入目标管理。工作中各司其职、各负其责、谁主管、谁负责，一级抓一级，层层抓落实。发现问题及时提醒和纠正，重大问题及时上报，保证部门人员无违法违纪案件。

安全生产工作对企业来说，是一个永恒的主题，是企业一切工作的基石。在企业生产经营的系列管理中，安全唯此为大，崇义电信在县安监局和公司领导的正确指导下，签订《安全生产责任书》认真贯彻“安全第一、预防为主、综合治理”的安全生产方针，深入落实科学发展观，强化安全教育培训，实施以教育保安全的战略，牢固树立安全发展理念，夯实基础，细化责任，强化现场监督监管，深化隐患排查治理，以法制化、标准化、规范化、系统化的方式推进安全生产，为全年实现安全目标奠定了坚实基础。

关爱员工，增强企业凝聚力　开展“夏送清凉”活动。酷暑季节员工在做特卖会，崇义工会积极为职工筹备防暑降温用品，为职工送去了绿豆、饮料等用品。

坚持“以人为本”。组织公司员工进行健康体检，做到有病早发现、早治疗，增强了员工自我保健意识和防治意识。开展“六一”关爱员工子女活动，让员工家庭成员也感受到公司温暖。同时进行双节减压活动，举行了登山、烧烤等系列活动，受到了员工欢迎.

关注员工生日，通过翼支付的形式充值200每人用于购生日礼物，这一举措使员工充分感到企业大家庭的温暖，以饱满的精神状态投入到工作生活中去，进一步增强全局员工的凝聚力，为公司持续健康发展提供保障服务。

【领导名单】

总经理　戴训华（3月免）
　　　　郭育之（3月任）
副总经理　黄夏平
　　　　钟定君
总经理助理
　　　　曾祥春
　　　　练益有（11月任）

中国移动

【概况】 以“追求客户满意服务”为宗旨，实施战略转型能力打造工程。以服务地方经济建设为己任，围绕新任务、增强责任心，扎实履行工作职责，积极配合全县打好六大攻坚战、做好精准扶贫工作，齐心协力共谋发展，积极为崇义人民提供良好的通信服务。

【惠民工程建设】

聚焦市场拓展，经营业务发展创佳绩　2016年，完成全年运营收入目标，行业收入增长率达到8%以上。客户拥有量达12万多，市场份额保持在85%以上，4G客户规模占市场绝对领导地位。

沟通从心开始，客户服务工作出成效　建立健全服务质量管理体系，以解决服务中的热点、难点问题为突破口，全面推行优质、规范服务。2016年，在投诉处理方面，投诉解决率为100%，投诉处理满意率为95%以上；网络满意度及宽带满意度均列同业前茅。

着力提高信息化产品应用水平，助力地方教育企业发展　通过整合人人通、幼教云等服务产品，创新教学模式，提高教育质量。构建精准扶贫平台，打造社会扶贫新通道创新扶贫工作新模式。搭建警务系统平台，强化公安警务信息化系统建设及技术应用，提升公安系统信息化水平。

加大惠民工程建设，致力发展智慧乡镇　积极打造“移动互联惠群众，信息扶贫促发展”为主题的信息化乡镇示范点，达到移动惠农网客户6万多户，通过网内免费打电话至少节约农村客户100万元以上的话费，推动农村信息和经济发展。

【安全、稳定、优质的网络】

扩大网络覆盖范围，提升网络质量　2016年，完成赣崇高速崇义路段80个4G基站开通；优化城区道路覆盖18个基站，4G网络覆盖能力显著增强。

助力政府“宽带乡村”工程，农村信息化工作成绩斐然　着力完善和建设农村通信基础设施，加快农村移动通信发展。16年新增36个行政村通宽带，宽带（含无线）覆盖累计达到124个行政村，极大地缩小了城乡宽带“数字鸿沟”，为广大农民生活打开

县委组织部长王豪一行30余人来到崇义移动党支部参观指导和现场交流

了一扇窗，为推进社会主义新农村建设提供优质的通信信息服务保障。

努力彰显企业社会责任，助力全县通信网络服务保障工作 完成2016年春节、清明节、端午节、国庆等重要节假日，全国林业工作会议等各类通信保障工作20余次，实施网络割接调整40余次，抗洪抢修保障1次，为全县人民提供了优质的网络服务。

【支持地方经济建设】 一是解放思想，提高认识，充分发挥信息资源优势，积极打造移动信息化乡镇，助力政府“宽带乡村”工程，缩小城乡宽带“数字鸿沟”，推动农村信息和新型城镇化发展。二是加大基础设施建设，完成重点工程过埠至上堡旅游公路杆线迁移60千米。稳步开展宽带和无线宽带建设，助力推进城区和农村信息化进程。三是扎实推进精准扶贫工作，帮扶丰州乡白石村17户扶贫户；完成17户扶贫户的信息采集和系统录入工作；积极开展“三个一”活动，开展困难帮扶，走访慰问困难户，慰问金共计2747元。开展扶贫济困、暖心关怀筹集善款活动，看望慰问重病住院扶贫户，发动社会人士筹集善款。

【领导名单】

总经理　　唐小波

总经理助理　　徐奋强

肖智达

中国联通

【概况】 紧紧围绕省、市分公司提出“聚焦创新合作战略，弥补4G短板；围绕集中运营战略，有效拓展规模”经营思路，带领全体员工努力探寻适合崇义联通公司发展之路，各方面工作平稳向前推进。对2016年下达的各项工作展开安排部署，积极开展，狠抓落实。

【努力做大做强】 崇义联通始终坚持以营业收入增长为方向，主动转方式、调结构，积极应对经济下行带来的压力，主动调节产品结构适应市场需求，2016年，崇义联通主营业务收入340.15万元。在网移动用户数1.03万户，固话/宽带用户数约0.2万户；并已在县建成自有营业厅1个，合作厅20个，业务代办点10个，乡镇营业网点覆盖率82%；公司现有2G/3G移动通信基站76个，4G基站18个，覆盖全县所有城区、交通干线、风景区以及16个主要乡镇，村庄实现3G网络全覆盖，极大地满足了全县人民的通信需求；长达2000公里的通信线路，环绕全县各主要乡镇，为崇义的经济及社会发展提供了可靠的通信保障。

【完成企业规划】

宽带网络建设 引入合作商开发宽带网络建设，2016年，县城签订战略框架合作协议1家，乡镇3家。IPTV业务试商用。自有渠道完成布局打点，实现终端化运营和品牌升级计划相结合。持续开展社会渠道效能管控，整改低效能、负效能初见成效。优化终端策略，聚焦众筹终端，开放社会终端，提升全网4G用户渗透率。严格执行实名制，落地老用户补登记，推“沃受理”，缩短营业临柜时长，强化管控，保障“两金压降”。在流量预警、合约适配推荐、终端智能推荐等活动上通过精准化助销弹窗，收到了较好的效果。

存在问题 收入增速不理想，低于行业增幅水平，马太效应愈加明显。渠道效能不高，布局不合理、单店效能低。口碑需要重塑，客户认为联通还是3G，认为联通“信号不好”。重点经营工作落地执行不均衡。

【党风廉政建设落实情况】 全体人员深入学习贯彻中共十八届六中全会精神，牢固树立政治意识、大局意识、核心意识、看齐意识，坚决拥护以习近平总书记为核心的党中央，坚决维护党中央权威，自觉在思想上政治上行动上同以习近平总书记为核心的党中央保持高度一致，向党中央看齐，向党的理论和路线方针政策看齐，向党中央决策部署看齐。不断加强学习，坚定理想信念，坚持以“两学一做”活动为抓手，认真学习了党章、习近平总书记系列重要讲话、始终坚持以一名合格共产党员的标准来严格要求每位同志。严格遵守规定，做到廉洁奉公。在工作和生活中，坚持以中央”八项规定“精神要求自己，反对“四风”，坚持从每件小事做起，从点点滴滴做起，自觉抵制各种侵蚀，始终按照党风廉政建设责任制的要求，廉洁自律，切实履行职责。

【助力智慧城市建设】

用“智慧”给旅游城市的名片增色添彩 加强对崇义县各风景名胜景点通信网络覆盖，在酒店、饭店推广无线网络服务，加强与智慧旅游手机应用合作，进一步深化智慧交通服务，推进现代化智慧旅游城市建设，促进招商引资和旅游消费，拉动经济增长。目前，联通2/3/4G网络已经覆盖全县所有景区。

为孩子成长插上信息的翅膀 联通“班班通”取得良好成效，教育资源公共服务平台与“班班通”设备的“无缝对接”，全县老师可以通过该应用与学生、家长互动沟通，实现网络教学与课堂教学结合。通过推广该应用，推进崇义县教育信息化发展进程，促进教育资源共享、提高教育质量。

完善智慧应用体系，全方位打造“数字城市” 充分发挥行业优势，利用网络技术的先进性、终端多样性、市场成熟度等特点，在三大领域、八大行业形成了一整套重点应用体系。通过政府移动办公、数字执法、监控定位、交通车务等行业应用项目，全方位为崇义县政务(“电子政务”)、住房(“平安工地”)、交通(“智慧交通”)、警务(“数字执法”)、企业(“幸福工厂”)等领域的信息化建设提供技术支撑和通信保障，提升崇义县精细化管理水平。

【投身参与】 定期及不定期地开展“综治”抽查，“四城同创”服务窗口标准化竞赛，“消防安全”知识问答及现场演练活动，“安全生产”自查检查交流会，“向我身边的人学习”为主题的多式多样活动。保持良好安全的作业环境和舒适的人文气息。

【“精准扶贫”落实】 6人对挂点乐洞乡龙归村经常上门帮扶，积极配合乡政府及村委会落实扶贫相关工作，对突发情况及时处理，在龙归村遭遇特大暴雨冲击，一些交通要道及公共设施遭遇破坏之际，立即申报上级部门，特批了专项资金用于帮扶村里的灾后重建工作。

【上下联通】 以高度的政治觉悟，以振兴苏区、振兴家乡的历史使命感、责任感和荣誉感，举全公司之力并积极争取市公司支持，认真贯彻落实县委县政府“精准扶贫”“主攻工业”会议精神和工作部署，敢于担当，强抓落地，助力崇义振兴发展，为崇义县工业发展和经济建设贡献力量。

【领导名单】

总经理　　上官尉歆(8月免)
　　　　　凌　云(8月任)

旅游·酒店

旅游管理

【概况】 2016年，全县接待游客186.72万人次，同比增长14.2%，实现旅游综合收入115300万元，同比增长16.11%。

【旅游景区建设】

阳明山景区服务设施建设 一是阳明山景区云隐寺停车场已竣工并投入使用，停车场面积600余平方米，车位57个，总投资850000元。二是兰溪瀑布至云隐寺8.9公里旅游公路正在铺设沥青混泥土面层，完成工程量88%。三是沟谷雨林游步道升级改造部分材料已到位，正在施工，预计工期4个月。

上堡梯田景区基础设施建设 一是上堡梯田景区绕圩镇旅游公路已建成通车，总投资约3250000元。二是旅游示范点建设初具雏形：木梓排旅游扶贫示范点已建成观景台1个，停车场1个和游步道1.2千米；玉庄乡村旅游扶贫示范点已建成1千米通组公路和2千米游步道，总投资290000元的灌溉水渠建设工程现已完工。三是上堡整训旧址修复工程四栋主体房基本修复完毕，正在进行周边环境整治工作，已完成总工程量的95%，总投资7051000元。四是上堡2千米景观河堤和万长山茶场循环公路已完工。五是赤水仙茶场游步道已修建500米。六是梯田核心区和圩镇安置点的征地工作现已完成征地20.67公顷。

君子谷野生水果世界旅游基础设施建设 完成了6千米旅游公路的路基硬化、森林广场主体框架安装和野果主题公园木通资源圃及其周边一口山塘整理改建，森林酒店正在进行方案设计和档土墙浇筑，生态餐厅、葡萄大观园正在进行方案设计。

【旅游宣传】 一是依托赣州西部旅游联盟，投入500000元在赣州南门口、文清路液晶屏、高速路口高炮台、赣州公交车体、公交车车载电视、候车亭等人口密集区投放宣传广告。二是邀请中央电视台、江西电视台、赣南日报社等媒体到崇义县进行宣传拍摄、报道，2月24日，中央电视台的《朝闻天下》“立春习俗”栏目播出了崇义县上堡的九层皮特色美食，6月，“江西风景独好”央视广告摄制组到崇义县取景拍摄。积极配合崇义高速公路所参与“沿着高速去旅游”线路推荐活动，崇义县推荐的旅游路线被选为江西省十条高速旅游线路之一。三是组织参加了“五一”期间在赣州黄金广场举行的赣州首届旅游博览会，由崇义县选送的竹乐器表演作为开幕式第一个表演节目，震撼开场；崇义县搭建

山乡晨雾

的竹文化元素展厅在整个博览会现场特色鲜明，受到市政府、省旅发委领导的高度好评；现场推介的崇义阳岭、上堡梯田、齐云山、聂都溶洞等景区也给游客留下了深刻的印象，打响了“天然氧吧 绿谷崇义”旅游品牌。四是积极参加省、市组织的旅游商品博览会。9月，江西旅游商品博览会上，崇义县选送的“竹根艺茶具六件套”获得旅游商品大赛的银奖。11月19—20日，崇义参加2016赣州旅游商品博览会暨“赣南脐橙采摘旅游季”活动，并组织县旅游企业现场推介。崇义县选送的“启慧竹制工艺品”荣获“赣州特色旅游纪念品及手工艺品”银奖、齐云山南酸枣糕被评为“最受游客欢迎名优土特产品”。11月29—30日，参加2016“中国(广东)国际旅游产业博览会”进行旅游资源、路线和品牌推介。12月9日，参加江西·赣州（厦门）旅游系列推广活动等。

【旅游行业管理】 一是在元旦、春节、端午、中秋、国庆等节日前夕对旅游景区、星级酒店重点进行了安全检查，对存在的安全隐患进行了排查，督导旅游企业认真整改，消除安全隐患。检查后发出的整改通知单均得到了及时落实。认真做好假日旅游工作，与市场监督、交管、公安、安监、卫计委等部门保持密切协作，加强值班值守，确保了节假日安全顺利度过。二是整顿和规范旅游市场秩序，优化旅游发展环境，以旅游市场价格秩序、导游和旅行社、旅游客运市场、旅游商品质量、旅游安全等内容为整治重点开展了旅游市场秩序专项整治活动对崇义县旅行社（分社、服务网点）开展了行业监管、社会监督和质监执法工作，对不符合行业要求的旅行社下发了整改通知单并督促整改落实。

【旅游招商】 一是县委、县政府主要领导亲自带队到珠三角、长三角等地宣传推介旅游项目，洽谈生态旅游开发。二是浙江颐高集团、赛石集团、江苏爱康集团、江西省旅游集团、景域集团等企业也分别到崇义考察洽谈旅游项目，并与省旅游集团签订了上堡梯田、齐云山版块旅游合作框架协议。

【旅游扶贫点】 在上堡乡赤水村玉庄、竹溪村木梓排2个旅游扶贫示范点投入约130000元用于木梓排示范点的观景台、游步道、停车场、路灯、水圳等基础设施的建设，并投入200000元对6.67公顷梯田进行了复耕。投入300000元用于玉庄示范点的水圳等水利设施建设，在上年种植3.33公顷油菜花的基础上，进一步加强了景观建设，在景观的建设上，充分将观赏价值和经济效益相结合，充分调动群众的积极性。组织群众在旅游公路两边种植了500棵桃树、李树，集中连片种植了1.33公顷莲花（其中有6户贫困户参与到莲花种植中），群众已自发复耕梯田约2.67公顷。2016年，玉庄、木梓排2个旅游扶贫示范点共新增农家乐4家，并已开始陆续接待游客。

【旅游重点项目】 过埠至上堡梯田、县城至茶滩鹿湾温泉等旅游公路建设已全线开工，正在实施土方工程；阳明山景区正在完善景区总体规划，沟谷雨林、作家村、云隐寺、阳岭之巅等景点提升工程，标识系统，索道系统建设等正在进行方案设计，即将开工建设。县游客集散中心已完成主体工程建设，正在实施主楼砌体、屋顶琉璃瓦铺设、水电安装等工程项目；园林式酒店已开工建设，正在进行基础施工。

【领导名单】

主　任　　肖礼平

副主任　　赖新华

　　　　　陈　慧

齐云山国家级自然保护区

【概况】 2016年，江西齐云山国家级自然保护区局以邓小平理论、科学发展观为指导，深入贯彻中央十八届三中、四中、五中全会精神，紧紧围绕林业系统提出的围绕“一个中心”、突出“两个重点”、狠抓“三项工作”、巩固“四项成果”为重点，狠抓森林资源保护、科研监测、基础设施建设等工作，切实巩固自然资源保护成果，主动肩负起生态文明建设的光荣使命，承担起保护齐云山保护区生态系统重大职责，取得了一定成效，被赣州市总工会授予赣州市“五一”劳动奖状荣誉称号，被崇义县人民政府评为2015-2016年度森林防火先进单位，被湘粤赣闽边界护林联防第四联防区评为2016年度边界护林联防工作先进单位。

【自然资源保护】

森林资源保护管理成效显著

一是森林资源保护、珍稀野生动植物保护、自然景观资源保护宣传力度不断加大。特别是在“爱鸟周”、候鸟迁飞、“清网行动”和野生动物保护宣传月期间，大张旗鼓地书写张贴临时性宣传标语，带领和督促林管员、护林员加大巡山力度，深入林区巡查，全年书写张贴野生动植物保护宣传临时性标语500余条，利用宣传车进行野生动物保护宣传，野生动物保护宣传月期间出动宣传车20余次。二是林业行政执法不断加强。严厉打击了破坏森林资源、野生动植物资源、自然景观资源，乱砍滥伐、乱捕滥猎的违法犯罪分子，保护区的森林资源、野生动植物资源等得到了有效保护。2016年，协助查处盗伐杉木事件1起（已移交过埠森林派出所处理），制止电鱼、炸鱼事件8起，缴获电鱼机1台、渔网28番、蛇笼子1只，制止捡奇石事件5起。三是林地管理不断加强。严防非法占用林地，严禁擅自改变林地用途行为，制止新开林区公路占用林地事件1起。四是生态公益林管理不断加强。认真做好了2015年3764.73公顷生态公益林村组及林农个人补偿资金发放工作，共发放补偿资金101.6478万元；林农个人469.39公顷补偿资金1267344元。

森林防火工作再创佳绩　一是严格落实了森林防火责任领导挂点制度和分片包干制度，做到领导明确，分工明确，责任明确。二是坚持重点防火期24小时值班制度和护林工区报到制度，充分利用宣传标语、宣传车等多种形式进行防火宣传，对进入保护区的车辆和人员发放宣传单，宣传森林防火知识。据统计：全年共发放宣传年画500份，防火宣传单2000余份，出动防火宣传车40余次，书写临时性防火标语120余条，在电线杆上张贴固定标语200条，在主要路口沿线新增永久性宣传牌20块，防火宣传横幅5条。三是投入资金7.7万多元，对保护区各护林工区管护范围内的68.82公顷防火线全面进行维修。四是加强了野外用火管理，杜绝火源，排除火灾隐患。全年未发生森林火灾，获得了崇义县人民政府2015—2016年度森林防火先进单位及湘粤赣闽边界护林联防第四联防区2016年度边界护林联防工作先进单位荣誉称号。

乡村生态风景林建设全面完成　重点做好了思齐线三江口至上十八垒5.6千米道路的绿化工作，共种植南方红豆杉55株、伯乐树15株、桂花30株、香樟325株；下浊水荒田绿化1公顷，共种植南方红豆杉7000余株。

【科研监测】

野生动物调查研究成果显著　一是鸟类环志工作。2016年度，共环志鸟类3556只，隶属12目39科112种。其中，国家二级保护鸟类6种206只，重捕鸟类8种47只，增加了8个新种共13只，其中在《江西齐云山自然保护区综合科学考察集》一书名录中未记录的有纯色鹪莺、黄眉鹀、灰卷尾、远东树莺4种，且回收了一只2014年9月2日放飞的池鹭（I04–6150）。二是生物多样性（鸟类、蝴蝶）观测工作。2016年，观测共记录鸟类63种771只，其中国家二级保护动物有赤腹鹰10只、黑冠鹃隼11只，优势种鸟类4种246只。观测记录到蝴蝶20余种。三是野生蜜蜂资源调查工作。重新安装了10个巢管收集点，认真做好了保护区野生蜜蜂资源的调查及蜜蜂巢管收集工作。

野生植物调查研究有序开展　一是第二次重点保护野生植物资源调查工作。精心组织了开展南方红豆杉、闽楠、花榈木、毛红椿和短萼黄连等5个广普物种的调查工作，目前已经完成6000余株的资源调查工作。二是伯乐树、长苞铁杉种群动态监测工作。2016年，完成了对样地网框内花果、落叶等收集工作，共收集样袋400份，分属20个样地，100个网框，现已送至赣南师范大学分析研究。三是壳斗科常绿阔叶林、福建柏种群动态变化观测和样地设置工作。与江西山和林业工程咨询事务所有限公司合作完成了10个福建柏和24个壳斗科常绿阔叶林样地的设置工作，并做好观测数据的收集、整理等相关工作，为第二年的样地重复监测做好准备工作。四是兰科植物资源调查与坚持工作。与南昌大学生命科学院杨柏云教授合作，完成了独蒜兰、舌唇兰等5种兰科植物9个固定样地的设置工作。五是全国生物多样性野外监测示范基地监测工作。完成了固定样地的设置工作，两个样地共记录植物种类248种，隶属于50科99属；共记录鸟类15种，两栖动物8种，爬行动物8种，兽类8种。相关数据材料已收集整理送南京环境科学研究所分析研究。六是珍稀植物苗圃地苗木培育管理工作。做好了桶江、三江口、浊水三个苗圃地南方红豆杉、福建柏等珍稀苗木的管护工作及浊水苗圃地南方红豆杉移植工作。

【基础设施建设】　一是江西齐云山国家级自然保护区基础设施工程建设项目于2016年1月被国家林业局批准实施。项目总投资2005万元，包括新建1400平方米管理局综合业务用房、5处管理站、4处管护点、5处检查哨卡等项目，建设期3年，目前已完成项目初步设计编制，待省林业厅组织评审。二是总投资410多万元的思齐线（三江口至上十八垒）公路改造工程项目完成竣工验收工作。三是完成了对浊水护林点改造工作，建筑面积为157平方米，投资金额为21.3万余元。四是完成了对场部办公楼的瓦面翻新和房屋装修，投入资金5万余元。五是完成新建三江口抬水堰一座，总长47.6米，工程预算29.68万元。

【党建及精神文明建设】

党建工作深入推进　全面推

进“党建+”工作，积极开展了党员组织关系排查和党员党费收缴核查工作；认真传达学习，贯彻落实了十八大精神及十八届三中、四、五中全会精神和习近平总书记系列重要讲话精神，落实“三会一课”制度，制定了《“两学一做”实施方案》，全面推进了思顺林场党支部“两学一做”学习教育开展。全年共召开支部党员大会12次，支委会13次，讲党课4次，开展集中学习8次，召开专题组织生活会4次。对全体党员2008年4月至2016年6月上交的党费进行了核查，补缴党费1614.7元。

精神文明创建水平不断提升　通过突出重点抓社会主义核心价值观学习宣传，潜心培育抓道德模范建设，务实高效抓道德讲堂建设，精心部署抓“我们的节日”主题活动，突出长效抓志愿服务，齐心聚力开展社会帮扶、扶贫、献爱心活动等，认真抓好了精神文明创建工作。

工会工作顺利展开　积极开展了职工文体活动；着力解决职工迫切需要解决的难点、热点，力所能及地为职工办实事、办好事；认真做好了困难职工的调查摸底和困难补助工作。全年，为困难职工发放困难补助金9600元，退休职工慰问金7000元。

精准扶贫稳步推进　对每一户精准扶贫对象进行了走访慰问并送上春节慰问品；认真做好了市办扶贫系统及时更新；开展了“三个一”活动，发放困难户春节慰问金6000元，金秋爱心助学资金1000元，为齐云山村新建宣传栏资助资金5000元。

【领导名单】

局　长　　吴明平（兼）

副局长　　黄世贵

　　　　　吴治明

耀升国际饭店

【概况】　耀升国际饭店是由江西耀升钨业股份有限公司投资兴建集住宿、餐饮、会议、休闲、度假、娱乐为一体的综合型四星级商务度假饭店，用地面积27000平方米，建筑面积15000平方米。耀升国际饭店以大自然赋予的山风竹海为背景，依托丰富的竹乡资源，以低碳环保绿色为创新点，发掘、研制了“全竹宴”“全鱼宴”“竹乡养生菌菇宴”等各类宴席，深受中外宾客喜爱，完美地诠释了绿色、生态、养生、环保的饭店理念，成为竹饮食文化中的精品。

拥有不同类型的客房116间（套），装饰温馨、舒适，设有3个中餐宴会大厅、西餐厅和14间风格各异的中餐包房，能容纳1500多人同时用餐，无论喜庆宴会、邀朋聚友还是商务宴请，都能体现与众不同的风格。设备齐全的各种会议室，是商务洽谈、会议的完美选择，歌剧院灯光音响设施先进，可容纳300多人观看歌舞演出或召开大型会议。KTV包房在强劲与轻慢的音乐之间，感受前卫与时尚，带您进入多姿多彩的夜生活，桑拿中心、游泳馆、健身房设备一流、豪华气派，均是休闲娱乐的理想场所。

【经营管理】　坚持在探索中前进，开拓中进取，把握市场调研和市场定位，开源节流，苦练内功，加强内部管理和培训，提倡安全第一，勤俭节约，以人为本，顾客至上的理念方针。

【提高全员整体素质】　年初，制订全员培训计划，对部门经理、主管、领班及待客服务人员进行相关的专题培训，重点讲解管理素质、服务意识、礼貌待客、案例分析等。通过讲解、点评、交流等，受训人员在思想认识和日常工作中，皆得到不同程度的感悟和提升。

各部门在组织培训的同时，每周有计划地对部门员工进行培训，并在每日班前会对员工进行班前培训，做到“日日有主题，天天有培训”。

【安全经营】　根据实际情况，完善了各种应急预案，并进行了相关的培训演练。饭店全年组织各部门进行消防安全理论知识培训9次，实操模拟演练10次，通过演练员工学会了消防设施的正确使用，保障了在突发火警事件情况下，员工可以迅速进行扑灭初期火灾，提高了员工消防技能。

完善了消防设施，加强保养，确保设施正常使用。每日坚持安全隐患排查制度，对厨房、工程机房等重点区域进行安全日检，每月全店进行安全月检，针对安全检查发现的隐患及时整改，确保饭店安全经营零事故。

【各项重要接待任务】　2016年，在各部门的有效沟通紧密配合下，圆满完成重要接待3次：林业部、环保部、国家体育总局的接待。其中林业部的接待是崇义县中华人民共和国成立以来第一次接待如此高规格、高标准的会议，经过大家的共同努力，此次会议接待取得了圆满的成功，饭店的接待水平也得到了部委、省、市、县各级领导的充分肯定和高度赞扬。会议结束后，各部门认真总结经验，交流心得体会，增强了业务水平，填补了饭店高规格接待方面的空白。

【主要工作业绩】　崇义县如火如荼进行的“四城同创”工作饭店也参与其中，积极响应。在“创建国家卫生城”和“创建省级文明城”时期，是必检单位，重要窗口，为配合县里的相关工作，总办组织各部门员工体检，要求各部门做好卫生健康知识和文明窗口的培训，在考核验收时，由于各部门对此项工作的配合，饭店的各项工作都画上了圆满的句号。为崇义县“创卫”和“创文明城”贡献了一己之力。

因宾客口头传赞对饭店产生的宣传效应，9月，赣州电视台慕名来店拍摄了《竹乡养生菌菇宴》《全竹宴》的特辑，并在赣州电视台一套《630播报》栏目播出，在社会上引起了很大的反响。

【领导名单】

总 经 理　　郭名宝
副总经理　　魏　颖

阳明湖旅游实业

【概况】 阳明湖酒店、阳明湖山庄、阳明湖国际养老中心坐落在中国崇义阳岭国家森林AAAA级风景区内，是阳明旅游实业旗下投资兴建集住宿、会议、休闲、养生养老、康乐为一体的综合型现代服务养生休闲的度假中心；阳明湖酒店、阳明山庄共计占地面积30000平方米，建筑面积12000平方米，阳明国际养生养老中心占地面积53.33公顷，建筑面积约20000平方米；阳明旅游实业公司依托中国的天然氧吧、中国首家森林生态主题养生基地、空气负离子吉尼斯世界纪录、中国竹乡等为衬托，逐力以中国传统养生理论为本，结合现代生命科学体系为实证，通过德、功、食、书、香、乐、花七种养生为核心研发出以天然原生态为食材、创新出健康养生、养颜、竹海宴等多种绿色饮食文化，完善释放了阳明湖旅游实业公司以养生、养老、休闲度假为文化主题的酒店体系，逐力形成崇义县养生、养老、文化旅游为主题基地。

阳明湖酒店、阳明湖山庄拥有不同类型客房共计98间（套）床位共计170个，其中2栋独立别墅（4房2厅），阳明国际养老中心兴建200间（套）房，其中独立休闲木屋50栋，床位有300个，餐厅设有中餐厅、西餐厅和各种豪华典雅包厢，酒店设有大中小会议室、多功能厅、餐厅同时可以容纳800人用餐。酒店生态山水相邻，环境优美，独具匠心，可满足各种会议、商务洽谈、家庭喜宴、同学战友聚会、旅游度假等客户需要；以优质的服务、大众消费价格，是您住宿、宴请宾客、养生、休闲度假最佳场所。

【经营管理】 酒店实行董事会领导下总经理负责制和逐级管理、逐级考核公务层次管理体系、管理机制，二室八部一中心，即总经理办公室、行政办公室、人力资源部、市场营销部、房务部、餐饮部、财务部、保安部、工程部、研发部和培训中心，酒店以安全卫生、快捷周到、舒适礼貌、物美价廉为宗旨，积极寻找市场目标以及市场定位，根据市场的不同需要，调整营销策略，来满足不同客户的需求。酒店制定质量方针目标，酒店所供的服务标准、服务质量的各项目标做好质量培训教育，通过激励调动员工内在积极性，服务和管理工作实行监督检查和考核，用数据说话，实行质量评比与绩效薪资挂钩。

【圆满完成各项接待任务】 2016年，酒店经过各部门精心布置，缜密安排，酒店以热情、微笑、随时准备，在客人进入酒店前，准备好所有问题的最佳答案的服务宗旨，圆满成功完成省市检查组、考察团以及境内外旅行团队接待工作，以宾客需求为转移，全方位多角度为客人提供服务，提供个性服务，使每位客人都感到满意。从细处着手，完善管理，提高质量，促进酒店的竞争能力，使酒店能够持续发展；得到了各界来宾的好评和领导的肯定。

【运营管理】 提供员工综合素质，不断提高员工的服务素质，这是提高酒店工作效率和服务的基本条件，要抓好业务技术方面的培训，提高员工的业务操作技术和技巧，在管理过程中，认真执行奖罚制度，开展评选优秀员工的活动，表彰、奖励服务质量高、业务技术精、完成任务好、协作风格高的员工，对员工的思想及业务水平，定期进行考察，根据各种特长合理的安排使用，重视培养选拔人才，形成酒店一支骨干队伍，在各项工作中发挥重要的作用。

酒店采取员工集中培训、专项培训、个别指导培训等方式，并建立员工培训记录表、员工日工作考核表督导促进了员工酒店意识，得到较大提高，服务理念进一步深有声微笑已成为员工的自觉行动，对什么是个性化服务，从感性到理情已有了形象的认识，从而加深了员工对前期的岗位培训、部门培训、班组培训、从理念到实际的全面梳理和提高。酒店将“首问责任制”落到实处。各部门根据各自的实际情况，自行整理了一些“应知应会”知识的资料，对员工进行适时培训。尽可能解决客人提出的所有问题，做到有问必答，杜绝扯皮推诿现象。同时，还通过各岗位每天的培训晨会，告知当天酒店将举行的会议名称、重要客房、餐饮等信息，以便客人进店询问任何一位员工都能得到回答。为保证培训有的放矢，阳明湖旅游实业公司开展了日常不间断的全面质量检查。并建立落实部门、主管、领班三级检查制度，规范检查内容，促使每项服务到位。同时，值班经理每天对公共区域的卫生和员工的礼节礼貌等进行督查，总经理室率领各部门经理不定期实行抽查。通过质检，进行适时适地的教育，使培训工作不仅仅局限于课堂，而更具有其实用性和针对性

【安全服务经营】 根据酒店实际情况，结合有关火灾等案例，落实酒店、部门、班组三级安全生产培训教育。参加培训人次占酒店总人数 90% 以上，使员工真正掌握消防、安全工作的“三懂三会”和应急预案的处置方法。为提高企业的管理水平，提高队伍的整体素质起到了积极的作用。

安全是确保服务过程的重要措施。年初在酒店工作会议上，酒店与各部门签订《安全防范责任书》，相继调整了防火委员会和义务消防队组织，成立了消防宣传教育领导小组和消防宣传队，建立了“分级管理，按级负责，权责一致，各负其责”的治安、消防、安全生产责任体系，促使安全、检查、宣传、教育工作，职责更明确，责任更到位。同时，严格履行“四实登记”制度，做到实名、实时、实数、实情，实现了刑事案件、火灾、工伤死亡事故为“零”的目标。

【领导名单】

董事长　　肖孟良
总经理　　肖海兵

财政·税务

财政工作

【概况】 2016年，县财政局积极采取各项措施保增收、抓改革、促发展，财政收入实现平稳增长，重点支出得到有效保障，“十三五”财政工作开局良好。全年实现财政总收入106955万元，完成预算的100.2%，增长4.1%，比全市平均水平高0.4个百分点，增幅居全市第7位；税收收入77405万元，增长7.4%，占财政总收入的72.4%，税性比列全市第12位；公共财政预算收入83625万元，完成预算的101.0%，增长16.9%，增幅列全市第1位。全年一般预算支出突破200000万元大关，完成209104万元，完成预算的108.2%，增长13.0%，居全市第5位；与人民群众切身利益紧密相连的民生支出175620万元，增长14.8%，占一般预算支出的83.9%，形成“小财政、大民生”的财政支出格局；全力保障“六大攻坚战”建设，整合财政预算资金20650.86万元，累计支出25019万元（含上级资金），一大批工业、基础设施建设、现代农业、现代服务业项目顺利实施。坚持内强素质，外塑形象，通过深入开展“理财精细实、为政忠公能”主题实践活动和“两学一做”学习教育，财政队伍素质明显增强，干部职工廉洁意识、服务意识和工作效率明显提高。

全年财政收入执行情况

表14

单位：万元

收入科目	2016年累计完成数（人）	预算数（人）	本年完成数		上年同期累计（人）	比上年同期累计±额(%)	比上年同期累计±（%）
			累计收入（人）	占预算的（%）			
一、税收收入	41616	55212	55096	99.8	41614	13482	32.4
1. 工商各税	31140	44762	44732	99.9	31138	13594	43.7
增值税	11648	20560	20226	98.4	11648	8578	73.6
其中：增值税25%	5470	6278	11259	179.3	5470	5789	105.8
营业税	9890	5700	5417	95.0	9889	–4472	–45.2
五种小税	5989	13970	14532	104.0	5989	8543	142.6
个人所得税40%	1703	1782	1842	103.4	1702	140	8.2
城建税	1587	2350	2357	100.3	1587	770	48.5
其他税收	323	400	358	89.5	323	35	10.8
2. 农业税收	2796	7600	7664	100.8	2796	4868	174.1
其中：烟叶税	–	–	–	–	–	–	–
耕地占用税	1068	4900	4873	99.4	1068	3805	356.3
契税	1728	2700	2791	103.4	1728	1063	61.5
3. 企业所得税及退税	7680	2850	2700	94.7	7680	–4980	–64.8
企业所得税40%	7680	2850	2700	94.7	7680	–4980	–64.8
其中：国税	1617	935	921	98.5	1617	–696	–43.0
二、非税收入	29907	21180	28529	134.7	29907	–1378	–4.6
1. 其他、罚没、收费收入	20993	17550	16459	93.8	20993	–4534	–21.6
其中：行政性收费收入	19255	15450	14522	94.0	19255	–4733	–24.6
2. 专项收入	3539	2050	2156	105.2	3539	–1383	–39.1
3. 国有（资源）资产有偿使用收入	5375	7900	9031	114.3	5375	3656	68.0
4. 政府住房基金收入	5375	–	583	–	–	583	净增

续表 14

收入科目	2016年累计完成数（人）	预算数（人）	本年完成数		上年同期累计（人）	比上年同期累计±额(%)	比上年同期累计±（%）
			累计收入（人）	占预算的（%）			
5. 其他收入	–	–	300	–	–	300	净增
公共财政预算收入	71523	82762	83625	101.0	71521	12104	16.9
三、上划收入	30486	23938	22309	93.2	30485	–8176	–26.8
（一）上划中央“四税”收入	16412	16046	15496	96.6	16412	–916	–5.6
其中：增值税 75%	16410	16046	12778	79.6	16410	–3632	–22.1
消费税	2	–	63	–	2	61	3050.0
改征“增值税”50% 部分	–	–	2211	–	–	–	净增
营业税 50% 部分	–	–	444	–	–	–	净增
（二）上划中央所得税合计	14074	6942	6813	98.1	14073	–7260	–51.6
其中：企业所得税	11520	4275	4050	94.7	11520	–7470	–64.8
个人所得税	2554	2667	2763	103.6	2553	210	8.2
四、省级分成收入	713	950	1021		713	308	43.2
财政总收入	102722	106700	106955	100.2	102719	4236	4.1
国税部门	32101	38200	37401	97.9	32102	5299	16.5
地税部门	40714	40000	40004	100.0	39997	7	0.02
财政部门	29907	28500	29550	103.7	30620	–1070	–3.5

全年财政支出执行情况

表 15　　单位：万元

支出科目	2016年累计支出（人）	预算数（人）	本年完成数		上年同期累计（人）	比上年同期±额（%）	比上年同期±（%）
			累计支出（人）	占预算的（%）			
1. 一般公共服务支出	15970	14750	16692	113.2%	15970	722	4.5
2. 国防支出	0	85	105	123.5%	0	105	净增
3. 公共安全	7100	6302	7506	119.1%	7100	406	5.7
其中：武装警察部队支出	494	494	469	94.9%	494	–25	–5.1
公检法司支出	6606	6606	7029	106.4%	6606	423	6.4
4. 教育支出	25963	24600	29861	121.4%	25963	3898	15.0
其中：教育附加支出	985	985	1285	130.5%	985	300	30.5
5. 科学技术支出	3701	3975	4258	107.1%	3701	557	15.0
6. 文化体育与传媒支出	2935	2960	3270	110.5%	2935	335	11.4
7. 社会保障和就业支出	27816	25130	28984	115.3%	27816	1168	4.2
其中：财政对社会保障基金的补助	9471	9471	9806	103.5%	9471	335	3.5
行政事业单位离退休费	7306	7306	8042	110.1%	7306	736	10.1
企业改革补助	–	0	–	–	–	–	–

续表 15

支 出 科 目	2016 年累计支出（人）	预算数（人）	本年完成数		上年同期累计（人）	比上年同期±额（%）	比上年同期±（%）
			累计支出（人）	占预算的（%）			
就业补助	1312	1312	781	59.5%	1312	-531	-40.5
抚恤	928	928	815	87.8%	928	-113	-12.2
社会福利	472	472	525	111.2%	472	53	11.2
最低生活保障	1674	1674	1715	102.4%	1674	41	2.4
8. 医疗卫生与计划生育支出	17262	15200	17983	118.3%	17262	721	4.2
其中：医疗保障支出	9668	9668	10359	107.1%	9668	691	7.1
9. 节能环保支出	11098	11400	24750	217.1%	11098	13652	123.0
10. 城乡社区支出	6009	11393	12769	112.1%	6009	6760	112.5
11. 农林水支出	32580	20280	33941	167.4%	32580	1361	4.2
其中：扶贫支出	5343	5343	6902	129.2%	5343	1559	29.2
农业综合开发	1147	1147	927	80.8%	1147	-220	-19.2
12. 交通运输支出	1310	5260	5692	108.2%	1310	4382	334.5
13. 资源勘探信息等事务	5652	15650	4745	30.3%	5652	-907	-16.0
14. 商业服务业等支出	4204	4750	4795	100.9%	4204	591	14.1
15. 金融支出	53	32	33	–	53	-20	-37.7
16. 国土海洋气象等支出	871	872	677	77.6%	871	-194	-22.3
17. 住房保障支出	18983	8927	8290	92.9%	18983	-10693	-56.3
18. 粮油物资储备支出	247	151	350	231.8%	247	103	41.7
19. 其他支出	3311	18973	1578	8.3%	3311	-1733	-52.3
20. 债务付息支出	0	2500	2791	1	–	2791	净增
21. 债务发行费支出	0	0	34	不可比	0	34	净增
一般预算支出	185065	193190	209104	108.2%	185065	24039	13.0

【财政收入】 面对矿产业低迷，工业企业不景气及企业减负降压等多重因素，崇义县财税部门攻坚克难、紧密配合，创新税源管理方式，加强综合治税，强化税源管控，开展了资源税等税源调查和建筑、房地产、金融业、生活服务业营业税专项清理，钨行业税收增收56280000元，房地产业税收增收70020000元；对小水电、建筑等行业进行重点稽查，查补税款增收15000000元；落实扶持外购矿产品贸易企业发展政策，建立矿产品仓储平台，实现矿贸税收22042万元，同比上年增长4.6倍；物流业实现税收95500000元，增长1.6倍。全年财政总收入实现106955万元，完成预算的100.2%，增长4.1%，比全市平均水平高0.4个百分点，增幅居全市第7位，完成市下达收入任务；税收收入77405万元，增长7.4%，占财政总收入的72.4%，税性比列全市第12位；公共财政预算收入83625万元，完成预算的101.0%，增长16.9%，增幅列全市第1位。

【财政支出】 积极统筹调度资金，进一步优化支出结构，全年一般预算支出突破200000万元大关，完成209104万元，完成预算的108.2%，增长13.0%，居全市第5位。与人民群众切身利益紧密相连的民生支出175620万元，增长14.8%，占一般预算支出的83.9%，形成“小财政、大民生”的财政支出格局。其中全力保障重点支出和民生支出的需求，教育、科技、农林水等三项法定支出68060万元，增长9.3%；突出教育事业优先保障，全年用于教育事业的支出29800万元，占支出总量的14.3%。全年八项与GDP相关的支出142803万元，增长24.3%；影响生态转移支付的八项支出152771万元，增长10.7%。整合财政预算资金20650.86万元，投入“六大攻坚战”建设，累计支出25019万元（含上级资金），一大批工业、基础设施建设、现代农业、现代服务业项目得到实施。大力支持精准扶贫，全年扶贫支出69020000元，增长29.2%；投资10660000元完成关田、上堡、铅厂3个乡镇427.67公顷土地整理高标准农田建设。

【财源建设】 设立工业专项发展资金40000000元、旅游发展资金12000000元，助推工业和旅游业发展；安排10000000元企业续贷基金，建立中小企业还贷周转金制度，解决中小企业“过桥”资金问题，支付续贷资金累计20次、超50000000元；大力推进财园、惠农、小微、创业、矿贸、产业扶贫六项信贷通，发挥财政杠杆作用撬动银行贷款，全县累计发放贷款超75000万元，惠及企农900多户；加大对企业奖励补助，持续对矿贸、物流企业实施优惠政策扶持，拨付矿贸企业仓储补贴13603万元，拨付物流企业仓储补贴86290000元，有力支持了崇义县矿贸、物流企业发展。

【争资争项】 以落实“若干意见”为工作主线，结合“十三五”时期总体规划，主动加强对接，2016年，向上争取各类补助资金共计120058万元，同比增长8.2%。其中专项转移支付52001万元，一般性转达移支付68057万元。争取中央、省财政对崇义县保障房建设补助资金5000万元，重点支持乡镇中小学、乡镇卫生院公租房项目建设；争取省下达崇义县地方政府债券额度16756万元，有效降低债务利息成本，缓解政府资金压力；争取崇义县列入革命老区专项转移支付县范围，第一批获省财政厅下达革命老区转移支付专项资金5640000元。

【财政改革】

进一步完善政府预算体系 完善全口径预算管理体系，进一步加大政府性基金预算、国有资本经营预算与一般公共预算的统筹力度；稳步推进预决算公开制度，加快建立公开透明规范的预决算制度；认真做好地方政府存量债务清理自查核查工作，确定了地方政府债务限额，全面规范地方政府债务管理。

进一步完善政府决算体系 继续试编政府综合财务报告，范围扩大至国投公司等国有融资平台，规范财政总决算报表和部门决算报表编审；推进行政事业单位建立健全内控机制；撤销了会计核算中心，单位恢复财务自主核算权；切实提高财政服务水平，将财政大平台连接至各预算单位，极大地方便了单位用款申报、支票打印、账务对账、账务处理、工资统发核算。

全面推开“营改增” 按照国家统一部署，5月1日起，全面

财政局党员干部开展专题讨论会

推开营业税改征增值税试点，建筑业、房地产业、金融业、生活服务业等纳入试点范围。崇义县第一时间成立“营改增”试点工作领导小组，明确各相关单位职责分工，已按上级要求全面完成“营改增”工作，全年为企业减税近 50000000 元。

推进涉农资金整合试点　下发了《崇义县统筹整合财政涉农扶贫资金实施办法》，对中央、省、市、县财政安排用于农业生产发展和农村基础设施建设等方面的资金进行整合。

认真做好公车改革经费保障　严格公务交通补贴发放，并制定《崇义县党政机关执法执勤用车制度改革办法》，稳妥推动执法执勤用车改革。

力促政府投资产业基金和 PPP 项目落地　引入社会资本参与崇义县公共服务建设，建立了县级 PPP 项目库，先期实施了江西省 S548 线树木园至过埠镇公路工程、国道 G220 崇义过埠至西门段公路改建工程，总投资 10084.69 万元；与江西银行、九江银行、赣州银行合作签订投资产业基金 320000 万元，主要用于工业园区、新型城镇化、旅游产业、崇义中学新校区、阳岭新城文化综合楼、知行湖等建设。

认真落实机关事业单位养老保险改革政策　平稳实现全县 1652 名机关事业单位退休人员移至社保发放工资。

【财政监督和政府采购】　开展会计监督检查工作，发现违规资金 110000 元，上缴财政 92000 元；开展民生资金及涉农资金“微腐败”监督检查，发现违规单位 11 个，对资金管理使用中挤占挪用、套取的资金，作出归还原资金渠道及上缴财政的处理；开展贯彻执行中央八项规定严肃财经纪律专项检查工作，追回财政资金 71400 元；开展全县财政资金安全大检查，确保财政资金安全；继续严格专户管理，严控预算单位新设账户，相继撤销财政专户 14 个；大力盘活财政存量资金，全面清理县直各部门历年国库集中支付结余资金、各财政专户结余资金，共收回 66000000 元，减少结转结余规模；发挥财政源头控制作用，加强对政府采购和政府投资项目评审工作的监管，累计审核重大项目和重点工程预（结）算项目 372 个，送审总额 126700 万元，核减 11500 万元，核减率 9.06%；开展了政府采购“违插”专项治理工作；对崇义县 2016—2017 年度党政机关会议定点场所、公车定点维修场所、公务印刷场所进行定点采购。

【国资管理】　对全县 168 个行政事业单位国有资产开展清查，将数据录入资产管理信息系统，实现国有资产的动态管理；加强国有资产产权管理，对老城建局办公楼等资产进行置换评估，对县人民医院停车场经营权进行拍卖，确保国有资产保值增值；做好国有企业监督管理，对国投公司、林投公司、旅游公司 2015 年经营业绩（目标管理）进行考评；会同县交投公司对城市公交车公司 6 台公交车进行收购。

【机关管理】

开展两期财政业务培训班　5 月 9—20 日，分两期组织全系统 140 多名在职人员进行财政业务、廉政、税务知识集中培训。

狠抓党的建设　扎实开展“两学一做”学习教育，完善“三会一课”制度，积极开展“党建 +”系列活动，实现党建和业务工作相互促进。

围绕巡察整改抓落实　按照县委巡察组对财政局巡察反馈意见，通过制定整改方案、明确整改责任人，制定了《崇义县财政局精简预算执行流程方案》，成立了财政局内部控制委员会，对 16 个财政所开展内部审计，对部分财政所人员进行交流轮岗。

开展了一系列机关活动　由局领导和财政所长挂点帮扶县内 46 户工业企业；开展“解放思想、内外兼修、北上南下”新知识新政策学习和《准则》、《条例》学习活动，并组织考试；开展“低碳环保 · 绿色出行”自行车骑行等活动。

【领导名单】

局　长　赖楚彦（2 月免）
黄夏晓（2 月任）
曹梦飞（9 月任）

副局长　陈福源
陈　全（1 月任）
俞中东

主任科员、农开办负责人
肖　崇

采购办主任　刘继棕

会计管理中心主任
田克全（1 月任）

国投集团公司

【概况】　紧扣县第十七次党代会提出的发展战略和目标，围绕全县经济社会发展大局，以中共十八大，十八届三中、四中、五中、六中全会精神为指引，深刻领会习近平总书记系列讲话精神，坚持走生态立县的发展道路，突出项目为中心的战略定位，着力加强代建重点工程管理，做大融资规模，做强自主经营，扎实工作，预期圆满完成年度各项工作目标。

【重点工程项目】　围绕县委、县政府下达的 12000 万元投资任务目标，公司发扬“咬住青山不放松”的精神，克服影响施工的雨水偏多、征地拆迁难点、设计深度不足等困难与问题，仔细调研、因类施策。一是建立项目目标责任制，做到目标明确、责任落实，配套制度保障。二是建立进度控制制，每个项目根据特点、工期、天气因素等，建立完善的实施性进度计划，以计划配置资源，组织力量，促进计划的完成。三是建立督查机制，公司根据批准的实施性计划，不定期实行督查，查找计划偏差因素，根据偏差因素产生的原因，采取有力的纠偏措施。四是建立调度制度。公司班子会不定期根据工程进度情况，在质量、安全、工期等方面实施强力调控，确保工程有序推进。五是建立综合协调机制，实行领导一对一跟进模式，指挥处置施工过程中遇到的复杂问题。六是建立党员联系项目制度，让党员深入一线，模范带头，引领员工积极向上，沉下身心，一心一意做工作、干实事。

全年工程有序推进，未出现安全、质量事故。2016年，累计完成工程投资额12196.86万元，其中：

崇义县文化活动综合楼 计划投资65000000元，本年完成投资额34070000元，累计完成投资额52120000元。

瓦窑墩洼地综合整治工程 计划投资22160000元，本年完成投资额10650000元，累计完成投资额19450000元。

阳明社区公园 计划投资16000000元，本年完成投资额11470000元，累计完成投资额12520000元。

崇义中学扩建工程 计划投资64280000元，本年完成投资额41500000元，累计完成投资额41500000元。

腊树下商住小区 计划投资6030000元，本年完成投资额7380000元，累计完成投资额7380000元。

正德路南侧过渡安置房 计划投资3240000元，本年完成投资额3240000元，本年完成投资额3240000元，工程已完工。

振兴大道工程 计划投资79000000元，本年完成投资额3100000元，累计完成投资额79000000元，工程已完工。

阳岭路网工程 计划投资52000000元，本年完成投资额2000000元，累计完成投资额52000000元，工程已完工。

其他工程建设 完成投资额8558600元，其中：创通天然气排洪工程840000元，振兴大道路灯4247000元，天然气站挡墙274000元，振兴大道花墙443000元，文竹路绿化779600元，人民路绿化696000元，振兴大道边坡绿化429000元，官陂脑安置套房工程850000元等。

【融资工作】 读懂经济新常态下金融政策，做到精准对接，拓展融资渠道和规模，持续为县域经济发展给力助力。一是认真做好项目储备，根据国有产业政策的变动，找准项目，精准跟进，找到切入点，克服自身不足，做好项目包装储备。二是抓好合作共赢。借助县委、县政府力量，整合社会各方面资源，协调部门、银行与公司合作，实现融资突破。三是以自主开发项目，市场化运作，实现与完善公司自身造血功能。通过以上措施，2016年，实现融资108000万元，2015年12月31日，批准2016年实现15500万元，2016年，累计贷款额12350万元。

向农发行申请棚户区改造资金贷款60000万元，已放款10000万元。

向农发行申请棚户区基金贷款11000万元，城镇生活垃圾基金贷款40000000元，集中式饮用水源长河坝水库综合治理项目基金贷款10000000元，阳岭新城城区污水管网新建工程基金贷款40000000元，以上4个项目共计20400万元，已批准，并放款到位。

向赣州银行申请产业发展基金贷款22600万元，12月，已放款到位。

【自主经营】 牢固树立企业效益至上理念，梳理公司经营项目，集中人力、物力、财力，倾斜对营利性项目投入，尽量早完工，早销售、早出效益。当前，紧扣了房地产开发、经营性国有资产运营两个盈利项目，增强造血功能。

加快已开盘项目销售收入实现 2014年，开发的社下安置小区进行了梳理，加大了剩余部分销售收入的实现。2015年6月底，开盘的官陂脑安置小区，加紧了扫尾力度，促进了销售收入回收。2016年，两处当年实现销售收入10750万元，利润11700000元，上缴税收23700000元。

抓好腊树下商住小区的开发与销售 腊树下商住小区项目总建筑面积7248平方米，总投资1800万元。3月，开工建设，2016年底，工程基本完工。11月底，开始预售，预计能够实现销售收入33000000元，利润10000000元，税收5000000元。

规范资产管理 经营性国有资产，实现资产融资抵押与经营竞价招租相结合；非营利性资产，抓好日常产权管理，确保国有资产的保值增值。

【精准扶贫】 公司把“精准扶贫”放在首要位置，常年安排3名员工脱产负责“精准扶贫”工作，挂点员工按期走访、落实帮助措施，重要节日到挂点户中慰问。2016年,帮群众做好事实事52件，调解各种纠纷12起。除挂点员工出资外，公司共计出资79000元为群众做好事、实事，帮扶、慰问群众。

【四城同创工作】 积极参与“四城同创”工作。在创卫工作中，按创卫要求做好了工作，不但使挂点网络整治达标，也规范工地现场文明施工，同时配合兄弟单位创卫工作，提供的迎检点得到好评。文明城市创建迎检代表点工作，正有条不紊地进行。

【领导名单】

董事长、总经理	刘　宇
副总经理	冯祖仁
	周忠东

林投公司

【概况】 崇义县林业投资有限责任公司成立于2007年8月，为县政府授权的具有独立法人资格的国有控股企业，注册资本50700万元。公司内设行政部、财务部、销售部、项目部、资源管理部、资源培育部等办事机构，下属天台山、桐梓、石罗、朱坑、聂都、新溪、密溪、高坌、丰州、龙峰等10个国有林场和1家全资子公司——江西阳岭园林工程有限公司；现有在职员工268人，离退休职工1355人。公司经营总面积19733公顷(其中：商品林3733.33公顷,公益林16000公顷)；经营范围为木竹种植、培育、采运、加工，花卉、苗木种植、销售，林业资产经营管理等。2016年，公司圆满完成了各项工作任务，被县委、县政府评为“开放型经济工作”先进单位和“重点工程和重大项目征地拆迁攻坚战”先进单位。

【经营指标】 完成迹地造林150公顷，中幼林抚育1552公顷，毛竹林抚育900公顷；销售木材1.34万立方米、毛竹400000根，实现销售收入22000000元。

【融资争项】 一是主动对接国家拉动内需、推动社会经济发展政策，成功申报中央专项建设基金项目，利用国家农业发展基金和易地扶贫搬迁项目政策性贷款融资96300万元，为崇义县经济发展注入新的活力，有力地推动县域经济实现平稳较快发展。二是利用“省级林业龙头企业”“省农业产业化龙头企业”项目申报平台，积极向上争取国家木材战略储备基地、国家长防林工程、造林补贴、中幼林抚育补贴、毛竹特色产业、贫困林场扶持、保障性苗圃建设等营造林项目。通过项目的成功高效实施，提高了资源培育经营水平，精准提升森林质量，切实解决公司营林资金短缺问题。

【中心工作】

精准扶贫　按照国家“六个精准”“五个一批”“五个一”，以及崇义县“1+3+20”“1+8”精准扶贫政策要求，成立扶贫工作队，深入村组、贫困户，建立干部联系群众全覆盖、常态化扶贫机制,稳步推进“精准扶贫”工作。根据贫困户的实际情况、自身优势,大力推进产业扶贫、教育扶贫、金融扶贫等，促进扶贫户增收，早日实现脱贫脱帽。

征地拆迁　根据县委县政府工作部署，大力推进县重点工程和重大项目征地拆迁工作，实行“5+1”“白加黑”工作机制，群策群力，合力攻坚，在规定时间内全面完成了拆迁工作任务。

积极参与筹备全国森林质量提升工作会议　公司高度重视会议筹备工作，成立专门工作组，全力做好现场改造、道路维修、设施维护等工作；主动对接省林业厅各处室和各市林业局，做好服务工作，确保了全国森林质量提升工作会议在崇义县胜利召开。

【特色项目】 根据崇义县“十三五”规划蓝图，以及县委、县政府提出的“全域旅游+”发展战略，全力推进阳明温泉特色小镇的项目招商工作。积极主动对接省勘察设计研究院和北京神州长城股份有限公司，做好项目建设报批相关程序、规划设计蓝图等前期开发工作，为签订框架协议做准备。

【领导名单】

总经理	邓舜桂
副总经理	肖永有
工会主席	甘业芳

旅投公司

【概况】 主要经营范围是承担县内旅游基础设施及旅游景区建设的投资、融资、运营管理任务；从事授权范围内国有资产经营和资本运作，盘活旅游存量资产；吸纳社会资本，实施项目投资和管理，资产收益管理、产权监管、资产重组和经营；为县旅游基础设施建设的业主法人,承担县委、县政府交办的旅游建设项目；通过招投标，参与旅游基础设施建设和产业开发，并对所承建的建设项目实施管理；具体经营内容包括：工程总承包，项目管理，县内旅游资源的收购、储备和开发经营，委托融资代建，阳明山国家森林公园的建设、经营等。

现设有董事会和监事会，实行总经理办公制度，公司现有员工30名(含阳明山国家森林公园员工），公司内设机构为行政综合部、投资开发部、市场营销部、计划财务部、阳明山景区管理办公室。

【规划编制】 请全国知名、高端前沿规划团队，启动或编制了全域旅游规划、阳明山景区总体规划、上堡景区总体规划、游客集散中心规划、文昌公园规划、阳明山景区游步道升级改造规划、旅游酒店规划、上堡客家梯田小镇规划、上堡安置小区规划等9个重要项目，科学谋划旅游格局。

【阳明山景区经营】 阳岭国家森林公园成功更名为阳明山国家森林公园，着力打造全国最大的以阳明文化为主题的国家森林公园。11月11日，阳岭景区收回旅投公司经营管理，为推进阳岭景区建设打下基础。阳明山景区在资源保护、项目建设、市场开发、景区管理、品牌创建等方面均取得重大进展。进一步完善各类配套服务设施，对景区内的道路、桥梁、供电、供水、监控等基础设施进行改造完善；更新制作导游全景图、景物介绍牌、指示牌、警示牌等，增加休息座椅、垃圾箱；围绕“三个三”，完善景区考核奖惩制度，细化岗位工作职责，规范接待服务标准。2016年，阳明山景区接待游客287400人次，同比增长15.5%，景区收入2450000元，同比增长11.4%，基本完成了年初制定的目标任务。

【上堡景区建设】 派驻5名工作人员，配合上堡乡政府完成了上堡景区建设安置点、莲塘弯特色小镇征地拆迁，征安置点用地17.07公顷。制定了《上堡梯田景区建设土地房屋租征办法》，启动了核心景区土坯房征收、农田租赁工作，目前征收土坯房60栋76户。为上堡景区推进“旅游+现代农业”，统一标准、统一耕种、统一管理、统一品牌、统一销售奠定了基础。

【项目建设】 一是完成了阳岭新城旅游集散中心收购谈判工作，阳岭新城旅游集散中心收购为国有，投资45000000元。二是启动了阳明旅游酒店建设工作，投资约70000000元。三是启动了上堡景区安置房建设工作，投资约35000000元。四是启动了文昌塔公园建设工作，投资约20000000元。五是正在实施阳明山景区沟谷雨林入口至作家村游步道升级改造，投资25000000元。六是完成了阳明山景区阳岭山庄至云隐寺8900米循环公路建设工作，投资6000000元。七是完成了阳明山景区云隐寺停车场建设、大门口至沟谷雨林入口景观路灯安装、作家村3000株桃花种植、文昌塔厕所建设、景区公路水沟修复等基础设施建设。

【贷款融资】 旅投公司之前未融资贷款，2016年，完成融资贷款36000万元，其中江西银行发放产业基金33000万元，赣州银行发放产业扶贫信贷通贷款30000000元，为旅游产业发展提供了有力保障。

【君子谷野生水果世界旅游项目】 按照“六大攻坚战”工作安排，县旅游发展有限公司牵头协调君子谷野生水果世界旅游项目，2016年，计划投资60000000元，完成投资67000000元。其中，森林广场已完成主体框架安装，野果主题公园完成木通资源圃的整理改建，森林酒店正在进行方案审计和挡土墙浇筑，生态餐厅、葡萄大观园等项目正在进行方案审计。

【精准扶贫】 挂点联系上堡乡竹溪村，帮扶22户贫困户，78人。明晰了村级发展思路和发展理念，即贯穿2条主线（全域旅游、全面小康），打好3张牌（客家、生态、梯田），发展4大优势产业（梯田大米、梯田禽畜、梯田蔬菜、毛竹），办好5件实事（光伏发电、路灯、景区循环路、上火燎通组公路、丰坪至万长山茶场公路），突出6个重点（加强班子建设、加强党员队伍建设、加强制度建设、加强村级组织活动场所建设、加强党内民主建设、加强党风廉政建设）。指导和帮助村级党组织建立健全了各项工作制度、管理制度，重点完善了村党组织议事规则和决策程序、党务村务公开和民主管理、民主评议党员干部、党员联系服务群众、村干部述职评议等制度，实现了村级重大事务民主决策、规范管理、阳光透明。协助村党组织扎实开展“两学一做”学习教育，从严做好规定动作，从实创新自选动作。督促村党组织坚持好党员“三会一课”等制度。争取各类资金近5000000元，扶持公路等基础设施建设。县旅游发展有限公司捐赠50000元支持村级发展及走访慰问贫困户。赣州银行发放产业扶贫信贷通贷款30000000元，采取公司+农户形式，扶持12个省级贫困村300户农户每年增收3000元。支持新视野公司在竹溪村租赁种植13.33公顷农田，带动30户农户就业。

【征地拆迁】 涉及两方面，一是上堡征地拆迁。派驻5名工作人员，配合上堡乡政府完成安置点、客家梯田小镇征地拆迁，征地17.07公顷；制定了《上堡梯田景区建设土地房屋租征办法》，启动了核心景区土坯房征收、农田租赁工作，目前征收土坯房60栋76户。二是塔下新农村建设工作。涉及农户46户，土坯房16栋，目前已拆主体房8栋。

【领导名单】

董事长、总经理

刘清华（1月任）

副总经理

汤新敏（12月任）

田荆芳

陆雪锋（1月任）

朱忠辉

国家税务

【概况】 崇义县国家税务局成立于1994年10月，现有在职干部70人，其中：中共党员43人。全局取得专科学历5人，本科学历68人。县局内设12个科室，下设3个农村分局；负责增值税一般纳税人266户，小规模查账征收户456户，个体工商业户3224户。

2016年，县国家税务局认真落实年度工作计划，紧紧围绕组织收入中心，不断深化“四优”创建，提升税收综合治理能力和水平，稳步推进税收现代化建设，较好地实现各项预期目标。

【收入质量与收入增幅】

强化税收征管力度　加大企业所得税预缴管理和关联企业税收管理力度，强化中小税源管理，推进行业税收规范化、制度化建设。

发挥评查管税效果　加大对高风险行业的评估、稽查力度，组织对矿业、房地产、电力、竹木加工等行业进行专项检查，分阶段、分项目实施重点税源评查。全年共评估入库税收5184000元，加收滞纳金72000元；稽查补税5120000元，评查保税效果明显。

关注经济税源培植　用好用活苏区振兴等优惠政策，积极协助地方招商引资；用好“营改增”税收政策，加强对运输、物流、电信等企业的税收管理；深入做好钨行业调研，推动产业转型升级，促进经济税源不断增长。全年共组织全口径国税收入38406万元（含免抵调库增值税8310000元，出口退税4460000元），完成市局下达年度计划的115.33%，同比增收51820000元，增长15.6%。

【依法治税】

强化法治意识　继续抓好了《税收违法违纪行为处分规定》学习，严格按照法定权限和程序加强减免税及税收优惠审批、备案管理，最大限度地减少执法上缺位、错位、越位现象。

夯实法治基础　进一步建立健全依法行政领导小组工作例会和议事规则等制度，深入推进基层税收工作法治建设常态化、制度化。以税收宣传月等活动为载体，集中开展税法宣传普及教育，增强全社会依法诚信纳税意识，营造良好的税收法治环境。

防控执法风险　以税收风险防控为重点，推行税收风险“月分析报告”制度，加强了税收执法过程监控。共对6819笔业务进行监控，出现预警129笔，进行无过错调整82项，顺利实现税收执法“零扣分”目标。

【征管质效】

强化征管质量　按月召开征管业务分析会，适时发布“两个质量”温馨提示，联防联控加强考核指标动态管理。在年初召开的全市国税工作会议上，县国家税务局被授予“2016年度全市国税系统税收数据与征管质量管理先进单位”。

加强税收共治　与县地税局共召开联席会议4次，先后开展国地税联合稽查、互派挂职交流干部、联合举办纳税人学堂、联合纳税信用等级评定等深度融合内容；积极搭建本地社会综合治税信息平台业务专网，按季进行涉税信息共享，联合从工商、地税、林投等12个单位共享采集57500条涉税信息，进一步强化了全县各单位协同治税能力。

落实日常控管　按月从林业、地矿、供电部门获取竹木、矿产品放行及用电信息，依托以电控税做好砖瓦窑、粮油加工、矿产品加工等行业结算；开展企业所得税汇算清缴。全年实际参加汇

崇义县首张“营改增”试点行业增值税专用发票

缴企业189户，较上年增加48户，汇算清缴面达100%。2015年，实际应纳所得税额28020000元，较上年增加了2760000元，同比增加10.9%。

【改革工作】

“营改增”改革试点全面到位　面对人少户多、人少事多的突出困难，县局从3月份就开始积极备战营改增工作，全体干部职工充分发扬夙夜在公的奉献精神和砥砺奋进的拼搏意识，抢时间、赶进度，硬是啃下了这块硬骨头，成功确保了5月1日顺利开票和6月1日正常申报，有效应对了7月“三报叠加”“双峰叠至”的挑战，扎实推进了行业税负分析工作，保证了改革顺利推行，6—12月，营改增四大行业增值税全面征收到位，打响了税制改革的第一枪。

金税三期上线稳步推进　按照市局的统一部署，县局统筹协调、上下联动，靠前指挥、加强调度，明确责任、强化落实，全体干部尤其是办税大厅、征管一般干部发挥“白加黑”和“5+2”的工作热情，清数据、强培训、搞演练，确保了新旧系统衔接顺利、运行平稳。自7月8日单轨运行以来，“金三”系统表现稳定、前台业务进展顺畅、纳税人普遍反映良好。

国税、地税征管体制改革深度实施　围绕深化国地税征管体制改革方案6个方面31类改革事项，及时成立改革领导小组，建立联席会议机制，定期就合作重大事项和热点难点税收问题沟通协商，积极推行《国地税合作规范（2.0版）》，确保了各项措施有序落实，特别是在委托代征、稽查协作、打造国地税联合办税大厅等方面取得了新突破。

【税收服务】

落实服务规范　将《全国税务机关纳税服务规范（2.3）版》工作任务分解，进一步明确组织领导、计划实施、宣传培训、绩效考核、工作督导等内容。大力落实“两个规范”（进出口退税规范1.1和征管规范1.1），制发操作实务，强化人员培训和宣传辅导，重新进行岗位设置和操作流程梳理，大大提升服务水平。

创新服务模式　依托县国地税联合办税服务大厅，采取“一窗二人两机双系统”联合办税模式，真正实现“进一家门，到一个窗，办两家事”的效果；开通营改增绿色通道，购置24小时自助办税服务终端，全面推广手机APP和网上办税平台，进一步整合了办税资源，优化了纳税人办税体验。

推动“降成本，优环境”　全面落实西部大开发等各项税收优惠政策，共减免符合政策的企业增值税12650000元，企业所得税3950000元，大大减轻纳税人负担，企业发展活力得到彰显。

开展银税互动　依托纳税信用评级，利用“矿业信贷通”“财园信贷通”“税易贷”等企业融资新产品，积极破解企业“融资难”的困局。截至目前，“矿业信贷通”已为8户企业申请办理65000000元无抵押贷款；“财园信贷通”惠及64户企业，大大缓解企业资金短缺困难。此举新增税收近2000余万元，有力地涵养了税源，实现双赢目标。

【队伍活力】

加强班子建设　继续实行党组中心组学习领导负责制，坚持每月一个学习专题，有效提升了班子学习力和决策力。严格落实干部选拔任用工作条例，坚决防止带病提拔，不断完善领导班子考核、分析、点评和提醒“四位一体”的监督管理机制。

提升干部素质　采取定期轮岗等方式有计划、有步骤地对年轻干部进行培养锻炼。积极推进“每日一题、每月一课、每季一考、每年一评比”的干部素质提升计划，增强业务素质和岗位技能，建设学习型国税。

落实绩效考核　主动对接市局绩效管理办法，结合县局工作实际，科学制定考评指标；积极配合做好绩效管理信息系统2.0运用工作，抽调有经验、有干劲的国税干部负责绩效管理指标导入和考评工作，充分发挥绩效管理在推动各项税收工作中的抓手作用。

强化文化引领　加强道德讲堂和文明创建，树立良好家风，优化和完善文化展厅建设，增强干部归属感和认同感。通过“身边好人”等活动评比选树先进典型，丰富兴趣小组活动，增强干部队伍向心力。5月，县国税局荣获“江西省第十四届文明单位”荣誉称号。

【作风建设】

严抓基层党建　认真贯彻十八届六中全会精神，落实全面从严治党新要求，积极组织修订县局19项管理制度，进一步严格签到签退等纪律考勤，强化“三公”经费使用和公务用车制度改革落实与监督。积极开展“党建+”活动，做好了党费收缴工作，夯实了党建工作基础。

加强廉政教育　结合“勤廉教育月”活动，邀请检察院的专家举办廉政宣讲报告会1次，组织廉政知识考试1次；充分利用党组中心组学习、局务会、部门例会等形式，组织全体党员干部深入开展“两学一做”学习教育专题活动，在全局大力倡导移风易俗、健康向上、勤俭节约、禁奢倡廉的新风尚。

压实“两个责任” 认真落实“一岗两责”，层层签订责任书，推进“红包”治理常态化，严格开展三级约谈。开展廉政文化进家庭活动，向干部家属发出家庭助廉倡议书，签订廉政承诺卡，进一步提高廉洁自律意识。

强化日常监督 对干部纪律作风问题开展日常检查，按周通报、按季考核，确保问题早发现、早督促、早解决。全年未发生一起干部违法违纪案件。

【领导名单】

局　长　　曾剑锋
副局长　　郭祥东
　　　　　周红华
　　　　　钟永钰
　　　　　周祥斌
纪检组长　王浦华

地方税务

【概况】 2016年，全县地税系统凝心聚力，知行合一，矢志前行，艰苦奋斗攻难关，实事求是闯新路，地税工作取得了优异成绩。荣获2016年度“全市地税系统先进单位”“全市地税系统四好领导班子”“全省地税系统基层建设优秀单位”称号，获得“全国税务系统先进集体”荣誉。

【组织收入创新高】 在全面实施“营改增”和经济下行、税源严重不足的严峻形势下，以打好组织收入攻坚战为年度首要任务，调动全部力量，强化责任，挖潜征收，实现组织收入再创新高。全县地税部门共组织入库各项收入42900万元，同比增长1.2%。其中：地税收入40000万元，同比增收5万元，剔除“营改增”因素同比增收3857万元，增长12.8%，圆满完成市地税局、县政府年度税收任务，税收总量位居财税三家第一。同时，代征教育费附加及各项基金（费）收入2895万元，同比增收482万元，增长20%。

【强化税源调查分析】 全面开展纳税户大走访，进行税源大清查，掌握税源变化趋势，加强税源调研分析，及时掌握经济形势，科学研判经济税源走势，提前做好应对措施，深挖税收增长潜力，做到有的放矢找税源，牢牢把握组织收入的主动权。

【开展清收清欠】 对纳入“营改增”试点的行业做好税收清收，跟踪企业生产经营情况，加强对欠税户的监控和管理，开展欠税约谈和纳税评估，责任到人，加强催报催缴，最大限度清理欠税。2016年，共清理入库地方各税61348000元，其中入库营业税37856000元。

【抓好重点税种管理】 精心组织308人进行了120000元个人所得税自行申报，超额完成任务数，实际补税户数62人，补税面超过20%，补缴个人所得税740000元，是实行年所得120000元以上个税自行申报以来申报人数最多、申报质量较好的一年。154户企业进行了2015年度企业所得税汇算清缴，补缴企业所得税9960000元，同比增长290%。

【打好两场攻坚战】 在全面实施“营改增”工作上早做准备、提前谋划，按时向县国税局移交741户纯营业税户，清理地方税收86500000元，其中清理营业税50698100元，清理缴销270户“营改增”纳税人发票。按照“金三”优先的原则，集全局之力，积极清理数据，熟悉流程，顺利实现与全省同步上线“金税三期”。

【探索征管新方式】 在主体税种缺失，“以票控税”征管手段丧失的背景下，及早开启“二次创业”，探索“信息管税”和“部门协税”征管方式。争取政府支持，在全市地税率先搭建县综合治税信息平台，13个成员单位报送了95000余条涉税信息，利用各级推送及本级采集的信息增加地方税收89510000元，同比增长62%。大力推进国地税深度融合和“先税后办”制度，国地税在把关代征、信息共享、联合稽查等44个项目实现联合，各政府部门把关税收65000000元。

【先行先试改机构】 全面实施“营改增”后，主动思谋，大胆改革，提出机构改革意见。县地方税务局整合机构职能，突出“评和督”，实行大部制，将机关9个职能股室缩减成3个管理部门，整合税源管理机构，强化风险管控，将5个基层分局调整为3个税源管理分局；充分用好“有效监督”的保障作用，强化监督检查，实行绩效联动；税政征管有关业务前移窗口单位，实现机关税收业务类工作直接与基层无缝对接。机构改革产生了融合新生的聚变效应。

【法治税务显新威】 强化法治税务宣传教育，严格税收行政执法，被评为赣州市“六五”法治宣传教育先进单位。

【健全法治税务平台】 依托全省法治税务示范基地，建设法治税务教育基地，为全体税务干部和广大纳税人提供免费学法平台。完善法律顾问、公职律师和法制员队伍，在依法治税工作中三位一体、配合联动，实现“执法规范、管理规范、服务规范”。

【强化稽查检查】 积极组织企业自查并开展检查，对10户企业开展了稽查检查。自查及查补收入总额16036600元，同比增

税企共建齐争优　和谐共融先锋行

收 7199100 元，增长 181.51%，其中查补税款 9759600 元、罚款 1280100 元。实现查补 5000000 元以上大要案、查补收入 10000000 元以上、罚款 1000000 元以上的重大突破。同时，加大发票违法查处力度，查处 10 户企业违法发票 52 份，查补税款 4976500 元，罚款 746400 元。有效维护了税法刚性。

【强化税收风险管理】 强化税收风险识别、推送、应对和扎口管理，风险应对入库税款 27790000 元，税收风险贡献率达 8.4%。认真开展钨矿采掘行业风险识别模型的制作，提炼出了该行业的资源税风险识别模型，得到了市局好评。

【积极献言献策】 以地方经济发展为己任，顾大局、勇担当、勤思考、善建言，工作得到县委、县政府领导肯定，赢得了良好发展环境。立足经济，主动思谋，就“营改增”、税收优惠政策等对地方经济发展、组织收入、税收征管的影响开展调研，撰写《做大做强核心企业，助推县域经济转型升级》税收专题调研文章，并在省局 2016 年第 62 期《税收分析报告》交流发表。

【服务企业发展】 认真开展“问需求、优服务、促改革”专项行动，邀请房地产、建筑、矿产、金融、餐饮等 20 家“营改增”行业纳税人代表以及部分人大代表、政协委员参加税企连心座谈会，有效解决了一些困扰纳税人发展的实际问题，得到纳税人的肯定。开展“降低企业成本，优化发展环境”活动，让每一户符合税收优惠条件的企业“应享尽知”，为企业减免税费 7290000 元。

【创优纳税服务】 加强纳税服务人员服务礼仪培训，落实领导值班、办税引导、提示提醒等 29 项制度，创新“二维码”一次性告知制度，规范热情服务纳税人，全年无投诉上访事件发生。开展纳税人信用评定，开展“银税互动”，协助 14 户高信用等级企业获得经营贷款 7600000 元。先后被评为全县红旗窗口、赣州市三八红旗集体等。

【中心工作】 开展“四城同创”和精准扶贫等工作，作为首批自行车城示范单位承接县“自行车城”创建流动现场会，圆满做好“四城同创”网格区和单位内部创建工作，保障了全县创建目标顺利实现；23 位干部职工精准帮扶 46 户困难村民，精准扶贫工作队常年驻点帮扶村，通过帮助享受产业扶贫、就业扶贫、金融扶贫、移民搬迁扶贫等政策帮扶村民脱贫致富。

【队伍形象】 大力开展“两学一做”学习教育、“党建+”、思想政治教育，加强队伍建设，展示良好地税形象。

注重学习强素质 大力倡导全员学习，加强青年干部培养，常态化开展专题培训，分类开展业务学习，在全市地税风险管理知识竞赛中获团体三等奖，1 人直接入选市局风险管理人才库。在全市“岗位大练兵、业务大比武”活动中获团体第一名，夺得了三年三种形式三连冠的佳绩。4 人入选全省地税系统“岗位能手”,5 人入选全市地税系统“专业骨干”，9 人入选全市地税系统“岗位能手”。学习型组织建设的做法得到县长邱凌的批示肯定。

抓好党建提境界 积极开展“两学一做”学习教育、党建+活动、文化建设、文明创建，开展了一支部一特色、党员先锋创绩及建党 95 周年系列活动。组织参观中央苏区红色教育，发布好人榜、荣誉榜，开展家风养成教育，评选“文明和谐幸福”家庭，召开中华传统文化讲座，弘扬社会主义核心价值观。顺利通过省级、市级“文明单位”复查。积极开展走访慰问、助学帮困、志愿服务、义务献血、植树等公益活动。机关党建工作开展得有声有色，成为全市机关党建现场学习交流会的观摩点，并赢得各级领导的高度评价，党建工作成为全市的一面旗帜、一个标杆。

严管善待激活力 主动落实

党风廉政建设“两个责任”和“一岗双责”制，突出纪检监察“监督、执纪、问责”主业，强化“两权”监督，实现“一案双查”零突破。坚持挺纪在前、纪在法前，“抓早抓小”，开展明察暗访，实名通报违反工作纪律、会风会纪64人次，《柔性教育树正气 刚性约束促规范》工作做法得到上级充分肯定。规范财务核算和管理，坚持执行财经纪律，认真执行中央八项规定，“三公”经费、办公费用、会议费分别同比下降53%、17%、46%。获全市地税系统节能工作先进单位荣誉。严管很重要，善待更有效。大力实行部门绩效考核和个人绩分管理，试点开展个人绩效管理，将考核结果与评先评优、晋升提拔、奖金福利挂钩，让干部劳有所得。细致工作，让干部及时全面享受职级与职务并行、公务用车改革、养老保险等政策红利，干部活力有效激发。在此基础上，形成《新形势下基层地税人才队伍建设研究》调研文章被省局评为二等奖。和谐稳定的干部队伍给地税事业的长足进步提供了良好保障。

【领导名单】

党组书记、局长
何启菲
党组副书记
周照明（4月免）
党组成员、副局长
胡协胜（10月免）
曾照明
党组成员、纪检组长
刘军云

金融·保险

人民银行崇义支行

【概况】 2016年，人民银行崇义支行牢固树立和贯彻落实创新、协调、绿色、开放、共享的发展理念，以“立足新起点，共谱新篇章”为主线，紧扣稳健货币政策主基调，积极开展“三管三建”、“从严治行”主题活动，进一步深化作风建设，扎实推进各项工作有效开展，较圆满地完成了各项工作任务，并取得了较好成效。

【金融助力发展】

准确传导货币政策促发展 结合实际制定印发了《崇义县2016年金融工作指导意见》，积极对接“六大攻坚战”和“降成本、优环境”行动，引导辖内信贷投向，把有限的金融资源向实体经济、中小微企业、“三农”和产业转型升级等领域倾斜，年末贷款余额608600万元，贷存比居全市前列，在经济下行的大背景下保持了信贷的稳步增长，支持地方经济稳健发展。

坚持搭建平台促对接 举办了政银企融资签约，签约金额93800万元，至12月末已累计发放贷款82700万元、履约率88.13%；积极推进“财园信贷通”“小微信贷通”“矿企信贷通”工作，合计发放贷款49600万元，完成任务100%，“惠农信贷通”贷款完成90.83%（考核期至次年4月），有力地支持了企业的发展。

落实金融政策促扶贫 出台《崇义县2016年度金融扶贫项目实施方案》《崇义县“产业扶贫信贷通”工作方案》，截至12月末，累计发放“产业扶贫信贷通”贷款17800万元，完成目标任务117.83%，其中为1772户贫困户发放贷款82630000元，为201户新型农业经营主体发放贷款95300000元，带动贫困农户962户，有力支持了林业、脐橙、刺葡萄、油茶等产业的发展；通过扶贫再贷款货币政策工具，对崇义农商行发放扶贫再贷款67000000元，增加信贷供给，共支持建档立卡贫困户1468户，贷款金额78290000元。截至目前，支农、扶贫再贷款达12700万元，最大限度地满足了崇义支农、扶贫的贷款需求，并建立了4个人民银行扶贫再贷款示范基地。积极推进“金融精准扶贫工作站”建设，探索“工作站+观察员”金融扶贫新模式，目前建立了15个工作站，实现了12个“省级贫困村”全覆盖。据统计，全县2016年脱贫农户1408户，占全县贫困户的22.45%。

【金融秩序维护】

强化现场监督检查 积极履行“两管理、两综合、一报告、一保护”职责，加强对金融机构的综合与专项执法检查，全年组织开展对金融机构人民币管理、反洗钱走访、存款保险、统计、国际收支等现场检查10余项，核查、走访3项，投入人力50多人次，下发检查意见书8份，提出整改意见20多条，促进金融业规范经营和健康发展。

强化风险监测预防 加强重点领域、重点环节的风险监测分析和预警提示，开展对非法集资、房地产、矿业企业等专项监测分析。开展了法人金融机构存款保险评级工作，对投保机构的风险状况进行了全面评价，严格落实风险差别费率实施工作，圆满完成保费征收工作。组织开展银行业金融机构涉农信贷政策导向效果、执行人民银行政策和管理规定综合评价工作，其中达到优秀档的机构数量1家，占参评机构的16.67%；加强新设银行业金融机构开业管理，并进行指导，3月，完成了崇义农商行转制；开展了第三方支付机构非法集资风险排查活动，开展了同业业务督查，掌握合规情况和风险状况，较好地消除了风险隐患。

强化反洗钱监管力度 向13家银行业、保险业机构下发反洗钱质询书，对13家单位的反洗钱工作整体情况及机构概况、工作机制建立情况和法定义务履行情况进行了评级。对崇义县基鹏供应链管理有限公司等8家公司重点可疑交易报告进行跟踪调查，在各方的关注重视下，对其涉嫌套取税款的违规行为予以及时制止。

强化金融稳定协作机制 建立了湘粤赣“红三角”金融稳定协作机制，并在10月份进一步扩展到中支级（郴州市中支、韶关市中支和赣州市中支）的金融稳定协作，汝城支行、仁化支行和崇义支行则为承办单位，从而形成“跨区协作、上下联动、信息共享、风险共防”金融稳定工作新格局，有效促进了三地之间的工作联动、信息联通和风险联防，提升了基层央行履职水平，维护了区域经济金融的稳健发展。

【金融服务水平】 着力优化支付结算国库服务 全力做好“营改增”试点工作，推进了电子缴库业务，推进国库会计标准化工作，做好国债发行和现场检查工作；加大了国库监督力度，严格执行重要会计事项审批制度，坚持做好与财政、税务、集中支付代理银行面对面账务核对工作，严格执行柜面监督。据统计，2016年，拒绝办理违规拨款19笔，金额6045411元，拒绝办理依据不足退库3笔，金额26851825元。认真落实人总行《关于加强支付

人民银行崇义县支行金融知识宣传

结算管理 防范电信网络新型违法犯罪有关事项的通知》精神，开展打击网上非法买卖银行卡专项整治行动，督办账户改革新规的执行情况，确保账户改革落实到位。

着力开展金融宣传　利用“5·15”“6·14”“七一”和金融知识宣传月牵头金融机构大力开展金融知识宣传活动，先后组织全行党员和干部职工在南门广场、麟潭乡、思顺乡开展党日志愿活动，就民众关心的人民币、国债、征信、反洗钱、支付结算和如何防范非法集资等进行了宣传和讲解，制作宣传横幅200多条，发放宣传资料5000多份，辐射人群上万人。

着力改善货币流通环境　集中力量对辖内8家银行业金融机构的10个网点开展全额清分业务检查，并将检查发现的情况在辖内进行了通报，促进辖内银行业金融机构进行整改；组织开展人民币收付、假币收缴鉴定暨人民币净化工程工作专项检查，针对假币浓度居高不下、钱捆质量不达标等问题约见了县工行等4家商业银行负责人，通报了人行赣州中支的处罚决定，就进一步做好人民币净化工程工作提出了明确的要求，提炼总结的《崇义县支行构建“三大机制”有效提升人民币管理水平》经验先后被赣州中支货币金银科和南昌中支货币金银处采用推介。

着力推动信用体系建设　全面贯彻落实《赣州市2016—2020社会信用体系建设规划》，启动了小微企业和农村信用体系建设工作，起草并经县政府印发了《崇义县小微企业信用体系建设实施方案》《崇义县农村信用体系建设实施方案》，成立了领导小组和办公室，建立了组织领导、统筹协调机制，为打造建立信用信息基础数据库打下了良好基础。

【内控内管工作】

严抓内控内管　一是强化对干部职工的管理，严肃出勤情况登记、审批手续，行领导带头执行考勤制度，把规矩纪律挺在前面，较好地扭转了庸、懒、散等现象。二是全面贯彻党中央和上级行从严治党、从严治行要求，根据中支《关于开展“从严治行”主题活动的实施方案》的有关精神，逐级签订了安全保卫、保密、防案防风险防事故、社会治安综合治理以及计算机防风险等责任状，开展了1次消防培训、2次保密检查、6次安全检查，中央重大会议、节假日实行行领导带班值守，确保了全年安全无事故。三是加强能耗统计，做好节能减排工作，确保2016年能耗与上年基本持平。

严肃财经纪律　修订完善了《差旅费管理办法》《国内公务接待管理办法》、食堂管理制度等，对旅差费管理、公务接待、物品采购等进行规范，开展了固定资产清查、会计财务自查，对部分固定资产未贴上标签、部分固定资产登记内容与实际不符、公积金计提不合规等问题进行了积极整改。对2015年度部分考核奖励等资金整改纳入了工资总额，对结余的房租收入及利息收入上划纳入收入管理，内审、纪检不定期对支行财务费用支出情况进行检查，按程序开展了办公楼修缮项目的设计预算工作。

严格督查整改　上半年对财务自查和财务预算审计调查上发现的问题，积极进行整改，共提出整改意见15条；下半年根据南昌中支下发的《关于开展2016年全省人民银行会计财务制度执行情况检查的通知》南银会计〔2016〕45号和赣州中支的要求，从会计管理、财务管理、基建项目管理、固定资产管理、集中采购管理等五个方面，组织人员对支行2016年的会计财务制度执行情况认真开展了自查自纠工作，按照规范管理、严格核算的要求，认真做到“五个严禁”，持续用力，保持正风肃纪高压态势。

【基层央行文化】

民主管理聚力　支行大力推

进行务公开、党务公开。召开了支行第十二届一次职工代表大会，进一步维护全行职工依法实施民主管理的权益，充分发挥广大干部职工的积极性、主动性和创造性，推动决策的民主化和科学化。支行对职工提案非常重视，党组专门召开会议对职工提案进行了研究，并作了答复。

关爱职工凝心　支行领导和工会针对单位干部职工及家属生病住院情况进行及时慰问10人次，慰问金3540元，体现组织关怀和爱护；组织全行干部职工到赣州市正规医院进行体检，标准比上年提高，同时为全行干部职工投保了团体人身意外伤害互助险、重大疾病保险等。

志愿服务有责　组织干部职工开展无偿献血献爱心活动，献血总量达2000毫升；全行干部职工捐款3760元为挂点石下村老屋组贫困户吴道梅的儿子吴德江治罕见病，全行干部职工分三批到挂点麟潭乡石下村走访慰问28户贫困户，除宣传金融政策外，还自觉地帮贫困户干一次活、同吃一餐饭、送一个礼包“三个一”活动，据统计，全行干部职工自愿送红包及购物共计3140元，得到了挂点村委、农户的高度评价；积极参与红十字博爱精准扶贫一日捐活动，全行干部职工共募捐资金2193.40元。

文体活动活跃　一是支行工会组织开展了迎“三八”主题户外活动、迎“五一”国际劳动节徒步登山活动、国庆节自行车慢车比赛、第一届职工运动会等，让大家亲近自然、舒筋活骨，达到“我健身、我快乐”的目的。二是积极组织参加上级行的气排球比赛和地方组织的登山比赛。三是成立读书、调研、书画、气排球等各类兴趣小组，各兴趣小组制定活动方案和安排，全年开展10多次活动，通过活动的开展，打造文明、和谐、幸福的职工之家。

【履行党建职责】

推进党建工作上新台阶　认真落实党建工作责任制，把党建工作纳入党组重要议事日程，每季度召开党建工作专题会议进行总结、研究，提出下一阶段工作任务，并督促抓好落实,2016年，召开5次党组会议专题研究部署党建工作，提出工作措施16条，推进党建工作纵深发展。进一步加强基层组织建设，充分发挥支部堡垒和工会纽带作用，推进群团组织活力建设，牵头成立了赣粤湘“红三角”联合团支部，总行团委白历书记亲临授旗，组织开展了“重走长征路，共筑央行梦”团日活动，积极探索青年工作新路子；强化意识形态和思想政治工作，把意识形态工作情况纳入党建工作责任制，建立健全了意识形态舆情信息汇集、分析、研究、通报和协调机制，强化了舆情阵地建设，开展了5个专题学习，4次研究意识形态工作，1次专项督查，2次专题报告，确保了意识形态各项工作要求和任务落实到位。

推进党风廉政建设有新成效　在完善《党风廉政建设目标管理责任制量化管理考核实施办法》、《实施细则》和《分工意见》的基础上，积极探索落实党风廉政建设责任制积分预警管理新方法，研究并制订党风廉政建设党组主体责任和纪检组监督责任清单，严格落实党风廉政建设“两个责任”，每季定期召开分析会，专题研究党风廉政建设、案防等工作。制定了《党风廉政建设责任书》和《案件防范责任书》，层层签订，层层传导。强化党风廉政建设责任制检查考核，认真开展了纠正“四风”和落实中央“八项规定”精神情况自查，着力从“党组书记”“纪检组长”及“班子成员”三个主体层面推进，分管领导对分管股室每季度开展一次例行检查，支行党组每半年开展一次全面检查，形成了齐抓共管的党风廉政建设工作格局，形成了层层推动落实责任局面。

扎实推进“两学一做”　制定印发了《关于开展“两学一做”学习教育实施方案》和《学习教育计划》，采取上党课、听报告、看视频、缅先烈、写心得等多渠道，以集中学习、专题报告、典型示范、反面警示、座谈讨论等多形式组织开展主题教育，组织开展了社会主义核心价值观小故事征集及“我抄党章强责任，牢记誓词跟党走”“学党章党规、学系列讲话”知识竞赛、“弘扬先进精神，践行两学一做”“做合格党员，当文明行员”“传承好家风，弘扬正能量”“学准则条例写心得体会”等专题实践活动，全年举行集中学习15次、5个专题中心理论学习、座谈讨论4次、事迹报告会6场、道德讲坛1场、观看教育片6场、专题党课2次、推荐上报了4个“微故事”、16篇心得体会，获得了中支“两学一做”督学组的肯定。

塑造行风行貌新气象　扎实开展以“三管三建”为主要内容的“从严治行”主题活动，制定了《贯彻落实“从严治行”主题活动实施意见》，提出了“五个从严”工作措施，组织开展“支行怎么做·我怎么做”大讨论和“学制度”活动，实行人脸识别电子化考勤，强化了行领导值周查岗制度，持续整治“庸懒散慢”问题，对1人扣罚了考勤奖。召开了专项巡视整改专题民主生活会，聚集“加强党的建设，严守党的纪律，从严管党治党”主题，查找出四大方面7个问题，提出了12项整改落实、专项整治任务。全行纪律意识得到增强，行风效率得到提升。在赣州中支及以上等各级发表文章信息60多篇，有8人次协助中支完成执法检查工作，《感恩父母五个一》获武汉分行优秀PPT作品，对接参与中支专业重点工作8项，2项在南昌中支获奖，荣获2013—2015年中支先进基础党组织，涌现出了武汉分行优秀党员、优秀团干等先进典型。

【领导名单】

行　长	廖永鸿
副行长	肖　莺
	罗建明
纪检组长	冯玲丽

金融监管

【概况】　县监管办人少事多，大部分时间一个人留守在家，有2个月全办2人都外出参加上级中心工作。在分局党委的正确领导下，崇义监管办认真学习贯彻好中央和省市县经济工作会议及上级银行业监管、党建工作会议精神，结合崇义经济金融实际，落实分局“五个两手抓、五个深入推进”的工作思路和“求奋进、创一等、铸精品”的治局理念，把苏区振兴发展“一号工程”，提升服务实体经济质效、坚守风险防控底线、促进改革创新、加强监管能力建设、从严抓好党建主业等工作措施切实在崇义落地。10月末，全县8家银行业机构网点43个，从业人员399人。银行业运行态势喜人：一是资产负债“双增长”。资产总量达943900万元，比年初增加56700万元，负债总量达906500万元，比年初增加64800万元。二是存贷款规模实现增长。各项存款762900万元，比年初增加86000万元，增长9.57%；各项贷款612400万元，比年初增加32500万元，增长5.6%。三是是盈利能力强。2016年，辖内8家银行业机构实现账面利润94260000元，同比减少216100000元。

【抓党建主业落实廉政建设有成效】

抓好了教育引导　在党建工作、党风廉政建设新常态下，县银监办用好思想建党这个传家宝。按照分局的要求开展了“两学一做”学习教育、“尊党章守党纪严常规”学习教育活动。引导党员、干部切实增强“核心意识”和“看齐意识”，以及政治意识、大局意识、忧患意识、担当意识、自律意识、学习意识。使党员、干部加强学习，以时时更新知识、净化灵魂；加强实践，以处处发现问题、解决矛盾。

强化了廉洁自律　让党员、职工坚持把党纪国法视为“高压线”，把廉洁自律规定视为“警戒线”。提高党员、干部对党建工作和党风廉政建设工作的认识，时刻紧绷思想之弦、时刻警钟长鸣。促使党员、干部不断加强党性修养，端正态度，时刻注意以德修身、以德立威、以德服众，树立正确的权力观念，自觉抵制各种侵蚀和诱惑。

认真落实了中央“八项规定”和上级要求　加强了干部廉洁自律工作，认真落实廉政准则，加强员工的廉政、警示和形势教育，加强干部职工作风建设，进一步落实党风廉政建设责任制各项措施，没有发生违法乱纪和不廉不洁行为。全体职工参加了总会、省局2次党规党纪在线考试，考试成绩达到100分；参加了“讲党性，守党规，严党纪”、“五项清理”教育活动，填写上报了遵守党规党纪情况登记表。

【抓“一号工程”支持崇义经济发展】　年初伊始，崇义监管办抓工作部署、抓工作督查、抓进度跟踪。着力支持工业发展、推进金融扶贫、发展普惠金融，采取墙报、版报、送金融知识下乡、游字广告等形式，为银行业支持苏区振兴“一号工程”宣传造势；制定月报重点督促扶贫、银企对接签约履约情况；下到基层网点实地督查扶贫贷款工作。分局“一号工程”措施在崇义得到落实。

精准扶贫贷款得到有效推进　县5家银行相继开办精准扶贫贷款，贷款户数1840户，贷款13042万元，已完成上级指导计划的85.8%，为县“精准扶贫，精准脱贫”提供了强有力的资金支持。

联合有关单位做好银企对接活动　一是举办中小微型企业融资对接签约仪式，县政府县长、副县长出席、主持签约仪式，签约金额90000万元，能够实现全年履约率达100%。二是组织扶贫贷款工作推进工作会议，落实了“三个全覆盖”。

小微企业贷款户数与金额增速明显　中小微企业贷款户数5038户，贷款余额166300万元，其中，2016年，累计发放笔数为2003笔，累计发放金额为131400万元。

县6家银行相继开办林权抵押贷款，贷款户数209户，贷款余额20365万元，比年初减少57400000元。

县7家银行发放涉农贷款，贷款余额200157万元，比年初增加30550万元，增长18%。

【崇义银行业重点风险得到有效防控】　崇义辖区银行业实现平稳运行，实现案件零报告。

建立“债权人委员会”　5家按照上级《关于债权人委员会工作和管理的指导意见》要求，完成了5家组建债权人委员会的工作任务，并开展了活动。

贷款风险得到有效管控 崇义监管办提出经济新常态下要防止不良贷款快速反弹，突出防控钨行业企业生产经营困难，带来的个案风险，督促银行业机构加强信贷管理,准确反映,降旧控新,落实授信尽职和问责制度。全县银行业机构不良贷款23422万元，不良贷款率为3.93%；剑升公司等一些个案贷款采取了诉讼保全、代位追偿；一些停产钨行业生产经营困难企业贷款加强了跟踪，钨行业贷款及个案贷款风险得到了有效管控。

融资平台贷款风险防控质量有明显提升 县银监办要求有融资平台贷款的赣州银行，要高度重视平台贷款风险隐患，及时将有关信息报送监管办抓好情况分析和跟踪监管，严控了新增贷款。2016年，赣州银行崇义支行现场检查发现的问题得到了整改。

继续做好案件防控工作 监管办逢会必讲案件风险防控工作的必要性和重要性，做到警钟长鸣，督促各银行业机构完善内部监督机制和再监督机制，充分发挥外审监督和内审稽核在案件防控中的职能作用。

持续关注降低企业融资成本 督促做好“七不准、四公开”的落实，规范银行服务收费行为，对政府企业反映的有关收取抵押评估费问题进行了跟踪调查纠正。

加强金融消费者权益保护 对已建立的消费者权益保护站，按照“11个1”的标准进行督查。受理处理了3起消费者投诉。

【法人机构风险监管得到明显增强】

推进崇义联社改制农商行工作 2016年，把崇义联社改制农商行当成头等大事来抓，按照产权改革工作时间安排，逐条逐项督促落实扎实推进改革各项工作。实现了顺利开业。

监管办组织农村中小金融机构审慎监管会谈 双方就2016年主要监管指标的不足和提升规划情况；“案件风险排查年”活动情况；银行业支持苏区振兴“一号工程”情况，尤其是支持“精准扶贫”和小微企业发展，深入推进“三大工程”情况；改革转型发展情况；新常态下重点领域风险防范，尤其是信用风险防范及管控情况；落实银监会、江西银监局及分局监管工作会议精神和监管要求等情况进行了交流。监管办并提出了“抓紧推进改制成立崇义农商行工作；扎实开展好“雷霆行动”活动；做好个别风险的管控；抓好会计核算等基础工作等监管意见。

【内部管理日常监管工作得到加强】

改进监管报告和会谈工作制度 实行分别按县级和基层机构全面上报书面季度监管报告制度，全年约见县商业银行支行行长3人次，就各个支行存在的问题分别进行了监管会谈。

加强日常监管分析监测 一方面认真分析机构每月上报的监管报告，发现问题及时质询；另一方面，实行监管通报批评，发出监管通报批评3份。

依法合规做好行政许可工作 根据分局授权办理高管人员任职资格初审4人次，均能依法合规在规定时限办理完结。

办事处日常得到加强 2016年，办事处人虽少，但对管理并没放松。坚持做到月有处务会，周有周例会，2016年，职工学习、会议达21次；严格执行考勤制度，要求干部职工不得无故迟到、早退、缺勤，上班时间不得办私事，有事外出，须事先登记并经批准。

【完成上级中心工作及重点监管任务】

开展了“优环境降成本”等调查、座谈会，《对崇义钨业情况贷款的调查》被省局录用；《对赣州钨业情况贷款的调查》被省局办公室推荐到总会；《崇义农商行扶贫贷款工作经验材料》得到分局陈勇副局长好评。

全年，崇义监管办熊晖、黄念标同志被分局抽调参加市农行、共青城、大余、兴国、赣县农商行等机构现场检查工作达5人次，时间达180天。

对崇义农商行进行了监管评级，完成了2015年监管评级报告的写作及报送。

对全县银行业机构进行了安保大检查，写出了检查报告并上报分局。

对崇义进行了案防评价，完成了2015年案防工作评价报告的写作并上报分局。

对全县银行业机构打击非法集资工作自查情况进行了督查，写出了督查报告并上报分局。

对全县银行业机构小微企业贷款情况进行了督查，对联社进行了现场检查，写出了检查、督查报告并上报分局。

对全县银行业机构“二加强二遏制”内部自查情况进行了督查、现场检查，写出了检查、督查报告并上报分局。

按期对崇义农商行风险进行了评估，完成了评估报告的写作并报送分局。

对全县银行业机构打击非法买卖银行卡行动自查情况进行了督查，写出了督查报告并上报分局。

对赣州银行重点项目进行了现场检查后续跟踪检查，上报了检查报告和资料。

加强了与省局二处挂点工作联系，上报了调研材料4篇，召开座谈会1次。

【领导名单】

主　任　　黄念标

金融工作

【概况】　围绕县委十六届六次全会精神，认真贯彻落实“若干意见”，以“三项重点工作”和“六大攻坚战”等工作为抓手，全县金融系统紧紧依托赣南苏区振兴发展的政策优势，深入推动金融业改革创新，全面落实金融服务实体经济各项举措，全县金融业呈现出稳健发展新常态。

【“六大攻坚战”】

精准扶贫攻坚战　全面推进农村金融产品和服务创新，发挥金融的资金融通作用，针对贫困村、贫困户和涉农企业开发和推进一批扶贫贷款项目，重点抓好“财政惠农信贷通”“金穗扶贫贷款”系列产品、易地搬迁扶贫贷款等贷款项目；贯彻落实市委、市政府脱贫攻坚决策部署，设立了“产业扶贫信贷通”，带动贫困户脱贫致富。2016年，累计发放“产业扶贫信贷通”17793万元，完成市指导任务数的117.83%；累计发放“财政惠农信贷通”98790000元，完成市指导任务数的246.98%；“金穗扶贫”系列贷款70230000元；易地搬迁扶贫贷款50000万元。

主攻工业攻坚战　耀升钨业茅坪钨钼矿钨尾矿有价组分提取及后续尾矿充填采矿技术改造项目：该项目预算总投资50000000元，2016年计划投资30000000元。截至12月，项目完成设备安装，准备进行调试。

现代服务业攻坚战　引进基金类管理公司项目：创新金融改革服务，进一步规范完善基金产业扶持政策。通过成立专门对接服务工作组，赴长三角等地为企业提供异地办理业务服务，解决基金类管理公司在注册、设立、运营方面遇到的问题，大力引进基金类管理公司，发展总部经济。在县委、县政府的大力支持下，截止到12月底，全县已成功引进基金类管理公司类共计20家，认缴基金总规模74000万元，实际出资规模131000万元。

【金融组织体系】　继续加大对金融机构的引进力度，全县共有商业银行8家，保险公司5家，证券营业部1家，担保机构2家，基金类管理公司20家，典当行1家。其中，崇义县农信社改革试点取得重大进展，于3月18日正式挂牌开业，改制工作总体进度位于全市前列，成为全市筹建工作推进效果最明显、速度最快的单位。崇义县类型多样、优势互补的金融机构服务体系基本形成。

【企业挂牌上市】

挖掘和培育拟上市后备企业　为保证上市工作的后劲，对基本具备上市条件的企业进行跟踪分析，筛选出其中符合国家产业政策、产品科技含量高、发展前景好、企业家素质高的企业进行重点培育，崇义县的拟上市后备企业已增加到2家，即江西耀升钨业股份有限公司和江西齐云山食品有限公司。

着重推进“新三板”及场外市场工作　通过与知名券商对接交流、与企业开展座谈会、实地深入企业宣传等多渠道多形式的对中小微企业加大了挂牌“新三板”宣传、辅导力度，取得了一定的成效。目前，崇义县已将崇义林业股份有限公司、江西新世野农业有限公司等2家企业作为重点挂牌培育企业。

加大政策力度，调动企业积极性鼓励和引导企业利用多层次资本市场拓展直接融资渠道，做大做强企业规模，对企业上市挂牌进行奖励：即在省、市奖励补助的基础上，再由县财政出资，奖励在证券交易所上市的公司1500000元，在“全国股转系统”挂牌的公司1000000元，在境外证券交易所上市的公司500000元。同时，县金融工作局主动“牵线搭桥”，积极联系证券公司专家及“新三板”挂牌工作经验丰富的财会人员开展业务对接，为企业释疑解惑，提高工作效率。

崇义县防范和打击非法集资宣传活动

【政府融资平台】

加快政府融资步伐　以改革创新为手段，加快推进传统金融与新兴金融融合发展，拓宽政府融资渠道，2016年，县政府累计融资510800万元，其中：借款总额190800万元，累计借款18笔。其中包括农发行专项建设基金14个60300万元，农业发展银行借款3笔125500万元，赣州银行借款50000000元；与赣州银行、江西银行、九江银行签订320000万元的产业发展基金，目前赣州银行已放款22600万元。

破解企业融资难题　一是充当“红娘”，缓解企业续贷难题。为解决崇义县基本面好、符合国家产业发展政策和信贷政策的企业在办理“还旧续贷”贷款业务时发生的暂时性基金周转困难，组建了由县财政出资，规模50000000元的崇义县绿科工业投资经营有限公司，管理规模10000万元的企业续贷资金，为企业缓解融资难题。2016年，累计为77家次企业办理续贷基金30400万元。二是落实政策，优化降成本环境。积极响应省市号召，全面落实“财园信贷通”“财政惠农信贷通”“小微信贷通”等帮扶政策，2016年，崇义县共发放“财园信贷通”33800万元，完成市指导任务数的112.67%；“小微信贷通”84980000元，完成市指导任务数的130.74%；“创业信贷通”28780000元，完成市指导任务数的191.87%。三是抢抓时机，推进金融产品创新。积极推进金融产品和服务方式的创新，针对矿产品市场低迷问题，崇义县创新设立“矿业信贷通”，现已为矿产品贸易企业融资贷款66000000元。四是因地制宜，创新企业融资方式。充分发挥市场在资源配置中的决定性作用，由县财政出资30000万元按照“公司化运营、会员制方式、配额制管理、标准化产品、成本价仓储”的要求搭建崇义县钨矿产品仓储服务平台，为钨矿企业提供资金保障，做大做强首位产业的目标。自11月启动以来，平台已仓储60批次1096余吨钨矿产品，预计总价值约82200000元。

【防范和化解金融风险】　认真落实了银行定期抽贷报告制度、问题企业贷款协调处置制度。加强对打击非法集资工作的力度，2016年，没有出现大的金融风险。认真开展打击非法集资宣传月活动，组织全县8家银行业机构开展处非宣传，发放打击非法集资宣传手册和宣传单5000余份，并通过悬挂宣传标语、电子显示屏宣传、电视宣传形式提高群众防范意识；及时开展了农民专业合作社违规开展信贷业务的排查活动，部署了非法集资问题全面排查活动。

【领导名单】

局　长　邱光临（5月赴江西银监局挂职）

副局长　王国凡

工商银行崇义支行

【概况】　工商银行崇义支行成立于1984年，地址位于崇义县中山路10号。支行设有一个营业网点，附行式自助银行1个、离行式自助银行2个。现有员工人数19人，均具备大专及以上学历。

【业务指标】

资产业务　各项贷款余额887570000元，较年初减少84580000元，贷款余额同业第二。其中个人贷款余额为27430万元，比年初下降65510元；公司贷款余额为61327万元，比年初下降19060000元。

负债业务　各项存款余额55522万元，较年初增加1530000元。其中储蓄存款余额26518万元，较年初减少34140000元。对公存款余额29004万元，较年初增加35670000元。

经营效益　2016年实现拔备后利润21810000元

【经营管理】

稳控资产质量，打好资产质量“保卫战”　崇义支行资产质量面临严峻考验，公司贷款及个人贷款质量形势严峻。一是创新信贷风险管理机制，突出新增不良控制和潜在风险防范，有效阻断新的出血点和风险源；对不良贷款的清收及转化扩宽思路，多想办法，对已经起诉的不良贷款，积极与法院沟通，取得支持，争取早日清收到位；二是完善风险管理机制。风险融资管理与绩效考核挂钩，在加大不良贷款问责力度的同时，实行尽职免责。

突出信贷经营核心，加快融资业务健康发展　在资产质量形势严峻，全行把“保持资产质量稳定”作为经营发展的生命线的同时，积极发展信贷业务，量质并举发展。根据本行实际情况，认真分析全县信贷市场，择优扶持经济效益好，经营管理先进的优质企业。

创新发展大零售业务，加快业务结构调整　随着信贷经营管理方式调整，支行将经营重点转向以经营和发展“大零售”业务为主，紧紧围绕商品市场、农村市场，做大客户、存款、金融资产规模总量，通过产品渗透，深入挖掘几大市场资源。

防控风险，规范管理，确保发展质量　牢固树立“强化管理，从严治行”理念，从夯实管理基础入手，强化各类风险控制，狠抓内部管理工作。一是强化信贷业务风险管理。严守信贷质量“生命线”。二是强化员工行为排查。在全行组织开展了非法集资专项排查活动，与全行员工签订了《不参与非法集资活动承诺书》，抓好“三位一体”员工行为规范教育，提高员工依法合规经营意识。三是抓好工作落实。逐级签订党风廉政建设和案件防范工作责任状，开好案防及员工思想动态分析会。四是规范服务管理，盯住薄弱环节，抓好短板改善，抓好大堂精细化管理，提升服务效率，提高客户满意度。

【社会责任】 大力开展反洗钱、反假币、非法集资等宣传活动，切实做好普惠金融服务，积极开展“金融知识进万家”等活动，引导金融消费者的权益保护意识，强化群众的风险防范意识，活动得到广大群众的好评。

坚持把精准扶贫工作作为一项重点工作，选聘具有责任感强的干部为第一书记，建立机关干部帮扶挂点机制，制定工作计划，出资出力解决农民问题。

【领导名单】

行　　长　黄继锋

行长助理　舒　杰

　　　　　陈　林

中国银行崇义支行

【概况】 中国银行崇义支行1993年12月试营业，1994年1月正式营业，1995年设立解放路分理处，2004年中国银行股权改革，“中国银行崇义支行”正式更名为“中国银行股份有限公司崇义支行”（以下简称中国银行崇义支行），2005年撤销阳明路分理处。

中国银行崇义支行现设有财会营业部、业务发展部、综合管理部3个部门。现在在岗从业人员23人，其中男性9人，女性14人。年龄35岁以下员工10人，占比44%，大专以上学历23人，占比100%。

【经营管理】 2016年，中国银行崇义支行主要围绕“抢市场、提效能、控风险，强管理，严治行”工作思路，持续推进科学化管理体系落地，深入践行“产品带动、服务推动、创新驱动”三大战略精神，实现各项业务持续发展，管理基础持续改善，竞争能力持续增强，经营效益持续提升的目标。

【业务指标】

资产业务　截至2016年底，各项人民币贷款余额57656万元，比上年负增长85340000元。其中公司贷款余额为21595万元，较上年负增长88830000元；个人贷款余额28201万元，比上年新增8990000元。

负债业务　截至2016年底，各项人民币存款余额为62994万元，较上年新增84120000元。其中储蓄存款余额27887万元，较上年新增25050000元；企业存款余额35107万元，较上年新增59070000元。

经营效益　截至2016年底，实现拨备前利润21543500元，净利润15873000元，人均净利润690100元。

【工作亮点】

不遗余力支持重点行业，为公安干警、教师保驾护航　中国银行崇义支行与崇义县公安局、崇义县教育局分别签订“公安守护神关爱战略合作协议”“园丁关爱计划战略合作协议”，对两大重点行业提供优于一般客户方便、快捷、优惠的金融服务，共开立借记卡1964张，并开通电子银行、网络金融等业务，发放公安、教育系统专属爱心分期贷款1216万元。

注重产品创新，成功叙做赣州分行首笔利率掉期业务　中国银行崇义支行深入践行省分行“产品带动、服务推动、创新驱动”三大战略精神，做深做透存量客户，主动出击，冲破传统思维，不断尝试，积极创新，成功为耀升钨业公司叙做赣州分行首笔35000000利率掉期业务，实现了投资银行产品的重大突破，并创造了150000元的中间业务收入。

积极投身政府公共事业，全力打造国家卫生县城　根据崇义县委县政府的统一部署，在“四城同创”办公室的统一指挥下，中国银行崇义支行积极投身全国卫生县城创建浪潮中去，投入大量人力物力财力，为创建美丽、和谐、繁荣的卫生县城贡献一分力量。在全县人民的共同努力下，10月，崇义县已通过国家卫生县城验收小组的验收。

关注民生，帮扶困难群众，谱写精准扶贫新篇章　中国银行崇义支行9名员工与思顺乡长江村18户困难群众建立了帮扶关系，向困难群众介绍扶贫政策，指导困难群众选择适合自己的脱贫方式，为困难群众送上爱心物资与爱心捐款，出资建设乡村公路，为百姓办实事，为扶贫事业尽一分力量。

【党建工作】

强化两个责任落实，着力推进合规　支行党支部准确把握“两个责任”的总体要求，始终坚持两手抓两手都要硬，做到党建工作与经营管理工作同研究同部署同考核，本人能认真贯彻落实省市分行党委有关党建工作的部署，认真开展了一系列“两学一做”学习教育活动，组织全行党员学《中国共产党党章》《中国共产党廉洁自律准则》《中国共产党纪律处分条例》《习近平关于严明党的纪律和规矩论述摘编》等理论知识，并开展“严守党章党规、规范党员日常言行”“增强看齐意识、用习近平总书记系列重要讲话精神武装头脑”“立足本职岗位、勇于担当作为、发挥党员先锋模范作用”专题讨论，邀请崇义县党校校长高华龙来行授课，要求全体党员撰写学习笔记与心得，本人参加了“2016年廉洁从业知识考试”。

强化警示教育，力保行为合规　支行以“学案例、讲操守、防风险”主题警示教育活动为契机步步深入，深层次多方位推动活动的开展，结合实际，在支行开展“大学习、大教育、大排查”以及“内控案防警示日”专题活动，对发现的问题及时约谈、加大了诫勉谈话的力度，防止小问题演变成大问题。通过进行警示日教育活动，对员工的日常行为进行警示、引导，规范员工行为。

强化隐患排查，确保合规经营　2016年，每月员工行为分析小组对全体员工进行员行为分析与员工异常行为排查，每季度形成员工行为分析报告对潜在的隐患进行排查，防止案件的发生。

【领导名单】

行　长　　曾明华

副行长　　黄会礼

建设银行崇义支行

【概况】　中国建设银行股份有限公司崇义支行成立于2011年12月29日，属建行股改前（2002年12月）撤销后恢复的机构，营业地址为章源大道838号。支行设有附行式自助设备3个，离行式自助设备3个，无下辖营业网点，内设客户部、营业室两个部门，员工总人数13人。

【经营管理】

业务指标　2016年，经过全行员工的共同努力，支行存款、中收等主要业务取得了较好的成绩。一般性存款日均余额40847万元，较年初新增87040000元，占四行新增比重111%，增幅四行排名第一；对公存款日均余额31566万元，较年初新增61560000元，占四行新增比重95%，增幅四行排名第一；个人存款日均余额92810000元，较年初增加25480000元，占四行新增比重195%，增幅四行排名第一；中间业务收入8740000元，四行排名第一。各项贷款余额49278万元，其中公司类信贷余额21576万元，个人类贷款余额27702万元。各项贷款资产质量良好，不良贷款（均为信用卡不良贷款）370000元，不良率0.07%。

党建工作　支行坚持一手抓党建、一手抓业务，实现两手抓两手硬。加强思想教育学习，定期召开党员支部会议，认真贯彻落实“两学一做”学习教育活动精神。开展“三严三实”专题教育，通过专题党课、职工大会等多种形式组织员工政治理论学习，提升党员干部思想政治素质和理论水平。全面推进作风建设，持之以恒落实“三严三实”要求，促进党员干部提升自我修养。支行始终把开展好精准扶贫工作作为一项政治任务，成立了扶贫小组，制定工作计划，为帮扶挂点出资出力。

经营服务理念　建设银行秉承“以客户为中心，以市场为导向”的经营理念，网点服务不断革新，未来发展向综合化、集约化、多功能转型，进一步提升营业网点综合服务能力。

【领导名单】

行　长　　兰恩涛

副行长　　刘宗兰

农业银行崇义县支行

【概况】　2016年，农业银行崇义县支行牢固树立“依法合规经营、科学稳健发展”经营理念，紧密结合县委县政府“六大攻坚战”等中心工作，坚定把握“六个一”工作主线，持续推进“三大业务转型”，提升服务“三农”、市场竞争和风险管控能力，不断强化党的建设、队伍建设和法治农行建设，全行各项工作取得了一定的成绩。

【业务经营】　各项业务快速发展，经营效益明显提升，资产质量显著改善。全行人民币各项存款余额82800万元，各项贷款余额119200万元，缴纳税额达2979800元，实现拨备后利润32150000元（人均创利669800元），不良贷款率为0.42%。一是市场竞争力提升。存贷款总量、个人贷款增量、营业收入、中间业务收入、拨备前后利润均位居同业四行第一。二是业务转型深入推进。通过零售业务转型深入推进，多项指标排名全市或县域同业前列，如个人贷款净增11061万元，列同业四行第一；对公业务转型稳步推进，“扩户提质”成效显著，全年新增结算账户86户，其中非零余额账户56户；重点推进县域业务转型，强化服务“三农”和金融精准扶贫工作，集中资源力量，突出重点，整村推进，圆满完成了金融精准扶贫工作任务，全年累计发放“产业扶贫信贷通”贷款512户，金额46370000元，完成任务计划的122%，其中发放建档立卡贫困户贷款445户，金额22110000元，发放新型农业经营主体和农业企业贷款67户，金额24260000元，带动800多户贫困农户走上脱贫之路。三是新兴业务创新发展。大力拓展跨境参融通、出口贸易融资、信用证等新兴国际业务产品，多项国际业务指标全面完成。

【内控管理】

风险管控扎实有力　认真落实“控新、降旧”工作思路，严格信贷准入，强化贷后管理，从严管理贷款逾期和欠息行为，强化不良资产清收处置，信用风险管控工作成效显著。全年累计收回不良贷款1910000元，其中诉讼清收1750000元，现金清收160000元。

内控管理全面加强　严格落实“从严治行”要求，健全内控机制，完善内控管理，抓好内控教育，强化检查监督，防范和化解各类风险，实现了全年无经济刑事案件、无重大违规违纪事件、无重大声誉风险事件的“三无”目标。

【党建工作】牢固树立责任意识，认真落实基层党建“第一责任”和党风廉政建设“两个责任”，全面强化党建统领，以党建工作强化经营管理促进业务发展，以党风廉政建设促进党风行风根本好转。一是加强组织建设。成立支行党建工作领导小组，加强了基层党建工作组织领导，及时调增网点党支部1个，实现了党组织、党员在机关和网点的动态全覆盖；配齐配强支部书记和支委委员，努力打造以党支部为核心的经营管理团队。二是规范制度建设。按照“一岗双责”要求，抓好基层党建工作责任制的落实，较好地落实了党委中心组、基层党建联系点、基层党建工作例会、“三会一课”等制度，做到党建工作与业务经营同部署、同落实、同考核、同奖惩。三是加强队伍建设。按照“双培养”的要求，认真做好发展党员工作；结合“两学一做”学习教育，组织全体党员学习了党章党规、系列讲话，教育党员坚定理想信念，提高党性觉悟，开展了“佩戴党徽、亮出身份”为主题的党日活动、窗口单位“三亮四比三评”活动，强化了党员全过程管理。四是落实党风廉政建设“两个责任”。定期研究部署全行党风廉政建设和反腐败工作，层层签订了党风廉政建设责任书，细化了党风廉政建设“两个责任”考核，做到党风廉政建设与业务经营同部署、同考核；认真开展党风廉政建设、政策法规教育活动，落实了廉政谈话、家访制度和提任干部廉政提示、承诺制度；积极支持纪检监察部门职能转换，加强了纪检监察队伍建设。五是认真落实中央八项规定精神。开展了违反廉洁纪律行为等专项排查活动，党员领导干部带头遵守中央八项规定精神和农业银行28条措施，履职待遇和业务支出均按上级行的标准使用，全行会议费、业务招待费、差旅费、车辆使用费分别比上年下降了8.29%、10.39%、3.17%、12.52%。

【企业文化】　充分发挥工会、团支部的带动作用，积极开展好企业文化建设、争先创优竞赛活动，增强员工和企业活力。一是以工会为平台，开展了老干部春节慰问、八一退伍军人座谈、重阳节退休员工座谈、每月员工“庆生”、每年职工体检等系列亲情关爱活动，落实“职工之家”管理制度，切实做好员工关怀。二是团支部为平台，组织团员青年积极参与“青年志愿者”“四城同创”等公益活动，获得了社会的广泛好评。二是以文体活动为平台，积极参加上级行组织的各项比赛并取得较好成绩，叶玮、陈慧、叶海军等员工等分别在全市农行各类活动中取得了荣誉。三是以业务竞赛为平台，积极开展争先创优活动。

【领导名单】

行　长	刘海涛
副行长	叶海军
	朱传军

崇义农商银行

【概况】　2016年，江西崇义农商银行股份有限公司认真贯彻落实习近平总书记系列重要讲话精神，坚持稳中求进的工作总基调，围绕“转方式、调结构、补短板、防风险、强党建”的工作思路，固本强基、提质增效，转型升级、创新驱动，各项工作取得良好成效。

【存贷任务圆满完成】　2016年年末，各项存款余额342400万元，较年初净增532000万元，增幅18.4%，存款市场份额在全县金融机构中占比43.38%，比年初增加0.63个百分点，排名稳居全县第一。各项贷款余额243900万元，较年初净增41200万元，增幅20.31%，贷款市场份额在全县金融机构中占比40.07%，比年初增加5.12百分点，排名稳居全县第一。

【支农支小力度加大】　涉农贷款实现净增38900万元，增幅20.33%，实现“一个高于”；小微贷款净增15900万元，增幅

20.34%，小微贷款户数新增40户，小微贷款申贷获得率100%，实现“三个不低于”。完成了金融精准扶贫任务，发放“产业扶贫信贷通”贷款金额72320000元，占任务的129.14%，完成建档立卡户数6272户，任务占比100%。持续推进“两通”贷款，完成“财园信贷通”288000万元，完成省联社任务的128.19%，“财政惠农信贷通”49430000元，完成省联社任务的101.71%。推进“三好一孝”贷款，授信178户，授信金额7759000元。

【发展质量稳步提升】 成本收入比38.08%，同比下降0.39个百分点。监管指标向好，资本充足率（新口径）12.97%，核心资本充足率（新口径）11.88%，拨备覆盖率267.27%。

【电子银行加快发展】 2016年末，实现了电子银行替代率61%。其中卡业务：百福卡新增10388张，新发行公务卡36张。两银业务：手机银行比年初增加5476户；网上银行比年初增加863户。自助设备业务：ATM机及CRS机累计布放38台，新增2台；推进了“村村通”助农取款服务站规范化建设，让广大农户足不出村即可办理小额存取款业务。大力推广e百福平台，全部员工完成注册，涵盖了餐饮、酒店、休闲、旅游和社区等五大类商户，构建起了较为完备的电子银行服务渠道。

【内控管理全面加强】 完成了产权改制工作，实现了挂牌开业。完成了人员“三定”工作，出台绩效考核方案，实行了事业部制考核。先后开展了会计后备人才选拔、选人用人自查和临时人员清退、部分科室人员选拔等工作，加强了选人用人建设。强化了稽核审计职能，有效管控经营风险。加强财务精细化管理，推进了营改增、FTP以及费用列支报账等管理工作。对接完成了省联社组织的安全保卫大检查活动，促进提升了安全保卫工作。

【社会贡献持续强化】 在加快业务发展的同时，积极履行企业社会责任。主动响应政府工作，与县委有关部门合作，开展“三好一孝”评选工作，协办了颁奖晚会；推进了挂点精准扶贫工作，有力配合了“四城同创”工作，抓实了攻坚战项目落地。大力开展扶危济困，向贫困户送去了温暖包20套，发放了价值139元的“爱心温暖礼包”，向黄金村麻坑组提供50000元资助通组公路硬化，向黄金小学留守儿童送去价值1000元的学习和生活用品，组织员工向崇义中学老师捐款。有力赞助大型活动，先后积极协助了县体育协会组织的篮球、足球等民间体育赛事活动、崇义立县500年宣传片《南赣平乱》拍摄等一系列大型活动，响应了县有关工作推进。

【党建工作有效提升】 把业务发展与党建工作同步并举，以“两学一做”学习教育为载体，学习贯彻党章和“一准则、两条例”，强化了理想信念和党性修养。开展标杆支部打造，加快硬件与软件建设，强化了基层党组织建设。支持群团活动，开展了精准扶贫定期走访、关爱留守儿童、帮扶孤寡老人等活动。加强了党的思想、组织、制度、作风等建设，进一步提升了党建工作水平。制定党风廉政建设和反腐败工作意见，签订了工作责任状，形成了抓落实的机制。开展了“两学一做”学习教育、“读书思廉、读书养廉”等专题活动，加强了廉洁教育。制定了《把纪律挺在前面的实施办法》等一系列制度，发挥了制度硬约束作用。开展违反中央“八项规定”“红包”“违插”、违规用人和超职数配备干部问题等一系列专项治理工作，强化了监督检查。配合完成了省联社的巡察工作，上报了巡察整改结果，并充分运用了巡察成果。

【强化存款质量提升】

强化柜面服务　开展文明服务检查，以检查促规范。全面推广运用评价器系统，形成提升文明优质服务监督约束，强化文明优质服务来赢得客户。

强化客户对接　把客户分层管理落到地实处，分解维护任务到岗到人。

强化主动负债　加强与人行部门的联系，争取了支农再贷款、扶贫再贷款，进一步优化了资金来源和组成结构。获得了大额存单和理财产品发行资格，目前正在抓紧发行准备工作。

强化正面宣传　通过更新户外广告、城区道路指示牌和灯箱广告、县电视台播放广告、赞助县大型赛事活动等方式，持续宣传业务，提升品牌形象，增强社会影响力。

【加大信贷工作力度】

做好精准金融扶贫工作　围绕中央、省、市、县关于精准扶贫的工作整体部署和工作安排，将精准金融扶贫工作纳入全年重要工作日程，采取召开动员部署会、定期排名通报等措施，全力做好金融扶贫工作。

重点支持民生创业工程　积极与就业局沟通协调做好小额担保贷款工作，有力扶持下岗人员再就业，满足创业人员信贷资金需求，当年累计发放再就业贴息贷款72290000元，余额达69990000元，占全县市场份额的81.05%。积极对接中小企业局、财政局等部门，为符合条件的创业者发放创业信贷通贷款，至年末，累放“创业信贷通”贷款47户，金额20600000元，余额16860000元，为创业者提供了可靠的资金支持。

大力发放“三通”贷款业务 进一步加大与工业园区管委会、县民企局、农工部和财政局的对接“财政惠农信贷通”“财园信贷通”“小微信贷通”等工作，大力发放“三通”贷款，充分发挥了金融主力军的作用。

积极支持县域优势产业发展 立足当地林业、钨业、脐橙等资源优势，积极对接三大产业有效资金需求，在灵活运用原有信贷产品的同时，不断优化创新贷款品种，在经济下行压力之下保障了当地支柱产业的良好发展。至年末，累计发放林权抵押贷款177790000元，余额达137660000元。累放林业信贷通贷款29800000元，余额18950000元，有效满足了林业生产经营者的差异化资金需求。累放钨业贷款36928万元，余额34285万元，其中矿业信贷通发放钨业贷款65900000元，切实帮扶钨矿企业渡过难关。累放脐橙业贷款19733万元，余额20348万元，实现了果农增产增收，促进了脐橙产业优化升级。

创新推出“三好一孝”贷款 与县委组织部、县文明办、团县委、县妇联等单位联合开展了“三好一孝”人员评选表彰活动，对被评为“三好一孝”、没有不良信用记录的人员，提供50000—200000元百福惠民卡贷款支持。

开办各类票据业务 积极营销票据业务，不断拓宽企业融资渠道。

大力推进“精准四扫” 在梳理前期“四扫”客户信息资料的基础上，深入拓展各农区、社区、商区、园区的优质客户和潜力客户，全面挖掘和对接有效信贷需求。

【加强不良贷款清收】

强化不良贷款管理 建立全行不良贷款管理台账、诉讼案件管理台账、员工不良贷款管理台账，对不良贷款进行监测，对即将超诉讼时效不良贷款及时通知相关单位、部门，采取相应措施，维护债权，并逐笔分析每月新增不良贷款，通知相关责任单位清收，对新增不良贷款实行问责。

加强清收不良贷款指导 下发了不良贷款清收攻坚战实施方案，清收事业部人员下到基层网点针对清收不良贷款工作存在的问题，现场分析与沟通，督促采取措施清收不良贷款，对表内外不良贷款按信用、抵质押担保、责任人进行分类梳理，并下发8个管理提示分类指导清收。

加大对大额不良贷款的处置力度 一季度开展了不良贷款清收攻坚战，分四个清收小组，重点对百万元以上不良贷款拉网式清收。

全力打好百日攻坚战 按照省联社统一部署，强化绩效激励，调动全体员工清收表外不良贷款热情。

加大依法清收力度 与县法院、县公安局经侦大队合作，争取协助清收，强化积案管理、司法执结，三季度开展了农商行诉讼案件执行秋季会战。

【着力优化业务结构】

大力拓展中间业务 把中间业务当作改善服务、提高形象、增强竞争力、增加客户忠诚度的重要工作来抓。继续做好代理保险营销，宣传保险益处，增加客户对保险的认知度。大力推广代收电费业务，继续加强与供电公司的沟通合作，夯实代收电费业务在乡镇网点的市场优势地位，并出台考核方案，推动城区代扣电费业务发展。稳步推进代销理财业务。积极与省联社及各农商行对接，丰富理财代理种类，大力推广手机购买理财业务，加强网点代销理财业务考核。发展第三方存管业务，开展了证券结算资金第三方存管框架下的资金转账业务，实现了业务办理权限网点全覆盖。

提高资金营运效益 合理匡算资金成本，充分运用富余资金创造收益。

着力发展电子银行 全年共组织7次电子银行业务培训，明确电子银行业务发展目标从数量转向质量，提高电子银行产品使用效率。做好传统银行卡业务，发展自助设备转账终端业务，精准营销两银客户，着力推进e百福业务。

【筑牢内控风险防线】

强化风险合规工作 成立专门合规部门，明确专职人员，进一步理顺风险合规部门与相关业务部门、内审部门职责的关系。组织召开案防工作会议部署案防工作任务，为做好案防工作奠定了基础。组织开展“雷霆行动”，组织开展“两个加强、两个遏制”回头看、“合规巩固年”活动，全年共修订和完善制度12个，并开展了“一把手讲合规”、“员工议合规”、合规征文、学法规制度、合规演讲和知识竞赛等活动，助推培育良好合规文化。强化合规审查工作，审查各部门拟定的合同协议、规章制度等风险点，全年出具23份合规审查意见书。

强化稽核审计工作 通过常规稽核和专项审计检查，采取现场和非现场等方式，充分利用现有的远程监控设施、异常交易监测系统、信贷管理系统等在线审计查询，及时发现、分析和预警风险。

加强员工日常管理 持续加强对员工日常行为的管理监督力度，建立了“九种人”行为监督台账，明确了每位员工日常行为的第一、第二监督人。强化谈心制度的贯彻执行，及时了解掌握员工思想动态，将风险消灭在萌芽状态。

加大问题整改力度 针对2016年开展的各项检查和排查出的问题，及时建立整改台账，下发整改通知书，落实问题整改责任、限期整改到位。

及时处理来信来访 认真接受外界对农商行的监督，及时调查和处理通过各种渠道的信访件、投诉件、诉求件，特别是加大了对员工行为方面的监督管理，调查核实客户反映的问题及诉求，了解事实真相，并按规定处理投诉并回复投诉人。

【强化纪检监察工作】

强化责任落实 制定了全行《纪检监察工作计划》《党风廉政建设责任制量化考核办法》《党风廉政建设和反腐败工作计划》，明确了工作要点及具体要求，做到党风廉政建设和经营业务工作同部署、同安排、同检查、同落实。同时，细化分解全行党风廉政建设和反腐败工作任务，签订党风廉政建设责任状，坚持谁主管，谁负责，一级抓一级，层层抓落实，形成了党委负总责、纪委牵头协调、各部门密切配合的党风廉政建设和反腐败工作格局。

强化学习教育 通过开展“两学一做”专题教育、“读书思廉、读书养廉”反腐倡廉读书等活动，提高员工的廉洁意识和增强其拒腐防变的能力。通过组织干部职工学习《关于陈阳霞、程子亮等同志在私人会所组织和接受吃请问题的通报》等一些违法违纪典型案例通报、观看《永远在路上》等警示教育片、研读《十八大以来正风反腐新观察》等反腐倡廉书籍和实地观摩县看守所警示教育基地等方式，做到自警自律、令行禁止。通过要求干部职工关注“廉洁江西”微信公众号，并利用农商行工作微信群，适时发布各类“典型案例”，让员工及时学习案例，以案说法，及时提醒，常敲警钟，引导干部职工树立正确的人生观、价值观和业绩观，筑牢干部职工拒腐防变的思想防线。通过重要节日下发廉洁通知或通过短信（微信）进行提醒教育，坚持逢会必谈党风廉政建设，持之以恒对苗头性、倾向性问题，及时提醒告诫干部员工自觉遵章守纪、严格自律。通过总行纪委不定期约谈辖内23个网点负责人，听取落实党风廉政建设情况汇报，对新提拔和调整的副股级以上干部19人开展任前廉政谈话。

强化制度建设 先后制定了《把纪律挺在前面的实施办法》《党员干部操办婚丧喜庆事宜的暂行规定》《对员工函询、询问和质问暂行办法》《员工违纪处理办法》《深入基层调研制度》等一系列管理制度，坚持以制度管人，以制度管事，为纪检工作提供了有力的制度保障。

强化监督检查执纪 制订《崇义农商银行落实中央八项规定精神纠正四风问题专项督查工作方案》，开展“八项规定”和四风检查。制订《崇义农商银行红包专项治理实施方案》，开展“红包”问题常态化治理工作。制订《崇义农商行干部职工违规插手干预工程项目问题专项治理方案》，开展“违插”专项治理工作。按照省联社纪委《关于开展违规用人和超职数配备干部问题专项治理工作的通知》，开展自查自纠工作，严格选人用人标准，规范干部管理。按照省联社纪委工作部署，开展集中整治和查处基层侵害群众利益不正之风和腐败问题专项治理，全面推进全行风清气正的经营氛围。

【全面加强党建工作】

全面加强学习教育 以“两学一做”学习教育为抓手，把学习贯彻习近平总书记系列重要讲话精神作为根本任务，引导广大党员干部结合工作实际学习，提高思想理论水平，深化党内法规制度学习，确保党员干部学习教育全覆盖。还做好了支部书记、党务工作者和入党积极分子以及全体党员的学习培训工作，聘请了县委党校领导和县委组织部专业人士讲解中共十八届六中全会精神和党务基本知识，扩大了党员知识面。

全面加强党支部建设 推行党支部规范化建设，把城区联合党支部作为标杆党支部，悬挂党旗、入党誓词、党员权利和义务等制度，配置了桌椅、资料厨、报刊支架、投影仪、电脑、电视等电教设备，做到布局合理、摆放整齐。同时，开展党员主题活动，先后开展了“两优一先”评比活动、党支部“八个一”活动、“三亮三比三评”活动，制作了“党员服务岗位牌”、党员配戴徽章上岗，亮出了党员身份，营造了良好氛围。

全面加强群团活动 推动志愿服务活动常态化作为纯洁党员队伍，净化党员心灵的重要举措，精心组织全体党员开展志愿服务队到社区、扶贫点和困难群体中开展环境卫生整治、关爱留守儿童、帮扶孤寡老人和捐款捐物献爱心等志愿服务活动。如3月城区党支部到扬眉敬老院开展以“关

爱老人、温暖社会”为主题的学雷锋志愿者服务活动，为他们送去关爱和温暖；4月，机关党支部到横水敬老院开展了以“关爱老人、温暖社会”为主题的学雷锋志愿者服务活动，得到了当地政府和群众的高度评价；6月，机关党支部全体党员主动捐款到精准扶贫点（杰坝乡黄金村）看望留守儿童，为他们赠送了运动鞋、学习用品等物品，得到了当地群众的高度赞赏；6月，过埠党支部到过埠梦想家园开展了环境卫生整治进社区、学雷锋志愿者服务活动，得到了社区民众的认可；6月，总行党委开展了慰问困难职工、困难党员活动，对6名老党员和困难员工进行了关爱和慰问，传递了党组织对他们的关怀与温暖。同时推进“党建带工建、党建带团建、党建带妇建”工作，如3月开展“流光溢彩，醉情三八”春游活动，5月，开展了“爱岗敬业、提质增效”的五一业务技能比赛、以“新起点、新挑战”为主题的青年员工座谈会，6月，开展了全体员工书法比赛，10月，组织开展了“智勇大冲关”柜面业务知识竞赛，还开展了评选“十佳服务明星”“最美乡村信贷员”“优秀网点负责人”活动，通过开展群众性劳动竞赛、技能比武、业务评比等系列活动，充分调动了广大职工、青年和妇女的积极性、主动性和创造性，较好地发挥了群团组织联系群众的桥梁纽带作用。

全面加强党的组织建设　各党支部按规定程序选举产生了新一届支部委员会，做到任期届满按时改选。按照守信念、讲奉献、有能力、重品行的要求，选优配强支部书记。完善设立了党群工作部，配备专职党务工作人员。按照“控制总量、优化结构、提高质量、发挥作用”方针和要求，实行配额管理，有计划地发展党员。开展不合格党员清理处置工作，对长期失联的2名党员和1名长时间未办理转正手续的预备党员进行了脱党处理。

全面加强党的制度建设　建立完善了“三会一课”制度、组织生活会制度、民主评议党员制度、谈心谈话制度、党员发展工作制度、党员联系服务群众和党费管理制度等。同时抓好制度执行工作，各党支部每季度召开一次党员大会，每月召开一次支委会或党小组会，每季度开展一次党课活动，每年召开一次支部(党小组)组织生活会，党员领导干部带头以普通党员身份参加支部组织生活会。

【领导名单】

董事长　　叶　虎
行　长　　肖爱春
监事长　　蔡仰来
副行长　　肖　鹏

赣州银行崇义支行

【概况】　2016年，赣州银行崇义支行始终坚持“立足本土、深耕本地、服务实体、专注小微”的战略定位，充分发挥赣州银行机制灵活、决策高效、办事快捷、服务优质的优势，全力支持崇义地方经济建设，有力地促进了县域经济发展，实现了加快自身发展与支持崇义经济建设的良性互动。

内部科室按照精简、高效的原则设置，现设有营业部、客户经理部、综合管理部、营销部、南新路社区支行。

在册职工24名，其中男职工9名，女职工15名。在职职工中，硕士学历1人，本科学历15人，大专学历7人，中专学历1人，本科及以上文化程度人员比重达66.66%。

【业务发展】　2016年，紧紧围绕总行的转型发展战略，规范经营，以转型发展为主线，积极拓展市场、培育客户，实现各项业务稳步发展。

截至12月31日，各项存款余额76150万元，较年初增加15898万元，增幅26.39%；日均存款56278万元，较年初增加7990000元，增幅1.44%；信贷资产余额92409.81万元，其中自营类贷款余额28508.54万元，通道类贷款余额40651.52万元，敞口6497500元，产业基金22600万元；全年累计实现利润7898500元。

【经营管理】　支行创导精细化管理、安全经营创效益的经营理念，坚持合规经营，强化内控，围绕各项业务办理流程，建立健全各项规章制度。在财务管理上，加强内部资金运用效益管理，在内部存、拆借资金的管理上做到专人负责，勤算账，勤调拨，合理匡算资金，做到“准、勤、巧”。对经营费用采用预算管理，年初匡算全年总预算，细化到每月每项费用，并按月进行控制，做到精打细算。在信贷管理上，严格执行贷款新规，强化“责任第一，落实为主”的信贷理念，侧重各项规章制度执行力的管理。加强信贷资金管理，按户落实到个人，对信贷资金的流出及销售、回笼管理形成制度化。

负债业务　全年根据储蓄存款的周期特性，积极抢占存款资源，先后组织开展了2016“首季开门红”个人存款营销PK赛、“赣银邀您，一起金彩”中秋感恩回馈、“国庆终极幸运抽奖”、“双11，红包墙，等您来抽取”等营销活动。其中，“赣银邀您，一起金彩”活动期间新增储蓄定期存款达3114000元、理财认购9272000元、开通有效手机银行89户，网银35户，贵金属销售14808元。此外，支行积极与当地社会保险事业管理局对接，并于9月完成了全行首笔行政事业单位养老金代发业务，不仅丰富了支行代收付业务品种，也加深了银政合作，为储蓄存款夯实了基础。

资产业务　围绕“主攻工业、三年翻番”的发展战略，2016年赣州银行崇义支行信贷重点投向县域经济重点产业和优势产业。期间发放固定资产贷款50000000元用于崇义县阳岭新城路网工程项目建设；向章源控股、高垒长飞等矿业企业发放贷款共计17000万元，为推进县现代林业建设进程向崇义华森竹业、鸿丰林业、江西永乐林源等林业公司发放贷款2000余万元。赣州银行崇义支行与崇义小微企业在经济下行期共克时艰，较好地支持了信誉好、有发展、能发展的企业在危机中获得先机，满足县域小微企业的融资需求。

充分发挥地方金融法人的决策机制和运行机制优势，积极与崇义县人民政府开展产业基金合作，2016年，成功发放政府投资基金22600万元，用于崇义县崇义中学扩建工程、崇义县文化活动综合楼建设、崇义县瓦窑墩洼地综合治理建设项目，有力助推了崇义县民生工程项目快速建设发展。

风险控制　提出“内控优先”的理念，狠抓风险控制，进一步规范信贷管理过程，实施贷款精细化管理，加强对重点客户、重点领域的风险控制，严格坚持“三查”制度，加强贷款的贷后管理工作，建立了完善的客户信息档案，要求信贷员制定贷后检查工作计划，及时掌握借款人的信息，并进行跟踪、分析，密切关注信贷客户资金的流向，深入了解客户的经营状况，并在每周信贷晨会汇报信贷管理情况，有问题及时解决。

内控管理　坚持从严治行，不断建立和完善各项规章制度，规范业务操作，提高员工的自律性，提升内控管理水平；不断加强内控管理、遏制案件的发生、有效防范风险促进业务发展，不断提高案件防控能力和水平，建立案件防控长效机制。以“强化管理”为主导，坚持“开拓进取、求真务实”的经营理念，围绕“严、高、精、实、新”的五字要求，狠抓各项内部管理制度的落实，确保支行继续保持零发案率。

队伍建设　支行于年初制订了详细的条线培训计划，每周组织员工进行培训。不仅培训业务知识，还组织开展了各种能力提高类的培训，如：如何提高沟通技巧、如何提高写作水平培训等。为了提高培训成效，支行采用了“你我都是内训师”的业务培训方式，每周由员工轮流充当内训师，针对平时业务中遇到的困难和薄弱环节，自由选择课题，制作PPT课件。支行通过改变培训方式，由被动培训转变为主动培训，让每位员工都来当讲师，充分调动了大家的主观能动性，大大提高了培训效果。在总行组织的2016年柜员考试中，支行参考8人，四级以上6人，转正通过率达75%。全体员工用积极向上的表现展现了崇义支行良好的精神面貌和不断开拓进取、勇创佳绩的新姿态。

【领导名单】

行　长　肖日东（1月免）
　　　　刘志明（1月任）

邮储银行崇义县支行

【概况】2016年，邮储银行崇义县支行围绕“稳中求进、创新转型、和谐发展”工作基调，以收入利润为中心，信贷业务为突破，双降工作为重点，扩大了企业规模，提升了管理水平，实现了创新发展。在2016年度全市经营管理评比中，崇义县支行荣获办公室工作先进单位、宣传报道工作先进单位一等奖，安保与综治先进单位、风险管理先进单位、案件专项治理先进单位、邮政储蓄系统安全运行竞赛活动先进单位二等奖，反洗钱工作先进单位、法律事务及消保工作先进单位、计划财务工作先进单位三等奖。

【业务指标】实现利润7943900元。人民币贷款余额30600万元，全年净增52150000元；各项存款结余104600万元，全年净增13983万元。

【业务发展】

个金业务筑牢根基　县支行创新发展思路，多措并举推动个金业务持续发展，抢早抓早、项目带动，进一步做大代收学费、代扣电费等项目，在商贸区加大POS机布放力度，做好交叉联动发展，加大对信贷客户现金流归行率及个金业务产品交叉营销，提高客户贡献度。

深入市场，精准营销，提升信用卡业务覆盖面。做好9元观影、菲尔雪购物、银联钱包送优惠活动，开展好赢在外拓项目营销，县支行成立营销小分队，深入事业单位、大型企业、各乡镇单位进行了上门服务。全年信用卡结存4195张，累计进件1638张，新增发卡1253张，完成分期14320000元。收入达到1403000

元，同比增长了55.3%。

信贷发展加快步伐　业务规模迈上新台阶，贷款余额突破30000万元，全年投放贷款26346万元。消费信贷持续发力，县支行着重做好平台对接，客户信息收集，客户开发，促进消费贷款快速发展，12月末结存金额为12700万元，全年投放贷款99200000元，净增41350000元，消费信贷收入完成计划比列居系统内全市第1位。扶贫贷款拓荒得力，从无到有，年净增15120000元，7月，发放全省邮储银行首笔产业扶贫信贷通贷款。

公司业务稳中有进　存款态势良好，12月末存款余额为23319万元，年增28230000元。县支行稳固政务类项目、抓好重点客户、做好资金归集项目，通过产业扶贫贷、财源信贷通等平台类贷款带动公司存款发展。

【综合管理】

队伍建设　以人为本，激发团队能量。修订好办法，县支行及时下发了加强公文管理办法、办公室“5S”管理制度、中层干部执行力考核办法及各项业务劳动竞赛、逾期管控考核办法等文件。组织好培训，在年初下发了全年教育培训方案，制定管理措施，积极宣贯发展理念，培训业务知识及营销技巧。

合法合规　齐心协力促合规，全行上下扎实做好“两加强、两遏制”、反洗钱、十个严禁、内控达标年、雷霆行动工作，反洗钱工作评比9—12月份在全市位列第一。每月开展尽职检查工作，及时发现隐患，进行整改。

风险管理　强化逾期考核，建立中层干部挂点、信贷人员共同考核制，多渠道扎实推进逾期催收工作。2016年，县支行自主清收回33笔金额1040900元，法律清收27笔逾期金额724000元，核销17笔金额5969600元，代偿2笔1009800元。强化制度落实，县支行出台了《关于进一步抓好经营类贷款客户准入管理的通知》，对事实风险类客户做到“三个严禁”，强化客户退出管理，对潜在风险类客户实行“十个审慎”，对于高额度等审慎准入类客户实行“三个必须”精细管理。并每月召开信贷资产质量分析会，商讨应对策略。

【党建工作】

党群工作　党建工作强基固本，县支行以基层党支部规范化工作示范点建设为动力，加强党建工作，壮大组织队伍，定期组织学习，召开组织生活会，抓好“两学一做”、党员政治生日等活动，查找存在问题，激发党支部活力，为各项工作开展提供思想组织保证。

宣传工作　宣传工作营造氛围，2016年县支行宣传报道在报送数量和质量上都得到提升，发出了崇义邮储的声音。在央广网、中国邮政报、大江网、江西邮政报、赣州金融网等报刊、媒体上稿共计117篇，排名列全市第一。普惠活动深入开展，积极开展“金融知识进万家”、反洗钱、反假币、非法集资、新版人民币等入社区、进商厦、进乡村等户外宣传活动，得到了社会公众的广泛赞誉。

工会工作　工会工作有声有色，落实关爱员工活动。组织员工健康体检；开展员工生日祝福；组织女职工“三八”户外活动及员工春节慰问；开展“夏送清凉”活动，为员工购买了防暑降温用品和应急药品。积极开展工会活动，开展了迎新春趣味游戏，丰富和活跃了员工的业余文化生活；开展了合理化建议征集活动，调动了广大员工的积极性、创造性，增强员工凝聚力。职工之家创建取得实效，开展“职工之家”、“职工小家”建设活动，县支行添设了跑步机、乒乓球、羽毛球等运动器械，为支行添置了饮水机、微波炉等设施，为职工的生活提供了方便。

【领导名单】

副行长　黄　剑（主持工作）
　　　　邱赣峰

江西赣州银座村镇银行崇义支行

【概况】　2016年，江西赣州银座村镇银行崇义支行在经济持续下行，信贷风险把控难度加大，金融行业竞争加剧的环境下，江西赣州银座村镇银行崇义支行继续以“通过让小微企业得到一流的金融服务，以改进中国的金融市场”为企业使命，树立“简单、方便、快捷”的服务理念，做大做强免费银行、信用担保贷款服务品牌，以市场为导向，以客户为中心，精耕细作，创新管理，积极进取，较好的控制了风险，实现了业绩的可持续增长。

【业务指标】　截至2016年底，崇义支行年日均存款达27511万元，较上年增加10695万元；存款余额达27818万元，较上年增加10122万元；日均贷款达19340万元，较上年增加33380000元；贷款余额达21129万元，较上年增加35460000元；各项业务指标完成较好。

【特色产品及创新成效】　崇义支行始终坚持以客户为中心，不断创新产品及服务，使金融产品与金融服务真正符合小微企业客户的需求，以此提高小微企业资金运作成效。主要创新有：

金融产品创新　2016年，为

银座银行崇义支行下村居茶话会活动

创新获客模式，提高获客效率，更好地开拓农村市场，服务“三农”，促进村座银行的各项业务发展，本行主推“村聚易贷·兴农卡”业务。

“兴农卡”是一种一次授信，循环使用的信用贷款产品，主要对象是村居，圩镇。因其准入门槛较低，无需担保无需抵押，随借随还，不使用不收取任何费用的优势，在村居，圩镇得到大部分人的支持。

2016年，村座银行客户经理走过的乡镇有龙勾乡，铅厂镇，过埠镇，鱼梁村等，每一个乡镇以村小组为单位开展批量营销模式，大大提高了获客效率。2016年，发放兴农卡1200余张。

本着简单，方便，快捷的服务宗旨，村座银行客户经理每到一个村居都会召集村小组成员开会，营销“兴农卡”业务，对于有兴趣办理“兴农卡”业务的客户，客户经理一户一户的上门拜访，了解情况，带着村座银行前台的同事下村居批量办卡开户，批量授信。让乡镇客户坐在家里就能享受到村座银行的优质服务。

服务方式创新　2016年，村座银行推出了基于移动互联网技术的“移动工作站”，客户经理人手一台PAD，设立后台作业中心，开启了现场开户、授信审批、理财认购、业务签约的客户体验新时代。

客户经理带着PAD走街串巷，为小企业主、农户、大学生创业者提供了简单、方便、快捷的金融服务：新客户信贷需求的服务效率从原来的1到2天，缩短到最短90分钟解决；从客户贷款需申请、签约多次光顾银行，到足不出户完成贷款到账；从单人全流程操作、经验型风险管控，到前、中、后台切片分工协作、监控作业、大数据评级，信贷工厂模式。

信贷人员走出办公室，访客户，下村居，遇到急需资金的客户，客户经理指导客户点点屏幕，便可直接在PAD上完成贷款申请、征信授权，申请提交后，后台中心在30秒内做出预评估。客户经理即可就地通过PAD完成数据和影像采集，将数据整合后提交后台审批人员。无论何时，审批人员第一时间根据客户信贷申请及现场调查信息，完成审批并反馈至客户经理。见面不到90分钟，客户经理便完成了客户拜访、现场调查开户、风险评估、授信审批等全部环节，小微客户轻松拿到急需资金。

村座银行“移动工作站”凭借其创新性、技术领先性、操作简便、效益体现以及可推广性等方面荣获“2016年度中国金融行业最佳创新项目奖”。

【队伍建设及精细管理】 随着支行快速发展，业务规模的扩大，支行人员也不断地增加，截至2016年末，支行在岗员工20人。按照工作纪律管理常态化，工作任务分配合理化，工作业绩提升激励化的方式，提高支行管理有效性，以“积极、主动、合作、快乐”为企业文化，致力于打造一支充满活力，团结奋进的团队。

【领导名单】

行　长　　阳士昆

住房公积金

【概况】 2016年，县住房公积金崇义办事处围绕各项指标任务和工作重点，以科学管理为主线，强化归集与使用，全力提高个贷率，同时认真开展“两学一做”教育活动，各项工作稳中求进，稳步发展。

【“三大指标”】 1—12月，归集住房公积金10170.65万元，占全年任务的113%。截至12月底，缴存单位337个，缴存人数10510人，历年累计归集住房公积金54358.78万元。

全年财政配套资金预算3075万元，按职工工资总额的12%配缴，1—12月，到位2916万元，均按月足额配缴到位，占年度预算的94.83%。截至12月底，历年财政配套资金到位14307.04万元。

1—12月，提取住房公积金48928500元，历年累计提取

15880.03万元，累计住房公积金余额38252.44万元。

1—12月，共发放贷款366户、13605.6万元。历年累计发放贷款3744户、53087.1万元。

1—12月，实现增值收益216.48万元。

【推进归集扩面工作】

加大宣传力度 广泛宣传住房公积金政策法规和惠民措施，凸显公积金制度的利民作用，调动单位和职工缴存住房公积金的积极性，进一步扩大了住房公积金政策的社会影响力。由于措施得力，2016年，新增非公企业4个，分别是崇义县恒昌矿业有限公司、江西耀升钨业股份有限公司、崇义县威恒矿业和江西兴义律师事务所，缴交人数共计115人。

组织开展了2016年度住房公积金缴存核查工作 根据市中心《关于进一步规范住房公积金缴存工作的通知》（赣市公积金字〔2016〕30号）、关于转发《关于规范和阶段性适当降低住房公积金缴存比例的通知》的通知（赣市公积金字〔2016〕32号）、《关于明确2016年我市住房公积金缴存基数的通知》（赣市公积金字〔2016〕73号）及《关于重申住房公积金缴存工作的工作》（赣市公积金字〔2016〕74号）等文件精神，对全县各单位缴存情况进行清查，对于缴存比例超过规定及缴存基数不在上、下限范围内的及时进行整改调整，严格按照《关于确定2016年我市住房公积金缴存比例及缴存基数的通知》（赣市公管字〔2016〕4号）文件精神执行。

加强协调，确保财政配套资金足额到位 截至2016年底，全县全额财政拨款单位173个、职工4492人，差额财政拨款单位19个、职工360人，按2015年12月份工资总额的12%缴存，财政等额配缴。全年财政配套资金30750000元，同比增长了58%，目前已到位29160000元，为完成全年归集任务奠定了基础。

建立有效的归集催缴工作机制 要求归集人员及时督促各单位按时缴交住房公积金，对欠缴单位，分门别类、落实到人，采取电话催缴、上门催缴和发送催缴通知函等措施，督促公积金缴存。同时，巩固现有缴交率，保证归集额稳定增长。对个别缴交比例偏低单位，上门服务，及时了解掌握情况，一有条件就争取提高缴交比例。

【尽力提高个贷率】

抓好期房按揭贷款管理 定期对按揭合作楼盘进行贷款风险评估，严格执行多层封顶、高层达到2/3的施工进度才准入规定，已与9家房地产公司签订了按揭合作协议。2016年，已开展合作楼盘有“松山佳苑”“运通华庭”“天逸佳苑”“山水名居”“天俊华庭”“水岸春天”“锦绣华府”“财富新天地”“海泰国际商住小区”“新世界购物公园”“锦绣佳苑”“崇裕大观”和“阳明商业中心”等13个楼盘，其中2016年新增楼盘有“锦绣佳苑”“崇裕大观”“阳明商业中心”3个楼盘。截至11月底，上述楼盘共计放贷676户、23257.4万元。

明确工作职责 要求信贷人员做好逾期催收工作，定期编制逾期催收报表，第一时间掌握还贷情况。

督促信贷人员发挥工作主动性 利用各种手段，主动催收，对于电话变动、住址不详或变动、工作调动、辞职、下岗等造成联系困难，采取各种办法进行跟踪，做到件件有着落，事事有结果。

【增值收益明显】

规范银行账户管理 市中心集中支付模块统一上线后，提取、放贷、保证金返还及各项支付业务采用集中支付模式进行资金往来，统一由市中心财务科集中支付，进一步落实资金风险防范管理的要求。

规范资金使用，实现增值收益最大化 严格执行《住房公积金财务管理办法》和《住房公积金会计核算办法》，对于大额资金调配和使用、超5万元购建房提取和每月贷款均按规定程序办理；对于沉淀资金均严格按规定和要求及时转存定期或购买国债；职工利息和委贷手续费按集中支付业务操作规定执行，并及时上报市财务科统一支付。

【日常工作平稳有序】 一是公积金提取网上审批实施以来，实现了住房公积金提取当天受理，当天审批，并通过“提取通讯”及时提交，由市中心财务科统一将提取金额汇入提取人账户，方便快捷，有效地缩短了时间，提高了工作效率。二是在贷款发放上，中行、建行、农行、工行已全面开启“贷款自主核算业务”模式。贷款资料全部进行电子审批，由原来的每月一批，缩短为住房公积金贷款当天受理当天扫描报送至市中心，手续简化，大大缩短了办理时间。三是优化归集、贷款、提取业务操作规程，实行首问责任制、一次性告知制、限时办理制、服务承诺制等制度。

【常态化全覆盖帮扶】 认真开展“精准扶贫”工作 为落实好县委、县政府《关于推进精准扶贫工作的实施意见》文件精神，在单位人员少的情况下，由专人负责此项工作，经常深入思顺乡思顺村，对帮扶的6户农户家中进行走访，并采取深入调查贫困户家庭基本情况、建立结对帮扶台账、开展“六帮六助”活动等措施，抓好精准扶贫工作的落实，切实为帮扶对象解决实际问题，力促贫困户家庭早日脱贫，发家致富。

做好挂点村结对帮扶工作　根据《关于对全县结对帮扶“三个一”活动落实开展督查的通知》（崇精扶办字〔2016〕26号）文件精神，深入到所挂点的农户家中，与帮扶对象到田间地头参加农作，并为挂点的6户贫困户家中各送上风扇一台。通过实践“三个一”活动拉近了帮扶干部与帮扶对象的距离，得到了帮扶对象的肯定。

全面贯彻落实市、县精准扶贫暨新农村工作会议精神　为教育和引导贫困群众转变思想观念，激发内生动力，增强“造血”功能，按照为帮扶挂点村建好水、电、路等基础设施的扶贫要求，为挂点的思顺村向上争取了50000元帮扶资金，用于结对帮扶贫困家庭的种、养启动（补贴）及挂点村基础设施建设，为帮助贫困户脱贫打下了坚实基础。2016年，所有帮扶干部上户至少4次以上。通过上户走访，既营造了精准扶贫工作氛围，又宣传了上级精准扶贫政策，拉近了帮扶干部与贫困户之间的距离，让贫困户感受到了精准扶贫工作的实效，并得到了实惠。

【抓实抓严学习教育】

扎实开展“两学一做”学习教育活动　根据《关于在全县党员中开展“学党章党规、学系列讲话，做合格党员”学习教育实施方案》的工作要求，围绕“两学一做”这个主题，制定学习计划、工作方案，坚持党员走在前面、深学一层，切实提高思想理论水平，组织党员重点学习习近平总书记系列讲话精神，特别是学习领会总书记视察江西时重要讲话精神；引导党员自觉学习党章党规、遵守党章党规、尊崇党章党规、维护党章党规。

建立微信学习群　及时传达“两学一做”有关文件精神，集中学习和分散学习相结合。通过学习交流，使全体党员干部更加坚定了信仰、增强了党性，在围绕服务大局工作中不断提升成效。

【领导名单】

主　任　　黄甫海

人保财险崇义支公司

【概况】　财产保险崇义支公司是中国人民保险集团旗下（以下简称中国人保财险）设立于崇义的县级支公司。公司始建于1986年，在编员工18人，营销员及其他用工25人。公司设有经理室、综合部、车险部、营销部、商业非车险部、客户部、理赔部7个部门。并设有扬眉、过埠、关田3个乡镇保险营销服务部和16个保险服务站，县域内共设有出单点7个。是崇义县保险行业中历史最长、机构最全、规模最大、实力最强的一家国有财产保险机构。

【业务发展】　2016年，公司始终坚持“以人为本，诚信服务、价值至上、永续经营”的经营理念，完成了上级公司下达的全年任务目标，全年实现保费收入43160000元，增速23.77%，其中车险30166600元，增速19.16%，非车险6607300元，农险6384800元，全险种占市场份额总量63.89%，占车险市场总量份额60.12%。2016年，荣获全省十佳标杆县支公司。

【理赔服务】　秉承“人民保险，服务人民”的原则，为客户提供人性化、个性化、差异化服务。2016年共处理赔案4141件，支付各类赔款13492100元。其中，支付农业保险赔款867400元，支付车险赔款9872500元，支付责任险赔款1024000元，对及时恢复生产生活秩序，减轻政府财政和事务负担起到了不可忽视的作用。

【客户服务】　客户服务工作继续领先行业水平，隆重推出了微信注册积分免费兑换维修服务，公司5000多位车险客户受益，同时作为唯一一家入驻机动车检测站的保险公司，在客服工作上打开了全新的局面，全年免费为2000余位客户提供代办车辆上户、年检，协助客户处理违章等增值服务，为公司的客户服务工作在当地树立了良好的声誉，也极大地推动了车险业务的发展。

【服务地方经济】累计上缴各类税金4499800元，在本县财险行业中排名第一。其中，代收代缴车船税2255100元，缴交营业税金及附加690600元，增值税预缴720000元，缴纳个人所得税646900元。

【领导名单】

经　理　　刘江坤

副经理　　吴小明

人寿保险崇义县支公司

【概况】　中国人寿崇义支公司是国有综合型金融集团。成立于1986年，是崇义县保险行业中历史最长，机构最全，规模最大，实力最强的一家国有人寿保险公司。公司机关有员工14人，专业营销员520人。内设办事机构有综合办公室、个险部、团险部、银保部、收展部和客服部等6个部（室）。年底经营产品达180多个，并在横水、铅厂、过埠、关田、聂都、杨眉、上堡等乡镇设立了营销服务所。2016年，公司坚持改革创新的思路，奉行“和谐、规范、实干、高效、超越”的总体工作要求，始终保持政治定位砥砺奋进，强化基础管控，积极发挥市场主导作用，规范经营管理，不断提升主观能动性，取得了业务管理，经营效益双丰收，荣获市公司先进单位称号。

【保险宣传有声有色】 坚持以党的群众路线教育为契机，深入学习中共十八大四中、五中全会精神，以及习近平总书记系列重要讲话精神，全面贯彻落实全国、全省保险工作会议精神，全方位提升城乡社会群众的保险意识，坚持突出主题抓重点，一是抓领导班子成员坚持“三个结全”促成效；“三个不放”严考核和“三公开”“三必向”“五到位”促落实，聚焦“四个问题”出重拳，较好地提升了领导干部的示范带头作用。二是狠抓《中华人民共和国保险法》和“内控管理”的常态化教育培训，营销人员专业培训达到526人次，举办各类培训班198期。三是坚持进村入户宣传和板报专栏，电视宣传，宣传面达100%，有效升华了广大群众的参保意识，一支保险队伍在实战中得到锻炼，不仅业务能力得到提高，而且使他们在保险行业中解决了稳定的就业路子。

【业务发展】 高举“改革、创新、发展”的旗帜，出色地完成了各项保险任务。2016年，完成新单保费26210000元，其中个险8500000元，银保11910000元，团险5800000元.伴随保险业的发展，充分凸现了保险在资产传承过程中的六大功能作用：一是指定受益人，法律关系明确，有效规避纠纷。二是创造一笔巨额现金，实现财富平稳传承给继承人。三是法律保护受益人安全获取保险赔金。四是确保财富传承给指定的受益人。五是实现家庭和企业财务安全隔离，顺利传承。六是实现对资产的控制规避风险。有效地推进了保险事业的稳定发展，尤其是健康险，养老险和理财险得到了长足发展。

【内部管控和制度建设】 一直坚持诚信理念和依法合规经营，遵守保监会要求，严肃行业自律公约，杜绝违规经营，内控管理制度不断完善，特别彰显示寿保险“超宽选择”“超早返还”“超强账户”“超多收益”的优势，既能锁定未来，又解决刚需，较好地满足了客户复利增值的需求。

【保险理赔】 秉承“主动、准确、迅速、合理”的理赔原则，为客户提供人性化、个险化、差异化理赔服务，全年支付理赔金额6320000元，较好地解决了客户因灾、因病等原因带来的风险，减缓了政府和群众的负担，为稳定社会、扶贫济困作出了贡献。

【服务“三农”】 保险是联结城乡千家万户的事业，其强劲生命力就在于勇担社会责任。2016年，公司坚持服务“三农”，关注民生，主动与相关部门配合，同台唱戏。一是承负农村重大疾病医疗保险；二是积极发展农村小额贷款保险；三是不断拓展学生平安保险和农村纯女户养老保险，为推进社会稳定和区域经济发展做出了贡献。

【领导名单】

经　理　　廖振志
副经理　　廖忠明

科技·气象

科学技术

【概况】 2016年，崇义县科技局围绕打好“六大攻坚战”，大力实施科技创新驱动发展战略，积极对接省创新驱动“5511”工程，加大科技创新力度，大力培养和引进科技人才，启动实施“百名硕博士进崇义”，引导企业创建省级工程技术研究中心等技术创新平台，促进科技成果有效转化等工作取得一定的成效。

【科技体制改革】 认真贯彻落实国务院《关于改进加强中央财政科研项目和资金管理的若干意见》和《关于深化中央财政科技计划（专项、基金等）管理方案》的文件精神，结合崇义县实际，研究制定了县级财政科技项目和经费管理的意见，规范了科技财政性资金使用和项目管理，改变了过去单一无偿资助的方式，变为无偿资助、奖励补助和投融资资助相结合的方式，采取事前、事中、事后相结合的形式，支持科技事业发展，大大提高了科技经费的使用效率。

完善和落实科技创新政策，为企业“优环境，降成本”。先后制定了《崇义县人民政府关于科技兴园兴企的若干意见》《中共崇义县委、崇义县人民政府关于印发〈关于崇义县三年主攻工业实施意见的通知〉的通知》、《崇义县科学技术局印发〈关于兑现2015年度崇义县科技创新奖励政策的通知〉的通知》等一系列政策文件，为支持创新型企业加快发展、科技兴园兴企在政策上予以支持、鼓励，更好地激励企业技术创新。2016年，兑现2015年度崇义县科技创新奖励共330000元，极大地增强企业创新意识，有效降低了企业的研发成本。

【科技创新平台】 不断加强创新平台和载体建设。2016年，崇义县新增市级工程技术研究中心1家（江西君子谷野生水果世界有限公司君子谷刺葡萄工程技术研究中心）、新增省级知识产权优势企业2家省级节能减排科技创新示范企业”1家。（即：江西齐云山食品有限公司和江西耀升钨业股份有限公司）、众创空间1家（即：崇义县电子商务创业孵化园众创空间）、省青少年科技教育基地1个，复核通过“省级节能减排科技创新示范企业”1家。

【科技成果】 崇义县获江西省科学技术进步奖一等奖和三等奖，其中章源钨业股份有限公司的“铵盐体系白钨绿色冶炼关键技术和装备集成创新及产业化”获省科学技术进步奖一等奖，“微细粒钨细泥高效选矿新技术与新装备研发及产业化” 获省科学技术进步奖三等奖；获省科技厅第五批科技成果登记项目5个，即：江西齐云山食品有限公司的“齐云山17号”“一种南酸枣树高位嫁接的方法”，江西省贵竹发展有限公司的“一种竹集成的制造方法”“一种竹琴制音器”，县人民医院的“瘀血肤色诊断与瘀血排泄治疗慢性筋伤的临床研究”。崇义章源钨业股份有限公司实用新型专利“改进型碳化炉”获“2015年江西省专利奖”。

【不断推进科技创新服务】

科技项目申报与储备 一是引导和组织企业申报国家、省、市科技项目，2016年，成功争取省、市科技计划项目10个，争取项目资金1157000元。二是加强科技项目的储备和提报，积极对接省创新驱动“5511”工程，指导县龙头企业组织申报省创新驱动“5511”工程专项计划项目，目前崇义县提报省创新驱动“5511”工程重大项目3项、省级科技计划项目9个，市级科技计划项目8个。

加强大众创新创业服务 一是积极开展县“大众创业万众创新”活动并落实大众创业万众创新政策。二是启动实施“百名硕博士进崇义”工程，推进企业精准扶贫。结合崇义县产业优势和发展需求，引进南酸枣、果业、水稻省科技特派团3个，省专家顾问团、中国工程院、国际生物医学科学院等近百名专家，深入企业开展“把脉问诊”、现场咨询、征集企业在转型提升等方面急需解决的关键共性技术难题、合作需求、协同攻关、项目合作等系列精准帮扶活动，充分利用科研、教育、人才等优势，促进企业、高校、院所的有效对接和联合，建立产学研合作的长效机制。三是围绕主攻工业和特色产业，做到产业发展与科技创新相结合，充分利用“互联网+”科技成果转化，积极搭建线上、线下科技成果转移转化服务平台。先后组织12家企业参加“百家院校科技成果走基层”、苏赣科技合作成果对接会，发布企业技术需求7项、成果转化5项，促进了企业技术交流。四是加强科研院所科技合作关系。支持以企业为主体，联合高等院校、科研机构共建企业研发机构。全县主要产业的龙头企业都与科研院校建立了长期的合作关系。崇义县齐云山食品有限公司与南昌大学签约了“十三五”时期科技合作协议。

【知识产权工作】 强化专利管理运用，提高全民知识产权保护意识。一是开展了科技和知识产权政策宣讲活动。县科技局以开展知识产权宣传周活动为契机，邀请科技服务机构专家为企业宣讲科技政策，重点讲解高新技术企业税后优惠、企业研发费加计扣除及“降低企业成本优化发展环境”政策措施，通过发放宣传资料、媒体宣传、电子屏滚动宣传等方式，增强了广大市民对知识产权的认识和理解，有力地提升了企业的科技创新意识。二是举办了知识产权维权培训班，培训企业负责人及技术骨干共计120余人。通过专题培训，提高了企业对科技创新和专利保护的认识，激发了企业自主创新和加强知识产权保护的热情。2016年，全县专利申请166件，专利授权42件。

【领导名单】

局　长　邱志坚（9月免）
　　　　田长征（9月任）
副局长　王福香
　　　　曾庆荡
　　　　骆晓军

气象服务

【概况】 2016年，崇义县气象局认真学习贯彻落实党的十八大，十八届三中、四中、五中全会和习近平总书记系列重要讲话以及省、市气象局长会议精神，积极开展“两学一做”学习教育活动，紧紧围绕气象灾害防御、公共气象服务和应对天气、气候变化科技支撑能力建设，切实把气象服务工作放在各项工作的首位，认真做好汛期气象报务、气象防减灾等各项工作。以提高预报预测准确率和服务质量为重点，主动适应经济发展新常态，促进崇义气象事业科学可持续发展，为县经济社会发展当好参谋，发挥好作用。按照县委政府和赣州市气象局下达的工作任务，圆满完成了年度各项目标任务。全局干部职工齐心协力，2016年的各项工作稳步推进，取得了一定的成绩。

截至2016年底，崇义县气象局领导班子由李连星局长主持工作，副局长邹树清，气象台长王癸酉，纪检监察员蔡小红。在职职工8人，退休6人。在职职工中，气象工程师5人，助理工程师2人。

【气象业务】 为了夯实气象现代化根基，不断提升基础业务质量，县气象局大力优化业务流程，健全管理机制，提高支撑能力，促进基础业务质量整体水平保持稳定，把提高气象基础业务质量作为第一要务来抓。根据《赣州市气象局2016年基础业务提质增效年活动实施细则》赣市气发〔2016〕30号文件要求，认真开展基础业务提质增效年活动，积极组织地面测报人员学习有关业务知识，积极组织业务人员参加省、市气象局和单位每月集体业务学习，督促综合业务人员参加岗位练兵，进一步增强业务人员业务素质。定期维护业务系统和自动站气象观测仪器等气象装备。在3月底汛期来临前全面完成了区域自动站巡检工作，确保在汛期气象监测网络运行正常。2016年，县气象局没有出现责任性事故，地面测报、自动土壤水分站、区域自动站、预报质量、气象信息网络系统维护率、气象数据情报传输保障率，各类上行气象资料传输质量考核达标。

【气象服务】县气象局秉承着“公共气象、安全气象、资源气象”的发展理念，在气象服务工作中，把人民生命财产安全放在首位，坚持气象服务工作“一年四季不放松，每一次天气过程不放过”，积极做好灾害性天气、转折性天气、重要农事季节气象服务和重大社会活动气象服务工作，当好气象决策服务的参谋，为人民群众撑好出行生活的晴雨伞。

认真做好春运、春播、汛期、高考、中考气象服务工作 从思想、组织、技术、制度、装备等方面抓早、抓好逐一落实，成立了以局主要领导为组长的汛期气象服

3月21日上午，县气象局为做好“3·23”气象科普宣传工作，联合章源小学开展“小学生走进气象观测站”科普宣传活动。

务领导小组，负责汛期气象服务工作的组织领导。成立了以气象业务骨干为主的春播、汛期气象服务技术把关小组，提供更加科学精准的预测预报预警服务。春播、汛期，严格执行领导带班、业务人员24小时值班、其他人员应急值班制度和请销假制度。遇有“三重”天气，及时制作书面材料、发布手机短信、电话向分管领导汇报等多种方式发布天气预报和各种预报预警信息。加强对暴雨、短时强降水、冰雹、大风、雷电、高温、低温阴雨、寒潮等气象灾害的监测预警，及时发布预警信息。1—11月，共编发旬报36期、专题预报34期、气象呈阅件9期，元旦、春节、“五一”节、端午节、中秋、国庆等专题预报各1期，高考专题预报6期、中考专题预报1期，发布各类气象灾害预警信号112次。在2月21日低温雨雪，6月14日，有明显降水过程，接受电视台采访了2次，通过现代气象业务服务系统发布重要气象预警信息、雨情通报等186701人/82次，共计355752余条信息。

开展“知农时、懂农事、察农需、接地气”调研活动 3月中旬，气象专业技术人员到田间地头进行实际采访，了解崇义县农业生产情况，和农民所需的当前农业的气象服务需求。活动期间，发放了调查问卷，通过对调查问卷反映的情况逐一进行汇总，为有针对性地开展为农气象服务提供了依据。

切实做好突发气象灾害应急的各项工作 气象局全面贯彻落实《气象灾害防御条例》，完善气象灾害预警应急预案，履行气象防灾减灾职责。县气象局启动4次Ⅲ级气象应急响应，3次Ⅳ级气象应急响应。应急响应期间24小时加强值班，全局人员确保在单位在岗待命，严密监测天气变化和雨情，及时发布天气预报预警和雨情信息。

狠抓“三重”天气，突出重点 做好关键性、灾害性、转折性天气气象服务工作。切实做好元旦、春节、“五一”、端午节、高考、中考等重要节日和重要期间专题预报。期间对未来天气形势进行细致分析、科学研判，服务主动及时，尽最大努力提供优质准确的预报服务。做好春耕备耕等重要农事季节的气象服务工作，及时提供未来天气与农事建议，并利用电视天气预报栏目播放病虫防治等相关信息。

【气候评价】2016年，气温偏高，降水偏多且分布不均，日照与历年相接近。受厄尔尼诺现象影响，入汛早结束晚，1—4月，以阴雨寡照天气为主，雨日多且雨量大，出现罕见冬汛，春季未出现“倒春寒”天气，对早稻育秧、直播稻苗期生长有利；汛期降水偏少。

气　温　年平均气温为19.9℃，与近30年平均气温相比偏高0.7℃，除2—3月平均气温与历年同期相比偏低1.9和0.1℃，8月平均气温与历年同期相比相持平外，其他月份平均气温均偏高0.2–2.3度；其中：10月，月平均气温和10月下旬平均气温均超过历年同期最高值0.1度和0.4度，均创历史同期新高；年极端最高气温39.6度，出现在7月29日，与历年极端最高气温相比偏低0.5度；年极端最低气温–3.4度，出现在1月25日，与历年极端最低气温相比偏高4.6度。

降　水　年总降水量2009.4毫米，与近30年平均值相比偏多408.1毫米，其中1月、3月、11月比历年同期偏多1.1–2倍，尤其3月降水占历年同期最多的第二位；4月、9–10月比历年同期偏多3–5成、6月、8月与历年同期相接近、2月、5月、7月、12月历年同期偏少1–7成。

日　照　年总日照时数1322.6小时，与近30年平均值相比偏少4.8小时，1月、4–5月、8–11月比历年同期偏少2.6–81.9小时，2–3月、6–7月、12比历年同期偏多2.0–51.6小时。

【主要气象灾害及异常气候事件】

灾　害　纵观全年灾害性天气过程，有3次暴雨造成了明显灾害。其中3月1–3日，全县受灾人口28140人，倒塌房屋24间，一般损坏房屋间数1818间，一般损坏房屋户数490间。农田受灾面积172.6公顷，成灾面积108.46公顷，绝收面积47.6公顷，毁坏耕地面积30.6公顷，直接经济损失26130000元。6月15–16日，受灾较严重乡（镇）分别是聂都乡、乐洞乡、铅厂镇，受灾人口10346人；农作物受灾面积69.1公顷；倒塌房屋13户51间，造成直接经济损失14616000元，因灾意外死亡1人。8月26–27日区域性暴雨造成受灾人口23099人，造成农作物受灾面积452.4公顷，倒塌房屋187户718间，直接经济损失85560000元。

异　常　2016年气温偏高，降水偏多且分布不均，日照与历年相接近。受厄尔尼诺现象影响，入汛早结束晚，1–4月以阴雨寡照天气为主，雨日多且雨量大，出现罕见冬汛，春季未出现“倒春寒”天气，对早稻育秧、直播稻苗期生长有利；汛期降水偏多。

附表：

2016年，各月平均本站气压、各月平均气温、各月总降水量、各月总日照时数、各月平均相对湿度、各月平均风速。

2016 年崇义县气象基本情况

表 16

月份	平均气压（hpa）	平均气温（℃）	降 水（mm）	日 照（h）	平均相对湿度（%）	平均风速（m/s）
1	994.1	9.0	189.3	47.9	81	1.1
2	995.3	9.6	59.9	113.0	73	1.2
3	989.3	14.4	300.9	82.6	78	1.2
4	982.2	21.4	306.5	58.7	84	1.3
5	981.1	23.8	190.6	89.5	82	1.1
6	978.4	27.6	238.5	151.5	79	1.4
7	977.7	29.0	78.8	222.8	74	1.6
8	976.0	27.5	202.0	151.7	81	1.2
9	980.6	25.2	151.6	129.4	78	1.3
10	985.5	22.8	110.8	56.6	80	1.2
11	991.2	16.1	168.9	88.1	81	1.2
12	993.9	12.3	11.6	130.8	77	1.0
年平均或年总量	985.4	19.9	2009.4	1322.6	79	1.2

本年度初霜日期：12 月 28 日，上年度终霜日期：2 月 9 日，全年无霜期 322 天。

极端最高气温：39.6℃，出现在 7 月 29 日；极端最低气温：–3.4℃，出现在 1 月 25 天；一日最大降水：106.8mm, 出现在 3 月 20 日；全年暴雨日数：3 天，其中大暴雨 1 天。

【领导名单】

局　长　　　李连星

气象台台长　王癸西

文化·广播·电视

文化与广播电影电视新闻出版

【概况】 2016年，县文广新局按照年初拟定的工作目标和思路，扎实推进文化和旅游相融发展，推进群众文化入基层，扶持引导特色文化产业有品味、上档次，助力文化基础设施建设有序推进，提升文化人才管理机制，大力开展文化惠民工程建设，稳步实施公共文化示范点标准化建设，促县域文化优化发展。推进文化体制深化改革，有力促进文广新工作的新发展。

【文化设施建设】 2016年，县文广新局在县委政府的高度重视下积极推进文化基础设施建设，文化综合楼建设已封顶，现已进入室内外装修阶段，预计2017年投入使用。“两馆一站”免费开放工作持续推进，申报打造8个第二批市级公共文化服务示范点建设，完善57个“十三五”时期贫困村文化活动室、农家书屋建设，完成68家农家书屋更新。全面完成竹文化创客中心建设，打造了全县竹文化创客研创平台。成立县“农家书屋+电商”工作领导小组，制定了县“农家书屋+电商”工作实施方案，开展了竹文化创客中心、扬眉、铅厂、过埠、麟潭等“农家书屋+电商”示范点建设。开展了县级图书馆总分馆制试点工作，其中在已有中山社区图书阅览室的基础上，县城新建章源社区、阳岭社区两个社区图书阅览室，协助新建了竹创客中心书吧和县电商孵化园书吧，实行自主管理，常规指导。成立了县美术馆、博物馆，博物馆陈列布展工作有序推进。已100%完成18080户无线广播电视“户户通”惠民工程建设安装任务。协助推进横水、过埠综合文化站建设，打造有看点有特色的乡镇综合文化站的样板。

【群众文化】 近年来，在群众文化大繁荣大发展的大背景下，县文广新局积极引导一批有特色有民俗风味的文艺团体、协会发展壮大，打造群众性文化精品，力促品味文化多元发展。春节期间，在县人民广场举办了春节文化惠民系列活动；“五一”期间，举办“大美崇义”——京赣粤首届书画展，展出作品138件；县美术馆举办了首届芦江文化书画展；协办江西电视台都市频道《社区100》争霸广场舞大赛第二季海选赛崇义赛区海选、赣州市文化馆联盟片区崇义采茶戏专场晚会；宣传党的方针政策，组织干部职工做好志愿者服务，开展文化下基层服务活动，辅导乡镇开展群众性文化活动，精心编排了“精准扶贫”专题文艺活动深入全县偏远山区巡演；组织县文化志愿者参加文化部举办的“春雨工程”西藏行——江西省文化志愿者赣南采茶专场文化交流，协同举办三省三县“湖南汝城、广东仁化、江西崇义”文艺会演等活动。目前，已完成送戏下乡演出任务72场次，完成放映公益电影1955场次；组织参加由赣州市文化馆联盟成员单位承办的“百姓大舞台，大家一起来”赣州市文化馆联盟优秀节目展演，选送40多名选手参加赣州市第二届“我来演采茶”电视大赛等系列群众性文化活动；在世界读书日之际，举办了“书香中国”图片展览，并向阳岭爱心书屋、县老干部局、巨人英语学校和局机关等赠送图书1000余册，积极参与部门联合举办的“倡导全民阅读·打造书香崇义”活动，广泛开展读书活动，全力协助做好向学校和个人的赠书和征文等系列工作；聘请省市专家结合崇义县历史文化背景和民俗文化特色积极开展文艺作品创作，已完成赣南采茶歌舞（现代）小戏《上堡·寻梦》剧本、编排创作，将参加省市展演，竹乐器展演《国色竹香》音乐创作已完成。

【特色文化】 突出地方特色，积极打造群众性精品文化，提升舞台作品创作，打造品位文化多元发展。加大投入建设阳明竹苑竹文化、食品文化、奇石根雕和民俗文化为一体的景区展馆，与旅游相融，连接文化与旅游业同步发展，通过近年来崇义县的旅游热潮，迎合旅游文化产品研发。宣传推介崇义。利用竹文化创客中心，筑巢引凤搭建文化企业创业平台。完成一批竹乐器的更新和竹制旅游纪念品的研制，并投入市场销售。

【文化市场管理】 2016年，县文广新局积极开展文化市场管理整顿，营造良好文化市场环境。

大力开展文化市场专项整治行动 组织文化、公安、广电等各有关部门，对全县网吧进行突击检查，出动人员50余人次，检查网吧约6家次，查处接纳未成年人上网违规网吧1家。

电子游戏机娱乐场所检查整顿 为有效根治人民群众反响强烈的利用游戏机赌博问题，按照属地管理原则，对所有电子游戏厅娱乐场所进行拉网式排查。

“扫黄打非”工作重点 严密封堵和查缴政治性非法出版物，特别是诋毁中国政治制度，歪曲党史、国史、军史，宣扬“法轮功”等邪教教义，鼓吹“藏独”“疆独”等民族分裂的非法出版物。

非法卫星地面接收设施专项整治 着力开展宣传发动、源头治理、综合执法上下功夫，共印发通告5000余份，查处、收缴非法安装使用卫星地面接收设施40套，自行拆除上交15户，确保了卫星地面接收设施市场规范安全有序。

【文化遗产保护】 不断加强历史文化名镇名村、传统古村落保护，崇义县有1个省级保护文物单位，7个省级非遗保护项目，正将崇义县“三节龙”表演项目申报国家级非遗保护项目，将“上堡整训”“红三军团”旧址申报省级文物保护单位。持续推进民间文化艺术之乡建设，扶持和发展一批具有广泛群众基础的民间艺术项目。以“幸福崇义，文化在行动”为主题，组织开展群众性民俗文化活动，办好民间艺术展演、农民才艺展演等活动。围绕苏区革命遗址保护，精心开展文物保护工作。一是完成上堡整训旧址维修工程、义安、新溪毛泽东旧居维修工程、长潭邓小平旧居等维修工程建设。完成牛形岭下彭德怀旧居抢救性维修，修复了两处倒塌墙体及屋面，组织开展茶寮碑拓片工作。二是开展了国际博物馆日、中国文化遗产日活动。5月18日，在县人民广场举办“崇义县文物图片展”，展出文物图片108幅，其中不可移动文物57幅、馆藏文物51幅。同时发放宣传“博物馆与文化景观”这一主题及国际博物馆日相关知识的宣传资料200多份，观展人数达2000多人次。向全县各乡镇、县直单位发放《中国文物报》中国文化遗产日特刊100份，宣传“让文化遗产融入现代生活”主题和文物保护利用。三是在全国第十一个“文化遗产日”时，召开非物质文化遗产保护培训会，各乡镇文化站长、非遗传承人参会。

【文化产业发展】 2016年，县文广新局大力倡导文化产业大发展大繁荣，以电商+，旅游+，互联网+等全领域发展，引导和培育新型文化产业。优化各种文化资源，建设一批文化产业发展所需要的硬件设施，满足文化创业人员的需求，形成以经营性单位为主的文化产业发展格局。截至12月，崇义县在文化产业法人单位中，经营性单位有34家，从业人员2000多人。经营性文化产业单位拥有资产比例增大，经营性单位创造主营业务收入26500万元，崇义县文化产业实现增加值63600000元。在用活、用足、用好中央、国务院和江西省有关政策的同时，结合崇义县的实际制定文化产业发展的经济政策、改革配套政策。打造了一批文化、旅游相结合的文化产业名牌，如：阳岭生态公园、君子谷野果世界等，优胜劣汰，扶优扶强，做强做大文化产业骨干企业，营造文化产业的“航空母舰”。年内“金泰网络有限公司”成功列为规模以上服务业，打破了崇义县规模以上文化企业零的纪录。

【领导名单】

局　长　　张昌忠（9月免）

　　　　　邓玉金（12月任）

副局长　　黄小罗（9月任）

　　　　　范和金（12月免）

　　　　　庄上荣

图书馆馆长

　　　　　黄符新

文化馆馆长

　　　　　刘宜康

全媒体中心

【概况】 2016年，崇义县全媒体中心围绕贯彻落实中共十八届五中、六中全会及省市党代会精神，紧扣县第十七党会会议精神及县委、县政府中心工作，在县委宣传部的坚强领导下，立足本职，切实做好宣传思想工作，全面推进全媒体融合发展，取得一定成效。

【新闻宣传】

内　宣　围绕县第十七次党代会会议精神及县委、县政府中心工作、重要决策和重大活动，坚持正确的舆论导向，把握宣传规律，把握新闻导向、把握质量，

县委书记许斌在全媒体中心调研

全媒体中心揭牌仪式

积极策划，主动作为，及时调动县内本级电视、报纸、手机报、微信等媒体，全方位、多视角地做好新闻宣传报道工作，推动内宣工作不断向前推进，努力营造崇义新形象。2016年，中心认真贯彻落实县第十七党代会会议精神，深入开展了学习县“党代会”“两会”精神、解读“十三五”规划、“全域旅游”发展路径、打好“六大攻坚战”、创卫在行动等一系列专题专栏宣传，共采写播出新闻稿件968篇，其中专栏用稿413篇，编发旅游报36期，手机报252期，微信公众平台共发布消息252期1008条，有力地宣传了县委县政府的战略部署及各乡镇单位的工作亮点和群众关心关注的焦点，为崇义县加快发展、转型发展营造了浓厚的氛围。

外宣 围绕县委、县政府的中心工作，中心在积极做好内宣的基础上，按照“走出去、请进来”战略，积极主动地加强了与新华社、人民日报、求是杂志的通联，并与新华社江西分社签署了新一轮的战略合作框架协议，坚持改革创新、整合资源、扩大领域，重点围绕生态建设、旅游发展、项目建设、精准扶贫、民生工程等，在中央、省、市党报刊台刊发了一批新闻稿件和专版宣传，积极主动地展开对外宣传工作，展示崇义良好形象。

2016年，全县市级以上发稿180多篇。其中：崇义贴息贷款助推企业发展、崇义300000万元“大单”支持项目建设、创客旺哥的雕刻艺术、崇义“挂图作战”推进精准扶贫、崇义做优环境助力工业发展、崇义强化服务推进项目建设等深度外宣文稿，5月23日，《人民日报》海外版第5版刊发了题为《崇义：擦亮生态旅游“金名片”》的彩色整版宣传，引起强烈反响。全国森林质量提升现场会期间，精心策划选题，加大与中央、省、市媒体间的沟通对接，刊发了一系列大稿、好稿，较好地宣传了崇义的新经验、新形象。

【媒体融合】 崇义县率先在全市范围进行媒体融合改革工作。6月底，市委宣传部在崇义县召开了媒体融合发展的专题座谈会。随后市委宣传部下发《赣州市推进全媒体中心（县级）建设试点工作方案》的通知，崇义县与寻乌、宁都纳入全市全媒体中心试点。9月4日，县委、县政府下发《崇义县全媒体中心试点县建设工作方案》的通知，9月19日，崇义县全媒体中心正式揭牌成立。

组建后，就内部管理进行了完善。按行政部、总编室、新闻部、制作部、技术部等各科室分别制定了相关职责，明确工作任务，同时制定了稿件审核流程、编前会制度、校对工作制度、节目三审工作制度等制度。对人员队伍力量进行了充实。针对一线编辑记者紧缺状况，中心面向社会招聘了3名采编人员，其中2人已成为业务新生骨干。同时，中心已向县里申报了招聘记者计划、大学生见习岗位计划，不断加强管理和人才培养，提高队伍的政治素质和业务水平。对广告经营进行了改革。多年来，中心广告经营以对内承包的方式经营，但经营状况一直不景气，处于“惨淡”经营。为改变现状，规范经营行为，灵活经营方式，经中心主任办公会会议研究，报宣传部同意，以公开招投标的形式将市场部经营权对外承包。

2016年，就全媒体中心试点工作，根据工作方案的部署，正在完成全媒体运行机制和信息采制流程的重构再造，优化采编流程和人员配置，着手组建一支运营队伍和一支新闻采编队伍，研究出台新的考核管理办法，加强内部管理，激励人员工作激情。开发“幸福崇义”APP系统平台，建设“幸福崇义”APP终端，集成全县大数据，实现“一端在手，崇义全有”，积极推进各项建设工作。

【其他工作】

加快项目建设　自组建以来，加大争资争项力度，积极推动各项项目建设，将阳岭无线电视发射塔包装成全省海拔最高的发射塔项目，向省、市争取项目资金。2016年，关于阳岭发射塔土地使用证、房产证已经办理到位。同时，扬眉、关田两个发射塔建设已和乡镇沟通，开始了初步选址。

抓好创建全国卫生城相关工作　按照县创卫工作要求，积极主动做好单位网格责任区的创卫工作。开展了文明健康教育活动，建立了卫生保洁制度和门前“三包”责任制，改造排污设施，完善档案资料，网格业主集资12000元，单位拨付资金7000余元。

夯实机关“党建”工作　中心整合之后，对机关党支部进行了整合改造，对软弱涣散的机关离退休党支部进行了撤销，撤销后合并到机关党支部。开展了“两学一做”学习教育和“党建+”实践活动，增强了机关党支部的向心力和凝聚力，发挥了党支部全体党员的先锋模范作用。

扎实推进精准扶贫工作　2016年，中心精准扶贫工作有两个点，原县委报道组挂点文英乡文英村，原新闻中心挂点横水镇三坑村。半年多来，中心认真按照省市县有关精准扶贫工作要求，全体干部走村串户发放“一本通”，密切联系群众，并根据不同类型的扶贫户，按照“一村一策”“一户一策”的扶持办法，积极探索构建扶贫机制，扎扎实实开展精准扶贫工作，帮助群众脱贫致富。

【领导名单】

单位负责人

叶　菁（2月任，借调）

总编、县委报道组组长

李启峰

广电新闻中心副主任

郑景佳

广电新闻中心副主任、广播电视台台长　邹声优

广播电视记者站站长

吴学文

县委报道组副组长

刘　斌

广电网络

【概况】 2016年，崇义县广电网络分公司按照省公司“转型升级年”活动的要求，团结一心，扎实工作，公司各项工作有序开展。2016年，分公司全年完成总业务收入771189899元，占总任务的102.02%。其中：指令性任务完成418749069元，占64.82%；指导性任务完成35244083元，占320.84%。

【转变观点和理念】 转变观念，树立保用户就是保发展，保发展就是保饭碗的理念。以“两学一做”学习教育和省公司“转型升级年”活动为契机，开展广电网络发展主题大讨论，会上大家踊跃发言，围绕“这张网是谁的？分公司到底在为谁工作？面对当前的状况分公司应该怎么办？”通过大讨论触动了大家的“神经”，大家认为“面临当前的竞争形势，只有主动出击，建好网络，做好服务，没有退路，只有拼了”。

【推行网格化片区管理】 分公司中层竞聘上岗、员工双向选择到位后，明确了片区的“责、权、利”，明确了片区部门岗位职责，任务分配到人、责任落实到人，层层签订责任状，片区部门工作有序开展。

【实行公司层级管理制度】 制定了《公司制度和守则》和《崇义县分公司经营目标任务及绩效奖金提取奖惩管理办法》等制度，成立了三个领导小组：即任务下达与考核、市场营销、安全播出领导小组。实行公司一级对一级负责，部门工作有分管领导与部门负责人统筹安排，要求做到有计划、有安排、有落实，坚持部门例会制度，定期督促、调度片区部门任务完成情况，开展上门服务，实行全员营销，人人身上都有任务指标，实行了一月一统计一通报制度，加大了公司绩效奖金考核力度，体现了多劳多得，奖优罚懒机制，从而也激发了广大员工干事创业的工作积极性。

【着力推进双向网络改造】 公司聘请两个施工队，公司员工分成4个熔接小组。截至2016年

12月底，完成全县第一期双向网络规划设计改造工程，光缆架设593.5千米（城网250.5千米、农网343千米），开通双向光节点的861个（城网片区263个双向光节点、农网598个），覆盖用户8289户（城网4494户、农网3895户）。完成双向布缆城网96.35%，农网56.05%；完成双向光节点城网67.61%，农网46%；完成双向网络用户覆盖城网36.90%，农网47.44%。上年，新发展有线电视用户459户，安装宽带573户，互动电视6户。

【实现收入多元化】利用宣传车、电视台、短信、上门和摆摊设点等宣传形式，深入社区、乡镇进行宣传促销活动，公司业务、存收视费送节目、机顶盒标清换高清、有线电视初装+宽带、购一体机送宽带和付费节目，还与县民政局联合开展了精准扶贫家电销售等一系列活动，扩大了公司在群众中的认知度和影响力，特别在农村宽带安装有了一个良好的发展势头，收到了明显效果。

【抓好技术培训】 加强员工业务培训，增强员工的市场意识，提高员工业务推销的实战能力。每月29日为交账日和培训日。经过学习培训，片区员工基本掌握了公司业务营销常识和宽带安装、开通、调试技术。

【争取当地党委政府支持】 积极争取县委政府的政策支持，为加快公司发展创造良好环境。上年，公司日常经费紧张的情况下，挤出2万元用于文英村古选村“精准扶贫”点，修桥铺路为民办事实；积极参与县里的“四城同创”工作，投入近20000元；积极配合县里市政建设和乡镇征地拆迁工作，杆（线）路迁移40多千米，及时保障了用户的正常收看，受到县委、县政府的表彰。同时，主动承担县里的“户户通”工程安装任务，加强与文广局、扶贫办等相关单位的密切联系和沟通。目前，县《广电扶贫·宽带乡村》工程列入全县精准扶贫十大攻坚战项目，采取广电筹资进网，政府为贫困村群众家庭购买公共服务的方式，计划2017至2018年实施完成全县12个贫困村5199户群众家庭安装有线电视和数据宽带。

【注重安全播出和安全工作】 在重要播出、重要会议期间，班子成员带头值班，坚守岗位，加强机房监控和网络巡查，有力地保障了网络的安全传输；同时，在公司大会小会上经常要求员工加强作业安全和交通安全。2016年，公司没有发生安全播出和安全生产责任事故。

【领导名单】

总 经 理	肖秋生
副总经理	刘道荣
	蓝真真

图书发行

【概况】 2016年，江西省新华发行集团有限公司崇义分公司全体干部职工群策群力、迎难而上，认真贯彻落实中共十八届五中、六中、七中全会精神，严格执行党的八项规定，全年实现销售12760000元，实现利润1620000元，应收账款下降39%，完成全年销售和利润指标。

【教材发行工作】 严格遵照上级部门的要求抓好落实，精心组织，送书到校。开学前所有学校的课本足额发放到位，确保了“课前到书、人手一册”这一政治任务的完成。随着城市化进程的加快，农民工子弟转学进城就读情况越来越多，县分公司及时地协调教育主管部门，让学校在开学三天内将多余的课本退回，方便县分公司及时调剂，满足学生需求。

【教辅发行工作】 认真研读教辅政策，迎难而上，吃透文件精神，通过多方协调，确保了2016年两季义务教育阶段包括图册和课堂操作材料在内的所有代购目录内的教辅全配套。

探索新形势下教辅发行的新办法 2016年，主要通过深入乡镇村学校摆摊设点，在全县一至三年级实现了练习、试卷、假期作业等可供教辅学生覆盖率达到90%，在全县所有初中实现了试卷100%全覆盖，并且在四至六年级试卷销售上也有所突破，方便学生就近购买正版教辅用书。

认真做好高中服务工作 高中课本和教辅根据学校的要求，随到随送，优质的服务得到了学校的肯定，两所高中的一、二轮复习资料全都报给县分公司。

【狠抓精神文明建设】 围绕创建文明单位和“两学一做”契机，开展好政治学习，加强团结协作，做好廉洁自律工作，严格执行党的八项规定，贯彻落实全面从严治党的要求，严格公车管理，杜绝公车私用，杜绝大吃大喝，严格控制业务招待费的支出。县分公司涉及“三重一大”事项都通过店务会研究，职工大会讨论决定。2016年，继续保持了市“文明单位”荣誉。

【精准扶贫】 积极配合和参与到县委政府的各项中心工作，全年投入近2万元开展“精准扶贫”工作中去。

【一般图书经营工作】 积极开展好“假期一本好书”活动，组织工作人员到了各乡镇学校摆摊售书，深受同学们的欢迎。

积极邀请名家进校园 12月初，邀请著名儿童文学作家晓玲叮当到县举办公益讲座和签售。崇义县请晓玲叮当利用晚上时间在幼儿园增加了一场绘本主题讲座，这是全省首次在县里的幼儿园开展护苗行动，也为今后的扩大销售开辟了一条新的途径，高质量的讲座得到了学校和家长的一致好评。

圆满完成“绿色、古色、红色”主题读书活动 2016年，县新华书店积极与文明办、教育局等部门联系，组织开展了“新华杯”读书活动的征文评奖活动，通过活动来促进学校和学生对活动用书的使用率。县分公司充分把握市里文件的时间节点，使读书活动在春季得到了延伸，这是多年以来首次实现一个主题两季活动，让主题读书教育活动实现常态化。

【领导名单】

经　理　　李德明

教 育

教育管理

【概况】 全县共有各级各类学校182所，其中省重点中学、国家级重点职业高中、教师进修学校、省示范性幼儿园、特殊教育学校各1所，九年一贯制学校4所，初中13所，完全小学16所、教学点87个，公办中心幼儿园17所、民办幼儿园40所。全县共有在校中小学生30224人、在园幼儿8389人，有教职工1538人。2016年，全县教育系统紧紧围绕县委、县政府工作部署，不断强化管理、优化结构、提升质量，教育工作取得了长足进步，荣获了“全市中学教学质量先进单位”和全县“综合工作先进单位”“党的建设和民主法治建设先进单位”“精准扶贫工作先进单位”“基础设施建设工作先进单位”“争资争项和招商引资工作先进单位”“社会综合治理和信访维稳工作先进单位”等荣誉称号。

【投入与支出】 教育经费支出为33806万元，占一般预算支出209104万元的16.17%，比2015年增长9.2%。预算内教育财政拨款29861万元，比上年增长15%。预算内教育财政拨款增长高于财政经常性收入增长11%。预算内义务教育学校年生均教育事业费逐年增长，中小学在校学生人均教育费用为11883元，比上年增长935元。

【基础教育】 投入19430000元完善各类教育教学设备，10月，义务教育均衡发展工作通过省级评估，12月，通过国家认定。

【校建工作】 完成校建项目投资25327万元，新增校舍160500平方米。阳岭幼儿园一期工程1月份全面完工并投入使用；职业中专实训楼、思源实验学校新建工程和崇义中学扩建工程动工兴建，进展迅速；龙勾、文英、乐洞、杰坝、上堡、铅厂中心幼儿园竣工，聂都、关田、过埠3所中心幼儿园完成主体建设；关田中心小学、金坑中心小学整体迁建项目完成大部分建设任务。

【素质教育】 开展清明祭先烈，国学经典诵读，“小手拉大手”进社区、进村组，“共筑绿色家园 共建美丽崇义”主题绘画、征文比赛及“中国梦·少年梦”少年电视才艺大赛新华杯中小学生书画现场比赛，参与面广、成效好。推进足球进校园活动，引导学生体验足球运动，培养足球兴趣爱好。

【教学教研】 以教育专家志愿服务团活动为载体，开展送教下乡活动，为基层学校教师提供精准教育指导服务。举办全县初中物理、化学课堂教学竞赛和小学语文优质课观摩活动，促进教师专业成长。中考综合排名继续保持在全市前列，高考本科上线率列全市第一，其中提前批次26人，一本177人，二本488人，录取985院校的有20人，1人录取在上海交通大学，1人被中国人民大学录取。

【学生资助】 为义务教育阶段学生免费提供教科书，落实资金2888760元；为3012名学生发放义务教育阶段补助家庭经济困难寄宿生生活费，落实资金1011475元；为361名学前教育幼儿发放资助资金519000元；为1479名贫困高中生发放了1479000元国家助学金；为180名职业中专学生发放了180000元国家助学金；为1887名职业中专学生免学费，发放资金720375元；为118名高考贫困学生发放政府资助金708000元；为2197名大学生办理助学贷款，发放资金16694340元。

【队伍建设】 深入开展师德师风专项整治，认真组织师德学习、问题查摆和整改、建章立制等工作。招聘中小学教师128人（其中具有研究生学历12人），招聘农村“特岗教师”29人；引进外县市在职教师16人。定向培养农村小学教师37人。

【党建工作】 落实全面从严治党要求，抓实“两学一做”学习教育、党组织关系排查、党费收缴检查、换届选举、非公企业和社会组织“两个覆盖”以及“集中整治”等反腐倡廉各项工作，党建工作迈上新台阶。

【领导名单】

党委书记、局长
赖奇林
党委委员、副局长
汤 斌
党委委员、崇义中学校长
彭如春
党委委员、职业中专校长
陈飞虎
党委委员、副局长
卢红武（9月任）
党委委员、进修学校校长
廖春森
党委委员、教育督导室主任
邱赣生
党委委员、副局长
杨 晖
党委委员、副科级干部
陈古胜

教师进修学校

【概况】 崇义县教师进修学校属中等师范性质的正科级单位。设有校长室，副校长室，办公室、培训处、函授处、总务处，共有16个编制。现有教职工17人，其中具有高级职称的教师13人，中级职称2人，初级职称2人。紧紧围绕“面向全员、突出重点、倾斜农村”的原则和“国培省培抓骨干、集中培训抓重点、网络培训抓全员、校本培训促提高”的思路，全体教师认真履职，齐心协力，开拓创新，圆满顺利地完成了各项工作任务。被西南科技大学评为“2016年度网络教育优秀教学组织单位”。

【师德师风】 为深入贯彻落实教育局党委《“党建+师德师风建设”实施方案》精神，切实提升全体教师职业道德和师德水平。该校高度重视，成立了师德师风建设领导小组，召开了全体教师动员大会，通过QQ、微信、宣传栏等平台大力宣传，营造活动氛围。认真组织全体教师学习《中小学教师职业道德规范》《中华人民共和国教育法》《中华人民共和国教师法》《中华人民共和国未成年人保护法》《全国师德模范事迹》等篇目，观看“党建+师德师风建设”报告会的实况录像。学习师德先进事迹，发挥榜样的示范、引领、激励作用，号召全体教师学先进、做先进，自觉践行高尚师德。以“做一个人民满意的教师”为标杆，坚持问题导向，狠抓整改提升和建章立制，提高服务水平，塑造教师队伍的良好形象，以师德建设的良好成效助推县教师进修学校各项工作的整体提升。

【“两学一做”学习教育活动】 为进一步加强对党员干部的管理和约束，强化党员意识，加强党性修养，坚定理想信念，逐步深化对党章党纪党规的学习，促进全体党员干部工作作风、生活作风持续转变，按照县委统一部署，县教师进修学校认真开展“两学一做”教育活动。组织全体党员干部认真学习党章党规，逐条逐句通读党章，全面理解党的纲领，牢记入党誓词，牢记党的宗旨，牢记党员义务和权利，引导党员遵守党章，维护党章，坚定理想信念；学习《中国共产党廉洁自律准则》，《中国共产党纪律处分条例》等党内法规，引导党员牢记党规党纪，牢记党的优良传统和作风，树立崇高道德追求，守住为人、做事的基准和底线；学系列讲话，认真学习习近平总书记关于改革发展稳定、内政外交国防、治党治国治军的重要思想，学习以习近平同志为总书记的党中央治国理政新理念新思想新战略，引导党员深入领会系列重要讲话的丰富内涵和核心要义。坚持以知促行，做讲政治、有信念，讲规矩、有纪律，讲道德、有品行，讲奉献、有作为的合格党员。不断提高全体党员的政治思想觉悟，充分发挥党员的先锋模范作用，确保“两学一做”落到实处。

【教师培训】 拓宽渠道，务实创新，培训工作有特色。按照省、市教师培训工作的总体部署，该校严格落实《崇义县2016年教师培训工作意见》的要求，有序开展教师培训，圆满完成“国培计划”培训和省、市、县的各项培训任务。

落实“国培计划”项目培训 共落实“国培计划”项目培训692人次。其中，“国培计划”送教下乡项目，培训119人次；“信息技术能力提升工程”项目，培训348人次；“教育部—乐高创新人才培养计划”培训项目，培训2人次；选派校长、后备干部参加“教育部—中国移动中小学校长培训”项目223人次。

选拔校长、教师参加省、市级集中培训 截至12月底，参加省、市级集中培训158人次。

开展县级教师短期培训 崇义县教师培训继续采取“请进来”的方式，聘请高校一些专业教师给参训教师作理论专题讲座，为教师理论引领。同时，在培训过程中做到理论与实践相结合，让参训教师通过培训这一平台，大家相互研修、提高，让参训教师与一线名师面对面的交流。全年共培训654人次。

【学历教育】 加强管理，规范有序，函授工作有条不紊。继续与西南科技大学联合办学，开展学历提高培训。全年组织了两次西南科技大学网络教育招生工作，共招收了西南科技大学学员80人。其中，2016年春季39人，2016年秋季41人，学员人数比前两年有所减少。现有在籍函授学员240人，其中专科106人，本科134人。函授处共组织西南科技大学网络教育各种考试10次，每次考试均严格执行《西南科技大学网络教育学院考试管理办法》，精心组织安排，严肃考风考纪，很好地完成了各种考试任务。安排西南科技大学网络教育2014年春秋两季学员毕业论文的选题工作，按专业安排教师指导学员毕业论文的撰写和修改，填写毕业论文评语，进行成绩评定。认真审核论文，及时将每一篇论文和论文成绩上传到网络教务平台，为学员顺利毕业奠定了良好的基础。

【精准扶贫】 务求实效，真抓实干，打好精准扶贫攻坚战 。县教师进修学校帮扶干部有14人，结对帮扶的精准扶贫户有32户，96人。经过努力，2016年，有7户28人顺利脱贫，取到了满意的成绩。元月慰问困难群众5名，每户一床棉被，一袋大米，一瓶食用油，600元现金、计3000元。3月，赠送华芦小学电视机、电脑、篮球、桌面玩具等，价值7000余元。

7月，赠送华芦村7200多元图书。“七一”走访慰问老党员杜桂秀、刘显花、肖永秀、钟组全等4名，资金1200元。积极参加县委组织的“三个一”（干一次农家活、送一份礼包、吃一次农家饭）活动，给予贫困户更多关心。帮助解决多名贫困学生学习、生活困难，积极实施雨露计划6人，捐助贫困学生肖玉清（扬眉小学四年级）1000元助学金。为华芦村斧头寨下贫困户朱秋英争取政府代建保障房一栋，12月初已交付使用。金融扶贫方面，帮助16户贫困户顺利办理产业贷款720000元，另外还有3户贫困户的贷款正在办理中，100%符合基本贷款条件的贫困户享受到了政策红利。为华芦村干部和精准扶贫帮扶对象48户购买了一年的综治保险，每户40元，共计1920元。到2016年底为止拨付给华芦村帮扶资金10000元整。

【四城同创】 按照县委、县政府关于开展“四城同创”工作的要求，县教师进修学校积极响应号召，创新思路，强化措施，周密部署，攻坚克难，认真做好网格小区环境整治工作。大力宣传，务求实效，成功拆除违章建筑49间约600平方米。

【领导名单】

校　长　　廖春森
副校长　　曹　雪
　　　　　李复东

崇义中学

【概况】 2016年，该校有60个教学班，3600余学生，250余名教职工，80名高级教师，104名中级教师，省特级教师1名，58名省市县级学科带头人、骨干教师。

学校以邓小平理论、“三个代表”重要思想和科学发展观为指导，在县委、县政府的正确领导下，贯彻落实中共十八大精神，进一步贯彻落实国家、省、市中长期教育改革和发展规划纲要的精神与要求，践行党的群众路线，全方位推进素质教育，精耕细作，凸显特色，注重科学发展、内涵发展和外延发展，按照“办一流学校、育一方人才”的办学宗旨，积极办人民群众满意的学校，做人民群众满意的教师，育人民群众满意的学生。

【高考成绩】 在县委、县政府高度重视关心和社会各界大力支持下，崇义中学2016年高考喜获丰收：

本科上线率创新高　文化一本上线184人，比上年增加28人；文化二本上线653人，比上年增加194人；音体美二本上线56人；合计二本上线709人，二本上线率高达60%，创历史新高。

考生录取捷报频传　666人被录取，录取率高达94%。其中，何鑫、王梵同学通过自主招生分别被上海交通大学和中国人民大学录取，理科状元徐欣茹同学被同济大学录取。体育特长生游道花、黄敏同学被中国最高体育学府——北京体育大学录取。录取在“985”名校的有20人，录取在“211”重点大学有96人。

【办学精神】

办学宗旨　办一流学校、育一方人才

校训　崇德尚学、知行合一

校风　文明奋进、求实创新

教风　善教善导、求实求新

学风　虚心勤奋、严谨科学

【教育教学】

深化德育管理，创新德育模式，注重德育实效　加强班主任队伍建设，培养班主任工作带头人，不断改善班主任工作方法，坚持班主任周例会；继续完善对班主任工作的检查、评估、帮扶和激励制度，充分调动班主任工作的积极性和创造性，建立一支高素质的班主任队伍。

发挥校园实践活动作用，提升学生综合素养　组织师生开展内容丰富、形式多样的校园文化活动，营造积极向上、和谐健康的文化氛围，不断提高校园文化品位。

精细课堂管理，探索培养模式，提升教学质量　进一步探索高效课堂模式，解决“怎么学”；进一步探索高效训练，解决“练什么”；建立保障机制，实行质量“问责制”。年级蹲级重点抓教学教研质量的管理，年级主任重点抓日常规范的管理。

丰富学生文体活动，扎实开展体艺教学　深入开展阳光体育运动，注重群众体育，不断完善体育设施，认真抓好体育活动。举行学校运动会。加强音体美特长生管理与训练，不断提高竞技水平，体育特色更加明显。竞赛辅导课纳入学科教学的常规管理。开设选修课，制定选修课评价标准。

拓展教研平台，创新教研模式，促进专业发展　以队伍建设为抓手，打造“互动、共享、反思”的教研文化，不断强化校本教研的实效性，努力探索符合学校实际的“教研强师”的发展之路，注重以课堂为中心，通过备课、研课、上课、听课、评课等5个环节，提高课堂教学的有效性。

表 17

2016 年学校荣誉

序号	荣　誉	获得者	颁发单位	颁发时间
1	2015–2016 学年度“崇义县师德师风先进个人”	廖思铨	县政府	2016.9
2	2015–2016 学年度“崇义县师德师风先进个人”	钟宝平	县政府	2016.9
3	2015–2016 学年度“崇义县师德师风先进个人”	李新夏	县政府	2016.9
4	2015–2016 学年度“崇义县师德师风先进个人”	钟素方	县政府	2016.9
5	2015–2016 学年度“崇义县师德师风先进个人”	谢才辉	县政府	2016.9
6	2015–2016 学年度“崇义县师德师风先进个人”	伍学健	县政府	2016.9
7	2015–2016 学年度“崇义县师德师风先进个人”	郭芳芬	县政府	2016.9
8	2015–2016 学年度赣州市“优秀班主任”	钟宝平	市政府	2016.9
9	第六批县学科带头人（中学语文）	刘明军	县教育局	2016.4
10	第六批县学科带头人（中学语文）	胥　兰	县教育局	2016.4
11	第六批县学科带头人（中学物理）	陈传芳	县教育局	2016.4
12	第六批县学科带头人（中学化学）	温其兵	县教育局	2016.4
13	第六批县学科带头人（中学体育）	徐志斌	县教育局	2016.4
14	第六批县骨干教师（中学语文）	王先林	县教育局	2016.4
15	第六批县骨干教师（中学化学）	刘洪浪	县教育局	2016.4

表 18

2016 年教育教学获奖情况

一、教学论文发表				
序号	论文题目	作　者	学科	发表何刊何期
1	鉴赏诗歌语言的复习方法	胥　兰、朱伦春	语文	高中生之友 2016 年 1–2 月
2	2015 年高考江西卷作文满分借鉴	朱伦春	语文	高中生学习 2016 年 6 月
3	“拙……”前面不用“我的”修饰	杨顺仪	语文	语文月刊 2016 年 2 月
4	近乡雪尤寒不敢料所遇	杨顺仪	语文	读写月报 2016 年 4 月
5	“从表达为本”，结构杂糅了	杨顺仪	语文	语文月刊 2016 年 5 月
6	书信：想说爱你不容易	杨顺仪	语文	新作文・中学作文教学研究 2016 年
7	以文解文，以薇解悲	杨顺仪	语文	语文教学研究 2016 年 3 月
8	再议“敢以烦执事”之“敢”	杨顺仪	语文	语文学习 2016 年 2 月
9	“以秦近了，却与你远了”	杨顺仪	语文	读写月报 2016 年 4 月
10	透过虚词触摸韩愈的勃勃情怀	杨顺仪	语文	中学语语文 2016 年 6 月
11	试论高中数学教学中探究性学习的开展	刘善翔	数学	理科爱好者 2015 年 36 期
12	高中数学教学中学生逻辑思维的培养	刘善翔	数学	中学课程辅导 2015 年 19 期
13	师者孔子的智慧	刁玲燕	语文	速读 2016 年 3 月
14	此恨绵绵无绝期	刁玲燕	语文	中学课程辅导・教师教育 2016 年 5 月下
15	让学生动起来，课堂会更精彩	李　霞	语文	课外语文 2016 年 4 月
16	浅说高中语文课堂中的情感教育	李　霞	语文	中学课程辅导・教师通迅 2016 年 5 月
17	高中物理教学中的视频资源的应用	廖为洪	物理	中学物理 2016 年 6 月
18	微课在高中物理教学中的高效应用	廖为洪	物理	中学生数理化 2016 年 3 月
19	全国新课标卷二古代诗歌鉴赏命题规律分析	朱伦春	语文	《高考指导》2016 年第 3 期
20	《以“本”未本，以学促学》	刘升红、杨顺仪	语文	《读写月报》2016 年第 12 期
21	《全国“课标卷”十年高考词语题解析》	杨顺仪	语文	《读写月报》2017 年第 1 期
22	《2016 年高考病句题解析》	杨顺仪	语文	《读写月报》2016 年第 7–8 期
23	《“津津乐道地述说”——叠床架屋了》	杨顺仪	语文	《语文月刊》2016 年第 11 期

续表 18

序号	论文题目	作　者	学科	发表何刊何期
24	《“鉴赏小说语言”的复习策略》	胥　兰	语文	《高中生之友》2016 年第 4 期
25	《心中的“太阳”永不落——紧扣材料、中心行文》	胥　兰	语文	《高中生学习》2016 年第 9 期
26	《“鉴赏小说语言”的复习策略》	胥　兰	语文	《高中生之友》2016 年第 4 期
27	《练习 26 文段补写》	朱伦春	语文	《语文月刊》2016 年第 12 期
28	《唯分数论——教育的阴霾》	朱伦春	语文	《语文月刊》2016 年第 8 期
29	《指数函数的创新问题》	李建梅	数学	《育才报》第 4 期
30	《优化课堂教学，绽放数学光彩》	刘成棋	数学	《数学学习与研究》2016 年第 20 期
31	《学好数学概念 体会数学精髓》	胡述洪	数学	《中学生数学》2016 年第 6 期
32	《高中数学课堂教学中“变式教学”略谈》	邱慧彬	数学	《数理化解题研究》2016 年第 10 期
33	《高中英语课堂提问存在的问题及策略分析》	陈扬红	英语	《校园英语》2015 年第 12 期
34	《高中英语教学提问存在的问题及解决方法》	赖庆湖	英语	《江西教育》2016 年第 10 期
35	《浅谈高中英语的复习》	赖庆湖	英语	《中学生英语》2016 年第 8 期
36	《浅探“高中物理电路中的 U–1 图”》	卢和敏	物理	《数理化解题研究》2016 年第 3 期
37	《高中绿色化学教学思想培养策略》	杨顺嗣	化学	《教育》2016 年第 11 期
38	《高中化学课堂任务型教学法初探》	杨顺嗣	化学	《课程教育研究》2016 年第 23 期
39	《高中化学探究式教学实效性浅析》	杨顺嗣	化学	《教育教学研究》2016 年第 8 期
40	《浅谈趣味教学在高中田径教学中的应用》	蔡纪舟	体育	《课程教育研究》2016 年第 12 期
41	《武术操教学对学校学生体质的影响研究》	彭文峰	体育	《当代体育科技》2016 年第 25 期
42	《探究新课改下高中武术选项教学中武德培养》	彭文峰	体育	《体育世界》2016 年第 9 期
43	《多媒体技术在田径教学中的应用探析》	彭文峰	体育	《田径》2016 年第 12 期
44	《强化探究教学提高高中物理教学效率》	汤崇生	物理	《生活教育》2016 年第 12 期
45	《在高中物理教学中促进学生深度学习的研究》	汤崇生	物理	《高考》2016 年第 8 期
46	《如何在高中物理教学中启发学生的积极思维》	甘忠通	物理	《高考》2016 年第 8 期
47	《从课程标准到教材到教学》	黄　群	化学	《考试周刊》2016 年第 102 期
48	《浅谈如何在高中政治教学中开展探究生活化教学》	钟宝平	政治	《高考》2016 年第 7 期
49	《如何利用微课提升高中政治课堂教学的实效性》	钟宝平	政治	《高考》2016 年第 7 期
50	《高中政治教学改革中的问题与改进方法》	钟宝平	政治	《速读》2016 年第 12 期
51	《探析高中物理“非重点课”的教学策略》	廖为洪	物理	《中学物理教学参考》2016 年第 6 期
52	《高中化学氧化还原反应教学设计与实践研究》	吴英鹏	化学	《考试周刊》2016 年第 103 期
53	《高中数学“问题解决”教学的误区及对策》	邱慧彬	数学	《数理化解题研究》2016 年第 20 期

二、教学论文获奖

序号	论文题目	作者	学科	发证单位	获奖等级
1	合作学习共同提高——“学习小组”在高中数学教学中的运用	黄平海	数学	江西省数学学会	省一等奖
2	以“本”为本以学促考	杨顺仪	语文	中华圣陶杯中青年教师论文大赛	全国二等奖

三、中学课题研究

序号	课题名称	负责人	学科	立、结项	级别
1	城镇高中生语文思辨能力培养的研究	朱伦春	语文	立项	市级
2	高中英语教学中促进学生个性发展的探究	罗开莲	英语	立项	市级
3	高中英语阅读综合视野教学模式的实践研究	李　静	英语	立项	市级
4	利用电子白板技术提高高中数学课堂教学效率的研究	李建梅	数学	立项	市级
5	农村高中学生课外阅读实践研究	李　湘	语文	立项	市级
6	高中英语生命化课堂构建研究	杨　睿	英语	立项	市级
7	指导高中学生进行数学变式训练的模式探究	胡述洪	数学	立项	市级
8	新课程背景下培养高中生地理素养的有效途径研究	林群来	地理	结项	市级

续表 18

四、中学教师教学竞赛				
序号	竞赛名称	获奖人	发证单位	获奖等次
1	2016 年全市中学地理教学（命题）比赛	郭惠灵	市教研室	市二等奖
2	2016 年全市中学地理教学（命题）比赛	林群来	市教研室	市一等奖
3	赣州市高中数学教师综合素质比赛	张海龙	市教研室	市二等奖
4	崇义县中小学实验教学微课评选活动	卢和敏	县教研室	县二等奖
5	崇义县中小学实验教学微课评选活动	甘忠通	县教研室	县一等奖
6	崇义县中小学实验教学微课评选活动	刘昱菲	县教研室	县一等奖
7	崇义县中小学实验教学微课评选活动	丁火银	县教研室	县二等奖
8	全市中学生物教学优质课比赛	刘昱菲	市教研室	市一等奖
9	2016 年全市第四届中小学教师信息化教学应用成果展示活动	陈小娟	市教育局	市二等奖
10	2016 年全市第四届中小学教师信息化教学应用成果展示活动	李玉莲	市教育局	市二等奖
11	2016 年全市第四届中小学教师信息化教学应用成果展示活动	廖小红	市教育局	市二等奖
12	2016 年全市第四届中小学教师信息化教学应用成果展示活动	杨　睿	市教育局	市二等奖

五、奥林匹克竞赛			
1、数　学			
序号	获奖等级	获奖学生	指导老师
1	江西赛区全国三等奖	吴诚斌	邱慧彬
2	省一等奖	廖庚鑫	邱慧彬
3	省一等奖	王　政	邱慧彬
4	省二等奖	吴华崇	邱慧彬
5	省二等奖	何祥端	邱慧彬
6	省二等奖	张文峰	邱慧彬
7	市一等奖	廖　娟	邱慧彬
2、物　理			
序号	获奖等级	获奖学生	指导老师
1	江西赛区全国二等奖	何祥瑞	刘华生、刘庆文
2	江西赛区全国二等奖	杨　嵘	刘华生、刘庆文
3	江西赛区全国二等奖	吴华崇	刘华生、刘庆文
4	江西赛区全国三等奖	刘　庆	刘华生
5	江西赛区全国三等奖	邱钧祥	刘华生
6	省级二等奖	吴诚威	刘华生、汤崇生
7	市级一等奖	王金山	刘华生
8	市级一等奖	甘建平	刘华生
9	市级二等奖	黄金辉	刘华生
10	市级二等奖	吕如玥	刘华生
11	市级二等奖	高东祥	刘华生
12	市级二等奖	张凌玮	刘华生
13	市级三等奖	张　涛	刘华生
14	市级三等奖	何祥华	刘华生
15	市级三等奖	戴　钧	刘华生
3、化　学			
序号	获奖等级	获奖学生	指导老师
1	江西赛区全国三等奖	胡宏涛	刘谢平
2	江西赛区全国三等奖	黄友鸿	刘谢平

续表 18

序号	获奖等级	获奖学生	指导老师
3	省级一等奖	熊悦茹	刘谢平
4	省级一等奖	游达平	刘谢平
5	省级二等奖	黄友鸿	刘谢平
6	省级二等奖	胡宏涛	刘谢平
7	省级二等奖	陈　乐	刘谢平
8	省级二等奖	邱均山	刘谢平
9	省级三等奖	王　峥	刘谢平
10	省级三等奖	陈世苇	刘谢平
11	省级三等奖	吴佳强	刘谢平
12	省级三等奖	刘　承	刘谢平
13	省级三等奖	廖　娟	刘谢平
14	省级三等奖	黄金辉	刘谢平

4、生 物

序号	获奖等级	获奖学生	指导老师
1	江西赛区全国二等奖	张　政	官忠玖
2	江西赛区全国二等奖	夏晨雨	蒋小芳
3	江西赛区全国二等奖	林绎茹	丁火银
4	江西赛区全国二等奖	黄济勇	刘昱菲
5	江西赛区全国二等奖	吕如玥	官忠玖
6	江西赛区全国二等奖	罗猷力	官忠玖
7	江西赛区全国二等奖	肖　林	杨平媛
8	江西赛区全国二等奖	朱蕙芳	罗学成
9	江西赛区全国三等奖	邹红薇	潘淑琴
10	江西赛区全国三等奖	朱蕙芳	罗学成
11	江西赛区全国三等奖	邹红薇	潘淑琴
12	江西赛区全国三等奖	肖佳伟	杨平媛
13	省级三等奖	吴华崇	官忠玖
14	省级三等奖	刘　达	潘淑琴
15	省级三等奖	吴诚威	官忠玖
16	省级三等奖	张　涛	刘昱菲
17	省级三等奖	吴　鑫	罗学成
18	市级一等奖	胡宏涛	官忠玖
19	市级一等奖	甘建平	官忠玖
20	市级一等奖	陈　欣	蒋小芳
21	市级一等奖	汤明志	刘昱菲
22	市级一等奖	胡才源	官忠玖
23	市级二等奖	陈伟军	官忠玖
24	市级二等奖	邹　钦	官忠玖
25	市级二等奖	廖　娟	官忠玖
26	市级二等奖	熊悦茹	蒋小芳
27	市级二等奖	黄友鸿	刘昱菲
28	市级三等奖	邱钧祥	官忠玖
29	市级三等奖	刘　美	官忠玖
30	市级三等奖	高东祥	潘淑琴

续表 18

序号	获奖等级	获奖学生	指导老师
31	市级三等奖	刘儒怡	官忠玖
32	江西省团体三等奖		

六、编 书			
序号	书　名	编 辑	教 师
1	满分作文	主编	朱伦春
2	《中高考作文 2016—2017 高考满分作文特辑》	编委	胥　兰
3	《学周刊高考满分作文特辑》	编委	胥　兰
4	《冲刺 2017 年高考 2016 年高考满分作文》	编委	胥　兰
5	PK 高考壹作文《2016 最新高考满分作文》	编委	胥　兰
6	《引领高考总复习——语文》	编委	朱伦春
7	PK 高考壹作文《2016 最新高考满分作文》	主编	朱伦春
8	《2016 高考满分典范作文》	编委	朱伦春
9	《（2016~2017）阅卷现场高考满分作文》	编委	朱伦春
10	《冲刺 2017 年高考 2016 年高考满分作文》	编委	朱伦春
11	高考作文训练营《高考满分作文大全》	编委	朱伦春
12	作文素材《2016 高考优秀作文》	编委	朱伦春
13	PK 高考《高考题型强化训练——文言文阅读 & 古代诗歌鉴赏》	编委	朱伦春

七、英语能力听力		
序号	获奖情况	教 师
1	第十五届江西省高中英语听力能力提升活动二等奖	谢海珍
2	第十五届江西省高中英语听力能力提升活动二等奖	吴春梅
3	第十五届江西省高中英语听力能力提升活动三等奖	杨　睿
4	第十五届江西省高中英语听力能力提升活动三等奖	王春华
5	第十五届江西省高中英语听力能力提升活动三等奖	陈扬红
6	2016 年赣州市高中英语听力能力提升活动中荣获优秀指导一等奖	廖小红
7	2016 年赣州市高中英语听力能力提升活动中荣获优秀指导一等奖	刘传敏
8	2016 年赣州市高中英语听力能力提升活动中荣获优秀指导一等奖	曹　琳
9	2016 年赣州市高中英语听力能力提升活动中荣获优秀指导一等奖	阳作林
10	2016 年赣州市高中英语听力能力提升活动中荣获优秀指导一等奖	黄　娟
11	2016 年赣州市高中英语听力能力提升活动中荣获优秀指导二等奖	周秀华
12	2016 年赣州市高中英语听力能力提升活动中荣获优秀指导二等奖	黄秀娟
13	2016 年赣州市高中英语听力能力提升活动中荣获优秀指导二等奖	杜美秀
14	2016 年赣州市高中英语听力能力提升活动中荣获优秀指导二等奖	邹　媛
15	2016 年赣州市高中英语听力能力提升活动中荣获优秀指导二等奖	朱汉军
16	2016 年赣州市高中英语听力能力提升活动中荣获优秀指导二等奖	陈　琳
17	2016 年赣州市高中英语听力能力提升活动中荣获优秀指导二等奖	黄均盛
18	2016 年赣州市高中英语听力能力提升活动中荣获优秀指导二等奖	黄先华
19	2016 年赣州市高中英语听力能力提升活动中荣获优秀指导三等奖	李　敏
20	2016 年赣州市高中英语听力能力提升活动中荣获优秀指导三等奖	赖庆湖
21	2016 年赣州市高中英语听力能力提升活动中荣获优秀指导三等奖	刘玉玲
22	2016 年赣州市高中英语听力能力提升活动中荣获优秀指导三等奖	李　静
23	2016 年赣州市高中英语听力能力提升活动中荣获优秀指导三等奖	游新华
24	2016 年赣州市高中英语听力能力提升活动中荣获优秀指导三等奖	汤崇辉

续表 18

序号	获奖情况	教　师
25	2016 年赣州市高中英语听力能力提升活动中荣获优秀指导三等奖	郭成波
26	2016 年赣州市高中英语听力能力提升活动中荣获优秀指导三等奖	李和武
27	2016 年赣州市高中英语听力能力提升活动中荣获优秀指导三等奖	刘水生
28	2016 年赣州市高中英语听力能力提升活动中荣获优秀指导三等奖	张　丽
29	2016 年赣州市高中英语听力能力提升活动中荣获优秀指导三等奖	曹爱勇
30	2016 年赣州市高中英语听力能力提升活动中荣获优秀指导三等奖	方　芳

个人综合奖项		
姓名	荣誉称号	表彰部门
黄平海	《老课堂 新理念》在江西省第五届普通高中新课程“我的课改故事”征文中荣获二等奖	省教育厅
黄平海	《我与课改同成长 课改助我快长成》在江西省第五届普通高中新课程“我的课改故事” 征文中荣获三等奖	省教育厅
黄平海	《合作学习 共同提高》荣获江西省数学学会年度优秀论文壹等奖	省数学学会
黄平海	指导徐欣茹同学参加全国高中数学联赛荣获省贰等奖	省数学学会
黄平海	指导李芳同学参加江西省“体验科学，放飞梦想”征文荣获省等奖	省青少年科技活动中心
黄平海	指导廖开意同学参加江西省“体验科学，放飞梦想”征文荣获省三等奖	省青少年科技活动中心
黄平海	赣州市第五批高中数学骨干教师	市教育局
黄平海	赣州市第五批高中数学骨干教师	市教育局
黄平海	高中青年教师综合素质比赛二等奖	市教育局教研室
黄平海	赣州市高中数学教师命题比赛中荣获二等奖	市教育局教研室
黄平海	指导谢连清老师参加赣州市高中数学教师综合素质比赛荣获贰等奖	市教育局教研室
黄平海	指导郭家龙同学参加全国高中数学联赛荣获市叁等奖	市教育局教研室
黄平海	指导刘奇同学参加 2015 年全国高中数学联合竞赛荣获市三等奖	市教育局教研室
黄平海	《开展小课题活动 促进大课堂发展》荣获市壹等奖	市教育局教研室
黄平海	崇义县优秀教师	县政府
黄平海	崇义县师德标兵	县政府
黄平海	崇义县教育系统“优秀共产党员”	中共崇义县教育系统委员会
黄平海	崇义县高中骨干班主任	县教育局
黄平海	崇义县“先进班主任”	县教育局
杨顺仪	2107 年三个 90 周年知识竞赛三等奖、	省委宣传部，省党史研究室，江西日报
杨顺仪	2017 年首届中华杯全国师科研能力展示大赛二等奖	中国语文报刊协会、中学语文教学参考编辑部
杨顺仪	2017 第十九届语文报杯写作指导特等奖	团中央学校部、中国语文报刊协会、语文报社
杨顺仪	2017 年第 24 届中华圣陶杯教师论文大赛二等奖	中华圣陶杯中青青年教师论文大赛组委会
杨顺仪	2012 年优秀评卷员	省高等院校招生委员会、省教育厅
杨顺仪	2013 年高考评卷先进工作者	省高等院校招生委员会、省教育厅
杨顺仪	2014 年高考评卷先进工作者	省高等院校招生委员会、省教育厅
杨顺仪	2010 年县优秀教师	县政府
杨顺仪	2013 年江西省第二批高中语文学科带头人	省教育厅

【领导名单】

校长、书记　彭如春
副校长　肖群福
　刘庆文
　廖思铨
校长助理　刘明军

职业中专业

【概况】 2016年，崇义县职业中等专业学校在籍学生1866人，教职工135人，其中专任教师121人，中学高级教师54人，中学一级教师57人，“双师型”教师59人。

全面贯彻党的教育方针，坚持职教办学方向，紧紧围绕“精细化管理、内涵式发展”目标，狠抓内部管理，加强队伍建设，拓宽办学渠道，促进合作办学，教育教学质量大幅提升，学校各项工作再上新高台阶。

【制度建设】 修订完善《考勤制度》《教学管理制度》，出台施行《班主任评聘方案》《教研组考核评价方案》《职业技能培训、竞赛实施方案》《专业学生实习工作制度》《劳动课及卫生管理办法》《教室寝室财产管理办法》等方案，重新制订《高考管理方案》《技能竞赛管理方案》及《崇义县职业中专奖励办法》，为规范采购程序，学校还制定《专项资金管理办法》《政府采购管理办法》，为学校内部管理提供制度保障。

【德育工作】 不断加强德育队伍建设，充分发挥学生会、学生自管队等学生队伍的自主管理作用。重点做好2016春秋两季新生入学教育和军训工作，定期或不定期进行“行为规范”大检查及专项整治活动，坚持正面引导，加强后进生转化工作。严抓综治工作，认真开展防洪、防溺水、防雷电以及交通安全等教育活动，增强学生安全防范意识。拓宽德育渠道，组织“学雷锋、树新风”“清明祭英烈”“新团员入团宣誓”“绿色环保、青年先行”“红色基因代代传——江西学子青春井冈行”等主题教育活动，并邀请县有关部门来校做法制、交通安全、预防青少年犯罪、心理健康等专题讲座等，通过开展系列教育活动，引领学生健康成长，学校还扎实推进班级文化建设，开展丰富多彩的班级活动，增强凝聚力，增进师生感情。

【教学教研】

加强教学常规管理与督查，教学质量稳步提高 修订完善教学常规及技能竞赛等管理制度，实施大班制下班辅导，加大教研组管理力度，规定教研时间，加强巡课督查，并规范教学日志登记管理。加强高考指导工作，2016年高考取得本科上线27人的优异成绩。认真组织师生参加职业技能竞赛，2016年首次承办全市职业技能竞赛，学校在省、市职校技能大赛中，共获得省一等奖1个，二等奖3个，市一等奖3个、二等奖9个、三等奖8个的好成绩，学校还被授予“赣州市2016年技能竞赛优秀组织奖”。

加强校园文化建设，扩大学校声誉 充分利用校园电视台、微信平台、网站、校报等媒介加强宣传，积极向县内、外媒体、网站投送稿件，2016年共刊发稿件近200余篇（次），学校在省内外宣传取得了很好的效果。积极开展校内外活动，加强学生社团组织建设并认真开展活动，成立教师乒乓球、篮球、山地车等体育协会，举办“职中风采”文艺晚会，组织开展“职业教育宣传周”活动，积极创建文明校园，学校文化氛围愈加浓郁，师生面貌焕然一新，学校荣获2016年“赣州市文明校园”荣誉称号。

【校企、校校合作】 扎实推进校企合作向纵深发展，2016年以来，学校先后与广东奥马电器股份有限公司、上海天坤教育集团公司、赣州太智教育信息咨询有限公司、新加坡远东国际海运有限公司、珠海赛纳打印科技股份有限公司等近10家企业公司签订“奥马班”“高铁乘务定向班”“东方航空票务客服人员”“国际海员、国际邮轮乘务”“赛纳冠名班合作协议”等订单委培协议。

【招生就业与培训】

招生就业 整合招生工作资源，有效推进招生新进展。春秋两季招生达839人（其中外县招生7人），是近几年按招生对象比例计算入学率最高的一年。同时，学校认真做好了奥鹏远程教育各项工作，2016年，共招收奥鹏远程教育学员33人，也是奥鹏教育招生人数最多的一年。为规范学生实习，2016年学校与深圳、广州、东莞等合作企业、公司签订学生实习协议，认真开展学生的实习工作，解决了专业学生校外顶岗实习的需求。

农民培训 学校加强与县农粮局、商业局、科技局等部门的联系与沟通，积极开展培训工作。2016年，共完成新型职业农民培训500人，协调县教育局在县职业中专学校举办7期培训班（电子商务3期，脐橙种植技术升级培训2期，蔬菜技术培训1期，农村残疾人实用技术1期），人数近千人次，组织了科技强县项目南酸枣种植技术扬眉镇绿之蓝公司基地实训和信丰新田镇南酸枣标准化种植考察活动，通过培训学习、考察交流增强了社会和

群众对学校的了解，认同职业教育，收到了较好效果。

【争资争项】 学校认真组织上级专项资金申报，完成市教育局提出的竞争性资金分配方案，争取到上级精品专业专项资金200000元、技能竞赛专项资金100000元用于实训设施设备的采购。规范做好了现代职业教育质量提升计划3000000元的分配使用。2016年，根据县政府工作报告“关于加快职业中专电商学院建设，打造全省知名特色“电商教育基地”要求，学校加紧电商学院项目建设，认真做好了电商学院教学实训设备采购事项的前期准备。

【作风建设】 以“党建+”为契机，不断加强作风建设，领导班子扎实推进廉政建设，树立了团结廉洁、开拓创新的形象。班子成员团结协作，既分工又合作，勤政高效。学校全面推行“党建+师德师风建设”专题活动，认真组织、推进“专题学习、查摆问题、整改提升”等活动环节，提高师德水平。认真组织开展“两学一做”学习教育活动，根据中央、省市县委部署，在全体党员中开展“学党章党规、学系列讲话，做合格党员”学习教育活动，充分发挥了党员的先锋模范作用。完善党员活动室，强化支部建设。丰富党建宣传栏，加强党建常规工作，完成党费的收缴和管理，及时报送党建信息，强化支部资料建设，并对全体党员的档案进行排查，建立党员台帐，认真落实“三会一课”制度，支部工作得到了县组织部和局党委的充分肯定，学校被定为全县“党建示范点”，2016年，承接了全市机关党建流动现场会的现场观摩。

【学生资助】享受国家助学金(2000元/年·人)上学期180人，下学期194人，共计37400元；享受国家减免学费（850元/年·人）上学期1523人，下学期1471人，共1272450元；农村信用社百福资助共6人（1200元/人），共计7200元；享受贫困学生高考入学政府资助（6000元/人）20人，共计12万元；享受贫困学生高考入学资助（500元/人）7人，共计3500元。

表19

2016年学校荣誉

序号	荣　　誉	颁发单位	颁发时间
1	赣州市中等职业学校技能竞赛优秀组织奖	市教育局	2016.3
2	江西省“青少年维权岗”	共青团江西省委等13个单位	2016.5
3	2015年度全县共青团工作先进单位	共青团崇义县委员会	2016.5
4	赣州市文明校园	赣州市教育局赣州市文明办	2016.10

表20

2016年师生个人获奖情况

序号	荣　　誉	获得者	颁发单位	颁发时间
1	县师德标兵	杨清宁	县政府	2016.9
2	县师德先进个人	杨小佳	县政府	2016.9
3	县师德先进个人	叶贤能	县政府	2016.9
4	县师德先进个人	唐英理	县政府	2016.9
5	赣州市中等职业学校市级“三好学生”	蓝师信	市教育局	2016.10
6	赣州市中等职业学校市级“三好学生”	王　莉	市教育局	2016.10
7	赣州市中等职业学校市级“三好学生”	郭秀凤	市教育局	2016.10
8	赣州市中等职业学校市级“优秀学生干部”	肖　鉴	市教育局	2016.10
9	赣州市中等职业学校市级“优秀学生干部”	吴贞丽	市教育局	2016.10

表21

序号	竞赛名称	获奖人	发证单位	获奖等次
1	江西省中职校第十三届技能竞赛教师组	刘述超	省教育厅	省一等奖
2	江西省中职校第十三届技能竞赛教师组	陈隆喜	省教育厅	省一等奖
3	江西省中职校第十三届技能竞赛教师组	黄振军	省教育厅	省一等奖
4	第七届江西省中职校文明风采竞赛指导学生江燕才艺展示书法类（软笔）《唐诗三首》	张韶伦 陈昌义	省教育厅	省一等奖
5	第七届江西省中职校文明风采竞赛指导学生江燕才艺展示书法类（硬笔）《唐诗三首》	张韶伦 陈昌义	省教育厅	省一等奖

续表 21

序号	荣誉	获得者	颁发单位	颁发时间
6	第七届江西省中职校文明风采竞赛指导学生吴艳刘朝宇才艺展示舞台类	吉庆斌 周金萍 邱炜华 黄万飞 邹能春	省教育厅	省一等奖
7	第七届江西省中职校文明风采竞赛指导学生赖厚杰才艺展示书法类（软笔）《无题》	陈昌义	省教育厅	省一等奖
8	第七届江西省中职校文明风采竞赛指导学生刘欣征文演讲类《无言的感动》	罗六娣	省教育厅	省一等奖
9	第七届江西省中职校文明风采竞赛指导学生吴媛才艺展示美术类（绘画）《静物写生》	陈昌义	省教育厅	省二等奖
10	第七届江西省中职校文明风采竞赛指导学生罗海燕征文演讲类《内心深处的感动》	罗六娣	省教育厅	省二等奖
11	第七届江西省中职校文明风采竞赛指导学生刘福煌摄影类《团结就是力量》	钟　健	省教育厅	省二等奖
12	第七届江西省中职校文明风采竞赛指导学生郑露露摄影类《我也露一手》	朱水香	省教育厅	省二等奖
13	第七届江西省中职校文明风采竞赛指导学生钟清山才艺展示书法类（硬笔）《书法赤壁怀古》	罗六娣	省教育厅	省二等奖
14	第七届江西省中职校文明风采竞赛指导学生吴丽虹征文演讲类《前事不忘，后事之师》	罗六娣	省教育厅	省二等奖
15	第七届江西省中职校文明风采竞赛指导学生陈超职业生涯规划《我的未来我做主》	李立忠	省教育厅	省三等奖
16	第七届江西省中职校文明风采竞赛指导学生吴丽虹才艺展示舞台类《配乐诗朗诵》	罗六娣	省教育厅	省三等奖
17	第七届江西省中职校文明风采竞赛指导学生许艳萍才艺展示书法类（硬笔）《书法沁园春 长沙》	罗六娣	省教育厅	省三等奖
18	第七届江西省中职校文明风采竞赛指导学生谭国庆才艺展示书法类（软笔）《无题》	陈昌义	省教育厅	省三等奖
19	第七届江西省中职校文明风采竞赛指导学生谭国庆才艺展示美术类（绘画）《书包水果组合》	陈昌义	省教育厅	省三等奖
20	第七届江西省中职校文明风采竞赛指导学生饶涛摄影类	刘　桐	省教育厅	省三等奖
21	第七届江西省中职校文明风采竞赛指导学生王志坚职业规划类《我的未来，我做主！》	李肇平 朱水香	省教育厅	省三等奖
22	第七届江西省中职校文明风采竞赛指导学生吕群职业规划类《我的未来我做主》	李肇平 朱水香	省教育厅	省三等奖
23	第七届江西省中职校文明风采竞赛指导学生刘楠楠摄影类《渔家生活》	朱水香	省教育厅	省三等奖
24	赣州市中职校技能竞赛团体项目电子商务教师组	陈隆喜 黄振军 刘述超	市教育局	市一等奖
25	赣州市中等职业学校技能竞赛教师组工具钳工教师组	钟展军	市教育局	市一等奖
26	赣州市中职校技能竞赛教师组工具钳工教师组	张振宝	市教育局	市二等奖
27	2016 年崇义县中小学实验教学微课评选初中生物组	刘来凤	县教育局	县二等奖
28	江西省中职校第十三届技能竞赛指导学生中餐宴会摆台	黄礼婷	省教育厅	省二等奖

续表 21

序号	竞赛名称	获奖人	发证单位	获奖等次
29	江西省中职校第十三届技能竞赛指导学生	钟展军	省教育厅	省二等奖
30	江西省中职校第十三届技能竞赛指导学生电子商务	陈隆喜 刘述超	省教育厅	省二等奖
31	赣州市中职校技能竞赛指导学生刘涵计算机操作技术	邹小兰	市教育局	市一等奖
32	赣州市中职校技能竞赛指导学生刘欣中餐宴会摆台	黄礼婷	市教育局	市二等奖
33	赣州市中职校技能竞赛指导学生罗杨舞蹈创编	陈 丽	市教育局	市二等奖
34	赣州市中职校技能竞赛指导学生曾德良车加工技术	钟展军	市教育局	市二等奖
35	赣州市中职校技能竞赛指导学生曾庆峰计算机辅助设计	张红明	市教育局	市二等奖
36	赣州市中职校技能竞赛指导学生吴博圣计算机辅助设计	张红明	市教育局	市三等奖
37	赣州市中职校技能竞赛指导学生装配钳工	张振宝	市教育局	市三等奖
38	赣州市中职校技能竞赛指导学生工具钳工	张振宝	市教育局	市三等奖
39	赣州市中职校技能竞赛指导学生钟启华、邹攸鹏、黎良秀电子商务团体项目	刘述超 钟展军	市教育局	市三等奖
40	赣州市中职校技能竞赛指导学生周永春客户中式铺床	徐 丹	市教育局	市二等奖
41	赣州市中职业学校技能竞赛指导学生郭薇客户中式铺床	徐 丹	市教育局	市三等奖
42	赣州市中职校技能竞赛指导学生肖鑫客户中式铺床	徐 丹	市教育局	市三等奖
43	赣州市中职校技能竞赛指导学生吴才玉导游技能	徐 丹	市教育局	市三等奖

【领导名单】

校长、支部书记　陈飞虎
副校长　朱耀军
　　　　刘文滨
工会主席　杨小佳

崇义三中

【概况】 崇义三中原名章源中学，创办于2000年8月，原为崇义中学初中部，2006年8月开始独立办学。学校用地面积36813平方米，校舍建筑面积18549平方米。现有教职工128人，38个教学班，在校生2371人。

全面贯彻党和国家的教育方针，努力践行“办优质学校，育优秀学生”的办学理念，规范学校内部管理，营造和谐办学环境，建设德才兼备的教师队伍，努力提高教育教学质量，使学校整体工作稳步向前推进。学校荣获了“赣州市文明校园”“赣州市校园文化建设示范校”“崇义县中小学教育教学综合评估先进单位”“崇义县爱国卫生先进单位”等荣誉称号。

【招生】 2016年，共招收初一新生863人，其中男生490人，女生373人。

【重要工作】 在县委政府领导和主管部门指导下，崇义三中不断加强资料建设和硬件建设，接受了全国卫生县城检查、义务教育均衡发展国家督查、各项工作受到检查组好评。

【德育】 以《章源中学德育教育规划》统领全校德育工作，进一步完善常规管理，开展形式多样的德育和综治活动，促进学生养成良好的思想品德和健康人格。特别是在学生心理健康教育工作方面卓有成效，2016年，高标准装备了了心理咨询室，充实了心理咨询队伍，主动跟踪行为或心理有问题的学生，举办了多次心理健康讲座。因工作出色，学校在2016年综治工作检查中得到检查组的高度评价。

【教学教研】始终坚持质量立校，积极推进教学改革，推行高效课堂模式，狠抓教科研工作，学校教学教研质量得到稳步提升。

中考成绩优异：林端康同学以714的总分位居全县第一，全县前10名学生（13人）有10人，前100名学生（101人）有74人，前200名学生（203人）有144人，优秀人数166人；教师参加教学竞赛获市一等奖2人次，市二等奖1人次，县一等奖2人次。

【素质教育】 学校全面贯彻党的教育方针，积极实施素质教育。在原有校本课程基础上，增设了国学课、体艺“2+1”活动课等特色课程。

陈欣同学参加“江西省中小学电脑制作技能提升比赛”获初中组电脑动画类省二等奖，朱弘同学参加“第21届全国青少年信息学（机）奥林匹克联赛（赣州赛区）”获市一等奖；学校男女篮球队参加“赣州市首届青少年“三对三”篮球锦标赛”分获市第四名、第七名；书画小组同学参加“崇义县2016年中小学生现场书画比赛”获县一等奖5人次，县二等奖4人次，县三等奖5人次。

【办学条件】积极改善办学条件，努力建设和美校园。建设了宣传长廊、塑胶跑道、塑胶篮球场、人工草地灯光足球场、古城墙文化长廊；装备了国学教室和心理健康辅导室。

【领导名单】

校长、党支部书记	宋带生
副校长	郭银树
	胡宗裕
	肖宇飞
	付明坤
	叶名福

崇义四中新建文化墙

崇义四中

【概况】 崇义四中原名横水中学，建于1989年，2008年更名为崇义县第四中学。学校位于横水镇人民路106号，现占地面积12738平方米，建筑面积7919平方米。本学年初有教职工81人，其中有专任教师77人，教师学历达标率为100%，有省骨干教师2人，市学科带头人2人，市骨干教师6人。学校现有24个教学班，学生1362人。

学校工作以《“十三五”教育规划纲要》为指针，坚持科学发展观，追求内涵发展，紧紧围绕“每一朵花都有自己的春天”的办学理念，以管理有效，教学创新，德育务实，服务周到为目标，加强教师队伍建设，加强教学常规管理，注重课堂教学改进工作，注重学生能力培养，着力提升教育教学质量，努力打造“和谐、平安、精品”校园，开创了学校工作新局面。学校入选全国青少年足球特色学校，荣获赣州市跳绳项目示范学校、2015—2016学年全县中小学教育教学综合评估先进单位、职教招生工作先进单位，学校体育代表队参加全县中小学生运动会获团体总分第二名和体育道德风尚奖，学校教职工代表队参加教育系统第一届“园丁杯”教职工羽毛球比赛获团体第一名等。

【招生工作】 下学期，学校共招收新生472名，其中男生260人，女生212人；走读生326人，寄宿生146人。

【德育工作】 学校坚持以社会主义核心价值观为根本，强化师德师风建设，狠抓校风、学风、班风建设，塑造“四有”之师，培育和谐之才，形成了校风正、学风浓的良好氛围。党支部认真组织开展“党建+师德师风”主题教育活动，强化教师职业道德意识。学校组织教师深入学习各种政策文件，要求教师认真贯彻执行“四风”“七严禁”“八不准”等精神，增强全体教职工的红线意识、底线意识、高压线意识，不断转变观念，自觉适应新常态。

学校进一步完善班主任岗位职责和班主任考核办法，充分调动班主任工作积极性和主动性。政教处组织开好期中家长会，认真开展教师访万家活动，促进家校合作。各班加强班干部培养，充分发挥班干部的主观能动性。

学校狠抓学生日常行为习惯养成教育，通过各种活动，对学生进行思想教育，提高教育实效。每周组织开展以交通安全、消防安全、饮食安全、防传染病、防溺水、防踩踏、生态文明和生态环保、反校园欺凌为主题的班会活动，强化学生安全和环保意识；开好周一升旗活动，培养学生组织能力；开展学雷锋活动，培养学生助人为乐的精神；开展清明祭扫活动，增强学生的责任感和使命感；开展感恩父母、感恩老师活动，增强学生的感恩意识；开展“珍爱生命，远离烟草”教育活动，提高师生健康意识；开展教室和寝室文化评比，美化学习与生活环境；举办青春期女生生理和心理知识讲座，引导女生正确处理青春期的困惑；结合崇义县争创文明城、卫生城，强化学生文明意识和卫生习惯；邀请县关工委“五老”关爱报告团给学生作《毋忘国耻、兴国富民》主题报告，增强学生对党、对祖国、对家乡的认识和感情等。

各班继续开展“1+1+1+1”潜能生帮教活动，认真做好留守孩关爱、贫困生助学工作。政教处加强安全隐患排查，强化保安管理，经常性开展防震避险、消防逃生等演练。过去一年，学校无重大安全事故发生。

【教学教研】 教学教研工作以教师专业成长为重点，以提升课堂教学质量为中心，强化教学教研管理，促进师生全面、主动、和谐发展。

教务处进一步完善教科研制度、兴趣小组考核办法；加强巡课和教学常规检查，做好教学常规落实工作；完善教师业务档案，强化教学监督和考评；加强校本课题、培优补差、B层班教学、阶段性检测、自习课管理等工作，注重工作针对性和实效性。毕业班抓好初三教学与复习工作，确保中考目标实现。

学校重视和加强师资培训，组织教师参加上级举办的各类培训、信息技术提升、国培和移动校长网络研修工作，启动江西教育资源公共服务平台的使用；强化校本培训，组织开展翻转课堂、微课制作、PPT提升和“班海”平台使用等培训，教师现代教学理念和运用现代教学手段的能力有一定提升。教务处积极组织教师参加各级各类学科竞赛，认真开展校内文、理科优质课竞赛，教师专业成长取得可喜成绩：钟剑华老师参加全国心理护理师资评优活动，获市“优秀心理活动课”一等奖和“优秀心理护理师资”奖；刘善毅、赖庆河老师参加全市历史学科竞赛获市级奖；刘承恩、邓荷花老师参加全县英语技能大赛，获一等奖；雷霏、谭源忠老师参加全县理化优质课竞赛获一等奖；杨瑜萍老师参加全县“发展全域旅游”演讲比赛获一等奖等。何赐仁、李菁、何林育等老师的论文7篇在省级刊物上发表，雷霏等老师的论文3篇在市级刊物上发表。

中考成绩取得新突破：县第四中学总平分、及格率、优秀率、尖优率均列全县第二；谢敏捷同学以裸分714分荣获2016年全县中考状元；在崇义高中精英班选拔考试中，县第四中学校考取26人，为近几年最好成绩。

【素质教育】 学校加强学生社团活动管理，抓好第二课堂辅导，认真开展阳光体育活动，全面提升学生综合素质。学校组织编写《论语选编》，为传承国学服务；编撰《崇义四中精神文化、环境文化读本》，彰显学校办学特色，增强师生爱校情感。各年级依据实际组织丰富多彩的大课间活动：初一年级做好广播体操；初二年级开展跳绳操活动；初三年级开展跑步活动，促进了活力校园建设。各学科组开展知识讲座、社会调查和竞赛活动，浓厚了学风。各兴趣小组抓实辅导，成效明显：在赣州市“快乐健身工程”跳绳公开赛，6人次获一等奖，学校被授予市“跳绳项目示范学校”；在全县中学生田径运动会，学校代表队3次打破县记录，荣获团体总分第二名和体育道德风尚奖；在全县书画现场比赛，1人获一等奖，5人获二等奖，5人获三等奖；学生参加市电脑制作比赛，3人获市三等奖，2人获县一等奖。学校成功举办了红五月文艺晚会、2017年庆元旦歌咏比赛和第27届校运会。足球兴趣小组已成立，活动开展正常，校园足球氛围日趋浓厚。

【办学条件】 学校积极筹措并向上争取资金，改善办学条件。新建花坛，新增“石文化”景观，设置“三风一训”主题文化墙、阳明文化墙和竹乡文化墙，制作中考状元榜和“班级名片”，建好卫生室，增设生物实验室，改建办公楼大门，为每位教师配置电脑，自建60台电脑微机室等，办学条件进一步改善，校园环境进一步美化。

【领导名单】

校长、党支部书记　刘荣建
副校长　杨仁长
　谢景根
　姚桂勇

城关小学

【概况】 学校秉承“以人为本”“以学生发展为本”之理念，始终以“办人民满意教育”为出发点，创新管理机制，努力创建“美丽校园”“活力校园”，构建“平安和谐校园”，不断提高教育教学质量，通过全体师生不懈努力，城关小学被评为“中小学综合评估先进单位”、赣州市‘快乐健身工程’跳绳项目示范学校”。

城关小学现有教学班60个，学生3921人，教职工205人。

【德育工作】 大力开展“党建+师德师风建设”工作，按时进行师德师风考评和表彰活动。积极组织全体教职工认真学习《江西省中小学教师职业道德“八不准”》《中华人民共和国教师法》等，全面提高了教师的职业道德素养，没有出现体罚学生现象。以评选优秀教师、优秀辅导员等形式为抓手，鼓励、促进教师加强德育理论学习，努力造就一支胸怀育人理想、掌握现代德育理论、富有德育实践经验的教师和辅导员队伍。同时，学校定期召开班主任例会，大家共同讨论德育教育过程中好的做法及遇到的困难、困惑，有效提高了班级管理水平。

学生的成长离不开学校，更需要家庭与社会的密切配合。平时城关小学注重加强学校、家庭、社会的联系，通过家长学校、家长会、家访等形式及时与家长进行沟通，为家庭教育提供指导和帮助，形成共同抓好德育工作的全力。利用国旗下的讲话、班队会、广播站、文化长廊等对学生进行安全、卫生和行为习惯养成教育，使学校无重大安全事故发生，同时也培养了学生的良好行为习惯。

【教学教研】 以“创新、高效”为宗旨，深化教育教学改革，完善优秀教师开放课堂制度，引导教师落实学生主体地位，加强学法指导，提高了课堂教学效果，减轻了学生课业负担，推出了一些创新高效的教学法和优秀课例，涌现出一批省、市学科带头人和骨干教师。

加强新设课程的实施研究，特别重视研究了综合性课程以及综合实践活动的实施，从而真正把新课程的新理念、新方法和新要求逐步内化为教师的教学价值观和具体的教学行为。

通过学期初摸底，深入分析各班现状，根据各班教学质量的实际情况，找出存在的问题，分析问题的根源，增强教师的质量意识，寻求科学合理、切实有效的提高教学质量的对策。

加强教学管理。学校教务处每月都进行一次不定期教学常规检查，发现问题及时教育和纠正，同时做好期中、期末检测工作，并要求做好试卷分析，调整教学方法和思路，全面提高了教学质量。

本学年选派优秀教师上了多节示范课，提高了全校教师对新课程课堂教学的认识，提高了教师对新课程课堂教学的驾驭能力，整体推进了课堂教学的改革，促进课堂教学效益的提高。

积极组织教师参加各级各类的竞赛，通过一系列活动，开拓了教师的视野，提高了教师的综合素质。城关小学有众多教师在论文写作中分别荣获市、县一、二、三等奖。

【素质教育】 学校开办了课外兴趣小组，成立了书法、美术、羽毛球等十多个兴趣小组，还着重组建了“花样跳绳”课外活动小队，并成为“赣州市跳绳项目示范学校”，这既丰富了学生的课余生活，又开阔了学生视野。在这一年里，学校有十余人获县书画现场比赛奖，在县乒乓球比赛中获团体总分第一名，在市跳绳公开赛中获小学甲组二等奖。学生在各级各类报刊杂志上发表作文 40 余篇。

【校园文化】 学校明确提出“以物质文化建设为依托，以精神文化建设为核心”的校园文化建设思路。校园文化建设以“阳明”文化为主题，努力打造校园环境文化，校园内布局精巧，装饰雅致，在醒目的地方树立了“阳明”文化宣传牌，墙体张贴宣传画等，对学生良好品德的形成、思想情操的陶冶起到了有益的作用，学校还进行了“阳明”文化的演讲比赛、读书节活动。继续办好《阳明园》校报和《笋芽儿》学生作文报，营造了一个热情学习“阳明文化”的氛围，有力地配合了学校的工作，提高了教育效果，使学生时时懂礼貌，处处讲文明。

【领导名单】

校　长　　黄泽和
副校长　　阳作水
　　　　　邱桂英
　　　　　李洪乡
　　　　　黄和昳
　　　　　曾晓芳

章源中英文实验小学

【概况】 学校围绕推进“品质教育提升”的工作重点，坚持“育人为本，德育为先”的宗旨，以课堂转型为契机，以校园文化建设为载体，提升教育教学品质，使学校教育教学工作稳步有序发展。在全校师生的共同努力下，本年度章源中英文实验小学荣获“全县中小学教育教学综合考评先进单位”“赣州市第二届珠心算大赛团体三等奖”等荣誉。

【招生工作】 2016 年，招收新生 250 人，毕业 264 人。

【德育工作】 积极推进培育践行社会主义核心价值观和完善中华优秀传统文化教育长效机制建设，培育学校特色项目。完善诚信教育机制，拓展教育方式，通过多种形式的主题教育活动，加强实践体验，努力提高德育工作的实效性。

推进行规内化，强化学生日常行为规范养成教育。

培育特色项目，继续推进社会主义核心价值观教育。

发挥示范引领，积极开展“美德少年”评选表彰活动。

【教学教研】 立足教育发展的实际，聚焦质效，推进课堂转型；注重内涵，提升教育品质，以开展绿色指标研究为重点，以打造吸引学生的课堂为基本点，加强课程建设，加快课堂转型；深入落实教学环节，强化教研活动的针对性，把好教学质量关，进一步形成学校鲜明的教学特色。

【教学成果】 一是在教育部门举办的各类现场竞赛中，学生20多人次获县级以上奖项，在县市各类征文及知识竞赛中，师生有40多人次获奖。二是教师积极撰写教学教研论文，在省级以上刊物发表19篇；省、市、县级获奖20余篇。三是课题研究省级结题1个，市级结题3个。四是教师在赣州市小学优质课竞赛中，5人获一等奖；在赣州市举办的班主任基本功大赛中，2人获三等奖。

【校园文化】 一是积极开展健康教育活动，通过主题班会、主题征文比赛、手抄报竞赛等活动培养师生健康的生活习惯。二是大力开展书香校园创建活动。围绕书香校园创建活动暨读书节主题活动，极大地提升了师生的综合素质。三是开展红歌进校园活动，举行了“庆元旦大合唱”比赛。

【领导名单】

董事长　　肖声健
校　长　　肖海长
　　　　　陈春玲
　　　　　黄春莲

特殊教育学校

【概况】 2016年，崇义县特殊教育学校全面贯彻党的教育方针，坚定不移走外延与内涵互动发展之路，建设阳光校园，坚持“以人为本、发展为本”两项原则，大力推进素质教育和特殊教育改革，不断积累并营造了学校新的优势，取得了新的成绩，得到了各级领导和社会各界的好评。

【促进服务效能大提升】 2016年，学校领导班子以身作则，工作上有创新。各部门全面、协调、主动地开展工作，分工明确，职责到人，恪尽职守，对上级的会议精神及时贯彻落实，对学校布置的任务不折不扣，能把学校办学理念作为每一位班子成员的工作目标，无论是以“助残日”为典型的各项助残活动还是学生的素质教育活动，班子成员都能为促进学生可持续发展发挥政治核心作用。能带领教职工及时解决残疾学生的各项困难，使残障学生家长理解学校、支持学校，共创和谐校园。

【优化特教队伍建设】 加强师德师风建设，关爱残障学生成为特校师德建设的重心。学校以“爱心、耐心、用心”为引领，强化师德教育，每一位同志都是残障学生的好老师、好朋友。注重价值引领，甘于寂寞，甘于奉献全面提高教师师德修养，给残障学生捐款捐物、贴心关爱残疾孩子蔚然成风。

积极开展校本培训工作，提高教师的理论与实践水平。学校从教师实际出发，进一步把校本培训与教育教学、科研课题结合起来，认真制定学校教师专业化发展计划，合理地制定各级优秀青年教师、骨干教师、学科带头人、名教师等培养目标，加大培养力度，整体构建学校青年教师的发展梯队，及时发放骨干教师津贴。今后要进一步通过培养新教师、打造骨干教师、关注全体教师的方法，为每一位教师搭建专业发展的绿色平台，推进我校教师专业化发展的进程。

【开启残生健康人生】 结合上级会议精神，以及县局德育工作意见，学校切实抓好残障学生的德育工作，加大德育管理的执行力和有效度，结合学校实际，有针对性地开展对残障学生的基本道德观念和礼仪、礼貌、礼节教育，促进他们文明行为习惯的养成。

教师坚持做好家访工作，通过电话、实地到学生家中家访等形式了解学生的成长历程，尤其是对那些家庭困难、学有困难的学生，多和家长沟通联系，做到班情熟悉、学生信息烂熟于心，并且能认真听取残疾学生家长对学校、班级管理和教育教学的意见，努力为学生健康成长营造良好的发展环境。

【收获素质教育的硕果】 学校根据素质教育的需求，以提高学生综合素质、培养和形成一技之长的能力为重点，投入师资力量和活动经费，积极开设职业课程，使学生在校期间掌握一技之长

积极实施体育艺术“2+1”工程，深入开展“阳光体育运动”，教师带领学生跑步、做操，大课间活动尽然有序，确保每个学生“每天锻炼1小时”。切实抓好体育课、趣味体育活动的管理，广泛开展课外文体活动，开展好田径、乒乓球、美术、书法、美工等各类兴趣小组活动，做到计划、时间、内容、辅导老师的落实，学生能力得到迅速提高。

【做实做精扶残助残工作】 通过县委县政府、县教育局以及社会各界的关心支持，通过全体教职员工的不断努力，使越来越多的热心人士关心特殊教育、关爱残疾学生，学校残疾学生享受到幸福的学校生活。

【注重安全保障】 学校后勤强化自觉服务意识，变后勤为先行，服务好师生，服务于教育教学，降本增效，开源节流，确保学校中心工作的顺利展开。

切实抓好学校综治安全工作，坚持“安全第一，预防为主”的方针，全面提升学校安全管理规范化水平。能不断加强学生安全教育，增强学生安全意识，加强安全演练，培养学生在紧急情况下的自救能力和处理问题的能

力。能充分利用技防成果，为师生安全创造安全的环境。全校师生能严格执行学校的安全制度，执行好“24 小时责任制”、安全责任追究制、安全工作一票否决制，经常性开展安全工作检查，及时消除学校安全隐患。认真做好省平安校园创建工作，增强师生的安全防范意识。

【领导名单】

校　长　　陈延钦

城关幼儿园

【概况】　城关幼儿园创建于 1948 年，位于中山路 143 号。2001 年被评为江西省示范性幼儿园，并于 2004 年、2008 年、2012 年三次通过了省级示范园复评。占地面积 7643.16 平方米，绿化面积 1865 平方米，建筑面积：5132.8 平方米，全日制在园幼儿 579 名，教职工 67 人。幼儿园拥有一支团结协作、爱岗敬业、业务精湛的职工队伍。其中，51 位教师中有 15 个本科学历，占 29.41%，36 个大专学历，占 70.59%；3 个中小学高级教师，占 5.88%，14 个中小学一级教师，占 27.45 %，95% 以上的教师能承担观摩课，有市学科带头人 2 名，市骨干教师 3 名，市优秀教师 3 名，市优秀德育工作者 2 名，县优秀教师 8 名，县优秀班主任 6 名，县优秀教育工作者 2 名，县人民满意校长 1 名，县优秀共产党员 4 名，县优秀工会工作者 2 名，县优秀少年儿童工作者 1 名，县十佳教师 2 名，县十佳青年岗位能手 1 名。幼儿园内环境优美，充满童趣；各类教学设施齐全，实现了办公网络化，教学现代化。

【招生】　2016 年，新招收全日制在园幼儿 150 名，现有幼儿 579 名。

【德育工作】　从激活德育工作机制、丰富德育工作阵地、创新德育工作方法的特色模式来开展德育工作，如：在每个学期的主题教育活动中开展了“学雷锋月”、“我文明　我美丽”、庆“国庆”爱祖国等主题教育活动；师生学雷锋志愿服务队，继续结合县里开展的“2 5 爱我”活动，开展了各项活动，如 3 月进行义务植树活动，清明祭扫革命烈士墓活动，5 月送教下乡活动，6 月举行了“爱护环境　从我做起”活动，重阳节去敬老院举行了“九九重阳　温情暖暖”活动，11 月，举行了“红十字博爱精准扶贫一日捐”及“文明交通 我们在行动”活动，12 月，举行了关爱环卫工人，贫困儿童活动等。在该园全体教师的努力下取得显著成效：幼儿悉心爱护园里每一棵花草树木；幼儿彼此之间友好相处、快乐游戏；家园教育目标一致、和谐同步；师生关系和睦、其乐融融；教师爱岗敬业、团结奉献。

【教学教研】　以“铸孩子快乐童年，促孩子一生发展”为办园宗旨，全面推进素质教育，注重教科研紧密结合，使幼儿在健康、语言、社会、科学、艺术五大领域全面发展的同时，还在各种区域游戏活动开展中注重幼儿个性的发展。

7 月，在赣州市幼儿园教师专业技能竞赛中，谢贤娇老师个人项目“专业知识”荣获市三等奖。

9 月，在江西省第 22 届中小学、幼儿园教师优秀教学资源展示活动中：肖金凤老师撰写的电教论文《玩转微信群　巧开家长会》、何红莲老师撰写的电教论文《信息技术应用研究促教师专业成长》均荣获省一等奖；何红莲老师执教的微课《钱币知多少》荣获省一等奖；康昆兰老师执教的整合课例《小班社会：报纸上的洞》荣获省三等奖。

11 月，在赣州市中小学、幼儿园教师优秀教学资源展示活动中：谢贤娇老师撰写的电教论文《电子一体机在幼儿园区域活动中的运用》，吴勋华、李清梅老师撰写的电教论文《浅析幼儿园如何实现电化教学成果共享》均荣获市一等奖；郭素兰老师撰写的电教论文《科学运用一体机优化幼儿数学教育》，温晓敏老师撰写的电教论文《浅析幼儿园多媒体触摸一体机的运用与思考》，钟莲花老师撰写的电教论文《利用微信公众平台优化幼儿园宣传工作》，朱忠莲老师撰写的电教论文《LED 显示屏——幼儿园宣传工作的新平台》，黄俊梅老师撰写的电教论文《活用一体机促进小班幼儿常规养成》均荣获市二等奖；谢小珍老师撰写的电教论文《论一体机在幼儿园安全教学活动中的重要性》，黄湖玲老师撰写的电教论文《浅谈多媒体技术在小班幼儿活动中的有效运用》荣获市三等奖；朱忠莲老师执教的微课《小班语言：树叶飘》荣获市二等奖；郭远玲老师执教的微课《大班数学：按群计数》《大班绘本：谁藏起来》分别荣获市二、三等奖；彭应香老师执教的微课《小班语言：水果宝宝去旅行》，赵华燕老师执教的微课《亲子游戏：好玩的溜溜布》均荣获市三等奖；刘金娣老师执教的整合课例《大班科学：绘本方格子老虎》、蓝玉林老师执教的整合课例《中班绘本小兔子分萝卜》、周小燕老师执教的整合课例《大班绘本：一根羽毛也不动》均荣获市三等奖。

12 月，在江西省教育学会幼儿教育专业委员会学术年会中：

张炎老师的案例《排队这件小事》荣获省一等奖；郭素兰老师的案例《换牌子》荣获省二等奖；肖金凤老师的案例《神奇的水》、刘金娣老师的案例《“受伤”的老虎》均荣获省三等奖。

【素质教育】注重孩子全面发展，在培养孩子良好的生活习惯和学习习惯的基础上，根据孩子的个性和特长进行引导和培养，并取得了较好成绩。

7月，在崇义县“中国梦 少年梦”少儿才艺大赛中：黄睿涵演唱的歌曲《让爱传出去》，张翔宇演唱的歌曲《你是我的眼》，胡宇晨演唱的歌曲《数星星》均荣获县一等奖；温俊晗演唱的歌曲《虫儿飞》，王语昕演唱的歌曲《蔬菜进行曲》，卢星语演唱的歌曲《栀子花开》，周敬函演唱的歌曲《拾豆豆》，段泉伊演唱的歌曲《幸福的画》，孔捷演唱的歌曲《幸福的一家》均荣获县二等奖；邓一演唱的歌曲《我们这样长大》，朱佩瑶演唱的歌曲《四季童歌》，李钏演唱的歌曲《挥着翅膀的女孩》，温子墨演唱的歌曲《我的祖国》，王艺如演唱的歌曲《妈妈的眼睛》，吴浩宇演唱的歌曲《黑猫警长》，朱致瑜、刘思洋演唱的歌曲《我的童年》均荣获县三等奖。

【校园建设】2016年为了完善幼儿园各功能房，县幼儿园在原图书馆馆址新建综合教学楼，预计2017年完工并交付使用。

【领导名单】

支部书记　吴勋华
园　长　温晓敏
副院长　李清梅
　　　　何红莲
　　　　肖金凤
　　　　钟莲花

表22　2016年城关幼儿园个人获奖情况

获奖时间	获奖者	获奖项目、题目	发证单位	荣誉称号
2016.1	赵华燕	2015提全省幼儿教师观察案例评比 案例《占圈游戏规则的两次“变脸”》	省教育学会幼儿教育专业委员会	省二等奖
	黄俊梅	2015提全省幼儿教师观察案例评比 案例《被撕破的新书》		省二等奖
	殷红莲	2015提全省幼儿教师观察案例评比 案例《干杯》		省三等奖
2016年12月江西省教育学会幼儿教育专业委员会2016年学术年会中	张　炎	案例《排队这件小事》	省教育学会幼儿教育专业委员会	省一等奖
	郭素兰	案例《换牌子》		省二等奖
	肖金凤	案例《神奇的水》		省三等奖
	刘金娣	案例《“受伤”的老虎》		省三等奖
2016年9月在江西省第22届中小学、幼儿园教师优秀教学资源展示活动中	肖金凤	电教论文《玩转微信群 巧开家长会》	省教育厅	省一等奖
	何红莲	电教论文《信息技术应用研究促教师专业成长》		省一等奖
	何红莲	执教的微课《钱币知多少》		省一等奖
	康昆兰	整合课例《小班社会：报纸上的洞》		省三等奖
2016.2	吴勋华	省三八红旗手	省妇联	
2016.9	吴勋华	国家宋庆龄幼儿教育提名奖	宋庆龄教育基金会	

卫生计生·体育

卫生与计划生育

【概况】 2016年，县卫计委认真贯彻落实中央、省、市、县有关卫生计生的决策部署，以中共十八大、十八届三中、四中、五中、六中全会和习近平总书记系列重要讲话精神为指引，紧紧围绕“提高人民健康水平和出生人口素质”为中心，继续深化医药卫生体制改革，积极贯彻国家生育政策，不断完善基层卫生和公共卫生服务体系，卫生计生工作取得了一定成效。崇义县顺利通过了国家卫生县城考核验收，铅厂镇计划生育协会被评为2011—2015年度全国计划生育协会工作先进单位，扬眉中心卫生院被国家卫计委评为2015—2016年度群众满意乡镇卫生院，县疾控中心被中国疾病预防控制中心评为“第二轮全国结核病分子诊断技术能力验证”，铅厂镇义安村卫生室被省卫计委评为2015—2016年度全省基层医疗卫生机构省级示范单位，县人民医院被评为“赣州市平安医院”。医改工作在2016年度全市科学发展观综合考评中获得满分的好成绩。新农合“五道保障线”工作法、孕产妇保健项目购买服务等典型工作做法及成效先后在江西卫生报、赣南日报等媒体网站刊发，扬眉卫生院杨小梅医生还荣获了最美健康卫生特别关注奖。

截至年底，全县卫生计生机构共有252个，其中有县人民医院、中医院、妇幼保健计划生育服务中心、疾控中心、卫生监督所、皮防所 及18所乡镇卫生院（妇幼保健计划生育服务站）、16个乡镇计生办、144所村卫生所，其他（厂、矿、学校、个体）医疗机构27个。县、乡两级医疗卫生机构人员现有编制527个，其中县直医疗卫生单位335个，乡镇卫生院192个，县、乡两级医疗卫生机构实有人员1039人（县直680人，乡镇卫生院359人），其中正式在编在岗职工有456人（县直293人，乡镇 163人）。有高级职称27人，中级职称215人，初级职称582人，无职称195人。有历应届本科172人，大专256人，中专及以下学历514人。16个乡镇计生办有74个编制，实有68人，乡村医生197人。全县有病床927张，医疗卫生机构固定资产5782.5万元，房屋及建筑面积67373平方米。其中，乡镇卫生院固定资产2439.1万元，房屋及建筑面积23360平方米（其中业务用房20044平方米）。全县医疗单位业务总收入19977万元（其中药品收入2080万元，占总收入10.41 %），门急诊人次数62.30万人次，平均每门诊人次收费 101.28元。

【创建国家卫生县城】 10月19—21日，国家卫生县城考核验收组对崇义县创建国家卫生县城工作进行考核验收，考核组一致认为崇义县已达到创建国家卫生县城各项指标标准，被评为国家卫生县城，为全市第一个获此殊荣的县（市、区）。县卫计委作为创卫重要组成部门，主动作为、积极配合，举全系统之力推进国家卫生县城创建工作，健康教育、生活饮用水、公共场所卫生、传染病防治、病媒生物防治等工作得以扎实有效开展。其中，健康教育工作亮点突出，在创卫考核验收中取得满分，得到了考核组的高度认可。

市民健康素养显著提升 始终注重把发挥和调动广大干部群众参与创卫的主动性、积极性，全方位、多层次、多形式宣传发动，着力营造浓厚的创卫工作氛围，提升市民文明卫生素质和健康素养。一是组织网络化。制定了《崇义县创建健康促进场所工作方案》，成立了崇义县健康教育中心，配有3名健教专职人员，有计划地开展指导、培训、考核等工作，具体负责全县健康教育的组织实施。做到机构、人员、设备、经费四落实。各单位及居委会有专（兼）职健教人员，覆盖率达90%以上，形成了政府领导、爱卫会协调、专业机构操作、三级网络健全、层层有人管、处处有人抓的健康教育工作局面。二是宣传覆盖化。结合基本公共卫生工作将城区分片开展健康教育义诊服务活动。实行分组包片责任制，县直医疗卫生单位每月至少开展一次义诊活动，通过组织医疗卫生专家在公共场所、城中村、社区、小区开展义诊，举办面向广大人民群众的健康大讲堂等活动。居民小区设有固定卫生宣传栏，开展各种健康教育活动达130场（次），接受群众咨询达15000多人次。三是措施多样化。在县城出入口和主街道悬挂创卫公益广告宣传牌100多块，县城所有LED显示屏上全天候流动播放创卫宣传标语，编发《健康素养66条》《创建国家卫生县城知识手册、《创建国家卫生县城倡议书》《致全体市民的一封信》等宣传资料共30多万份（册），制作创卫宣传围裙、宣传扇各2万份。同时，县电视台、旅游报、手机报、政府网站等媒体开辟专栏轮番报道创卫动态、介绍创建知识，真正使创卫做到了家喻户晓，深入人心。邀请省市专家进行指导、讲座，提升创建水平。组织举办了创卫专题文艺晚会、“我参与、我奉献，共创国家卫生县城”万人签名、世界卫生日等各项活动。制订《崇义县禁烟控烟工作实施方案》，开展医疗机构无烟单位创建活动，全县所有公立医疗机构均申报评选无烟单位。

生活饮用水、公共场所卫生全面达标　一是规范管理公共场所卫生。严把卫生许可证发放关，规范卫生管理制度、操作规程，建立卫生管理档案，做到证照、卫生管理制度、操作规程整齐上墙，卫生管理档案规范齐全。对“五小行业”加大执法力度，监测223户次，合格219次，卫生指标合格率为98.2%，验换证89户，健康体检530人，体检合格率100%。组织对公共场所的专项检查，查处各类公共场所违反《公共场所卫生管理条例》5起。以创建示范单位、示范街道带动崇义县“五小行业”整治工作，卫生监督覆盖率为100%，卫生管理制度健全，设有专（兼）职卫生管理人员。二是加强生活饮用水的监管。全年对1家集中式供水单位、1家二次供水单位和8家农村千吨万人集中供水单位进行了专项检查。此外，在肠道传染病高发季节和暴雨后，提高自来水余氯水平、增加水质的监测频次，防止肠道传染病介水传播。城区自来水普及率100%，水质合格率100%。

疾病预防控制水平明显提高　传染病防治工作卓有成效。一是建立健全传染病预防控制体系。建立了由县疾控中心、乡镇卫生院、村卫生所组成三级的防疫网络。加大实验室规范化建设力度，仪器设备品目数达国家要求县级标准的91.66%，检验项目开展率达A类项目的90.67%，实验室规范化管理工作通过省级达标验收。二是积极推进规划接种门诊建设。县疾控中心预防接种门诊通过了省卫计委考核评估，成为全省首批五星级预防接种门诊。全县三星级门诊达50%以上，目前无接种安全事故发生。三是通过制作宣传栏、宣传单、在有线电视开设专题报道，开展专题宣传活动，举办艾滋病管理等培训班，发放艾滋病防治知识、人感染H7N9等宣传材料和手册。近三年来，无甲、乙类传染病暴发疫情，无院内感染引起的重大疫情或导致的死亡事件。病媒生物防治扎实推进。调整和完善县病媒生物防制工作领导小组，印发《崇义县病媒生物防制管理办法》，签订病媒生物防制目标责任书，严格落实传染病防治的各项制度。2013年以来，县财政每年投入150000元以上，按照“五统一”的原则，组织专业技术人员统一开展投药灭鼠和灭蝇、灭蚊、灭蟑行动。通过综合防制，鼠，蚊、蝇、蟑螂密度均达创建标准。全县连续多年无霍乱、脊灰、白喉、百日咳病例发生，无重大传染病疫情暴发。

2016年全县卫生计生工作会议

【卫生服务能力】

服务体系建设不断完善　县妇幼保健院改建修缮工程项目、县疾控中心实验室改造项目稳步推进。龙勾、扬眉、古亭、茶滩、铅厂（义安）、关田、聂都、金坑公租房建设项目已完成竣工验收并交付使用；铅厂（义安）业务用房建设项目已完成竣工验收并交付使用；麟潭、上堡、过埠、杰坝公租房建设项目已竣工验收并交付使用；2015年，乡镇卫生院业务用房（思顺、麟潭、杰坝、龙勾、丰州）建设项目已竣工并完成初步验收。2016年，综合楼（丰州古亭、金坑卫生院）建设项目主体已封顶，正在浆砌墙体。全年累计完成投资4000余万元，新增业务用房16000平方米、职工宿舍3600平方米。2016年，还争取到县人民医院门诊综合楼建设、县妇幼保健院建设、县中西医结合医院门诊住院综合楼建设项目，中央投资达10000万元。

人才队伍建设不断加强　鼓励以多种形式促进医疗卫生人才的纵向联动和横向流动。建立人才技术合作交流机制，加强与高、中等院校沟通联系。加强专业技术人才培养，鼓励专业技术人才参加短期学习培训和进修。举办了医政医管、妇幼保健、公共卫生、社会抚养费征收等业务培训班9次，培训卫计人员达600余人次。据统计，完成执业医师资格考试报名116人。到市以上进修的一共有23人，其中中医类9人，全科医生的有2人。2015年底，崇义县通过全市卫生计生事业单位公开考试录用49人，其中乡（镇）卫生院39人，乡(镇)计生办10人，5月，全部到位，进一步增强崇义县卫生计生人才队伍建设。同时，对分配到乡（镇）计生办的10名工作人员从6月起到卫计委机关相关股室进行为期2个月的跟班学习，全面提升新聘用人员的综合素质和业务能力。

医疗质量安全管理切实强化开展　“规范临床诊疗行为，改善群众就医体验”工作。推行优质服务，制订方便群众就医的业务流程、符合病人需求的工作制度，在县人民医院推行优质护理服务示范病区、预约就诊等服务，取得了一定的成效；加强医德医风教育。结合处方点评工作，大力推行“四个合理”即合理用药、合理检查、合理治疗、合理收费的工作规范。全县共发生2起医疗纠纷，均得到合理有效处理，未发生扰乱公共秩序及殴打医务人员事件，同比上年在纠纷发生数有明显下降。

不断提升中医药服务水平　持续推进临床重点科室建设，县人民医院重点在泌尿系、心脑血管疾病及微创介入治疗技术方面打造特色科室，扬眉镇中心卫生院重点加强骨伤科和妇幼保健科建设，横水镇卫生院重点加强口腔科建设，过埠镇中心卫生院重点加强心脑血管慢性病康复、中医保健科室建设。推进中医药服务区（中医馆）建设，在过埠镇中心卫生院、扬眉镇中心卫生院、上堡乡卫生院、思顺乡卫生院、铅厂镇卫生院试点设置中医药综合服务区和中医康复治疗室。其中过埠镇中心卫生院已将中医综合服务区进行了古典式装修，下一步将对中医服务区精细化装修，并将中医诊室、治疗室、中药房、中药库等中医科室集中设置，配备了牵引床、熏蒸床、神灯、针灸针、空气波治疗仪、站立架、泡足桶等设备，中医设备运行率达100%，中药房配置有中药饮片近400种，加强了专科、专病建设，形成了“院有中医专科，科有中医专病，人有中医专长”的发展格局；上堡乡卫生院先后投资10多万元购买了电疗、磁疗、热疗以及康复训练设备。营造特色化环境，在项目诊疗区的装修装饰，采取中式风格，门扇悬挂体现中医药文化内涵的对联，走廊、诊室张贴中医药知识和方法的宣传栏、宣传图片等。将中医诊室、治疗室、等中医药科室集中设置，成立了针灸专科。针对农民常见病、多发病，开展针灸、推拿、刮痧、拔罐、敷熨、熏洗等10种以上适宜技术项目。项目运作以来，有300多名患者接受治疗，治疗效果普遍受到好评。

血液管理和无偿献血工作扎实开展　严格遵守血液管理相关规定，无非法采血、输注异型血现象。通过新闻媒体、手机报、短信等多渠道宣传无偿献血活动，积极动员广大适龄公民积极参加献血活动。2016年，在全县开展无偿献血宣传活动达20余万人次，组织开展了县乡无偿献血活动28次（其中县城12次，乡镇16次），参加献血人员共计1588人次，同期增长34.6%，累计献血量达586100毫升，同期增长24.2%，单采共34人次58.5个治疗量。

【医药卫生体制】

全面启动县级公立医院综合改革　紧紧围绕破除以药补医、创新体制机制、调动医务人员积极性这三个关键环节，积极稳妥推进县级公立医院改革。一是实行零差率销售。2015年11月1日零时起，崇义县正式在县人民医院和县妇幼保健院启动县级公立医院改革工作。调整医疗服务收费价格，除中药饮片外所有药品实行零差率销售。县级公立医院配备基本药物品种达基本药物目录品种总数的40%，基本药物销售额不低于医院药品销售总额的30%。销售药品27954500元，相较改革前药品收入下降14.59%，门诊次均费用同期下降了3%。县人民医院试行“医药分开，药房托管”模式初显成效，全年门急诊均次费用与上年同期比下降6%，住院均次费用零增长，药品销售共为患者让利1700000元，药占比为38%，比上年同期下降8%。县妇保院药占比为14.85%。二是签订服务协议，对目录外药品使用率、药占比、次均费用等指标设置监控目标值，并开展监控，进一步规范和约束了县级公立医院医疗服务行为；三是以组建“医联体”为突破口，加快建立分级诊疗制度。首先在县人民医院、县妇保院与扬眉镇中心卫生院、过埠镇中心卫生院、铅厂镇卫生院组建区域医疗联合体，通过建立医联体，在各级医疗机构之间建立统筹协调和分工合作机制，着力提升基层医疗机构的诊疗水平、运行效率，合理分流患者，逐步建立“基层首诊、双向转诊、急慢分治、上下联动”

的分级诊疗模式。县人民医院与赣州市人民医院、肿瘤医院等市直医疗机构，县妇保院与市妇保院签订了双向转诊协议，建立了心血管疾病诊疗基地，逐步完善扩大转诊医院和病种的双向转诊模式。

同时，崇义县还积极探索建立基层医疗机构与县二级医院分级诊疗制度。2016 年，所有公立医疗机构以糖尿病、高血压等 11 种病种进行试点，结合基本诊疗路径要求，开展分级诊疗工作。

国家基本药物制度不断巩固　认真做好国家基本药物在公立医疗机构的配备使用，抓好基本药物投入补偿、采购配送、配备使用、零差率销售等关键环节，严格落实各项政策、措施，落实处方审核点评制度，规范医师处方行为，巩固政府办基层医疗卫生机构基本药物制度实施成效。全县基层医疗机构共零差率销售基本药物 26579700 元，减轻群众用药负担 21263800 元。

重大疾病免费救治深入推进　积极开展“民生工程”，建立两癌（乳腺癌、宫颈癌）、两病（先心病、白血病）、白内障、尿毒症、重性精神病、唇腭裂八大疾病救治长效工作机制。全年完成白内障复明手术 123 例；免费救治儿童白血病 3 例、先天性心脏病 9 例；免费血透救治 72 例（累计 5293 人次）；免费救治乳腺癌患者 7 人，宫颈癌 1 人；全县共筛查重性精神病患者 898 人，检出率 4.27‰，规范管理 662 人，管理率 73.7%，免费救治 282 人。累计为重大疾病患者免去治疗费用达 5251400 元。

继续开展基本诊疗路径管理工作　继续开展基本诊疗路径管理工作，促进基本药物合理使用。1—12 月，全县乡镇卫生院实施基本诊疗路径病种数达 28 种，病人数达 1600 例，县直医疗机构实施基本诊疗路径病种数达 44 种，病人数达 1134 例。患者平均治疗费用和治疗天数同比均有所下降，群众看病负担进一步减轻。

【公共卫生服务】

疾控应急能力逐步提高　全面落实各项防控措施，加强寨卡病毒病防控，全县未发生突发公共卫生事件，无甲类传染病病例发生、无重大传染病暴发流行，手足口病、艾滋病等重点传染病得到有效控制。积极开展救灾防病应急队伍的培训演练，熟练掌握医疗救援、疾病预防控制等紧急应对措施，提高实战水平和处置突发事件的能力。全县建卡儿童人数 2125 人，建卡率为 99.56%；建证人数 2119 人，建证率为 99.30%，积极开展口腔窝沟封闭项目，截至 2016 年，崇义县对城关小学、章源小学 2 所学校的 3460 名学生进行了口腔检查，覆盖率为 92%，口腔封闭学生数 848 名，封闭牙数为 2000 颗，已完成本期项目工作。

公共卫生服务日趋均等化　着力加强公共卫生人员培训，实行每季度一督导，年终一考核，将公共卫生服务列入年终考核的重要内容，提高公共卫生服务质量和服务水平。全县共建立电子健康档案 201351 人，建档率达 105.6%，登记管理高血压病 1200 人（管理率 40.2%）、糖尿病 4400 人（登记管理率 43.3%）、重型精神病 782 人（登记随访率 91.4%）；登记管理 0—6 岁儿童 16271 名（管理率 98.3%），65 岁以上老年登记管理 13421 人（管理率 77.2%），孕产妇管理 2873 人（系统管理率 94.3%），管理结核病患者 138 人，各项指标均达到省市要求。

妇幼工作扎实推进　进一步规范全县孕产妇健康管理工作，全县 18 个乡镇卫生院与县人民医院、县妇保院、县计生服务站以及周边片区有资质的中心卫生院签订《崇义县基本公共卫生服务孕产妇保健项目购买服务协议书》，解决乡镇卫生院缺少妇幼资质人员的问题，提高了基本公共卫生服务项目的实施质量。据统计，5—12 月底，共开展孕产妇免费检查 2362 人，其中县妇幼保健院 1294 人、县人民医院 698 人、县计生服务站 170 人、扬眉镇中心卫生院 196 人、过埠镇中心卫生院 4 人。围绕妇幼健康资源整合，积极推动婚前检查、孕前优生健康检查、补服叶酸、产前筛查一站式服务，统筹将免费婚检、孕前优生健康检查、叶酸补服、新生儿疾病筛查等项目纳入出生缺陷综合防治计划开展，切实有效的防治出生缺陷。1—12 月，农村孕产妇住院分娩补助 1985 人，补助金额 597150 元；免费婚检 1187 对，婚检率 98.63%；免费发放叶酸 2039 人；孕产妇建卡 2873 人，建卡率 98.63%；新生儿疾病筛查 2450 人，新生儿疾病筛查率达 97.03%，新生儿听力筛查 2398 人，筛查率达 94.97%。

综合监督执法力度全面加大　依法打击非法行医和非法采供血行为，规范放射诊疗、职业健康监护和职业病诊疗行为，严格饮用水卫生和学校卫生监管，维护医疗市场秩序和职业卫生、公共卫生安全等日常监督检查工作。对 139 个医疗卫生机构、216 户公共场所、6 个饮用水单位和 118 所中小学校进行了监督检查，查处违法案件 65 起，为全县人民创造了安全放心的就医、生活环境。

【计划生育服务水平】 围绕“提高出生人口素质”为中心，积极推进全面实施两孩政策，大力宣传新修订的《人口与计划生育条例》，加大工作力度，强化工作措施，不断提升计划生育服务管理水平。2015年10月至2016年9月，全县共出生2940人，人口出生率为13.69‰；自然增长率为：8.68‰；政策外多孩出生277人，政策外多孩率9.4%，出生人口性别比为100∶117.9，人口计生工作保持了持续健康发展。

积极推进全面实施两孩政策 切实做好全面两孩政策宣传，引导育龄人群合法生育、健康生育，营造有利于全面两孩政策依法、平稳、有序实施的良好氛围，在全县组织开展了为期1个月的实施全面两孩政策宣传月活动，发放宣传资料3万余份，进一步提高群众全面两孩政策的知晓率。建立出生人口监测预警机制，定期统计分析；做好政策衔接，对社会抚养费征收、利益导向机制落实等都予以明确。

计划生育服务管理水平不断提高 以改革生育服务证制度为抓手，积极落实承诺制、网上办理等便民措施，解决群众“办证难”问题。全年共申请登记2239例，完成1990例。其中，一孩登记740例，完成671例；二孩登记1401例，完成1255例；再生申请98例，完成64例。

积极开展计划生育基层基础示范乡镇、示范村创建活动 在铅厂镇、长龙镇开展计划生育基层基础示范乡镇、示范村创建活动。通过巩固和加强行政管理、综合服务、群众工作“三位一体”的基层工作网络，坚持和完善行之有效的服务管理措施，健全“乡指导、村自治、组配合、户落实、民监督”的基层工作长效机制，进一步提升计划生育技术服务质量等重点难点工作。

强化配合，实行综合施治 一是加强区域合作，实行内外并举、联防联治、相互配合、信息共享、通力合作的工作机制。截至12月，共获得“两非”线索10条，查处“两非”案件6件，100%完成省市下达的两非任务。二是完善征管机制。坚持以加强征收工作力度、提高案卷质量为工作重点，实行征收与管理并举的工作举措，严格执行了“收支两条线”做到专款专用，确保资金使用安全。结合生育政策的调整，充分利用宣传标语、宣传展板、宣传条幅等形式，加大对社会抚养费征收的宣传力度。同时，加强与县法院的联系沟通，加大计划生育非诉执行的工作力度。截至12月，全县征收社会抚养费5596848元（其中非诉执行911847元）。三是流动人口管理服务扎实推进。1—12月，流动人口登记建档率和信息准确率均达到95%，协查信息及时反馈率为98.70%，通报接收率为97.94%，查无此人率为1.83%，各项指标均达到考核标准。

积极推进计划生育利益导向工作 加强对国家奖扶、特扶、放弃再生育、提前十年兑现等对象的调查摸底，严格资格核查，做到了奖扶对象不重、不错、不漏。开展计划生育特殊家庭免费体检，对全县计划生育特殊家庭（独生子女伤残死亡家庭）扶助对象50人次进行了免费健康体检。2016年全县正常国家奖扶781人；新增95人；提前兑现724人，其中新增190人；特别扶助总人数是52人，特别扶助新增2人。

【健康扶贫】 严格落实健康扶贫各项政策，率先在全市乃至全省构建“五道保障线”（新农合补偿、新农合大病保险补偿、农村贫困人口疾病医疗商业补充保险、民政医疗救助、新农合二次补偿），确保扶贫对象自付费用不超过3%，遏制和减少农村“因病致贫、因病返贫”问题，得到上级的充分认可。对17482名贫困人员建立健康档案，管理3027名贫困65岁以上老年人；管理贫困孕产妇126人，0–6岁儿童管理达782人，为2128名贫困高血压、570名贫困糖尿病、503名贫困重性精神疾病患者进行医疗随访，4747名贫困人员享受到免费体检。完成12所产权公有村卫生计生服务室改扩建并验收。

【党的建设】认真贯彻落实中央、省、市、县党建工作要求，始终把抓好党建工作（暨“两学一做”）摆在头等重要位置，全面推进卫生计生各项工作开展。一是坚持以“党建+”为引领，做到四个融为一体（与创卫工作融为一体，与“五进”工作融为一体，与对口支援融为一体，与满意服务融为一体）；二是开展“四项”系列活动（系列督导活动、先锋创绩活动、开展系列学习教育活动、系列讲课活动），推进“两学一做”学习教育；三是开展“三比两带一提升”活动（三比活动、两带活动、实现一个提升），推进党员“先锋创绩”；四是发挥群团组织作用，凝聚强大发展动力。

【领导名单】

党组书记、主任 郑建军
党组成员、副主任 张荣根
巫远椿
张兴鸿

疾病控制

【概况】 崇义县疾控中心现有职工33人，其中各类专业技术人员23人，中级职称12人，内设办公室、疾控科、性艾科、业务科、检验科及结防门诊和预防接种门诊等，中心占地面积3300平方米，建筑面积2920平方米，其中实验室面积1600平方米，实验室现有仪器设备46个品目98台，建有理化实验室、微生物实验室、HIV初筛实验室、原子吸收室、气相色谱实验室等，目前能开展国家规定的县级疾控中心A类检测项目105项。免疫规划疫苗接种率达90%以上；全县无重大传染病疫情发生；全年发现治疗结核病人199例，发现HIV感染者/艾滋病病人2例，规范治疗管理16例；全年登记新发肿瘤病例350例，肿瘤死亡病例192例，完成死因监测1079例。

【疫情概况】 通过网络报告系统共报告传染病851例，死亡2例。无甲类传染病报告，乙类传染病424例，丙类传染病427例。其中乙类传染病：肺结核208例、病毒性肝炎117例、梅毒57例、痢疾22例、淋病15例、艾滋病4例，伤寒1例。丙类传染病：其他感染性腹泻244例、流感87例、手足口病80例、流行性腮腺炎13例、急性出血性结膜炎2例、麻风1例。

【免疫规划】 达到三星级接种门诊卫生院的有11个，县疾控中心预防接种门诊为五星级接种门诊。2016年，全县建卡儿童人数2895人，建卡率为99.65%；建证人数2892人，建证率为99.55%。全县卡介苗接种率99.37%；脊灰疫苗接种率97.13%；百白破疫苗接种率95.79%；麻风疫苗接种率96.98%；麻腮风疫苗接种率为95.79%；乙肝疫苗接种率99.31%，乙肝疫苗首针及时率99.12%；乙脑疫苗接种率96.15%；A群流脑疫苗接种率96.24%；甲肝疫苗接种率96.18%；白破疫苗接种率为95.34%；A+C群流脑疫苗接种率为95.35%。

崇义县疾控中心在崇义中学开展艾滋病防治进校园活动

【疾病防治】

传染病防治 一是做好人感染H7N9禽流感防控工作。调整了人感染H7N9禽流感防控工作领导小组及应急处置专业组，印发了《崇义县疾控中心人感染H7N9禽流感防控应急预案》，并组织全体人员进行防控知识培训，实行24小时值班制，备齐了消杀药品、采样设备、应急处置设备等。二是做好传染病监测工作。全年共完成手足口病采样监测46例，完成食源性疾病监测112例，数据已录入部分通过了国家的审核，已完成4—10月霍乱监测，其中水体监测完成7次水样品98份，海产品完成样品140份。三是开展卫生应急演练，全年进行了两次卫生应急演练，分别为埃博拉防控应急演练和人感染H7N9禽流感防控应急演练。四是做好灾后卫生防病工作。8月26日晚，崇义县大部分地区普降暴雨，部分地区遭受严重灾害，为切实抓好救灾防病工作，县疾控中心紧急组织两个消杀小组，携带消杀药品、器械及时赶往灾区开展和指导灾后卫生防疫工作，确保大灾后无大疫。

艾滋病防治 新发现HIV感染者/艾滋病病人2例，HIV/AIDS的配偶/固定性伴HIV抗体检测率100%；HIV/AIDS接受结核病检查比例达100%。完成102例自愿咨询检测，检出1例HIV抗体阳性。全年对新入所的被监管人员157人进行HIV抗体检测采样工作。2016年，崇义县管理现住址艾滋病患者16人、外省籍艾滋病患者1人，救治工作覆盖总人数为17人。

居民碘盐监测 抽查全县5个乡镇20个村300户居民，共抽取盐样300份，每份50克。经检

验300份中不合格碘盐27份，其中碘含量低于18毫克/千克有13份，碘含量高于33毫克/千克有14份，没有发现非碘盐，碘盐合格率和食盐合格率为91%。

疟疾防治工作共完成“三热”病人血检118例，完成血检率为118%。血涂片检测结果全部为阴性。共抽检了14张阴性血片进行复检，未检出阳性病例。在全县范围内，积极开展重点人群的疟疾防控工作，加强主动搜索，崇义县未发现疑似疟疾病例。

重点寄生虫病筛查工作 2016年，在横水镇上营村、过埠镇黄背村、铅厂镇义安村共发放900个粪便盒，收集粪便标本766份，采集蛲虫玻片49份，共查出寄生虫感染总阳性数为5例，均为蛲虫（阳性标本5例），阳性率0.65%。

肿瘤登记与死因监测 逐步完善崇义县肿瘤登记与死因监测工作制度，规范工作流程，各医疗卫生机构有专人负责此项工作，2016年，共登记新发肿瘤病例350例，肿瘤死亡病例192例，完成死因监测1079例，各医疗机构报告覆盖率达100%。

口腔窝沟封闭项目 2016年，对3所学校的3100名学生进行了口腔检查，覆盖率为87%，口腔封闭学生数520名，封闭牙数为2012颗，已顺利完成项目工作。

结核病防治 崇义县以提高病人发现率、转诊率、治愈率、规范管理率为目标，加强对结核病人密切接触者及耐多药结核病人的筛查，强化学校结核病患者管理，严格落实学校结核病防治分管卫生的副校长或校医负责制和结核病涂阳患者休学制度，积极开展结核病防治知识进校园活动。发现和治疗活动性结核患者共139例，其中新发涂阳患者73例，复发涂阳患者6例，涂阴患者53例（其中重症涂阴23例），结核性胸膜炎患者3例，肺外结核4人。

【创建国家卫生县城】

加强宣教、营造氛围 利用单位LED屏连续滚动播放创建卫生县城工作宣传标语，鼓励全民积极参与国家卫生县城创建；在单位内部新增宣传栏4个约12平方米，每季更换一期健康教育内容，共计三期12版；做好网格化小区及健康教育责任区的卫生创建宣传工作，上户为每位市民发放创建国家卫生县城工作一封信，健康教育66条、健康生活方式等健康教育知识读本；结合疾控工作特点，利用爱国卫生月、5•15碘缺乏病宣传日、5•31控烟日、肝炎日、预防接种宣传日、结核病防治宣传日、联合国糖尿病日、世界艾滋病日等一系列疾病防治宣传日，深入河边公寓小区、崇义二中、三中、县城南门、北门市场、章源钨业、沿河东路小区等地开展多期主题鲜明的疾病防治宣传健康教育活动，共计发放健康教育手册、疾病防治宣传单5000余份、展出宣传展板40余块、接受咨询3200余人次。

齐心协力，完善创建 完善爱国卫生制度。组织干部职工每星期五进行大扫除，搞好网格小区卫生及单位内部卫生，落实门前三包责任制。开展无烟单位创建。制定了无烟单位创建工作方案，成立了创建工作领导小组，有控烟劝导员，在单位办公区、服务窗口、会议室、卫生间等各个区域设置禁止吸烟标识，并在单位院内一角设置了吸烟区，保证无烟工作环境。加强单位家属楼院管理，制定家属区卫生清扫值日安排，动员住户积极参与国家卫生县城创建工作。四是完善创建资料整理归档，将2013—2016年四年的单位基础性资料和专业资料的全部装订成册。

开展病媒生物监测 制定了详细监测计划，每月均按要求认真开展了“四害”密度监测工作，分别选择县城东南西北中各个方位的酒店、学校、医院、粮仓、农贸市场、小区、城乡接合部作为监测点，取得四害密度相关数据，掌握了崇义县主要病媒生物种类、密度和季节消长规律及城乡病媒生物侵扰状况，为病媒生物防制提供了科学的数据指导。

文明创建 县疾控中心严格落实《江西省文明城市测评体系（县市区）》积极开展文明创建工作，一是加强组织领导，建立文明创建长效机制。二是明确目标任务，落实创建责任，制定了切合实际的《崇义县疾控中心文明创建工作实施方案》。三是加强思想道德教育，践行社会主义核心价值观，做到每月开设一堂道德讲堂，打造文化阵地，在服务窗口、大厅、外围墙等醒目处设置社会主义核心价值观、文明礼仪宣传长栏，制作公益广告牌，利用电子屏游动播放宣传标语。2016年，中心建立了身边的好人推选机制，每月推出一到两位身边的好人，并张榜进行公布。四是开展志愿服务活动，推崇文明道德风尚，成立卫生防疫志愿服务队，开展送医送药、组织扶危济困、助人为乐等学雷锋志愿活动，2016年，组织志愿服务活动20余次，累计服务时间1812小时，人均96小时。

【居民环境与健康调查】 严格按照《环境与健康专项调查实施方案》的要求，积极组织部署、开展专业培训、认真调查摸底选点，7月，完成了对长龙、扬眉、金坑3个乡镇的15个行政村1500

余位村民健康调查工作。通过科学严谨的检测和调查，为国家掌握环境污染状况以及环境污染带来的健康损害，评价环境污染与人体健康风险，提供了真实有效的对照数据。

【重大疾病防治设施】 为进一步加强重大疾病防治能力，通过积极争取，9月，崇义县疾控中心实验室改造工程正式开工。项目完成后将完善生物安全防护压P2实验室、微生物实验室、生化实验室、理化实验室等2000平方米。

【领导名单】

主　任　张青生（1月免）
　　　　钟传明（1月任）

卫生监督

【概况】 根据国家有关规定，按照崇义县机构编制委员会崇编字〔2003〕09号“关于成立崇义县疾控预防控制中心和崇义县卫生监督所的通知”文件要求，2003年6月26日，崇义县卫生监督所正式成立，县生监督所为县卫生局下属的财政全额拨款事业单位，副科级建制，实行两块牌子一套人马；2015年11月17日，按照崇义县人民政府办公室《关于印发崇义县卫生监督所主要职责内设机构和人员编制规定的通知》崇府办发字〔2015〕66号文件，县卫生监督所设所长1名（副科级），副所长2名（正股级），副股级职数3名。内设综合办公室、监督一股、监督二股3个职能股。主要工作职责范围涵盖学校卫生、公共场所卫生、生活饮用水卫生、职业和放射诊疗、医疗机构和采供血机构监督、各项卫生行政许可事项、预防性卫生监督工作、重大活动卫生保障等涉及人民群众公共健康安全的各项卫生监督工作。

【卫生行政执法】

公共场所卫生监管工作　2016年，共监督检查美容、理发、住宿、游泳场、舞厅、游戏室和大型超市等公共场所255户，健康体检1084人，体检合格率达100%。重点检查公共场所卫生管理制度落实情况，空气和微小气候，顾客用具和卫生设施是否符合卫生标准和要求，直接为顾客服务的从业人员是否持有有效“健康合格证”等情况。认真搞好崇义县公共场所档案管理，建档率达到了100%。

行政许可工作　实行“首问负责、限时办结、服务承诺、责任追究”制度，切实提高卫生行政审批效率，对符合条件的申请材料当天即送达各个责任科室，使岗位责任更加明晰，审批程序更加顺畅。截至12月10日，县卫生监督所共发放公共场所单位卫生许可证180个，生活饮用水单位卫生许可证2个，放射诊疗许可证5个。

卫生监督协管工作　崇义县现有卫生监督协管机构18个单位，卫生监督协管员21名，卫生监督协管被监督单位502家，卫生监督协管巡查覆盖率100%，截至目前，巡查户次数2191次，发现的卫生监督协管线索数29次，报告卫生监督协管线索数29次。县卫生监督所对全县的卫生监督协管工作进行了4次协管督导，对卫生监督协管工作的实地巡查，文书书写、记录和报表的上报都做了强化检查，对协管工作存在的问题进行了现场培训，极大地提高了协管员的工作水平。7月20日，县卫生监督所组织了全县卫生监督协管员召开了全县卫生监督协管工作会议，会上对卫生监督协管实地巡查、学校卫生、公共场所卫生、医疗卫生工作进行了强化培训，并对2016年上半年卫生监督协管考核情况进行了通报。

学校卫生监督工作　全县学校均成立了以校长为第一责任人的卫生管理组织，建立健全了各项卫生制度。上半年崇义县加强了卫生监督协管员的业务知识培训，充分发挥协管员在学校卫生监督工作中的重要作用，使得学校卫生监督协管工作在全县学校中全面铺开。

医疗机构监管工作　严厉打击无证行医行为，规范医疗废弃物的处置，严厉查处使用非卫生技术人员从事医疗卫生技术工作和未取得相应级别抗菌药物处方权的医生开具抗菌药物处方案。全年县卫生监督所对辖区的253家医疗机构进行了现场监督检查，开展医政和卫生监督所联合检查25次。

生活饮用水卫生监督工作　全年对1家集中式供水单位、1家二次供水单位和8家农村千吨万人集中供水单位进行了专项检查，检查中发现，县城集中式供水单位和二次供水单位水质检验报告符合国家卫生标准。农村千吨万人集中供水单位水质检验报告单部分指标不符合国家卫生标准，主要表现在余氯不达标、可见肉眼可见物、色度和浑浊度超标；清水池清洗无记录；没有按要求投加消毒剂；管理人员水处理知识和手段缺乏，卫生安全意识淡薄，侥幸心理明显。大部分乡镇水厂建设规模小，管理人员业务水平低，没有相应的质检设施，群众的饮用水安全存在较大隐患。

传染病防治卫生监督工作　组织卫生监督员深入各乡镇卫生院及有关医疗机构，检查传染病防治工作，对全县一级及以上医疗机构进行了监督检查，对每个被检查单位书写了现场检查笔录和卫生监督意见书。各乡镇卫生院有传染病登记本和门诊日志，但登记的资料不够齐全，部分卫生院发热门诊和肠道门诊设置不规范没有独立通道，空气消毒设施欠缺；消毒产品进购索证、验收、建档工作未落实；医疗废物实行集中处置，但是较为普遍的存在未按要求分类收集，登记不完整，临时存放点设置不规范的情况。

放射卫生和职业卫生工作 共检查放射诊疗单位13户次，通过工作开展，放射诊疗单位的放射警示标示已经全部张贴到位，部分单位的机房改造正在逐步开展，相较上年有了很大的改进。6月，对1家职业健康体检机构进行了日常监督检查。

卫生监督信息录入和信息宣传工作 制定了卫生监督信息报送奖励制度，并纳入各科室年度考核的一项重要内容。目前，经常性卫生监督、监督监测信息能够做到及时、准确、全面上报，全年市县发表宣传报道26篇。

违法案例查处工作 2016年，把加大执法力度，查处违法案件作为依法行政的重要措施，抓紧、抓实。2016年，县卫生监督所立案查处违法行为101起，结案101起，共计收缴罚款126500元。

【创建国家卫生县城】 通过全体干部职工扎实苦干，共同努力，不断创新工作机制和做法，使县城公共场所及生活饮用水卫生监督工作整体面貌有了极大的改变，顺利通过国家卫生县城验收，卫监所创卫工作得到县委县政府通报表扬。

【领导名单】

所　长　　肖厚忠（1月免）
　　　　　刘兴华（1月任）

人民医院

【概况】 2016年，县人民医院广大干部职工齐心协力，战胜困难，取得了开春与“医闹”斗争的胜利，战胜了住院大楼西侧山体地质灾害险情，经受住了严峻的考验，医院各项工作继续取得成效。全年实现医疗收入75220000元，增加11880000元，同比增长18.8%，其中药品收入26520000元，药占比控制在35%之内；医用耗材收入2910000元，占3.87%，下降1490000元，同比下降33.86%。医疗业务成本63320000元，增加8430000元，同比增长15.36%。全年门急诊量164800人次，增加9200人次，同比增长6%；出院人次8850人，增加799人，同比增长9.3%。出院者占用总床日数55996日，增加5298天，同比上升10.45%，病床使用率55.5%（按278张床位计算）。全年总手术量1958台，同比下降15台，其中门诊手术204台，同比下降476台，住院麻醉手术1754台，同比增加461台，增长35.6%；住院部手术台数与全院出院人数的比例为19.8%。全年平均每一门诊诊疗人次医药费为156.19元，下降2.15元，同比下降1.36%（其中药费为58.18元，同比下降21.5%）；平均每一出院者住院医疗费用为5417.02元，同比增加533.88元，同比增长11%（其中药费为1849.25元，同比下降6.9%）。业务收入/业务支出的比值为1/1.09。

【医疗质量安全管理】 坚持“以评促建，以评促改，评建并举，重在内涵”的方针，围绕“质量、安全、服务、管理、绩效”五方面，全面提升医疗质量安全管理。在依据《二级综合医院评审标准实施细则》开展的三次自查活动中，各级条款达标率C/B/A分别由87.8%、53.6%、19.7%提升为100%、81.8%和24.2%。

医疗管理工作有效加强 新成立医院质量和安全管理办公室，协调全院质量和安全改进工作。全年组织参与指导质量管理案例43例，其中PDCA29例，QCC9例、RCA5例，处理不良事件报告177起。

医院感染管理水平有效提升 重点加强了医疗废物的规范化管理、医务人员的手卫生培训检查力度、重点科室部门的院感指标监测和整改工作。全年组织开展院感公卫事件应急处置演练5场，医务人员院感防控公卫处置能力有新的提高。

护理管理工作有效推进 重点加强了患者身份识别、管道管理、跌倒压疮及围手术期管理等患者安全工作，探索和推行了护士能级与绩效考核管理模式改革。护理人员整体素质进一步提高，患者满意度一直在95%以上。

应急处置演练有效突破 院级层面，全年进行各级应急处置演练46场次，涉及医疗护理、院感公卫18场次，涉及公共卫生、院感暴发、职业暴露、创伤救治、患者安全、设备调配等领域。

血液供应管理水平有效提升 全年用血量：红细胞1199u、血浆6100mL、白细胞280u、血小板30治疗量。未发生输血感染事件，未发生因血源不足而导致的事故与纠纷。

重点科室硬件设施有效补充 全年投入300余万元改善科室硬件设施，如麻醉机、血透机、碎石机、呼吸机等等。

全院干部职工积极响应“大

兴学习之风，建设学习型医院”的倡议，工作学习化，学习工作化，共安排业务学习102场次，参训人员达12094人次，内审员专场学习14场次，参训人员820人次，外派进修人员13人，短期外出学习参会115人次。各临床医技科室安排业务学习1251场次，参训人员达12033人次。学习使人进步，使科室进步，使医院进步，学习的成果有效推进了全院医疗业务水平和医疗质量安全管理，全年医疗质量和安全管理指标全部达标。

【医疗服务管理】

坚持依法依规执业　未取得资质人员一律不单独上岗。坚持“七五”普法学习，年内修订各项规章制度和岗位职责273条（款），编印文化品牌系列丛书28册数千本。

加强医疗要素管理　严格新技术新项目的引进、使用、审批流程，严格手术分级管理和特殊操作、事项的授权管理，修订《临床诊疗规范》《临床技术操作指南》。

继续开展“医疗服务行动计划”和“改善群众就医体验活动”重点改善群众关心的医疗等待、医疗就诊、医疗费用和医疗环境方面内容。继续分楼层设置挂号缴费窗口，加强了功能科、放射科的排队叫号系统，新增门诊西药房取药叫号系统。严格门诊病历书写监管，严查大处方。门诊部卫生间重新改造装修，建设医院停车场等等，医院环境大为改善。全院临床医技科室均根据专科特点拟定了便民措施，热心为患者服务。全年门诊次均费用不升反降，住院次均费用增幅控制在11%以内。推进信息化服务建设，全院增设银医自助打印查询系统和检查报告自助打印系统，大大方便了群众就医行为，受到了社会普遍赞誉。

行风建设愈加规范　年初出台修订了《关于进一步加强劳动纪律、医德医风行风建设、干部队伍建设的若干规定》，全年结合开展“两学一做”学习教育集中整治和查处基层侵害群众利益不正之风和腐败问题活动和全市卫计系统“红包”回扣专项治理工作，按照国家卫计委等九部门《关于印发2016年纠正医药购销和医疗服务中不正之风专项治理工作要点的通知》和《进一步加强药械管理促进合理用药用械工作》的精神，层层签订责任状，压实传导责任，取得显著效果，药占比由42.11%降至35%，耗材占比由6.95%降至3.87%。

【平安医院建设】　县人民医院继续巩固平安医院建设，被市综治委评为全市平安医院。

加强了医院投诉管理，规范了投诉程序　坚持依法依规处理投诉纠纷，设置医患关系办公室统一承担医院投诉管理工作，常年聘请律师2名，定期汇总、分析投诉信息，提出改进工作意见和建议。2016年，共受理投诉17起，受理信访7起，院内自行调解13起，法院判决2起。

认真落实医疗责任保险统保工作　8月，投入20余万元，共为255名医务人员购买了医疗责任保险。

进一步加强了内部安全防范建设　重点区域急诊科派驻保安专人值守，完善了院内监控系统，添置了安防硬件设施（如一键式报警装置，科室配备辣椒喷雾剂等）。

建设医院微型消防站　组织开展了灭火逃生演练25场次，电梯困人事件应急救人演练2场次，安全生产工作有力加强。

【群众获得感增强】

积极投入健康扶贫攻坚工作　组织11名精准扶贫工作人员结对帮扶思顺乡山院村22户贫困户，帮扶山院村资金30000余元。

卫生城创建　积极开展创建国家卫生县城工作，创卫工作得到上级专家肯定。

继续做好“光明微笑”工程及尿毒症免费救治、重型精神病免费救治等民生工作　全年共为80位白内障患者实施免费救治；为65位尿毒症患者实施免费血透6272次，减免费用225000余元；开展贫困家庭重性精神病免费救治230人次，贫困艾滋病患者免费救治1人次。继续落实农村孕产妇住院分娩补助政策，全年共补助794人次，补助金额达238000余元。继续落实疾病应急救助机制，全年救助6人。全年按照政府指令参与公共卫生应急和医疗保健服务29次，派出医护人员90余人次。

医务人员收入待遇进一步提高，年初预算的全年人均绩效目标得到实现　继续为医院单身职工提供租房补贴，为全院职工进行了免费健康体检。

【领导名单】

县政协副主席、院长
　　刘事明
党支部书记
　　张新生
副院长　卢和林（10月免）
　　王进生
　　华元洪（12月任）
党支部副书记
　　刘金平
副院长　刘志芳
　　刘　扬

中医医院

【概况】 县中医医院自2000年6月转为股份制医院以来已度过16个春秋。2016年，县中医院继续认真学习和贯彻中共十八大精神和十八届五中、六中全会精神，按照上级总体部署继续学习了《中国共产党章程》和习近平同志重要讲话，以“两学一做”加强党的建设，以继承和发扬中医特色，提高医疗质量、完善服务功能和以病人为中心，牢固树立为人民服务思想。认真贯彻落实医院五年发展规划，在业务建设与人才培养上做了大量工作，引进本科以上专业技术人员2人，有3人晋升“中级”专业技术职称，先后派出5位医生到赣州市“三甲”医院或南昌省级医院进修学习半年以上，先后请赣州市“三甲”医院专家和本院医疗专家培训讲课，院内在加强内科、外科、急诊科建设的基础上重点加强了针灸理疗科和骨伤科建设，添置了一大批康复理疗设备。2014年冬，引进的核磁共振机使用良好。医院设有病床100张，近期还设置了扶贫病床，每个科室增加设立两张，全年门诊病人50263人次，较上年略有减少，但为全县各企业事业单位人员体检2596人次，住院出院病人2467人次，与上年基本持平，平均病床周转次数为24.67人次，住院出院者平均住院日9.61天，较前年增加0.07天，实际平均病床工作日为237.13天，病床使用率为64.97%，治愈好转率为97.4%，病死率为0.53%，较上年减少0.26%，基础护理合格率≥95%，急救药品完好率100%，各种表格书写合格率≥95%，其他医疗质量指标包括治愈好转率都有一定程度的提高，骨伤科外科较大型手术310台次，碎石病人320例1560人次，中医小针刀手术2600余人次。医院固定资产17250000元，全年业务收入19816000元，比上年度减少30余万元，其中药品收入10020000元，医疗收入9796000元，医疗收入仅占业务收入的49.49%，全院职工人平业务创收入完成160000元。

【医疗质量管理】 成立了质量管理领导小组，对医院医疗质量进行指导、控制，定期为医院医疗质量进行评价、分析，平时按医疗质量管理标准进行监督管理，还定期抽查检测医院住院病人病历，对病历及其中处方的格式、书写规范、进行皮试的标识，药品开具处方后的空白画线，合理用药，包括抗生素药物的控制及国家基本药物使用的合理性，药物的选择，给药途径，用法用量、相互作用，配药禁忌等多方面进行评价、监督。

【卫生管理与环境】 结合创建国家级卫生县城，较好的坚持和参与了“四城同创”各项工作，进一步加强了县中医医院卫生管理和环境建设与整治管理，首先成立了医院卫生管理工作领导小组，全权负责医院卫生管理工作计划，组织实施，全力督促，加大了卫生管理力度，具体划定了网格小区，单位庭院内外的净化、美化、绿化及除四害等工作，全院职工自觉维护公共卫生，树立卫生为荣，不讲卫生为耻的良好风尚，做到不随地吐痰，不乱丢瓜皮果壳、纸屑废物，不乱倒垃圾、污水，医院保持为无烟医院，为个别吸烟者在偏僻无影响处角落里设立了吸烟区，医院新建了封闭式规范性的排污沉淀池，医院周围也进行了环境整治，院子里按规范要求划出停车位，线外禁止停车，明显改善了乱停乱放的现象。

【健康教育与病媒生物防治】 大力开展了院内健康教育活动，门诊部走廊，住院部内和院内外墙上都有序挂满了中医药宣传和卫生健康宣传牌匾、图片、文字说明，还定期更换宣传栏，门诊医生有针对性地开展候诊教育与随诊教育，住院部重点做好住院病人教育，每位住院病人或家属至少一种健康教育处方，甚则结合实际开出健康教育处方2~3次，使每位病人或家属相关知识知晓率≥90%以上，病媒生物防治由院内专职人员负责，层层落实病媒生物防治工作责任制，清理卫生死角，完善排污系统，消毒沉淀污浊，平整坑洼，清除院内外、大楼内外各类积水，切实做好单位内外环境、库房及周边陈放的杂物清理工作，消灭“四害”栖息场所。所有垃圾由清洁工负责分类包装，医疗垃圾即由赣州威绿达医疗废物处置中心集中处置，做到日产日清，无积存，无扩散，较好地保持了常年的卫生整洁。

【领导名单】

董事长　　柯罗鹏
院　长　　刘才桂
书　记　　邹兴明
副院长　　黄泽油
副书记　　黄源波
副院长　　余启旺
　　　　　胡祥阳

妇幼保健

【概况】 2016年，县妇幼保健院坚持“以保健为中心，保健与临床相结合”的发展方针，在县卫生计生委和上级主管部门领导指导下，认真贯彻落实中共十八大及五中、六中全会精神，紧紧围绕妇幼保健公共卫生服务工作的年度目标任务，大力实施公立医院综合改革，以实施免费婚前医学检查和农村妇女宫颈癌、乳腺癌检查等妇幼重大公共卫生服务项目为抓手，坚持抓管理、抓服务，做到业务与活动“双提升，共提高”。2016年，妇幼保健院门诊就诊达44107人次，住院部住院人数1330人，其中住院分娩1123人，剖宫产手术364例，妇科肿瘤手术35人，外科手术69例，推广实施镇痛分娩427例，实现医疗业务收入9584000元。

【“三级”网络建设】 建立健全了县、乡、村三级妇幼健康服务网络，将妇幼健康服务覆盖所有对象，在市级龙头的引领下，形成了以县级为技术指导中心，乡镇卫生院为枢纽、村级为基础的妇幼健康服务体系。加强了对乡镇卫生院的妇幼保健人员及乡村医生、计生专干的培训与管理。为不断提高全县产、儿科人员新生儿窒息复苏技能及危重症产科急救能力，特制定了《崇义县产科技能与新生儿窒息复苏技能练兵比武实施方案》，组织开展了助产技术、新生儿窒息复苏技术培训班二期、两癌检查项目技术培训一期，孕产妇保健、儿童保健规范化服务培训一期。

组织以骨干医师为主的专业队伍经常深入乡镇、村开展妇保工作指导、检查，掌握了全县妇幼工作“第一手”资料，使乡村医生、计生专干能够承担本村孕产妇、儿童健康管理相关工作。

积极开展结对帮扶活动。继续与过埠、扬眉、铅厂卫生院签订了《对口帮扶、医疗联盟合作协议书》，在技术、设备、资金、人员等方面给予结对乡镇卫生院扶持：向扬眉卫生院派驻一名麻醉师为对口支援医院提供技术扶持；赠送茶滩卫生院型号为BS－300迈瑞全自动生化分析仪壹台，折合人民价102000元。同时与18家基层卫生院签订双向转诊协议。

【妇幼安康工程】 全县住院分娩率、高危孕产妇住院分娩率、孕产妇死亡率、5岁以下儿童死亡率、婴儿死亡率等各项指标均达到“两纲”要求。

孕产妇死亡率：0／100000。

新生儿死亡率：4.09‰。

婴儿死亡率：6.14‰；

5岁以下儿童死亡率：6.82‰。

新生儿破伤风发生数：0。

活产数2932人产、妇数2913人、产妇建卡人数2873人、产妇建卡率98.63％、孕产妇系统管理人数2765人、孕产妇系统管理率94.3％、产后访视率96.6％。

住院分娩率99.8％、剖宫产率26.13％。

高危产妇人数404、人高危产妇管理率100％、高危住院分娩率100％。

免费婚前医学检查1187对，婚检率达96.04％。

免费孕前优生健康检查3079人次，完成率102.3％，高风险检出率18.3％，早孕随访率81.1％，妊娠结局随访率58.2％。

出生低体重发生率：2.08％。

7岁以下儿童保健覆盖率：95.47％。

3岁以下儿童系统管理率：91.01％。

母乳喂养率：94.82％。

新生儿疾病筛查率97.03％。

新生儿听力筛查率95.63％。

托幼机构卫生保健管理率100％。

【重大卫生公共项目】 根据上级有关文件精神，继续扎实开展了一批妇幼重大卫生公共项目工作：

继续实施“农村孕产妇住院分娩补助项目”工作　设立了住院分娩补助专账，做到了专款专用,2016年全县完成农村孕产妇住院分娩补助1985人，补助金额计597150元。

扎实开展农村妇女孕前和孕早期免费被服叶酸项目工作　借助婚检窗口积极开展孕前孕早期免费增补叶酸工作，2016年，发放叶酸2039人次，叶酸服用率达100.10％，依从率100％。

保质保量完成了农村妇女宫颈癌、乳腺癌普查任务　8月24日，正式启动，9月29日，全面完成任务，宫颈癌免费检查任务数3400人，实检人数3400人，完成率100％；乳腺癌应检人数1800人，实检人数3400人，完成率189％。查出生殖道感染501人、子宫肌瘤290人、卵巢囊肿206人、子宫脱垂9人、CINⅡ1人、CINⅢ5人、乳腺小叶增生936人、乳腺良性肿瘤9人、乳腺癌2人；宫颈癌和乳腺癌患者都得到了免费救治。

继续开展免费婚前医学检查工作　不断强化服务内涵，延伸服务链条，开展了以婚前检查—孕产期保健—住院分娩等“一站式”服务模式，利用免费婚检窗口，为每位女婚检对象增加了免费HIV检测。免费婚前医学检查1187人，婚检率达95.52％。

【免费孕前优生健康检查】 免费孕前优生健康检查是降低出生缺陷，提高出生人口素质的重要举措,2011年5月,崇义县被列为“国家免费孕前优生健康检查”试点县以来，始终以科学发展观为指导，坚持以人为本的优质服务理念，全面开展免费孕前优生健康检查项目工作，切实加强怀孕夫妇的风险意识，减少非意愿妊娠，最大限度地减少新生儿出生缺陷的发生。2016 年，目标人数 3000 例，全年共完成 3079 人次，占全年目标任务 102.3%，高风险检出率 18.3%，早孕随访率 81.1%，妊娠结局随访率 58.2%。

【儿童保健工作】 共为 803 名入园前儿童进行了健康检查；开展城区幼儿园儿童健康体检活动。4—5 月，对城区 8 所托幼儿园所 3435 名小朋友进行了免费健康体检，体检率达到 95.31%；开展托幼机构工作人员健康体检，共为托幼机构 240 名工作人员进行了体检，同时对 8 所幼儿园进行了卫生保健指导，开展常规性督导 1 次；进行手足口病防治知识宣传督导 1 次；对卫生保健人员进行卫生保健知识业务培训 2 次。崇义县连续几年均未发生手足口病、流感等疫情的流行。

【医疗质量和人员素质】 坚持以提高医疗质量为核心，规范诊疗行为，建立健全医院考核管理各项规章制度，加强医德医风和各项专项治理工作。

严抓医疗质量管理 每月对业务科室进行一次医疗质量和安全的考核，特别是医疗核心制度的执行情况，对科室存在的问题向全院进行通报，提出整改意见并进行督查，以达到持续医疗质量改进的目的。

加强对专业技术人员的知识培训 有计划地选送专业人员外出参加进修、培训学习，2016 年妇保院外出培训 50 余人次，短期进修 7 人（妇产科、麻醉、手术室护理、产房）占全院卫技人员比例 11.67%，积极开展全院业务培训共 10 次，培训包括院感、输血、抗菌素的使用、医疗纠纷防范、新生儿窒息复苏等内容。

加强对医务人员医疗质量、医疗安全培训 为进一步提高院产、儿科人员新生儿窒息复苏技能及危重症产科急救能力，特制定了《崇义县产科技能与新生儿窒息复苏技能练兵比武实施方案》，并根据方案要求，8 月，进行了技能大比武活动，分别对医师、助产、护理组的一、二、三等奖进行了表彰。

积极参加市级技能比武活动 在 10 月举行的全市临床技能大比武活动中，县妇保院荣获妇产科专业组新生儿窒息复苏项目、医院感染穿—脱衣项目分别荣获三等奖的好成绩。通过考核，全院医护人员都提高了业务技能，近两年崇义县无孕产妇死亡。

【妇幼健康精准扶贫】 根据《赣州市卫生计生精准扶贫工作实施意见》和《赣州市卫生计生“服务企业 健康同行”活动实施方案》工作要求，县卫计委于 9 月 23 日组织县妇幼保健院和县人民医院、原计生服务站医疗骨干 14 人，在崇义县章源钨业股份有限公司开展了“服务企业 . 健康同行”服务企业义诊活动，免费进行了妇科病普查、发放叶酸等义诊活动，参加本次活动人员共 226 人。为帮助改善贫困家庭婴幼儿营养和健康状况，提高儿童家长科学喂养知识水平，让那些贫困家庭的婴幼儿能在生长发育期得到充足营养。根据县卫计委的统一安排，于“六一”儿童节组织开展了“服务企业 • 儿童健康同行”健康精准帮扶活动，县妇幼保健院共为 12 家企业的 598 名儿童进行了免费体检，对筛出患轻度以上贫血、生长发育迟缓等营养不良相关疾病婴幼儿 150 名，进行了登记造册，存档备查，每隔 3 月发放 1 次营养包，周期为 1 年，共发放 150 人份，完成任务率为 100%。

【中心工作】 为了便于开展调查摸底，精准识别贫困人口，县妇幼保健院还安装了“96333”专线，用于接入精准扶贫系统，建立院干部与贫困户结对帮扶制度，帮助他们解决生产、生活的实际问题，协助抓好脐橙、刺葡萄等产业发展，使他们的收入得到较快增长。

深入开展“四城同创”及爱国卫生工作。根据县四城同创有关文件精神，积极配合县卫生计生委和县四城同创办，开展了多种形式的健康教育活动，加强了妇幼保健等健康知识宣传，使健康知识深入群众心中，健康知识宣教工作获得了上级的好评。开展无烟医院创建工作，将控烟工作纳入年度工作计划，建立健全了控烟考评奖惩制度，院内设有控烟监督员，对医院控烟情况每天进行巡查。做好环境卫生整治工作，每周开展卫生大扫除 1 次，院内环境整洁，无乱搭乱建违章建筑、无卫生死角，院内车辆摆放整齐、有序，有专人管理；积极开展爱国卫生和除四害工作，成立了院爱国卫生领导小组，院主要负责人任组长，责任到人，每 2 月更换了一次宣传栏内容；积极加强对挂点网格小区的整治，小区“三乱”现象得到极大改善。

【领导名单】

院　长　　刘彩萍
副院长　　钟盈华
　　　　　赵华棠

皮肤病防治

【概况】 崇义县皮肤病防治所是崇义县卫计委下属的事业单位，其前身是龙勾麻风病院，创建于 1958 年，是防治麻风病、皮肤病、性病的非营利性专业医疗机构，城区社区卫生服务工作提供单位。是城镇医保和农合定点单位。现有专业技术人员16人，其中中级职称4人。内设有诊察室、药房、化验室、医学美容科等，有HXA-J30B CO_2激光治疗仪、SXW-2型微波治疗仪、全自动生化分析仪、血液分析仪、光子治疗仪、B超等仪器设备。

【麻风病防治】 崇义县现有麻风病现症病人5人，其中2016年新发现3例，判愈一例，监测病人10人，现存活麻风患者49人。2016年，对现症麻风病人每人每月发药一次、体检一次，对现症病人家属进行了一次体检共计50人次。已对监测随访病人及其家属进行了体检，监测病人10人次、其家属体检54人次。截至2016年底，村内有住村治愈患者5人，其中男4人，女1人，最高年龄80多岁，最低50多岁，均有不同程度的残疾。麻风病人均有政府提供的生活费每月360元，有劳动能力的病人还可以就近务工增加收入。所有病人免费参加新型农村合作医疗，病人自费部分可在民政部门全额报销医药费。康复村的耕地及山林租金用于弥补病人生活费的不足，由病人支付日常开支，每人每年约800元。12月12日，市卫生计生委谢瑛副调研员、市皮肤病医院许传勤院长、县卫计委计生协会常务副会长刘庆尧、县皮防所等单位领导组成慰问组，到龙勾乡健康村对麻风病康复人员开展走访慰问、送温暖活动。慰问组领导一一看望了康复病人，同时为康复人员送去红包、大米、食用油、饼干等慰问品，帮助解决生活及医疗等实际困难。

项目内容　包括麻风病线索调查、消除麻风运动以及麻风病治愈存活者调查等项目内容。成立以县卫计委分管领导为组长、皮防所所长为副组长，麻防专干、专科医生为成员的麻风病防治项目领导小组。领导小组下设办公室，办公室设在县皮防所，皮防所麻防专干负责处理日常工作。

利用县乡村三级防治网，召开县乡村级项目工作会议并举办项目培训班，同时通过各种宣传媒体和工具，宣传麻风病防治知识，给中、小学生上麻风病防治知识课，走访自然村村民小组组长和村内有威望的老人，对他们提供的麻风病可疑线索进行筛查，从中发现麻风病例。麻风线索调查的主要方式是报病筛查：调查对象为县内久治不愈难以确诊的皮肤病患者、麻风疑似病例、麻风患者家属、密切接触者或有其他可疑症状者。

工作措施　召开全县麻风病防治项目工作会议。工作会议之后举办县级培训班。麻防专业人员对参会人员进行培训。利用各种媒体（如板报、墙报、宣传单等）宣传麻风病八大可疑症状和体征，告知皮防所地址及电话号码，促进病人自报和他人举报，使有可疑症状者及时到皮防所检查。

开展可疑麻风病线索调查、密切接触者调查工作，各乡（镇）防保人员、乡村医生上报麻风可疑线索，在消除麻风运动中访谈了村民小组组长和村内有威望的老人，同时宣传麻风病相关知识，促进相关人员报告麻风可疑线索，确诊后对上报人员给予奖励。全县上报可疑线索120多条，经排查发现麻风病患者1例，排查密切接触者100人，未发现麻风病患者。开展麻风病存活者调查，通过调查确认崇义县现有存活麻风病人49人，同时对各乡镇的医务人员开展了麻风病防治核心知识问卷调查。

【服务能力】 门诊10000人次左右，完成艾滋病筛查289人，未发生医疗和纠纷事故。

【城区社区卫生服务】 每月2次到各小区和人口密集场所开展宣传活动。共计开展39次。同时，利用“三八”节及“世界防治麻风病日”“世界无烟日”“世界精神卫生日”“全国高血压日”“世界糖尿病日”“世界艾滋病日”等节日开展主题宣传活动，每月开展1次以上健康教育知识讲座。共计开展12次。健康教育视频资料每月播放不少于10次，总计播放118次，每次不少于2小时。结合义诊活动开展第29个世界无烟日宣传，制作创卫、禁烟宣传横幅各2条，展板2块。制作含有控烟内容的健康教育宣传栏2个，分别在公务大楼及政务大楼入口处摆放。利用电子屏、DVD开展禁烟宣传，更换一期含有控烟内容的健康教育宣传栏，印制了一期有禁烟内容的夏季健康教育宣传手册1000册。发放吸烟有害健康、健康教育宣传手册等宣传资料2800多份，宣传袋560多个。每月更新一期健康教育宣传栏，共计24期。门诊大楼每一层设有健康教育宣传栏。利用体检、义诊、宣传活动等发放各种健康教育宣传资料6434人次，共计发放健康教育宣传页、宣传手册等资料25600份。每季度根据季节特点印制一期健康教育宣传折页，共计印制3000册。印制健康66条宣传手册5000本，公共卫生服务宣传袋1000多个在宣传工作中发放。到崇义中学、崇义四中开展健康教育大课堂和健康知识讲座共计5次，参加学生人数1000余人次，同时为崇义中学50多名学生开展健康体检。

截至年底，健康档案累计已建立11918人，高血压管理759

人，糖尿病管理288人，已按要求完成每季度一次的随访工作。65岁以上老年人管理1450人，重症精神疾病管理55人。2016年体检1283人，其中高血压490人，糖尿病158人，精神病10人，65岁以上老年人625人，开展中医药管理625人。为进一步落实城区居民公共卫生服务，结合县卫计委“五进”活动方案工作要求，县皮防所于8月10日组织医务人员携带仪器设备到夕阳红敬老院开展了“献爱心、送健康”上门义诊、咨询、体检等活动。医务人员为老人们测量血压，开展B超、心电图、血液生化等检查，同时向老人宣传保健、合理饮食、锻炼等方面的健康知识，活动共测量血压90余人次，体检42人次，受到了老人们的好评。

【精准扶贫】 根据全县精准扶贫工作安排，皮防所积极做好结对帮扶贫困户分类施策产业到户工作。精准扶贫工作按照“摸清底数、区分类型、找准问题、分类施策”的工作思路来推进。对四种不同类型的贫困户分类因户施策，做到“一户一本台账、一户一套脱贫计划、一户一套扶贫措施”，确保扶贫帮到点上扶到根上，确保按期脱贫，对低保户、五保户除少数可利用土地经营权、房屋等生产资料入股合作社或产业大户外，主要由政府兜底提高补助标准和保障水平。根据县里已经精选刺葡萄、油茶、乡村旅游、竹木为扶贫主导产业，同时兼顾脐橙、茶叶、果蔬、南酸枣、蜂业、其他传统产业，并出台相关扶持政策，皮防所帮扶干部通过鼓励和引导扶贫户、扶贫低保户积极发展或参与扶贫产业开发，将产业扶贫落实到户。对有条件自身发展产业的贫困户，帮扶干部帮助落实好土地、苗木、技术培训等，对自身无能力发展产业的贫困户引导其参加产业合作社，或以土地经营权、房屋、上级补助资金入股等模式，融入产业发展之中去，并获得收益，2016年底，已有2户贫困户脱贫，确保其余贫困户在2018年前脱贫。

【创建国家卫生县城】 到鸿福苑小区、萝卜巷村、阳岭新城、中营村、上营村开展了3轮创建国家卫生县城义诊宣传活动，每月一次到鸿福苑小区开展义诊宣传活动，为居民测量血压，发放吸烟有害健康、健康教育宣传手册等宣传资料2800多份，宣传袋560多个。组织人员到鸿福苑小区开展上户宣传活动。发放了健康教育宣传资料400多份，创卫宣传围裙100多条。同时开展小区居民健康素养调查和创卫满意度调查4次。6月1日，党支部组织在崇义四中开展“党建＋健康教育，关爱困难学生”的“三个一”活动。为一个班的学生上了一堂“寻常痤疮—粉刺的治疗”的健康教育课、发放了健康教育知识读本60多份，开展学生健康素养调查和创卫满意度调查，发放调查问卷201份。课后，在阶梯教室为41名家庭困难学生每位均赠送了爱心文具盒、笔记本、写字笔等。加强单位环境卫生管理，有专人负责清扫保洁，按楼层指定专人负责卫生工作，单位环境整洁，无乱堆杂物，门窗无破损，厕所清洁卫生。户外广告、宣传栏、牌匾规范，无破损、残缺等。

【领导名单】

所　　长　　方　莲
支部书记　　邓谱柏
副 所 长　　陈　勇

体　育

【概况】 崇义县体育局为崇义县人民政府直属正科级事业单位。内设2个职能机构：办公室、群体股，核定体育局全额拨款事业编制为6名。现有领导干部：局长1名、副局长2名，正股级干部2名。崇义县老年人体育协会，为体育局下属全额拨款股级事业单位，核定事业编制2名；崇义县少年儿童业余体校，为体育局下属全额拨款股级事业单位，核定事业编制4名，正股级干部1名。

在国家、省、市体育主管部门的关心支持下，在县委、县政府的正确领导下，紧紧围绕《国务院关于支持赣南等原中央苏区振兴发展的若干意见》（以下简称《若干意见》），主动作为，积极争取上级相关部门的支持帮助，以创建“全国基本公共体育服务体系示范县”为总目标，紧紧围绕群众身边场地、身边组织、身边活动三个环节，突出重点、夯实基础、多措并举，全面推进全国基本公共体育服务体系示范县建设，取得阶段性成果。全民健身设施显著改善，全民健身组织全面加强，全民健身活动繁荣活跃，全民健身氛围空前浓厚。

【体育人才培养】 全年共举办各类外出培训及总局安排教师及学生夏令营合计15次，共计800余人接受了相关培训，让崇义县学生、社会体育指导员、体育教师参与了相关的培训，使崇义体育人才开眼界、长见识、升水平。1月15—25日，国家体育总局体彩中心举办了崇义县中小学体育教师业务培训班，共有65名中小学体育教师参训。7月3—8日，由网球中心举办中国体育彩票杯全民健身青少年活动——青少年网球夏令营。7月3—8日，由社体中心举办2016年全国青少年跳绳夏令营。7月3—9日，由总局自剑中心举办“中国体育彩票”2016年铁人三项青少年夏令营（崇义站）。7月12—21日，由中国足协举办了两期D级教练员选拔班，80名教练员参加了培训。7月23—29日，由总局自剑中心资助8名小学生参加2016年全国现代五项青少年夏令营（东莞站）活动，并资助10名学生参加2016年“中国体育彩票杯”击剑夏令营活动。8月20至26日总局水上中心资助上堡乡优秀学生35人参加暑期游泳培训。8月20—26日，中国足协举办了崇义县青少年足球夏令营，60名中小学生参加了活动。10月25日至11月1日，中国足协举办了2016年第三期D级教练员培训班，共24名教练员参加培训。

【群众体育全面发展】 5月17日，举行“建设自行车城·我参与·我要骑”活动暨自行车城建设工作推进月启动仪式，400余人参加骑行活动；5月27日，举行了“‘5•27’·我参与·我爱骑”全县山地自行车团体越野挑战活动，共吸引60余名骑行爱好者参与；6月10日，江西省第五届全民健身运动会暨崇义赛区篮球协会“崇义农商银行杯”夏季联赛正式开赛，共有10支队伍参加比赛。举办2016年首届“赣州邮政杯”全民健身广场舞大赛，共23个广场舞队伍参加。崇义县足球协会举办8人制足球比赛。成立体育协会联合党支部，全县目前有17个协会，43个俱乐部。各协会、俱乐部自发组织群众活动，如微马周末晨跑，黑金周四荧光夜跑等。积极开展政府购买体育公共服务，激活社会组织参与度，争取早日建成全国基本公共体育服务示范县。

【竞技体育水平有了提高】 竞技体育是崇义县体育工作的短板，因人口基数小、基础设施薄弱、教学器材短缺等种种因素制约。少儿业余体校按照江西省4年周期体育后备人才培养设施方案、年度比赛计划和训练大纲的要求，结合运动员培训目标，制定了中长期训练计划和年度训练计划。重视少儿体校建设，加大了体教结合力度，大力发展体育协会和单项俱乐部运动员的培养，形成教体和社会力量共同培养运动员的模式，目前引入社会资本和力量，成立了羽毛球、乒乓球等少儿培训基地，加大青少年的后备人才培养。

【领导名单】

局　长　　陈允康

副局长　　刘初亮

　　　　　周　钧

社会事务

民　政

【概况】 县民政局持续抓实“精准扶贫”兜底保障工作，持续完善“救急难”工作制度并开展“救急难”工作，全力抓好民政事业发展各项工作任务的落实。2016年，各类救助对象受补资金全部发放到位，兜底保障工作任务如期完成，较好地完成了2016年各项民政工作。

【精准扶贫攻坚战兜底保障】

做好精准扶贫攻坚工作　作为六大攻坚战兜底保障牵头责任单位，全力以赴做好“精准扶贫”兜底保障工作。牵头制定了三个政策性文件（《崇义县兜底保障脱贫工作方案》《关于加强农村低保与扶贫开发制度衔接的实施方案》《崇义县2016年兜底保障扶贫项目实施方案》）；从建档立卡贫困户中产生低保户4741户9021人，下拨低保金20434000元，做到了“应保尽保”；及时足额发放五保供养经费，其中集中供养836人，分散供养387人，共1223人，下拨4401400元；临时救助816人，发放救助金1933800元；为212名因病致贫患者下拨大病救助资金2982000元，较好的缓解了大病患者因病致贫问题。

做好精准扶贫挂点帮扶工作　县民政局根据县政府有关规定，调整了“精准扶贫”和“三送”工作领导小组，指定3人常驻聂都村、乌洞村。结合人口、耕地、基础设施、经济产业等情况，制定了年度产业发展规划，筹资50000元用于村组公路建设，筹资10多万元组织23户农户开展生态农业开发，采取“能人+基地+农户”的形式，建立了3个养殖、种植基地。主要领导也多次到户宣传党和政府“精准扶贫兜底保障”政策，完成产业扶贫基地示范点建设3个，制定帮扶措施18条，帮助45户“精准扶贫”对象制定产业发展和脱贫计划，落实帮扶资金155000元。

【民生基础设施建设落实】

新建丰州乡古亭敬老院　该项目是崇义县“六大攻坚战”项目之一，也是兜底保障扶贫建设项目，总投资12000000元，占地173131平方米，总建筑面积1264981平方米，新增养老床位172张。

新建珠岭公园（烈士陵园）　总投资达5400000元，项目建成后，珠岭公园将成为崇义县重要的爱国主义教育基地、红色旅游景点和群众休闲健身的重要场所。

完成横水镇敬老院4号楼主体建设　建筑面积570多平方，总投资90多万元，新增床位60个。

【社会救助】 崇义县现有农村五保供养对象1108人，分散供养378人，集中供养730人，分散五保供养标准为每人每年3480元，集中五保供养标准为每人每月4380元；现有孤儿人数31人，其中分散孤儿养育标准为700元/人·月，集中孤儿养育标准为1100元/人·月；城镇“三无”人员供养标准提高到500元/人·月。已有城镇居家养老服务中心3个，农村敬老院5所，福利（光荣）院1所、夕阳红养老服务中心1所、麻风村1所，集中供养率为61.4%。

【老龄工作】 共为全县3765位高龄老人发放长寿补贴3766600元，全年免费办理老年人优待证450多本，发放老年法规宣传册3000余本，确定了5个村级老年协会“示范点”，共有城镇居家养老服务中心3个，农村居家养老服务站23个，较好地解决了老人养老需求，为老年人提供了文化娱乐活动。

【优抚安置】

及时足额发放优抚事业费　崇义县共有优抚对象540人，其中：三属49人，复员军人118人，带病回乡退伍军人24人，残疾军人61人，参战退役163人，烈士子女32人，铀矿开采93人，共计发放优抚事业费3729150元。为341名农村籍重点优抚对象缴交新型农村合作医疗经费38520元，为60名城镇籍重点优抚对象缴交城镇居民医疗保险7200元，为4名1~6级残疾军人缴交城镇职工基本养老保险18450元，为46人次优抚对象给予优抚医疗补助69900元。

积极开展优抚对象核查　为完善优抚对象数据库建设，上级下达了优抚对象数据核查工作任务，集中开展了优抚对象数据核查工作。据准确统计，全县16个乡镇共计核查优抚对象1095人，核查比例达422%，在全省排名前列，得到了省厅的充分肯定。

【社会事务】

加强婚姻登记规范化管理　婚姻登记工作严格按照《婚姻登记管理条例》来办理，2016年，全县共办理结婚登记1318对，补登结婚561对，离婚登记309对，无一例违纪。

进一步绿色殡葬工作　投入1000多万元加强殡仪馆基础设施建设，实施全面升级改造，同时，规范殡仪馆管理，出台了《崇义县殡葬管理目标考评实施方案》，全年火化遗体735具。

加强流乞人员救助管理工作　根据省、市民政部门的要求，县民政局加强了对流浪乞讨人员的救助管理工作，对流浪街头的精神病人进行了全面的医疗救助。

送大余三医院救治的病人 15 人，每人每月 2600 元治疗费用，全年救助站安置流浪乞讨人员 78 人。

加强社会组织管理工作　根据县委组织部门要求，县民政局成立了社会组织党工委，县编委核定了社会组织党建服务中心编制，开启了崇义县社会组织党建工作的新局面。县民政局在社会组织中开展的“党建+”工作，在村（居）开展了民主协商工作，并严格实施了社会团体、民办非企业年检工作，积极开展了公益创投活动。

【慈善工作】　慈善会坚持“县委领导、政府推动、民间运作、各方协调”的工作方针，共接收县内外企业和个人捐款捐物 856996322 元，其中捐赠资金 755495322 元，捐赠物资折款 101501 元。

慈善资金支出情况：儿童大病救助及特困家庭重大疾病救助 14 人 407000 元；资助贫困大、中、小学生 100 人 402987 元；特困人员应急救助 15 人 79500 元：中小学生爱心午餐 47478 元；“情暖万家”走访慰问特困户 100 户 99800 元；关爱留守儿童活动 2 次 3860.5 元；遗体器官捐献家属抚慰金 10000 元；慈善超市优惠购物差价款及工作人员补贴 4891 元；走访慰问特困户采购“温暖爱心包”71400 元；资助农村公益设施建设 229599346 元（其中公路 1580000 元、自来水 52000 元、水渠 3 万元、桥梁 3399346 元、村级办公场所 600000 元），其他公益设施建设 983000 元（其中云隐寺 900000 元、丰州乡小坑村红豆杉榨油作坊 60000 元、县网球场整修等 23000 元）；精准扶贫产业扶持 440000 元；农村校舍改建 2541000 元；县慈善会人员工资及办公费 27047 元。慈善资助成为了政府救助困难群众的重要补充。

【救灾救济】　“8·27”洪灾发生后，积极开展查灾核灾，商请县政府及时下拨救灾应急资金 2700000 元。省市共下拨 7700000 元，春耕救助 4400000 元，棉、毛毯各 200 件。同时，下拨自然灾害救济资金 2800000 元，救济灾民 4051 户 12964 人次，发放冬令救济棉被 517 床，踏花被 155 床。2016 年，县民政局认真做好救灾物资储备工作。已采购储备了救灾棉被 900 床，踏花被 150 床，救灾帐篷 100 顶，保暖内衣 140 套，棉衣 30 件，毛巾被 300 床。

此外，下拨了春节走访慰问资金 363200 元；下拨“6·16”洪灾应急资金 850000 元。

【领导名单】

党组书记、局长	刘文泽
党组副书记、副局长	朱德平
	胡益钦
	陈　玉
老龄办主任	肖玉莲

扶贫和移民

【概况】　2016 年，全县完成脱贫人口 1244 户 4330 人，贫困发生率下降 2.43%，完成 3 个省级贫困村脱贫退出。

【贫困户脱贫】

精准识别贫困人口　严格按照“七步工作法”程序进行精准识别和建档立卡。2014 年底，全县精准识别贫困人口 6272 户 17482 人，其中扶贫户 2684 户 9113 人、扶贫低保户 984 户 3354 人、纯低保户 2086 户 4471 人、五保户 518 户 544 人。其间，通过对不符合建档立卡条件的贫困户再识别再核实，于 2015 年甄别删减了 99 户 303 人，2016 年，甄别删减了 308 户 987 人。10 月，开展低保与建档立卡贫困人口相衔接后，崇义县贫困人口 6132 户 17482 人，其中扶贫户 2463 户 8630 人，占总户数的 40.2%；扶贫低保户 951 户 2896 人，占总户数的 15.5%；纯低保户 2229 户 5380 人，占总户数的 36.3%；五保户 489 户 516 人，占总户数的 8%。

扎实开展结对帮扶　依托县领导挂乡（镇）帮村和“单位联系村、干部联系户”工作机制，落实结对帮扶全覆盖工作，确保每户贫困户都有一名帮扶干部帮，每个村都至少有一个帮扶单位，每个省市级贫困村都有一名县领导挂。全县 143 个帮扶单位 2638 名帮扶干部已与 124 个村的每户贫困户实现结对帮扶，形成了挂点县领导、挂点单位负责人、工作队和“第一书记”、帮扶干部齐抓共管的良好态势。同时，加强基层扶贫干部队伍建设，在所有行政村里设立了固定的驻村帮扶工作室，要求挂点单位、帮扶工作队和“第一书记”常态化驻村，非常驻干部入户帮扶每季度不少于 1 次，全年不少于 4 次，确保了各级领导干部把脱贫责任扛在肩上、任务抓在手上。

加快落实扶贫政策　先后研究制定了《关于全面打赢脱贫攻坚战的实施意见》和涉及产业扶贫、健康扶贫、安居扶贫、教育扶贫、就业扶贫、兜底保障扶贫、生态保护扶贫、金融扶贫的“1+8”脱贫政策文件，每项政策都精准扶持到户，使精准扶贫政策体系、体制机制更加完善。同时，坚持分户“把脉”，找准“病因”，对症“下药”，做到一村一策，一户一法。采取“1+N”的办法，为每位贫困户落实了 2 项以上扶持政策，制定了一条长短结合的脱贫之路。

贫困人口精准退出　依据中央、省、市对贫困人口脱贫退出的要求，结合崇义县实际，制定了脱贫退出“八步工作法”，即“预退出、精准扶持、摸底调查、民主评议、入户核实、公示公告、批准退出、村公告”，确保脱贫程序到位，避免“数字脱贫”“被脱贫”的现象，真正做到了“精准脱贫”。2016年，全县实现脱贫1244户4330人。

创新帮扶措施　突出新思维、新方法，“混合动力”推进扶贫攻坚。创新编制精准扶贫《一本通》和“口袋贴”，让《一本通》作为检查干部上户情况证明的同时，也成为贫困户申请补助、医疗报账的“身份证”和了解政策的“情报册”。同时，积极撬动社会力量参与扶贫工作，通过深入开展结对帮扶“三个一”活动、“扶贫日”捐资助学活动等一系列活动，为贫困户送去资金与物资折合人民币近2000000元。通过一系列帮扶活动，提高了群众对结对帮扶工作的满意度，营造了良好的帮扶氛围，干群关系更为融洽。

【贫困村脱贫】

全面落实脱贫退出任务　2016年，全县有3个省级贫困村的退出任务。铅厂镇义安村、横水镇左溪村、龙勾乡良田村所有基础设施项目均已完工，顺利完成脱贫退出任务。

靠前开展预脱贫贫困村脱贫对标工作　针对所剩9个贫困村，靠前谋划，积极组织县交通运输局、水利局、农工部、卫计委、城建局、国土资源局等相关部门严格对标，制定退出计划表，分清职能，落实责任，时序倒排，确保全县所有省级贫困村在2019年年底前完成脱贫退出工作。

整合资金加大投入　充分抓住中央、省、市加大扶贫攻坚力度的重大战略机遇，整合各类涉农项目资金，加大资金投入，重点向贫困村倾斜，集中精力解决贫困村的村庄整治、住房保障、交通、水利等基础设施“最后一千米”问题。2016年，共整合涉农财政资金68136200元。

【扶贫项目实施】　按照“重点工作项目化”的要求，突出以项目为抓手，将精准扶贫重点工作细化为十大项目13个子项目，形成了抓项目促攻坚的良好势头。2016年，十大项目计划投资61700万元，累计完成投资64200万元，占年度投资计划的104%，其中电商、健康、就业扶贫已经完工。

全力落实产业扶贫　形成了一条传统和特色相结合的产业扶贫之路。因地制宜，推进刺葡萄特色产业扶贫。结合乡村旅游发展，发挥君子谷野生水果世界龙头带动作用，支持君子谷公司建设刺葡萄良种繁育基地、森林酒店，开发野果干红、野果饮料、野果饼干等新产品，开展以功能拓展性为重点的刺葡萄一、二、三产业融合发展试点，壮大君子谷公司，并建立“公司+基地+贫困户”的产业发展模式，通过公司带动贫困户发展刺葡萄产业。2016年，共带动3851户贫困户种植刺葡萄1028.96859公顷，培植了农旅结合助扶贫的特色样板。依托资源，落实养蜂产业扶贫。充分发挥养蜂产业投资小、回报快、效益佳和崇义县植物种类繁多，四季花源丰富的优势，将养蜂产业确定为扶贫特色项目，同时通过成立县级蜜蜂产业合作社（森福蜂业合作联社），统一技术培训、蜂种供应、品牌打造，构建“产、供、销”体系，产生规模效应，增强了贫困户养蜂抗风险能力。2016年，共下拨产业扶持资金11610000元，共有445户贫困户发展养蜂4801箱。发挥传统优势，狠抓蔬菜产业扶贫。打造3.33公顷以上规模蔬菜基地14个，108.89公顷，并建立“基地+贫困户”发展模式，通过土地入股、资金入股和务工取酬的方式等带动了609户近3000人增收。做活山上文章，开展林业产业扶贫。完成油茶低产林补植补造633.33公顷、油茶造林280公顷、发展林下种植140公顷、毛竹林抚育339.47公顷，直接带动1180户贫困人口受益。在10月份的省委精准扶贫督查工作中，崇义县产业扶贫等方面的工作得到了省扶贫和移民办领导、省委精准扶贫督查组的充分肯定，并要求崇义县上报全域旅游+精准扶贫、蜜蜂养殖产业等特色做法的典型材料进行全省推广交流。

扎实推进政策扶贫　以人为本，开展健康扶贫。投入11059100元，全面完成年度计划。实施了新型农村合作医疗二次补偿办法，由原来免费为贫困对象参加新农合、办理新农合大病保险、购买疾病商业补充保险和大病救助的四道防线扩充为五道健康医疗保障防线，让贫困户个人自负住院医疗费用比例不超过总费用的6%，自负比全市最低。2016年，全县已为119名贫困人口拨付补偿款932500元。创新模式，开展金融扶贫。合理运用产业扶贫信贷通政策，探索“政银企”合作金融扶贫新模式。2016年，全县已累计发放“产业扶贫信贷通”17793万元，超额完成年度计划，居全市第一。其中：为1772户贫困户发放82630000元；为201家涉农企业发放95300000元，带962户贫困户。牢筑防线，开展兜底保障扶贫。已投入28597500元，完成任务79.59%，其中已发放低保、五保、临时救助保障金21597500元，将4741户贫困户9021贫困人口纳入最低生活保障、将1223五保人口纳入供养（其中集中供养836人、分散供养387人）、将因病因灾因祸致贫人员纳入临时救助，筑牢低保、五保、临时救助三道坚强兜底保障堤防，坚决做到“两个不愁、三个保障”。斩断贫困代系传递，开展教育扶贫。投入54515000元，占年度计划的71%。同时，引动社会力量参与教育扶贫，争取各类资助21026000元，其中为2197名贫困学生办理了生源地助学贷款累计16694340元，实现了应贷尽贷；为5586人次贫困生（其中建档立卡户子女1668人次）发放义务教育到高等教育补助4331875元。链接农产品，开展电商扶贫。投资3000000元实施贫困乡村电商服务站点、电子商务知识培训、电商就业实践基地、电子商务物流等四大类项目建设，借助现代服务业的电子商务创业孵化园、电子商务公共运营中心、职业中专“金蜘蛛”电商培训实践基地、电商扶贫竹文化创客中心项目影响联动作用，2016年，已在全县完成80家服务站点布点，正式投入运营的有65家（其中乡级3个，省市贫困村25个），已开展电子商务培训25期，全县累计培训2224余人次，其中贫困户参与培训372人，带动327名贫困户参与电商行业，已全面完成年度计划，基本做到基础设施更加完善，电商人才培训工作更加有效，特色品牌效应越来越突显，精准扶贫联结度越来越高的新局面。因人而异，开展就业创业扶贫。2016年，共培训贫困劳动力717人，帮扶贫困劳动力就业340人，帮助39名贫困劳动力就业创业并予以3610000元的贴息贷款，已全面完成2016年工作任务。按市级扶贫车间建设要求（带动贫困对象就业占比40%以上），2016年，全县共建4个扶贫车间，通过加大扶贫车间扶持政策整合，提高企业吸引力，扩大贫困劳动力就业渠道。落实安居工程，开展保障房建设。通过“交钥匙”工程等形式，组织各乡（镇）统一规划建设一批农村保障房，解决农村最困难群众住房安全问题，2016年，全县完成投资9423000元，开工建设161套安置房。农村信息化扶贫方面：完成投资46200000元。121座4G基站已完成建设并投入使用，完成投资38200000元，覆盖全县12个省级贫困村4G信号；光纤改造建设完成119个行政村。水利扶贫方面：投入14250000元，小农水重点县建设项目，累计完成渠道衬护120千米，水陂54座，新增恢复灌溉面积340公顷，改善灌溉面积933.33公顷，覆盖13个贫困村，1810户5301人。农村安全饮水项目，实施6座农村安全饮水工程。累计完成改善供水人口5300人，解决9000人口的饮用水源问题，项目覆盖贫困村6个，受益贫困户196户692人。农村环境综合整治示范项目，完成投资11900000元。

【整村推进】 全县共有47个贫困村实施整村推进工作，其中省级贫困村12个，市级贫困村35个。安排项目51个，资金6000000元。所有项目均已开工，主要在贫困村实施了水、路、环境整治以及有关产业发展的基础设施建设等项目，项目的实施为贫困村的退出奠定了坚实的基础。

【易地扶贫搬迁】制定出台了《崇义县易地扶贫搬迁工作实施方案》和《崇义县易地扶贫搬迁实施细则》，建设了县城城南、田螺岭、腊树下安置点和乡（镇）10个安置点。争取易地搬迁计划926人（其中建档立卡贫困户270人），资金40467100元。

【领导名单】

主　任
田长征（1月任，9月免）
汤昌禄（9月任）

副主任　钟世房
胡洪和

社会保险

【概况】 崇义县社会保险事业管理局成立于1987年，机构编制22人，在岗职工19人，内设秘书股、基金财务股、社会化管理服务股、征管股、稽核股、信息统计股六个职能股（室）。围绕服务民生，以扩面征缴为主线，以强化基金征管为抓手，以推进社保经办建设为重点，全面落实中央、省、市有关社保改革的政策法规，强化管理，狠抓落实，全面超额完成了省、市下达的各项目标任务。在积极贯彻落实各项社保惠民利民政策上工作显著突出，从2001年起已连续15年被评为全省社会保险工作先进单位，还评为全省人力资源和社会保障系统优质服务窗口、全省社会保险业务档案达标验收优秀单位，被征地农民养老保险等多项业务工作走在全省、全市前列。

【年度目标任务】 参加基本养老保险参保人数23257人，完成市下达任务的101.56%；缴费人数15810人，完成市下达任务的108.28%；基金征缴12937万元，完成市下达任务的112.3%；失地农民参保人数4580人，领取生活补助325人，离退休人数6414人，发放养老金14854万元。

【养老保险惠民政策】

实施覆盖全县的被征地农民养老保险新老政策平稳过渡 在全县各乡镇全面实施被征地农民养老保险，按照上级工作要求，崇义县积极开展被征地农民生活补助改办养老保险工作，3—4月，共改办769人，圆满完成了改办工作，使广大被征地农民真正得到了实惠。

实施助保贷款，保障困难群体参保权力 为解决崇义县已参保的困难人员中断缴费问题，切实保障其社会保障权益，县社保局依据省市有关助保贷款文件精神，按照“自愿申请、保而不包、水平合理、控制风险、政府贴息、个人退休还贷”的原则，建立参保人以银行贷款缴费的筹资机制。截至12月，崇义县助保贷款累计放款1120000元，解决了25位困难人员的续保问题，获得了群众一致好评。

【征缴稽核和基金管理】 为维护社会保险费征缴工作的严肃性，2016年，县社保局配合劳动监察部门对重点参保单位,改制企业，进行了基本养老保险费征缴专项稽核，下达了稽核整改通知书，稽核单位130个，达到参保单位的80%以上，稽核人数4927人，有力地推动了扩面征缴工作；同时，社会保险基金管理水平不断增强。认真执行基金收支两条线的管理制度，与财政、银行等单位密切配合，严把财务审核关，杜绝挤占挪用社保基金的现象，认真执行了《中华人民共和国会计法》和基金财务管理制度，严把基金财务审核关、廉洁自律、依法办事、有效地杜绝了挤占挪用社保基金现象。形成了一整套比较规范，可操作性强的业务办理程序，极大地方便了参保职工和离退休人员

【社会化管理服务水平】 全县有企业离退休人员6414人，基本养老金社会化发放率达到100%。

完善养老金社会化发放工作 近年来，连续11次调整养老金标准，此次调资共涉及7221人，其中企业退休人员5300人，全额拨款机关事业单位退休人员1921人。月人均增资180.29元，其中企业退休人员月人均增资168.17元，全额拨款机关事业单位退休人员月人均增资213.72元。县社保局按市局统一部署通过银行每月及时将养老金发放到每个离退休人员手中。

加强基本养老金领取资格认证和防冒领工作 崇义县离退休人员资格认证时间为4月1日—6月30日，为方便异地人员认证，县社保局创新认证形式，通过给退休人员发放慰问信、电话联系、视频认证、异地协查、新闻媒体宣传等多种方式，对2015年12月31日前办理退休或生活补助手续的人员，进行了待遇领取资格认证。

【基金监管】 健全和完善了内控制度，制定了《稽核工作管理制度》《社会保险内部监督制度》、《社会保险违法违规行为举报投诉受理制度》等内控制度的有效实施，内部业务审计工作得到进一步规范,尤其是做好基金征缴、数据复核、待遇核定、支付等各个环节的内部监督审批制度，真正做到按制度办事,用制度管人。加强银行基金账户管理，严格执行基金银行账户管理的有关规定，杜绝了违规。

【机关作风】 一是深入开展建设“廉政文化进机关示范点”工作。组织全体干职工开展“党员跑腿服务”，通过为群众提供“跑腿”（帮办）服务，引导党员干部倾听群众呼声，关心群众冷暖，以实际行动做群众的知心人、贴心人、暖心人；组织全体干职工（含临时人员）参加“廉政文化知识竞赛”，通过竞赛既提升了每位干职工的业务素质，又使廉政文化知识入脑入心，不断强化干职工为民务实清廉意识。二是通过开展“业务骨干讲业务，全体职工学业务”活动、“每年写六篇以上报道”活动、举办“登山、跳绳等团体及个人”比赛、开展拓展训练活动、建设机关文化长廊等活动，努力使干部职工成为“政策百事通、情况活字典、业务多面手”，切实加强社保部门政治建设、能力建设、作风建设和文化建设，局机关文化建设特色鲜明、成效明显。

【领导名单】

局　　长	温李华
支部书记	赖宝兰
副 局 长	杨荣文

医疗保险

【概况】 2016年，崇义县的医保工作，依旧贯彻落实医保市级统筹工作，切实保障和不断完善参保人员各项保险待遇，同时按上级要求整合城乡居民基本医疗保险制度。加强医保宣传、扩面和基金管理，提高医保效能，2017年2月被省社保管理中心评为“2016年度全省社会保险民生工程目标绩效考核先进单位位”称号。

【医保整合】单位整合。8月29日，根据《关于整合崇义县新型农村合作医疗管理中心与崇义县医疗保险局的通知》（崇编字〔2016〕

40号）文件通知，组建崇义县医疗保险事业管理局，执行省、市、县医疗、工伤、生育保险和离休干部医疗保障服务管理的政策法规，负责组织实施全县职工、城乡居民医疗保险、工伤、生育保险和离休干部药费单独统筹管理工作。12月9日，县人民政府下发了《崇义县人民政府关于整合城乡居民基本医疗保险制度的实施方案》（崇府发〔2016〕11号）文件，进一步落实了城乡居民基本医疗保险制度整合工作。

【医保宣传】 利用媒体、通过发放宣传单、采取现场咨询、微信公众平台等，多形式、多渠道、多层次宣传医疗、工伤、生育保险政策。如：开通微信公众号之后，各参保群众可以用手机就能关注医保动态，查询医保信息，了解医保政策，已有2000多固定群众关注；2月5日，借助招聘大会的时机，为群众提供政策咨询752人次、发放宣传资料6000多份；在报刊、杂志和中国医疗保险网等媒体发表稿件共80篇次。

【保险管理】 医疗保险。参保人数为42773人，完成下达民生工程医疗保障任务40845人的104%，其中：城镇职工基本医保参保人数20622人、完成下达民生工程任务19100人的107%，城镇居民基本医保参保人数22152人、完成下达民生工程任务22000人的100%。

工伤保险 参保缴费人数23135人，完成下达民生工程任务23135人的100%；其中农民工参保人数6991人。

生育保险 参保缴费人数10939人，完成市下达民生工程任务10938人的100%；其中女性参保人数2594人。

【基金管理】 基金支出情况。医疗、工伤、生育三大社会保险年度支出总计59000000元，其中：城镇职工医保年度总支出39000000元，城镇居民医保年度总支出9120000元，工伤保险年度总支出9280000元，生育保险年度总支出1600000元。

【医保待遇】 逐步提高保险待遇，提升参保群众幸福指数。主要是：一是城镇医保参保待遇进一步提高。2016年，财政年人均补助标准提高，达到420元最高支付限额提高到210000元。二是进一步加强城镇大病保险特殊药品管理，保障重特大疾病患者特殊用药待遇。根据赣人社发〔2015〕49号文件规定，为方便参保患者就医购药和加强特药使用管理，在原有24家特药处方医院和21家特药药店的基础上增加16家特药处方医院和10家特药药店，以方便参保群众购药。

2016年，享受待遇人数，分别为医疗11522人，其中职工医保7944人、居民医保3071人、工伤268人、生育239人。

通过开展“光明·微笑”工程、儿童“两病”免费救治和尿毒症免费血透救治工作。将全县所有符合救治条件的城镇医保白内障、唇腭裂患者、儿童白血病、先心病患者纳入常态管理，实施免费救治；对需要维持血透的尿毒症困难患者（城镇低保、城镇“三无”人员、城镇福利院供养孤儿、新增四类优抚对象和城镇低保边缘户）实施血透免费救治。其中2016年儿童“两病”免费救治的白血病患者、先心病患者数0人，医保报销金额0元。其他免费救治情况如下表：

表23　2016年“光明·微笑”工程免费救治情况

年度	白内障患者（例）	医保报销金额（万元）		
		合计金额	其中	
			职工	居民
2016	6	0.78	0.65	0.13
合计	6	0.78	0.65	0.13

表24　2016年尿毒症免费血透情况

年度	尿毒症免费血透患者（例）	医保报销金额（万元）		
		合计金额	其中	
			职工	居民
2016	59	31	13	18
合计	59	31	13	18

表25　2016年精神病免费救治情况

年度	精神病免费救治患者（例）	医保报销金额（万元）		
		合计金额	其中	
			职工	居民
2016	60	11	8	3
合计	60	11	8	3

【中心工作】

“精准扶贫”工作　2016年，挂点金坑乡元田村，其中共13名在职人员共帮扶的26户贫困户73名贫困人口，每人帮扶2户。扶贫人员采取“1+N”的方式帮助贫困户脱贫，如油茶+脐橙，油茶+竹林+脐橙等。走访慰问困难群众、困难党员，爱心助学、春节慰问等共计出资20000多元。截至2016年底已脱贫13户。

征地拆迁工作　县医保局分配了4户拆迁户其中主体房4栋、附属房11间，抽调单位主干力量将任务细化，分配到各个副职领导，在12月底，完成了寨子脑小组征地0.86公顷，拆除主体房4栋、面积为872.53平方米，拆除附属房11间，附属房面积209.87平方米；丈量、清表、拆除完成率均达100%，征地拆迁工作在全县工作进度中较快完成，并得到了县征地拆迁指挥部的高度评价。

【领导名单】

局　长　　甘东升

副局长　　朱丽华

　　　　　邓家清

劳动与就业

【概况】　2016年，崇义县公共就业人才服务局重点抓好农村生活垃圾专项治理、美丽乡村建设、过埠示范镇建设等几项重点工作，目前，各项工作成效显著。

【农村生活垃圾专项治理】

坚持“两全”实现专项治理高要求　一是农村生活垃圾专项治理全覆盖。实施范围全覆盖。坚持城乡一体，城乡联动，推动生活垃圾专项治理覆盖全部农村地区，保洁范围涵盖所有背街小巷和池塘沟渠。分片区采取新建垃圾压缩中转站，实行“户分类减量、乡（镇）收集压缩、县环卫所转运填埋”的垃圾处理方式，切实解决了垃圾终端无害处理的问题。硬件配备全覆盖。通过加强城乡硬件设施的建设，将农村与城镇生活垃圾处理系统有效对接。根据服务区域生活垃圾产生量、运输距离等因素，按照在满足垃圾清运要求的前提下，相邻乡镇共建共享的原则，全县新建垃圾压缩中转站7个，新型自燃式垃圾焚烧炉10个，采购钩臂车5辆、挂桶车27辆、三轮摩托车83辆、钩臂箱88个、公共垃圾桶12578个。二是农村生活垃圾专项治理全天候。保洁时间全天候。保洁公司实行每天8小时工作制，确保农村各区域每天都有保洁员清扫，垃圾每天有人清运。保洁质量全天候。通过政府监督、群众监督、媒体监督等多形式监督保洁效果，要求发现问题及时整改，做到保洁质量全天候。

做到“四化”保障专项治理长效性　一是服务市场化。购买服务，市场运作。通过市场化运作，采取“发包处理”，使保洁工作走上职业化、专业化之路。即根据乡镇实际，通过市场询价、公开招标、委托代管等方式，实现政府购买服务，由专业化保洁公司承揽乡（镇）圩镇、道路、村庄保洁任务。全县共引进6个保洁公司，聘请了439个保洁员、清运员。整合资源，多元投入。坚持“上级争取一点、财政奖补一点、乡（镇）村自筹一点、农户缴交一点”的方式多渠道筹措解决资金问题。县财政每年预算安排10000000元保障日常运行费用。二是队伍职业化。保洁公司专业化。全面划定保洁公司工作职责、服务范围、服务内容，并要求其制定保洁流程、标准和要求。同时，要求保洁公司加强对保洁员工作日常性监督，加强内部管理，规范管理细则，实现工作制度化、规范化、专业化。保洁员职业化。保洁公司对保洁员实行合同制管理，加强安全教育，每月召开一次保洁工作例会，统一职业培训，统一参加保险、统一考核奖惩，对保洁员工资实行基础工资和奖励工资相结合的办法，日常作业严格着装上岗，真正让农村保洁员走上了职业化之路。三是操作标准化。垃圾收集日产日清。取缔露天垃圾池、垃圾箱等非密闭式垃圾收集设施，全部改为密闭式的垃圾桶和钩臂箱，取缔拖拉机或者其他非密闭式车辆清运垃圾，全部改为密闭式的挂桶车或勾臂车统一清运，既有效避免了二次污染，又提高了工作效率。垃圾处理无害高效。取缔了各乡镇以前建的不达标简易的垃圾填埋场和垃圾焚烧炉等垃圾处理设施，目前新建的垃圾填埋场和压缩中转站均达到了国家无害化处理标准。四是管理网格化。健全管理机制，实行网格管理。明确政府、保洁公司、农户三方责任，管干分开，各司其职，建立了有专人管、用制度管的长效机制。以网格化形式，划分卫生保洁责任片区，每个片区由一名乡镇党政班子成员、一个工作组、一名理事会长，负责本片区卫生保洁的管理、监督工作，并与保洁责任片区内农户签订“门前三包”责任书，实行包干到户、责任到人。强化组织领导，实行高位推动。层层建立管理机构，县级成立农村生活垃圾专项治理工作领导小组，由县政府主要领导任组长，下设办公室，乡镇成立环卫所和城管大队，村组成立卫生监督理事会。加强考核督查，通过明察暗访、智能监控管理平台、“96333”电话热线等对各乡镇的环境卫生进行实时监控和接受群众投诉监督。在考核中，建立考核结果与运行经费相挂钩，既扣分又扣钱的奖惩机制。运行费用根据乡（镇）工作量和运行效果，县财政负责80%，乡镇自筹20%。县财政资金按月拨付60%，另外20%纳入年度考核进行兑付奖励。

【大力推进美丽乡村建设】

大力推进新农村建设　崇义县按照“干干净净、漂漂亮亮、井然有序、和谐宜居”和“培育中心村、整治自然村、提升特色村”的要求，启动了37个新农村建设点（省扶点23个，自建点14个）和6个中心村建设任务。各建设点坚持与农村危旧土坯房改造集中建房点相结合，以顺应新型工业化、新型城镇化、农业农村现代化、发展生态化为要求，科学规划编制，引导农民建房向中心村集中、向工业园区集中、向城镇集中，切实提高了建设点的档次和品味，打造出了铅厂“田园人家”、丰州金竹园、茶滩下山、长龙老街、过埠梦想家园、杰坝七星湾等一批上档次、上水平的精品建设点。各个建设点和中心村都按照新农村建设以及农村生活垃圾专项治理工作的相关要求进行了整治，各建设点和中心村面貌焕然一新，有力地推动了新农村建设工作纵深发展，加快了农业农村现代化步伐。

加快乡村旅游精品线路整治　崇义县以县城—上堡乡和县城—横水镇赤坑村鹿坑两条乡村旅游精品线路改扩建为契机，加速推进“两个乡村”工程建设。一是加快乡村旅游精品线路整治及空心房拆除工作。以两条乡村旅游精品线路为重点，以空心房、破旧房拆除为突破口，按照“空心房必拆、附属房必拆、危险房必拆、一户多宅必拆”的四个必拆工作要求，大力推进乡村旅游精品线路整治及空心房拆除工作，取得了明显成效。截至目前，共拆除主体房258栋、建筑面积33298.64平方米，拆除附属房318栋、建筑面积9743.84平方米，拆除违章建筑9栋、建筑面积328平方米，整治乱堆乱放等203处。二是加快乡村旅游精品示范点建设。崇义县按照“短期、中期、长期有序发展”的目标共规划建设10个乡村旅游精品示范点，重点推进铅厂镇关刀坪等3个短期示范点建设，目前各示范点环境整治得到了明显改善，进一步完善了基础设施。

率先推动农村生活污水处理项目　崇义县率先在“县城饮用水源地”铅厂镇长河坝村和“百强中心镇”过埠镇启动了农村污水处理项目，其中铅厂镇长河坝村生活污水处理设施已建成并投入运行，是全市第一个建成并投入使用的生活污水处理项目，对于提高农村水质起到了积极促进作用；过埠镇污水处理项目已完成建设并投入使用。同时正在横水镇茶滩村和铅厂镇关刀坪社区规划建设新的农村污水处理项目，进一步强化农村水资源保护，提高水资源质量。

【推进过埠示范镇建设】

夯实示范镇经济基础　按照“产业特色突出、集中规模适度、示范效应明显、群众稳步增收”的发展原则，实现三次产业互动共融发展的新局面。重点打造以果木、长庆大棚蔬菜、刺葡萄基地为首的农业支柱产业。目前，在果木村、长庆村建设了33.33公顷大棚蔬菜基地，年产值达8000000元。在铁木村种植刺葡萄66.67公顷。大力推进以精深加工活性炭为主导产品的活性炭循环经济产业园，抓好园区扩建工程，目前已经基本完工，园区面积增扩至86.67公顷。

改善示范镇发展条件　按照统一规划、适度超前、统筹兼顾、分步实施的要求，加快完善道路、供水、供电、供气、排水、防洪、垃圾处理、污水处理、公共交通等基础设施，提高示范镇综合承载力。目前，过埠大桥已开始新建，已搭建好钢便桥，滨江大道路基总填方约110000立方米，已经完成，道路初显雏形，沿湖河堤和护坡已经完成基础部分，水渠工程已经全部完工。圩镇自来水工程已经正式通水，日供水量达1500吨，可供应10000人用水。公厕、公共停车场、污水处理厂等基础设施已基本完工。

提升示范镇群众生活质量　有序引导农民向城镇和产业聚居区聚集，以促进农村人口集中居住为重点，依托中心集镇辐射带动，建设居住和生产生活、公共服务、社会管理综合配套的完善的农村综合体。“梦想家园”新型农村集中安置社区目前312套住房已交付使用。同时，廉租房63套、公租房105套也已经完成主体工程。

【推进农业产业化发展】　为切实发挥农业产业龙头企业在促进经济发展、促进百姓增收上的带动作用，使农业龙头企业真正成为促进农业产业提质增效、特色农业做大做强的引擎，积极履行部门职责，扎实做好农业龙头企业资金宣传、申报、管理工作。

宣传政策　及时向农业龙头企业宣传国家、省、市相关政策，帮助龙头企业分析自身的产品、技术等优势，针对相关政策逐条逐项查找不足，鼓励龙头企业争取项目资金。

争取项目　争取扶持资金，为企业发展构建绿色融资渠道，只要是符合申报条件的企业，一路绿灯向上争取。并积极做好省级、市级龙头企业的申报和认定工作，目前市级以上龙头企业达到 14 家。

【抓好农业农村改革】

推进不动产统一登记改革　崇义县抓住列入全国不动产统一登记窗口联系点的机遇，整合国土、房管、林业等部门不动产登记职责、机构、人员，组建了崇义县不动产登记局和不动产登记中心。通过探索登记机构、登记簿册、登记依据、信息平台的职责整合模式、管理体制和运行机制，打造出了崇义不动产统一登记改革亮点。

发展新型农业经营主体　探索农村土地股份合作经营，积极培育新型农业经营主体。全县共有农业龙头企业省级 4 家，市级 11 家，县级 17 家，2016 年，新增县级 32 家，累计达到了 64 家。新增农民合作社 152 家，累计达到 219 家。新增家庭农场 48 家，累计达 79 家。专业种养大户 128 户。

深化林业改革　按照优化国有林场结构，创新管理体制，维护职工合法权益，建立新型劳动关系，实施分类管理，规范处置国有资产的要求，对全县 11 个国有林场 35400 公顷森林经营面积进行了整合重组，组建了 2 个公益型林场和 1 个商品型林场，其中将生态公益型林场纳入事业单位管理，其人员、机构进行重组，经费纳入县财政预算。通过改革整合，更好地发挥了国有林场在生态建设和经济发展中的重要作用。

推进扩权强镇试点　以打造省百强中心镇为契机，在过埠镇实施了扩权强镇改革试点，组建了行政审批服务中心、土地储备中心、公共资源交易中心，下放了财政所、司法所、国土分局等 7 个站所归口乡镇管理，加强了驻镇单位双重管理。同时赋予了人事调配权、规划许可权、土地管理权等部分县级行政管理权限，为全县全面推行扩权强镇（乡）改革提供了可复制的经验。

【领导名单】

局　长	梁　宏
副局长	黄名远
	李灿辉

农村社会养老保险

【概况】 2016 年，崇义县农保局深入贯彻落实中共十八届四中、五中、六中全会和省委十三届十一次全会精神，紧扣县委、县政府决策部署，突出重点，真抓实干，较好地完成了 2016 年工作任务。

【城乡居保代扣代缴工作稳中求进】 2016 年，崇义县在铅厂、长龙、扬眉、龙勾 4 个乡镇启动城乡居民养老保险费代扣代缴试点，2016 年，在试点基础上，崇义县全面推行代扣代缴工作，实现由县、乡、村三级经办人员上户征收保费转变为由金融机构代扣代缴。

宣传引导，充分调动各方积极性　为使代扣代缴政策深入人心，年初，县农保局精心编印了《崇义县城乡居民基本养老保险保费代扣代缴知识问答》《关于开展城乡居民养老保险费代扣代缴工作知识宣传要点》《崇义人不可不知的代扣代缴政策》等宣传资料，通过电视、广播、手机报、微信、政府信息公开网、悬挂标语、发放宣传资料等方式，并结合精准扶贫工作，组织局干部职工深入村、组、田间地头，积极向群众宣传政策、讲解政策，广泛深入宣传城乡居民基本养老保险费代扣代缴的安全性和便利性，为全面推行代扣代缴工作提供舆论支持。据统计，共发放宣传资料 3 万余份，基本做到宣传全覆盖。年底，为深入推进代扣代缴工作，县农保局又精心编印了《崇义县城乡居民养老保险代扣代缴政策宣传要点》等宣传资料 17000 多份，利用各乡镇逢圩日人员集中的优势，到崇义县 16 个乡镇开展巡回宣传，进一步提高了城乡居保政策的知晓率，有效激发了群众的参保热。

精诚合作，为民提供“一站式”便利服务　崇义县会同农商银行，严格按照“六个一”标准在全县范围内建设了 124 个村级金融便民服务点，安装便民服务点 POSS 机 130 个，便民服务点行政村覆盖率达 100%。4 月，由县人社局牵头，会同县农保局、县农商银行等部门开展了为期半个月的村级金融便民服务点建设调查核实活动，对不符合要求的服务点及时调整到位。服务点的建成为城乡居民打造出一个家门口的银行，村民足不出村就能完成参保缴费、小额取款、消费、转账等事项，改变了以往由乡村干部上门收取保费的落后模式，既省时省力，又方便高效，真正为全县城乡居民架起一座金融“连心桥”，有效增强群众参保缴费的热情。

规范流程，提升经办服务水平　为全面提升各乡镇经办人员业务水平，5 月，县农保局组织业务骨干深入各乡镇开展城乡居民养老保险费代扣代缴业务培训，采取以会代训的形式，对乡、村两级干部及金融便民服务网点经办人员进行代扣代缴相关政策、业务知识、操作流程等培训，并精心编印了《城乡居民养老保险保费委托银行代扣代缴应注意的事项》《代扣代缴电子表格录入及处理》等培训资料。据统计，开展业务培训12场，培训1060余人次，发放资料1000余份。结束后，县农保局组织精干力量采取分片包干的形式深入镇村指导城乡居民填写《崇义县城乡居民基本养老保险费代扣代缴申请表》，建立代扣代缴关系。

崇义县在铅厂、扬眉、长龙、龙勾4个乡镇先行试点城乡居保代扣代缴工作，代扣代缴任务数23244人，签订协议21029人，签订率达90.47%。目前已代扣成功20473人，代扣保费2339700元，代扣成功率达97.36%。在上年4个乡镇先行试点城乡居保代扣代缴工作取得成效的基础上，崇义县2016年在全县范围内全面推开代扣代缴工作，目前已完成代扣代缴人员资料审查与信息收集，正式进入代扣代缴电子版核查、录入阶段，为下一步银行扣款做好做实准备工作。全县2017年代扣代缴任务数45591人，签订协议45965人，签订率达100.82%，录入电子版花名册共计45965人，录入率达100%。目前代扣代缴平台正在稳步组建中，2017年将全面推开代扣代缴工作。

【民生工程任务快中求质】 县农保局积极探索城乡居民社会养老保险工作新举措，全面推行城乡居保保费代扣代缴工作，落实社会保障兜底措施，全力以赴完成省市下达崇义县的民生工程任务。截至12月底，全县城乡居民养老保险参保人数达104989人，完成省政府下达年度民生任务（91082人）的115.27%。其中：缴费人数80990人，收缴保费977.41万元。全县60周岁以上待遇领取人数23999人，累计发放养老金23591628元，发放率100%。

从2011年城乡居保工作试点以来，崇义县高度重视特殊困难群体（重度残疾人、已扎二女户家庭、低保户、五保户等）参加城乡居民养老保险工作，并在2016年将符合参保条件的建档立卡贫困户纳入政府代缴范畴，代缴的力度和广度逐步扩大，有力地促进了城乡居保工作的开展。初步统计2016年，共有13491名特殊困难群体人员，政府代缴保费2104900元。其中已扎二女户3779人、残疾人504人、符合城乡居民养老保险参保条件的建档立卡贫困户约9208人（含民政代缴的低保五保户）。

2016年，由于相关部门特殊群体人员身份信息确认较迟，导致特殊群体政府兜底参保资金尚未拨付，预计到12月底政府代缴资金全部到位后，崇义县可完成参保缴费（含政府代缴）80990人，收缴保费（含政府代缴）9774100元，可完成2016年省、市下达崇义县民生参保任务的115.27%。

【各项工作好中出新】 “党建+城乡居保”初显成效　创新思路，把“党建+”工作与城乡居保业务工作有机结合，实行党员干部代理服务制度，对全县参保对象特别是老、弱、病、残等特殊参保群体，在政策宣传、生存认证、代扣代缴协议填写、养老金查询领取、业务咨询等方面，提供上门一对一的优质服务，使广大城乡居民足不出村参保缴费提供方便快捷的服务。截至目前，为群众代理服务63次，有效解决群众参保缴费的难题。

精准发力真扶贫　在精准扶贫工作中，县农保局结合挂点村自然资源和产业基础，以绿色产业帮扶群众脱贫，根据联系贫困户的实际情况逐户制定扶贫计划，逐户制定具体的帮扶措施，并采取“一户一策、一户多策”的办法明确帮扶重点，真心帮扶立促群众早日脱贫。活动以来，为挂点村群众办好事实事20多件，提供帮扶资金4万多元，其中2016年为原精准扶贫挂点村思顺乡上峙村油茶低改扶贫对象发放复合肥66包，扶持现精准扶贫挂点村龙勾乡大岸村会议室建设5000元、体育场所建设5000元、助学帮扶1300元、粮油等帮扶物资1200元。

强化队伍建设提质增效　以“两学一做”学习教育为抓手，将党员学习教育扩展为全局党员及全体干部职工学习教育，进一步加强队伍建设。通过开辟微课堂，由党员带头领学，组织干部职工认真学习了党章党规、习近平总书记系列讲话、政治理论、党风廉政知识及农保业务知识等，提升了整体素质，锻造了一支讲规矩、求创新、懂业务、能奉献、守纪律的干部队伍。

其他业务工作扎实推进　强化基金管理 认真贯彻执行国家有关法律法规，基金全部纳入财政专户，建立健全了财务、会计制度，实行“收支两条线”管理，单独记账、独立核算。对征收的保险费实行单独核算，分开管理，确保专款专用。同时，对财务、业务日常服务管理进行了调整完善，提高工作效率，及时报送各类业务信息。通过严格规范崇义县城乡居保资金管理，切实有效防止养老保险金流失。严格执行经办流程。按规定建立了业务、财务、信息安全和风险管理制度，为每个参保人建立终身记录的养老保险个人账户。个人缴费、政府对参保人的缴费补贴、集体补助及其他来源的缴费资助，全部记录个人账户，专项用于参保人的养老支出，不得提前支取或挪作他用。个人账户储存额按国家规定计息。强化信息系统管理。制定科学合理的业务、财务信息系统操作流程和管理规范，明确信息系统操作的方法和步骤，明确计算机操作人员、网络管理人员岗位职责。建立数据采集、质量控制、发布、共享、备份与保管等管理制度，重要数据的操作必须履行完整的审批手续，并保留操作记录，严禁擅自调用、修改数据。

【领导名单】

局　长　　王俊斌

副局长　　江兴文

　　　　　吴世俊

乡 镇

横水镇

【概况】 横水镇因横水江“湾环绕廓”而得名，是崇义县城关镇。横水镇与长龙、铅厂、关田、过埠、杰坝、上犹县毗邻，总面积247平方千米。全镇辖16个村、3个居委会，175个村民小组，2016年，辖区总人口53899人，其中农业人口23708人。全镇有23个党支部，共有党员944名。实现生产总值76500万元，农民人均纯收入达8672元。

自然资源富集，有耕地面积542.53公顷，林地16400公顷，大水面866.67公顷，山地面积广阔，盛产毛竹、油茶、茶叶、南酸枣、脐橙等经济作物；地下矿物资源丰富，种类繁多，主要矿产有钨、煤、铜、铅、锌等。

生态环境优美，有“天然大氧吧”、国家AAAA级风景区——阳岭，有湖光山色、烟波浩渺的茶滩犹江库区，有九瀑十八潭瀑潭相扣、溪谷寻幽的峡谷风光。

【精准扶贫】 严格落实“三业一兜底”扶贫模式，通过带好三支扶贫队伍（镇干部、村干部、第一书记）、建立四级组织（挂点单位、镇精准办、村精准办、组服务员）、强化三项制度（调度、学习、考核）、发挥三大合力（政府、市场、社会），对全镇536户贫困户1486人实行干部结对帮扶全覆盖，以“精准扶贫六个一活动”为主线，以“六个到村到户”为抓手，通过开展精准扶贫攻坚日等活动，推进精准扶贫工作，确保完成脱贫任务，为实现全面小康建设幸福横水奠定坚实基础。全镇贫困发生率从2014年底的6.43%降低到2016年底的3.29%（省级贫困标准4%以下）。全镇151户贫困户481人脱贫退出，省级贫困村左溪村顺利“摘帽”。脱贫481人，其中，依托产业脱贫203人，依托转移就业脱贫278人。整合扶贫资金，发放产业扶持资金455000元，重点发展刺葡萄、油茶、脐橙、养蜂等产业，形成了3条产业扶贫示范带；加大金融扶贫力度，发放“产业扶贫信贷通”15500000元；13套农村保障房全部建成并入住，特困群众实现安居梦。

【党建工作】 坚持以围绕中心抓党建、抓好党建促发展的工作思路，以深入开展“两学一做”学习教育为契机，始终把持“三严三实”的准绳，扎实有效地推进党员队伍的思想建设、组织建设、作风建设和制度建设，使党员干部的整体素质不断得到提高，基层党建平台不断夯实，创新活动载体、形式，以点带面发挥党员先进性作用。横水镇党委大力推进“党建+中心工作”，以完成中心工作作为衡量基层党组织战斗力的重要抓手。横水村等9个县城规划区村和社区党支部严格按照创卫标准，切实抓好辖区内环境整治工作，为崇义县成功创建全国卫生城市打下坚实基础；碧坑、大密村等10个村党支部积极服务全国森林质量提升现场会，大力开展沿线环境整治，在不到两个月的时间内硬化通参观点公路4.6千米，拆除附属房65栋；鱼梁、上营等支部积极服务县重点项目工程建设，着力推进征地拆迁，确保项目用地。始终坚持把纪律和规矩挺在前面，对“踩红线”“闯雷区”的行为坚持零容忍，持续深入反“四风”，实施“专项整治年”活动，大力开展“红包”“违插”“基层侵害群众利益”等六项专项整治，铁心硬手正风肃纪，坚持不懈纠正侵害群众利益的行为，在“长”“常”二字上下功夫，推动党风廉政建设常态化。巩固深化“三严三实”专题教育成果，抓紧抓实“两学一做”学习教育，落实党风廉政建设“一岗双责”，深入开展“红包”“违插”“集中整治”专项行动，坚持不懈抵制“四风”反弹。紧紧围绕提高政府公信力和执行力，大力转作风、提效率，严格落实中央“八项规定”，从机关接待、公务用车、办公用房、财务管理等方面入手，严格按制度办事，用制度管人，三公消费较上年下降14.2%，干部作风不断改善，工作效率不断提升。自觉接受监督，积极回应、认真解决群众关注的热点难点问题。

【项目建设】 完善鱼梁下坝工业园板块基础设施建设，园区公路已全部硬化，鱼梁下坝中桥已完成浇筑；积极服务企业落户，恒泰物流、新世野高山有机大米、旗岭绿色食品、现代杉木园艺等企业成功入驻并启动厂房建设。全面启动茶滩旅游公路征地拆迁工作，现已完成土地征收12.6公顷，拆除主体房14栋附属房27栋，迁移坟墓47穴；积极服务茶滩鹿湾温泉、阳明高端养老、兰洋养老中心、园林式酒店、兰溪瀑布至云隐寺旅游公路等项目建设，全面完成征地拆迁；县物流中心、电商产业园、竹文化创客中心等重点项目全面建设到位并投入使用。

【产业发展】

主攻工业势头良好　围绕县委“主攻工业，三年翻番”的战略部署，深入开展“降成本，优环境”专项行动，完善鱼梁下坝工业园板块基础设施建设，园区公路已全部硬化，鱼梁下坝中桥已完成浇筑；积极服务企业落户，恒泰物流、新世野高山有机大米、旗岭绿色食品、现代杉木园艺等企业成功入驻并启动厂房建设。

现代农业稳步发展　深化农村改革，全面完成农村土地承包经营权确权登记颁证工作，全面启动农业普查工作。大力开展柑橘黄龙病防控工作，砍伐病树34777株；积极推进转产，培育脐橙、刺葡萄、油茶、养蜂四大产业，新增脐橙30公顷、刺葡萄种植17.33公顷、油茶19.27公顷、蜜蜂养殖173箱，扶持成立经济合作社14家。

【城乡发展】

征地拆迁如火如荼安排　15名班子成员70%镇干部、100%涉及征迁村组干部参与征迁工作，共完成土地征收138.06公顷，房屋拆迁83156平方米，坟墓迁移123穴，累计发放征地补偿资金40720万元，为思源实验学校、自来水厂扩建等16个重点项目工程施工提供用地保障。

"两违"建设有效遏制　严厉打击"两违"行为，拆除违章建筑主体房75栋7000余平方米，"两违"建设得到有效遏制，城市品位不断提升。

"国家卫生县城"成功创建　划分11个网格片区，安排副职领导分片包干，对标创卫标准，投入300多万元开展基础设施建设、环境卫生"十乱"整治、精品示范点打造等创建工作，人居环境大为改观，于10月21日顺利通过创建"国家卫生县城"专家组考核验收。

美丽乡村成效显著　着力实施"全域旅游+"发展路径，加快县城至鱼梁、县城至鹿坑两条乡村旅游精品线路整治工作，拆除空心房、破旧房1100余栋，改水改厕22户，安装路灯12盏，美丽乡村焕然一新，乡村旅游逐步发展。

【生态建设】

严格落实"河长制"　围绕"五水共治"，严格落实"河长"责任，组织镇村干部对辖内河流、畜禽养殖场、卫生死角进行全面走访排摸，加强河道日常管理。

全面完成陡水湖水面整治　率先完成水上餐馆及渔棚、网箱等设施搬迁上岸工作，共搬迁6家水上餐馆、33个鱼棚、45个底排、112个网箱，陡水湖水域环境持续优化。集中整治11家水污染防治设施未验收企业，拆除84个猪场。

全力推进农村生活垃圾专项治理　通过购买社会服务，实现农村环境连片整治全覆盖，积极开展洁净乡村日常管理。

全力服务全国森林质量提升工作会议　高水平、高标准准备碧坑、大密、鱼梁3个村5个森林资源保护基地，硬化通参观点公路4.6千米，大力开展沿线环境整治，拆除附属房65栋，保障全国森林质量提升工作会议在崇义县成功举办。

【民生事业】

着力完善基础设施　加大争资争项力度，强化资金整合，投入300多万元实施7条通组公路改造硬化11.5千米；投入1380000元兴建左溪等2处农村安全饮水工程，解决了1921人饮水安全问题；投入60000元新建水渠1千米，维修山塘水库3座，进一步完善水利设施；投入551000元奖补资金完成"一事一议"财政奖补项目12个；投入280多万元新建、修缮三坑、塔下、左溪、大密等村级活动场所，提升为民服务能力。

着力改善民生保障　加大社会保障网络建设，扎实做好五保供养、民政优抚和临时救助工作，全年发放低保金5050000元，大病救助补助款309500元，临时救助金147300元，优待抚恤金842400元；完成参合人数24036人，参合率达98.1%，新农保参保率89.86%，代扣代缴签约率91.9%，名列全县前茅；认真落实强农惠农政策，及时足额发放各类涉农资金累计9481200元；扎实做好人口与计生工作，全镇人口自然增长率为8.7‰，政策生育率为86.5%；加大精神文明建设，投入270余万元打造镇文化站活动中心，广泛开展"三好一孝"评选活动，成功组织各类文艺晚会8次，群众文化生活精彩纷呈。

着力创建平安横水　认真落实领导分类接访、包案处理、矛盾纠纷排查常态化制度，全年共调处矛盾纠纷92起，使绝大部分矛盾纠纷化解在基层；扎实推进"三项建设"（综治中心、综治信息化、网格化管理），加大肇事肇祸精神障碍患者管控。加大安全生产隐患排查工作，对辖区内的企业、学校、人员密集场所等进行排查，确保安全生产形势整体稳定。

【领导名单】

党委书记、人大主席
　曾宪炳（6月免人大主席）
党委副书记、镇长
　曾俊辉
党委副书记
　唐英柳（6月免）
　廖　绮（6月任）
党委委员、组织委员
　廖　绮（6月免）
　明　伟（6月任）
人大主席
　唐英柳（6月任）
主任科员、副镇长
　谢小英（6月免）
党委委员、政法委员
　蔡晓云

党委委员、人武部长
江路明（6月免）
程子华（6月任）
党委委员、副镇长
江路明（6月任）
党委委员、纪委书记
黄光文
党委委员、副镇长
刘传勇(6月免）
党委委员、宣传统战委员
刘传勇（6月任）
人大副主席
邹正伟（6月任）
副镇长
邹海燕
刘秋兰（6月任）
李行茂（6月任）
新村办主任
陈昌健

铅厂镇

【概况】 铅厂镇位于崇义县南部，国土面积158平方千米，距县城24千米，与大余县相邻，是崇义的经济大镇、工业强镇、农业重镇。全镇呈南北走向，省道崇余线贯穿全境，交通便利，是崇义通往广东韶关、广州的交通要道，被称为崇义的“南大门”。辖区内共有5个行政村，76个村民小组，总人口11655人，其中农业人口10066人。全镇党员368人，11个党支部。

全力实施“全域旅游+”发展路径，统筹推进经济建设、思想政治建设、文化建设、社会建设、生态文明建设和党的建设等工作，社会经济发展取得新的更大成绩，乡村生态有了较大改善，人民群众幸福指数明显提升。镇村先后获全国乡村旅游扶贫重点村、全省首批生态文明示范基地、全省党建+农村社会服务体系示范点、全市柑橘黄龙病防控先进乡镇、全市法治宣传教育先进乡镇等多项荣誉。

【经济建设】

争资争项再创新高 2016年，积极向上争取资金扶持，争取各类项目32个，涉及资金33470000元，同比增长33.57%，其中较大项目有3个，分别是小江流域石罗段综合治理工程，涉及资金12000000元，长河坝水库饮用水源保护规范化建设项目资金11740000元和铅厂镇圩镇及稳下村生活污水处理设施资金6090000元。

精准扶贫取得实效 完成脱贫131户327人，贫困发生率下降2.9%。大力推进整村脱贫，义安村通过省市第三方评估，实现整村脱贫。大力扶持产业扶贫，办理产业扶贫贷款10725000元，创办百亩以上扶贫产业基地4个，引导贫困户种植刺葡萄2.87公顷、脐橙26.07公顷，发展养蜂645箱、蔬菜等传统种养193户。积极推行光伏扶贫，投资750000元新建义安村70千瓦、西峰社区35千瓦光伏电站，预计每年可发电110000度，增加集体经济收入100000元。创新推行精准扶贫服务网络机制，选拔村扶贫专干8人、组服务员73人，工作经验在全县推介。

电商产业逐步兴起 投资16万元高标准建成铅厂镇电商服务站、投资100000元规划建设义安里电商服务站，建设155平方米具有崇义特色的综合展厅，展示具有当地特色的脐橙、竹笋、刺葡萄等农产品20余种，开设村级电商服务站6个，与6个产业合作社签订代购代销协议，帮助销售农产品13500千克，带动贫困户人均增收1000元以上。

深化改革稳步推进 率先在全县开展农村集体资产股份权能改革试点，组建长河坝集体经济股份合作社。全面完成土地确权登记颁证工作，在稳下、长河坝等村试点不动产产权登记，完成农业普查、地名普查等工作任务，一批与农民群众息息相关的改革措施实现落地。

【政治建设】

思想学习常抓不懈 认真学习中共十八大以及十八届三中、四中、五中、六中全会精神和习近平总书记系列重要讲话精神，采取集中学习、参观考察、专题调研、开展座谈等形式，全年召开党委中心组（扩大）学习会议14次、全镇干部职工会36次，系统传达学习党的十八届六中全会、省十四次党代会、市第五次党代会、县十七次党代会等会议精神。

解放思想开创新路 组织班子成员、产业大户、扶贫户等，先后6批次赴浙江、瑞金、会昌、龙南、宁都等地考察学习，汲取先进经验，开阔发展思路，考察产业项目，确定了大力招商引资，打造特色小镇，加快土地流转，发展乡村旅游的工作思路，指导推进关刀坪特色小镇、义安里农旅一体化产业开发等一批重点工作，推出党建+农村服务体系、精准扶贫服务网络、环境整治“两全四化”等工作创新。

党建基础持续夯实 压实党建责任，抓好党建七项重点任务，圆满完成镇党委、政府、人大换届选举，未接到一起群众举报。以“两学一做”学习教育为全年党建工作主线，开展镇村集中学习106次。创新党建+农村服务体系品牌，累计开展公益活动30余次，帮助群众650余人次，义安村被评为全省党建+农村服务体系示范点、全市“两学一做”

学习教育示范点。

积极改作风提效率 全面落实“两个责任”，坚持把纪律和规矩挺在前面，开展重点督查22次，约谈班子成员、村书记31人次，督办1起侵害群众利益及主体责任履行不力案件并处理2名村干部。办理“96333”信访件97起，群众满意率达96%，进一步营造了风清气正的政治生态环境。

【文化建设】

文体阵地全面升级 投资140余万元改造升级义安里群众活动中心，整合资源设置农家书屋、老年人颐养之家等11类功能用房，纳入全县农村综合公共服务平台试点。投资150000元打造铅厂镇“农家书屋＋电商扶贫”服务中心，推动乡村“文化＋电商”发展，让电商产品附上本土文化元素，提升产品附加值。

文体活动丰富多彩 顺利举办铅厂镇第五届民俗文化运动会，组成9个农民代表队，130余名运动员参加，极大激发村民参与全民健身运动的热情。举办迎新文艺会演暨“文明家庭”颁奖晚会，树立6户“文明家庭”，社会道德风气明显好转。举行了团员青年绿色骑行活动，邀请县演艺公司在各村开展巡回演出等，在全镇营造了浓厚的文体氛围。

红色文化挖掘深入 争取上级部门资金，投入480000元完成义安毛泽东故居修缮，建成义安里红色教育基地，义安村被评为全国乡村旅游扶贫重点村并申报江西省绿色村庄。

【社会建设】

民生福祉持续改善 继续完善村级路网，新建道路8条，全长7.9千米，投资4040000元的黄泥排至新安子公路、投资1810000元的坳下至石罗村部公路顺利动工。提升社会服务，义安卫生院、义安小学全面完成建设，义安社区活动中心大楼完成主体工程。稳下思源新村安置点建成特困群众保障房1栋10套，1栋易地搬迁房完成二层主体建设，5户无房户全部入住保障房。

灾后重建有序推进 面对铅厂历史最大的“8·27”强暴雨山洪灾害，迅速开展生产自救和灾后重建，第一时间抢通道路9条，完成石圳坑3.6千米电力、通讯线路恢复重建，拆除浸水土坯房15栋58间。多渠道争取资金300余万元，实施了长河坝河堤修复、生龙口电站大坝拆除等10个急需的灾后重建项目，一批群众反映强烈的灾后事项得到逐步解决。

社会保障全面深化 坚持医疗扶贫政策，低保、五保和贫困户实现费用减免，完成精准扶贫和低保衔接工作。城乡医保、新农保参保率分别达到98%、100%。全面落实各项惠农补贴，发放耕地地力保护补贴1269000元、生态公益林补助资金998000元、农村低保金810000元、大病救助款483000元。

社会管理稳定和谐 开展3次安全隐患排查整治活动，未发生重大安全事故、交通安全事故。全年治安形势良好，未发生重大刑事、治安案件、群体性事件。积极调处各类纠纷、处理信访问题76起，结案率达到90%。打造铅厂镇和义安综治中心，代表崇义县接受市政法委年终检查。

【生态文明建设】

生态农业方兴未艾 着力打造金秋刺葡萄、关刀坪茶场等7个现代农业示范基地，投入资金65万元完善各项配套设施。新增刺葡萄种植20公顷，总面积达到73.33公顷，“紫金珠”葡萄酒注册品牌并上市销售。新增家庭农场5家、农民合作社10家。全镇现有脐橙1000公顷，毛竹446.67公顷，苗木333.33公顷，茶叶133.33公顷，农民年均收入超8000元。

全域旅游启动规划 全力打造以亲山为主题的旅游休闲度假小镇，目前关刀坪已纳入阳岭国际休闲度假区规划，投入70余万元完成关刀坪唐屋亲子游、关刀坪茶场等旅游配套设施建设。同步投资27万余元完成石底河刺葡萄基地休闲观光设施建设，投资17万余元完成长河坝休闲观光旅游示范项目建设。

整治环境力度超前 不断深化农村垃圾专项治理，健全“两全四化”垃圾治理机制，新添置垃圾桶100个、安装垃圾钢架棚128个，做到了垃圾清运全覆盖，全天候。重拳整治“两违”建筑，拆除违章建筑800多平方米。扎实推进空心房拆除工作，开展崇余公路沿线环境整治集中行动，共拆除土坯房89栋，镇容村貌进一步美化。建立四级联动河长制，分流域段整治河道，清理垃圾400余吨，全镇出境断面水质达标率达100%。被评为全省首批生态文明示范基地。

【领导名单】

党委书记、人大主席
肖鸿斌（6月免）

党委书记
刘宏春（6月任）

党委副书记、镇长
刘宏春（6月免）
胡爱忠（6月任）

党委副书记
肖　莹（6月免）
郭宝煌（6月任）

人大主席
黄声鑫（6月任）

党委委员、纪委书记
黄上花

党委委员、副镇长

简海浪（6月免）
黄先镜（6月任）
党委委员、政法委员、人武部长、综治办专职副主任
刘世旺
党委委员、组宣统委员、人大副主席　刘朝国
副镇长　刘世旺
罗　旺（3月任）
黄泽南（3月任）
曾宪锦（6月任）
新村办主任、人武部副部长
彭　翮

好人广场

长龙镇

【概况】　长龙镇地处崇义县东南部，距县城17千米，面积139平方千米，东接扬眉镇，南靠铅厂镇，西接横水镇，北与上犹县接壤。辖8个行政村，其中畲族少数民族村1个，88个村民小组，2016年，总人口12036人。镇内具有得天独厚的资源优势，共有山林9832公顷，全镇森林覆盖率90%以上，耕地只有386.6公顷，水能、矿产资源丰富，水电装机容量8000千瓦，钨储量达300000吨，年开采3000吨，居全县第一，是个典型的“山多矿富田少”的山区乡镇。长龙现有企业36家，其中以耀升钨业为龙头，大中型企业有4家，是一个以矿业和竹木加工企业为主导的工业大镇。

【圩镇建设】　为破解长期以来圩镇以路为市、占道经营等难题，从高标准规划入手，做活土地经营文章，历经换届前后两年的不懈努力，建成了一个集搬迁扶贫、拆迁安置、土坯房改造、农产品集散、健身休闲为一体的长龙新城新型社区。据统计，该新型社区已累计投入资金6000多万元，聘请浙江设计院进行“一河、两岸、三桥、四区”整体规划设计，按规划完成征地13.33公顷，拆迁2000多平方米，协调解决矛盾纠纷100多个。投资4000000元建设完成长龙二桥至上寮线道路硬化及水沟工程；投资3000000元的长龙公办中心幼儿园已投入使用；投资2000000元的供电、供水等48套套房配套设施全部落实到位，所有住户均已搬迁入住；投资200多万元新建的长龙新城休闲广场建设项目已竣工使用（含标准塑胶篮球场和羽毛球场各一个，配备并安装了全民健身器材）；投资200多万元的12套精准扶贫易地搬迁集中安置房已经交房，贫困户即将搬迁入住；投资200多万元的农贸市场建设项目，已于11月9日投入使用；投资20000000元的长龙中心小学易地迁建工程拟新建校舍6117平方米，运动场地12860平方米及围墙等附属设施，建成后将容纳800名学生、24个教学班，现已完成征迁工作，正在进行土地平整。投资100余万元完成长龙新城美化绿化工作，栽种观赏绿化树木200余棵，铺设草皮绿地1000余平方米，为圩镇居民提供了休闲娱乐健身的好场所。

【精准扶贫】　经再核查再识别删减后，长龙镇现有精准扶贫户259户608人，长龙镇巧借产业基础、企业工需和创业平台，突出抓好产业扶贫、就业扶贫、金融扶贫，切实增强贫困户造血功能，2016年脱贫168人。

发展产业脱贫一批　坚持农业产业规划到户，以特色产业为引领，把贫困户聚到产业链上，全力打造玉丰葡萄园、雨葫芦脐橙基地、沈埠骑云峰茶场三个精准扶贫示范基地，合计投资1000余万元，流转土地33.33公顷，通过土地租金、金融分红、务工工资等形式与16户扶贫户建立利益连接机制，并带动周边农户发展农家乐、畜禽养殖等产业，实现了产业发展、基地增产、群众脱贫的良好成效。

安排就业脱贫一批　对有一定劳动能力的贫困对象安排针对

性的就业培训，整合农业、林业、扶贫等行业资源分层分类举办各类培训10次，培训农民900余人（次），全镇60余户精准扶贫户从中受益，2016年就有44个贫困人员落实到耀升钨业就业，20个贫困人员落实到镇内其他企业就业，还有16个贫困人员落实到产业示范基地就业，公益性岗位就业3人，基本实现了“培训一人，输出一人，脱贫一户，带动一方”的目标。

金融扶贫脱贫一批　抓实抓好“产业扶贫信贷通”工作，共协助贫困户和合作社、家庭林场、涉农企业办理贴息贷款600多万元，助推贫困户发展产业。此外，长龙镇与永乐林源公司合作，帮助有条件的建档立卡贫困户通过“崇义县产业扶贫信贷通”贷款50000元入股永乐公司，每年永乐公司分红5000元给贫困户，连续分红3年，目前已有20户贫困户入股。同时永乐公司通过签订用工协议以吸纳60户精准扶贫户务工为条件在赣州银行贷款6000000元，每年付给贫困户工资3600—3800元。金融入股分红、工资收入加上其他收入确保这部分贫困户能够脱贫。

发展教育脱贫一批　实现“雨露计划”全覆盖，积极落实教育扶贫相关政策措施，寄宿生按中学生每年1725元、小学生每年1500元标准发放住宿补贴，积极协助对大专院校学生办理国家助学贷款，确保建档立卡贫困户子女“有学上，安心学”，达到“教育一个，脱贫一户”的效果。

易地搬迁脱贫一批　坚持“政府主导、群众自愿、积极稳妥”的原则，对居住在深山、库区、地质灾害点等生存环境恶劣、生态环境脆弱地区的建档立卡贫困人口和同步搬迁的农村人口，向县城、乡镇集中安置点实施易地搬迁，2016年，易地搬迁完成17户53人。

社会保障兜底一批　对丧失劳动能力的农村五保户、低保户群体，着力在关心关爱上下功夫，通过保障扶贫措施，对163户332名特困人口（其中低保户128户，五保户35户）由政府兜底脱贫，从2016年开始所有建档立卡贫困户符合参保条件的，全部由政府兜底代缴每月每人100元；分散供养的五保户按每人每月290元标准发放。

【全域旅游】　在全域旅游+战略中找准站位，依托阳岭国家森林公园，主动融入县城半小时旅游圈，着力打造城郊观光特色小镇。

大力发展乡村旅游　制定了魅力长龙中长期旅游发展计划，以拔萃村为重点打造花果采摘体验旅游区，以长龙村、葫芦村为重点打造现代农业观光旅游区，以沈埠村为重点打造畲族文化民俗旅游区，力求以点带面、连点成线，给游客以丰富充实的旅游体验。长龙西湖农庄已建成跑马场、游泳池和水上娱乐项目，10月1日，开始试营业；拔萃玉丰葡萄园正在扩大基地规模，新增了垂钓、自助烧烤等项目；2016年，拔萃布朗李基地收成丰厚，吸引了不少游客前往采摘体验；长龙村珍稀树木园将开工建设入园道路，默默耕耘十余载的珍稀树木将揭开神秘面纱；雨葫芦基地全面规范果苗种植，新修通园内通行道路，在其基地旁侧另有客商投资建设面积达13.33公顷左右的花卉基地，添上一道靓丽风景线；沈埠村当地能人王贤楷在骑云峰茶厂的基础上，拟规划建设畲族风情园，建设面积将超过133.33公顷，集中体现畲族文化、民俗文化、茶文化，长龙镇全域有望成为宜居宜业的崇义“后花园”。

全力建设美丽乡村　积极开展“空心房”和“两违建筑”的拆除工作，累计拆除空心房54栋3000余平方米、“两违”建筑5栋200余平方米，主干道沿线基本消除破旧危房。实施“点亮长龙”工程，分步实施从东林山隧道至南田村20千米的主干道太阳能路灯安装工程，隧道至葫芦村一期200盏路灯已安装完毕。

着力加强环境整治　全面推广垃圾分类处理，不断规范保洁市场化运作，加强保洁设备的采购和更新，实现农村环境连片整治全覆盖，上寨线公路沿线已成为环境整治示范线路，多次代表县级迎接上级环境整治检查。同时，组织镇村干部对乱倒垃圾等不文明行为进行“随手拍”，并在曝光台进行曝光，在中小学开展“小手牵大手”活动，促进全民环保意识提升。

严厉打击污染行为　联合县环保局等部门共同取缔辖区内无证小型铜矿加工厂30多家，做到应关尽关；对有证小型铜矿加工厂进行停产整顿，不达标的坚决不恢复生产；加大对大型矿山企业的排污监管，做到达标排放，保证了扬眉江源头环境不受污染。

【工业扎实推进】　长龙镇始终将主攻工业、服务企业作为工作的重中之重，积极为辖区内各企业做好征地拆迁、矛盾纠纷调解等工作，为企业发展保驾护航。

服务企业发展　抽调精干力量，组成服务耀升钨业工作组，坚持“5+2”“白加黑”工作法，深入农户做好思想工作，坚持依法依规征地，全程跟踪服务企业发展。共为耀升钨业探矿区征用林地93.33公顷，其中征用责任山60公顷，自留山33.33公顷，涉及农户108户，涉及人口458人；征用农田17.87公顷，涉及农户43户；完成拆迁房屋20多栋2330平方米，协调解决相关矛盾纠纷300余起。在镇党委、政府的全力帮扶下，确保了耀升钨业硬质合金、精选厂项目正常生产，全面完成暗石下探矿区探矿工作。

帮扶企业渡难关　受全球经济下行压力的影响，境内有十几家中小工矿企业面临前所未有的压力，就业形势严峻，存在着影响社会稳定的隐患。为此，镇党委、政府积极走访企业，深入了解企业的实际发展困难，尽力为企业发展创造良好的外部环境，降低企业运行成本，帮助企业解难度困，全力维护社会和谐稳定局面。

【民生事业】 始终坚持把群众满意不满意作为工作的出发点和落脚点，重视民生、关注民生、改善民生，全面推进社会各项事业的发展，全力维护社会和谐平安。

民生工程全面落实　积极把握若干意见政策出台的机遇，争资争项取得明显成效，实施了一大批亟待解决的民生工程。投资60多万元硬化了大摆村仓下至上坑通组公路；投资400000元完成了葫芦村横江排通组公路；投资800000元完成了葫芦村老店、坳口通组公路；投资200000元完成了拔萃村湾里通组桥；投资150000元，完成了沈埠当塘安全饮用水改造；投资660000元完成了拔萃村茅坪至双坝通组公路；投资200000元完成了新溪下珠坑挡土墙及公路修补，全镇通组公路硬化率100%。

社会事业协调发展　新农保、新农合参保率继续保持全县前列；弱势群体生活保障水平不断提高，低保、优抚人员补助落实到位，重点优抚对象全部纳入医疗保险，特困群众实施大病救助；人口计划生育工作扎实有效，积极落实计划生育各项政策，认真抓好人口管理服务，严格兑现独生子女、两女户保险等各项利益导向政策，加大社会抚养费征收力度，重点治理计划外生育和人口性别比，严厉打击非法超生；着力完善农村贫困学生助学制度，教育基础设施不断改善，计划投资20000000元搬迁新建长龙中心小学，已完成征地工作，2016年，预计完成投资5000000元。实行最严格的耕地保护制度，铁心硬手拆除"两违"建筑，国土规划取得较好成效。全力以赴地做好黄龙病防控，病树砍除率达100%。认真抓好农业普查和地名普查工作。

社会环境和谐平安　建立镇、村综治中心，高度重视群众来信来访工作，做到件件有调查、事事有处理，如彻底解决了拔萃村黄田组和联合组林权纠纷等一批热点难点信访问题。严格落实安全生产责任制，着力加强矿山、水库、道路交通等安全监管，整顿和规范市场经济秩序，严厉打击制假售假行为，未出现一起重特大安全事故。深入开展和谐平安创建活动，严厉打击各种违法犯罪活动，社会治安形势良好。

【党的建设】

强化领导班子建设　深入开展"两学一做"学习教育，认真学习党章党规和习近平总书记系列重要讲话精神，增强党政班子的宗旨意识、奉献意识、公仆意识。坚持民主集中制的原则，实行重大问题集体讨论决定制度。全面落实党委中心组学习、"一岗双责"、驻村联组、结对帮扶、分片包干等制度，领导带头，按章办事，切实提高镇党委的凝聚力、战斗力，树立了良好的形象。

强化基层组织建设　牢固树立"党建+"理念，高标准打造了"长龙镇雨葫芦党建+示范基地"；对村支部书记、村主任培训全覆盖，村级组织凝聚力、战斗力明显增强；从严从优抓好发展党员工作，新发展党员11名，党员质量明显提升；新建南田村级组织活动场所，装修了新溪村部；健全了8个村民情理事会，推广了民事村代理制度；村企共建拔萃村党员互助基金、长龙村"颐养之家"、拔萃村党员创业孵化基地等特色工作成效明显。深度挖掘身边的榜样，培育了全县"好党员"方绪良等先进典型，营造出浓厚的学先进争先进氛围。

强化党风廉政建设　完善了镇村干部绩效考核、请销假、值班等制度，镇村干部作风进一步转变。严格执行中央八项规定精神，认真履行"一岗双责"，深入推进农村党风廉政建设工作，镇纪委对3名农村党员给予党纪处分。进一步完善了便民服务中心管理制度、农村"三资"管理办法等制度，加强村级"三资"管理、三务公开等工作，推进农村廉政文化建设，在全镇上下营造了务实高效、风清气正的良好氛围。

【领导名单】

党委书记、人大主席
　　张小兰（6月免）
党委书记　叶新生（6月任）
党委副书记、镇长
　　叶新生（6月免）
　　陆水明（6月任）
人大主席　肖　莹（6月任）
党委副书记　邱才佳（6月免）
　　刘承俊（6月任）
党委委员、人武部长
　　韦文平
副镇长　陈志平
党委委员、纪委书记

杨雪飞（6月免）
陈金龙（6月任）
党委委员、组宣统委员　柳裔将（6月任）
副镇长　罗　斌
肖永明
曾令瑜（6月任）
镇长助理　辜成伟
新村办主任　陈武传

扬眉镇

【概况】　扬眉镇地处崇义县东部，东临龙勾乡，西接长龙镇，北枕上犹中稍乡，南依南康赤土乡和大余樟斗镇，取名于元朝末年，明清时期的扬眉寺香火鼎盛。全镇共辖10个行政村，1个居委会，135个村民小组，土地总面积79平方千米，森林面积5678.13公顷，耕地面积519.93公顷，总人口近20000人，是崇义县除城区外人口最多的乡镇。

2016年，扬眉镇深入贯彻落实中共十八届五中、六中全会精神和县第十七次党代会精神，围绕全年工作目标任务，积极主动适应发展新常态，全力以赴抓项目、善谋实干兴产业、尽心竭力惠民生、强基固本抓党建，求真务实、开拓创新，各项工作进展良好，经济社会稳定发展。

【党的建设】　以“党建+”为引领，推进党建加圩镇建设、党建加电商、党建加精准扶贫工作。深化“五星创建”活动，强化村书记分类考核。加强名誉村书记、村第一书记管理。以“两学一做”学习教育为契机，推行“七个过一遍”，累计举办12期青年半小时课堂，开展15次“党员牵手义工”志愿服务活动，兑现“微心愿”11个。扎实开展“三好一孝”评选活动，评出县级榜样3名，镇级榜样21名。

【精准扶贫】

深入推进“三业一兜底”扶贫模式　突出产业扶贫，形成了脐橙、刺葡萄、油茶、蔬菜、笋竹、养蜂精准扶贫主导产业，打造了老鸭山、尖角岭等精准扶贫产业示范基地。投资560000元，完成中坑口80千瓦全县最大光伏电站建设。

完成5户农村保障房建设　推进“幸福家园”易地搬迁安置点建设，完成22户72人易地搬迁任务。发放“产业扶贫信贷通”贷款13139500元，完成任务数比例居全县前列。电子商务发展迅速，建设电商一条街，5家电商进驻入户，实现销售额56000000元。统筹推进教育扶贫、创业扶贫、健康扶贫、保障扶贫等措施，完成脱贫101户355人，全镇贫困发生率下降1.9%。

【农业生产】　投资30多万元修复26处受损农业设施。发展刺葡萄20公顷，新增和低改油茶林70公顷，新增规模蔬菜基地17.33公顷。推进占地333.33公顷的国家南酸枣种质资源良种繁育基地建设，新增南酸枣86.67公顷。扎实做好畜禽防疫工作。开展柑橘黄龙病攻坚战，清理病树120000多株，发放无病毒种苗12000株。农村土地承包经营权确权登记颁证工作率先通过县级验收。全面完成第三次全国农业普查上户登记工作。积极培育新型农业经营主体，新增农民合作社2家、家庭农场5家。

【圩镇建设】　初步完成圩镇发展总规、详规，圩镇面积达2.8平方千米，城镇化率45.5%。投资1500000元实施扬眉街路面改造，投资600000元完成沿江大道二期建设，实现圩镇道路循环通行。投资200000元实施圩镇亮化、绿化等工程，安装太阳能路灯48盏，圩镇环境卫生、市场管理和交通秩序整治取得明显成效。大力清理整治“两违”，累计拆除“两违”建筑8栋896平方米，拆除“空心房”78栋8180平方米，“魅力新镇、锦绣扬眉”品牌进一步打响。

【项目建设】争取上级项目26个，累计资金（物资）300多万元。环保部华南环科所、国家体育总局乒羽中心开展帮扶活动6次。实施重点工程项目15个，完成投资26600000元。投资9200000元的“幸福家园”二期工程完工，投资6100000元的“商贸新城”8号楼主体工程完工。投资3000000元建成全省乡（镇）示范性文化体育广场，投资2600000元新建扬眉中心小学职工综合楼，投资180多万元完成中坑口、华芦土地开发，投资755000元实施白兰排公路（一期）建设，投资600000元实施华坪岗下桥建设，投资360000元完成文化体育广场足球场人造草皮建设，投资300000元完成自来水厂改扩建。

【生态环境】　深入推进农村环境集中连片整治，实现卫生保洁全覆盖、常态化，建设环卫雨棚45个。全面落实“河长制”，率先在全县乡镇一级出台了《饮用水水源地保护管理办法》。集中力量开展河道陈年垃圾清理，扬眉江真正实现了水清河澈、河水生态平衡、水质达标升级，被评为“全省生态（乡）镇”。

【民生福祉】　落实各类帮扶资金130多万元，为群众解决民生实事360多件。投资310000元推进刘屋岗、尖角岭新农村点建设，投资160多万元改善农村电网、水利、安全饮水等基础设施，投资110多万元硬化了华坪寒牛背、中坑口小坪等4.2千米通组公路，群众居住生活和出行条件明显改善。新农合参保人数15788人，参合率达96.6%；城乡居保参保人数6638人，参保率达93.4%。实行新农合商业大病补充保险，民政对象提标提补全面落实到位。

【社会事业】 规范建设镇综治中心，实行综治网格化管理和“一站式”服务，认真落实分类接访、包案处理、纠纷排查常态化机制，累计调处矛盾纠纷52起，调处率96%，办结信访案件8起，办结率100%；办结“96333”交办件44起，满意率95%。落实肇事肇祸精神障碍患者有奖监护责任。协助法院积极稳妥处理阳星矿业破产事宜。落实“党政同责、一岗双责、失职追责”安全生产责任体系，没有发生重特大安全事故。认真落实森林防火责任制，没有发生森林火灾。扎实做好防汛和地质灾害防治工作，实现了安全有序度汛。5名优秀青年光荣应征入伍，被评为2015年度“全市征兵工作先进单位”。成立了“芦江民间艺术团”，成功举办首届农民文化艺术节、“情系芦江”美术书画摄影展、国庆文艺演出等系列活动36场/次。

【行政效能】 深入开展“两学一做”学习教育，牢固树立“四个意识”，持续反对“四风”，践行“马上就办、办就办好”工作作风，大力整治“庸懒散拖”，对重点工作量化细化、公开挂牌办理。自觉接受镇人大监督、社会监督，办理人大代表建议9件，办结率100%。把纪律和规矩挺在前面，全面落实党风廉政建设主体责任和“一岗双责”，严格执行“三重一大”决策制度，依法行政水平不断提高。与此同时，老干、工会、统计、司法、公安、交管、市场监督、妇女儿童、共青团、邮政、通讯、石油等各项工作都取得了新成绩。

【领导名单】

党委书记、人大主席
熊晓琼（6月免人大主席）

党委副书记、镇长
郭继莲

人大主席
邱才佳（6月任）

党委副书记
邱隆贵

党委委员、纪委书记
朱剑华（6月任）

党委委员、政法委员、人武部长　吴鸣英

党委委员、副镇长
罗和平

党委委员、组宣统委员
张瑞云

副镇长
田小丽
曾宪刚（6月任）
胡朝东

新村办主任
赖文平

龙勾乡

【概况】 龙勾乡位于崇义县东部，东南与南康区接壤，西北与上犹县交界，离县城42千米。全乡辖8个行政村，116个村民小组，农户3816户，人口15499人，国土总面积66.2平方千米。境内属低山丘陵地形，平均海拔约300米，牛轭潭海拔117米，为全县最低点。全乡林地面积4333.33公顷，耕地面积582.8公顷，森林覆盖率为86%，现已探明的主要矿产有金矿、钨矿、大理石和瓷土等。龙勾是著名的脐橙之乡，有脐橙加工企业40家、脐橙专业合作社35家，产品远销全国各地和东南亚市场。

按照县委、县政府“发展项目化、产业生态化、建设景区化、服务信息化”战略、实施全域旅游发展路径，不忘初心，知行合一，全面推进县域经济转型升级，努力实现全面小康，建设幸福崇义的总目标，团结带领全乡干部群众，围绕县“六大攻坚战”工作布局，立足乡情实际，各项工作取得新成效。

【经济发展基础稳固】 坚持抓项目就是抓发展，抓项目就是抓民生理念，举全乡之力完成了一批重大项目建设，为经济社会发展打牢基础、创造条件。

高位推动争取项目　成功争取高标准农田建设、革命老区建设、新农村建设、公路建设及扶贫移民等各类资金共计17260000元，累计下达同意各村直接委托施工的民生项目32个，建成通组公路12条、灌区水渠4条、水陂2座，完成5座山塘的除险加固，有效改善群众的生产生活条件。换届以来，完成龙勾乡集中供水工程九龙水源地取水点建设，解决合坪、大岸、良田、龙勾4个村的群众及中小学校的安全用水问题。

规范有序建设项目　坚持规范管理、有序推进，总投资150余万元的良田美丽乡村基础建设工程、总投资500000元的上寨线龙勾段路面改造工程全面完工，总投资千万元的龙勾乡35千伏变电站项目启动征地工作。坚持用好扶贫和移民项目资金，2016年，实施扶贫移民项目12个，新建东山高排、寺里海塘、良田双巴窝、石塘下屋等12条通组公路8.53千米，农村交通条件得到明显改善。

龙勾至上犹高桥公路　龙勾段全面完工在上级有关部门的大

力支持下，龙勾至上犹高桥公路于2016年年初顺利开工，其中龙勾段长3.69千米已全面完工。这些项目的建设，极大改善龙勾的交通条件，为龙勾新一轮加速发展打下坚实基础。

【群众致富路子宽敞】 始终把发展农业产业作为富民强乡的首要抓手，不断拓宽群众增收致富的发展路子。首先是全力做好脐橙黄龙病防控工作，做到“三个到位”。

宣传到位　通过各种方式进行大力宣传，进一步提高群防群控意识；通过乡人代会出台《关于推进脐橙产业发展升级实施办法》，要求群众有序恢复生产，共保惠农产业；邀请市果业专家来乡培训，向全乡脐橙种植大户和精准扶贫户普及脐橙标准化建园知识，为恢复龙勾脐橙产业建立技术储备。

防控到位　全面开展黄龙病树普查，规范建立防控台账，加强苗木管理，杜绝无证育苗，严防带病苗木进入。全力砍除黄龙病树，倒排工期，坚持“每天一通报、三天一督导”，严格压实责任。截至目前，全乡共砍除黄龙病树274000余株。

恢复到位　有计划地在黄龙病树集中连片清除到位的小流域进行了恢复性种植试点；在合坪、良田、龙勾、东山等村建立了高标准脐橙示范园。其次是引导果农科学转产，加快农业产业转型发展。在做好黄龙病防控的同时，广泛动员和科学引导群众走特色农业产业发展新路，引进和推广刺葡萄、大棚蔬菜、鹰嘴桃、甜叶菊等特色种养业。2016年，全乡已落实刺葡萄、甜叶菊、大棚蔬菜等种植面积39.31公顷，鹰嘴桃11000株。通过引导群众发展多样化特色农业，加快产业结构优化升级，使全乡产业转型发展迈出了新的步伐、取得了良好成效。

【脱贫攻坚】 严格执行上级精准扶贫决策部署，按照“三业一兜底”扶贫思路，扎实推进脱贫攻坚各项工作。

认真做好建档立卡贫困户再甄别再核实工作　按照上级文件精神，积极开展农村低保与建档立卡贫困户衔接并轨工作，对全乡所有贫困户进行逐户甄别，按照程序甄别删减63户109人、纳入41户94人，重新确定全乡建档立卡贫困户513户1355人，并全面完成国办、省办系统信息更新录入。

创新推进精准扶贫与党的建设、产业发展“三结合”　发挥各村党支部、企业党支部引领作用，采取“党支部＋合作社＋产业＋贫困户”模式，打造了东山蔬菜、良田西瓜等扶贫示范基地，建立了土地入股、资金入股、基地务工等利益联结机制，示范带动60余户贫困家庭稳定增收；充分利用卫生保洁员等公益性岗位，安排9名贫困户实现就业；通过“产业扶贫信贷通”发放贴息贷款800余万元，帮助贫困户发展产业、自主创业。

创新开展“四个一”结对帮扶活动　为了提高结对帮扶的实效，7月开始，乡党委组织全体干部创新开展了“四个一”——每季进行一次走访，每半年参与一次劳动，每年同吃一餐饭、每逢重大传统节日开展一次慰问——结对帮扶活动，拉近干部与贫困户距离，取得良好成效。

圆满完成省级贫困村良田村的脱贫攻坚任务　针对12项脱贫指标逐项对照，攻坚克难，投入各类基础设施建设资金共计3643500元，圆满完成脱贫攻坚任务。2016年，全村新建通组公路4.63千米，完成村部维修改造、街道排水沟改造、路灯安装、街道立面整治、30千瓦光伏发电站、入户路硬化、冲水式厕所改造等一批项目建设，启动下盆岭美丽乡村规划建设，全村基础设施得到显著改善，乡村面貌焕然一新。

通过这一项项精准、过硬的扶贫措施，龙勾乡于12月顺利完成省评估组第三方评估，全乡贫困人口中的129户379人实现脱贫。

【人居环境靓丽优美】

全面实施“河长制”工作　建立健全河长制组织体系，严格落实辖区水环境保护责任，科学开展“一河一策”综合治理和河湖保护管理突出问题整治，“河长制”工作基本达到预期目标。

加强农村环境集中整治工作　组织乡村干部和保洁队伍对扬眉江龙勾段及各村支流共20条、长约24.3千米的河道进行清理；新购买垃圾收运车1辆、垃圾桶600个，道路已硬化农户居住相对集中的村组垃圾桶全部布置到位，并在上寡公路全线配套80个垃圾棚，垃圾集中清运和处理实现全覆盖；推动制定农村垃圾无害化处理村规民约，张贴环保标语90多条、发放宣传资料2400多份，宣传力度持续增强；积极探索环境整治创新做法，开展“党员牵手义工”志愿服务行动，举办“小手拉大手”进社区活动，全乡群众环保意识进一步增强。

掀起拆除危旧空心房高潮　龙勾乡把危旧空心房拆除工作作为难点节点问题，强化措施，合力攻坚，共拆除空心主体房100栋21250平方米、附属房160间5250平方米。龙勾乡的主要做法：一是广泛宣传，统一思想。通过宣传标语、召开户主会、上户宣传等多种形式，向村民宣传讲解农村环境整治的内容、意义和政策，向未拆除危旧空心房的农户发放《危旧空心房拆除告知书》，让广大村民深刻认识搞好农村环境综合整治的重要意义，从而把思想和行动统一到县委县政府决策部署上来。二是打造典型、示范带动。拆除危旧空心房特别的主体房阻力大、难度大，为此选择在良田村下盆岭率先启动空心房拆除工作（该示范点共拆除空心主体房4栋727平方米，附属房23间766平方米），并结合改厕、垃圾定点收集清运、河塘村庄整治等工作，着力打造村庄环境整治的示范样板，使群众实实在在看到了环境综合整治后的效果，通过典型引路，激发群众主动参与环境综合整治的热情。三是加强力量，集中攻坚。在按照先易后难的思路，针对拆除难度大的空心房，11月，实施拆除危旧空心房攻坚月活动，龙勾乡整合全乡资源，把人力、物力、财力往这项工作上倾斜，组成四个分别有乡党政领导班子成员为组长的工作小组，每个组分别有乡、村、组干部组成，实行分片包干，通过一个月时间集中攻坚，拆除主体房33栋，5783平方米，拆除附属房53间1439平方米，拆除"两违"建筑11处960平方米，取得了良好成效。

【社会环境和谐稳定】

重点做好社会重点人群管控、历史遗留问题解决等工作　以乡社会网格化管理工作中心为依托，全面摸清重点特殊人员群体的底数，建立健全重点特殊人员群体管理台账。辖区刑释解教人员13人、矫正对象10人、涉邪人员4人、精神病人44人（其中肇事肇祸精神病16人）、信访隐患2人全部建立了台账，落实了责任包保，实行定期排查和日常监管；按照"逢闹必惩，惩治从严"的原则，依法打击了一些无理缠访闹访行为，使之受到法律制裁；龙勾乡将继续打击以借信访名义小题大做、无理取闹，甚至捏造歪曲事实的违法行为，绝不让无理取闹者得到好处、尝到甜头，积极弘扬社会正能量。完成了拖延四年之久的龙勾乡"千吨万人"自来水工程，群众期盼已久的干净水、放心水即将流进千家万户。

深入开展矛盾纠纷大调解工作　狠抓乡、村两级综治中心建设，下大力气建设龙勾乡综治中心，配齐办公设施，工作人员实现规范化集中办公；构筑政府行政管理力量与社会民间自治力量互联、互补、互动的新格局，扎实开展社会矛盾化解专项行动，2016年，有效化解了13件信访案件，成功调处了20余起矛盾纠纷，有力维护了地方社会稳定。

不断深化"平安龙勾"创建活动　充分运用普法宣传、悬挂横幅、建立橱窗等手段，广泛宣传社会治安综合治理工作。严格落实目标管理责任制、坚持治安巡查巡逻制度、加强校园周边秩序综合治理、针对校车食品生产等安全实行乡党政班子联系包保制度、防范邪教组织的非法活动、积极开展"平安村"创建活动等等，使平安建设各项措施得到有效落实。

不断提高社会保障水平　全面完成2016年新农合、新农保保费代扣代缴工作，进一步完善城乡居民基本养老、医疗保险等社保制度，稳步提高群众的社会保障水平；对全乡低保户进行重新评定，让真正贫困的人享受低保扶持；全面完成了22套保障房建设，让困难群众实现安居梦。

持续推动主旋律活动　开展"三好一孝"评选、"金秋助学"、"重阳敬老"等活动，进一步弘扬"尊师重教、培养人才""尊老敬老、济危扶困"的良好风尚，激发了社会正能量。

【为民服务提质提效】

狠抓政府自身建设　扎实开展乡机关"三严三实"专题教育和"两学一做"学习教育，政府作风持续改善，廉政建设不断加强，政府公信力进一步提高。出台《龙勾乡机关关于开展"两学一做"严纪律、转作风、树形象活动实施方案》。

大力推进社会管理创新，提高政府服务水平　先后制定《龙勾乡村级各项工作年度绩效考核方案》《龙勾乡乡、村、组三级干部考核办法》《关于加强村级党员干部管理的暂行办法》等制度，下发《龙勾乡关于开展"两学一做"严纪律、转作风、树形象活动实施方案》，将乡机关干部自身考核与村级工作年度考核相衔接，确保工作实效。

抓好窗口单位工作人员管理　高标准建设龙勾乡劳动保障事务所，出台各项规章制度和办事流程，各站所工作人员服务质量显著提高、服务态度明显改善，让群众办事更加快捷便利。

【领导名单】

党委书记、人大主席
卢鑫平（6月免）

党委书记　何招全（6月任）

党委副书记、乡长
唐芳浩

党委副书记、纪委书记
王宗桦（6月免）
杨雪飞（6月任）

党委委员、副乡长、人武部长　林　茂（6月免）

人大主席　林　茂（6月任）

党委委员、纪委书记

朱　珺（6月任）
党委委员、组宣统委员　何静云（1月任）
人大副主席　何静云（6月任）
党委委员、政法委员、人武部长　刘家强（6月任）
副乡长　朱　珺（6月免）
熊　胜（1月任）
甘卫佑（6月任）

关田镇

【概况】　关田镇是崇义县西南部中心重镇，全镇国土面积118平方千米，辖6个行政村，86个村民小组，1个居委会，总人口9691人，2628户，其中农业人口9203人。

关田山川秀美、风光旖旎，人杰地灵、民风淳朴，区位优越、交通便捷（省道赣丰线和厦蓉高速穿境而过，关田至县城20分钟车程，融入赣州市1小时经济圈），生态环境优越，发展潜力巨大。

关田矿产资源丰富，是全县矿业大镇，钨、锡、硅矿产储量位居全县前茅，拥有规模以上矿区3个，是章源钨业、耀升钨业、长飞矿业等县内矿业巨头矿源地，享有“百年钨镇”美誉。林木资源充足，境内林地面积11866.67公顷，森林覆盖率87%以上，拥有人工杉木林1733.33公顷，活立木380000立方米，竹林面积2533.33公顷，活立竹4000000根。水电长足发展，建有石泉洞、石溪、芦柴、龙头等水电站10座，装机容量达1万千瓦时。特色产业多样，建有章源野生动物养殖场、长飞特色生态园、铁观音茶叶基地、笋竹丰产林基地、油茶丰产林基地、南酸枣产业基地、脐橙产业基地、红豆杉种植基地，花卉苗木培育基地。富有笋干、香菇、红茵、苦菜等土特产。文化底蕴深厚，民俗文化、农耕文化、客家文化交相辉映，三节龙、灯舞、剪纸等民间艺术广为流传，拥有500多年历史的“江南油杉王”和“百年钨村”等遗迹。

【产业升级迈出新步伐】

主攻工业势头良好　围绕县委“主攻工业，三年翻番”的战略部署，不断完善关田工业园基础设施建设，先后完成了园区土地平整、道路硬化、边坡治理、水沟修复等工程建设，园区通电、通信基本到位，园区污水处理厂确定选址，启动实施园区引水工程；积极服务企业落户，江西中子能源有限公司、江西润泉康生物科技有限公司成功入驻园区并启动厂房建设，预计2017年可投入生产。

现代农业稳步发展　积极推进农业转产，培育脐橙、刺葡萄、油茶三大产业，其中下关村流转土地24公顷新建四季橙园种植基地，关田村流转土地8公顷新建刺葡萄种植基地，镜尾村流转土地25.33公顷新建特色水果种植基地（美国黑李和黄桃）。大力开展柑橘黄龙病防控工作，砍伐病树1528株。深化农村改革，全面完成农村土地承包经营权确权登记颁证工作，出色完成农业普查、地名普查等工作，一批与农民群众息息相关的改革措施落地见效。

【城乡建设呈现新变化】　着力实施“全域旅游”发展路径，美丽乡村焕然一新。圩镇建设成效显著。新建“魅力关田”地标广场，投入40余万元改造关府路、中心小学至关田中学沿线道路和围墙，实施关福家苑沿河步行道延伸工程，投资1200000元建设连接关田文化广场桥梁2座。老供电站、老供销社、老粮管所、关田老街等交通要道全面改造，圩镇形象明显提升。“拆违”工作有序推进。严厉打击“两违”行为，着重对赣丰线、关聂线两条乡村旅游线路进行整治，2016年，全镇共拆除公路沿线破旧房屋76栋（间），“两违”现象得到有效遏制，城乡品位有效提升。亮化工程逐步完善。投入40余万元实施道路亮化工程，田心村、下关村主干道及部分村组安装太阳能路灯60盏。

【生态建设取得新成效】　生态文明先行示范成效显著，被评为“江西省省级生态乡（镇）”。推进农村环境连片整治。重点整治赣丰线、关聂线、关福大道等主干道以及镇内主要河道环境卫生，86个村民小组全部放置垃圾棚和垃圾桶，垃圾做到“一日一扫、日产日清”。通过聘请“爱帮保洁”购买社会服务，实现农村生活垃圾专项治理全覆盖，基本达到了“洁净水源、清洁田园、秀美家园”的目标。全年接待省、市环境整治检查与调研10余次。严格落实“河长制”。围绕“五水共治”（治污水、防洪水、排涝水、保供水、抓节水），严格落实“河长”责任，组织镇村干部对辖区内河流、畜禽养殖场、卫生死角进行全面走访摸排，加强河道日常管理。全面推进流域治理。加大关田流域环境整治力度，争取环保部资金启动实施了投资58000000元的下关小江流域河道底泥清淤处理处置工程和投资15300000元的原砒霜生产场地土壤修复工程，土质污染历史遗留问题得到逐步解决。

【民生福祉获得新发展】

精准扶贫富有成效　严格落实“三业一兜底”扶贫模式，通过带好三支扶贫队伍（镇干部、

高速公路

村干部、第一书记）、建立三级组织（挂点单位、镇精准办、村精准办）、强化三项制度（调度、培训、考核）、发挥三大合力（政府、市场、社会），对全镇250户贫困户684人实行干部结对帮扶全覆盖。整合扶贫资金，发放产业扶持资金276000元，重点发展刺葡萄、脐橙、油茶等产业，形成了3条产业扶贫示范带；加大金融扶贫力度，发放“产业扶贫信贷通”7310000元；投资1200000元新建14套农村保障房，特困群众实现了“拎包入住”的安居梦。2016年，全镇61户贫困户204人脱贫退出。

基础设施稳步完善　加大争资争项力度，强化资金整合，投入3300000元实施了8条通组公路改造，共硬化了11.8千米；投入352000元新建镜尾、下关等2处农村安全饮水工程，解决了300余人饮水安全问题；进一步完善水利设施，投入2724000元新建小农水水渠15.6千米；投入50余万元扩建关福家苑、安厦新居易地搬迁工程。

民生保障有效改善　加大社会保障网络建设，扎实做好五保供养、民政优抚和临时救助工作，全年发放低保金969000元，大病救助补助款53000元，优待抚恤金517000元，临时救助金169000元；完成参合人数8964人，参合率达95%，新农保参保率达98%，代扣代缴签约率达96%，名列全县前茅；认真落实强农惠农政策，及时足额发放各类涉农资金累计130余万元。

灾后重建成效明显　“8·27”特大洪灾发生之后，全镇上下众志成城，2天内道路、供电、通讯等恢复畅通，灾后重建有序推进，累计上报河道治理、交通修复等工程18个，涉及资金400余万元，已动工建设5个，投入救灾资金60余万元，正在修复镜尾公路、河堤修复等多项工程。

社会管理和谐稳定　认真落实领导分类接访、包案处理、矛盾纠纷排查常态化制度，全年共调处矛盾纠纷82起，使绝大部分矛盾纠纷化解在基层；扎实推进“三项建设”（综治中心、综治信息化、网格化管理），加大肇事肇祸精神障碍患者管控。加大安全生产隐患排查工作，对辖区内的企业、学校、人员密集等场所进行排查，确保安全生产形势整体稳定。

群众文化生活精彩纷呈　成功组建2支崇义微马关田分队，组织镇广场舞节目参加全市“邮政杯”广场舞大赛，获得崇义分赛区第三名。

【领导名单】

党委书记、人大主席　华伦勇

党委副书记、副镇长（主持政府工作）　胡爱忠（6月免）

党委副书记、镇长　钟　飞（6月任）

党委副书记、纪委书记　肖礼平（2月免）

党委委员、纪委书记　李　林（6月任）

党委副书记　周良生（6月任）

党委委员、常务副镇长　吴春梅

党委委员、人武部长　李世有（6月免）

党委委员、政法委员、人武部长　邱崇伟（6月任）

党委委员、组宣统委员　温增禄（6月任）

人大副主席　刘映宏（6月任）

副镇长
胡昆敏（6月免）
邱崇伟（6月免）
张　健（6月任）
郭芳琴（6月任）
魏金豹（6月任）

综治办专职副主任　黄先镜（6月免）

聂都乡

【概况】　聂都乡位于崇义西南边陲，湘、粤、赣三省交界处，距离县城52千米。是赣江源头支流章水发源地，为章江源头第一乡。全乡区域总面积136平方千米。乡政府驻聂都街，现辖9个行政村，93个村民小组，其中竹洞村为畲族少数民族村。2016年末，辖区人口共2681户9270人。

东眺赣州平川，南扼梅关之吭，雄视广东南雄、仁化县，西拊湖南汝城、桂东之背，古为三省咽喉，南北要冲。谓历史重要军事关隘之地，岿然特立于江西古代地方史的首页，是江西省最早见诸文献记载的地理专名。境内众山壁立，峰峦棉亘，溪流纵横，溶洞成群，胜迹毗连，有“章江源头第一乡”、“大理岩溶第一洞”的美称。

以典型大理石溶洞为主要特色，融章江源生态景观、自然山水、文物古迹、古村落以及民俗风情为一体，以生态观光、寻幽探胜、摄影创作、登山攀岩、野营露营、民俗节庆、民俗研究、科普科考、农家体验为主要功能，是一个综合性原生态的游览胜地。聂都以其独特的地质地貌、丰富的自然景观和深厚的人文底蕴被江西省人民政府列为省级重点风景名胜区和省级章江源自然保护区。

聂都山，四周山地连绵起伏，东有鲤鱼山，东南有斗峰山，南有旗岭，西有穆姑山，西北有天星寨，北有聂都坳及南源山（俗称棂脑崃、磨石山），诸山四面环绕，犹如一道天然的绿色屏障，中间形成盆地。把聂都6.8平方千米盆地地围成了一口形似于平躺的铁锅。盆地中部耸立着狮子寨和苟田寨，隔河相望，王公寨横立其中，把宽敞平地分为南北两半。聂都乡人民政府设立盆地中央。

境内山、水、洞、石林四大特色相辅相成，相依相连，景中生景。在南麓的旗岭的中部由剧烈褶曲的石灰纪石灰岩层发育形成了一个庞大的千姿百态、名闻遐迩的大理石溶洞群系。据不完全统计，在这片两平方千米的大山腹地内蕴藏了大大小小、深浅不一约二三十多个溶洞。目前初步开发的有仙鹤岩溶洞。

列入省级非遗保护项目的有《竹洞山歌》《舞春牛》，《舞春牛》曾代表江西省参加由文化部、澳门特别行政区联合举办的春节内地民俗展。

竹洞畲族少数民族村，是崇义3个少数民族村之一，具有民族特色生活习俗、服饰及节庆活动等，是风景名胜区人文景观的主要内容之一。

古建筑有章源桥、永镇坦东桥，祝圣寺、古云峰寺、夫人庙等，其次还有古驿道、祠堂、民居等古建筑。史迹有罗汉岩壁明代大画家朱耷（八大山人）题壁诗，仙鹤岩溶洞门口石壁保留有蒋经国先生题写的“扶植新赣南”五个大字，大革命时期红五军留下整面墙的标语。

【基层基础不断夯实】

重点任务全面落实　在“两学一做”学习教育活动中，组织乡村党员干部到瑞金接受革命传统教育，广大党员积极参与精准扶贫、产业发展、环境整治、防汛救灾之中，以实际行动检验“两学一做”学习教育成效，其中白溪村依托田园休闲观光、特色民宿等，实现学习教育与乡村旅游同频共振、融合发展。投入100000元，对莲塘、夹州、竹洞3个村的村级活动场所进行改造升级，并通过验收。对乌洞村软弱涣散基层党组织进行整顿，班子不团结、内耗严重等问题得到彻底解决，2016年，该村在村级考评中排名靠前。对全乡327名党员党费收缴情况进行排查，共补缴党费17021元。扎实做好党员组织关系排查工作，全年发展党员8名。认真做好基层党组织按期换届、党代会代表和党员违纪违法未给予相应处理情况排查清理、非公有制企业和社会组织“两个覆盖”等工作。

特色工作初显成效　对党委委员闭会期间联系党代表进行探索，出台了《党委委员联系无职党代表工作制度》，通过定期走访、集中座谈、约见接待、开展调研等方式联系党代表，促进党委决策民主化、规范化、科学化。共走访党代表68人次，收集建议43条。

【乡域经济不断增强】

农业产业稳步发展　引进大余县旺盛农业合作社，在莲塘村、聂都村种植槟榔芋38.67公顷，产量达1320吨，产值约3300000元；在沉井村大力发展古法红糖产业，种植甘蔗15.33公顷，产糖200多吨，年产值近2000000元；改造毛竹低产林300公顷，新增养蜂644箱。黄龙病防控扎实推进，农村土地承包经营权确权登记颁证工作全面完成，农业普查工作有条不紊推进。全年新增家庭农场1家、农民专业合作社3家。

乡村旅游提速升级　投入780000元，完善白溪村乡村旅游示范点基础设施。新建生态河堤110米，修建生态游步道130米，对穆姑山古驿道进行了修复。种植油桃、水蜜桃约20000株，白溪桃园初具规模。民宿体验点改造完成，吸引了县内外游客前来体验。成功举办“缘来是你，相约白溪”青年联谊活动，进一步提升了白溪知名度。竹洞畲族村成功列入第四批中国传统村落名录名单。全乡全年累计接待游客21000人次，旅游收入达50余万元。

【群众福祉不断增强】

扶贫攻坚富有成效　强力推进产业扶贫，引导52户贫困户养蜂644箱，打造槟榔芋、甘蔗等13.33公顷以上规模产业基地2个，流转44户贫困户土地8公顷。金融扶持力度持续加大，107户贫困户产业扶贫信贷通贷款687万元。槟榔芋、甘蔗、桃园等基地接纳109户贫困户就近就业。统筹推进易地搬迁扶贫、教育扶贫，全乡全年完成脱贫68户279人。投入1400000元，以集中和分散的方式，建成农村保障房16套，有力地改善了困难群众居住条件。

基础设施不断完善　防洪工程全面完工，公共租赁住房通过初步验收，聚缘阁易地搬迁安置房主体已完工。聂竹、白溪水毁公路修复工程基本完工，聂都村大桥下等通组公路共计2.38千米得到硬化；新建农田干渠14千米、水陂11座，修复河堤200余米，农田水利基础设施不断完善；在沉井村、夹州村实施安全饮水工程，2300余人饮水问题得到解决。新建10千伏配电台区3座，共计配电容量600千伏安，新建和改造农村高低压配电线路8千米。完成危旧土坯房改造62户。关聂公路升级改造列入全县农村公路建设三年行动计划。

城乡环境明显改善　农村环境整治扎实推进，新配备340只垃圾桶，新建4个垃圾焚烧池和1个垃圾焚烧炉。加强农村建房管理，拆除“空心房”106栋。对圩镇环境进行集中整治，拆除违规雨棚，清理水沟水道，沿路种植绿化苗木270株，安装、维修太阳能路灯60盏，圩镇面貌焕然一新。全面推进河长制，聂都河流域河道生态环境和水质保持良好。积极配合环保部门做好历史污染场地修复治理工作。

公共服务水平全面提升　教育基础设施建设加速推进，公办幼儿园投入使用，新建改建小陈洞、竹洞村小。完成420户无线广播电视“户户通”工程，超额完成下达的指标任务。实施光纤改造，全乡光纤覆盖率达90%。全面完成县下达的新农保征收任务，与参保人员签订代扣代缴协议3610份；新农合完成率达97.3%，26户贫困户得到新农合二次补偿145600元。农村低保与精准扶贫制度实现有序衔接，优抚对象、农村低保等提标提补工作落实到位，发放低保、优抚、大病救助等资金899400元。推进综治中心、综治信息化、网格管理三项建设，提高了矛盾化解、维护社会稳定的工作效率。

【领导名单】

党委书记、人大主席
田长征（1月免）
胡朝臻（1月任）
党委副书记、乡长
陈允康（6月免）
黄以亮（6月任）
党委副书记　黄华胜（1月任）
党委委员、政法委员、人武部长　周良生（6月免）
肖建明（6月任）
党委委员、组宣统委员
曾　毅
党委委员、纪委书记
韦　玢（6月任）
党委委员、副乡长
刘集永（6月任）
副乡长　张万鹏（1月任）
郭祥莲（6月免）
人大副主席　刘雪梅（6月任）

文英乡

【概况】　文英乡地处崇义县西南部，全乡面积102平方千米，距106国道46千米，省道赣丰线11千米，距赣崇高速公路入口1千米，距县城全程高速仅35千米，处赣、粤、湘三省交界，毗邻国家4A级景区湖南省汝城县热水镇，是赣西南的门户，承接广东、湖南的前沿阵地。辖区内共有5个行政村，69个村民小组，农业户口1717户，农业人口6844人，耕地面积539.53公顷，林地面积8000公顷，其中竹子600000根以上，活立木蓄积量达531000立方米。乡人民政府驻文英街。

【经济发展】

硅矿企业落户添动力　高度重视招商引资工作，积极协助硅矿深加工企业落户文英。专门抽调一批精干组成工作小组，开展硅精深加工企业用地征地工作。该矿产加工企业计划征地约26.67公顷，总投资约40000万元，分三期进行。现已征收土地20公顷，剩余征地范围正在测量中。该企业的落户填补了文英矿产企业的空白，同时也是2016年全县重点新上矿产企业，是全县征地最多、规模最大、投资最大的企业。

农业产业规模化　全乡笋竹抚育250.73公顷，水头新村累计发展蔬菜等产业33.33公顷，继续壮大文英优势产业，水头新建蔬菜基地扶贫示范园3.47公顷；改善全县最大的无公害蔬菜种植基地和全市重点扶持的无病毒脐橙育苗基地种植和管理模式，确保无病毒脐橙苗能及时供应给县内外农户，无病毒脐橙育苗基地的健康发展得到了省、市级主管部门领导充分肯定，并多次调研。

新型产业特色化　通过“双创两带”、县乡扶持等政策，在全乡发展刺葡萄、生姜、香芋种植产业等7个农业产业基地。种植刺葡萄6.67公顷，种植生姜6.67公顷，种植香芋4公顷，带动群众致富38户，解决劳动力就业

100 余人。同时积极发挥产业大户的带头示范作用，促进农业增产、农民增收，建立文英刺葡萄、上塔生姜、古选香芋、茅花笋竹等 5 个产业示范基地，实现了农业产业“一村一品”全覆盖。

现代服务业加快发展　顺应“互联网 +”新趋势，科学安排、高位推进电子商务发展，形成了政府引导扶持、资源多元整合、协会协调助推、物流联动支撑、扶贫联姻借力的电子商务发展新格局。个私经济日趋活跃，全乡有个体工商户 189 户，农民专业合作社 10 个。通信、交通物流等服务业发展势头良好。

【项目建设】

文英“两桥”拉框架　对圩镇进行近长期编制规划，新建文英一桥、文英二桥，拉开圩镇框架。在高速出口建设文英一桥，文英一桥总投资 200 余万元，主桥投资 100 余万元，座宽 10 米、跨度 20 米、桥长 25.04 米；在文英村铁木组新建文英二桥。文英一桥桥梁建设已完工，文英二桥已进入招标阶段，文英“两桥”的建设，为文英新型城镇建设、加速发展奠定坚实基础。

环境整治有改善　乡环境连片整治领导小组和乡环卫所有序工作，完善了机构和制度建设。2016 年，更换新增垃圾桶 300 个，新建垃圾屋 25 个，创建了水头新村保洁示范点，在全乡开展了大整治、大清理，拆除危旧房屋 19 栋 910 平方米，整治乱堆乱放 95 处，实现保洁设备全覆盖、保洁范围全覆盖，完成了河道设卡工作。加强对保洁公司的管理考核，推进乡级管理、公司运作、群众参与的模式，实现了乡村环境的进一步优化、美化。开展了优秀保洁员和卫生文明户评选活动，评选出优秀保洁员 1 名，卫生文明户 6 户。

【精准扶贫】　对贫困家庭进行界定画线，落实了结对帮扶全覆盖。文英乡贫困户 312 户，937 人。脱贫 64 户，244 人。

深入开展走访　全年县乡帮扶干部共开展了 9 次集中大走访活动，走访群众达 1848 人次，并为低保户、五保户、特困户、贫困儿童等物资约 100000 元。同时，为 231 户贫困户分类施策制定了竹木、油茶、蔬菜、刺葡萄等产业发展规划，为每家每户“量身定做”了脱贫方案。积极开展了精准扶贫“三个一”活动（吃一次饭，干一次活，送一个礼包活动），共捐资 7960 元，捐物折合现金 16243 元。

文英乡水头村蔬菜种植基地和无毒脐橙育苗基地（共发展蔬菜种植 30.67 公顷、无毒脐橙育苗基地 6.67 公顷）

致力于改善民生　乡党委、政府向上级争取各类资金 500 多万元用于水电改造、道路硬化、桥梁建设、自来水改造、环境整治等。县帮扶单位向上争取 280000 元资金，帮助茅花、水头等村改善民生基础设施，修建防洪便桥、通组公路。

强化产业扶贫　县乡帮扶干部积极引导贫困户发展产业致富，并协助贫困户申请产业扶贫信贷通贷款。共引领贫困户 79 户发展刺葡萄、蔬菜、油茶、竹林低改等产业 163.73 公顷，发展养蜂产业 20 户 311 箱，养殖家禽 175 户 9838 羽，共有 106 户贫困户申请到了产业扶贫信贷通贷款共计 5270000 元。

实施搬迁脱贫　把农村安居工程与精准扶贫工作相结合，鼓励茅花、古选、上塔的偏远村组村民实施深山移民，改善生产生活条件。全乡统筹使用了农村土坯房改造、深山移民搬迁、新农村建设等扶持资金，坚持高位推动、高水平设计、高标准施工，按照农户统一规划、统一立面、统一样式、统一层高等“四个统一”建房，集中建设了水头新村梦想家园搬迁移民安置点。该安置点规划用地面积 1.43 公顷，总建筑面积 19700 平方米，安置农户 66 户（其中自建房 56 户，套房 10 户），共计安置深山移民户 34 户、危旧土坯房改造户 20 户、地质灾害户 8 户、精准扶贫户 4 户，是全县规模最大的农户集中建房安置点。

【民生保障】

民生设施不断改善　投资 2750000 元新建幼儿园，目前教学楼已交付使用，各项配套设施已经完善。争取专项资金

3000000元，用于文英中心小学扩建项目建设，教学楼扩建及配套设施建设工作正有序推进。计划建设环中小学公路，现已成立征地工作组进行征地等前期工作。全乡教育质量逐年得到提升。乡村道路改造10.38千米，小农水改造18720米，修建水陂12座，自来水改造9600米，受益人口3600人。

计划生育有序开展　继续抓好计划生育和孕前优生工作，做到每周有布置、每月有调度、每季有考核、年终有奖惩。全面落实“两孩政策”，服务孕前优生对象96户，顺利通过市卫计委年终考评，全乡计划生育工作整体水平明显提高。

“城乡两保”开展顺利　扎实推进城乡居民养老保险和城乡居民医疗保险工作，积极做好政策宣传，推广政策，做好代扣代缴工作，参保人数2836人，参合人数6620人，居民参保意识进一步提高。

平安建设取得实效　按照“早发现、早预防、早稳控、早调处”的工作方针，切实加大维稳工作力度，健全工作机制，对矛盾纠纷做到宣传好、引导好、调处好、答复好、稳控好。全面落实领导干部包案责任制；坚持“零”报告制度；实行个案跟踪制；严格“一周一排查、半月一调度、一月一例会”的工作机制，把矛盾和纠纷排查在一线，调处在一线。2016年，投资10多万元高标准建设综治服务中心，共妥善处理陈年老大难矛盾纠纷26起。

安全生产逐步规范　定期开展了安全生产隐患大检查；加强了值班纪律，特别是汛期和防火期间，严格值班纪律，同时与各村、各企业签订了安全生产责任书；健全和完善了应急救援体系，严格和各村、各企业及学校等单位签订责任书，确保了全乡重大安全生产零事故。人民生命财产安全得到有力保障。

【作风建设】

依法行政不断深入　全面推进法治政府建设，推动行政权力规范运行，强化重大行政决策合法性审查，加强规范性文件备案审查和清理。通过县党风廉政信息平台、乡财务政务公开栏、村级文体广场宣传栏等载体，将申领种粮直补款、精准扶贫精准识别、低保申请办理等办事程序进行公布，将与群众息息相关的政策法规和规章制度面向全社会公开，方便群众办事，促进政府工作公开化、透明化、阳光化、合法化。认真执行乡人大的决议、决定，自觉接受乡人大的法律监督。

行政效能有效提升　建设乡社会综治服务中心，将办公楼一楼120多平方米改造为综治服务中心，设“集中调度区、接待受理室、集中办公区、纠纷调处室”等岗位，大大方便群众办事。完善机关事业单位社会保障制，规范干部职工津补贴。

工作作风不断改进　扎实抓好乡村干部的学习教育，每周例会组织乡村干部开展廉洁、纪律、作风集中学习教育。结合本乡实际，以加强学习教育、加强联系群众、加强纪律建设、加强实事建设为着力点，深入推进“三严三实”。结合“基层治理”和纪委“两违”线索排查工作，大力查处纠正基层干部纪律、作风问题，解决社会矛盾突出问题.

【领导名单】

党委书记、人大主席
廖家文（6月免人大主席）
党委副书记、乡长
谢　浪（6月任）
党委副书记、组宣统委员
邱春明
人大主席
张红明
党委委员、纪委书记
袁崇武
党委委员、副乡长
谢银丽（1月免）
政法委员、人武部长
罗太海
副乡长　钟连娣
吴清琳
新村办主任　张昌忠

乐洞乡

【概况】　乐洞乡位于崇义县西南部，分别与文英乡、聂都乡和广东省仁化县长江镇、湖南省汝城县热水镇交界。距离厦蓉高速崇义段文英出口13千米，距离县城50千米，距离湖南热水AAAA级景区25千米、广东仁化丹霞山AAAAA级景区78千米。全乡国土面积58平方千米，辖乐洞、高洞（畲族）、陈洞、龙归等4个村，32个村民小组，共有709户3050人。

气候独特　境内多山，平均海拔在800米以上，总体呈南高北低态势。由于群山环绕，小气候特征较为明显。昼夜温差较大，全年平均气温为15℃左右，比县城略低3—4℃。雨量充沛，常年降雨量在2000毫米左右，雨势骤强去急。处于罗霄山脉与武夷山脉交叉山口，山顶常年风速达到7米/秒。

资源丰富　山地面积占国土总面积的90%以上，耕地面积仅有221.67公顷，水稻等常规农作物种植面积不大。农业主导产业以毛竹为主，全乡林地面积4800公顷，其中毛竹面积2866.67公顷，人均拥有竹林0.93公顷。由于地处高山、土壤富硒，高山富硒茶、高山西瓜、有机蔬菜发展较快，享誉省内外。境内拥有硅、花岗岩、高岭土、萤石矿等多种矿产，储量较大。

文化厚重 生活着汉、畲、回、瑶等民族，民族间相互共融，赣粤湘交流通婚，人文环境非常淳朴。境内有传诵百年的族谱家训、奇特的牛葬习俗、特色浓厚的九狮拜象等文化传统，还有濒临灭绝的珍贵植物、国家一级保护树种、植物黄金——红豆杉等。生态环境优良，龙归茶、红豆杉、石斑鱼独具特色，被归总为“乐洞三宝”。

【党的建设】

基层基础不断夯实 大力推进基层党组织建设，党建工作水平得到进一步提高。扎实开展“两学一做”学习教育活动，充分发挥党员先锋模范作用，结合精准扶贫等工作，分别打造了4个党建示范点。

作风建设不断加强 全面加强干部作风建设，坚持用制度管人，按规章办事，努力塑造信念坚定、勤政务实、敢于担当、清正廉洁的党员干部队伍。实行村级季度考评制度与村干部绩效奖金挂钩制度，强化督查考核，村干部干事创业热情得到有效激发，服务水平不断提高。

纪检监察不断深化 认真落实管党治党“两个责任”，持续深化“三转”。严肃换届纪律，确保了乡镇换届工作圆满完成。扎实推进民主监督，全面落实“三务”信息公开。加强廉政教育和警示教育，干部的纪律意识和规矩意识得到明显增强。结合“两学一做”，紧盯“小微权力”，认真开展集中整治工作。保持高压态势，对3起党员违纪行为进行了立案调查，给予党纪处分3人。

【脱贫攻坚】 乡村两级干部和各挂点帮扶单位干部常态化开展走访慰问，与精准扶贫对象开展“三个一”（干一次农活、吃一餐饭、送一个红包）活动。全面落实“三业一兜底”（发展产业、支持创业、安排就业和政府兜底）等扶贫政策，协助制定“一户一策”脱贫计划，发放产业扶贫信贷通贷款3400000元，完成任务比例居全县第一。发放各类扶贫产业补助资金656000元，其中，毛竹林抚育和油茶补助424000元，新增养蜂101箱补助50500元，1.21公顷刺葡萄搭架补助58000元，蔬菜种植、生猪养殖等补助123500元，精准扶贫户人均获得补助1695元。投入320000元建成农村保障房4套，4户5人住房困难群众喜迁新居。2016年，全乡完成脱贫20户96人，贫困发生率下降3.15%。

【项目建设】 风电一期工程完成征地48.58公顷；二期完成14千米通道用地丈量，完成率达97%，签订协议率达90%。项目完成风机平台基础开挖18个、浇筑16个，完成风机吊装11台，全部并网发电。截至2016年底，乐洞风电核准固定资产投入30000万元，已发电62000000度，实现工业产值37820000元。矿业开发不断推进，总投资22000万元、占地面积14.67公顷的陈洞花岗岩项目完成开采区的征地清表，安装花岗岩切割装备1台（套）。总投资26000万元的龙归硅矿开采及深加工项目完成采矿点范围内土地招拍挂、环评、采矿权证审批等工作，生态公益林林地置换等工作有序推进。

【产业发展】

农业产业稳步发展 农村土地承包经营权确权登记颁证工作通过验收，发放耕地地力保护补贴829600元，人均获得补助292元。投资1914800元，完成小农水建设20.7千米，基本实现所有村民小组全覆盖。大力发展竹产业，改造毛竹低产林188.4公顷。大力发展高山西瓜、商品蔬菜等农业产业，建设高洞果蔬基地3.6公顷，发展陈洞高山蔬菜基地2公顷。鼓励村民积极发展特色种养，新增红豆杉种植面积2公顷，石蛙年产量500千克，肉羊存栏量300只。抓好重大动物疫病春防、秋防工作，畜禽养殖产业健

风电景区图

康发展。

现代服务业提质提速　策应全域旅游发展战略，积极推进“旅游＋新型城镇化”“旅游＋农业现代化”，鼓励引导农民依托现有的山林、土地、人力等资源，融入全域旅游建设和服务。投资30万元新建风电观景台、瞭望亭和游步道，投资50000元新建占地0.2公顷的烧烤露营场地，得到社会各界的广泛好评。加速“旅游小镇”建设，新农贸市场及易地搬迁安置点建设有序推进，现已全面完成征地拆迁；环河健身步道项目已完成规划设计。电子商务加快发展，打造“农家书屋＋电商”示范基地1个、农村电子商务服务站2个。

【生态建设】 按照“小乡镇、大环境”的理念开展生态建设规划工作，圩镇规划修编全面完成。投入40余万元，采取“服务外包”的方式，实现农村环境整治全覆盖。全面清理公路及河道周边的陈年垃圾，引导农户将垃圾倒入垃圾桶，使农村垃圾乱倒、垃圾下河等问题得到有效解决。严格落实“河长制”，圩镇污水处理工程完成规划选址，建成投入使用后河流水质得到进一步提升。拆除违章建筑2处480平方米，拆除公路沿线“空心房”25栋1957平方米。

【综治工作】 高度重视综治维稳软硬件建设，投入64000元完善乡村两级综治中心，全乡16个综治网格全面覆盖32个村民小组。认真落实领导分类接访、包案处理、矛盾纠纷排查等制度，协助乐洞风电解决了5380000元的工程款纠纷，发放农民工工资380000元；历时多年的高洞横坑火灾信访积案得到妥善解决。全乡连续六年未发生非正常上访事件，基本实现了“小事不出村、大事不出乡”。深入开展安全生产隐患大排查大整治专项行动，共排查安全隐患12处，整改到位11处，全年未发生重大安全生产事故。认真落实森林防火责任制，扎实开展防汛抗灾工作，经常性组织开展对地质灾害隐患点、山塘、水库、水电站等的防汛专项检查。

【民生事业】

基础设施不断完善　争取各类资金共计1350000元用于基础设施建设，群众的生产生活条件不断改善。投资260000元，安装太阳能路灯66盏，大大方便了居民夜间出行。对旧农贸市场进行了整治，规划停车位18个，有效缓解了圩镇停车难问题。总投资600000元的长母礼中桥完成桥墩浇筑，预计在2017年竣工通车。投资380000元，启动龙归廖屋、乐洞中心、陈洞曲尺坵、陈洞上河等通组公路硬化工程并全部竣工通车，陈洞青木至六石洞公路完成路基开挖1.5千米，村民的出行条件得到全面改善。投资135500元的高洞村高洞、洞角饮水工程投入使用，当地33户农户的安全饮水问题得到有效解决。

社会事业全面发展　教育基础设施建设加速推进，公办幼儿园顺利竣工并投入使用，中小学综合楼已完成主体工程。争取国家奥林匹克体育中心支持600000元，组织了16名学生赴京开展夏令营活动，为学校添置书籍及体育器材共计6000余元，受捐助校服330套。文化惠民工程稳步实施，全年安装无线广播电视“户户通”485套。乡卫生院职工新宿舍楼工程已完成“三通一平”，公立医院综合改革全面完成，医疗卫生服务水平不断提高。优抚对象、农村低保、特困人员等提标提补全部落实到位，全年发放优抚补助151200元、五保补助17400元、低保补助284300元、社会救助81700元，共计534600元。完成新型农村合作医疗参保2789人，参合率达96%；完成城乡居民养老保险参保1242人，完成任务率达103%，发放养老保险金357600元。大力宣传人口和计划生育各项政策，发放计划生育利益导向补助资金51600元，切实保障妇女儿童合法权益。

【领导名单】

党委书记、人大主席
徐丽清（6月免）
刘德斌（6月任）

党委副书记、乡长
刘德斌（6月免）
肖新方（6月任）

党委副书记、纪委书记
叶　菁（6月免）

党委副书记
李海明（6月任）

党委委员、纪委书记
黄权红（6月任）

党委委员、政法委员、人武部长
刘　鑫（6月免）

党委委员、组宣统委员、政法委员、人武部长
尹　郡（6月任）

人大副主席
邓秀珍（6月任）

副乡长　黄　亮（6月免）
肖承生
何昌盛（6月任）

新村办主任　叶初生

丰州乡

【概况】 丰州乡坐落在崇义县西部边陲，东连关田镇，南接文英乡，北毗上堡乡，西与湖南汝城集益乡为邻，是湘赣边境的重要集市，崇义县通往湖南的门户。

境内丹霞地貌显著，集群连片，故有“小丹霞”之称。全乡总面积156.71平方千米，平均海拔750米，距赣州120千米，至崇义县城46千米，省道赣丰公路穿境而过，从丰州到厦蓉高速不足半小时车程，距赣州、韶关、郴州均为一小时左右车程。周边辐射包括阳岭国家森林公园、汝城温泉福泉山庄、上堡梯田、君子谷野生水果世界等多个著名旅游景点。境内交通四通八达，十分便利。属诸广山脉，地势西高东低，地理环境优越。全乡国土面积156.71平方千米，辖8个行政村，83个村民小组，2016年，全乡总户数2889户，9822人，全乡共有汉、畲两个民族，丰州是典型的赣南山地乡，山地占全乡总面积的90.2%，耕地面积533.2公顷，林地面积5486.67公顷，经济以农林矿为主，乡人民政府驻丰州街。

【党的建设】 以完善乡党委的领导方式和工作机制为重点，全面加强乡党委班子的执政能力建设。

抓班子成员的集中学习，提高理论水平和工作能力 通过采取贯彻传达、集中辅导、领导带学、个人自学、实践促学等学习方式，通过撰写体会、讨论交流等形式组织学习教育，层层深入，通过学习，不断增强领导干部的思想觉悟、政治素质、理论水平和工作能力。

抓思想作风建设，树立良好干部形象 把思想作风建设作为头等大事来抓，通过开展“三严三实”专题学习等活动，党员领导干部的宗旨意识进一步增强，融洽了党群干群关系，树立了良好的干部形象。

抓制度建设，坚持和完善民主集中制原则 先后制定和完善了《丰州乡党员领导干部深入联系服务群众制度》等十项规章制度，做到用制度管事管人，对重大问题坚持集体研究。班子成员讲党性、讲大局、讲原则，能认真执行党委的决议，正确处理好责任与权力的关系，自觉维护班子的团结，营造了干事创业的良好氛围。

始终把提高基层党组织的执政能力贯穿于党建工作始终，以党的群众路线教育实践活动、“整顿软弱涣散基层党组织”“党员牵手义工志愿服务”活动和“党员先锋创绩”活动为契机，加强党的基层组织建设。提高党员干部队伍素质，强化党员教育管理，积极开展党员远程教育。利用远程教学点全乡共组织学教活动1080场次，参加的党员干部群众17800人次，通过远程教育活动的开展，党员干部群众学习了政策法规和专业技术知识，鼓足了发展信心，增强了发展动力。

认真做好党员发展工作 严格按照“控制总量、优化结构、提高质量、发挥作用”的十六字方针发展党员，五年来共发展党员49名，建设一支规模适度、结构合理、素质优良、纪律严明、作用突出的党员队伍。切实加强对流动党员管理。对外出半年以上的党员进行了调查摸底，建立了名册，流动党员得到有效管理。

认真抓好党风廉政建设责任制 认真抓好党员干部的党性、党风、党纪教育，建立健全党员干部学习教育制度，强化民主监督机制，促进党风廉政建设。组织广大党员干部认真学习了“党章”“准则”和“条例”，学习贯彻中央、省、市、县有关文件精神，通过多渠道的宣传教育，增强了党员干部遵纪守法的自觉性。定期召开领导班子民主生活会。乡党委班子定期召开民主生活会，按照上级有关规定切实提高民主生活会质量。进一步建立健全党风廉政建设制度和工作制度，进一步规范和完善了《党务政务公开制度》《村级三务公开制度》等，从源头上扼制了违法违纪案件的发生。

【工业项目】 引进扶持了高岭土综合开发、丰宝源超白光伏玻璃材料、昌信矿业等30000万元以上的工业项目，其中：投资规模达100000万元的高岭土综合开发项目，目前已基本完成征地任务，正式投产后可实现年产高岭土2000000吨，年产值100000万元，预计年税收达8000000元；投资12000万元的丰宝源超白光伏玻璃材料项目，正式投产后年产值达11000万元，安排就业120人；昌信矿业项目，总投资35000万元，已完成征地52公顷，预计年产钨精矿1500吨，年产值近亿元，年税收达1000000元。健全了领导干部挂点帮扶企业制度，全力做好企业征地拆迁、矛盾纠纷的协调服务，规模企业项目的推进建设，增强了经济实力和发展后劲。

【旅游项目】

小坑梯田 以小坑梯田为核心的旅游服务业从无到有的突破，大力推进美丽乡村建设，投资70多万元完成了小坑梯田景区农耕文化、客家土屋群、红豆杉油槽传统榨油作坊、红豆杉古树群等景点打造，完善景区道路、停车场、农家乐、民宿等基础设施建设。大力宣传小坑梯田农耕文化，主动积极与中央电视台对接，小坑黄元米果走进CCTV《我们的节日·金鸡鸣春》，大年初一在中央电视台播放，实现丰州乡在中央电视台宣传栏目零的突破，进一步扩大了丰州知名度。2016年，小坑梯田接待的游客达15000余人次，通过乡村旅游带动的土特产品销售收入累计达120多万元，成为大众旅游、摄影文化基地。

99仙鹤峰　丹霞地貌群有九十九座山峰，南北长约14.26千米，东西宽约11.75千米，总面积约为30.33平方千米。大小奇峰百余座，境内以丹崖碧水、岩洞、石堡、石墙、石峰、河沟谷为主要特色，植被丰茂，物种多样，绿水环绕，四季常青，是物种仓库、风景名胜，也是户外攀岩理想之所在，享有"南安一小山"、"崇义小丹霞"之誉称。

三将军山　拔地而起的峰峦，名为"三将军"的三座石峰蔚为壮观，摆布均匀的石峰雄伟壮丽，山上珍禽异兽，名贵花草、药材散布其中，属典型的丹霞地貌特征。

白石飞来石　位于白石村，这是一块高3米，重约5吨的巨石，底部和山峰豁然分开，似天外飞来，故名"飞来石"。她屹立在海拔千米高的巨石堆上，雄伟与壮观让人叹为观止。

燕居岩寺　坐落于丰州99座山峰的西北之间。属丹霞地貌天然岩洞，为一阔口厅岩洞，面积约为500平方米，洞口竹木成荫，洞内天然奇观，因洞内有石燕栖居，故名"燕居岩"。

该寺始建于唐朝，距今已逾千年。康熙五十六年曾办佛法讲学堂，被官府授予南安府内阁中晋政授儒学堂。该寺成为丰州及其邻近乡镇和湖南汝城县广播佛教仁慈、和睦、宽容、敬孝圣地，香火兴旺。

【基础建设】启动了中小学综合楼、古亭中小学教学楼及辅助用房建设，进一步完善办学条件，加强学校管理，教育教学质量大幅提升，群众认可度越来越高。二是投资2100000元的古亭卫生院卫生大楼已投入使用，丰州卫生院和古亭卫生院二期大楼建设项目顺利开工，将为全乡群众提供更高的医疗保障服务。

敬老院项目顺利完成征地工作，现已进行"三通一平"，项目建成后，将为丰州乡打造一张全省一流、社会养老和福利养老一体的养老院名片。

落实新农合、新农保征缴工作，健全农村居民社会保障体系，村级卫生室建设、农业普查以及"两癌"妇女救助、孤儿救助等妇女儿童权益保障各项工作也稳步推进，各项社会事业呈现蓬勃发展态势。

大力推进新型城镇化建设，推进圩镇"清、净、齐"建设，充分发挥丰州、古亭两个圩镇中心示范效应和服务水平。一是改善丰州、古亭两个圩镇面貌。加大圩镇基础设施建设投入，完善了丰州边贸市场、古亭农贸市场及圩镇道路、停车场（位）建设，设置道路交通指示标线，完成丰州街小河背征地拆迁及土地平整，丰州广场建设已完成设计，即将开工建设，两个圩镇面貌焕然一新。二是建立一套管理机制，成立了圩镇管理理事会，对圩镇街道卫生、市场经营秩序进行常态化管理，取得了较好成效。

农村基础设施日益健全，一批民生工程有序推进，群众生活质量得到了明显提高。一是大力实施了公路、水利等基础设施工程。建设了雁湖有子1120米、桐梓响朗中2400米、白石至均源350米、古亭中小学840米、小坑黄洞700米等公路硬化工程，方便了沿线群众1500余人的出行。二是修建了24千米小农水项目，解决了全乡120公顷农田灌溉用水问题，群众生产生活更加便利。三是村级群众活动文体设施日益完善，精神文明建设加快推进，丰富提高了群众生活质量。

【民生事业】

贯彻"全域旅游"理念，着力发展现代服务业　一是投入130多万元，充分利用丰州"奇石"产业文化品牌效应，打造创新创业示范园，由党员带头，成立"奇石"产业发展理事会，通过提供房租和水电补助、三年贴息贷款、就业培训、创业资金扶持等政策，集中营业16家，带动发展周边"奇石"爱好者110多户，打造奇石产业交易新平台，奇石文化产业初具规模。

运用"互联网+"理念，发展农村电商服务业　成立了农村电商服务站，并陆续对接了各个农业产业合作社，开辟了丰州小坑梯田米系列、白石高山雪莲果、黄元米果、脐橙等优质农特产品销售网络新渠道，销售额稳步上升。乡村旅游等现代服务业的兴起和发展，为丰州乡经济发展注入了新的活力，将成为推动丰州乡经济发展的"第三极"，为带动群众劳动就业、增收致富开辟新的路子。

大力推进环境整治，优化生态环境，改善人居环境　一是扎实开展农村环境连片整治。投入资金建立了保洁队伍，完善了清运车、垃圾棚等设施，开展了陈年垃圾清理活动，进一步加强了日常保洁管理，做到垃圾清扫有队伍、监管有组织、效果有考核，保证了垃圾清理及时，群众门口干净整洁，乡村环境明显改善。二是开展了丰州河域治理工作，进一步加大了日常巡查力度，严控企业污染、农业面源污染、生活垃圾污染，抓好了丰州河流域生态环境整治。三是深入开展历史遗留污染治理，启动了原砒霜生产场地调查与修复项目。确保了丰州既要经济发展、收入提高的“金山银山”，也要环境优美的绿水青山。

打好柑橘黄龙病攻坚战 2016年，对全乡141户果农64.47公顷果园、48319株果树开展黄龙病普查，砍除病树3940株，病树砍除率100%，并按要求建立台账，实行黄龙病防控长效管理。

【综治维稳】 扎实推进综治中心建设、信息化和网格化“三项建设”工作，充分保障综治“三项建设”工作所需的人力、物力、财力，提高实际运用水平，排查调处不稳定不安全因素和矛盾纠纷，接待、处理信访案件，开展综治“三项建设”工作和平安创建工作，维护全乡社会治安稳定。2016年，全乡共接待受理信访案件或矛盾纠纷106件（起），调处103件（起），调处率达97%，有效预防和化解了各类不稳定不安全因素和矛盾纠纷隐患；全乡未发生重特大社会治安刑事案件，社会治安形势良好；未发生重大安全生产事故，安全生产保持平稳态势；开展了综治中心、网格化和信息化“三项建设”工作，投入300000元新建丰州乡综治中心，和谐稳定基础更为扎实。

【精准扶贫】 严格按照“七步工作法”精准识别贫困户391户1192人，安排县乡干部137人进行结对帮扶，做到了识别程序到位、结对帮扶到位、政策落实到位。突出产业扶贫，坚持扶贫开发与产业发展深度融合，形成了雪莲果、香瓜、油茶、刺葡萄、高山蔬菜、香米和生猪、牛等传统种养产业局面，通过“农户+基地+公司”“合作社+农户”“家庭农场+农户+公司”等多种方式，发展壮大了雪莲果、香瓜、高山有机蔬菜等特色产业基地，有效带动贫困户通过产业致富。

完善了低保、临时救助等社会救助措施，2016年第四季度做好了低保与精准扶贫衔接工作，经评议，全乡共454人纳入低保，除重度残疾人以个人申请的低保等特殊情况外，其余低保户均为建档立卡贫困户，有效地完善了政府兜底保障实现脱贫措施。

开展雨露计划、就业技能培训、大病医疗二次补偿等教育医疗保障工作，有效地为建档立卡贫困户提高教育素质和专业技能水平，增加就业收入，减轻因病带来的经济负担。

新建了7套农村保障房免费安置了7户困难群众，保障了困难群众住有其屋，古亭古兴城易地搬迁安置点安置农户17户83人。多渠道增加农民收入，确保2018年全乡现行标准下385户1154人贫困人口全部脱贫。在全面实现小康之路上做到“一个都不掉队”。

【领导名单】

党委书记、人大主席
成　涛

党委副书记、乡长
张　滟（6月免）
钟　瑞（6月任）

党委副书记
夏才鹏（6月免）
陈美华（6月任）

党委委员、纪委书记
李卫禄（6月免）
罗　斌（6月任）

党委委员、副乡长、人武部部长　黄华胜
陈　赟（6月任）

党委委员、组宣统委员
邓百灵

人武部部长　邓百灵（1月任，6月免）
陈美华（6月任）

副乡长　谢才明（6月免）
蔡丰裕（6月任）
李鸿金（1月任）

过埠镇

【概况】 主动适应经济发展新常态，抢抓过埠发展难得历史机遇，齐心协力、稳中求进，基本完成了镇八届人大五次会议确定的各项目标任务，经济社会保持了平稳健康发展。

【综合承载力提高】 牢牢把握全市统筹城乡示范镇建设机遇，树立“抓项目就是抓发展”的理念，纵深推进过埠示范镇建设，努力把过埠打造成为宜居、宜业、宜游的客家风情水镇。

以规划为龙头，高起点引领圩镇发展 聘请赣州规划设计院编制完成了过埠镇总体规划和控制性详细规划，以规划引领圩镇发展，着力拉大圩镇框架，完善圩镇配套功能。

以项目为抓手，高标准推进圩镇建设 坚持有条件要上、没有条件创造条件也要上，大力推进圩镇重点工程项目建设。“梦想家园”新型农村社区3期共建房312套，社区电力设施、排水排污、路灯等公共服务设施不断完善，国标篮球场、休闲广场已经完工，社区活动中心已经完成主体部分，全省示范镇十佳创新项目变为现实。“千吨万人”集中供水工程、沿河路、压缩式垃圾中转站、运动健身广场、公共停车场、圩镇路灯安装已经顺利完工，过埠大桥、滨江大道、沿湖河堤和护坡、污水处理厂、中心幼儿园等项目正在紧张施工，圩镇功能逐步得到完善。

以环境整治为手段，高要求力促面貌改观 投资2000000元新建了日处理能力100吨的压缩式垃圾中转站1座，解决了垃圾转运难、垃圾处理不及时等问题；

正在建设2处日处理200多吨的污水处理厂，采购了200多万元的污水处理设备；聘请了一支专业保洁公司，负责全镇清扫保洁、垃圾清运和设备管理；采购了一批新的环卫保洁设施，保障了垃圾清运的时效性，解决了垃圾乱堆乱放的问题；形成了一整套长效完备的保洁机制，基本实现了农村垃圾集中连片整治全覆盖，“脏、乱、差”现象得到有效改观。

【招商兴工取得突破】 紧紧围绕全市“主攻工业、三年翻番”的目标，充分发挥资源优势，强化服务职能，加大力度招商安商。

不断完善工业园区基础设施　过埠工业园区共三期工程已经完成，园区面积达到86.67公顷。园区内供水、供电、排污、排水、防洪、道路、垃圾处理等设施建设不断完善。

加大力度招商引资　成功引进广州崇亿金属制品有限公司LED铜线灯串加工基地总部项目，总投资7000多万元，项目达产达标后预计实现年产值15000万元，年税收约9000000元，首批招工500余人。

不断强化服务企业职能　经常深入企业调查走访，争取各类政策帮扶企业发展壮大，支持东莞威骏公司非织造功能布项目设置产品展示厅、厂房绿化建设，帮助LED铜线灯串项目协调厂房建设、企业用工等问题，在各个层面为加快工业发展创造环境、提供服务。

【精准扶贫实效】 过埠作为崇义县最大的库区移民乡镇，脱贫攻坚使命重大、责任重大。截至目前，通过采取系列精准扶贫措施，过埠镇贫困户由上年的579户1743人核减为461户1336人。

扶持优势产业，推进产业扶贫　重点结合刺葡萄、油茶、林木、果蔬四大产业给予帮扶，着力打造“一线四点”扶贫产业带（“一线”即过埠至君子谷沿线，“四点”即梦想家园扶贫示范点、果木小龙和黄背石坝刺葡萄示范点、果木蔬菜种植基地、黄背兴才坑油茶低改示范基地），完善“致富能人＋合作社＋贫困户”模式，走规模化、科技化、现代化农业之路，带领他们脱贫致富。

发挥园区优势，推进就业扶贫　充分发挥过埠工业园区辐射面积大、配套设施相对齐全、优惠政策较为明显的比较优势，利用新上产值上亿的LED灯项目、尾矿环保加工、无纺布项目，为过埠片区农村剩余劳动力特别是贫困人口提供充足的就业机会。

打造旅游景观，推进旅游扶贫　结合过埠实际，突出过埠优势，重点打造沿线瓜果飘香带和铁木井水湾“美丽乡村”旅游示范点，扶持农户种植刺葡萄、桃树、杨梅、无花果、荷花等经济作物，保持四季常绿，营造“秀美乡村”绿色风光，吸引游客消费，促进沿线农户增加收入。井水湾示范点已完成土地流转近4.67公顷，刺葡萄种植3公顷、桃树和无花果种植1.6公顷，购买了“农家乐”家具、碗筷等生活设施。

灵活叠加政策，助推搬迁扶贫　整合“水上漂”搬迁、土坯房改造、深山移民搬迁以及过埠至上堡公路沿线征地拆迁补偿政策、精品旅游线路改造补助政策等，灵活叠加各种支农惠农政策，发挥“1+1>2”的效应，为符合条件的搬迁户、贫困户提供资金扶持，减轻贫困户负担，提高贫困户的生产生活水平。“梦想家园”已安置过埠、金坑、杰坝等乡镇贫困户30户98人。

【发展瓶颈破解】 过埠镇积极围绕“接好权、用好权、管好权”

埠野仙踪

的指导方针，认真落实各项扶持政策，找准抓实推动改革的着力点和突破口，扩权强镇试点工作扎实有效推进。

站所人员编制和管理下放基本到位，干部作风明显转变　过埠财政所等3个站所共15名编制已经下放至过埠镇，3个站所实行了委托管理，7个镇直单位实行了双层管理，干部管理得到了加强，干部工作作风得到转变。

依法放权分批到位，办事效率明显提升　目前组织部、人事局、农粮局等8个单位共17项行政执行权限已经下放，实行委托管理，做到了职责明确、有责可查，形成了规范有序的工作流程，彻底解决了“人难找、脸难看、事难办”的问题，办事效率大为提高。

奖励扶持政策逐步兑现，助推镇域经济加速发展　对新引进的LED铜线灯串项目和无纺布项目，以及尾矿综合回收有限公司的新增产能实行税收奖励政策，对过埠村柯树坳2600平方米地块实行公开招拍卖，盘活了国有资产，助推了镇域经济的加速发展。

【社会事业繁荣】　坚持把保障和改善民生作为一切工作的出发点和落脚点，人民群众的幸福感和满意度明显提升。

关注困难群体，用惠民的实事帮扶民生　在农村养老保险、农村合作医疗等各方面对困难群体提供帮助，为他们解决后顾之忧。2016年，全镇新农合任务超额完成，新农保任务全面完成。

发展各项社会事业，用利民的行动体现民生　教育投入不断加大，投资400多万元的中心幼儿园已完成主体封顶，过埠中学被评为“赣州市义务教育办学标准化学校”；计生工作得到高度重视，县级排名得到明显提升；862户农村危旧土坯房改造工作顺利完成；陡水湖水面整治工作顺利完成，仅用一个月时间，46户水面养殖户全部搬迁上岸；过埠至上堡公路征地拆迁和精品旅游线路专项整治工作迅速推进，在不足3个月的时间里，完成了16000多平方米房屋的拆迁、10公顷土地的征用，创造了过埠征地拆迁的加速度。

维护社会稳定，用安民的举措保障民生　投资45000元改造了镇综治维稳大厅和11个村居综治室，完善了领导包案工作机制，包案处理工作力度进一步加大，花大力气对温荣娣、朱芳妹上访案进行了核实和协调，一批重点疑难信访问题得到有效解决，社会整体和谐稳定。

【为民服务提质提效】　一是在工作流程上，尝试建立三大系统八大流程，对群众来访、上下级来机关办事、内部事务管理、土地审批等重点涉农工作实行规范化流程管理。二是在干部管理上，实行分月考评，对村干部实行绩效与待遇挂钩，镇村干部工作效能明显提升。三是主动策应省委“三大工程”部署要求，扎实推进民主协商工作，各村成立民情理事会，建立“民主协商日”制度，支持人民群众更加广泛直接地参与镇、村（社区）事务的决策、管理、监督。四是利用“三严三实”教育活动机会，重点整改班子及个人和窗口部门存在的问题，打通联系群众“最后一公里”，镇、村干部工作作风明显转变，人民群众对党和政府的信心信任大幅提升。

【领导名单】

党委书记、人大主席
　　刘文辉（6月免人大主席）
党委副书记、镇长
　　朱伦真
党委副书记
　　陈相聿（6月免）
　　简海浪（6月任）
人大主席　夏才鹏（6月任）
党委委员、副镇长
　　黄声鑫（6月免）
　　范光维（6月任）
党委委员、政法委员
　　温增竞（6月任）
党委委员、纪委书记
　　刘传钿（6月免）
　　罗　旺（6月任）
党委委员、组宣统委员
　　韦　玢（6月免）
　　陈扬通（6月任）
副镇长　吉　莉
　　王受坚
　　蒙象斌（6月任）
新村办主任　刘福明

思顺乡

【概况】　思顺乡地处崇义西北边陲，与湖南省、上犹县相邻，距县城37千米，全乡国土面积232平方千米，辖8个行政村，101个村民小组，3285户，12857人。全乡耕地603.8公顷，林地19333公顷，全乡以水稻种植为主，大力发展脐橙、油茶等主导产业。境内最底海拔198米，最高海拔2061.3米。全乡资源丰富，绿色方面，有国家级自然保护区齐云山、桶江十千米峡谷、龙潭瀑布等；红色方面，有王尔琢烈士陵园、彭德怀旧居、大王洞红军后方医院旧址、红军马列主义学校及新四军驻思顺通讯处旧址等；古色方面，有桶江王阳明平茶寮碑、南洲朱氏祠堂、私塾学堂、上峙朝阳古寺、石孔桥等；还有思顺品牌土特产黄姜豆腐、炸豆子、黄元米果等“黄色”特产。

2016年，全乡上下紧紧围绕

"思想大解放、抢抓大机遇、构筑大交通、对接大旅游、兴起大产业，建设新思顺"的发展思路，聚焦"六大攻坚战"，真抓实干，攻坚克难，圆满完成了各项工作任务，为建设"山水、红色、诚信、小康"思顺打下了扎实基础。

【党建工作】大力加强党的建设，立说立行，狠抓落实，主要抓好作风建设、基层组织建设、党建示范点建设，重点从领导抓起，从机关抓起。

转作风，提效率，强化自身建设　深入开展"两学一做"专题教育，大力整顿机关作风，提升干部为民服务办事效率，严格监督执纪问责，严格考核奖惩，全面实施绩效管理考核，作风和效能建设得到有效转变，党员干部队伍形象改善，党群干群关系进一步融洽。

健全工作机制，狠抓基层组织建设　大力整顿软弱涣散村组织，改造提升沿佑村部，新地、长江2个村选配了村支书，新地、长江、齐云山3个村选配了4名各村书记和主任助理，干部队伍建设进一步加强。

抓好党建示范点，提升党建整体水平　打造了长江村"党建+产业发展"和思顺中小学"党建+校园文化"2个示范点。鼓励农村党员在脱贫致富上引领示范作用，带领群众脱贫致富。

【项目投入】 开工项目26个，其中竣工项目15个，总投资14300000元。全年共争取50000元以上非普惠制项目18个，总额9100000元，到位14个，共5060000元。储备加油站、中小学扩建、易地搬迁安置点和群众体育文化活动中心等项目建设用地3公顷，征地拆迁全部完成。

【扶贫攻坚】

"准"确定位，严格识别　按照"识别到人、帮扶到户、落实到位"的要求，严格按照相关程序对全乡的精准扶贫对象开展全面的调查摸底、甄别删减工作，至此思顺乡共有精准扶贫户423户1041人，2016年，全乡脱贫89户228人，顺利完成全年脱贫目标。

"扶"持到位，扎实落实　通过产业扶贫、移民扶贫、教育扶贫、就业扶贫、政府兜底等措施，一对一解决突出问题，投入5420000元开展精准扶贫工作，其中，投入1003000元推进产业扶贫，发展产业109户，引导111户贫困户进行油茶低改74公顷，17户贫困户进行毛竹低改26.36公顷，26户贫困户养蜂204箱，7户农户种植刺葡萄6.73公顷。金融扶贫力度持续加大，共计发放扶贫贷款4805000元。统筹推进创业扶贫、就业扶贫、教育扶贫，安排贫困户就业132人，支持创业86人。建设保障房10套，安置18人。

"创"新整合，连片脱贫　立足特色，因地指引，创新打造了沿佑村牛岗油茶低改及上峙村刺葡萄种植两个精准扶贫示范点，其中：沿佑村牛岗油茶低改53.33公顷，其中涉及精准扶贫对象33户，油茶林面积21.87公顷；上峙村刺葡萄种植涉及精准扶贫户5户，葡萄园为当地村民提供了土地经营权入股的增收方式，优先安排贫困户在基地务工。示范点建设以点带面，引导更多的贫困户投入到产业发展上来，起到连片脱贫的效果。

【民生事业】

基础设施不断完善　投资4480000元，新建和改造思顺潭屋场、沿佑上洞、上峙山坑子等10条村组公路，总长度29千米。投资4810000元，新建思顺潭屋场、山院莲子丘等防洪堤4座，总长度900米；新修建农田水渠14000米，水陂19座。对圩镇进行了整体规划修编，逐步对圩镇进行改造升级，投资500000元，完成了思顺中心社区三岔路口至乡政府路段硬化。投资1800000元，新建卫生院住院大楼，2016年底主体工程已经完成。投资500000元，新建了中小学足球场和上峙、思顺等6个村级篮球场。

思顺乡平茶寮碑阳明主题公园

美丽乡村建设有效改善　开展了农村环境集中整治，加强日常监督管理，强化督查考核，全乡新增垃圾运输车1辆，新覆盖了32个村民小组，25条路段垃圾清理范围，新增垃圾桶300个，清理陈年垃圾619吨，实现垃圾清运全覆盖、常态化。拆除公路沿线破旧危房21处，面积1148平方米，全乡人居环境大为改善。

惠民政策有效落实　养老、失业、医疗、工伤、生育保险覆盖面不断扩大，严格按时间、按政策为优抚对象、特困人员发放补助，全年发放五保金120000元、低保金280000元；城乡居民医疗保险参保率达96.8%，养老保险参保率达91%，实现了应保尽保。上年全乡有2800户群众享受了无线广播电视“户户通”。

【社会环境和谐稳定】　实施了矛盾纠纷“大排查大化解”，调处成功率达到了98%以上，一批林业、土地等矛盾纠纷、历史遗留问题得到妥善处理。对山塘、水库、地质灾害点、危旧土坯房、道路、矿山实行定期不定期安全大排查，群众生命财产安全得到有效保障。

开展了“两违”建筑专项整治，为加强乡村规划建设工作，思顺乡对规划区内“两违”建筑开展专项清理整治工作，共拆除“两违”建筑1栋，处理39户；拆除破旧危房21处，面积1148平方米，有效地保障了居民住房安全，违法违规用地势头得到有效遏制。努力做好计生、武装、司法、老干、工青妇等方面工作，实现思顺各项事业整体推进、共同进步。

【领导名单】

党委书记、人大主席
黄炜华（1月免）
温华锦（1月任）

党委副书记、乡长
钟　瑞（6月免）
黄小钦（6月任）

党委副书记、纪委书记
黄小钦（6月免）

党委副书记
邹显瑞（6月任）

党委委员、纪委书记
吴龙驹（6月任）

党委委员、组宣统委员
郭　云（6月免）
邹显瑞（6月任）

党委委员、政法委员、人武部长　胡声健（6月免）

党委委员、政法委员、人武部长、综治办专职副主任
胡昆敏（6月任）

人大副主席
刘　健（6月任）

副乡长　陈　佳
曾宪刚（6月免）
兰　平（6月任）

上堡乡

【概况】　上堡乡位于江西省崇义县西南，赣、湘两省交界处，距崇义县城47千米；国土面积148平方千米，平均海拔750米。全乡辖10个村委会，115个村民小组，总户数2983户，总人口约13000人。

围绕上堡梯田景区创建国家4A级景区目标，着力实施“生态立乡、文化扬乡、旅游活乡”发展战略，做活“全域旅游+”文章，全力以赴打造乡村旅游名乡，为实现全面小康、建设幸福崇义而努力奋斗。2016年，全乡各项事业齐头并进，基本实现了预期目标。

【党的建设】

“两学一做”成效明显　认真贯彻落实县委关于“两学一做”学习教育活动的要求，开展了专题学习讨论，全年共开展集中学习55次。立足岗位作贡献。以精准扶贫工作为切入点，落实结对帮扶工作。全年，累计为群众办实事解难事130件，发放困难党员慰问金36000元。严肃纪律作表率。乡领导班子成员严格执行双重组织生活制度，以普通党员身份参加所在支部的组织生活。加强干部管理，着重开展侵害群众利益突出问题专项整治，发放《一封信》600余份，开展自查自纠3次。

“党员三带头”历练自己、服务群众　党员带头服务游客。成立志愿服务队，自发帮助景区美化环境、交通管制、疏导车辆、调解纠纷、路线咨询等，获得了游客普遍好评，全年累计服务游客10余万人次。党员带头脱贫致富。党员带头发展旅游相关产业，如：高山有机米、高山有机茶、刺葡萄、畜牧业等带头带领群众脱贫致富。党员带头景区管理。成立相关理事会对工程质量进行监督和管理，对景区内的农家乐的卫生等状况进行监督，保护游客的合法权益。

唱响核心价值观主旋律，扩大景区品牌效益　“三好一孝”培育崭新乡风文明。由群众普选，推举出好媳妇唐彦媛、陈春燕，好青年陈昌毅，最孝子女陈昌荣等“身边的榜样”，成为大家追捧的“明星”。传承创新客家乡土文化。支持民间文化工作者老党员李宗汉等人进行“舞春牛”“客家山歌”的曲牌收集整理。

【主攻旅游】

注重旅游发展规划　全年完成规划7个。聘请赣州市城乡规划设计研究院设计团队完成了上堡乡总体规划与控制性详细规划。

引进高端设计团队，编制上堡客家梯田小镇规划。制定并完善交通规划，出境、圩镇和梯田景区循环公路路网建设拉开框架。

强化旅游项目建设　投资3827000元的绕圩镇公路于10月1日顺利建成通车；投资730000的万长山茶场循环公路已竣工投入使用；积极做好过埠至上堡旅游公路征地拆迁工作，上堡段已全面开工建设，已完成路基石料垫层建设。

着力打造旅游示范点　木梓排旅游扶贫示范点已初具雏形，建成观景台1个、停车场1个和游步道1200米，投资1610000元修建灌溉水渠3200米；玉庄乡村旅游扶贫示范点已建成停车场1个，修通通组公路1千米和游步道2000米，投资290000元的灌溉水渠建设工程已建成；水南村旅游示范点投资90000元新建水南村至沈屋祠堂游步道750米，投资110000元建设中国重要农业文化遗产标识景观。

红色旅游基地修复成型　总投资7051000元的上堡整训旧址修复工程稳步推进，现已完成五栋主体房修复，第六栋修复进行收尾，完成工程量的95%。

旅游圩镇建设日趋完善　以打造“客家梯田风情小镇”为目标，强化规划引领作用，加大基础设施投入，提升圩镇集聚功能。投资400多万元建成圩镇景观河堤，投资300000元改造上堡村部至司法所道路，投资600000元改造新规划区道路。

旅游项目征迁有序开展　全面启动规划区征地拆迁和核心景区土地房屋土地租征工作。强化工作力量，确保工作时间，充分发扬“5+2”“白加黑”“雨加晴”的精神，全天候上户做工作，齐心协力抓征迁。截至2016年年底，规划区征收土地18.15公顷，房屋1030.4平方米。核心景区征收房屋63户51栋，租赁水田26.24公顷、山林57.97公顷。

【精准扶贫】 2016年，通过干部群众的共同努力，顺利完成了70户263人的脱贫任务。

发展产业助脱贫　全年共扶持精准扶贫对象发展刺葡萄0.95公顷、蔬菜4.26公顷、油茶低改10.47公顷、油茶新造1.49公顷、毛竹低改76.9公顷、养殖生猪308头、蜜蜂259箱、鱼塘2.98公顷，发放涉农产业补助资金共计651685元，发放金融贷款共计8348000元，惠及贫困户260户。

旅游产业带脱贫　2016年全乡共接待游客近100000人，实现旅游综合收入近18000000元，旅游从业人员年人均收入达到17000元，带动贫困户户均年增收2000多元。

强化队伍帮脱贫　积极争取上级帮扶力量，新增省公路运输管理局、市农业银行挂点扶贫，全乡共有挂点干部184人，累计上户走访1200余次，全年共争取帮扶项目和资金约12000000元，扶贫项目13个。

做好项目促脱贫　积极争取上级资金支持，新修通组公路5条，共4.9千米，涉及5个行政村，惠及10个村民小组，农户160余户。投资570000元在竹溪村、水南村、赤水村新建3个光伏发电项目。投资500000元新建保障房5栋，惠及贫困农户11人。

【民生事业】

民生项目广覆盖　涉及6个村、投资8878000元的土地整理项目进展顺利，现完成总工程量的80%。投资17830000元的“整乡整镇”电网升级改造建设项目已全面开工建设，开工率为100%，完工率为60%。投资217万元的农业综合开发土地治理项目已全面完工，可有效灌溉和打造100公顷生态景观农田。

文化事业保优势　上堡梯田成功申报全国重要农业文化遗产，目前正在申报全球重要农业文化遗产，唱响了客家农耕文化品牌。

环境整治优生态　全面推进农村环境连片整治工作，投入553000元聘用保洁公司开展农村保洁，投入72200元，标准化建设农村垃圾棚38个，不定期开展环境整治集中行动16次，确保了农村保洁工作全覆盖、常态化和规范化。

教育事业蒸蒸日上　投入500余万元新建公办幼儿园和中小学教师公租房，积极争取中地国际控股有限公司捐款250000元援建水南小学；积极引进江苏友邦保险公司对口支援正井小学，捐助240000万元用于改善村小教育教学条件。

卫生事业巩固发展　投资70多万元的卫生院公租房已完工。积极开展各项免费普查体检活动5次。

社会保障解民忧　城乡居民医疗保险、社会养老保险逐步扩面，医疗保险参合率达98%，社会养老保险参保率达85%，受益群众越来越多。

征兵入伍送人才　全乡入伍当兵的氛围浓厚，向部队输送新兵4人，其中2人为大学生新兵。

【社会管理维护和谐】 树立“小事不出村组、大事不出乡”工作理念，切实把矛盾纠纷化解在源头、化解在基层、化解在萌芽状态。林权纠纷调处历年力度最大。邀请县林业专家长期蹲点上堡，指导林权纠纷调处，全年成功调处林业纠纷11起。社会治安综合治理工作扎实推进。投资60000元改造综治中心，于11月投入使用。

实现乡村联调网格化管理，全乡共调处21起矛盾纠纷，成功调处率达100%。防汛防火工作毫不松懈。按照驻村分片包干负责制，全面落实防火、防汛工作措施；组建防汛、防火应急队伍2支共计40余人。全年未发生灾情。

【领导名单】

党委书记、人大主席　张朝晖
党委副书记、乡长　何曹森（1月任）
党委副书记、纪委书记　陈平亮（6月免）
党委副书记　辜成伟（6月任）
党委委员、纪委书记　邓百灵（6月任）
党委委员、副乡长　黄嘉卿
党委委员、组宣统委员　李奕斌（6月免）
党委委员、政法委员、人武部长　邹显瑞（6月免）
刘　鑫（6月任）
人大主席　陈平亮（6月任）
党委委员、组宣统委员、人大副主席　万永志（6月任）
副乡长　吴黎虹（1月任）
万永志（6月免）
龚　辉（6月任）
新村办主任　郭　锋

麟潭乡

【概况】　麟潭乡位于崇义县西部，距县城43千米。东连过埠镇，南接关田镇，西邻上堡乡和丰州乡，北界思顺乡，位于麟潭江中上游，总面积76平方千米，其中耕地面积298.33公顷，林地面积5970公顷。全乡辖麟潭、独石、两杰、左泉、石下、高车、华山等7个行政村，62个村民小组，总人口7453人。全乡共有9个党支部，党员251人，其中女性党员55名。全乡共有贫困户310户1019人，其中五保户13户14人，纯低保户64户161人，扶贫低保户31户106人，扶贫户202户738人，截至2016年年底已脱贫156户556人。近年来，该乡依托江西君子谷野生水果世界有限公司的优势，大力鼓励农户发展刺葡萄种植，建设了两杰刺葡萄基地和龙峰刺葡萄基地，打造“两杰葡萄沟”，大力推广刺葡萄庭院种植，全乡刺葡萄产业发展迅速，刺葡萄种植面积达到45.33公顷，参与农户350余户，成为远近闻名的“刺葡萄之乡”。

【产业发展】

现代农业逐步壮大　充分利用葡萄“占天不占地”特点，大力倡导庭院刺葡萄种植模式，目前全乡共有266户农户种植庭院刺葡萄1300余株，其中138户贫困户庭院种植575株，10户贫困户园区种植刺葡萄0.8公顷，全乡刺葡萄种植面积累计146.67公顷，成为远近闻名的“刺葡萄之乡”。以独石村下元、新屋组为中心，辐射带动全乡农户种植油菜23.33公顷。同时，不断发展脐橙、花生、百香果、养蜂等特色产业，有效促进农民致富增收。

服务企业成效显著　全力帮扶君子谷野生水果世界有限公司发展壮大。2016年，共征用或租用农田、林地14.4公顷，用于循环道路、刺葡萄种苗繁育基地及生态农业示范基地等建设，全力打造成为集刺葡萄培养种植、葡萄酒酿造、生态旅游观光为一体的现代化企业。

【民生幸福】

稳步推进精准扶贫工作　推进贫困人口精准识别、精准帮扶、精准管理、精准脱贫，实现挂点单位驻村结对帮扶全覆盖。同时，落实“三业一兜底”扶贫机制，突出产业扶贫，形成了以刺葡萄、油茶、花生、油菜等为主导的精准扶贫产业。成立书峰养蜂产业合作社，带动全乡24户贫困户养蜜蜂273箱。争取国家体育总局训练局资助价值100余万元的米粉和奶粉物资，并在中心小学和幼儿园举行了“与爱同行·崇义贫困儿童营养补充项目”贝因美米粉捐赠活动。2016年全乡预计实现贫困户脱贫89户337人。

用活用好各项惠民政策　人口与计划生育工作落实到位，共

2016年11月15日，麟潭两杰葡萄沟电商中心农家书屋开张仪式暨第一届美食文化节开幕盛典

发放各项奖扶资金11万余元，受益160人次，征收社会抚养费20.1万余元。发放民政救助保障资金85万余元，受益750人次。土地确权工作顺利通过了县土地确权颁证领导小组的验收。农村合作医疗缴交率达96%，新农保完成任务数100%，签订新农保代扣代缴协议98%。正在对全乡63.87公顷果园进行全面普查，力争实现柑橘普查率100%，黄龙病树砍除率100%。

【建设步伐】

环境整治成效明显　深入推进农村环境连片整治工作，2016年。新投入资金490000元购买服务和购置设备，实现了全乡环境卫生保洁全覆盖。稳步推进美丽乡村建设，结合“两违”和空心房拆除工作，全力打造麟潭至上堡精品旅游线路，共完成征收林地6.01公顷，征收水田、旱土2.69公顷；拆除主体房2栋102平方米、附属房14栋320平方米，拆除空心房29栋3135平方米；迁移坟墓11穴。

基础设施加快改善　投资28万元硬化华山大屋、石下道普坑2条通组公路（长1100米）；投资3200000元的“小农水”项目基本完工，新建水陂9座，水渠17000米；投资300000元建设独石集中供水管网延伸工程；投资240000元建设华山、麟潭村级文化健身广场；投资260000元完成两杰村村部硬件、葡萄沟门楼修复、小广场等设施建设；投资700000余元建设8户农村保障房，困难群众居住条件明显改善。

人文乡风尽显和谐　投资135000元新建两杰葡萄沟电商服务中心·农家书屋，并成功举办电商服务中心·农家书屋开张仪式暨麟潭乡第一届传统美食节，不仅为广大群众搭建了一个创业平台，更拓宽了农户农产品销售渠道。同时，美食节的举办有效引领群众全新消费理念和深入挖掘特色美食文化，全力打造两杰葡萄沟乡村旅游品牌，活动共吸引游客260余人，共收集现场制作类美食24样，特色小吃51件。

【安全屏障】

扎实排查化解矛盾纠纷　充分发挥县帮扶工作队和驻村工作队作用，调动村干部积极性，形成社会综合治理齐抓共管格局。2016年，共排查化解各类矛盾纠纷80余起，办理上级交办的信访件5件，“96333”交办件42件，办结率100%。同时，全面推进了各村综治网格化建设，完善了矛盾隐患排查调处工作机制，有效维护社会和谐稳定。

全面落实安全生产责任制　扎实开展了安全生产、火灾防控检查，对全乡企业、商店、学校、人员密集场所、重要公共基础设施等进行全面排查，对存在隐患的单位下发《整改通知书》，加强安全教育培训，提高群众安全生产、火灾防控意识。加大学校及周边地区治安管理整治及打击各种违法犯罪活动。对学校及周边进行安全大检查，督促整改安全隐患4次。

【领导名单】

党委书记、人大主席
肖开朗（6月免）
党委书记　张　滟（6月任）
党委副书记、乡长
庄珍财
党委副书记　钟　飞（6月免）
党委副书记、组宣统委员
李世有（6月任）
人大主席　郭水明（6月任）
党委委员、政法委员、人武部长　张青云（6月任）
党委委员、纪委书记
邹正伟（6月免）
曾昭锋（6月任）
党委委员、副乡长
刘福海
党委委员、组宣统委员
肖乐康（6月免）
副乡长　刘秋兰（6月免）
卢和剑（6月免）
曾昭锋（6月免）
黄　亮（6月任）
陈俊宇（6月任）

金坑乡

【概况】　2016年，金坑乡全面贯彻落实中共十八大及十八届三中、四中、五中、六中全会精神，积极贯彻落实省市重大决策部署，牢牢把握赣南苏区振兴发展重大机遇，围绕县第十七党代会精神和“六大攻坚战”战略布局，团结带领全乡干部群众攻坚克难，奋力拼搏，全力以赴推进党的建设、加快发展、改善民生，圆满完成了年初确定的目标任务，实现了经济社会持续快速发展。

【党的建设全面加强】

狠抓党委自身建设顺利　完成了乡党政班子换届，配齐配强了班子，班子凝聚力和战斗力进一步强增。积极开展“两学一做”，制定了每周集中学习制度，坚持中心组学习，提高了班子的政策理论水平和决策能力。认真坚持民主集中制原则，严格按照党委议事规则议事，按集体领导下的分工负责制办事，有效地增强了班子团结。建立了党政领导联系村、联系重点项目责任制度，完善了干部目标考核体系，干部队伍管理日趋规范。扎实开展了“三严三实”主题教育活动，有效整治“四风”问题，党员宗旨观念进一步增强，作风进一步转变，为全乡经济社会发展提供了坚强的组织保障。

精心打造党建示范点　围绕“产业助民富，服务促发展”的思路，标准化打造了金坑村党建示范点。牢固树立“党建+”理念，发挥村党支部的核心作用和党员的带头致富表率作用。以党建带发展，以扶贫促党建，以精准扶贫为抓手，以村党组织为堡垒，着力建设学习型、实干型、廉洁型党支部，选派名誉村书记、第一书记带队帮扶贫困户脱贫致富。在支部引领下，村部设有剪纸文化展厅、党员活动中心、便民服务站、颐养之家老人活动中心、农村电商服务站、农家书屋等，建立了3个产业示范基地，形成了“党支部引领、党员带头、群众参与”的良好格局。

夯实基层党建基础　按照“六有”标准，进一步规范了坪洋、红胜、竹坑三个村活动场所建设，投资5万元对竹坑村部进行了加层，新建了党员会议室；为坪洋村部添置了35000元的办公设备；投资60000元对红胜村部周边余坪进行了硬化，修建了党建宣传栏。开展了元田村软弱涣散党组织整顿工作，支部服务群众的能力进一步提高。加强党员队伍建设，严把入口关，2016年，共发展预备党员6名，其中一名“三支一扶”大学生。

加强党风廉政建设　坚持把纪律挺在前面，严格落实两个责任，把党风廉政建设工作纳入经济社会发展和党建总体工作。广泛开展党风廉政宣传教育活动，打造完善廉政文化剪纸展厅。认真做好党风廉政建设社会评价工作。深入开展集中整治和查处基层侵害群众利益不正之风和腐败问题。切实抓好巡查整改，巡察组反馈的问题已整改到位。深入开展“红包”治理。严禁党员领导干部出入私人会所。认真受理信访举报和查办案件，2016年立案1件，已结案，给予党内警告处分1人。

【经济实力得到加强】

扶贫攻坚成效明显　将产业扶贫定为精准扶贫的主要方式，确定油茶、笋竹、灵芝、刺葡萄、苗木等主导产业，围绕贫困群体就业、创业设计脱贫项目，使贫困群众每家每户都有自己的增收产业和致富门路。充分发挥产业示范带动作用，通过“能人+基地+农户”“公司+基地+农户”等方式，带动群众脱贫，重点打造了元田至红胜沿线由元田百亩灵芝基地、佰公坳油茶低改基地、牛洞刺葡萄基地、红光社杉苗基地、丰坪千亩油茶基地等10个示范点组成的产业扶贫示范带，带动贫困户脱贫致富。2016年，预脱贫70户252人。

国道G220征地拆迁快速推进　10月，正式启动了国道G220征地拆迁放线工作，12月，正式启动了国道G220征地拆迁工作，全乡分成红胜、金坑、竹坑、元田4个征地拆迁工作组，党政班子成员带队任组长，乡、村干部齐上阵，各位代表和群众积极支持，全乡四类任务数总计858户，已签协议816户，完成比例95.1%。其中田土类任务数594户，已签协议577户，完成比例97.14%；房屋类55户，已签协议38户，完成比例69.09%；林地类119户，已签协议113户，完成比例94.96%；坟墓类90穴，已签协议88穴，完成比例97.78%。

圩镇面貌焕然一新　进一步扩大圩镇规模，完善配套功能，对整个圩镇进行了美化、绿化、亮化，提升了圩镇品位。启动圩镇二期建设，占地1.49公顷的金坑中心小学整体搬迁项目已完成主体工程建设，投资466000元的商贸二桥和投资200多万元的河堤工程已完工，圩镇框架进一步拉大。

争资争项富有成效　积极向上级部门争取各类资金12000000元，为交通、水利、民政、教育等一大批民生工程顺利实施提供了有力的资金保证。

【幸福指数稳步提升】

农村基础设施明显改善　保障房建设快速推进，代表崇义县顺利通过了市里检查。全乡农村保障房总计12户23人，1个集中安置点和3个分散安置点，现已全部完成主体工程建设和基础装修，2016年底前可搬迁入住。投资5000000元的中心敬老院项目已完成主体工程和室外装修。2016年，投入1560000元完成硬化通组公路3条，计4.6千米；投资760000建设了2个集中供水工程和圩镇自来水过滤净化项目，解决群众饮水安全问题；投资1640000元实施小农水工程3000米和修筑防洪河堤470米，修建桥梁1座。

社会事业全面进步　坪洋村社区获得全国综合减灾示范社区；全乡新农合参保率达98%；城乡居民养老保险参保率100.13%；民政大病医疗救助163000元，22人获得救助；在4个村设立了“农村幸福院”，1个村设立了颐养之家养老中心，为老人提供休闲娱乐的去处。

平安建设和谐稳定　狠抓综治信访维稳工作，投资55000元标准化打造了1个乡级综治室和红胜村、金坑村2个村级综治室。积极开展创建"平安校园"活动，加强了对学校及周边的管理。加强社会稳定工作，采取班子成员

国道 G220 征地拆迁

包村，干部包案，进行宣传教育、疏导和调解，对重点信访问题进行排查、梳理、上报，并24小时值班，做好稳控工作，创造了安定和谐的社会环境。

农村生活垃圾治理成效明显　建立保洁河长制度，科学划定河道卫生责任区域，实现河道网格化管理。将全乡5个村全部纳入保洁范围，重点对公路沿线、河道和主要村庄的陈年垃圾、乱堆乱放现象进行清理整治，实现卫生保洁常态化。目前，购置了1辆垃圾清运车、460个垃圾桶，采取保洁公司运行方式，成立了12人组成的职业化保洁队伍，对保洁范围内垃圾进行清扫和清运。全乡环境整治运行总体良好，群众生活环境得到明显改善。

【领导名单】

党委书记、人大主席
谢才丰（6月免人大主席）
党委副书记、乡长
吕京辉
党委副书记
肖庆长（6月免）
王宗桦（6月任）
人大主席
叶　菁（6月任）
党委委员、副乡长
李　晋（1月任）
党委委员、纪委书记
陈美华（6月免）
李光明（6月任）
副乡长　张　健（6月任）
邓小勇（1月任）
新村办主任　郑景坤

杰坝乡

【概况】　杰坝乡位于崇义县北部，距县城35千米，北与上犹县的平富、营前毗邻，西与金坑乡相连，南与过埠镇、横水镇相接，东与上犹县梅水、陡水相依。辖5个行政村，70个村民小组，总面积108平方千米，林地面积8993.33公顷（其中约5666.67公顷属犹江林场经营管理），耕地面积388.13公顷，森林覆盖率达87%。总人口8468人，其中农业人口7979人。

【基础设施建设高效推进】

省道征地拆迁　省道S548杰坝境内27千米，途经全乡5个村，涉及农户920户。抽调精干力量，成立了2个征迁工作小组，实行分片包干负责，每天一汇总、每周一调度，及时研究解决相关问题。自10月份启动征迁工作以来，已完成征迁房屋42栋3130.69平方米、田土20.94公顷、林地58.18公顷、坟墓112穴，发放补偿款17989900元，总体完成比例98.59%。

通组公路建设　积极向上级有关部门争取资金2127000元，硬化了黄金村箬坑、石皮村船坑、黄沙村洋坑、中洞村涌洞等7条14.79千米通组公路。

水利工程建设　争取水利、移民资金70余万元完成了石皮村上村、万肚、火盆坳自来水工程建设。争取120000元实施了长潭村自来水续建工程。争取小农水项目资金投入了200余万元，新修硬化水渠23000余米，新建水陂8座，有效解决了213.33公顷农田的灌溉问题。

【精准扶贫工作彰显成效】

农业产业扶贫　突出产业扶贫，结合杰坝实际，确定了以油茶、光伏发电为主导扶贫产业，完成油茶低改26.87公顷、油茶新造6.53公顷，打造了黄金牛坳、黄沙苦竹坑、石皮旱坑、唐基坑等4个百亩集中连片的油茶基地，贫困户以土地入股参与分红，并参与基地投工投劳，带动30余户贫困户增收；新增光伏发电55千瓦。鼓励发展刺葡萄产业，目前全乡已发展刺葡萄面积8.67公顷，建设刺葡萄基地1个；新增脐橙种植面积2.07公顷；新增养蜂171箱；依托省道S548建设，新增农家乐2家。积极推进电商产业，成立了相关机构，组织开展了4次共200人次的培训。

安居扶贫　制定下发了《杰

坝乡易地扶贫搬迁“进城进园”实施细则》，结合杰坝实际，将杰坝“七星湾”集中建房点争取作为搬迁安置点。全力推进农村保障房建设，全乡农村保障房任务13套，已经全部竣工、全部入住。

金融扶贫　依托农商银行、赣州银行崇义支行等多家银行挂点杰坝的优势，大力推进金融扶贫，通过银行工作人员上户宣传、现场办理贷款、发放宣传画册等方式开展“产业信贷通”等金融扶贫政策宣传，共有110户贫困户办理了金融贷款，累计发放贷款资金500余万元。

【环境综合整治有效改善】

农村环境　深入推进农村环境连片整治，投入660000元，完善了保洁设施设备，进一步扩大卫生保洁覆盖面并实行常态化管理，建设环卫雨棚13个。全面落实“河长制”，开展了全乡河流流域环境集中整治。向上争取1280000元资金，组织1611人次，对陡水湖库区水面垃圾进行了清理整治，累计清理陈年垃圾656吨。水面垃圾存量实现清库并实行日常保洁，库区环境和水质得到了明显改善。

乡村面貌　进一步完善圩镇发展规划，增强圩镇辐射带动能力。新建了中心幼儿园，实施了中心卫生院扩建和公租房建设。大力清理整治“两违”，累计拆除“两违”建筑3栋106平方米，拆除“空心房”43栋4569.88平方米。城乡面貌更加秀美。

【民生福祉大幅增进】　认真落实各项惠农政策，累计发放粮食直补、退耕还林、低保补助等惠农资金1085500元。争取上级资金450余万元，用于民生设施建设。新农合参合人数7490人，参合率达97.2%；城乡居保参保人数3430人，完成县下达任务的102.5%。

【社会事业全面推进】　规范建设乡综治中心，实行综治网格化管理和“一站式”服务，认真落实分类接访、包案处理、纠纷排查常态化机制，累计调处矛盾纠纷26起，成功调处率98.2%；办理信访件44起，办结率100%。

落实“党政同责、一岗双责、失职追责”的安全生产责任体系，没有发生重大安全事故。认真落实森林防火责任制，没有发生森林火灾。扎实做好防汛和地质灾害防治工作，实现了安全有序度汛。

开展了有限电视网络布线，安装闭路电视518户，发放边远山区电视卫星接收设备355套。开展文艺演出下乡4场次。

【政府效能不断提升】　深入开展“两学一做”学习教育，牢固树立“四个意识”，持续反对“四风”，践行马上就办、真抓实干作风，大力整治“庸懒散拖”，对重点工作量化细化、限时办理。

对确定的每项重点工作，党委政府都明确一名班子成员，一个工作班子，一套工作方案，明确责任人、完成时限和督查调度机制。

切实把纪律和规矩挺在前面，全面落实党风廉政建设主体责任和“一岗双责”，严格执行“三重一大”决策制度，依法行政水平不断提高。

【领导名单】

党委书记、人大主席
樊　斌
党委副书记、乡长
吴　岚
党委副书记
张红明（6月免）
陈发华（6月任）
党委委员、纪委书记
张溯精（6月免）
谢才明（6月任）
党委委员、组宣统委员
谢　勇（6月免）
陈发华（6月任）
党委委员、人武部长
程子华（6月免）
胡声健（6月任）
党委委员、副乡长
谢　勇（6月任）
人大副主席　凌永栋（6月任）
副乡长　王玉清（2月免）
胡　辉（6月任）
新村办主任　唐起宝

人物·荣誉录

人　物

2016年换届后领导简历

许　斌，男，1973年2月出生，汉族，江西南康人，1998年12月参加工作，1997年10月加入中国共产党，大学学历，现任江西省崇义县委书记。

1994年9月至1998年6月，中南林学院森林保护专业学生；

1998年6月至1998年12月，毕业后待分配；1998年12月至1999年8月，任江西省南康市金鸡镇干部；1999年8月至2001年6月，任江西省南康市委办公室干部；2001年6月至2003年3月，任江西省南康市委办公室副科级秘书；2003年3月至2005年1月，任江西省南康市委政研室副主任；2005年1月至2006年7月，任江西省南康市浮石乡党委副书记、政府乡长；

2006年7月至2010年7月，任江西省南康市凤岗镇党委书记、人大主席（其间:2008年5月至2008年7月，在江西省委党校乡镇党委书记培训班学习）；2010年7月至2010年9月，为江西省赣州市第18期领导干部离岗考察培训班学员；2010年9月至2013年2月，任江西省龙南县政府副县长；2013年2月至2013年11月，任江西省上犹县委常委、政府副县长；2013年11月至2014年2月，任江西省崇义县委副书记、政府代县长；2014年2月至2016年7月，任江西省崇义县委副书记、政府县长；2016年7月至今，任江西省崇义县委书记。

邱　凌，男，1982年12月出生，汉族，江西兴国人，2004年7月参加工作，2003年11月加入中国共产党，大学学历，现任江西省崇义县委副书记、政府县长。

2000年9月至2004年7月，南昌大学法学院行政管理专业学习（2004年5月，被江西省委组织部录用为选调生）；2004年7月至2005年6月，任江西省信丰县虎山乡政府乡长助理；2005年6月至2007年6月，任江西省信丰县古陂镇党委委员、政府副镇长（其间:2006年1月至2006年9月，在江西省委组织部干部教育处跟班学习）；

2007年6月至2009年5月，任江西省信丰县小江镇党委副书记、政府镇长；2009年5月至2009年7月，为江西省赣州市第14期离岗考察培训班学员；2009年7月至2011年6月，任江西省定南县政府副县长；2011年6月至2011年9月，任江西省会昌县委常委、宣传部部长；2011年9月至2015年2月，任共青团江西省赣州市委书记、党组书记；(2009年3月至2011年12月，在南昌大学公共管理专业学习，获公共管理硕士学位；2013年3月至2014年1月，挂职任中国移动集团计划建设部共建共享办公室副主任；2014年8月至2015年2月，挂职任龙南经济技术开发区党工委副书记、管委会副主任）；2015年2月至2015年4月，为江西省大余县委副书记、政府县长提名人选；2015年4月至2016年7月，任江西省大余县委副书记、政府县长；2016年7月至2016年8月，为江西省崇义县委副书记、政府县长提名人选；2016年8月至2016年9月，任江西省崇义县委副书记、政府代县长；2016年9月至今，任江西省崇义县委副书记、

王明良，男，1972年8月出生，汉族，山东诸城人，1996年7月参加工作，1992年5月加入中国共产党，研究生学历，现任国家环境保护部科技司综合处处长，江西省崇义县委副书记（正处级）、政府副县长（挂职）。

1992年9月至1996年8月，北京大学法律系经济法专业学生；1996年7月至1998年3月，任国家环保局办公室秘书处科员；1998年3月至2004年10月，任国家环保总局办公厅秘书处副主任科员、主任科员；2004年10月至2008年3月，任国家环保总局科技司标准处、健康与监测处副调研员、副处长；2008年3月至2009年6月，任国家环保部科技司综合处副处长；2009年6月至2011年3月，任国家环保部科技司综合处处长；2011年3月至2015年5月，任国家环保部科技司健康处处长；2015年5月至2016年3月，任国家环保部科技司综合处处长；2016年3月至今，任国家环境保护部科技司综合处处长，江西省崇义县委副书记（正处级）、政府副县长（挂职）。

张　涛，男，1977年6月出生，汉族，山西人，2004年7月参加工作，2002年5月加入中国共产党，研究生学历，现任国家体育总局科教司科技处调研员，江西省崇义县委副书记（正处级）、政府副县长（挂职）。

1997年9月至2001年8月，北京体育大学体育管理专业学生；2001年9月至2004年6月，北京体育大学体育人文社会学专业学生；2004年7月至2005年7月，为国家体育总局直属机关党委干部；2005年7月至2008年7月，任国家体育总局直属机关党委副主任科员；2008年7月至2009年3月，任国家体育总局直属机关党委主任科员；2009年3月至2012年7月，任国家体育总局科教司科技处主任科员；2012年7月至2013年5月，任国家体育总局科教司科技处副调研员；2013年5月至2016年3月，任国家体育总局科教司科技处副处长；2016年3月至2016年11月，任国家体育总局科教司科技处副处长，江西省崇义县委常委、政府副县长（挂职）；2016年11月至今，任国家体育总局科教司科技处调研员，江西省崇义县委副书记（正处级）、政府副县长（挂职）。

赖木生，男，1969年12月出生，汉族，江西寻乌人，1988年8月参加工作，1990年7月加入中国共产党，省委党校研究生学历，现任江西省崇义县委副书记，县委党校校长。

1986年9月至1988年7月，江西省樟树农业学校园艺专业学生；1988年8月至1994年8月，任江西省寻乌县长宁镇政府干事、党政办主任(其间:1991年8月至1994年6月，中央党校函授学院大专班政治专业学习)；1994年8月至1996年1月，任江西省寻乌县委组织部干事；1996年1月至1998年4月，任江西省寻乌县委组织员、组织部办公室主任；1998年4月至2000年1月，任江西省寻乌县委组织员、组织部干部科科长；2000年1月至2000年12月，任江西省寻乌县委办公室副主任；2000年12月至2002年8月，任江西省寻乌县委办公室副主任、县委台办主任(其间:2001年11月至2002年12月，在国家行政学院江西省赣州市县乡中青年干部培训班学习)；2002年8月至2007年2月，任江西省寻乌县晨光镇党委书记、人大主席(其间:2003年8月至2005年12月，在中央党校函授学院本科班法律专业学习；2005年9月至2007年12月，在江西省委党校产业经济专业在职研究生班学习)；2007年2月至2008年4月，任江西省寻乌县晨光镇党委书记、镇长；2008年4月至2008年8月，任江西省寻乌县晨光镇党委书记、人大主席；2008年8月至2008年10月，赣州市委第12期离岗考察培训班学员；2008年10月至2009年10月，任江西省赣州市直机关工委委员(试用一年)；2009年10月至2010年7月，任江西省赣州市直机关工委委员；2010年7月至2011年6月，任江西省宁都县政府副县长，梅江镇党委书记；2011年6月至2016年8月，任江西省石城县委常委、组织部长；2016年8月至今，任江西省崇义县委副书记，县委党校校长。

曾　雷，男，1965年9月出生，汉族，江西瑞金人，1986年7月参加工作，1989年1月加入中国共产党，中央党校大学学历，现任江西省崇义县委常委、纪委书记。

1984年9月至1986年8月，江西农业大学农学专业学生；1986年9月至1989年9月，任江西省瑞金县象湖镇政府团委书记；1989年9月至1993年8月，任江西省瑞金县委办公室科员；1993年8月至1994年9月，任江西省瑞金县委办公室副科级秘书；1994年9月至1997年1月，任江西省瑞金市政府办公室副科级秘书；1997年1月至1997年7月，任江西省瑞金市地质矿产局副局长；1997年7月至2001年3月，任江西省赣州市纪委副科级纪检监察员；2001年3月至2004年11月，任江西省赣州市纪委正科级纪检监察员；2004年11月至2013年2月，任江西省赣州市纪委纠风室副主任；(2003年8月至2005年12月，中央党校函授学院行政管理专业学习)；2013年2月至2013年8月，任江西省赣州市纪委纪检监察一室副主任；2013年8月至2016年8月，任江西省寻乌县委常委、纪委书记；2016年8月至今，任江西省崇义县委常委、纪委书记。

曾 帅，男，1964年10月出生，汉族，江西南康人，1987年8月参加工作，1991年7月加入中国共产党，中央党校大学学历，现任江西省崇义县委常委、政法委书记。

1985年9月至1987年7月，江西省司法学校法律专业学生；1987年8月至1994年2月，江西省南康县人民检察院书记员、助理检察员、科员（其间:1989年3月至1992年7月，高等教育自学考试法律专业学习）；1994年2月至1995年1月，任江西省南康县人民检察院反贪局副局长、检察员；1995年1月至1998年12月，任江西省南康市综治办主任（其间:1996年8月至1998年12月，中央党校函授学院本科班政法专业学习）；1998年12月至2002年11月，任江西省南康市人民法院副院长、党组成员；2002年11月至2011年6月，任江西省会昌县人民法院院长、党组书记（其间:2005年1月至2007年12月，中国政法大学法学专业研究生课程进修班学习）；2011年6月至2013年9月，任江西省赣县人民法院院长、党组书记；2013年9月至2016年8月，任江西省寻乌县委常委、政法委书记；2016年8月至今，任江西省崇义县委常委、政法委书记。

何 琳，男，1974年4月出生，汉族，江西崇义人，1997年9月参加工作，1996年10月加入中国共产党，大学学历，现任江西省崇义县委常委、宣传部长。

1993年9月至1997年7月，淮北煤炭师范学院历史学教育专业学生；1997年9月至2000年9月，任江西省崇义县委党校教师；2000年9月至2001年9月，任江西省崇义县委办公室干部；2001年9月至2003年2月，任江西省崇义县委办公室副科级秘书；2003年2月至2004年5月，任江西省崇义县委办公室副主任；2004年5月至2005年5月，任江西省崇义县委宣传部副部长；2005年5月至2007年1月，任江西省崇义县委宣传部副部长、社联主席；2007年1月至2007年12月，任江西省崇义县长龙镇党委副书记、政府镇长；2007年12月至2013年9月，任江西省崇义县文英乡党委书记、人大主席；2013年9月至2016年8月，任江西省崇义县委常委、政法委书记（其间:2014年9月至2015年9，到国家环保部挂职）；2016年8月至今，任江西省崇义县委常委、宣传部长。

边建忠，男，1978年7月出生，汉族，江西峡江人，2001年8月参加工作，2001年4月加入中国共产党，大学学历，现任江西省崇义县委常委、政府副县长。

1997年9月至2001年7月，华东政法学院国际经济系国际经济法学生；2001年8月至2003年9月，任吉安县桐坪镇镇长助理（省委组织部2001年选调生）；2003年9月至2003年12月，任江西省委统战部二处（民族宗教处）干部；2003年12月至2004年12月，任江西省委统战部二处（民族宗教处）副主任科员；2004年12月至2006年3月，任江西省委统战部二处（民族宗教处）主任科员；2006年3月至2008年10月，任江西省委统战部办公室主任科员；2008年10月至2011年12月，任江西省委统战部五处（工商经济处）副调研员，(2008年4月至2011年4月，借调江西省政协办公厅工作）；2011年12月至2013年10月，任江西省瑞金市政府副市长；2013年10月至2014年6月。任江西省全南县委常委、组织部长；2014年6月年2016年8月，任江西省全南县委常委、组织部长，崇义县委常委、政府副县长（挂职）；2016年8月至2016年9月，任江西省崇义县委常委、政府副县长提名人选；2016年9月至今，任江西省崇义县委常委、政府副县长。

党生维，男，1974年5月出生，汉族，山西晋中人，1997年8月参加工作，1998年8月加入中国共产党，大学学历，现任江西省崇义县委常委、人武部政委。

1993年9月至1997年8月，山西大学政治学系政治教育专业学生；1997年8月至2013年3月，任中国人民解放军炮兵九师、第一集团军排长、政治部秘书、股长、政治教导员、政治处主任、副政委；2013年4月至2014年3月，任江西省崇义县人武部政委；2014年3月至今，任江西省崇义县委常委、人武部政委。

王　豪，男，1969年12月出生，汉族，江西石城人，1987年8月参加工作，1989年6月加入中国共产党，省委党校研究生学历，现任江西省崇义县委常委、组织部长，县直属工委第一书记。

1984年9月至1987年7月，江西省宁都师范学校普师专业学生；1987年8月至1990年2月，任江西省石城县琴江镇西外小学教师；1990年2月至1991年8月，任江西省石城县岩岭乡政府干部；1991年8月至1995年1月，任江西省石城县委老干局干部，离退休干部股股长(1990年5月至1992年12月，高等教育自学考试行政管理专业学习)；1995年1月至1995年12月，任江西省石城县小别乡党委组织委员；1995年12月至1998年1月，任江西省石城县洋地乡党委委员、副乡长；1998年1月至1998年12月，任江西省石城县洋地乡党委副书记；1998年12月至2001年6月，江西省石城县丰山乡党委副书记(1998年8月至2000年12月，中央党校函授学院本科班经济管理专业学习)；2001年6月至2009年1月，任江西省石城县委政法委副书记(正科级)(其间:2002年9月至2004年12月江西省委党校研究生班公共管理专业学习)；2009年1月至2011年5月，任江西省石城县横江镇党委副书记、镇长；2011年5月至2014年8月，任江西省石城县横江镇党委书记、人大主席；2014年8月至2014年10月，任江西省赣州市政府行政服务中心管理委员会党组成员；2014年10月至2015年10月，任江西省赣州市政府行政服务中心管理委员 会党组成员，市公共资源交易中心主任(试用期一年)；2015年10月至2016年8月，任江西省赣州市政府行政服务中心管理委员会党组成员，市公共资源交易中心主任；2016年8月至2016年12月，任江西省崇义县委常委、组织部长；2016年12月至今，任江西省崇义县委常委、组织部长，县直属工委第一书记。

刘春香，女，1973年3月出生，汉族，江西崇义人，1995年8月参加工作，1997年7月加入中国共产党，省委党校研究生学历，现任江西省崇义县委常委、统战部长。

1993年8月至1995年6月，江西广播电视大学赣州分校财会专业学生；1995年6月至1995年8月，毕业待分配；1995年8月至1995年12月，任江西省崇义县职业中专教师；1995年12月至1998年11月，任江西省崇义县委组织部科员；1998年11月至2000年10月，任江西省崇义县知识分子工作办公室副主任；2000年10月至2001年1月，任江西省崇义县委组织部干部科科长、崇义县知识分子工作办公室副主任；2001年1月至2003年2月，任江西省崇义县知识分子工作办公室主任、崇义县委组织部干部科科长；2003年2月至2006年8月，任江西省崇义县铅厂镇党委副书记、政府镇长(2001年8月至2003年12月，中央党校函授学院法律专业本科班学习)；2006年8月至2007年1月，任江西省崇义县杰坝乡党委书记、人大主席；2007年1月至2009年5月，任江西省崇义县杰坝乡党委书记(2005年9月至2007年12月，江西省委党校研究生班产业经济学专业学习)；2009年5月至2011年6月，任江西省崇义县铅厂镇党委书记；2011年6月至2016年8月，任江西省崇义县政府副县长；2016年8月至今，任江西省崇义县委常委、统战部长。

郭　兰，女，1963年1月出生，汉族，江西南康人，1980年12月参加工作，1983年12月加入中国共产党，中央党校大学学历，现任江西省崇义县人大常委会主任。

1980年12月至1984年5月，任江西省崇义县聂都公社妇联干事；1984年5月至1985年9月，任江西省崇义县聂都乡政府副乡长兼妇联主任(1984年12月，经地区人事局批准吸收为国家干部)；

1985年9月至1989年12月，任江西省崇义县妇联副主任；1989年12月至1990年3月，任江西省崇义县古亭镇党委副书记；1990年3月至1992年10月，任江西省崇义县古亭镇党委副书记、镇长；1992年10月至1993年8月，任江西省崇义县妇联主任；1993年8月至2001年2月，任江西省崇义县委组织部副部长（正科级）(1992年8月至1995年6月，中央党校函授学院经管专业大专班学习；1995年5月至1995年6月，赣州地委党校第六期青干班学习)；2001年2月至2004年8月，任江西省上犹县委常委、宣传部部长；2004年8月至2011年6月，任江西省上犹县委常委、组织部部长(2007年8月至2009年12月，中央党校函授学院法律专业本科班学习)；2011年6月至今，任江西省崇义县人大常委会主任。

汤名东，男，1962年11月出生，汉族，江西崇义人，1978年9月参加工作，1990年4月加入中国共产党，刊授党校大专学历，现任江西省崇义县人大常委会副主任，县总工会主席。

1978年9月至1980年7月，任江西省崇义县思顺中学代课教师；1980年7月至1982年9月，任江西省崇义县思顺乡长江小学民办教师；1982年9月至1984年7月，赣州师范学校普师专业学生；1984年9月至1987年1月，任江西省崇义县城关小学教师；1987年1月至1991年1月，任共青团江西省崇义县委办公室主任；1991年1月至1991年12月，任共青团江西省崇义县委副书记；1991年12月至1992年10月，任共青团江西省崇义县委副书记（主持工作）；1992年10月至1995年12月，任江西省崇义县聂都乡党委副书记、政府乡长；1995年12月至1998年12月，任江西省崇义县聂都乡党委书记、人大主席（其间:1996年1月至1997年12月辽宁刊授党校经济管理专业大专学习）；1998年12月至2003年8月，任江西省崇义县科委主任；2003年8月至2005月10月，任江西省崇义县科技局局长；2005年10月至2006年7月，任江西省崇义县环保局局长；2006年7月至2007年3月，任江西省崇义县委办公室主任；2007年3月至2008年6月，任江西省崇义县财政局局长；2008年6月至2011年6月，任江西省崇义县政府党组成员、财政局局长；2011年6月至2016年12月，任江西省崇义县人大常委会副主任；2016年12月至今，任江西省崇义县人大常委会副主任，县总工会主席。

刘立伟，男，1961 年 9 月出生，汉族，江西崇义人，1983 年 8 月参加工作，大学学历，现任江西省崇义县人大常委会副主任。

1979 年 9 月至 1983 年 8 月，江西师范大学物理系物理教育专业学生；1983 年 8 月至 1985 年 7 月，任江西省崇义中学教师、副教导主任；1985 年 8 月至 1994 年 7 月，任江西省崇义中学教务处副主任；1994 年 8 月至 1995 年 5 月，任江西省崇义中学教务处主任；1995 年 6 月至 1998 年 1 月，任江西省崇义中学副校长 (1997 年 5 月至 1997 年 8 月，赣州地委党校中青年干部理论培训班学习)；1998 年 1 月至 2007 年 7 月，任江西省崇义县人大常委会副主任、崇义中学副校长；2007 年 7 月至今，任江西省崇义县人大常委会副主任。

郭远君，男，1963 年 6 月出生，汉族，江西崇义人，1979 年 12 月参加工作，1993 年 3 月加入中国共产党，中央党校大学学历，现任江西省崇义县人大常委会副主任。

1979 年 12 月至 1985 年 9 月，任江西省崇义县长龙小学教师 (1979 年 12 月招录为工人；1984 年 12 转为国家干部)；1985 年 9 月至 1987 年 7 月，在江西省崇义县教师进修学校中师班脱产进修；1987 年 7 月至 1988 年 12 月，任江西省崇义县长龙中心小学副教导主任；1988 年 12 月至 1991 年 4 月，任江西省崇义县司法局科员；1991 年 4 月至 1993 年 8 月，任江西省崇义县司法局副主任科员；1993 年 8 月至 1995 年 12 月，任江西省崇义县司法局经济律师事务所律师 (1992 年 9 月至 1994 年 7 月，江西经济管理干部学院法律专业大专脱产学习)；1995 年 12 月至 1996 年 11 月，任江西省崇义县长龙镇党委宣传委员；1996 年 11 月至 1997 年 12 月，任江西省崇义县长龙镇党委副书记、宣传委员；1997 年 12 月至 1998 年 12 月，任江西省崇义县长龙镇党委副书记；1998 年 12 月至 2001 年 12 月，任江西省崇义县过埠镇党委副书记、政府镇长；2001 年 12 月至 2005 年 2 月，任江西省崇义县茶滩乡党委书记、人大主席；2005 年 2 月至 2006 年 10 月，任江西省崇义县卫生局局长、党组成员 (2003 年 8 月至 2005 年 12 月，中央党校函授学院经济管理专业本科班学习)；2006 年 10 月至 2011 年 6 月，任江西省崇义县卫生局党组书记、局长；2011 年 6 月至今，任江西省崇义县人大常委会副主任。

刘向民，男，1968年1月出生，汉族，江西会昌人，1990年8月参加工作，1993年8月加入中国共产党，中央党校大学学历，现任江西省崇义县人大常委会副主任。

1988年9月至1990年7月，江西省煤炭工业学校采煤专业学生；1990年8月至1992年8月，任江西省崇义县经济委员会办事员（其间：1990年8月至1991年6月，下派到县煤矿见习锻炼；1991年6月至1992年8月，崇义县委村建办抽调长龙乡沈埠村任村指导员）；1992年8月至1995年8月，任江西省崇义县经济委员会技改科科长；1995年8月至1998年1月，任江西省崇义县人民政府办公室科员；1998年1月至1998年12月，任江西省崇义县人民政府办公室副主任；1998年12月至2000年10月，任江西省崇义县体改委主任、县政府办公室副主任；2000年10月至2008年7月，任江西省崇义县扬眉镇党委书记、人大主席（其间：2003年8月至2005年12月，中央党校函授学院经济管理专业本科班学习）；2008年7月至2010年6月，任江西省崇义县农业局局长；2010年6月至2011年6月，任江西省崇义县政府党组成员、县政府办主任、县政府十大体系办主任；2011年6月至今，任江西省崇义县人大常委会副主任。

陆芳锋，女，1974年10月出生，汉族，江苏宜兴人，1991年3月参加工作，1996年2月加入中国共产党，大学学历，现任江西省崇义县人大常委会副主任。

1991年3月至1998年11月，任江西省崇义县横水镇计划生育服务站职工；1998年11月至2000年12月，任江西省崇义县金坑乡党委组织委员；2000年12月至2001年12月，任江西省崇义县金坑乡党委委员、政府副乡长；2001年12月至2004年6月，任江西省崇义县委宣传部副部长(2001年8月至2004年6月，任江西省委党校法律专业函授大专班学习）；2004年6月至2009年8月，任江西省崇义县对外贸易经济合作局局长(2003年3月至2005年4月，华中师范大学网络教育学院汉语言文学专业本科班学习）；2009年8月至2010年6月，任江西省崇义县发改委主任；2010年6月至2011年6月，任江西省崇义县发改委主任、物价局局长；2011年6月至2016年8月，任江西省崇义县政协副主席(2010年10月至2013年12月，江西农业大学农业推广（农村与区域发展）专业学习）；2016年8月至2016年9月，任江西省崇义县人大常委会副主任提名人选；2016年9月至今，任江西省崇义县人大常委会副主任。

肖鸿斌，男，1968年10月出生，汉族，崇义龙勾人，1987年8月参加工作，1993年7月加入中国共产党，省委党校大学学历，现任江西省崇义县人大常委会副主任。

1984年9月至1987年8月，赣州师范学校普师专业学习；

1987年8月至1989年9月，任江西省崇义县横水中心小学教师；1989年9月至1994年5月，任江西省崇义县委党校教师（其间:1990年9月至1992年7月，江西省委党校党政管理专业本科班学习）；1994年5月至1996年3月，任江西省崇义县委组织部科员；1996年3月至1998年11月，任江西省崇义县委副科级组织员；1998年11月至2002年1月，任江西省崇义县聂都乡党委副书记、纪检书记；2002年1月至2004年5月，任江西省崇义县聂都乡党委副书记、纪检书记、政法书记；2004年5月至2007年3月，任江西省崇义县中小企业局局长；2007年3月至2008年7月，任江西省崇义县直属机关工委书记；2008年7月至2010年6月，任江西省崇义县乐洞乡党委书记、人大主席；2010年6月至2011年5月，任江西省崇义县乐洞乡党委书记、政府乡长；2011年5月至2016年6月，任江西省崇义县铅厂镇党委书记、人大主席；2016年6月至2016年8月，待安排；2016年8月至2016年9月，任江西省崇义县人大常委会副主任提名人选；2016年9月至今，任江西省崇义县人大常委会副主任。

张祥兰，女，1973年10月出生，汉族，江西赣州南康人，1993年9月参加工作，2011年4月加入中国共产党，大学学历，现任中国大地保险江西分公司渠道发展部副总经理，江西省崇义县政府副县长（挂职）。

1993年9月至1994年7月，任江西省赣州市南康市潭口中心小学教师；1994年7月至1996年6月，任中国人民保险公司南康支公司业务内勤；1996年6月至2004年9月，任中国人寿保险股份有限公司南康支公司业务主管；2004年9月至2007年12月，任中国大地财产保险南康支公司营销经理、副经理；2007年12月至2008年12月，任中国大地保险南康支公司副经理（主持工作）；2008年12月至2011年3月，任中国大地保险南康支公司经理；2011年3月至2011年12月，任中国大地保险赣州中心支公司总经理助理；2011年12月至2015年12月，任中国大地保险赣州中心支公司副总经理；2015年12月至2016年5月，任中国大地保险江西分公司渠道发展部副总经理；2016年5月，任中国大地保险江西分公司渠道发展部副总经理，江西省崇义县政府副县长（挂职）。

黄 硕，男，1972年6月出生，汉族，江西广昌人，1991年10月参加工作，1997年6月加入中国共产党，中央党校大学学历，现任江西省崇义县政府副县长。

1989年9月至1991年7月，赣南师范学院中文系汉语言文学专业学生；1991年7月至1991年10月，毕业待分配；1991年10月至1993年10月，任江西省赣南造纸厂党办宣传干事；1993年10月至1999年2月，任江西省赣州地区人民广播电台干部（其间:1995年8月至1997年12月，中央党校函授学院本科班经济管理专业学习；1997年8月至1999年2月，借用赣州地区行署办公室工作）；1999年2月至2000年8月，任江西省赣州地区行署办公室干部；2000年8月至2003年4月，任江西省赣州市政府办公室副主任科员；2003年4月至2003年12月，任江西省赣州市政府办公室城建科副科长；2003年12月至2004年10月，任江西省赣州市政府办公厅主任科员、城建处副处长(2002年5月至2004年9月，厦门大学网络教育学院社会管理专业学习）；2004年10月至2005年4月，任江西省赣州市政府办公厅科教处处长；2005年4月至2012年1月，任江西省赣州市政府办公厅城建处处长(其间:2007.06获武汉大学工程硕士学位）；2012年1月至2013年1月，任江西省赣州市建筑设计研究院党支部书记（试用期一年）；2013年1月至2016年8月，任江西省赣州市建筑设计研究院党支部书记（副处级）；2016年8月至2016年9月，任江西省崇义县政府副县长提名人选；2016年9月至今，任江西省崇义县政府副县长。

吴忠浩，男，1967年12月出生，汉族，江西崇义人，1991年8月参加工作，大学学历，现任江西省崇义县政府副县长。

1987年9月至1991年7月，赣南师范学院中文系汉语言文学专业学生；1991年8月至1998年9月，任江西省崇义县农林技术学校（职业中专）教师、政教处主任；1998年9月至2006年9月，任江西省崇义县职业中专副校长、第二中学副校长；2006年9月至2007年3月，任江西省崇义县工商业联合会会长；2007年3月至2013年2月，任江西省崇义县工商业联合会主席；2013年2月至2014年12月，任江西省崇义县政协副主席；2014年12月至2016年8月，任江西省崇义县政协副主席、县城管局局长；2016年8月至2016年9月，任江西省崇义县政府副县长提名人选，县城管局局长；2016年9月至2016年12月，任江西省崇义县政府副县长，县城管局局长；2016年12月至今，任江西省崇义县政府副县长。

黄小波，男，1974年12月出生，汉族，江西石城人，1995年8月参加工作，1998年1月加入中国共产党，大学学历，现任江西省崇义县政府副县长、县公安局局长。

1993年9月至1995年7月，江西省轻工业学校制浆造纸工艺专业学生；1995年8月至1996年11月，任江西省石城县乡镇企业局干部；1996年11月至1998年5月，任江西省石城县公安局琴江派出所科员；1998年5月至2001年8月，任江西省石城县公安局政工科科员；2001年8月至2003年6月，任江西省石城县公安局政工科副科长(1999年4月至2004年6月，江西公安专科学校公安管理专业自考大专学习)；2003年6月至2004年8月，任江西省石城县公安局琴江派出所指导员；2004年8月至2006年8月，任江西省石城县公安局副科级侦查员、政工科科长；2006年8月至2008年3月，任江西省石城县公安局党委委员、政工科科长(2005年9月至2008年1月，江西理工大学继续教育学院法学专业函授本科学习)；2008年3月至2008年11月，任江西省石城县公安局党委委员、副局长、正科级侦察员；2008年11月至2014年9月，任江西省石城县公安局党委委员、副局长、主任科员；2014年9月至2014年12月，任江西省崇义县政府副县长提名人选、县公安局局长；2014年12月至今，任江西省崇义县政府副县长、县公安局局长。

朱志勇，男，1975年11月出生，汉族，江西赣州人，1995年7月参加工作，1995年5月加入中国共产党，中央党校大学学历，现任江西省崇义县政府副县长。

1993年9月至1995年7月，江西省人民武装学校人武专业学生；1995年7月至1996年1月，任江西省赣县人武部政工科干事；1996年1月至1997年1月，任江西省赣县沙地镇人武干事、组织干事；1997年1月至1999年1月，任江西省赣县人大常委会办公室干事(1994年7月至1997年7月，在中国人民解放军陆军学院人武指挥专业学习)；1999年1月至2001年1月，任江西省赣县人大常委会办公室副主任科员；2001年1月至2003年10月，任江西省赣县人大常委会教科文卫办公室副主任；2003年10月至2006年3月，任江西省赣县沙地镇党委副书记、纪委书记；2006年3月至2008年1月，任江西省赣县沙地镇驻攸镇办事处主任(正科级)(2003年9月至2006年7月，中央党校函授学院公共管理专业学习)；2008年1月至2011年5月，任江西省赣县大埠乡党委副书记、乡长；2011年5月至2014年9月，任江西省赣县大埠乡党委书记、人大主席、人武部长；2014年9月至2016年8月，任江西省赣县大埠乡党委书记、人大主席、人武部教导员；2016年8月至2016年9月，任江西省崇义县政府副县长提名人选；2016年9月至今，任江西省崇义县政府副县长。

张小兰，女，1975年7月出生，汉族，崇义关田人，1996年7月参加工作，2001年6月加入中国共产党，大学学历，现任江西省崇义县政府副县长。

1994年9月至1996年7月，任江西九江财经高等专科学校国际商务专业学习；1996年7月至2001年9月，任江西省崇义县关田镇政府科员、办公室主任；2001年9月至2005年4月，任江西省崇义县过埠镇政府副镇长(其间:2001年9月至2004年7月，江西师范大学外语系英语专业本科班学习)；2005年4月至2006年2月，任江西省崇义县过埠镇党委组织宣传委员；2006年2月至2006年8月，任江西省崇义县麟潭乡党委委员、纪委书记；2006年8月至2007年3月，任江西省崇义县委组织部副部长；2007年3月至2008年1月，任江西省崇义县委组织部副部长(正科级)；2008年1月至2008年7月，任江西省崇义县长龙镇党委副书记、政府镇长；2008年7月至2010年6月，任江西省崇义县长龙镇党委书记、政府镇长；2010年6月至2016年6月，任江西省崇义县长龙镇党委书记、人大主席(其间:2011年10月至2011年12月，赣州市第16期中青年干部政治理论培训班学习;2015年6月至2015年9月，赣州市第18期中青年干部政治理论培训班学习)；2016年6月至2016年8月，待安排；2016年8月至2016年9月，任江西省崇义县政府副县长提名人选；2016年9月至今，任江西省崇义县政府副县长。

陈金发，男，1964年5月出生，汉族，江西兴国人，1986年8月参加工作，1988年1月加入中国共产党，大专学历，现任江西省崇义县政协主席。

1984年9月至1986年8月，赣州农业学校农学专业学生；1986年8月至1990年4月，任江西省兴国县梅窖乡政府干部；1990年4月至1993年2月，任江西省兴国县梅窖乡政府副乡长；1993年2月至1994年1月，任江西省兴国县潋江镇政府副镇长；1994年1月至1995年12月，任江西省兴国县长冈乡政府副乡长；1995年12月至1998年12月，任江西省兴国县鼎龙乡党委副书记、政府乡长(其间:1996年8月至1997年12月，在辽宁刊授党校经管专业学习；1996年9月至1998年8月，南昌大学经管专业函授学习)；1998年12月至1999年2月，待安排；1999年2月至2001年2月，任江西省兴国县计生委主任；2001年2月至2002年11月，任江西省兴国县高兴镇党委书记、人大主席(其间:2002年9月至2002年11月，在市委党校中青班学习)；2002年11月至2006年5月，任江西省会昌县人民政府副县长；2006年5月至2011年6月，任江西省崇义县委常委、政法委书记；2011年6月至今，任江西省崇义县政协主席。

黄义华，女，1963年4月出生，汉族，江西南康人，1980年10月参加工作，1986年2月加入中国共产党，中央党校大学学历，现任江西省崇义县政协副主席。

1980年10月至1985年8月，任江西省崇义县供销社会计（其间:1980年10月招收为工人；1983年9月至1985年7月，江西省商业学校财会专业脱产学习；1984年12月，吸收为国家干部）；1985年8月至1988年8月，任江西省崇义县商业局审计股副股长（其间:1986年9月至1988年7月，江西广播电视大学商业企业经营管理专业脱产学习）；1988年8月至1991年6月，任江西省崇义县供销社审计股股长；1991年6月至1994年5月，任江西省崇义县房管局人秘股长；1994年5月至1995年2月，任江西省崇义县委办公室干事；1995年2月至1995年12月，任江西省崇义县委办公室副科级秘书；1995年12月至1998年1月，任江西省崇义县聂都乡党委副书记、政府乡长；1998年1月至1999年11月，任江西省崇义县横水镇党委副书记、政府镇长(1996年8月至1998年12月，中央党校函授学院经济管理专业本科班学习)；1999年11月至2001年6月，任江西省崇义县古亭镇党委书记、人大主席；2001年6月至2005年10月，任江西省崇义县文化局局长；2005年10月至2010年6月，任江西省崇义县科学技术局局长；2010年6月至2011年10月，任江西省崇义县水利局党组副书记、局长；2011年10月至2013年2月，任江西省崇义县财政局局长；2013年2月至今，任江西省崇义县政协副主席。

黄名兰，女，1966年11月出生，汉族，江西崇义人，1985年12月参加工作，省委党校大专学历，现任江西省崇义县政协副主席。

1985年12月至1988年8月，任江西省崇义县副食品公司出纳(1985年12月，吸收为全民合同制工人)；1988年9月至1991年1月，江西省赣州财校财会专业学生；1991年2月至1999年1月，任江西省崇义县副食品公司助理会计；1999年2月至1999年6月，任江西省崇义县宾馆助理会计；1999年7月至2000年11月，任江西省崇义县宾馆餐饮部经理；2000年12月至2005年11月，任江西省崇义县宾馆财务部经理、会计；2005年11月至2006年4月，任江西省崇义县宾馆副经理（副科级）(其间:2006年3月至2006年4月，借用崇义县委、县政府接待科）；2006年4月至2008年7月，任江西省崇义县委、县政府接待科副科长（其间:2006年9月至2008年1月，江西省委党校函授学院大专班经济管理专业学习）；2008年7月至2008年10月，任江西省崇义县第一期科级领导干部离岗考察培训班学员；2008年10月至2010年8月，任江西省崇义县政府办公室副主任，县委、县政府接待办主任（试用一年）；2010年8月至2013年2月，任江西省崇义县政府办公室副主任，县委、县政府接待办主任；2013年3月至2015年8月，任江西省崇义县政协副主席，县政府办副主任，县委、县政府接待办主任；2016年1月至今，任江西省崇义县政协副主席、工商联负责人。

刘文泽，男，1963年9月出生，汉族，江西瑞金人，1981年1月参加工作，1994年6月加入中国共产党，省委党校大专学历，现任江西省崇义县政协副主席。

1981年1月至1985年9月，为七一九矿九〇三厂工人；1985年9月至1988年7月，七一九矿职工中专湿法冶金专业学习；1988年8月至1990年1月，七一九矿设计研究室技术员；1990年1月至1993年1月，任江西省崇义县经委办事员；1993年1月至1994年1月，任江西省崇义县科委办事员；1994年1月至1996年11月，任江西省崇义县上堡乡政府副乡长；1996年11月至1997年9月，任江西省崇义县上堡乡党委副书记、副乡长(其间:1996年12月吸收为聘用制干部)；1997年9月至1998年12月，任江西省崇义县乐洞乡党委副书记、政府乡长(1996年1月至1997年12月，辽宁刊授党校经济管理专业学习)；1998年12月至2001年12月，任江西省崇义县乐洞乡党委书记、人大主席(其间:2000年12月，吸收为国家干部；2000年3月至2001年5月，南昌大学经济与管理学院产业经济学研究生课程进修班学习)；2001年12月至2004年5月，任江西省崇义县发展计划委员会主任；2004年5月至2007年1月，任江西省崇义县横水镇党委书记、人大主席(2002年9月至2005年6月，江西省委党校函授学院经济管理专业函授大专学习)；2007年1月至2008年6月，任江西省崇义县横水镇党委书记；2008年6月至2010年6月，任江西省崇义县政府党组成员、横水镇党委书记；2010年6月至2016年8月，任江西省崇义县民政局党组书记、局长；2016年8月至2016年9月，任江西省崇义县政协副主席提名人选，县民政局党组书记、局长；2016年9月至今，任江西省崇义县政协副主席，县民政局党组书记、局长。

罗福生，男，1964年3月出生，汉族，崇义聂都人，1985年3月参加工作，1986年9月加入中国共产党，中央党校大学学历，现任江西省崇义县政协副主席。

1980年9月至1982年7月，江西省崇义中学学习；1982年7月至1982年9月，待业；1982年9月至1985年3月，任江西省崇义县聂都中心小学代课教师；1985年3月至1991年8月，任江西省崇义县乐洞乡计生办主任(其间:1985年3月，被崇义县计生委招聘为计生干部；1986年9月至1989年7月，赣南教育学院中文专业学习)；1991年8月至1995年12月，任江西省崇义县横水镇计生办主任(其间:1993年6月，吸收为聘用制干部)；1995年12月至1998年11月，任江西省崇义县过埠镇党委宣传委员；1998年11月至2000年10月，任江西省崇义县过埠镇党委委员、副书记(1997年1月至1998年12月，辽宁刊授党校经济管理专业函授大专班学习)；2000年10月至2004年5月，任江西省崇义县丰州乡党委副书记、政府乡长(其间:2000年12月，吸收为国家干部)；2004年5月至2007年12月，任江西省崇义县文英乡党委书记、人大主席(2003年8月至2005年12月，中央党校函授学院经济管理专业函授本科班学习)；2007年12月至2011年10月，任江西省崇义县安全生产监督管理局局长；2011年10月至2011年12月，任江西省崇义县林业系统党委委员、县林业局局长；2011年12月至2016年8月，任江西省崇义县林业系统党委书记、县林业局局长；2016年8月至2016年9月，任江西省崇义县政协副主席提名人选，县林业系统党委书记、县林业局局长；2016年9月至今，任江西省崇义县政协副主席。

刘事明，男，1965年3月出生，汉族，江西赣州南康人，1987年9月参加工作，大学学历，现任江西省崇义县政协副主席，县人民医院院长。

1982年9月至1987年7月，江西医学院医学系医学专业学习；1987年7月至1987年9月，毕业待分配；1987年9月至1993年9月，任江西省崇义县人民医院医师(其间:1990年3月至1990年8月，在赣州市人民医院肾内科进修)；1993年9月至2000年11月，任江西省崇义县人民医院主治医师(其间:1998年1月至1998年12月，在广州458医院心内科学习)；2000年11月至2004年6月，任江西省崇义县人民医院副主任医师(其间:2002年7月至2002年9月，到深圳逸仙心血管医院学习)；2004年6月至2011年10月，任江西省崇义县人民医院副院长(副科级)；2011年10月至2013年5月，任江西省崇义县人民医院院长(试用期一年)；2013年5月至2016年8月，任江西省崇义县人民医院院长(正科级)；2016年8月2016年9月，任江西省崇义县政协副主席提名人选，县人民医院院长；2016年9月至今，任江西省崇义县政协副主席，县人民医院院长。

李舒文，男，1963年8月出生，汉族，江西上犹人，1982年9月参加工作，1986年9月加入中国共产党，中央党校大学学历，现任江西省崇义县法院院长。

1980年9月至1982年8月，江西省政法学校司法专业学生；1982年9月至1988年11月，任江西省上犹县法院司法员、助审员(其间:1985年9月至1988年8月，全国法院干部业余法律大学大专班学习)；1988年11月至1990年7月，任江西省上犹县法院城关法庭副庭长、审判员；1990年7月至1995年2月，任江西省上犹县法院办公室主任、审判委员会委员；1995年2月1997年11月，任江西省上犹县法院经济庭庭长、审判委员会委员；1997年11月至2002年11月，任江西省上犹县法院副院长(正科级)、党组成员、审判委员会委员(其间:1999年8月至2001年12月，中央党校函授学院法律专业本科班学习)；2002年11月至2011年6月，任江西省定南县法院院长；2011年6月至今，任江西省崇义县法院院长。

曾　涛，男，1972年4月出生，汉族，江西兴国人，1998年11月参加工作，1996年6月加入中国共产党，大学学历，现任江西省崇义县检察院检察长。

1992年9月至1996年7月，赣南师范学院政教系政教专业学生；1996年9月至1998年7月，西南政法大学法律系法学专业学生；1998年7月至1998年11月，毕业待分配；1998年11月至1999年7月，任江西省赣州地区检察分院书记员；1999年7月至2000年4月，任江西省赣州市检察院书记员；2000年4月至2003年7月，任江西省赣州市检察院助理检察员；2003年7月至2006年1月，任江西省赣州市检察院反贪局侦查一科科长、副科级检察员（其间:2004年10月至2005年10月，挂职锻炼任石城县检察院副检察长）(2003年3月至2005年12月，华东政法学院法律硕士专业学习）；2006年1月至2008年4月，任江西省赣州市检察院公诉处副处长、正科级检察员；2008年4月至2012年6月，任江西省赣州市检察院法律政策研究室主任、检察员；2012年6月至2015年2月，任江西省赣州市检察院法律政策研究室主任、检委会委员、检察员；2015年2月至2015年3月，任江西省崇义县检察院检察长提名人选；2015年3月至今，任江西省崇义县检察院检察长。

荣誉录

2016 年度受省级部门（市委、市政府）以上表彰的先进集体

表 26

被表彰单位	荣誉称号	表彰部门
麟潭乡两杰・君子谷联合党支部	全省农村“党建 + 特色产业发展”先进典型	省委办公厅
铅厂镇义安村党支部	全省农村“党建 + 农村服务体系”先进典型	省委办公厅
长龙镇新溪村党支部	2016 年全省抗洪抢险先进基层党组织	省委组织部
县委组织部	《刺葡萄栽培技术》获第十四届全省党员教育电视片观摩交流活动三等奖（综合类）	省委组织部
职业中专	江西省“青少年维权岗”	共青团江西省委等 13 个单位
铅厂镇义安村卫生室	2015–2016 年度全省基层医疗卫生机构省级示范单位	省卫计委
县国家税务局	2014–2015 年度省级青年文明号单位	省国家税务局
县环境保护局	2016 年度全省环境保护工作先进单位	省环保厅
君子谷野生水果世界有限公司	江西省林下经济示范基地	省林业厅
君子谷野生水果世界有限公司	江西省休闲农业示范点	省农业厅
君子谷野生水果世界有限公司	“君子谷”葡萄酒、果酒	省工商行政管理局及省著名商标认定委员会
崇义县	2016 年度全省“平安农机“工作先进县	省农业机械化管理局
县粮食流通服务中心	全省粮食流通监督检查示范单位	省粮食局
耀升钨业股份有限公司	江西省知识产权优势企业	省知识产权局
县森林公安局	全省森林公安机关 2016 年度严打先进基层单位	省森林公安局
关田镇	江西省第五届文明村镇	省委、省政府
县人防办	全省县级人防目标管理考核先进单位	省人防办
县人防办	全省人防信息宣传工作先进单位	省人防办
县消防大队	2015 年度先进大队	省消防总队
县消防大队	2015 年度安全工作先进单位	省消防总队
县港航管理所	2015 年度全省港航工作目标管理先进集体	省港航管理局
县教师进修学校	2016 年度网络教育优秀教学组织单位	西南科技大学
县医保局	全省社会保险民生工程目标绩效考核先进单位	省社保中心
耀升钨业股份有限公司	江西省优秀企业称号	江西省企业联合会 江西省企业家协会
耀升钨业股份有限公司	江西省杰出矿业企业	江西省企业家协会矿业专业委员会
县妇幼保健院	实施妇女儿童发展纲要先进集体	省妇女儿童工作委员会
横水镇关心下一代工作委员	全省关心下一代工作先进集体	省关工委
乐洞乡	赣州市第九届文明村镇	市委、市政府
县卫计委	全市计划生育工作综合先进县	市政府
机关事务管理局	赣州市 2015 年度暨十二五公共机构节能工作考核优秀县	市政府
长龙镇	计划生育综合先进乡镇	市政府
县城关幼儿园	赣州市第九届文明单位	市政府

表 27　2016 年度受省级部门（市委、市政府）以上表彰的先进个人

工作单位	姓 名	被授予荣誉称号	表彰部门
县个协	黄先远	全国个私协会系统先进工作者	国家工商总局、中国个私协会
县人防办	李鸿金	《中国人民防空》优秀作者	国家人防办
城关幼儿园	吴勋华	国家宋庆龄幼儿教育提名奖	宋庆龄教育基金会
县法制办	曾日畅	全省行政执法先进个人	省政府
关田派出所	陈邦群	全省特级优秀人民警察	省人事厅、省公安厅
关田派出所	袁太辉	个人三等功一次	省公安厅
县交管大队	刘永文 彭 栋	全省事故岗位业务技能大比武获得全市团体第一	省公安厅交通管理局
县交管大队	刘永文	全省事故处理岗业务技能比武获得个人成绩全省第 6 名	省公安厅交通管理局
长龙镇	张 健	全省农业工作先进个人	省农业厅
县市场和质量监督管理局	梅春明	全省企业登记窗口先进个人	省工商局
城关幼儿园	吴勋华	省三八红旗手	省妇联
县人防办	李鸿金	全省人民防空先进个人	省国防动员委员会
县关工委	黄俊衍	全省关心下一代工作先进个人	省关工委
文英乡关工委	王华清	全省关心下一代工作先进个人	省关工委
横水镇中山社区	马达林	全省关心下一代工作先进个人	省关工委
耀升钨业股份有限公司	郭华彬	江西省优秀企业家称号	江西省企业联合会 江西省企业家协会

2016 年新增中高级职称人员情况

一、正高级职称

表 28

姓 名	工作单位	资格名称
赵立夫	章源钨业股份有限公司	教授级高级工程师
徐国钻	章源钨业股份有限公司	教授级高级工程师
林朝楷	林业局	教授级高级工程师
王会有	第三中学	正高级教师

二、具备中小学教师高级专业技术资格人员

表 29

姓 名	工作单位	资格名称
邓文兰	横水中学	中小学高级教师
朱枣兰	教师进修学校	中小学高级教师
郭祥瓒	龙勾中学	中小学高级教师
叶乾泰	第三中学	中小学高级教师
杨顺嗣	崇义中学	中小学高级教师
杜美秀	崇义中学	中小学高级教师
黄平海	崇义中学	中小学高级教师
赖庆湖	崇义中学	中小学高级教师
扶大勇	崇义中学	中小学高级教师

续表 29

姓　名	工作单位	资格名称
李　湘	崇义中学	中小学高级教师
温晓敏	城关幼儿园	中小学高级教师
阳锦鸿	铅厂小学	中小学高级教师
龚丹丹	章源钨业股份有限公司	中级工程师
李红超	章源钨业股份有限公司	中级工程师
邓声华	章源钨业股份有限公司	中级工程师

三、具备中小学一级教师专业技术人员

中学系列（18人）：

冯丽梅　黄礼婷　薛龙凤　钟华权　钟　毓　曾伟伟　杨欣欣　张　伟　刘承恩　骆平招　唐剑锋　胡宏春　黄维彬　吴龙娟　刘华生　肖上伟　游　湧　彭德民

小学（含幼儿园）系列（26人）：

郭惠桂　郭锦荣　吴莲花　李厚元　邱崇旻　曾路妹　王　燕　李秋莹　钟　琼　郭　健　杨青麟　罗　燕　肖桂香　江华兰　谢荷香　何丽香　丁清华　赖燕平　曾　晔　叶国韬　甘春梅　肖美林　幸小丽　陈升伟　朱春花　郭兰青

四、具备交通运输工程系列工程师专业技术资格人员：付祥鹏

五、系列转换为相应中级专业技术资格人员：肖永妹　资格起算时间为 2003 年 11 月。

六、具备农业系列高级专业技术资格人员：赖昌秀（高级农艺师）

七、具备建设工程系列工程师专业技术资格人员：曾学军　黄以坚

八、具备综合工程系列工程师专业技术资格人员

邓声华　龚丹丹　李红超　张树德　刘财禄　卢贵林　李印林　黄世明　袁继辉　刘立传　王金燕　郭　敏

经济和社会
发展统计资料

崇义县2016年国民经济和社会发展统计公报

2016年是“十三五”开局之年，也是决胜全面小康的第一年，全县人民在县委、县政府的正确引领下，全力打好“六大攻坚战”，齐心协力，攻坚克难，全县国民经济平稳增长，社会各项事业健康发展。

一、综 合

2016年全县生产总值711601万元，按可比价计算增长9.3%。其中，第一产业完成增加值108079万元，增长4.3%，第二产业完成增加值329929万元，增长8.2%，第三产业完成增加值273593万元，增长14.3%。国民经济三大产业比例为15.2:56.3:46.4:38.4。在第二产业中，工业增加值314307万元，占生产总值的比重为44.2%，增长8.2%。非公有制经济增加值466641万元，占全县生产总值的比重为65.6%，增长9.4%。

全年实现财政总收入106955万元，增长4.1%，其中税收收入77405万元，增长7.4%，公共财政预算收入83625万元，增长16.9%。公共财政预算支出209104万元，增长13.0%，其中民生支出175620万元，增长27.6%，占公共财政预算支出的83.9%。

个体和私营经济健康发展，到2016年末全县工商个体户户数7546户，从业人员16408人，注册资金84163万元，私营企业数1407户，从业人员18521人，注册资金470754万元。

二、农 业

全年实现农林牧渔业总产值150499万元，增长6.2%，其中：农业产值42078万元，增长6.3%，林业产值64985万元，增长6.4%，牧业产值13706万元，增长6.5%，渔业产值25832万元，增长5.8%，农林牧渔服务业产值3898万元，增长6.2%。

全年农作物播种面积9829.47公顷，其中粮食作物面积7246.47公顷，经济作物播种面积2583公顷。茶叶种植面积1390公顷，水果种植面积3441.2公顷，其中脐橙种植面积3086.47公顷，当年脐橙产果面积2296公顷。

全年粮食总产量43328吨，蔬菜及食用菌产量31714吨，油料作物产量1774吨。茶叶产量893吨，水果产量40915吨，其中脐橙产量36773吨。

全年人工造林面积2573公顷，成林抚育面积6667公顷，幼林抚育8600公顷次，木材产量15.2万立方米，毛竹产量920万根。年末实有油茶林面积9265公顷，油茶籽产量4000吨。

全县生猪存栏43433头，下降8.3%，生猪出栏78131头，下降17.1%，家禽出笼7851百只，下降4.7%，肉类总产量9032吨，下降2.7%，水产品总产量12813吨，下降2.4%。

全县有效灌溉面积9176.87公顷，增长0.2%，农业机械总动力74038千瓦，增长0.8%，农用化肥施用量（实物量）12864吨，下降20.9%，农村用电量6368万千瓦时，增长0.2%。

三、工业与建筑业

全年规模以上工业企业完成工业总产值102573万元，增长10.5%，完成工业增加值237978万元，增长8.9%，实现主营业务收入937672万元，增长7.9%，实现利润总额55790万元，增长5.5%，全年工业用电量21419万千瓦时，增长6.2%。2016年规模以上工业新增8家企业。

表30　规模以上工业企业主要产品产量

产品名称	2015年实绩	比上年 ±%
钨精矿	6510吨	9.2
原　煤	72928吨	9.6
竹胶合板	32300立方米	8.7
细木工板	192757立方米	4.1
南酸枣糕	5589吨	16.3
仲钨酸铵	10232吨	−6.2
氧化钨	10979吨	−3.1
钨　粉	6935吨	−5.6
碳化钨粉	5671吨	3.7
钨合金	1312吨	−1.8
活性炭	890吨	−7.4

建筑业增加值15622万元，增长8.9%。

四、固定资产投资

全年完成全社会固定资产投资504996万元，增长18.1%。500万元以上项目完成固定资产投资453826万元，增长16.5%，其中，工业完成投资109083万元，增长21.1%，基础设施完成投资243873万元，增长17.9%。全县500万元以上项目中：第一产业完成投资0.45亿元，改变了多年一产没有投资的局面，第二产业完成投资109083万元，增长21.1%，第三产业完成投资340255万元，增长13.6%。国有投资完成259910万元，增长11.1%，民间投资完成176856万元，增长55.3%。全年新增固定资产118850万元。

全年房地产开发完成投资37263万元，增长19.1%。商品房施工面积41.22万平方米，增长33.0%，竣工面积1.99万平方米，下降59.8%，商品房销售面积11.73万平方米，增长55.9%，商品房销售额45146万元，增长25.5%。

五、国内贸易与对外经济

全年实现社会消费品零售总额153189万元，增长12.5%。城乡方面，城镇实现消费品零售额126658万元，增长12.4%，乡村实现消费品零售额26531万元，增长12.9%。行业方面，批发业实现消费品零售额18780万元，增长13.5%，零售业实现零售额118669万元，增长13.0%，餐饮业实现营业额13830万元，增长6.5%，食宿业实现营业额1910万元，增长15.4%。限额以上企业实现零售额22084万元，增长22.5%，新增3家限额以上批零住餐企业。

电子商务发展迅速，全县打造农村电子商务服务站80家，培育交易额上千万元电商企业10家，全年电子商务交易额7.38亿元，增长192%。

全县实际利用省外5000万元以上项目6个，其中亿元以上项目2个，实际进资14.56亿元，增长10.3%，实际利用外商投资1680万美元，增长10.0%，外贸进出口总额9546万美元，增长3.7%，其中出口9408万美元，增长2.8%。

六、旅游与交通

全面实施“全域旅游+”战略，上堡梯田和君子谷景区项目稳步推进，启动阳明书院、平茶寮碑等一批文化旅游项目建设，全年共接待游客186.7万人次，增长14.2%，实现旅游综合收入11.5亿元，增长16.1%。

2016年全县交通建设加快进程，国道G220金坑—县城段、省道S548树木园—过埠段启动建设，过埠—上堡、县城—茶滩旅游公路升级改造快速推进，龙勾—上犹连线建成通车，硬化通自然村公路82千米。

全年交通运输完成货运量286万吨，公路货运周转量30672万吨千米；完成客运量189万人，公路客运周转量13349万人千米。移动电话年末用户14.76万户，互联网年末用户2.32万户。

七、金融与保险

全年金融机构人民币各项存款余额789453万元，比年初增加112551万元，增长16.6%。其中：住户存款余额468368万元，比年初增加48540万元，非金融企业存款余额131419万元，比年初增加13278万元，广义政府存款余额174631万元，比年初增加36442万元。金融机构人民币各项贷款余额608573万元，比年初增加28633万元，增长4.9%。其中：住户贷款余额308677万元，比年初增加37308万元，非金融企业及机关团体贷款余额299896万元，比年初减少8675万元。

全年实现保费收入14583万元，增长25.1%，其中财产险保费收入9278万元，增长28.4%，人寿险保费收入5305万元，增长19.7%。

八、教育与卫生

全县普通高中2所，职业高中1所，普通初中13所，一贯制学校4所，小学103所，特殊学校1所，幼儿园78所。

全县专任进行教师1836人，其中，普通高教师255人，职业高中教师121人,初中教师445人，小学教师1015人。

全县中小学生30224人，其中，普通高中学生3361人，职业高中学生1866人，初中学生6826人，小学学生18171人。幼儿园在园人数8389人。初中学龄人口入学率99.6%，小学学龄儿童入学率100.0%。

全县共有卫生机构28所，其中，医院5所，乡镇卫生院18所，卫生监督所1所，妇幼保健院1所，疾病预防控制中心1所，皮肤病防治所1所，农医中心1所。卫生技术人员1143人，其中执业医师314人、执业助理医师141人，注册护士537人，药剂人员103人，检验人员52人。病床总数927床，其中医院577床，乡镇卫生院350床。

九、人口与人民生活

全县户籍总户数64815户，户籍总人口216808人，其中城镇人口40594人，乡村人口176214人。常住总人口192181人，其中城镇人口82173人，乡村人口110008人，常住人口城镇化率42.76%。

全县城镇居民人均可支配收入22938元，增长8.1%，农村居民人均可支配收入8515元，增长11.6%。城镇居民人均消费支出13130元，增长5.1%，农村居民人均消费支出9066元，增长4.9%。

全县城镇职工基本养老保险参保人数2.33万人，城乡居民社会养老保险参保人数10.50万人，城镇职工医疗保险参保人数2.06万人，城镇居民医疗保险参保人数2.22万人，新农合参保人数17.29万人。

全县新增就业人数2171人，城镇登记失业率3.1%，新增转移农村劳动力2938人。

全年投入6.32亿元开展精准

扶贫工作，1408户4669人脱贫，铅厂义安、横水左溪、龙勾良田3个省级贫困村脱贫“摘帽”。

全年新建城市棚改安置套房96套，城市棚改货币化安置1204户，建成农村保障房156套。

2016年全县人口出生率13.69‰，死亡率5.01‰，自然增长率8.68‰。

十、资源与环境

2016全县拥有1个国家级自然保护区、2个省级自然保护区，阳明湖国家湿地公园申报成功，全县自然保护区、森林公园、保护地面积2.944万公顷。林地保有量17.7647万公顷，湿地保有量4040公顷，森林覆盖率88.3%。耕地保有量1.268万公顷，基本农田保护面积9526.67公顷。

全年主要污染物排放下降率7.4%，主要河流断面优质水率100%，空气质量常年保持在2级以上，全年平均气温19.9度，全年降水量2009.4毫米。

附 录

中共崇义县委
关于制定全县国民经济和社会发展
第十三个五年规划的建议

崇发（2016）1 号

“十三五”时期是加速崇义振兴发展、实现绿色崛起、全面建成小康社会的决胜阶段。科学编制“十三五”规划，对于我县未来五年经济社会发展意义重大。中共崇义县委十六届六次全会结合崇义实际，就制定“十三五”规划提出以下建议。

一、牢牢抓住重要战略机遇期，实现质变型发展

1.“十二五”发展取得历史突破，成绩鼓舞人心。回首“十二五”，特别是 2012 年 6 月《若干意见》实施以来，全县上下齐心协力，推进振兴发展，谱写了崇义发展史上的崭新篇章。

一是在发展规模上，主要指标攀上新台阶。主要经济指标实现“四个翻番、两个突破”，即财政总收入、公共财政预算收入和城镇居民人均可支配收入实现翻番，固定资产投资实现翻两番；人均生产总值突破 5000 美元，财政总收入突破 10 亿元。

二是在发展质量上，结构优化孕育新优势。矿业、林业、食品业、旅游业四大产业加速集聚，章源碳化硅、耀升硬质合金等一批重大项目相继投产。温泉旅游、高端养老项目稳步推进。刺葡萄产业、基金产业等新增长点呈现蓬勃生机。累计争取上级资金 47.4 亿元，比“十一五”时期增长 1.7 倍。成功获得全国重点生态功能县、国家农业综合开发县、国家主体功能区建设试点县、全国大中型水库移民避险解困试点县、全国电子商务进农村综合示范县、全国国土资源节约集约模范县等 22 项“国字号”政策，齐云山自然保护区晋升为国家级。环境保护部、国家体育总局对口支援我县，累计争取重金属污染防治、农村环境集中连片整治等项目资金 3.5 亿元，新增体育场地设施 6 万多平方米，是历年的总和。

三是在发展后劲上，基础建设积蓄新能量。累计完成固定资产投资 139.5 亿元，比“十一五”时期增长 2.7 倍。规划面积 2 平方公里、总投资 20 亿元的阳岭新城全面展开，县城规划区建成面积扩大三分之一，“四纵五横”城市骨架路网拓展成型。厦蓉高速崇义段全面通车，乐洞风电开发项目一期并网发电，关刀坪 220 千伏输变电工程投产送电。

四是在发展成效上，民生福祉得到新提升。62.7% 的财政资金向民生领域倾斜，累计民生支出 42.7 亿元。4.2 万贫困人口实现脱贫。投入近 3 亿元改造农村危旧土坯房，1.14 万户农户喜建新房，规划建设集中建房点 85 个，349 户“水上漂（含双渡）”农户完成上岸搬迁安置。在全市率先开展农村环境集中连片整治，强力推进大江、小江、扬眉江环境整治及陡水湖水面综合治理，被评为全省首批生态文明先行示范县。124 个行政村实现村村通水泥路。全面完成农村饮水安全工程。科教文卫等各项社会事业均衡发展，乡镇公办幼儿园陆续投入使用；县人民医院新住院大楼竣工启用，每千人口病床数达到 6 张，提前完成 2020 年目标任务。

五是在发展保障上，改革创新形成新经验。颁发全国第一本林权类不动产统一登记证。在全省率先完成国有林场改革。全面完成农村集体土地确权登记。探索组建了县委群众工作部、县新闻传媒中心。深化行政审批制度改革，精简县级行政审批事项 127 项，精简率达 33.8%。探索实施县委常委实名制推荐干部制度，全面推行群众直接评议干部办法，选聘“名誉村书记”服务家乡，推行村书记分类管理，构建“党员牵手义工”志愿服务活动长效机制。细化落实党委主体责任和纪委监督责任。

“十二五”的成绩主要得益于：**一是发展定位的准确把握。**十八大以来，县委科学研判形势和县情，提出的发展思路，契合中央、省、市精神，符合崇义实际。**二是心中有民的为政情怀。**以群众满意不满意作为衡量工作的标准，坚持问政于民、问需于民、问计于民，在项目建设、产业发展、精准扶贫、基础设施等方面，

让群众得到更多看得见摸得着的实惠，并妥善解决了一批信访维稳“疑难杂症”。**三是干部队伍的实干担当。**全县党员、干部以踏石留印、抓铁有痕的劲头，充分发挥主观能动性，推进工作落实，克服现实困难，实现赶超跨越，在争资争项、征地拆迁、阳岭新城建设等方面闯出了新路。**四是团结清新的政治生态。**四套班子、各部门单位、各乡镇坚持以振兴崇义为己任，顾大局、讲团结、守规矩，同舟共济，通力合作。

同时应该看到，发展中还存在不少薄弱环节。产业结构升级未实现质变，“一矿独大”没有彻底扭转。交通基础设施依然滞后，通乡、通村、通景区等公路瓶颈没有实质突破。生态环境综合治理压力大，历史遗留重金属污染、农业面源污染等问题没有有效解决。干部作风转变还不到位，慢作为不作为、中梗阻、“小鬼难缠”等现象时有发生。

2.“十三五”时期形势蕴藏机遇，发展大有可为。谋划“十三五”，关键要辩证分析经济新常态大势，既要看到大背景下发展转型升级的巨大压力，更要看到加速崇义振兴发展具备的独特优势。**一是政策优势。**新常态下，中央继续实行积极的财政政策和稳健的货币政策，国家投资进一步向农业水利、重大基础设施、中西部地区及革命老区倾斜，并大力推行中央专项建设基金投资政策。《若干意见》和部委对口支援政策红利将持续释放。**二是生态优势。**生态文明建设上升到国家战略，上级对生态建设、污染治理、绿色产业发展等政策项目的支持力度持续加大，崇义作为国家重点生态功能区，生态底蕴、生态资产具有先发优势。**三是资源优势。**钨矿资源位居全国前列，硅石、高岭土等非金属矿蓄势发力，竹木资源开发潜力依然巨大。旅游资源开发理念的升级，崇义旅游市场将迎来重要的建设爆发期。**四是新产业优势。**资本市场竞相布局体育、基金、养老等新兴产业，龙山体育公园、国家青少年网球中心、基金产业园、左溪高端养老等一批产业项目加速推进，为持续裂变提供了强劲动力。

3.“十三五”发展的指导思想。制定“十三五”规划，必须全面贯彻党的十八大和十八届三中、四中、五中全会以及习近平总书记系列重要讲话精神，切实遵循中央“四个全面”[①]战略布局要求和五大发展理念[②]，认真落实省委“发展升级、小康提速、绿色崛起、实干兴赣”方针和“提前翻番、同步小康”目标，按照市委“解放思想、内外兼修、北上南下”要求和“六大攻坚战”布局，坚持发展项目化、产业生态化、建设景区化、服务信息化思路，实施目标引领、创新推动、企业帮扶、人才支撑战略，壮大矿业、林业、食品业、旅游业集群，打造生态、养老、体育、文化名城，建设美丽、文明、活力、法治崇义，深入实施《若干意见》，全面加速振兴发展，确保与全国同步全面建成小康社会。

4.“十三五”发展的主要目标。

——经济保持中高速增长。生产总值年均增长10%左右。财政总收入年均增长10%左右。其他主要经济指标实现较快增长。

——产业水平迈向中高端。做大矿业、林业、食品业、旅游业集群总量，提升企业科技创新水平，加速产业转型升级步伐。金融、体育、养老、电子商务等新兴产业取得突破性发展。

——生态环境质量保持全国前列。实现全年空气质量指数优良率100%，重要水功能区、集中式饮用水源地水质达标率100%，主要污染物排放强度控制在国家下达目标范围内。创建4个国家级生态乡镇、8个省级生态乡镇，实现省级生态乡镇全覆盖。

——城乡布局更趋合理。按照县城规划区“10平方公里、10万人口”目标，打造生态、养老、体育、文化名城，建设特色化乡镇、精致化农村。城镇化率达到55%左右。

——群众幸福感进一步增强。城镇、农村居民人均可支配收入年均分别增长10%左右。现行标准下农村贫困人口2018年全部脱贫。就业更加充分，教育、医疗、文化、体育、社保、住房等公共服务体系更加健全。

二、全面提升争资争项争牌争先工作，增强发展内生动力

5. 推进重大政策项目落地。继续挖掘赣南苏区振兴发展政策红利，推动财税、投资、金融等优惠政策深入实施。在生态文明、产业发展、新型城镇化、基础设施建设等领域争取更多“国字号”“省字号”重大政策项目，推进纳入《赣闽粤原中央苏区振兴发展规划》的上堡梯田重点文化旅游区、钨矿山环境综合整治、陡水湖码头建设、活性炭特色制造业基地等具体帮扶政策落地。积极对接央企入赣。

6. 实现部委帮扶成效最大化。进一步发挥部委挂职干部的桥梁纽带作用，推动部委在政策、资金、项目、人才、技术等全方位、多领域的对口支援。争取环境保护部加大对重金属污染防治、江河湖泊生态环境保护、农村环境集中连片整治等项目支持力度，创建国家生态文明建设试点示范区。争取国家体育总局支持建设全国

知名户外运动基地，创建全国公共体育服务体系示范县。加强与其他国家部委“十三五”专项规划的对接，找准我县优势条件与部委政策契合点，发挥部委对口支援综合效应。

三、壮大四大产业集群，打造发展升级强大引擎

7. 壮大矿业集群。大力推动钨向硬质合金、钨合金材料转型升级，建设全国钨产业基地。积极发展非金属加工产业，重点推进硅精深加工和高岭土综合开发，加快碳化硅复合材料发展步伐，建设全省非金属新材料矿业经济区。有序整合小矿山企业，成立国有制或混合所有制公司，推动矿产资源健康开发。到 2020 年，力争实现矿业集群总产值超 150 亿元。

8. 壮大林业集群。推进活性炭、竹质工程材料、木质复合材料、竹纤维等产品开发，积极发展“互联网 +”定制家具、竹木工艺品等应用型产品，加快实施一批重大林产品精深加工项目，打造全国林产品精深加工基地。扶持花卉苗木产业，大力发展林下经济。到 2020 年，力争实现林业集群总产值超 50 亿元。

9. 壮大食品业集群。打响“高山、有机、富硒”品牌，重点扶持刺葡萄、南酸枣、油茶、茶叶、脐橙、竹笋等产业。以初级加工向精深加工转变为主线，深度开发红酒、果酒、饮料、饼干、南酸枣糕、高山有机大米、茶油等绿色食品。到 2020 年，力争实现食品业集群总产值超 30 亿元。

10. 壮大旅游业集群。以建设国家生态旅游示范区、休闲旅游度假区为目标，编制全域旅游规划。重点打造上堡梯田、齐云山、环陡水湖、阳岭四大景区，创建国家 5A 级景区。打造美丽乡村，发展乡村旅游和森林旅游，开展公路沿线农村人居环境整治，建设一批乡村旅游特色示范点，培育一批星级农家乐、民宿。到 2020 年，力争实现接待游客数量达到 500 万人次，旅游综合收入超 20 亿元。

推进生产性服务业向专业化和价值链高端延伸，促进生活性服务业向精细和高品质转变。重点发展总部经济及基金业，建设基金产业园，打造“基金谷”。推进金融业发展，支持耀升钨业、崇义林业、齐云山、君子谷公司上市，引进 2-3 家金融机构。加快电子商务业、物流业发展，实现乡镇物流配送中心和电子商务服务中心全覆盖。保持房地产业健康发展。到 2020 年，力争实现现代服务业总产值超 100 亿元。

加快新型工业化发展步伐，改造提升传统产业，扶持壮大龙头企业，通过招大引强、并购重组、嫁接改造、上市裂变等方式，推进品牌创建，引导优强企业扩能提质增效，确保实现“主攻工业、三年翻番”目标任务。

四、探索产城融合新模式，开创城市建设新高潮新高度

11. 打造生态名城。将阳岭国家森林公园和中心城区联动打造，把整个县城打造成森林公园、植物园和 4A 级景区。建设环城公路、环城步道、环城公园“三环”工程。建设 3 个百亩左右规模公园。建设海绵城市[③]。实施河湖连通工程，规划建设 3 个 10 亩以上的人工湖，增加城市灵气。继续推进“四城同创”工作，争取成功创建国家级卫生县城、园林县城和省级文明县城，巩固省级森林县城建设成果。

12. 打造养老名城。着力发展养老服务产业，规划建设 3 个以上大型养老基地，吸引各类人群来崇义养老，打造区域性养老中心。完善保健理疗、养老护理等配套服务，统筹推进居家养老、社区养老等多种养老模式。到 2020 年，每千名老年人拥有养老床位数达到 50 张。

13. 打造体育名城。依托环城公路、环城步道、环城公园，加快推进龙山体育公园、国家青少年网球中心等项目建设，改造老城区体育设施，打造“十分钟健身圈”[④]。突出发展体育产业，积极申办承办国际国内重大体育赛事，重点打造户外登山、自行车、马拉松、铁人三项等品牌赛事。

14. 打造文化名城。以建县 500 周年为契机，全方位打造阳明文化品牌。规划建设阳明文化广场、阳明展览馆、阳明书院、王文成公祠、“茶寮碑”主题公园，建设一批突显阳明文化符号的城市景观小品。深入挖掘阳明文化内涵，成立阳明文化研究会，策划阳明文化论坛等系列活动，鼓励影视制作和文学创作。全面完成县图书馆、文化馆、博物馆一级馆标准化建设，实现乡镇文化休闲广场、村级文化活动室、广播电视“户户通”工程全覆盖。加强非物质文化遗产和古村落保护。

五、扎实推进生态文明示范，唱响绿色发展主旋律

15. 加强生态管控。推动经济社会发展、城乡建设、土地利用、生态环境保护等规划“多规合一”[⑤]，形成一本规划、一张蓝图管到底。重点抓好国家级主体功能区试点示范，明确优化开发、重点开发、限制开发和禁止开发范围。配合省级划定生态保护红线、水资源红线、耕地红线，将县域内重要的公益林、水源涵养林和自然保护区、风景名胜区等 50% 以上的国土面积列入生态管

控范围。加强长河坝饮用水源地保护，建立健全生态补偿机制。加大森林资源培育和野生动物保护力度，创评中国候鸟之乡，创建国家级阳明湿地公园。

落实最严格的环境保护制度，实施环保行政执法与刑事司法联动机制，实行河湖水域保护“河长制”，建立健全生态环境保护领导负责制和损害终身追究制，对领导干部实施自然资源资产离任审计。

16. 推进生态治理。实施“净空、净水、净土”三项工程。加强大气重点污染源环境监测，推进机动车尾气、建筑扬尘、燃煤锅炉、餐饮烟气等污染治理。严格控制畜禽养殖污染，推广农作物配方施肥和病虫害绿色防控技术，防治农业面源污染。加强污水处理厂日常运营监管，建设一批工业园区污水处理设施，实现工业污水全面达标排放。规划建设城市垃圾焚烧场。巩固提升大江、小江、扬眉江和陡水湖水质环境整治成果，加强流域出境断面水质监测。全面完成柯树岭矿区矿山废渣、丰州聂都砒霜污染场地综合治理。严格限制露天采矿，开展工矿废弃地复垦利用，建设绿色矿山发展示范区。加大水土流失治理力度。

17. 发展生态农业。落实最严格的耕地保护制度，鼓励撂荒农田适度集中，探索实现所有权、承包权、经营权三权分置。建立健全农产品从农田到餐桌的质量安全体系，大力发展无公害农产品、绿色食品、有机食品和地理标志农产品，创建国家农产品质量安全示范县、有机农产品基地和省级现代农业示范区。完善生态农业补贴政策，扩大农业保险覆盖面。

18. 创建生态家园。改善乡镇宜居环境，优先发展过埠全国重点镇，提升发展扬眉、关田等中心镇，错位扶持一批生态靓镇、旅游旺镇、体育小镇、工业强镇、农业大镇和商贸重镇。建设美丽乡村，发展乡村旅游，打造示范乡、示范村、示范带、示范点。鼓励绿色生活方式转型，倡导“光盘行动”。提倡使用新能源机动车辆，推行电动公交，实现县城规划区充电桩全覆盖。规划建设城市停车场。倡导自行车出行，逐步完善公用自行车停放、提取等配套服务设施，打造“自行车城”。加快推广城乡垃圾分类，实现农村生活垃圾专项治理全覆盖、常态化。改善城镇污水管网基础设施，在县城规划区和中心镇实现污水管网全覆盖。

六、打好基础设施建设攻坚战，解决发展最大短板

19. 完善综合交通网。统筹公路、航空、铁路、水运建设，构建立体化现代交通体系。争取井冈山至全南高速公路崇义段尽快开工建设，与厦蓉高速崇义段构建“一纵一横”十字型高速公路网。主动推进国道G357崇义段升级改造，对接赣州中心城区赣西大道建设。县内国道、省道全部升级改造二级公路，县道全部升级改造三级公路，乡道、通村公路全部升级改造四级公路，提升建设通组公路，打通县际、乡际“断头路”。推进农村客运全覆盖，实施新能源客运班线村村通工程。建设崇义（过埠）通用机场。争取赣州至郴州铁路纳入国家铁路建设规划，并在崇义设立站点。建设连接赣州高铁客运站快捷公路。建设环陡水湖道路与码头，推进陡水湖旅游航运专线建设。

20. 提升清洁能源网。统筹布局区域内重大能源基础设施。强化配套电网建设，推进新一轮农村电网改造升级工程，实现乡镇35千伏变电站建设全覆盖。提升建设乐洞风电开发项目，推进铅厂、关田等风电项目建成并网发电。鼓励支持万家屋顶、分布式光伏发电、光伏电站项目建设。深入开展公共机构节能减排工作。

21. 筑牢农田水利网。加强小型农田水利建设，实施中低产田改造和高标准农田建设，重点推进小型农田水利改造和节水灌溉增效示范工程。加强主要支流和中小河流重要河段治理。加快推进城乡供水一体化工程，全面完成农村饮水安全巩固提升工程。

22. 建设智能信息网。实施“互联网+”计划，推进“宽带崇义”建设，建设信息服务、大数据、云计算等信息基础设施，完善县乡信息平台建设，打造智慧县城、智慧景区。加快光纤宽带和宽带无线移动通信等信息网络宽带化升级，实现200兆光纤高速宽带、5G网络、核心景区免费WiFi全覆盖。

七、坚持发展为民，提升人民群众获得感幸福感

23. 打好精准扶贫攻坚战。按照“六个精准”⑥和“五个一批”⑦的要求，加快扶贫攻坚步伐，确保2018年全面完成现行标准下农村贫困人口脱贫任务。统筹推进产业、就业、教育、易地搬迁、医疗救助等扶贫路径，重点发展以刺葡萄、毛竹、油茶、乡村旅游为主导的扶贫产业，对深山区、库区、地质灾害频发区、生态保护区群众实行易地搬迁脱贫，对完全或部分丧失劳动能力人口实行救助政策兜底脱贫。巩固精准扶贫成果，多渠道增加农民收入。

24. 构筑多层级社会保障网。按照全覆盖、多层次、可持续的要求，加强基层社会保障能力建

设。完善包括最低生活保障、特困人员供养、临时救助等在内的社会救助体系。继续实施积极的就业政策。推进全民参保计划，扩大商业保险参保范围，为群众提供多样化的社会保险服务。切实保障妇女和未成年人合法权益。大力发展慈善事业。

25. 坚持教育优先发展。普及学前教育、高中阶段教育。实现义务教育均衡发展，推行“每天一堂体育课”，开设阳明文化课程，全面提高素质教育质量。加快发展现代职业教育，优化专业设置。推进特殊教育发展。支持和规范民办教育发展，鼓励社会力量和民间资本提供多样化教育服务，推动建设民办大学。全面改善义务教育薄弱学校基本办学条件，实现公办幼儿园中心村辐射范围全覆盖。到 2020 年，实现城乡初中、小学师生比分别达到 1:13.5 和 1:19。

26. 推进健康崇义建设。深化公立医院综合改革。积极发展民营医疗机构，新建一批基层医疗机构，建立惠及城乡居民的基本医疗卫生计生网络，实现村级标准卫生计生服务室全覆盖。提升全科医生、家庭医生、急需领域医疗服务能力。探索“智慧医疗”，加快医院远程专家会诊发展。提高卫生医疗、生殖健康、妇幼保健、食品药品安全等公共服务水平，创建全省食品安全示范县，倡导“多运动、少吃药”健康生活理念。提升中医药服务能力，促进中医药传承发展。到 2020 年，实现每千人口执业医师 2.5 人，每千人口注册护士 3.5 人。全面实施一对夫妇可生育两个孩子政策，加大失独家庭、特困计生家庭的政策扶助力度。

八、全面深化改革，抢占开放创新发展战略高地

27. 重点推进关键领域改革。优化机构设置，强化政府公共服务、市场监管、社会管理和环境保护等职责。深化行政审批制度改革，全面清理县本级非行政许可事项，推进“三单一网”⑧建设、中介服务机构脱钩等工作。着力加强供给侧结构性改革，大力推进要素市场建设。推进国有企业产权制度改革，积极支持国投、林股、旅投等国有企业健全现代企业制度。制定支持非公有制经济加快发展的政策措施。加快农村产权制度改革，开展农村承包土地的经营权和农民住房财产权抵押贷款。深化集体林权制度配套改革。深化财税体制改革。深化投融资体制改革，放开基础设施、公共服务领域准入，推广政府与社会资本合作（PPP）模式。创新信贷产品，继续推进财园、小微、矿企、惠农信贷通。全面推进扩权强镇，推广过埠镇扩权强镇改革试点经验，赋予乡镇更多行政管理权限。

28. 开展多层次区域合作。积极融入珠三角、闽三角、长三角，加强与赣州经济技术开发区、高新区、综合保税区的互联互通，探索与周边县市开展经济协作模式。搭建项目落地承接新平台，加快建设省级工业园区，推进章源、鱼梁、关田工业片区基础设施建设。

29. 推进大众创业万众创新。加快建设创业孵化基地，搭建众创、众包、众扶、众筹等支撑平台，推广创客空间、创业咖啡、创新工厂等新型孵化模式。成立县级创业投资引导基金，大力引进天使投资、创业投资、风险投资。优化创业环境，降低创业准入门槛。突出企业创新主体作用，引导企业创建省级以上工程技术研究中心、重点实验室和院士工作站、博士后工作站等技术创新平台。

30. 实施人才支撑战略。健全人才激励机制，进一步提高优秀人才待遇和地位。创新人才培养机制，与高等院校、科研院所、金融机构合作开展人才双向交流和委托培养，深化“专家志愿服务团”活动。实施“百名硕博进崇义”工程，重点引进城市规划、企业管理、资本运作、文化创意、项目策划等高层次紧缺人才。加大发现、培养、使用本土人才和实用型人才力度，激活人才存量。创优人才发展环境，使人才引得进、留得住、干得好。

九、加强党的建设，确保发展不偏向不失速

31. 落实全面从严治党要求。强化党风廉政建设“两个责任”，严格落实“一准则两条例”。切实把纪律和规矩挺在前面，加强权力运行制约和监督。严格执行八项规定，坚持不懈纠正“四风”，强化执纪问责，全面推进党风廉政建设和反腐败工作。

32. 加强基层党组织建设。牢固树立“党建 +”理念，深入推进“连心、强基、模范”三大工程，推进基层党建规范化建设，发展壮大村集体经济。深化“流动党校”“名誉村书记”“党员牵手义工”志愿服务活动等党建品牌创建，构建新形势下密切联系群众的常态机制。

33. 加强党员干部队伍建设。树立正确用人导向，注重在发展产业、扶贫攻坚、保护生态、改善民生、深化改革、维护稳定等一线锻炼识别干部。搭建年轻干部“创新成长”平台。严把党员入口关，完善不合格党员退出机制。完善干部关心关爱机制，畅通干部交流渠道，充分调动广大干部干事创业的积极性。从严管

理干部，改进领导干部政绩考核评价和奖惩机制。

34. 全面建设法治崇义。规范政府职权，推进机构、职能、权限、程序、责任法定化。推进依法决策，实行重大决策终身责任追究制度和责任倒查机制。创新行政执法体系，探索成立综合执法局。完善县、乡、村三级矛盾调处网络，严格实行诉讼与信访分离制度和信访终结制度。深化审判公开、检务公开、警务公开制度，推进“阳光司法”。完善社会诚信系统，加快推进信用综合信息平台建设，健全信用监管体系和信用信息共享机制。实现企业守法信用信息公开查询，推行公民守法诚信“红名单”和违法失信“黑名单”制度。开展诚信宣传引导和创建活动，培育诚信文化，提升公民法制意识和道德水平。

35. 汇聚振兴发展合力。加强社会主义政治文明建设，发展社会主义民主政治，依法保障人民各项权益。坚持和完善人民代表大会制度，强化人大对民生工程、生态保护、司法活动等方面的监督。充分发挥政协政治协商、民主监督、参政议政职能，增进同民主党派、工商联和无党派代表人士的合作共事，夯实统一战线基础。推动社会主义精神文明建设，唱响主旋律，弘扬正能量，加强网上思想文化阵地建设。充分发挥工会、共青团、妇联等群团组织的作用。巩固和发展军政军民团结，深入开展“双拥”活动，推动军民融合深度发展。

登高望远谋新局，豪情满怀求跨越。展望“十三五”，全县上下要坚决贯彻县委决策部署，解放思想、万众一心、攻坚克难，切实把县委“十三五”规划建议落到实处，为全面完成“十三五”规划任务，与全国同步全面建成小康社会而努力奋斗！

中共崇义县委

2016 年 3 月 14 日

附录：

1.“四个全面”：指全面建成小康社会、全面深化改革、全面依法治国、全面从严治党。

2.“五大发展理念”：指坚持创新、协调、绿色、开放、共享发展。

3.“海绵城市”：指城市在适应环境变化和应对雨水等方面具有良好的“弹性”，下雨时吸水、蓄水、渗水、净水，需要时将蓄存的水“释放”并加以利用。

4.“十分钟健身圈”：指居民在县级以上主城区以正常速度步行 10 分钟左右、直线距离 800 至 1000 米范围内，拥有健身活动的场馆、场地或设施。

5.“多规合一”：2014 年 8 月，国家发改委等四部委下发《关于市县“多规合一”试点工作的通知》提出，推动经济社会发展规划、城乡规划、土地利用规划、生态环境保护规划“多规合一”，形成一个市县一本规划、一张蓝图。

6.“六个精准”：指扶贫对象精准、措施到户精准、项目安排精准、资金使用精准、因村派人精准、脱贫成效精准。

7.“五个一批”：指发展生产脱贫一批，异地搬迁脱贫一批，生态补偿脱贫一批，发展教育脱贫一批和社会保障兜底一批。

8.“三单一网”：指政府权力清单、责任清单、市场准入负面清单和江西政务服务网。

（此件公开发布）

中共崇义县委 崇义县人民政府
关于全面打赢脱贫攻坚战的实施意见

崇发（2016）7 号

为深入贯彻落实《中共中央、国务院关于打赢脱贫攻坚战的决定》（中发〔2015〕34 号）、《中共中央办公厅、国务院办公厅印发〈关于加大脱贫攻坚力度支持革命老区开发建设的指导意见〉的通知》（中办发〔2015〕64 号）、《中共江西省委、江西省人民政府关于全力打好精准扶贫攻坚战的决定》（赣发〔2015〕10 号）和《中共赣州市委、赣州市人民政府关于全面打赢脱贫攻坚战的实施意见》（赣市发〔2016〕1 号）精神，扎实推进精准扶贫，全面打赢脱贫攻坚战，结合我县实际，提出如下实施意见。

一、总体要求

深入学习贯彻党的十八大、十八届三中、四中、五中全会和习近平总书记系列重要讲话精神，全面贯彻落实中央、省、市有关扶贫工作会议精神，围绕协调推进“四个全面”战略布局，充分发挥政治优势和制度优势，坚持精准扶贫、精准脱贫基本方略，强化责任落实，推进改革创新，加强政策扶持，加快推进我县脱贫攻坚步伐，尽快增加贫困人口收入，不断提高贫困人口素质，举全县之力、集全县之智、聚全县之能，坚决打赢脱贫攻坚战，全面消除绝对贫困，确保我县贫困群众同步进入全面小康。

二、主要目标

紧盯“六个精准”，深入实施“五个一批”工程，力争 2018 年现行标准下全县 17482 人贫困人口全部脱贫，12 个贫困村全部“摘帽”。2019-2020 年，进一步巩固发展脱贫攻坚成果，到 2020 年，贫困村居民人均纯收入比 2010 年翻一番以上；实现基本公共服务均等化、社会保障全覆盖，乡镇有标准中心学校、有达标卫生院、有便民服务中心，村村有硬化道路、有卫生室、有文化室、有宽带网，户户有安全饮用水、有生活用电、有广播电视，让贫困群众住上好房子、过上好日子，切实把握时间节点，努力补齐全面小康短板。

（一）集中攻坚期（2016-2018 年）。2016 年完成 2 个省级贫困村和 4090 人贫困人口脱贫；2017 年完成 3 个省级贫困村和 3870 人贫困人口脱贫；2018 年完成 7 个省级贫困村和 5381 人贫困人口脱贫，基本消除绝对贫困现象，建档立卡贫困户人均可支配收入达到 3535 元以上，基本生产生活条件明显改善，基本公共服务和社会保障水平显著提升。

（二）巩固提高期（2019-2020 年）。2019 年全县建档立卡脱贫对象人均可支配收入达到 3747 元以上，基本完成农村小康主要监测指标；2020 年全县建档立卡脱贫对象人均可支配收入达到 4000 元以上，贫困村生产生活条件明显改善，扶贫对象自我发展能力显著增强，与全国同步建成全面小康社会。

三、具体任务

（一）全力推进产业扶贫

1. 提升农业产业。按照“规划先行、区域发展、市场运作、差异扶持、利益链接”的发展路径，坚持一项产业一个规划、一套扶持政策、一个牵头单位、一名责任领导、一笔专项资金、一套技术标准、一个创新模式、一个考核办法的推进机制，因地制宜、因户施策，帮助贫困户选准扶贫产业。加快土地集中流转速度，引导龙头企业、合作社、种养大户吸纳带动贫困户。采取土地入股、补助资金入股、安排就业等方式，建立劳务增收、保底分红、订单生产的利益链接机制。落实到户扶持政策，采取贷款风险补偿、贷款贴息、现金直补、产业保险等多种方式，解决贫困户产业资金投入问题。发挥人才支撑作用，发展社会化服务组织，解决扶贫产业发展技术和服务难题。

2. 发展乡村旅游。整合旅游资源和产业要素，完善旅游基础和服务设施，推进乡村旅游扶贫示范点建设。用好乡村田园景观、自然生态、民俗文化、古村落等资源，发展农家乐、生态农庄等乡村旅游业态。引导贫困户利用地方优势资源，发展旅游商品和土特产品加工，支持贫困村以旅游资源、土地入股等形式参与旅游开发，给予部分集体股权，促进贫困户增收。景区、示范点从业人员选聘优先考虑安排周边贫困户。

3. 做实电商扶贫。完善贫困村物流服务体系，支持邮政和自建电商平台在贫困村建立服务网点。结合电子商务进农村综合示范，完善县乡村三级服务网络，打造一批农特产品电子商务品牌，培育一批扶贫创客群体和农村电商龙头企业，孵化一批电子商务示范镇（村）。加强电商人才培训，实行小额信贷、补助奖励等政策，支持有条件的扶贫对象参与电商实现增收。引导贫困户利用电商平台，解决农副产品难卖、生产生活物品难买问题。

4. 加快光伏扶贫。抓住脱贫攻坚期国家、省、市大力扶持光伏产业发展的有利时机，坚持“统筹规划、集中建设、收益保底”的原则，按照“乡镇＋村组＋贫困户＋企业”模式，采取政府补助、社会帮扶、金融支持、用户出资等多种途径相结合的资金筹措机制，支持有条件的贫困村和建档立卡贫困户，利用工矿废弃地、荒山荒坡、未利用地、屋顶等资源发展光伏发电，增加贫困农户收入。加大农电网改造力度，提升电网消纳能力，鼓励各乡（镇）积极探索光伏扶贫新模式。

（二）全力推进搬迁扶贫

5. 科学合理规划搬迁。坚持“政府主导、群众自愿”原则，对居住在深山、库区、地质灾害频发区、重要生态功能区等生存环境脆弱地区的群众实施易地搬迁。结合县域发展、产业布局、城镇建设总体规划，科学合理编制易地搬迁规划，分年度有计划实施。突出安置点功能布局，综合搬迁群众经济条件等因素，引导搬迁对象立足长远，搬迁到位，重点向县城、工业园区和乡镇梯度转移；不具备条件的，向中心村搬迁安置。对需要搬迁的贫困人口做到应搬尽搬，稳定脱贫。用三年时间，全县梯度搬迁安置3340人，对整体搬迁村庄点，不再进行基础设施、建房修房等重复建设。

6. 创新搬迁安置方式。坚持群众自愿、积极稳妥的原则，因地制宜、因户而异选择搬迁安置方式，合理确定住房建设标准。结合搬迁对象实际，采取县城安置点、购买县城和乡镇商品房安置、梦想家园过埠社区安置点、乡（镇）安置点、保障房及集中供养等方式进行安置。居住在经县认定的搬迁区域的农户，对暂不符合五保条件，无力搬迁的极少数特困户实行保障房安置，对分散供养的五保户安置到敬老院集中供养。

7. 落实搬迁扶持措施。对符合条件的搬迁对象，实行易地搬迁、农村危房改造、避险解困、保障房建设等政策。为符合条件的搬迁对象提供建房、生产、创业贷款支持。保障易地扶贫搬迁安置点所需建设用地。城乡建设用地增减挂指标重点向贫困村倾斜，收益用于移民搬迁安置。整合涉农资金，完善安置点基础设施、公共服务建设和迁出区生态修复。强化政策支撑，保障搬迁对象原有土地承包经营权和集体资产收益分配权，在创造就业机会、帮助发展生产、提供公共服务等方面加大扶持，实现稳得住、能致富。

（三）全力推进保障扶贫

8. 完善社会保障措施。对丧失劳动力、没有经济来源的贫困群众，实行社会保障兜底。以户为单位评定享受低保，对符合条件的，应保尽保。提高低保保障水平，确保不低于国家贫困标准。加大临时救助力度。提高农村特困人员供养水平，改善供养条件。完善精准扶贫对象城乡居民基本养老保险政府兜底保障制度，适时提高基础养老金标准，逐步提高保障水平。

9. 实施健康扶贫工程。由政府资助贫困人口参加新型合作医疗，享受新农合基本保障和大病保险保障。参合的贫困户家庭成员在申报新农合大病保险补偿时，起付线下降50%，补偿比例每档提高10%；对贫困人口住院实行先诊疗后付费的结算机制并免缴住院押金，在县内县、乡级定点医疗机构住院治疗，可报费用不设起付线，直接按80%、90%的补偿比例进行补偿。在原有医疗保障政策的基础上，试行农村贫困人口疾病医疗商业补充保险，完善医疗救助政策，取消医疗救助病种限制，提高医疗救助比例，扩大医疗救助范围，构筑新农合补偿、新农合大病保险补偿、农村贫困人口疾病医疗商业补充保险补偿、民政医疗救助和新农合二次补偿五道保障线，遏制和减少农村“因病致贫、因病返贫”。

10. 健全关爱服务体系。引导发展维护儿童、妇女、未成年人、老年人合法权益的各类社会组织。在乡村便民服务中心设置妇女儿童家园、留守儿童之家、社区青少年中心等关爱服务场所。对贫困留守儿童开展亲情陪护、心里疏导、心愿达成、学业辅导等服务。打造“留守妇女之家”、“留守儿童之家”，维护妇女合法权益。落实80岁以上老人高龄补贴，探索实施困难失能老人护理补贴。加快建设农村幸福院，为农村留守老人提供助餐、助洁、助医等基本养老服务。加大贫困残疾人康复工程、特殊教育、技能培训、托养服务实施力度。健全发现报告、应急处置、帮扶干预机制，帮助特殊贫困家庭解决实际困难。

（四）合力推进就业扶贫

11. 拓宽转移就业空间。完善贫困乡村劳动就业和社会保障服务平台，推进政府开发公益性岗位和购买家政服务、养老服务、物业保洁、保安、保绿服务性岗位，促进贫困劳动力就业。对吸纳贫困劳动力就业的企业、示范点、合作社，享受税收优惠、职业培训补贴和创业担保贷款贴息等政策，对成功介绍贫困劳动力就业的本县职业中介机构和院校给予补助。

12. 加强就业技能培训。加大职业技能教育培训力度，对贫困家庭未就业的高校毕业生提供就业支持。对有意愿参加新型职业农民培训的贫困群众，优先免费安排培训。实施“雨露计划”，对贫困劳动力免费开展实用技术和职业技能培训，确保每个贫困劳动力都能掌握1–2门实用技术。积极培育贫困村创业致富带头人，支持科技人员开展创业式扶贫服务。

（五）合力推进教育扶贫

13. 改善基本办学条件。改善贫困村中小学校基本办学条件，加快标准化建设。加大对贫困村教师队伍建设的支持力度，特岗计划、国培计划向贫困村倾斜。推动城乡教师合理流动。优先支持有条件的贫困村学校建设教师周转宿舍。实施教育扶贫结对帮扶行动计划，办好贫困村远程教育。

14. 健全教育资助制度。落实学前教育资助制度。逐步实施对建档立卡贫困家庭学生普通高中、中等职业教育免除学杂费。加大对贫困家庭大学生的资助力度，办理国家生源地信用助学贷款，做到应贷尽贷。鼓励中等职业学校和企业培训基地招收贫困家庭子女。全面落实贫困家庭子女从学前教育到高等教育的资助补助政策，减少贫困家庭教育支出，保证贫困家庭的孩子都能接受教育，阻断贫困代际传递。

四、加快破除瓶颈制约

15. 构建内联外通交通网络。统筹农村公路建设资金，加快推进贫困村村组路网建设，努力实现贫困村内25户以上自然村道路硬化全覆盖。强化农村公路养护管理，逐步加大农村危桥改造、公路升级改造和通行政村路面拓宽建设力度。加快县乡公路升级改造，实现国道二级及以上达95%，省道二级及以上达75%以上标准，90%以上县乡公路等级达三级及以上标准，90%以上乡道等级达四级及以上标准。

16. 加强民生水利设施建设。推进农村安全饮水项目提升工程建设，提高集中供水率、自来水普及率、供水保障率、水质合格率，构建精准饮水安全保障体系。加大中小河流治理、水土流失综合治理力度。推进病险水库除险加固建设，完善防汛抗旱和地质灾害监测预报预警体系，推进农田水利建设，提高贫困村防灾减灾能力。

17. 提升农村用电保障水平。强化崇义电网与赣州主网的联网，实现县有220千伏变电站；按照国家有关规定支持开展大用户直接供电和工业企业建设自备电厂。大力推进农村电网升级改造，实施户表改造工程，构建“可靠、安全、方便”的用电网络，着力解决贫困村、贫困户供电设施落后、供电能力不足等问题。

18. 推进贫困户危房改造。完善贫困村住房建设规划。采取政策引导，探索建设小户型房、集体公租房等形式，推动贫困户危房改造、建新拆旧。整合使用危房改造、抗震设防、灾损农房恢复重建、贫困残疾人危房改造等资金，试行贫困户危房改造贷款财政贴息政策。全面完成贫困户危旧土坯房改造任务。

19. 加强生态环境保护。加大生态建设和保护力度，依托资源优势发展生态产业，对贫困村25度以上的坡耕地、废弃果园和基本农田，依法纳入退耕还林范围，并相应核减耕地保有量和基本农田保护面积。利用生态补偿和生态保护工程资金，优先安排贫困人口就地转为护林员、森林防火员。

20. 加强信息扶贫基础建设。加大“互联网+”扶贫力度，实施“宽带乡村”工程。到2018年，4G网络覆盖自然村达到90%，光纤网络覆盖自然村达到70%，农村家庭12Mbps及以上宽带接入能力达到90%，实现无线通信信号、广播电视全覆盖，构建农村网络信息安全和应急通信保障体系。采取政府补贴、企业减免、社会支持等方式，鼓励农村贫困户使用信息网络，提高贫困户家庭宽带普及率。

21. 加快改善贫困村人居环境。加快美丽乡村建设，扎实做好农村环境连片整治工作，健全农村垃圾收运处理体系，完善农村环卫管理长效机制，提升农村生活垃圾专项治理水平，优化人居环境。推进农家书屋、文化活动室、体育健身工程等文化体育项目建设；开展送文艺下乡活动，丰富农民群众生活。启动农村“空心房”整治工作，推进新农村建设发展升级。

五、着力完善支撑体系

22. 加大资金投入。完善财政扶贫资金持续增长机制，从

2016年起，县财政专项扶贫资金按照减贫任务需要，纳入财政公共预算，建立扶贫项目目录制。行业扶贫投入要按不低于当年项目资金的30%比例统筹用于脱贫攻坚。当年清理收回存量资金可统筹用于扶贫开发。财政支持的小微型建设项目，涉及贫困村的，允许按照“一事一议”方式直接委托村级组织自建自管。有效衔接部门专项规划与脱贫攻坚规划，行业部门安排的惠民政策、项目和工程，要最大限度地向贫困村、贫困人口倾斜。

23. 强化金融支持。积极开展扶贫小额贷款，扩大林权贷款规模，鼓励金融机构开发扶贫信贷产品，推进“产业扶贫信贷通”、“金穗扶贫”系列等试点工作。鼓励银行按照注入风险补偿金额的8倍以上比例放大产业扶贫信贷通贷款额度，撬动信贷资金，切实扩大贫困户贷款覆盖率。推动金融机构在贫困村布设营业网点，加快实现银行卡助农取款服务点行政村全覆盖。

24. 推进改革创新。打造脱贫攻坚县级资金整合平台，积极开展涉农资金整合，以脱贫攻坚规划为引领，以扶贫项目为重点，把专项扶贫资金、相关涉农资金和社会帮扶资金捆绑集中，统筹使用。在不改变用途的情况下，财政专项资金和其他涉农资金投入设施农业、养殖、光伏、水电、乡村旅游等项目形成的资产，可由村集体、合作社或其他经营主体统一经营，并折股量化给贫困村和贫困户。实施农民股份合作，支持企业、合作社和其他经营主体通过吸收农民土地（林地）经营权入股、资金入股、土地托管和畜禽托养等方式，带动贫困户增收。

六、切实强化组织保障

25. 压实攻坚责任。各乡（镇）、各部门单位要强化责任担当，把精准扶贫工作摆在更加突出的位置，层层签订脱贫攻坚责任书，压实责任、传导压力。各级党政主要负责人要履行好“第一责任人”职责，集中主要精力抓，组建一支专抓精准扶贫队伍，提高工作实效。县乡村三级联动，找准定位，实干担当，挂点县领导、挂点单位负责人、工作队和“第一书记”、“名誉书记”齐抓共管，把脱贫责任扛在肩上、脱贫任务抓在手上。

26. 凝聚强大合力。要加强工作统筹，县委每季度调度一次，县政府每月调度一次；县精准扶贫办周推进、月通报，建立微信群、办好简报。各乡（镇）、各部门单位定期调度，加强乡村与部门单位、部门单位之间的信息互通，形成工作合力。要整中央、省、市出台的一系列支持贫困地区、贫困户的扶持政策，发挥政策组合叠加效应，充分用好国家部委和省直、市直单位对口支援的优势，进一步扩大帮扶辐射面。整合各类涉农资金，并撬动金融资金及社会资金服务脱贫攻坚，放大扶贫资金总量，加大扶贫资金投入。强化宣传引导，认真总结好做法、好经验，培育一批立得起、叫得响、推得开的帮扶单位、示范村、脱贫户等先进典型，以点带面、推动工作，凝聚脱贫攻坚合力。

27. 创新工作机制。建立健全扶贫绩效与资金分配挂钩、权责匹配奖惩、社会参与监管等机制。探索建立建档立卡贫困户、贫困人口脱贫认定办法，完善贫困人口进退机制，实行有进有出、动态管理。对脱贫的农户，一定时期内继续享受扶贫相关政策。通过建立第三方评估机制、加强社会监督、群众满意度调查，科学评价扶贫绩效。完善工作推进机制，提速提质提效。

28. 严实考核问责。建立“一季一督查、一年一考核”的督查机制，县精准办牵头组织人员深入乡村一线实地督查，重点督查扶贫政策和资金是否落实、措施和办法是否精准到位、成效是否明显、群众是否满意，对工作开展不力的乡镇和单位全县通报并限期整改。强化考评结果运用，对扶贫开发工作实绩突出的单位和个人给予表彰；对措施不力、行动迟缓的单位和个人予以批评、问责，排名后三位的，对主要领导进行约谈。

29. 过硬作风保证。精准扶贫工作是一项最大的民生工程，需要担当精神、实干作风和为民情怀做保证。各乡（镇）、各部门单位要对标“三严三实”，深入查找扶贫工作中存在的“不严不实”问题，认真加以整改，解放思想、务实担当、攻坚破难，推动精准扶贫工作任务全面落实。扶贫资金不得挤占挪用、截留贪污，县财政、审计等部门要创新方式强化资金监管，纪检监察部门要从严从重惩处违规违法行为。

附件：加快崇义振兴发展打赢脱贫攻坚战的责任分工

中共崇义县委 崇义县人民政府

2016年6月13日

附件：

加快崇义振兴发展打赢脱贫攻坚战的责任分工

为全面贯彻落实《中共中央、国务院关于打赢脱贫攻坚战的决定》（中发〔2015〕34号）、《中共中央办公厅、国务院办公厅印发<关于加大脱贫攻坚力度支持革命老区开发建设的指导意见>的通知》（中办发〔2015〕64号）、《中共赣州市委、赣州市人民政府关于全面打赢脱贫攻坚战的实施意见》（赣市发〔2016〕1号）精神，结合崇义实际，现就崇义振兴发展和"十三五"脱贫攻坚任务提出如下责任分工。

一、工作重点

（一）实施基础设施建设扶贫行动

1. 全面推进全县交通运输基础设施建设。进一步加大对贫困乡（镇）、贫困村交通基础设施建设的支持力度。2016—2019年，改扩建国省道二级公路100公里以上，实施县乡公路改造60公里以上，新开工建设通村通组公路300公里以上。全面实现25户以上自然村通公路目标，普通国道二级以上公路比例达95%以上，实现100%的贫困村通油路、通客运。到2020年，持续推进高速公路建设，加快国省干线和县乡公路升级改造力度，进一步完善全县公路路网结构，不断提高公路服务水平和抗灾能力，全面提升区域交通通达水平和货物流通能力。**〔责任单位：县交通运输局、财政局，各乡（镇），排在第一位的为牵头单位，下同〕**

2. 加快推进水利工程建设。支持贫困村重大水利工程、与节水改造等水利项目建设，小型农田水利、流域治理工程等建设向贫困村倾斜。2016—2017年，新改扩建小山塘22座，解决农村1.75万人的饮水安全问题，其中2016年解决0.56万人，2017年解决1.19万人，基本解决贫困村群众和学校师生饮水安全问题。2018—2020年，新改扩建小山塘50座，普遍提高农村供水保障水平。**〔责任单位：县水利局，各乡（镇）〕**

3. 加快推进农村电网改造升级。全面提升农网供电能力和供电质量。在农村"一户一表"覆盖率达到100%基础上，以城镇中心村建设为契机，2016—2017年，全县农村电网新建35千伏变电站1座、新建线路15公里，2018—2020年，新建110千伏变电站1座、新建线路12公里，新增110千伏变电容量8万千伏安。到2020年，农村居民电压合格率达98%以上。**〔责任单位：县供电公司，各乡（镇）〕**

4. 加快实施信息基础设施建设。加快网络优化、城乡网络全覆盖、农村宽带延伸等重大信息基础设施建设。推进"三网融合"，加快"宽带乡村"等示范工程建设，加速贫困村"村村通宽带"工程建设并向自然村延伸覆盖。完善邮政普遍服务体系，优化农村用邮环境，加快实施"农家书屋"全覆盖工程和行政村数字广播电视延伸覆盖工程。到2017年，全面实现自然村"村村通电话"和行政村"村村通宽带"，农村宽带接入能力100M用户覆盖比例达到30%以上；在16个乡（镇）开办快递服务网点，在16个行政村设置村级邮件接收场所，农村数字广播电视用户达10万户以上。到2020年，基本实现同步小康创建活动"电话户户通"和"数字电视户户通"目标，全面建成与小康社会相适应的现代通讯网络，"农家书屋"覆盖所有贫困村。**〔责任单位：县工信局、邮政公司、文广新局、电信公司、移动公司，各乡（镇）〕**

5. 加快实施农村危房改造工程。优先解决住房最危险、最需要改造、经济最困难的贫困户基本安全住房问题，确保改造任务落实到户、施工技术指导到户、补助资金拨付到户、竣工验收具体到户，切实改善建档立卡贫困群众居住环境。2016年完成237户贫困户危房改造任务，基本消除农村危房。加强小康建设与农村危房改造工程有机结合，引导符合农村危房改造政策的危改户按小康房标准建设，在解决贫困群众基本居住条件基础上提高农民居住质量。**〔责任单位：县城建局、县委农工部，各乡（镇）〕**

（二）实施产业和就业扶贫行动

6. 深入推进产业化扶贫，促进贫困人口创业就业。结合建档立卡贫困户具体实际，因地制宜、突出重点，因户择业、统筹规划，分类指导、分类施策，实行产业扶贫规划到村、项目到户。巩固提升刺葡萄、油茶、竹木、乡村旅游、脐橙、果蔬、传统种养等优势扶贫产业，努力形成一批规模大、示范带动效果好的示范点和种养殖大户。每个乡（镇）重点打造2—3个产业扶贫示范点，确保支柱产业覆盖60%的贫困人口。加快实施乡村旅游扶贫，重点扶持一批贫困村发展农旅一体化，在全县选择基础条件、发展能力相对较好的村创建农旅一体化示范村，如上堡乡玉庄旅游示范点。积极探索“大数据＋现代农业＋乡村旅游”的农村电商扶贫模式，实施农村电商“十百千万”工程，加快电商主体培育和平台建设，完善贫困乡村综合服务网点建设，加强贫困地区农村电商人才培训。到2018年，建设包含1个县级电子商务公共服务中心、16个乡（镇）服务站、124个行政村的电商服务站点完整体系，培训孵化农村电商人员800名，促进“农货出山”、“网货下乡”，实现电商惠农；到2018年，在全县12个贫困村中建设4个“村邮乐购·农村e邮”精准脱贫站、打造8个标准脱贫站，为贫困户的农特产品提供展示平台，进一步扩大销售渠道。充分利用太阳能资源，做实光伏扶贫。2016–2018年实施光伏扶贫3560千瓦，总投资约3000万元，其中建档立卡贫困户安装3–5千瓦户用光伏发电系统800户；省定贫困村建设60千瓦村级光伏电站6个。支持有实力的新能源企业在贫困地区因地制宜建设集中式地面光伏电站土地综合利用示范项目1个，总装机16兆瓦，总投资约1.34亿元。〔**责任单位：县林业局、农粮局、果茶局、旅发委、商务局、邮政局、发改委，各乡（镇）**〕

7. 加强技能培训，实现转移就业。广泛开展以实用技术、创业就业技术培训为主体的精准培训，在全县47个贫困村开办新型农民职业培训，三年内完成建档立卡贫困劳动力人口的集中轮训，每年转移农村富余劳动力500人以上。深入实施“雨露计划”培训工程，在三年内实现建档立卡贫困户培训全覆盖，确保每户至少有1人接受中职及以上学历教育、接受职业技能培训后转移就业、接受农业产业化技能培训挂靠1个龙头企业。组织开展贫困村科技专项培训，每年举办培训35期。组织开展贫困村农民工返乡创业、青年致富带头人、妇女创业能手、残疾人就业扶助等专项培训，实现转移就业。〔**责任单位：县农粮局、扶贫和移民办、就业局、团县委、妇联、残联，各乡（镇）**〕

（三）实施易地搬迁扶贫行动

8. 深入推进搬迁扶贫，落实安居保障。坚持尊重群众意愿、科学规划选点，集中搬迁安置生活在深山区、石山区和生态环境脆弱地区的1302人贫困人口，从根本上解决这部分群众的生存发展问题。发挥扶贫与生态两个功能，对贫困人口比例高、生存条件恶劣的自然村和村民组实施整体搬迁，对零散分布的贫困户实施插花搬迁，对没有搬迁意愿的少数贫困户，探索以生态补偿方式让有劳动能力的就地转化为生态保护工人。把易地扶贫搬迁与农村危房改造、保障房建设、农村集中建房结合起来，与园区建设、旅游发展、特色产业培育统筹起来，积极落实搬迁户在土地、产业、就业、户籍和社会保障等方面的政策，加强搬迁群众创业培训，引导转移安置就业，确保贫困群众搬得出、留得住、能就业、有保障。2016年完成搬迁270人，2017年完成搬迁516人，2018年完成搬迁516人。全面完成易地搬迁新村水、电、路、讯、绿化等相关配套基础设施建设。〔**责任单位：县扶贫和移民办、财政局、国土资源局、城建局、房管局，各相关乡（镇）**〕

（四）实施教育扶贫行动

9. 改善城乡办学条件。全面推进学前三年到高中阶段基本普及教育，加快发展现代职业教育。在三年内继续改扩建农村公办幼儿园10所以上，新改扩建农村中小学12所以上，确保义务教育学校办学条件基本达标。通过送教下乡、集中培训、远程培训等方式，实现乡村教师参训率达100%，培训合格率达98%以上，有效提高乡村教师专业化水平。

10. 完善贫困家庭学生资助体系。争取幼儿资助名额，扩大贫困生资助范围。到2017年，实现义务教育均衡发展，贫困村教育发展达到全市平均水平，贫困村学前三年入园率达82%和义务教育巩固率达到94%以上，高中阶段毛入学率达到88%以上，中职毕业生就业率达到98%以上。到2020年，贫困村办学质量有较大提升，乡村教师队伍更加稳定，职业教育体系更加完善，教育培训就业衔接更加紧密，教育质量和水平持续提高。〔**责任单位：县教育局、财政局，各乡（镇）**〕

（五）实施医疗健康扶贫行动

11. 完善医疗服务和保障体系。推进贫困村基本公共卫生服务均等化，构筑新农合基本医疗保险、新农合大病保险、城乡医疗救助、疾病医疗商业补充保险和新农合二次补偿“五重医疗保障”。由政府资助贫困对象参加新农合、新农保。针对符合条件的大病患者、特困供养人员、最低生活保障家庭成员、抚恤优抚对象、精神病患者、低收入家庭中的重度患者（重度残疾、老年人）、无力承担过高医疗自付费人群等医疗救助扶贫对象，实施政策范围内医疗费用保障全覆盖。加快贫困村乡镇中心卫生院建设，健全贫困乡镇卫生计生服务网络。落实计划生育政策，加大计划生育奖励扶助力度，提高出生缺陷救治能力。到2017年，实现16所乡镇卫生院和47个村级卫生计生服务室标准化建设。到2020年，贫困村公共卫生和基本医疗服务建设达到全面小康标准，低生育水平持续稳定，逐步实现人口均衡发展。〔**责任单位：县卫计委、民政局、农医中心、农保局、财政局、残联，各乡（镇）**〕

（六）实施财政金融扶贫行动

12. 争取金融支持。引导各银行业金融机构加大金融支持，加大支农支小再贷款及贴现的支持力度，扩大农村“两权”抵押贷款试点范围，支持农村发展资金互助合作，创新开发专门针对贫困户的“产业扶贫信贷通”、“金穗扶贫”系列等产品，银行按照注入风险补偿金额的8倍以上比例放大贷款额度。〔**责任单位：县金融工作局、财政局，人民银行崇义县支行、银监办，县相关金融机构，各乡（镇）**〕

（七）实施社会保障兜底扶贫行动

13. 实行兜底保障脱贫。加强扶贫开发和农村低保制度衔接，对符合低保条件的贫困户全部纳入最低生活保障范围。持续提高农村低保标准，稳步提升托底保障水平，逐步实现低保标准与扶贫标准“两线合一”。到2017年，将无业可扶、无力脱贫人口全部纳入农村最低生活保障范围。加快贫困地区敬老院、儿童福利机构等设施建设，确保2017年实现敬老院集中供养率70%以上、床位利用率80%以上。推进城乡低保、医疗救助、特困人员供养等社会救助体系建设，做好城镇居民基本医疗保险与新农合、城镇职工基本养老保险与城乡居民养老保险制度之间的衔接，提升社会保障服务能力。到2017年，实现城镇医保和新农合参保率95%、城乡居民养老保险参保率96%，农村低保每年提标增幅10%以上。到2020年，形成社会保障服务网络，实现社保对象动态精确管理，做到应保尽保、应扶尽扶，最大限度减少因病致贫和返贫问题。〔**责任单位：县民政局、人社局、扶贫和移民办，各乡（镇）**〕

（八）实施社会力量包干扶贫行动

14. 积极营造社会各界参与的“大扶贫”格局。坚持自我发力与向外借力并举，加快形成专项扶贫、行业扶贫、社会扶贫有机结合互为支撑的“三位一体”大扶贫格局，聚合各类扶贫资源实现与全县12个贫困村“一对一”帮扶全覆盖。统筹开展结对帮扶、定点帮扶、对口帮扶、金融扶贫、非公企业组团扶贫等，深入推进“千企帮村、万户结对”活动。用好对口帮扶力量，完善联络协调机制，重点在推动产业对接、文化旅游、教育医疗、人才培养、干部培训等方面深化合作，提升帮扶质量和水平。积极倡导、鼓励和动员有条件的社会组织及个人参与包干扶贫工作，按照能力大小和意愿，自主选择以村、组、贫困户作为帮扶对象，或以帮扶项目的实施为载体，开展包干扶贫工作。大力开展志愿服务活动，引导广大社会组织通过爱心捐赠、志愿服务、结对帮扶等形式参与扶贫开发。〔**责任单位：县扶贫和移民办、县委统战部、工商联、文明办、县直机关工委、团县委、妇联，各乡（镇）**〕

二、保障措施

（一）强化责任落实

各级各部门各负其责，县级统筹做好脱贫攻坚的组织领导、政策制定、工作协调、督促检查、经验总结、示范推广等工作。县级党委、政府承担主体责任，做好扶贫进度安排、项目落地、资金使用、人力调配、推进实施等工作。乡（镇）党委、政府承担具体责任，要认真落实各项扶贫措施，确保扶贫政策、项目、资金落地见效。各行业部门要强化扶贫开发工作责任，制定具体操作方案，把扶贫工作纳入本行业“十三五”规划，每年向县扶贫开发领导小组报告行业扶贫任务落实情况。各乡（镇）各部门要认真履职，加强协调，互相配合，全面落实党委主责、政府主抓、干部主帮、基层主推、社会主扶的扶贫责任，形成工作合力，加快构建政府、市场、社会协同推进的“三位一体”大扶贫格局。〔**责任单位：县委办、县政府办、扶贫和移民办，县直各相关部门，各乡（镇）**〕

（二）整合资源扶持

加大涉农资金整合力度，围绕年度计划和重点乡（镇），采取项目化运作，按照“资金用途不变、项目渠道不乱、实施各负其责、考核各记其功”的要求，县级统筹规划，捆绑项目资金，集中投入，整体打造，加大对上争取力度，每年保持10%以上增速加大财政扶贫资金投入。县级财政每年预算安排1200万元专项资金，用于支持贫困村的基础设施及产业示范带建设。县级财政每年安排一般公共预算收入的2%以上专项资金投入扶贫开发。党政机关、事业单位结转结余资金可用于结对帮扶和定点扶贫。动

员社会力量投入资金帮扶，形成有效补充。〔**责任单位：县财政局、扶贫和移民办，各乡（镇）**〕

（三）加强扶贫机构和队伍建设

按照省、市的要求，全县各乡（镇）必须设立专门的扶贫工作机构，落实人员编制，提供必要的工作条件和经费保障。各乡（镇）脱贫攻坚任务由党政“一把手”总负责，确保扶贫工作有专人管、专人抓。乡（镇）要保持扶贫队伍稳定性和工作连续性，不得擅自更换精准扶贫工作人员。各乡（镇）要进一步转变和完善扶贫机构职能，使工作站真正成为党委和政府打赢这场脱贫攻坚战的参谋部、作战室、督查队。扶贫部门和农粮、民政、教育、卫计等相关部门要整合资源，形成工作合力，加强贫困村农技推广服务，发挥农技专家在基层解决农技难题、加快成果转化、培养农村实用人才等方面的作用。加大扶贫部门干部和贫困村干部培训力度，贫困村干部和乡级扶贫部门干部培训要纳入县级党政干部培训规划。〔**责任单位：县委组织部，县编办、人社局、农粮局，各乡（镇）**〕

（四）严格考核问责

建立最严格的脱贫攻坚目标考核制、一把手负责制和问责制，对县直部门和乡镇领导班子及成员年度考核实行扶贫工作实绩“一票否决制”。县扶贫和移民办要加强对扶贫项目立项实施、资金拨付、监管验收、绩效评估等环节的监督检查，及时通报扶贫目标任务完成情况。县直各部门要强化责任意识，转变工作作风，把脱贫攻坚纳入本部门、本行业重要议事日程。建立完善考核机制，将扶贫攻坚工作纳入县直机关目标绩效专项考核，对每年扶贫开发工作任务完成较好、成效明显的县直部门，在机关目标考核中的优秀名额增加5%，对扶贫工作任务完成不力的县直部门在机关目标考核中不得评为优秀等次，工作任务未完成的个人不能评先评优，两年内不得提拔任用。在推进扶贫攻坚工作中履职不力、推诿扯皮和不作为、慢作为、乱作为的干部，采取一次提醒谈话、二次调整岗位、三次实施问责等方式进行处理。逐步完善考核体系，提高减贫指标在县级经济社会发展实绩考核指标中的权重，推进考核向基层延伸，实行县考核乡（镇）、乡（镇）考核村的分级考核和排名制度。坚持“摘帽不摘政策”，健全完善贫困退出机制，加快贫困村、贫困人口有效退出和脱贫。把扶贫工作实绩作为领导干部考核奖惩、选拔任用的重要依据，对扶贫攻坚期间表现优秀、符合条件的优先提拔使用，对未完成年度减贫任务的乡（镇）党政主要领导进行问责，对落实不力或弄虚作假搞“数字脱贫”的严肃追究责任。〔**责任单位：县纪委，县委组织部，县财政局、人社局、扶贫和移民办，各乡（镇）**〕

（五）营造良好氛围

以农村党员干部远程教育为抓手，深入开展扶贫政策进机关、进社区、进校园、进乡村、进企业活动，多层次、多形式强化宣传培训，把扶贫惠农政策传递到千家万户。采取以会代训、举办培训班、结对帮扶等形式，扎实推进中央、省、市脱贫攻坚有关政策的宣讲。通过电视、广播、报纸、网站、村务公开栏等渠道，开设扶贫政策宣传专栏，使广大干部群众熟悉、掌握和应用政策，确保政策落地。县精准办要精心策划，联合县级新闻媒体，聚焦典型做法、典型人物、典型事迹宣传，传递正能量，提振精气神，营造全社会关注扶贫、支持扶贫、参与扶贫的浓厚氛围。〔**责任单位：县委组织部、县委宣传部、县扶贫和移民办，各乡（镇）**〕

崇义县人民政府
关于印发崇义县促进电子商务产业发展扶持办法（试行）的通知

崇府发〔2016〕2 号

各乡（镇）、人民政府，县直、驻县各单位：

《崇义县促进电子商务产业发展扶持办法（试行）》业经 12 月 9 日县委第十六届第 72 次常委会议和 12 月 4 日第十七届县人民政府第 55 次常务会议研究同意，现印发给你们，请认真抓好贯彻落实。

2016 年 1 月 8 日

崇义县促进电子商务产业发展扶持办法（试行）

为优化我县电子商务发展环境，加大政策支持力度，加快推进电子商务应用，推动县域经济发展，结合我县实际，特制定本办法。

第一章 总 则

第一条 本扶持办法适用于在我县办理工商注册、税务登记，正常运营的平台型、运营型、服务型、结算型、应用型等五种类型的电子商务企业，包括在互联网上建立电子商务平台的企业、电子商务平台应用企业、提供电子商务服务的配套企业等，以及经县电子商务产业发展领导小组认定的其它可享受扶持的企业。

第二条 设立电子商务产业发展引导专项资金。除上级扶持资金外，县财政每年预算安排 500 万元专项资金，用于扶持全县电子商务产业发展。

第三条 落户在我县电子商务企业：①经税务部门认定符合鼓励类产业目录的，享受赣南苏区振兴发展税收优惠政策，减按 15% 的税率征收企业所得税；②对入驻我县电子商务运营中心（创业孵化园区）、阳明电商城、竹文化创客中心（电商扶贫示范点）电商企业（个体）及乡村服务站点，通过线上交易产品缴纳的税收，新上企业按地方实得部分的 85% 奖励给企业；老企业以前两年纳税平均数为基数，当年新增税收地方实得部分的 50% 奖励给企业；③对月营业额不超过 3 万元（含 3 万元）或季营业额不超过 9 万元的小微企业免征营业税政策期延长至 2017 年 12 月 31 日。

第四条 落户在我县的电子商务企业，按《江西省贯彻落实国务院关于大力发展电子商务加快培育经济新动力意见的若干措施》（赣府发〔2015〕49 号）《2015 年赣州市电子商务发展专项资金管理办法》（赣市财建字〔2015〕64 号）的有关规定，享受上级的各项政策扶持。

第二章 平台建设扶持政策

第五条 支持县级电子商务运营中心建设。引进品牌电子商务运营企业，在我县设立县级运营中心（含电商创业孵化园），并延伸至乡村设立村级服务站。对运营服务延伸至 80 个以上村级服务站，运营服务功能涵盖线下产品展示、物流配送、品牌网络推广、孵化培训、创业指导、下设乡村服务站（含硬件建设）等方面，且营业面积达到 3000 平方米以上，工作人员达 20 人以上，可承接入驻网商企 60 家以上的县级运营中心（含电商创业孵化园），建设运营费用按实际投入总额的 50% 给予一次性补助，最高补助不超过 600 万元；房屋租金按运营期间实际发生租金给予补助，连续补助三年，最高补助不超过 100 万元（自执行之日起至 2018

年12月31日）。

第六条 支持电子商务展示场馆建设。在我县阳岭新城建设阳明电商城项目，通过吸引电商企业入驻建立网上商城“线下体验馆”，鼓励在国际、国内影响较大的第三方电商平台开设“崇义特色产品馆”、“国际品牌产品体验馆”的电商企业以及在淘宝、天猫、京东、苏宁开设旗舰店的电商企业建设“O2O体验馆”，打造汇聚高端电商人才集群创业的新经济商业圈。对新建场馆使用面积（不含仓储面积）3000平方米以上，工作人员达10人以上，承接入驻网商企业30家以上的，经验收合格且投入运营半年后，对电商城投资运营商投资的形象展厅、创客中心等电子商务综合运营服务中心的建设和公共管理运营成本的50%给予补贴，按运营三年补贴总额不超过150万元执行；对所有入驻电商城的线下旗舰店投资业主给予5元/平方米/月的店租补贴，连续补贴三年（自执行之日起至2018年12月31日）。

第七条 支持竹文化创客中心（电商扶贫示范点）建设。通过招投标方式确定运营主体，设立专项资金60万元，支持竹文化创客中心的建设和运营，通过特色平台全面宣传推介崇义特色农产品及竹文化产品。

第八条 支持电子商务企业总部建设。鼓励大型品牌电商企业在我县建设总部，对租赁办公场所实际使用面积200平方米以上，用工达10人，网上年销售额达5000万元后，根据实际发生房屋租金，按单价不超过10元/平方米/月，总额不超过5万元的标准给予一次性房屋租金补助。

第九条 支持乡村示范点建设。鼓励县内电商企业下设乡镇电商服务中心（站）、村电商服务分中心（点），为当地村民提供网络代购、网货供需信息收集、农产品及土特产代销等服务，实行统一装修和硬件设施添置，经认定达标，分别给予乡镇电商服务中心1万元、村电商服务分中心5000元的一次性补助。

第三章 企业培植扶持政策

第十条 支持入园创业。对进入县电子商务产业发展领导小组指定的电商产业园（孵化园）的电子商务经营主体，实行3年免租金、免水电费、免网络费、免培训费的支持政策。

第十一条 支持争创示范。评选县级示范网商。每年评选5家示范网商，每家给予0.5万元奖励；鼓励建设农村电子商务示范乡镇（基地）、示范村（企业）。对被评为“省级农村电子商务示范乡镇（基地）、村（企业）”的，分别给予一次性2万元、1万元的奖励；对被评为“市级农村电子商务示范乡镇（基地）、村（企业）”的，分别给予一次性1万元、0.5万元的奖励。

第十二条 支持企业自建电商平台。对自建电子商务平台的企业，经县领导小组认定有真实交易的，本地入驻该平台的商户首次突破50户奖励2万元、突破100户奖励5万元、突破200户以上的奖励10万元。平台年交易额首次突破500万元的奖励1万元、突破1000万元的奖励2万元、突破3000万元的奖励3万元、突破5000万元以上的奖励4万元。

第十三条 支持第三方电子商务平台建设。鼓励在我县注册建设全国性电子商务网络平台，对主要为买卖双方供求信息交流提供服务，且以收取注册会费为主要盈利模式的平台（B2B模式），按缴费注册会员数量给予奖励，当缴费注册会员达到1万个、3万个、5万个时，分别给予10万元、20万元、30万元的一次性奖励；对为买卖双方交易提供全方位服务的平台（B2C,C2C，O2O模式），分行业按全网交易额给予奖励，其中：综合类平台及工业产品类平台首次年交易额达到1亿元、3亿元、5亿元的，分别给予2万元、5万元、10万元奖励；农副产品类平台首次年交易额超过0.5亿元、1亿元、2亿元的，分别给予2万元、5万元、10万元的奖励；生活服务类平台（水、电、煤、话费缴存平台除外）首次交易额达到0.1亿元、0.5亿元、1亿元的，分别给予2万元、5万元、10万元奖励。

第十四条 支持提升网销业绩。对自建平台或运用第三方平台通过B2C、C2C、O2O电子商务形式实现年销售收入首次突破500万元、1000万元、1500万元的经营主体，分别给予1万元、2万元、3万元的一次性奖励。对自建平台或运用第三方平台通过B2B电子商务形式实现年销售收入首次突破1000万元、2000万元、3000万元的经营主体，分别给予1万元、2万元、3万元的一次性奖励。鼓励企业自建平台或运用第三方平台销售本地产品，对销售本地农副产品年销售额首次突破100万元、300万元、500万元的，销售本地工业产品年销售额首次突破500万元、1000万元、2000万元的，各分别给予一次奖励1万元、2万元、3万元奖励。支持跨境电商发展，对开展跨境电子商务的企业，当年出口额在20万美元以上的，每20万美元给予1万元人民币奖励。（时间自本办法执行之日起算）

第十五条 支持品牌建设及参

展。鼓励产销一体化的本县农产品企业开展“三品一标”（无公害农产品、绿色食品、有机农产品和农产品地理标志）认证，初次无公害农产品认证奖励1万元、绿色食品和有机农产品认证各奖励3万元、农产品地理标志认证奖励10万元。再次续认证的，无公害农产品奖励5000元，绿色食品、有机农产品各奖励1万元；电子商务企业开展自主品牌建设，培育发展跨境电商品牌产品，获得国家级、省级名牌产品的企业，分别给予10万元、5万元一次性奖励。支持企业“走出去”参加各类展会，对展位租金和往返交通费按上级有关文件规定享受补助。

第十六条 支持公共仓储配送平台建设。鼓励县内对现有闲置（存量）厂房、仓储用房等进行改造和利用，建立集仓储、代发货、物流配送等功能于一体并为全县网商提供产品展示、宣传、信息收集、代发货、代仓储、代运营等综合性电子商务公共仓储配送中心，对新建仓储面积达2000平方米以上，为本县30家以上电子商务企业开展仓储服务，并建立仓储配送电子管理系统的仓储企业，按实际投入资金的10%给予一次性补助，最高不超过10万元；对仓储面积在200平方米以上、为本县10家以上电子商务企业开展仓储服务，并建立仓储配送电子管理系统的仓储企业，给予5万元的一次性建设资金补助。

第四章 服务支撑扶持政策

第十七条 支持电商人才引进。鼓励电子商务企业引进急需的电子商务高级人才（本科以上学历），其随迁子女在学龄前或义务教育阶段选择本地幼儿园或公办学校就读的，由县教育局负责优先安排。用工人数5人以上且年交易额达到500万元以上的电子商务企业，引进电子商务专业管理、技术人才，签订了劳动合同的，对引进企业给予一次性奖励。引进本科以上大学毕业生的，奖励0.5万元/名；引进高级工程师、获得硕士以上学位等高级管理、技术人员的，奖励1万元/名。（自执行之日起至2016年12月31日内）；

第十八条 支持电商人才培训。整合县内各行业主管单位资源，开展针对我县城镇居民和农村劳动力的电子商务培训。凡具备电子商务培训资质并经人事部门确认的培训机构，其培训的电子商务从业人员经考核合格的，按照初级班（培训电子商务操作人员，时间不少于35课时）500元/人、中级班（培训有电脑操作基础及培训后即开网店人员，培训时间不少于50课时）1000元/人、高级班（培训电子商务平台运营高级技术、管理、营销、策划人员，培训时间不少于80课时）1500元/人的标准给予培训机构培训补贴。

第十九条 支持物流（快递）服务体系建设。对入驻崇义县电商产业创业孵化园、阳明电商城、竹文化创客中心（电商扶贫示范点）的电子商务网商，按实际销售单量2元/单的标准给予物流（快递）补助，单个企业每年最高补助不超过2万元。（自执行之日起至2018年12月31日止）

第二十条 支持传统经营者向电商转型。对新开展网络商品交易和服务的经营者，除国家法律法规禁止或需要前置许可的项目外，可依照经营者的申请核定经营范围，快捷登记办理。凡已经登记注册取得营业执照的经营者从事电子商务经营活动，与登记注册的经营范围不一致的，只需增添登记电子商务经营范围。

第二十一条 支持电商企业融资贷款。加大“财园信贷通”、“小微信贷通”、“财政惠农信贷通”对电商企业的支持力度，从“再就业小额担保贷款”中安排适当资金，用于缓解符合条件电商企业的资金筹措难问题。

第二十二条 支持电子商务宣传推广。加大电子商务宣传推广力度，在产业发展引导专项资金中安排一定的经费，用于举办全县电子商务网络创新创业大赛，开展电子商务专刊、媒体宣传、氛围营造、课题调研、考察培训、检查验收等工作。

第五章 电子商务扶贫政策

第二十三条 支持电子商务扶贫。实施电子商务精准扶贫，对参加电子商务培训的本县建档立卡贫困户，经培训考核合格并取得相应的能力证书，一次性给予500元/人的补助。

第二十四条 对通过网络平台销售农产品，且线上销售额在5万元以上的建档立卡贫困户，年内给予3000元奖励；对帮住贫困户通过网络平台代销农产品的乡村干部、大学生村官给予年线上销售额5%的奖励。

第六章 附 则

第二十五条 本扶持办法涉及申请补助的项目必须在实施前报县电子商务产业发展领导小组办公室（县商务局）备案，未经备案同意的项目不接受资金补助申请。

第二十六条 实施主体在项目实施结束后，向县商务局提出申请，县商务局会同县财政、审计部门对有关情况进行审核，审核无误后报县政府审批。

第二十七条 本扶持办法设立专项资金购买服务的县级电子商务运营中心（创业孵化园区）、阳明电商城、竹文化创客中心具体建设内容、考核细则、补贴标准另行补充制定。

第二十八条 获得“一事一议”扶持的项目与本扶持办法不重复的奖项，可按本办法执行；同类奖励项目、单项产品奖励、与县政府已颁布的其他奖励政策发生重复时，除文件特殊说明外，选择其中最高一项给予奖励，不重复计算，已享受过的不重复享受。

第二十九条 县商务局和县财政局共同负责扶持资金跟踪问效，对补助资金纳入绩效评价监管范围，认真把好资金使用关，确保资金扶持取得实效。严查企业“刷单”行为，一经查实，按骗取财政资金行为处理。对弄虚作假骗取财政资金等违纪行为，按照《财政违法行为处罚处分条例》（国务院令第427号）予以处理，并收回已下达的补助资金及相应的荣誉称号，同时取消其下一年度申报资金补贴的资格。

第三十条 本办法除特殊说明的执行年限条款外，其余条款自颁布之日起执行一年（至2016年底止）。由崇义县电子商务产业发展工作领导小组负责解释并组织实施。

名词注解：

B2B 是 Business-to-Business 的缩写，是指企业对企业之间的营销关系，它将企业内部网通过B2B网站与客户紧密结合起来，通过网络的快速反应，为客户提供更好的服务，从而促进企业的业务发展。

B2C 是 Business-to-Customer 的缩写，中文简称为“商对客”。“商对客”是电子商务的一种模式，也就是通常说的直接面向消费者销售产品和服务商业零售模式。这种形式的电子商务一般以网络零售业为主，主要借助于互联网开展在线销售活动。即企业通过互联网为消费者提供一个新型的购物环境——网上商店，消费者通过网络在网上购物、网上支付等消费行为。

C2C 是 Customer to Customer 的缩写，意思就是个人与个人之间的电子商务。比如一个消费者有一台电脑，通过网络进行交易，把它出售给另外一个消费者，此种交易类型就称为C2C电子商务。

O2O 是 Online To Offline 的缩写（在线离线/线上到线下），是指将线下的商务机会与互联网结合，让互联网成为线下交易的平台，这个概念最早来源于美国。O2O的概念非常广泛，既可涉及到线上，又可涉及到线下，可以通称为O2O。

崇义县人民政府关于整合城乡居民基本医疗保险制度的实施方案

崇府发〔2016〕11 号

各乡（镇）人民政府，县直、驻县有关单位：

为做好城镇居民基本医疗保险和新型农村合作医疗两项制度的整合工作，建立全县城乡居民基本医疗保险制度，根据省政府《关于整合城乡居民基本医疗保险制度的实施意见》（赣府发〔2016〕28 号）、市政府《关于整合城乡居民基本医疗保险制度的实施办法》（赣市府发〔2016〕33 号）文件精神，结合我县实际，制定本实施方案（以下简称“实施方案”）。

一、主要任务和基本原则

（一）主要任务目标。按照全覆盖、保基本、多层次、可持续的方针，整合城镇居民基本医疗保险（以下简称“城镇居民医保”）和新型农村合作医疗（以下简称“新农合”）两项制度，到 2017 年全面建立“统一覆盖范围、统一筹资政策、统一保障待遇、统一医保目录、统一定点管理、统一基金管理、统一统筹层次、统一大病保障机制”的城乡居民基本医疗保险（以下简称“城乡居民医保”）制度。

（二）基本原则。坚持统筹安排、顶层设计，强化体制制度的系统性、整体性和协调性；坚持统筹城乡、普惠共济、公平享有；坚持政府、社会、个人分担，权利义务对等；坚持以收定支、收支平衡、略有结余；坚持医疗保障水平与经济社会发展水平相适应；坚持统筹后参保城乡居民待遇水平不降低。

二、实施步骤

坚持调整理顺管理体制与研究制定政策同步进行，加快推进城镇居民医保和新农合两种制度整合工作。按下列步骤、节点实施好整合推进。

（一）机构、编制划转。县编办负责依据省市政府文件精神，完成城乡居民医保职能、机构、编制的调整并行文明确。新农合经办机构资产、人员冻结，随职能、机构整体划转县人社部门。

（二）整合机构。县人社局根据县编办文件完成经办机构、编制、人员、资产、档案、信息数据等接收工作。

（三）基金审计。县审计局对城镇居民医保和新农合整合前的基金收支情况、债权债务情况和相关经费使用情况进行审计，并出具审计报告。做到责任明确、底数清楚。

（四）整合基金。完成基金整合，将新农合基金纳入县医保局居民基本医保基金财政专户统一管理。

（五）新老政策衔接。全面完成职能、机构、人员、基金整合后，2016 年年底前，暂维持城镇居民医保和新农合制度双轨运行，政策不变。2017 年按照省统一部署全面实施城乡居民医保制度。

（六）整合信息系统。县人社局牵头，研究制定城镇居民医保和新农合信息系统整合方案，改造升级城乡居民医保信息系统。县卫计委负责与新农合信息系统开发商协调，按要求将参合人员信息数据移交县人社部门。县财政局做好财力支持，保证城乡居民医保信息系统整合工作经费。

三、整合工作内容

（一）整合管理职能和经办机构。整合城镇居民医保、新农合管理职责，统一由县人社部门管理。将县卫计部门负责的新农合管理机构、编制、人员、档案和办公设备等成建制归口，统一移交县人社部门管理。

1. 机构和人员。按照“人随事走，编随人走”原则，实行城乡基本医疗保险统一行政管理、统一经办服务。县医疗保险经办机构名称更名为“崇义县医疗保险事业管理局（以下简称“县医保局”）”。（牵头单位：县编办，责任单位：县人社局、县卫计委）

2. 财务和资产。县卫计委列出清单，将新农合机构涉及的财务、资产和人员经费以及会计账簿资料和印鉴，在县监察局监督下移交县人社部门。整合期间，除正常办公支出外，不得借移交

之机私分、瞒报和转移财产，突击花钱。（牵头单位：县财政局，责任单位：县人社局、县卫计委、县监察局）

3．档案和信息数据。县卫计委列出清单，将新农合机构涉及的档案资料、计算机网络原始信息资料（含纸质和电子文档）等移交到县人社部门。（牵头单位：县监察局，责任单位：县人社局、县卫计委）

（二）整合基金。将城镇居民医保基金和新农合基金（含重大疾病医疗保险资金）合并为城乡居民医保基金，纳入县医保局城乡居民医保基金财政专户统一管理。划转后，2016年前应由新农合基金支付的费用，整合完成后由县医保局负责单设专户结算。县卫计委负责将新农合基金管理档案资料、基金报表、基金历年节余、基金财务软硬件等移交到县人社部门。县财政局负责新农合基金移交监督工作，负责纳入县医保局城乡居民医保基金财政专户管理、统一补助资金渠道、安排参保补助资金等制度的制定，负责协调撤销新农合基金专户。整合期间，城镇居民医保、新农合除按规定支付参保（合）人员医疗费用外，不得从基金中支付其他费用，不得制定新政策；要做好基金审计工作，做到责任明确。（牵头单位：县财政局，责任单位：县审计局、县人社局、县卫计委、县监察局）

（三）整合信息系统。实行全市城乡医保参保就医服务“一卡通”，并按照全省统一部署，加快推进全省城乡医保参保就医服务“一卡通”。整合城乡居民医保信息资源，加快建设省、市、县三级医保信息数据平台，并与省、市、县人口健康信息平台实现互联互通。将医保信息系统延伸到基层医保服务平台和定点医药机构，实现医保省内异地就医即时结算，加快推进全国异地就医联网结算。做好城乡居民医保、大病保险、贫困人口疾病医疗商业补充保险、医疗救助制度衔接，将大病保险、贫困人口疾病医疗商业补充保险、医疗救助纳入城乡居民医保信息平台建设，实行“一站式”同步结算。通过统一发放使用社会保障卡，实现城乡居民参保缴费、信息查询、费用结算、医疗救助“一人一卡，一卡通用”目标。（牵头单位：县人社局，责任单位：县卫计委）

（四）完善服务体系。建立健全县、乡（镇）统筹城乡居民的医疗保险服务体系，按照全民参保要求、参保人员规模和就医保障需求，合理确定城乡居民医保服务目标、服务方式、服务内容、服务网点、服务条件、服务标准，优化规范医疗保险服务流程；加强医保服务能力建设，重点加强乡镇、街道和社区、村委会服务网络建设，每个乡（镇）在乡（镇）劳动保障事务所增挂“医疗保险事业管理所”牌子，设立专职或兼职人员负责本乡（镇）的医疗保险事务，在村委会（居委会）通过购买公益性岗位的方式设立村级医疗保险协管员，增强服务功能，提升服务水平；加强医保经办服务监督管理，健全医保经办服务绩效评估和目标责任考核。（牵头单位：县人社局，责任单位：县卫计委、乡（镇）政府）

（五）完善经费保障。健全医保经办工作经费保障机制。在维持城镇居民医保和新农合原有经费项目和资金渠道不变的基础上，加大财政支持力度，保障工作必要经费。建立城乡居民医保扩面征缴激励机制，县财政根据《江西省社会保险基金征缴激励约束机制实施办法（暂行）》（赣财社〔2014〕44号）规定，结合我县财力状况和医保工作开展情况确定。（牵头单位：县财政局，责任单位：人社局）

（六）统一制度政策。

1．统一覆盖范围。城乡居民医保覆盖范围包括现有城镇居民医保和新农合所有应参保（合）人员，即覆盖除职工基本医保应参保人员以外的其他所有城乡居民。农民工和灵活就业人员依法参加职工基本医疗保险，有困难的可按照有关规定参加城乡居民医保。全县城乡居民实行统一登记参加城乡居民医保。全日制普通高校和中等职业学校以学校为单位组织在校学生参保；其他居民（含中小学生和幼儿园学生）所在街道以社区为单位、所在乡镇以村委会为单位，组织辖区居民参保并代征代缴个人缴费。完善参保方式，促进应保尽保，避免重复参保。

2．统一筹资政策。坚持多渠道筹资，继续实行个人缴费与政府补助相结合为主的筹资方式，鼓励集体、单位或其他社会经济组织给予扶持或资助。全市城乡居民执行统一的基本医保个人缴费标准和财政补助标准。特困供养人员、城乡最低生活保障对象、城镇重度残疾的学生和儿童、城镇丧失劳动能力的重度残疾成年人、城镇低收入家庭的未成年人和60周岁以上的老年人、已失业又未纳入城镇职工基本医保的14类退役士兵以及其他建档立卡贫困人口等参加城乡居民医保的个人缴费部分，由财政全额补助。高校大学生参加城乡居民医保的个人缴费部分根据高校隶属关系由同级财政全额负担。

完善筹资动态调整机制。逐步建立个人缴费标准与城乡居民人均可支配收入相衔接的机制。合理划分政府与个人的筹资责任，在提高政府补助标准的同时，适当提高个人缴费比重。

3．统一保障待遇。均衡城乡保障待遇，统一保障范围和支付标准，为参保人员提供公平的基本医疗保障。妥善处理整合前的特殊保障政策，做好过渡与衔接。建立筹资与保障待遇动态调整机制。

（1）门诊医疗待遇。逐步提高门诊保障水平，完善城乡居民医保门诊统筹制度。门诊统筹不设起付线，政策范围内门诊报销比例稳定在50%左右（其中一级及一级以下医疗机构65%左右），继续实施基层医疗卫生机构一般诊疗费政策。建立门诊特殊慢性病制度，统一门诊特殊慢性病病种和保障水平。

（2）住院医疗待遇。

起付标准：一级医疗机构100元，二级医疗机构400元，三级医疗机构600元，特困供养人员、最低生活保障对象及其他建档立卡贫困人口在一级、二级定点医疗机构住院不设起付线。

报销比例：一级医疗机构90%、二级医疗机构80%、三级医疗机构60%。

年度内医保基金累计最高支付限额10万元。

按规定办理异地安置手续的统筹地区外住院医疗，执行统筹地区内住院医疗待遇标准。

（3）生育补助待遇。城乡居民医保保障符合国家计划生育政策的生育医疗待遇，参保人员住院分娩发生的符合规定的医疗费用纳入城乡居民医保统筹基金支付，符合规定的产前检查费用纳入城乡居民医保门诊统筹支付。

4．统一医保目录。按照国家医保目录管理有关规定，统一城乡居民医保药品目录和医疗服务项目目录，明确药品和医疗服务支付范围。按照国家“遵循临床必需、安全有效、价格合理、技术适宜、基金可承受的原则，在现有城镇居民医保和新农合目录的基础上，适当考虑参保人员需求变化进行调整，有增有减、有控有扩，做到种类基本齐全、结构总体合理”的要求，完善医保目录管理办法，建立医保支付标准监管机制。

5．统一定点管理。统一城乡居民医保定点机构管理办法，强化定点服务协议管理，建立健全考核评价机制和动态的准入退出机制。对非公立医疗机构与公立医疗机构实行同等的定点管理政策。原则上由人社部门负责定点机构的准入、退出和监管。

6．统一基金管理。城乡居民医保执行国家统一的基金财务制度、会计制度和基金预决算管理制度。城乡居民医保基金纳入财政专户，实行“收支两条线”管理。基金独立核算、专户管理，任何单位和个人不得挤占挪用。

结合基金预算管理全面推进付费总额控制，基金使用遵循以收定支、收支平衡、略有结余的原则，确保应支付费用及时足额拨付，合理控制基金当年结余率和累计结余率。建立健全基金运行风险预警机制，防范基金风险，提高使用效率。

建立基金内部审计和外部监督制度，实行基金收支运行情况信息公开和参保人员就医结算信息公示制度，加强社会监督、民主监督和舆论监督。

7．统一统筹层次。城乡居民医保实行市级统筹制度，实行全市范围内风险调剂金制度，待条件成熟后实行基金统收统支的管理制度。根据全市经济发展和医疗服务水平，加强基金的分级管理，充分调动经办管理机构基金管理的积极性和主动性。

8．统一大病保障机制。参加城乡居民医保的参保人员同时参加城乡居民大病保险。执行全市统一的城乡居民大病保险筹资标准、待遇水平和城乡居民大病医疗免费救治制度。按照《国务院办公厅关于全面实施城乡居民大病保险的意见》（国办发〔2015〕57号）要求，建立统一的大病保险委托承办招投标管理、基金运行监督和绩效考核办法。

四、组织实施

（一）加强组织领导。成立由县政府主要领导任组长、县政府分管副县长任副组长的县整合城乡居民医保制度工作协调小组（见附件），负责医疗保险制度、体制、政策、管理、经办整合工作的组织推动和协调指导，协调小组办公室设在县人社局。各有关部门要进一步提高思想认识，高度重视整合工作，站在讲政治的高度，服从改革大局，有计划、有步骤地做好整合工作，确保整合期间思想不乱、工作不断、队伍不散、资料不丢、基金和国有资产不流失、居民参保缴费和享受待遇不受影响。

（二）落实责任分工。按照职能分工，在县整合城乡居民医保制度工作协调小组的统一领导下，县人社局负责全县城乡居民医保制度整合工作的组织实施、政策制定、经办服务、督促指导和宣传培训；县编办负责本级城乡居民医保管理和经办职能调整、机构编制划转工作；县委宣传部配合做好整合城乡居民医保制度的宣传工作，营造良好的社会舆论氛围；县发改委负责将城乡居民医保制度整合纳入国民经济和社会发展规划；县财政局负责完善基金财务会计制度，研究新农合基金移交监督管理办法和统一的财政补助政策，并按政策落实财政补助资金，做好管理和经办工作的经费保障；县卫计委负责指导各级卫生计生部门做好相关的新农合职能、经办机构、人员、基金等移交工作，参与做好城乡居民医保政策制定、调整及宣传引导工作，督促指导医疗机构做好医疗服务；县审计局负责做好新农合基金和各类资产移交的审计工作；县公安局负责定期提供全县城乡户籍人口和流动人口信息，会同相关部门依法查处医保欺诈骗保行为；县教育局负责督促学校协助做好学生参保登记工作；县民政局负责定期提供特困供养人员、最低生活保障对象等各类困难人员信息，协助做好困难群体参保及医疗救助与基本医疗保险制度衔接工作；县扶贫和移民办负责督促定期提供建档立卡农村贫困人口信息；县监察局做好整合全程监督工作，督促相关部门按步骤和要求推进整合。各部门要按照本《实施方案》要求，明确责任，加强配合，共同做好城乡居民医保制度整合工作。

（三）严肃工作纪律。交接工作结束前，新农合基金和经办机构的人员、编制、资产等全部冻结。交接期间，保持现行城镇居民和新农合政策稳定，经办和服务不间断，医疗待遇和报销不受影响。要严肃工作纪律，严禁借交接之际调整人员，私分、变相发放和转移资产及基金，严防国有资产及基金流失。对交接期间违反人事、财经纪律的行为，要严肃处理，依法依纪追究相关领导和当事人责任。

五、本《实施方案》自2017年1月1日起实行，之前出台的与本《实施方案》相抵触的有关规定自即日起不再执行。本《实施方案》由县人社局负责解释。

附件：崇义县整合城乡居民医保制度工作协调小组组成人员名单

2016年12月30日

附件：崇义县整合城乡居民医保制度工作协调小组组成人员名单

组　长：邱　凌　县委副书记、县政府县长
副组长：边建忠　县委常委、县政府常务副县长
　　　　成　松　县委组织部副部长、县人社局局长
　　　　郑建军　县卫计委主任
成　员：邓玉金　县委宣传部副部长
　　　　邱志坚　县发改委主任
　　　　范美蓉　县编办主任
　　　　曹梦飞　县财政局局长
　　　　黄志军　县审计局局长
　　　　赖奇林　县教育局局长
　　　　李焕新　县公安局党委委员
　　　　曹向阳　县监察局副局长
　　　　陈　玉　县民政局副局长
　　　　肖益华　县人社局副局长
　　　　甘东升　县医保局局长
　　　　张荣根　县卫计委副主任

领导小组下设办公室，办公室设在县人社局，由成松同志兼任办公室主任，肖益华、甘东升同志任副主任。